U0906503

国家社科基金重点课题
中国社会科学院重点课题
本丛书获中国社会科学院出版资助

中国国情丛书——百县市经济社会追踪调查 

中国国情丛书——百县市经济社会追踪调查 · 孝感卷

“小马”改革之道

The Road of Colt 's Reform

社会科学文献出版社
SOCIAL SCIENCES ACADEMIC PRESS (CHINA)

孝感市辖区　432100　0712

孝感是省新兴工业城市。位于省境东北部。市辖区孝南区，面积913平方千米，人口89万。市政府驻孝南区。境内主要河湖有府河、澴河、野猪湖、王母湖等。工业以机械、纺织、轻工、食品为主。是湖北"鱼米之乡"。盛产水稻、小麦、产川荸荠、棉花、油料等，水产养殖业发达，焦湖莲藕、王母湖银鱼，孝感麻糖、孝感米酒等为传统名特产品。主要旅游地董永公园内有鸳鸯楼、瑶池、天外台等景点。

孝昌县　432900　0712

孝感市辖县。位于省境东北部。面积1193平方千米，人口64万。县政府驻花园镇。地处大别丘陵向江汉平原过渡地带，地形以丘陵岗地为主，澴水贯穿南北。有大理石、重晶石、滑石、磷、矿泉水等矿产资源。工业以化工、建材、食品为重点。农作物主要有水稻、小麦、棉花、油料等，所产"太子米"古为宫廷贡米，特产茶叶、银杏、板栗。有汉代古城遗址、双峰瀑布、双峰山森林公园、双泉寺、仙人洞、回龙寺避暑山庄等旅游景点。

中共中央政治局委员、湖北省委书记俞正声（左三）视察孝感交通建设情况

2005年12月湖北省孝文化研究会在湖北职院成立

2002年10月中央电视台现场直播孝感第一届孝文化艺术节

居民小区

董永故里

农业

孝感民间艺术剪纸雕花

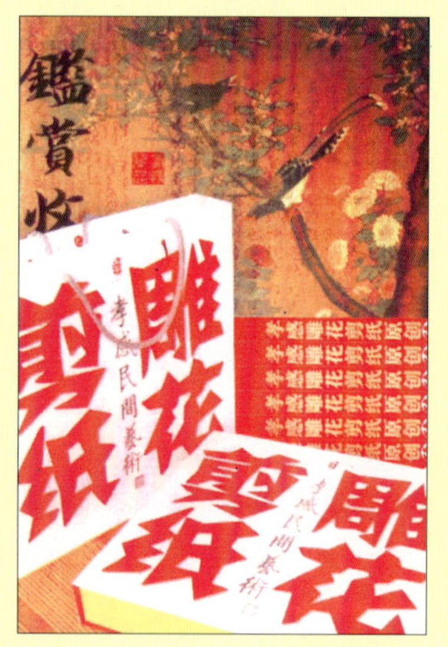

交通

《孝感卷》编辑委员会

《孝感卷》编写组

主　　编　李友清　水延凯

副 主 编　万由祥　李旭东　田寿永　宁国安

成　　员　（按姓氏笔画为序）

丁争柱　丁浙英　王　兰　王世荣　朱　虹
刘秀平　刘爱华　刘翠萍　许新华　李弘华
李佳圣　杨琼丽　吴俊荣　何玉初　何珍珠
谷　潋　邹忠武　沈建林　宋振云　张亚玲
张宏伟　陈　涛　陈卫红　林锦章　罗　琼
周本贵　周启宏　胡宇彬　胡济维　柯连安
柳春祥　柳晓斌　袁丽容　高斯学　高想清
郭自灿　黄文军　黄红英　黄享芶　梅　重
常红生　程　思　彭红洁　喻靖文　舒文舟
詹　敏　熊　蕊　潘春丽

问卷审核　水延凯　柳祥珍等

数据录入　王振江　覃木璘等

数据处理　罗教讲　杨　莉　杨玉蓓　张　辉

统计图制作　迎　波等

地图绘制　胡胜华等

照片摄影　胡胜华等

总 序

1978年实行改革开放以来，中国的经济社会结构发生了巨大而深刻的历史性演变：正在由一个传统的、封闭的农业农村社会转变为工业化、开放的城市化的现代社会。我国的改革开放大业，是一场占世界人口1/5强的13亿人民的进步运动，已经改变了中国的面貌，还在进一步发展变化之中，影响及于世界，她是20世纪后期世界发生的最重要、意义最深远的大事。

伟大的变革，一定会有科学的总结。对于改革开放以来的这场大变革，应该做深入的研究和总结。她是怎样发生的？是怎样发展变化的？经历了哪些中间环节和中间过程？有哪些基本经验？有哪些要吸取的教训？未来将怎样演变和发展，还有哪些重大问题要解决，等等。所有这些，不仅是中国人民普遍关注的大问题，而且也是世界各国人民关注的大问题。这样的总结，当然首先应该由当代中国人自己来做，因为这是发生在自己身边的事情，有亲身的经历和亲身的体会。

一场伟大而深刻的历史变革，影响广大而深远，会有各种各样的总结。既有当代人从不同的立场、观点和不同的要求、视角的总结，也会有后代人的各种总结。中国人有总结历史的好传统，“温故而知新”是我们的格言。所以，后代人的总结，虽然可能比较简约，但常会有更加全面、更加深刻的佳作，给人以新的启迪和警示。

中国的改革开放大业还在继续，中国的经济社会结构大变迁还在继续。原有的社会矛盾解决了或基本解决了，新的社会矛盾产生了或正在产生，中国的新的历史长卷正在按照规律一步一步的展示出来。20世纪80年代以来，国内国外的人们对中国这场巨变已经作了很多的总结，有的是很有见地的，有的则是浮光掠影的描述或者只是个人的臆测和猜想，这是难免的。因为变革本身还在演变之中，有许多不确定因素，加上体制等方面的原因，一些变革的真正原因、重大改革和重大事件的决策真相，还没有公示。所以，真实的全面深刻的总结还要有待于未来。

伟大的变革，是亿万群众亲身参加的变革，总结本身也应该是群众的事业。人们可以从不同的方面、不同的角度、不同的阶段，用不同的形式做出各种不同的总结。一旦条件和时机成熟，集腋成裘，集其大成，真实全面深刻的总结就诞生了。在当前，我们应该为中国这场伟大的变革做好各方面的准备，其中有一项工作是很重要的。那就是通过实地调查研究，采用各种形式，把改革开放以来，中国的政治、经济、社会、文化等各个方面的变化情况、变化过程，如实的记载下来。中国的这场巨变，可以说是自周秦以来，经济社会结构发生最巨大最深刻的一次演变，不仅是经济基础、社会结构变了，上层建筑也变了；农村变了，城市也变了；生产方式变了，生活方式也变了；家庭婚姻变了，社会心理、价值观念也变了。而且这种变化非常迅速，转瞬即逝。有的农村，几个月功夫，整村整屯的不见了。有的地方，几年工夫就冒出来一个很大的城市。就是住在北京，几个月不出门，再到原来很熟悉的社区去看，有的四合院不见了，幢幢大楼矗立起来了，连路也不认识了。我们这一代人，有责任通过各种调查方法和形式，将这个巨大的变化从各个侧面把它记载下来，越具体、越详细、越真实越好。这些调查记录，不仅对研究中国的经济学、社会学有意义，对政治学、历史学、哲学等等学科的发展也有意义。从学术的角度看调查分析，不仅当代有价值，而且对后代更有用。年代越久，越珍贵。这可以说，这是对中国这场巨大变迁做出科学总结的学术准备，也是最重要的基础工作。

1988 年，为了贯彻落实邓小平同志关于“摸准、摸清”中国国情的指示，拓宽、深化对于社会主义初级阶段理论的认识，在党中央有关部门的指示下，在国家社会科学基金会的大力支持下，中国社会科学院开始组织实施了《中国百县市经济社会调查》，这是一项全面系统的综合性调查。从全国 31 个省、市、自治区选定了 100 余个不同区域类型，不同发展程度，具有代表性的市（县）区作为调查对象，调查的内容是自 1949 年以来，特别是改革开放以来，这个县市的政治、经济、社会、文化等各个方面的演变过程和状况，调查的形式和方法是，组织专业调查人员到这个县市蹲点，同当地的干部群众相结合，广泛收集大量的数据和文献资料，召开各种座谈会，听取县市各级干部、群众的介绍，并且坚持下厂下乡，走村串户，做抽样问卷调查，对各个阶层、各类人员进行深入访谈，下大功夫掌握第一手资料，按照“真实、准确、全面、深刻”的八字方针，进行分析研究，写出反映这个县市全貌和历史演变过程的调查研究成果。本项大规模国情调查，是中华人民共和国成立以来进行的少数几次大规模经济社会调查之一，是一次浩大的调查系统工程，先后有近 3000 名社会科学专

业工作者和实际工作者参加，动员了数以万计的干部群众来协助，取得的数据资料以亿计，最终成果由中国大百科全书出版社以《中国国情丛书——百县市经济社会调查》为书名，自1991年起陆续出版，到1998年10月出齐，共104卷，4000多万字。经总编委和国情丛书编辑部评议和协商，从中减去4卷，最后送交国家社会科学基金会作为最终成果的是100卷。前后历时10年8个月，完成了预定的计划。

这100卷国情丛书，每一部都是以描述一个市（县）区的历史和现实发展状况为主的学术资料性专著，它既是各级政府制定经济社会政策和发展战略的依据，也是进行基本国情研究或社会科学专题研究的基础资料。具有重要的实用价值和较高的学术价值。这套国情丛书，真实的记录描述了分布在全国31个省市自治区的各种类型、各种发展水平、有代表性的县市的历史演变的轨迹，这些资料和数据来之不易，十分珍贵，所以这套国情丛书也具有重要的保存价值，历时愈久远，其价值愈珍贵。因为它是在20世纪80～90年代中国改革开放以来中国发生伟大变革的真实记录，是对这场伟大变革做出科学总结的基础性学术资料。所以，这套国情丛书一出版，就受到了国内外学术界的欢迎，认为这是社会科学界的一项很重要的学术资料基本建设的成果。这套国情丛书已成为国内外各大学和学术科研单位的图书馆的藏书。国家社会科学基金会对本项成果给予了高度评价，公开予以表彰，中国社会科学院对本丛书颁发了科研成果特别荣誉奖。

从1991年出版第一批国情丛书（调查内容是1988～1990年前的），距今已十多年。这十多年，恰是中国经济社会变化最大的时期，小平同志的南巡讲话、党的“十四大”明确指出要建立社会主义市场经济体制；国有企业改革、乡镇企业改制、科教兴国战略和可持续发展战略的实施；第八、第九、第十个五年计划的顺利完成；综合国力有了极大的增强，胜利实施了现代化建设“三步”战略第一步、第二步目标，总体上达到了小康水平。这十多年是中国政治、经济、社会、文化等各个方面改革和发展最快的时期。有鉴于此，国情丛书总编委认为有必要在第一次百县市情调查的基础上，从中选择部分县市做一次追踪调查，做深入翔实的比较研究，这有利于我们准确把握21世纪初期的中国国情。为此，总编委向国家社会科学基金会和中国社会科学院提出了申请报告。2003年春，国家社会科学规划办正式批准《中国百县市经济社会追踪调查》课题，定为国家社科基金十五重点课题。随后中国社会科学院也批准本课题的立项，给予了重点资助。《中国百县市经济社会追踪调查》课题立项后，第一批五个试调查点已于2004年初启动，同年8月又部署了十余个县市调查点，整个追踪调查计划到2007年完成。本次追踪调查的内容，强调以科学发展观为指导，着重反映这十多年在改革开放、建立和完善社会主义市场经济体制过程中，经济社会发展所取得的成就和面临的问题，既要同上次调查内容衔接，做出相应的比较，探讨发展变化的内在规律，也要有新的拓展，对改革发展中出现的新事物、新领域、新问题，要充分予以反映。

本次追踪调查的方针，仍要始终坚持贯彻“真实、准确、全面、深刻”的八字方针。实践证明，这个方针是正确的，保证了中国百县市经济社会调查这项大规模调查众多人员的认识和步调一致，保证了最终成果的质量。

本次追踪调查的成果，定位为资料性和研究性相结合的学术专著。在全面深入调查，掌握大量第一手资料和数据的基础上，进行综合分析，与上次成果作比较研究，总结出一些规律性认识，写出具有科学研究价值、实用价值和保存价值的专著。最终形成的成果，将由中国社会科学院所属的社会科学文献出版社从2005年起陆续出版。

本次追踪调查，是继中国百县市经济社会调查后的又一次大规模的社会调查，意义重大，难度也很大。既要有参与此项工作的社会科学工作者的敬业奉献精神，尽心尽力，又一定要有被调查县市的领导和各级干部、广大群众的大力支持和参与，群策群力，才能完成。我们虽然有了组织实施上次调查的实践，但是在新的历史环境、新的条件下，要完成这项新任务，还是要解决好一系列新的难题。我们竭诚欢迎社会各界、广大读者不吝赐教，提出各种批评和意见，帮助我们把这项具有重要现实意义和学术价值的事情办好。

陆学艺

2005年8月28日

内容提要

中国国情丛书——百县市经济社会跟踪调查·孝感（市辖区）卷：《探索“小马”改革、发展之道》，是2003年度国家社会科学基金重点项目《中国百县市经济社会跟踪调查》（批准号：03ASH005）的子课题，它是对1992年出版的《中国国情丛书——百县市经济社会调查·孝感卷》进行跟踪调查、研究的成果。

1992年出版的《中国国情丛书——百县市经济社会调查·孝感卷》，反映的是湖北省原县级孝感市的情况。原县级孝感市国土面积2214平方公里，1990年总人口1307767人。1993年4月，经国务院批准，撤销了孝感地区和县级孝感市，设立了地级孝感市，原县级孝感市则分设为孝南区和孝昌县。地级孝感市下辖7个县市区，即孝南区、孝昌县、大悟县、云梦县、安陆市、应城市、汉川市，国土面积8910平方公里，2003年总人口506万人。《“小马”改革之道》所反映的，不是孝感全市的情况，而是市辖区（即市直和孝南区，国土面积1020平方公里，2003年总人口90.56万人）的经济社会发展情况。

《“小马”改革之道》包括4个部分：

第一部分　研究报告：《走市区合并、扬长补短、突出特色发展之路》。包括3个部分：第一、认真剖析发展现状。用权威数据说明孝感在全国和湖北地级市中的排名情况，并用事实说明了孝感市辖区的主要劣势和相对优势。第二、明确认识改革方向。用事实和数据说明了中国行政区划的特点，“市管县”体制与地级市的发展历程和主要弊端，以及地级市改革的目标和步骤。第三、大胆探索改革道路。以孝感为例，剖析了市辖区管理体制的主要弊端，提出了6点改革建议。最后指出，在全国地级市中类似孝感的地级市有98个。孝感如能在市辖区管理体制改革方面闯出一条新路，将会对类似地级市改革做出重要贡献。

第二部分　总调查报告。包括6篇、33章：第一篇概述3章，主要反映行政区划、人口、地理环境和资源、经济社会发展等方面的情况；第二篇经济12章，主要反映经济体制改革、经济结构调整、个体和私营经济、

农业、工业、建筑业、交通运输、邮政、电信、商务、旅游、金融、保险、财政、税收、物价、审计和开发区等方面的情况；第三篇社会结构5章，主要反映社会分层、社会流动、婚姻、生育、家庭、劳动就业、农民工、社会保障、社会救助、社会治安及其管理等方面的情况；第四篇社会事业5章，主要反映教育、科学技术、文化、体育、广播、电视、医疗卫生等方面的情况；第五篇政治4章，主要反映中共党组织、人民政权、政协、民主党派、群众团体、居民委员会和村民委员会等方面的情况；第六篇建设与环境4章，主要反映城镇规划、城区建设、村镇建设、环境污染及其治理、自然灾害及其预防等方面的情况。

第三部分　专题调查报告。包括15个专题，其中经济方面5个专题，包括第一产业的1个农场，第二产业的两个公司，第三产业的两个单位；教育方面4个专题，包括1所小学，1所高级中学，1所中等职业技术学校，1所高等职业技术学院；医疗卫生方面两个专题，1个中心医院，1个康复医院；文化方面两个专题，1个孝文化主题公园，1个老干部活动中心；社会管理方面两个专题，1个交警支队，1个行政服务中心。

第四部分　户情调查报告：《781户问卷调查报告》。它包括9个部分：第一，调查工作情况。第二，家庭与人口，包括城区、镇区和乡村居民的家庭、人口、在业和不在业人口等情况。第三，从业人员职业状况，包括城区、镇区和乡村居民从业人员的地区、行业、所有制、职业分布和全年纯收入分组等情况。第四，家庭收入和家庭财产，包括城区、镇区和乡村居民家庭承包经营、收入及其结构、家庭财产及其结构等情况。第五，住房和耐用消费品，包括城区、镇区和乡村居民拥有住房和耐用消费品情况。第六，政治与社会活动，包括城区、镇区和乡村被调查者知道领导人姓名、参与选举、人员交往和外出活动等情况。第七，遇到问题和解决办法，包括城区、镇区和乡村被调查者最近两年遇到的问题、涉及的人员、采用的解决办法等情况。第八，闲暇时间和活动，包括城区、镇区和乡村被调查者过去一年的闲暇时间和主要闲暇活动等情况。第九，个人感受，包括城区、镇区和乡村被调查者对前后各5年的生活评价和估计、对工作生活条件的感受、对居住环境的感受等情况。

目 录

第一部分 研究报告

第二部分 总调查报告

第四部分　户情调查报告

第一部分　研究报告

走市区合并、扬长补短、突出特色发展之路

——对地级孝感（市辖区）改革、发展的看法和建议

李友清 水延凯

内容提要 第一，认真剖析发展现状。用具体数据说明1993年孝感撤地设市后市辖区的发展和变化，孝感在全国和湖北省地级市中的位置，在此基础上概括出市辖区的主要劣势和相对优势。

第二，明确认识改革方向。用事实和数据说明了中国行政区划的现状和特点，“市管县”体制与地级市的发展历程和主要弊端，以及地级市改革的目标和步骤。

第三，大胆探索改革道路。以孝感为例，剖析了市辖区管理体制的主要弊端，提出了市辖区改革、发展的6点建议。

最后指出，在全国283个地级市中，类似孝感只有1个市辖区的地级市有98个。孝感如能在市辖区改革、发展方面闯出一条新路，将会对类似地级市的改革、发展做出重要贡献。

2003年，地级孝感市下辖孝南区、孝昌县、大悟县、安陆市、云梦县、应城市、汉川市等7个县、市、区，总国土面积8910平方公里，常住人口505.59万人。本文探讨的对象，不是孝感市行政区，而是孝感市市辖区，即市直属单位（简称市直）和孝南区。2003年底，孝感市辖区国土面积为1020平方公里，常住人口90.56万人。

一 认真剖析发展现状

要研究孝感（市辖区）（以下简称“孝感市辖区”）的改革和发展，就必须正确认识孝感市辖区的发展现状。为此，既要通过纵向对比，弄清

楚1993年孝感撤地设市以来孝感市辖区的发展和变化；又要通过横向对比，弄清楚孝感市辖区在全国和湖北省地级市中所处的位置；在此基础上，通过实事求是地分析，弄清楚孝感市辖区的优势和劣势。

（一）撤地设市以来孝感市辖区的发展和变化

1993年孝感撤地设市后，孝感市辖区经济社会发展取得了很大成绩。根据《中国国情丛书——百县市经济社会追踪调查》总课题组设计的指标体系，1993～2003年孝感市辖区经济社会主要指标的变化情况见表1。

表1　1993～2003年孝感市辖区经济社会主要指标的变化

	指　标	单　位	1993	2003	间隔年	变化率
1	常住人口	万人	79.90	90.56	10	13.34
2	户籍人口	万人	78.97	89.50	10	13.33
3	GDP总量	万元	131892	554715	10	320.58
4	人均GDP	元	1670	6198	10	271.14
5	财政收入	万元	10089(1994)	39466	9	291.18
6	地方财政收入	万元	5681(1994)	18891	9	232.53
7	人均地方财政收入	元	70.7(1994)	211	9	198.44
8	社会固定资产投资额	万元	37799	199787	10	428.55
9	人均固定资产投资额	元	479	2232	10	365.97
10	实际利用外资	万美元	—	2445(2004)	—	—
11	人均实际利用外资	美元	—	27.32	—	—
12	社会商品零售额	万元	57738	230256	10	298.79
13	人均社会商品零售额	元	731	2573	10	251.98
14	城镇人口占总人口比重	%	20.78	35.13	10	69.06
15	第三产业从业人员比重	%	26.78	43.77	10	63.44
16	人口自然增长率	‰	9.33	3.13	10	-66.45
17	人口机械增长率	‰	—	—	—	—
18	城镇居民人均可支配收入	元	1920(1990)	6618	13	244.69
19	城镇恩格尔系数	%	50.00(1990)	37.83	13	-24.34
20	城镇人均住房使用面积	平方米	17.20(1990)	28.41(2004)	14	65.17
21	城镇人均生活用电	度	—	—	—	—
22	城镇每百户拥有电话(手机)	台	3.43(1990)	151(2004)	14	4302.33
23	城镇每百户拥有电脑	台	—	32(2004)	—	—
24	农村居民人均纯收入	元	839	2841	10	238.62
25	农村人均住房使用面积	平方米	21.9(1990)	27.72(2004)	14	26.58
26	农村每百户拥有电话(手机)	部	—	77(2004)	—	—

续表 1

	指　标	单　位	1993	2003	间隔年	变化率
27	农村自来水普及率	%	—	20.5(2004)	—	—
28	农村用气普及率	%	—	45.3(2004)	—	—
29	农村恩格尔系数	%	58.90	—	—	—
30	城乡空气综合污染指数	—	—	—	—	—
31	城乡工业废水排放达标率	%	—	—	—	—
32	全市(县)每万人口医生数	人	11	17(2004)	11	54.55
33	全市(县)平均预期寿命	岁	—	—	—	—
34	全市(县)人均储蓄余额	元	862	3088	10	258.24
35	全市(县)国土面积	平方公里	946	1020	10	7.82
36	实有耕地面积	万亩	51.80	46.50	10	-10.23
37	城镇建成区面积	平方公里	14.1(1994)	30.00	9	112.77

资料来源：1993 年、2003 年《孝感统计年鉴》和有关主管部门统计数据。

表 1 的数据说明，1993~2003 年孝感市辖区经济社会发展的主要成就有以下方面：

1. 国民经济发展较快

1993~2003 年，GDP 总量全国增长 237.52%，年均增长 23.8 个百分点；[①] 市辖区增长 320.58%，年均增长 32.1 个百分点，比全国增长速度快 8.3 个百分点。

2. 财政收入增长较多

1994~2003 年，财政收入增长 291.18%，年均增长 32.4 个百分点，比 GDP 的增长速度还快 0.3 个百分点。

3. 固定资产投资规模较大

1993~2003 年，社会固定资产投资额增长 428.55%，年均增长 42.9 个百分点，比 GDP 的增长速度还快 10.8 个百分点，它预示着孝感市辖区经济社会发展速度有可能进一步提高。

4. 利用外资达到一定规模

2004 年实际利用外资 2445 万美元。超过湖北省的随州、黄冈、咸宁等地级市。

5. 社会商品零售额有了较大增长

1993~2003 年，社会商品零售额增长 298.79%，年均增长 29.9 个百分点，它是城乡居民购买力显著提高的具体表现。

① 国家统计局编《中国统计摘要 2004》，中国统计出版社，2004，第 17 页。

6. 城乡人口结构和从业人员产业结构发生巨大变化

1993~2003年，市辖区城镇人口占总人口比重增长了14.35个百分点，年均增长1.44个百分点；同期，全国城镇人口占总人口比重增长了12.51个百分点，年均增长1.25个百分点，① 前者比后者增长速度高0.19个百分点。1993~2003年，市辖区第三产业从业人员比重增长了16.99个百分点，年均增长1.7个百分点；同期，全国第三产业从业人员比重增长了8.1个百分点，年均增长0.8个百分点，前者比后者增长速度高0.9个百分点，即高1.13倍。

7. 城乡居民收入基本同步增长

1993~2003年，市辖区城镇居民人均可支配收入增长了244.69%，年均增长24.5个百分点；农村居民人均纯收入增长了238.62%，年均增长23.9个百分点，后者的增长速度仅低于前者0.6个百分点，呈现出同步增长的基本趋势。

8. 城乡居民生活质量大大改善

1990~2004年，城镇恩格尔系数下降了12.17点，人均住房使用面积增加了11.21平方米，每百户拥有电话（手机）增加了148部，每百户拥有电脑从无到有已达32台。农村人均住房使用面积增加了5.82平方米，每百户拥有电话（手机）从无到有已达77部，自来水普及率和用气普及率分别达20.5%和45.3%。

9. 人口增长得到有效控制

1993~2003年，人口自然增长率下降了6.2‰，年均下降0.62千分点。常住人口增长13.34%，户籍人口增长13.33%，年均增长都是1.33个百分点。这说明，市辖区的人口控制工作是卓有成效的。

10. 城镇建设日新月异

1994~2003年，城镇建成区面积增长15.9平方公里，年均增长1.77平方公里。

此外，高新技术开发区和民营经济开发区的建设，农业和农村经济的发展，文化、教育、卫生、体育等事业的进步，以及孝文化和楚文化资源的发掘、整理和宣传，都取得了可喜成绩。可以毫不夸张地说，1993~2003年，是新中国成立以来孝感市辖区经济发展最快、社会进步最大的时期之一。

---

① 国家统计局编《中国城市统计年鉴2003》，中国统计出版社，2004，第97页；国家统计局编《中国统计摘要2004》，中国统计出版社，2004，第37页。

（二）孝感在全国和湖北地级市中的位置

要正确认识孝感市辖区发展现状，不仅应该纵向比较，弄清楚孝感市辖区前进的速度和步伐，而且应该横向比较，弄清楚孝感市辖区在全国和湖北省地级市中所处的位置。只有通过纵横对比，才能正确判断孝感市辖区经济社会发展的坐标，明确自己的优势和劣势。

1. 在全国地级市中的位置

2002 年，全国有地级市 275 个，2004 年增至 283 个，其中湖北省有 12 个。根据科技部科技攻关项目《中国城市竞争力报告 No. 1》、《中国城市竞争力报告 No. 3》的资料，2002 和 2004 年，孝感在全国和湖北地级市中的排名及其变化情况见表 2 和表 3。

表 2　2002 年孝感在中国 200 个城市竞争力排名中的位次

市　名	综合竞争力	综合市场占有率	长期综合经济增长率	综合地均 GDP	综合人均收入
在全国 200 个城市竞争力排名中的位次					
孝　感	168	159	142	161	153

资料来源：倪鹏飞主编《中国城市竞争力报告 No. 1》，社会科学文献出版社，2003，第 6、10 页。

说明：①评估城市选取：基础数据比较完整、统一的地级市。湖北的黄冈、咸宁、随州 3 个地级市不符合上述条件，因而没有被选入评估范围。②指标内涵或构成：综合市场占有率，是指城市输出产品增加值占全部输出产品增加值比例；长期综合经济增长率，是指城市一定时期内 GDP 综合增长率；综合地均 GDP，是指单位城市地区财富创造规模；综合人均收入，是指城市人均 GDP、可支配收入等的综合；综合竞争力，则是上述 4 个指标数值的综合结果。③指标数据来源：一是客观指标，直接取自《中国城市经济统计年鉴》、《中国统计年鉴》、《中国城市建设统计年鉴》等；二是主客观结合指标，是以一定数据资料为基础，进行专家主观评估形成数据指标；三是主观指标，是问卷调查的数据，下同。

表 3　2004 年孝感在中国 200 个城市竞争力排名中的位次

市　名	综合竞争力	综合市场占有率	综合 GDP 增长	综合就业机会增长	综合环境资源成本节约	综合生产率	综合收入水平
在全国 200 个城市竞争力排名中的位次							
孝　感	189	109	195	104	64	194	181

资料来源：倪鹏飞主编《中国城市竞争力报告 No. 3》，社会科学文献出版社，2005，第 9、12 页。

说明：①与 2002 年评价指标相比较，删除了综合地均 GDP，增加了综合就业机会增长、综合环境资源成本节约和综合生产率。其中，综合就业机会增长，是指城市流动人口绝对增长；综合环境资源成本节约，是指耗电、耗水、环境保护等状况；综合生产率，是指人均、地均 GDP。②增加了随州市。

此外，《中国城市竞争力报告 No.1》还对2002年全国200个城市营销竞争力和知名度进行了分析和排名。其中，孝感在全国和湖北省地级市中的排名情况，见表4。

表4　2002年孝感在中国200个城市营销竞争力和知名度排名中的位次

市　名	城市营销竞争力指数	利　用外资指数	城市综合知名度	城市国内知名度	城市国际知名度
在全国200个城市营销竞争力和知名度排名中的位次					
孝　感	177	117	178	157	181

资料来源：倪鹏飞主编《中国城市竞争力报告 No.1》，社会科学文献出版社，2003，第17、23页。

我们没有引用表2、表3和表4各项指标的具体数值，也不打算对指标体系、数据来源和计算方法等发表评论。我们的研究视角是：孝感有关指标在全国和湖北地级市中的位次及其变化。根据表2、表3和表4的数据，我们认为可做出以下几点结论：

（1）综合竞争力：在全国，2002年排第168位，2004年排第189位。总体位次靠后，并呈后移趋势。

（2）主要弱点：2002年，位次最落后的指标是综合地均GDP和综合人均收入，在全国分别列第161位和第153位。2004年，位次最落后的指标是综合GDP增长和综合生产率，在全国分别列第195位和第194位。这是经济发展水平低，特别是第二产业落后的必然结果。

（3）相对亮点：2002年，位次相对靠前的指标是长期综合经济增长率，在全国列第142位。2004年，位次相对靠前的指标是综合市场占有率、综合就业机会增长和综合环境资源成本节约，在全国分别列第109位、第104位和第64位。这些位次相对靠前的指标说明：①尽管经济发展水平低，但2002～2004年经济发展速度较快；②产品销售情况较好，综合市场占有率较高；③第三产业和打工经济较发达，因而综合就业机会增长较快。④由于高消耗资源、高耗能、高污染企业较少，因而综合环境资源成本节约位次相对靠前。

（4）知名度：2002年，城市综合知名度和城市国际知名度，在全国排第178位和第181位，分别比综合竞争力的第168位落后10～13位。但是，城市国内知名度排第157位，比综合竞争力排名靠前11位。这主要得益于中国传统“孝文化”的魅力，因为孝感是全国唯一一个以“孝”命名的地级市。同时，久负盛名的孝感麻糖、剪纸等，也功不可没。

2. 与湖北省其他地级市比较

根据现有可查找到的数据，我们选择有关市域发展规模、经济发展情

况、社会发展情况和居民生活情况等 4 个方面的 24 个指标，对湖北省 12 个地级市进行了对比研究。从这些对比数据看，我们既可看到孝感市辖区的劣势，也可发现孝感市辖区的相对优势。对比的具体情况，见表 5、表 6、表 7 和表 8。

表 5　2004 年湖北省 12 个地级市主要经济社会指标对比情况

单位：万人，平方公里，人，人/平方公里

项目	市域发展规模											
	年末总人口		国土面积		人口密度		建成区面积		建成区人口		建成区人口密度	
	数值	排名	数值	排名	数值	排名	数值	排名	数值	排名	数值	排名
总计	1880	—	32874	—	572	—	755	—	944	—	12503	—
武汉	786	1	8494	1	925	4	214	1	459	1	21446	1
黄石	67	9	234	12	2854	1	57	5	60	5	10526	5
十堰	51	11	1193	9	425	8	52	7	40	6	7692	8
宜昌	121	4	4248	3	286	11	62	4	66	3	10645	4
襄樊	219	2	3672	4	595	7	77	2	84	2	10909	3
鄂州	105	6	1504	7	700	6	43	8	33	9	7674	9
荆门	72	8	2171	5	331	10	41	9	39	7	9512	6
孝感	**89**	**7**	**946**	**10**	**941**	**3**	**32**	**10**	**24**	**10**	**7500**	**10**
荆州	111	5	1576	6	702	5	53	6	62	4	11698	2
黄冈	37	12	353	11	1039	2	24	12	20	12	8333	7
咸宁	56	10	1494	8	375	9	31	11	22	11	7097	11
随州	166	3	6989	2	237	12	69	3	35	8	5072	12

资料来源：《湖北统计年鉴 2005》，中国统计出版社，2005，第 153 ~ 161 页，下同（另说明来源的除外）。建成区面积、建成区人口是 2002 年数据，引自《中国城市统计年鉴 2003》，中国统计出版社，2004，第 47、111 页。

说明：此资料系市区资料，不包括市辖县，下同。

表 6　2004 年湖北省 12 个地级市主要经济社会指标对比情况

单位：元，%，元

项目	经济发展情况											
	人均 GDP		第二产业比　重		第三产业比　重		人均地方财政预算内收入		在岗职工年平均工资		农　民年人均纯收入	
	数值	排名	数值	排名	数值	排名	数值	排名	数值	排名	数值	排名
总计	19197	—	50.72	—	41.89	—	860	—	11855*	—	2890*	—
武汉	24963	3	46.17	11	48.56	1	1324	1	15971	1	3955	1
黄石	24399	4	57.49	4	40.04	3	908	4	11270	3	2626	10
十堰	35874	1	68.24	1	30.83	9	1161	2	14650	2	1916	12
宜昌	26548	2	67.58	2	27.27	12	913	3	10636	4	2938	7

续表 6

项目	经济发展情况											
	人均 GDP		第二产业比重		第三产业比重		人均地方财政预算内收入		在岗职工年平均工资		农民年人均纯收入	
	数值	排名	数值	排名	数值	排名	数值	排名	数值	排名	数值	排名
襄樊	12493	7	47.14	9	38.97	5	475	8	9124	9	3060	4
鄂州	13519	6	52.23	7	34.46	8	399	9	9190	7	3234	3
荆门	19907	5	57.52	3	34.77	7	678	5	10455	5	3629	2
孝感	**6977**	**12**	**41.65**	**12**	**42.56**	**2**	**237**	**11**	**8764**	**11**	**2874**	**8**
荆州	10007	8	46.36	10	39.52	4	354	10	9264	6	3002	6
黄冈	10270	8	52.40	6	36.37	6	639	7	8348	12	2485	11
咸宁	8278	11	55.91	5	28.04	10	661	6	9171	8	2698	9
随州	8350	10	47.69	8	27.77	11	176	12	8838	10	3017	5

资料来源：在岗职工年平均工资和农民年人均纯收入，引自《湖北统计年鉴 2005》第 45、149 页。

说明：＊在岗职工年平均工资和＊农民年人均纯收入，是按全市口径（即包括市辖县、市、区）计算的，其总计为湖北全省的平均值，12 个地级市有关数据的平均值和总平均值，应略高于上述数据。

表 7　2004 年湖北省 12 个地级市主要经济社会指标对比情况

单位：人，元，册

项目	社会发展情况											
	每百人拥有高校学生		每百人拥有中学学生		财政支出中人均教育支出		每百人拥有专业技术人员		每百人拥有医生		人均公共藏书	
	数值	排名	数值	排名	数值	排名	数值	排名	数值	排名	数值	排名
总计	4.60	—	9.16	—	209	—	4.43	—	0.20	—	0.70	—
武汉	7.64	1	8.72	11	256	3	4.72	4	0.25	5	1.04	3
黄石	3.67	5	9.76	5	206	5	9.30	3	0.34	2	1.15	2
十堰	5.79	4	10.74	2	484	1	10.70	1	0.49	1	1.19	1
宜昌	2.23	9	8.84	10	230	4	10.04	2	0.31	3	0.62	6
襄樊	1.00	10	9.11	7	170	7	2.34	9	0.17	8	0.28	9
鄂州	0.67	11	8.34	12	136	10	3.18	8	0.16	10	0.28	10
荆门	2.72	7	9.16	6	187	6	3.88	7	0.22	6	0.22	11
孝感	**2.34**	**8**	**10.11**	**4**	**106**	**11**	**1.82**	**11**	**0.17**	**9**	**0.29**	**7**
荆州	6.22	2	10.13	3	161	8	4.05	5	0.19	7	0.75	5
黄冈	6.21	3	9.10	8	265	2	4.03	6	0.27	4	0.95	4
咸宁	3.62	6	12.39	1	142	9	2.14	10	0.15	11	0.29	8
随州	0.15	12	9.03	9	97	12	1.42	12	0.13	12	0.07	12

说明："每百人拥有中学学生"包括普通中学学生和中等职业学校学生。

表 8　2004 年湖北省 12 个地级市主要经济社会指标对比情况

单位：平方米，吨，度，部，元

项目	居民生活情况											
	人均住宅建筑面积		人　均生活用水		户　均生活用电		人　均绿地面积		每百人拥有电话		人均社会消费品零售总额	
	数值	排名	数值	排名	数值	排名	数值	排名	数值	排名	数值	排名
总计	18.22	—	96	—	779	—	16	—	73	—	4434	—
武汉	16.81	9	108	4	1146	3	9	12	102	2	12223	1
黄石	16.22	11	138	1	1152	2	33	2	89	3	4169	4
十堰	17.76	8	73	8	1228	1	50	1	109	1	3092	9
宜昌	22.73	2	79	7	851	4	23	4	73	4	4964	3
襄樊	20.33	6	133	2	400	9	16	7	46	7	3570	7
鄂州	17.87	7	106	5	356	10	13	11	41	8	5193	2
荆门	16.57	10	67	9	407	9	31	3	59	6	4036	5
孝感	**22.21**	**3**	**82**	**6**	**424**	**7**	**20**	**6**	**39**	**10**	**2995**	**10**
荆州	20.92	4	54	11	528	5	16	8	61	5	3702	6
黄冈	23.95	1	56	10	448	6	23	5	36	11	2081	12
咸宁	13.74	12	110	3	268	11	15	9	41	9	2360	11
随州	20.61	5	36	12	168	12	15	10	21	12	3246	8

说明：人均住宅面积是 2000 年的数据，引自《湖北统计年鉴 2001》，中国统计出版社，2001，第 170 页；人均社会消费品零售总额，是根据《湖北统计年鉴 2005》第 34 ~ 35 页和第 274 页数据按全市口径（即包括市辖县、市、区）计算的，其总计为湖北全省的平均值，12 个地级市平均值和总平均值，应略高于上述数据。

（三）孝感市辖区的主要劣势和相对优势

表 5 ~ 表 8 各项指标的数值及其排序，虽不够完善和准确，但它们却是目前对湖北省地级市进行对比研究的唯一可用的、也是基本可信的资料。表 5 ~ 表 8 的数据说明，孝感市辖区的主要劣势有以下几个方面。

（1）发展规模较小：在湖北 12 个地级市中，国土面积、建成区面积、建成区人口均居第 10 位，总人口居第 7 位，人口密度居第 3 位。显然，人多地少是最基本的劣势。

（2）经济相当落后：在湖北 12 个地级市中，人均 GDP、第二产业比重均居第 12 位。

（3）财政比较困难：在湖北 12 个地级市中，人均地方财政预算内收入居第 11 位。

（4）居民收入较少：在湖北 12 个地级市中，农民年人均纯收入居第 8 位，城镇在岗职工年平均工资居第 11 位，均处于中、下水平。

（5）消费水平较低：在湖北12个地级市中，人均社会消费品零售额和每百人拥有电话均居第10位，户均用电量居第7位，同样处于中、下水平。

孝感市辖区的相对优势有以下几个方面。

（1）区位条件比较优越：孝感是湖北省东北部唯一的地级市，也是武汉城市圈北部唯一的中等城市。距武汉市中心不到60公里，公路、铁路、水运都比较发达。

（2）第三产业比较发达：孝感第三产业GDP比重达42.56%，在湖北12个地级市中居第2位，仅比武汉低6个百分点。

（3）城乡收入差距较小：农民年人均纯收入与城镇在岗职工年平均工资之比，湖北全省为1∶4.10。其中：鄂州为1∶2.84；荆门为1∶2.88；随州为1∶2.93；襄樊为1∶2.98；孝感为1∶3.05；荆州为1∶3.09；黄冈为1∶3.36；咸宁为1∶3.40；宜昌为1∶3.62；武汉为1∶4.04；黄石为1∶4.29；十堰为1∶7.65。孝感居第5位，属于差距较小范围。

（4）文化教育卫生事业较为发达：在湖北12个地级市中，每百人拥有中等学校学生居第4位，人均公共藏书居第7位，每百人拥有高等学校学生居第8位，均属中等水平。此外，孝感的文化体育和医疗卫生事业也比较发达。

（5）居民生活条件较好：在湖北12个地级市中，建成区人口密度小，居第10位；人均住宅建筑面积居第3位；人均生活用水、人均绿地面积居第6位，均属于中、上等水平。

（6）文化底蕴较厚：孝感有较为丰富的以孝文化为特色的历史人文资源，以楚文化为内容的古遗址、古遗物、古墓群、古建筑、古景观等古文化资源，以及近现代的革命文化资源。

二　明确认识改革方向

（一）中国行政区划的现状和特点

1. 行政区划的现状

1982年12月，第五届全国人民代表大会第五次会议通过的《中华人民共和国宪法》（以下简称《宪法》）第十三条规定："中华人民共和国的行政区域划分如下：（一）全国分为省、自治区、直辖市；（二）省、自治区分为自治州、县、自治县、市；（三）县、自治县分为乡、民族乡、镇。

直辖市和较大的市分为区、县。自治州分为县、自治县、市。”很明确，这是一种3级行政区划体制。

但是，民政部编《中华人民共和国行政区划简册2005》中2004年的行政区划却是：省级行政区划单位34个；地级行政区划单位333个，包括283个地级市，17个地区，30个自治州，3个盟；县级行政区划单位2862个，包括852个市辖区，374个县级市；乡级行政区划单位43275个，包括19892个镇，16130个乡，5829个街道。[①] 显然，国家民政部认可的行政区划不是3级而是4级。

《宪法》规定，居民委员会和村民委员会（以下简称“居委会”和“村委会”）是城乡“基层群众性自治组织”。但从实际情况看，“协助”基层人民政府或它的派出机关开展的行政性的工作已成居委会和村委会的主要任务，因而它们事实上已成为一个行政管理层次。这就是说，中国行政区划的实际体制，不是4级，而是省、地、县、乡、村（居）5级。

如果再加上明文规定的15个副省级行政单位（即沈阳、大连、长春、哈尔滨、南京、杭州、宁波，厦门、济南、青岛、武汉、广州、深圳、成都、西安），[②] 相当数量的副地级行政单位（主要是一些省辖县级市）和副县级行政单位（主要是一些经济比较发达的建制镇），那么，中国现实的行政区划体制，就不是5级，而是8级了。

2. 行政区划的特点

与世界各主要国家比较起来，21世纪初中国行政区划体制的主要特点是有以下几个方面：

（1）层多，即行政管理层次过多。据有关资料记载，美国一级行政区为州和特区，二级行政区为县和市。日本一级行政区为都、道、府、县，二级行政区为市、町、村。印度一级行政区为邦和中央直辖区，二级行政区为县或大区。[③] 世界各主要国家行政区划一般都是2级或3级，很少超过4级。然而，中国的行政区划，《宪法》规定3级，民政部认可4级，实际存在8级。管理层次之多，大大超过了世界各国。

（2）幅小，即一、二级行政区管理幅度过小。20世纪90年代初，美国一级行政区51个，二级行政区3137个，一级行政区管辖二级行政区平均61.5个。日本一级行政区47个，二级行政区3250个，一级行政区管辖

---

① 民政部编《中华人民共和国行政区划简册2005》，中国地图出版社，2005，第1页。
② 国家统计局编《中国城市统计年鉴2003》，中国统计出版社，2004，第16、25页。
③ 周定国等：《世界行政区划图册》，中国地图出版社，1993。

二级行政区平均69.1个。印度一级行政区29个，二级行政区410多个，一级行政区管辖二级行政区平均14个多。2004年，中国大陆省级行政区管辖地级行政区平均10.7个，行政区管辖幅度都太少了。

（3）头大，即一级行政区规模过大。按1995年统计资料计算，一级行政区平均管辖的国土面积和人口：美国18.4万平方公里和512万人，英国6.1万平方公里和1451万人，德国2.4万平方公里和543万人，俄罗斯77.7万平方公里和679万人，印度10.3万平方公里和2849万人，中国大陆31万平方公里和3907万人。① 中国一级行政区管辖的国土面积除小于俄罗斯外均大于其他各国，管辖的人口则远高于其他各国。

（4）脚小，即基层行政区规模过小。2001年，全国20万人以下的县级行政区703个，其中10万人以下的280个。② 2004年，全国乡级单位44067个，村级单位806515个，乡级单位平均管辖国土面积218平方公里，人口29149人；村级单位平均管辖国土面积11.9平方公里，人口1593人。基层行政单位规模如此狭小，既不利于经济社会发展，又不利于基础设施、公共设施的合理建设和使用，更不利于降低行政管理成本和提高居民生活质量。

（二）“市管县”与地级市的发展历程和主要弊端

1. 发展历程

市管县体制（主要指地级市管辖县级行政单位）的发展经历了以下两个阶段：

（1）以服务大中城市为主的阶段（1950～1981年）。这个阶段只限于省会城市和少数大城市，其出发点是保证蔬菜和副食品供应。如1950年的旅大市，仅管辖金县和长山县。1958年，全国有28个地级市（当时称“省辖市”，下同）管辖118个县，市均4.21个县。1959年，为了克服当时经济困难，扩大了这一体制实施范围。到1960年，全国有48个地级市管辖234个县，市均4.88个县。但到1965年，全国仅有24个地级市管辖78个县，市均3.25个县。此后略有发展，到1981年6月全国有57个地级市管辖147个县，市均2.58个县。

（2）以城市带动农村为主的阶段（1982年至今）。20世纪50年代，辽宁省根据本省城市和工业较发达的特点，推行市管县体制，到1981年全

---

① 李树藩等：《最新各国概况》，长春出版社，1997。

② 民政部编《中华人民共和国行政区划简册2001》，中国地图出版社，2001，第1～172页。

省10个地级市管辖33个县，占全省县数73.3%。当时认为，这种体制比较适合经济发达地区。1982年，中共中央、国务院发出了改革地区体制，实行市管县的通知。[①] 此后，市管县得到了迅速发展。

地级市是市管县体制的主要载体。1949年后，全国设置了一批相当专区一级的市；“文化大革命”期间专区改为地区，并按行政隶属关系称为“省辖市”。“省辖市”中，既包括相当于地区一级的市，又包括县级市，往往造成混乱。1983年，劳动人事部和民政部在一份请示报告中把直辖市以外的市按行政级别分为地、县两级，即地级市和县级市。同年，国务院也开始使用“地级市”名称。从此，更为科学的“地级市”名称就逐渐取代了“省辖市”名称。1985年，民政部在逐个认定基础上，把原有的市按行政级别分为省级市、地级市、县级市3类，编辑出版了《中华人民共和国行政区划手册》。至此，地级市名称就走向了统一和规范。

与市管县体制一样，地级市的发展也可分为两个阶段：一是缓慢发展阶段（1949~1981年），地级市从55个发展到108个，年均增加1.66个；二是快速发展阶段（1981~2004年），地级市从108个发展到283个，年均增加7.61个（详见表11）。

表11　1949~2004年地级市发展情况

单位：个，%

年　度	地级单位	#地级市	比　重	年　度	地级单位	#地级市	比　重
1949	270	55	20.4	1983	322	144	44.7
1959	231	73	31.6	1993	335	196	58.5
1963	265	76	28.7	1998	331	227	68.6
1977	311	97	31.2	2000	333	259	77.8
1981	316	108	34.2	2004	333	283	85.0

资料来源：《中华人民共和国行政区划手册》和有关年度的《中华人民共和国行政区划简册》。

说明：“#”表示其中，下同。

表11的数据说明，1949~1981年，地级行政单位增加46个，地级市增加53个，它们基本上是同步的；1981~2004年，地级行政单位仅增加17个，地级市却剧增175个，它们大都是撤地设市的产物。到2004年底，地级市已成为地级行政管理层次的主要形式。

① 民政部行政区划处编《中华人民共和国行政区划手册》，光明日报出版社，1986，第124、125页。

据统计，2003 年在全国 282 个地级市中，没有管辖县级行政单位的 4 个；管辖县级行政单位的 278 个，共管辖县级行政单位 2324 个，市均 8.36 个，其具体情况见表 12。

表 12　2003 年地级市管辖县级行政单位情况

单位：个

地　区	地级市个　数	管辖县级行政单位		管辖县级行政单位（区、市、县）的数量					
		个　数	平　均	1～2	3～5	6～10	10～15	16～20	>20
全　国	278	2324	8.36	4	62	137	62	11	2
东　部	98	818	8.35	1	17	49	22	4	2
中　部	101	863	8.54	2	22	49	23	5	—
西　部	83	643	7.75	1	23	39	17	2	—

资料来源：《中华人民共和国行政区划简册 2004》，第 9～172 页。

表 12 的数据说明：①地级市管辖县级单位的平均数量，中部最多，东部次之，西部最少。②管辖 6～10 个县级行政单位的地级市 137 个，占地级市总数的 48.6%。

2. 主要弊端

市管县体制和地级市的存在和发展，对保证大、中城市农副产品供应和带动周围地区发展确有一定好处。但是，这种体制却存在着许多弊端，其中主要有以下方面：

（1）违背了《宪法》，增加了行政管理层次。《宪法》规定，中华人民共和国的行政区域划分为省（自治区、直辖市）、县（自治县、市）、乡（民族乡、镇）3 级。市管县体制和地级市的设置，使行政区划从 3 级增至 4 级，是不符合《宪法》有关规定的。

（2）增加了国家工作人员，提高了行政管理成本。据不完全统计，地级市国家机关、政党机关和社会团体工作人员一般为 4000 人左右，行政管理费人年均约 2 万元。全国 283 个地级市，工作人员约 113 万人，年行政管理费约 226 亿元，分别占全国国家工作人员 1053 万人 10.7%、行政管理费 2979.42 亿元的和 7.6%。[①]

（3）束缚了县级单位积极性，形成了市县矛盾。在市管县体制下，地级市与下辖县级单位争项目、争投资、争信贷、争外商、争税源是一种普遍现象。由于地级市往往采用卡、刮、挤、占等办法侵占下辖县级单位权

① 国家统计局编《中国统计年鉴 2003》，中国统计出版社，2004，第 135、284 页。

益，因而严重束缚了下辖县级单位手脚，酿成了市县之间的种种矛盾和冲突。特别是在弱市与强县之间，这种矛盾往往表现得相当尖锐。

（4）沿袭了地区领导模式，助长了形式主义和官僚主义。由撤销地区而设立的地级市，往往沿袭原地委、行署领导模式，不仅市委、市政府经常到县市检查、指导工作，而且市委、市政府的各部门、各单位也习惯于向所辖县市布置各种达标任务，组织各种评比检查，致使县市为迎来送往疲于奔命。这种领导模式，既劳民伤财，又助长了形式主义和官僚主义。

（5）缩小了市本级活动空间，限制了市本级经济社会发展。在市管县体制下，由于市本级往往没有独立活动空间，或者仅仅以开发区为活动载体，因而极大地限制了市本级经济和社会事业的发展。在这种情况下，市委、市政府往往把注意力转向所辖县市，其结果只能是“种了人家的地，荒了自己的田”，市本级经济社会发展反面落后于所辖县市。

（6）造成了“小马拉大车”现象。据统计，2003 年 282 个地级市中，市区非农人口 30 万以下的占 37.2%，市区总人口是非农人口 10 倍以上的占 45.7%。如果以市区非农人口 30 万以下为“小马”、市区总人口是非农人口 10 倍以上为“大车”，那么，地级市中“小马拉大车”的占 40% 左右。从经济实力看，282 个地级市中人均国内生产总值不足万元的占 38.3%。特别是 2001～2003 年新增的 23 个地级市，平均市区非农人口仅 12.8 万人。[①] 实践证明，“小马拉大车”既不利于地级市自身发展，更不利于对其下辖县级行政单位的带动。

（7）出现了没有法律依据的“市管市”现象。按照《宪法》规定，市与市之间没有行政隶属关系。然而，在市管县体制下，全国 282 个地级市中有 157 地级市管辖着 308 个县级市，占县级市总数的 82.4%，[②] 从而出现了没有法律依据的“市管市”现象。

（8）形成了“城市农村化”和虚假城镇化现象。据统计，全国市镇总人口中农业人口比重 1980 年为 27.6%，1993 年上升到 67.6%。[③] 2002 年，全国城市总人口中农业人口的比重更高达 71.1%。这说明，“城市农村化”现象已越来越严重。与此相关的是，虚假城镇化现象也非常突出。2002 年全国城镇化水平，按居住在城镇的全部人口计算为 39.1%。但是，如果按城市行政区非农业人口计算仅为 25.6%，按城市市辖区非农业人口计算更

---

① 国家统计局编《中国城市统计年鉴 2003》，中国统计出版社，2004，第 43、50 页；民政部编《中华人民共和国行政区划简册 2004》，中国地图出版社，2004，第 9、172 页。

② 民政部编《中华人民共和国行政区划简册 2004》，中国地图出版社，2004，第 9、172 页。

③ 国家统计局编《中国人口统计年鉴 1994》，中国统计出版社，1994，第 431 页。

只有14.8%。[①]“城市农村化”和虚假城镇化的原因是多方面的，但市管县体制却是其中重要原因之一。

（三）地级市改革的目标和步骤

1. 行政区划改革的目标和突破口

中国现行行政区划体制，是对传统行政区划体制的继承，是在高度集中政治体制和计划经济体制基础上形成的，同时也是落后的经济、文化、科技条件的产物。它的主要弊端是，统得过多，管得过死，效率过低，成本过高，已到非改不可的时候了。1978年以来，经过28年的改革和发展，原有高度集中的政治体制已初步改革，民主政治体制正在逐步建立；原有计划经济体制已被扬弃，市场经济体制已基本形成；政府职能正在从“政治型”、“全能型”向“管理型”、“服务型”转变；法制建设正在逐渐完善，依法治国方略正在逐步落实；人民群众的文化程度、思想观念、政治参与意识和参政议政水平有了很大提高；交通、通讯条件有了极大改善，人们活动空间大大扩展，信息来源日益多元化，交通和信息传递速度大大加快。所有这些变化，对为改革现行行政区划体制提出了客观要求和现实可能。

从中国实际情况出发，借鉴世界各国经验，我们认为中国行政区划体制改革的目标应该是：小省，大县，省直辖县，省县管市，撤并乡镇。具体地有以下方面：

（1）增设省级行政单位，缩小省级行政区规模。可考虑把中国大陆省级行政单位从目前的31个增至60个左右，使每个省级行政单位管辖的平均国土面积从31万平方公里缩小到16万平方公里左右，人口规模从约4000万人减至2200万人左右。

（2）撤销地级市，实行省直辖县。撤销地级市，实行省直接管辖县级单位的体制。在少数地域辽阔、县级单位众多的省级行政单位，可考虑恢复原有作法，设置小规模的省级行政单位派出机构——专员公署，但决不能成为一个独立的行政管理层次。

（3）减少县级行政单位，扩大县级行政区规模。可考虑把县级行政单位从目前的2862个减至1600个左右，使每个县级单位平均管辖的国土面积从3355平方公里扩大到6000平方公里，人口规模从45万人增至80万

---

① 国家统计局编《中国统计年鉴2003》，中国统计出版社，2004，第97页；国家统计局编《中国城市统计年鉴2003》，中国统计出版社，2004，第43页。

人左右。

（4）按“切块”模式设置市镇，实行“省管市”、“县管市（镇）”体制。市（镇）的设置与行政级别脱钩，根据城乡分治原则，完全按照人口规模、经济结构和发展水平、城镇设施建设等条件设立和分类，并分别隶属于省、县管辖。

（5）减少乡级行政单位，扩大乡级行政区规模。可考虑把乡级行政单位从目前的43275个逐步减至22000个左右，使每个乡级单位平均管辖的国土面积从约220平方公里扩大到400平方公里左右，人口规模从约3万人增至6万人左右。

中国行政区划体制改革，应该以废除市管县体制和撤销地级市为突破口。这是因为，从中国历史看，省、县之间的地级行政区是变化最为频繁、多样的层次。例如，魏、晋、南北朝时期，州以下的郡、王国；唐代，道以下的都督府、州、府；元、明、清时期，中书省以下的道、路、府、州；北洋政府时期，省、特别行政区以下的道、盟；国民政府时期，省、直辖市以下的专区等，变动都极为频繁。中华人民共和国成立后，地级行政区也曾发生过地区、专区、行署等多种变化。这说明，地级行政区是一个可有可无、可虚可实的管理层次，它的变化对全局一般不会产生巨大震动。从近年来浙江、福建、湖北、辽宁、河南等省强县（市）扩权的实践经验看，实行省县直辖管理体制均已取得良好效果。从2004年1月至9月，湖北省20个扩权县市完成工业增加值224亿元、固定资产投资176亿元，比上年分别增长17.9%和59%，分别比湖北省县域经济平均发展水平高5.4和14个百分点。① 这说明，以废除市管县体制和撤销地级市为突破口，是全国行政区划体制改革最切实、最稳妥的步骤。

2. 地级市改革的步骤和措施

为了减少改革阻力、阵痛和可能出现的混乱，地级市行政体制改革可考虑采取如下步骤：

（1）压缩财政管理权限：即压缩地级市财政管理权限，将财权逐步转给县级行政单位，并实行省直管县。目前，在浙江、福建、湖北、辽宁、河南等省实施的“强县扩权”就是这种作法。实施这一步骤的要求，就是把“强县扩权”普遍化，直至完全实现省直管县。

（2）弱化人事决策权力：即弱化地级市人事决策权限，将人事决策权分别上收省级或下放县级行政单位，并实行省直管县。对于县级行政单位

① 李剑军等：《强县扩权：兴县富民的选择》，《湖北日报》2004年12月29日。

来说，没有人事决策权支撑，财权很难兑现；对于省级行政单位来说，没有把握人事决策权，省直管县的财权也很难落实。

（3）减少政务活动频率：即减少地级市党务、政务活动频率，重大党务、政务活动，采取省县直达方式，这样即可减少层次、提高效率，又可缩短时间、节约成本。地级市则应大幅精简，并逐渐转变成为省级行政单位的派出机构，主要承担调研、监督职能。

（4）脱离行政隶属关系：即脱离县级行政单位与地级市的行政隶属关系，实现完整的省直管县。从行政区划体制改革全局看，这一步应与增设省级行政单位、缩小省级行政区规模同时进行，即在分省的同时废除市管县体制，把原地级市纳入新的行政区划体系。

实践证明，废除市管县体制和撤销地级市的阻力主要来自地级市。为了减少阻力，保证改革顺利进行，应该采取一些措施：①在政治上，以一定时期为限，保证地级市及其工作人员的行政级别和各种待遇不变。②在经济上，给予地级市（特别是“小马拉大车”的弱市）必要的补贴和照顾，使他们原有经济利益不受损害或少受损害。③在政策上，特别是在建设项目安排、国有资金投入等方面给予优惠，以促进地级市加快发展。这就是说，废除市管县体制和地级市的行政设置，与积极发展原地级市所在城市应该同时并举、并行不悖，而绝不是让原地级市所在城市逐步衰落和消亡。

事实上，原地级市所在城市（即使是属于“小马”之列的地级市）都有许多强项或优势。与周围县市比较起来，这些地级市所在城市一般都具有区位条件优越，人口城镇化率较高，第二、三产业比较发达，交通、通讯等基础设施比较完善，文化教育卫生体育等公用设施比较齐全，特别是人口素质较高，各类人才较多，社会联系比较广泛，社会信息比较灵通等优势。因此，只要解放思想，提高认识，深化改革，尽快从“小马拉大车”的重负下解脱出来，这些原地级市所在城市是完全有可能发展得更快、更好的。只要这些原地级市所在城市有了一个较大、较快的发展，它们是完全能够接受废除市管县体制、废除地级市改革的。

三　大胆探索改革道路

地级市改革，从宏观看，是对地级市逐步削权、弱化、直至撤销的问题；从微观看，则是对地级市市辖区原有管理模式进行大胆改革，探索新型管理体制和运行机制，寻觅发展新路的问题。地级市改革的成败，在很

大程度上取决于市辖区改革是否成功，取决于改革后市辖区的经济社会发展是否更顺利、更健康。目前，宏观层次的地级市改革已经启动，如强县扩权、省县直辖等等，并已取得初步成效。但是，微观层次的地级市改革，特别是市辖区管理体制改革，基本上还没有破题，而这正是推进地级市改革的重点和难点。

（一）市辖区管理体制的主要弊端

为了探索地级市市辖区管理体制改革新路，就必须弄清楚现行市辖区管理体制的主要特点和弊端。我们认为，市、区分设是现行地级市市辖区管理体制的最大特点和最大弊端。以地级孝感市市辖区为例，市、区分设管理体制的主要弊端有以下方面：

（1）党政机构叠床架屋。在现行市、区分设体制下，党政机构都是两套，中共党组织有市委和区委，人民政府有市政府和区政府，人大、政协、公、检、法、司等等都是两套。甚至连开发区也是两个，即孝感市的高新开发区和孝南区的南大开发区。

（2）事业单位重复建设。孝感城区人口不到 30 万，有图书馆两个，市图书馆和区图书馆；博物馆两个，市博物馆和区博物馆；妇幼保健院两家，市妇幼保健院和区妇幼保健院；卫生防疫站两家，市卫生防疫站和区卫生防疫站等等。所有这些按行政隶属关系分设的事业单位，大都规模小、档次低、功能差，所谓的“事业费”基本上都变成了“人头费”。

（3）管理权限互相争夺。例如，孝感市运管处直属所管辖城区，孝南区运管所管辖乡镇场，它们之间一直存在管理对象交叉、执法交叉、重复收费等问题。此外，在税收、城管、社会治安、文化市场管理等方面，市、区有关部门之间也经常为权、为利互相争夺。

（4）管理职责互相推诿。与管理权限互相争夺不同，对于管理职责则往往互相推诿。特别是在义务教育、农村医疗卫生、环境保护和治理、养老保险等服务性、公益性事项方面，市、区有关部门之间经常为职、为责互相推诿、互相扯皮。

（5）管理成本比较高昂。据《2004 孝感统计年鉴》资料，市辖区有党政机关工作人员 9876 人，其中市直 4048 人，孝南区 5828 人。按总人口 89.06 万人计算，每万人口中有党政机关工作人员 111 人，而云梦县是 64 人，汉川市是 43 人。如果按汉川比例计算，市辖区只应有 3830 人，按云梦比例计算也只应有 5700 人，即多 4176 ~ 6046 人。按每人每年行政经费 2 万元计算，就等于多花管理成本 8352 万 ~ 12092 万元。

（6）管理效率比较低下。据《2004孝感统计年鉴》资料，市辖区企业单位年平均在岗职工49975人，平均工资9582元，比全市平均7706元高1876元；事业单位年平均在岗职工20136人，平均工资11969元，比全市平均10108元高1861元；机关单位年平均在岗职工9859人，平均工资12904元，比全市平均11855元高1049元。但是，市辖区人均GDP仅6796元，比全市平均8024元低1228元。

（二）改革市辖区管理体制的建议

（1）市区合并，大幅精简：①市、区两级机构合二为一，即把市、区、乡镇3级行政管理层次，改为市、乡镇2级行政管理层次。②孝感市高新开发区和孝南区南大开发区合并，把原孝南区的行政设置转给合并后的开发区，使开发区管委会从市政府派出机构转变成为一级行政管理机构。③原来按市、区行政隶属关系分设的事业单位，根据各自发展的客观需要，逐步合并，减少数量，扩大规模，提高档次。可以预见，市区合并的结果必然是：管理机构、管理人员的大幅精简，管理成本的大幅下降，工作效率的大幅提高。

（2）深化改革，转职变型：①深化政府机构改革。改革的原则是：政企分开、政资分开、政事分开、政府与市场中介组织分开，尽可能简化、规范行政审批职能，最大限度地强化、优化社会管理和公共服务职能。②深化各类事业单位改革。改革的原则是：精简机构和人员，扩大规模和容量，节约资源和成本，提高质量和效益，搞好服务和发展。通过改革，促使各级政府机构从政治领导型向依法治理型转变，从行政管理型向社会服务型转变；促使各类事业单位从行政型向业务型转变，从官本位向学术本位转变。

（3）发展第二产业，强化主体：①壮大支柱产业。从市辖区现有实际情况出发，应该加强现有基础较好、发展较快的生活用纸、纺织服装和服饰、机械电子、食品饮料、医药化工等重点行业，促使它们向产业集群发展。②搞好开发区建设。按行政区模式改革开发区管理体制，理顺各方面关系，搞好基础设施建设，改善投资环境，把开发区建设成为发展第二、三产业的主要载体。③做好进入武汉城市圈的各项衔接工作，争取接纳更多从武汉更新换代下来的、符合孝感发展规划要求的企业。④搞好招商引资工作，争取更多的外资、外企进入孝感。⑤放手发展民营经济，使民营经济逐渐成为孝感第二产业的主体。

（4）提高第三产业，突显特色：①发展高等教育和中等职业技术教育。2004年孝感城区有3所高等院校、13所中等职业技术学校，在校学生39957人，占城区总人口13.32%，这在全国地级市中是少有的。孝感应该继续发展这一优势，力争建设成为鄂北教育第一大市。②创建名牌院校。以湖北职业技术学院和孝感工业学校为重点，加强内部管理，提高教学质量，扩大订单教育范围，搞好毕业生就业工作，努力把这两所初具声名的万人院校办成为全国著名的职业院校。要克服片面追求数量、忽视质量的倾向，要防止成为昙花一现、来去匆匆的历史过客。③发展医疗卫生事业。对孝感城区6家综合医院、3家专科医院、1家中医院、两家卫生防疫站、两家妇幼保健院和71个门诊部等医疗网点，进行改革、整顿和重新组合，逐步形成两个拳头：一是少量独具特色的、高质量的医疗中心；二是遍布城乡、布局合理的基层医疗服务网点。④创建孝文化品牌。学习《乔家大院》传扬晋商文化经验，发掘以孝为特色的历史人文资源，创作孝文化作品，建设孝文化公园，办好全国8家“爱心护理院”之一的孝感康复“爱心护理院”，努力把孝感建设成为以孝为特色的文化大市。

（5）城乡统筹，共同富裕：①发展城郊型农业，重点发展菜、果、水产、肉、禽、蛋、奶、花卉、草木等行业。②发展规模经营。2004年市辖区经营面积20亩以上的农庄有874户，经营土地50000多亩，户均60亩左右。发展规模经营，应该以发展农庄为重点，同时发展公司加农户、农—工—贸、贸—工—农、产—加—销等经营模式。③放手发展农民经纪人，2004年仅从事早蜜桃销售的公司16家，经纪人180多人，销售早蜜桃近1.5万吨。放手发展农民经纪人，有利于促进农产品销售。④发展打工经济和回归经济，这是当前和今后一个相当长时期内提高农民收入水平、扩大农村投资规模的有效途径。⑤减少村委会数量，扩大村委会规模。1993～2003年，全国村委会从802352个减至678589个，减少了15.4%；每个村委会平均人数从1138人增至1382人，增长了21.4%。[①]同期，市辖区村委会却从443个增至463个，增长了4.5%；每个村委会平均人数则从1295人减至1269人，减少了2%。这说明，市辖区农村组织结构不仅是停滞的，甚至是倒退的。为了促进市辖区农村经济发展和社会进步，必须以发展经济为基础、以自愿为前提、以循序渐进为原则，大幅度地减少村委会数量，扩大村委会规模。⑥改革国有农场管理模式，对朱湖农场、东山头原种场实行政企分离改革，在两地建立相应行政管理机

① 国家统计局编《中国统计年鉴1995》，中国统计出版社，2004，第329页；国家统计局编《中国统计摘要2004》，中国统计出版社，2004，第112页。

构，解脱两个农场办社会职能，促使两个农场成为完全独立的农业企业。⑦搞好新农村建设，从硬件设施看，除搞好农村居民住宅的规划、建设和管理外，重点是搞好农村道路、供排水、电力、通讯、广播电视、宽带网络等基础设施建设。⑧建立健全农村社会保障体系，特别是要搞好医疗、养老保险。

（6）优化环境，持续发展：①搞好节约资源、保护环境规划。在200个地级市中，孝感“综合环境资源成本节约”排名第64位，这是在各项指标中排名最靠前的一个指标。其根本原因，就是孝感市辖区高消耗资源、高耗能、高污染企业较少。今后，仍应坚持这一原则，并在发展规划中体现出来。②抓好生活用纸行业的环境保护工作。2003年，全国纸品行业前4名中的恒安、维达、中顺3家已落户孝感，它们生产的纸品已占全国市场销售总额的6%，从而使孝感成为华中地区规模最大的生活用纸生产基地、销售枢纽和研发中心。[①] 由于纸品行业是高污染行业，因此应按照同时设计、同时建设、同时投产原则做好环境保护工作。如果没有做到“三同时”，也应及时补救，决不可为眼前经济利益贻害社会和子孙。③做好资源节约工作。孝感最短缺的资源是土地、水和能源，因此应该通过教育、法律、行政、经济、技术、道德等手段，最大限度地节约土地、水和能源消耗。④做好污染治理工作。孝感最严重的污染是水体污染，同时白色污染、气体污染和噪声污染也相当严重，应该采取得力措施遏制这几种污染的泛滥，并逐步还清这几方面的治理欠账。⑤做好生活垃圾治理工作。积极推广生活垃圾分类收集和处理，努力提高生活垃圾的处理率和利用率。

※　※　※　※　※

2004年，在全国283个地级市中，279个地级市有市辖区788个（另4个地级市没有市辖区），平均每个地级市有市辖区2.82个。其中，只有1个市辖区的地级市98个，占279个地级市的35.1%。[②] 与孝感一样，这些地级市都属于拉“大车”的“小马”之列，都存在着市、区分设现象，都面临着省直管县后如何改革、发展的问题。孝感如果勇于实践，敢于探索，通过市区合并、城乡统筹、可持续发展闯出一条新路，无疑会对全国类似地级市的改革和发展做出重要的贡献。

2006年5月6日于孝感

---

① 宁波等：《孝南区三年招商引资20亿》，《孝感日报》2006年4月21日。

② 民政部编《中华人民共和国行政区划简册2005》，中国地图出版社，2005，第9~172页。

第二部分　总调查报告

第一章 行政建制和人口

第一节 行政建制

一 行政建制的变化

(1) 孝感市行政建制的变化：1993～2003年期间，发生了两次重大变化。

一是孝感撤地设市：1993年4月10日，国务院下发了国函［1993］46号文件《国务院关于湖北省撤销孝感地区设立孝感市（地级）的批复》。该文件指出：同意撤销孝感地区和县级孝感市，设立孝感市（地级）。原县级孝感市，分开设置为孝昌县和孝南区。

二是汉川撤县设市：1997年3月，经国务院批准，撤销原汉川县，设立县级汉川市。

(2) 孝南区行政建制的变化：1993～2004年期间，孝南区行政建制变化情况见表1－1。

表1－1 行政建制的变化

年 度	合计(个)	街道办事处(个)	镇(个)	乡(个)	农场(个)	国土面积(平方公里)
1993	18	4	8	3	3	946
1994	18	4	8	3	3	946
1995	18	4	8	3	3	946
1996	18	4	8	3	3	946
1997	18	4	8	3	3	946
1998	19	4	8	3	4	946
1999	19	4	8	3	4	1020
2000	19	4	8	3	4	1020
2001	17	4	8	3	2	1020
2002	17	4	8	3	2	1020
2003	17	4	8	3	2	1020
2004	17	4	8	3	2	1020

资料来源：历年《孝感统计年鉴》、《孝感市孝南区国民经济统计资料》，下同。

表1－1的数据说明，1993～2004年，孝南区4个街道办事处、8个镇、3个乡的行政建制一直没有变化。但是，农场数却有增有减。2001年，园艺总场并入杨店镇，野猪湖养殖场分别并入毛陈镇和闵集乡，因而只剩下朱湖和东山头两个农场了。国土面积的变化，主要是双峰山旅游度假区划入市辖区的结果。

二　行政区划的调整

（1）孝感市行政区划的调整：1993年孝感撤地设市时，行政区划没有改变，即仍辖原孝感地区的大悟县、云梦县、汉川县、新设立的孝昌县和孝南区；原孝感地区的应城市、安陆市和广水市由湖北省直辖，交地级孝感市代管，共8个县、市、区。2000年8月，湖北省直辖的广水市划归新成立的地级随州市代管。2000年8月至今，孝感市直辖孝南区；领导大悟县、云梦县和孝昌县；代管安陆市、应城市和汉川市。

（2）孝南区行政区划的调整：1994年，朋兴乡辖区的红光村、罗坡村、三里村划归孝感市高新开发区管辖。2000年，新铺镇辖区的胡邱村、庙李村、七垸村划归孝感市高新开发区管辖。2001年3月，园艺总场并入杨店镇，杨店镇名不变；野猪湖养殖场的渔歌、北泾嘴两个分场并入毛陈镇；野猪湖养殖场的马溪分场并入闵集乡。

三　行政区划简况

（1）孝南区：2003年，孝南区街、镇、乡、场简况见表1－2。

表1－2　孝南区街、镇、乡、场简况

名称		驻地	居委会（个）	村委会（个）	户数（户）	人口（人）	面积（平方公里）
合计			34	480	245417	829570	847
4街道	书院街道办事处	城西三路	5	5	22068	47933	11
	车站街道办事处	和平街	4	4	10194	20165	3
	新华街道办事处	文昌阁	6	6	20058	52259	5
	广场街道办事处	长征二路	5	7	39788	89477	10
8镇	西河镇	西河铺		26	7490	29908	57
	杨店镇	杨店	3	54	19078	72516	98
	陡岗镇	陡岗埠		32	12936	49284	55
	肖港镇	肖家港	3	66	20321	100803	108
	毛陈镇	毛陈渡	1	40	16448	62110	96
	三汊镇	三汊埠	3	42	13706	52546	78
	祝站镇	祝家湾	3	38	10874	41395	56
	新铺镇	新添铺		34	12150	54412	68

续表 1－2

名称		驻地	居委会（个）	村委会（个）	户数（户）	人口（人）	面积（平方公里）
3乡	朋兴乡	胜利街	1	30	11949	49123	53
	卧龙乡	潘家桥		31	12342	47916	61
	闵集乡	闵家集		28	6598	27258	88
2场	朱湖农场	朱湖	—	29	6763	22774	—
	东山头原种场	东山头		8	2654	9691	—

（2）高新开发区：经湖北省人民政府批准，1989 年在孝感城区成立了省级新产业开发开放试验区。1997 年，在新产业开发开放试验区内建立了孝感高新技术产业开发区（以下简称“高新开发区”），它是湖北汽车工业走廊重要组成部分，规划面积 11 平方公里，其中东区 7 平方公里，西区 4 平方公里。高新开发区设有管理委员会，是孝感市人民政府的派出机构，代表市政府对高新开发区行使经济管理职能。2004 年，高新开发区面积扩至 15.6 平方公里，其中建成区 7 平方公里。有关高新开发区的具体情况，见本书第十五章。

（3）东城区：为了更快更好地融入武汉城市圈，2004 年孝感市政府决定设置和开发东城区。该区位于城区东部，规划用地 7 平方公里，其中槐荫公园 1.4 平方公里，建设用地 5.6 平方公里，计划用 10 年时间将该区建设成为以行政、文化、商业、居住为主的综合新区，成为未来孝感市的中心城区。2005 年，孝感已投资 39406 万元建设东城区乾坤大道、董永路、天仙路、槐荫公园一期、垃圾处理场等 8 个工程项目。

（4）双峰山旅游度假区：双峰山旅游度假区位于孝感市东北孝昌县境内的双峰山，总面积 62.5 平方公里，距孝感城区 29 公里。1992 年底，被林业部批准为国家森林公园。2003 年，双峰山旅游度假区辖 9 个村委会、1 个国有林场，具体情况见本书专题四。

第二节 人　　口

一　发展态势

（1）人口过快增长得到控制。1993～2003 年，人口发展态势发生较大变化，见表 1－3。

表 1-3 人口发展态势

年度	总人口（人）	出生（人）	出生率（‰）	死亡（人）	死亡率（‰）	自然增长率（‰）	政策生育人数（人）	政策生育率（%）	妇女总和生育率（%）
1993	749081	10981	14.66	3996	5.33	9.33	8103	73.79	1.9
2003	847208	5967	7.04	3312	3.91	3.13	5884	98.61	1.5

资料来源：《计划生育年报》1993 年，《计划生育年报》2003 年。

表 1-3 数据说明：①总人口净增 13.1%。②出生率下降了 7.62 个千分点。③死亡率下降了 1.42 个千分点。④自然增长率下降了 6.2 个千分点。⑤政策生育率上升了 24.82 个百分点。⑥妇女总和生育率下降了 0.4 个百分点。这一切都表明，人口过快增长已得到有效控制。

（2）人口再生产类型发生历史性变化。瑞典人口学家桑德巴氏根据人口年龄构成把人口再生产分为 3 种类型：递增型、静止型和退缩型，其划分标准见表 1-4。

表 1-4 人口年龄构成

年龄（岁）	递增型（%）	静止型（%）	退缩型（%）
<15	40	26.5	20
15~49	50	50.5	50
>50	10	23.0	30

1990 年第四次人口普查和 2000 年第五次人口普查（以下简称“四普”和“五普”）资料显示，市辖区人口年龄结构变化情况见表 1-5。

表 1-5 人口年龄构成

年度	15 岁以下		15~49 岁		50 岁以上		人口再生产类型
	人数（人）	占总人口（%）	人数（人）	占总人口（%）	人数（人）	占总人口（%）	
1990	220425	29.79	412836	55.79	106754	14.42	递增型
2000	218129	24.70	511220	57.89	153774	17.41	静止型

资料来源：第四次、第五次人口普查资料，下同（除说明其他来源者外）。

显然，按照桑德巴氏标准，市辖区人口再生产类型正在从递增型向静止型转变。

（3）劳动力年龄人口比重增加。据“四普”、“五普”资料，2000 年

与1990年相比较，劳动年龄人口比重和抚养系数都发生了较大变化，具体情况见表1-6。

表1-6 劳动年龄人口比重和抚养系数

年度		总人口（人）	劳动年龄人口（16~64岁）		老年人口（65岁以上）		少年人口（15岁及以下）		抚养系数（%）
			人数（人）	占总人口（%）	人数（人）	负担系数（%）	人数（人）	负担系数（%）	
1990		740015	482462	65.20	37128	7.70	220425	45.69	53.39
2000	合计	883123	615047	69.64	49947	8.12	218129	35.47	43.59
	城区	214747	166125	77.36	10287	6.19	38335	23.08	29.27
	乡镇	668376	448922	67.17	39660	8.83	179794	40.05	48.88

表1-6数据说明：①劳动力年龄人口比重，上升了4.44个百分点；劳动力年龄人口抚养系数，下降了9.8个百分点。这表明，市辖区正处于“人口红利”黄金时期。②2000年城区劳动力年龄人口比重比乡镇高10.19个百分点，反之，劳动力年龄人口抚养系数则比乡镇低19.61个百分点。这表明，城区与乡镇之间仍存在着较大差异。

（4）人口老龄化加剧。表1-6数据说明：①人口老龄化已加剧。65岁以上人口占总人口比重，已由1990年的5.02%升至2000年的5.66%，上升了0.64个百分点。②城区与乡镇人口老龄化存在一定差异。2000年65岁以上人口比重，城区4.79%，乡镇5.93%，后者比前者多1.14个百分点。因为，许多年轻人已转移到城市，多数老年人口则滞留在乡镇。

（5）性别比例失调。1999年、2000年性别比例和城区、乡镇性别比例变化情况见表1-7。

表1-7 性别比例

年度		总人口（人）	其中		性别比例（以女性为100）
			男	女	
1999	合计	740015	377503	362512	104
	城区	140533	72285	68248	106
	乡镇	599482	305218	294264	104
2000	合计	883123	454917	428206	106
	城区	214747	109698	105049	104
	乡镇	668376	345219	323157	107

表 1－7 数据说明：①性别比例提高了两个百分点。②城区与乡镇性别比例发生逆转。1990～2000 年，城区性别比例下降了两个百分点，乡镇上升了 3 个百分点；1999 年城区性别比例高于乡镇两个百分点，2000 年变为低于乡镇 3 个百分点。因为，农村重男轻女观念严重，许多育龄夫妇通过技术手段鉴别和终止女性胎儿妊娠，致使乡镇性比例提高。据了解，2002 年性别比例曾一度升达 140，2003 年通过综合治理才降至 125，但仍处于失调状态。

二　人口构成

（1）城镇化水平提高。1990～2000 年，市辖区城乡人口结构变化情况见表 1－8。

表 1－8　城乡人口结构

年　度	总人口（万人）	城镇人口（万人）		乡村人口（万人）	
		人　数	比　重	人　数	比　重
1990	74.00	18.50	25.00	55.5	75.00
2000	88.31	27.96	31.66	60.35	68.34

表 1－8 数据说明，城镇人口比重 2000 年比 1990 年提高了 6.66 个百分点。

（2）家庭规模缩小。1990 年、2000 年家庭人口规模变化情况见表 1－9。

表 1－9　家庭人口规模

年　　度		总户数（户）	总人口（人）	户均人口（人）
1990	合　计	173104	740015	4.27
	城　区	34399	140533	4.09
	乡　镇	138705	599482	4.32
2000	合　计	220479	883123	4.01
	城　区	55639	214747	3.86
	乡　镇	164840	668376	4.05

表 1－9 数据说明：1990～2000 年户均人口减少了 0.26 人，即减少了 6.09%。其中，城区户均人口减少了 0.23 人，即减少了 5.62%；乡镇户均人口减少了 0.27 人，即减少了 6.25%。这就是说，乡镇户均人口高于

城区 0.19 人，但下降速度却比城区快 0.63 个百分点。

2000 年，不同人口规模家庭户分布情况见表 1－10。

表 1－10　2000 年家庭户人口规模

单位：%

地区	合计	一人户	二人户	三人户	四人户	五人户	六人户	七人户	八人及以上户
合计	100	6.56	13.58	25.79	24.94	17.25	7.21	2.66	2.01
城区	100	8.93	18.29	40.99	17.30	9.10	2.92	1.09	1.39
乡镇	100	5.76	11.99	20.66	27.52	20.01	8.66	3.19	2.22

表 1－10 数据说明：①3～5 人户比重最大，合计为 67.98%。②城区与乡镇家庭户人口规模差异较大，3 人及其以下户比重，城区高于乡镇；4 人及其以上户比重，乡镇高于城区。

（3）婚姻关系发生变化。1990～2000 年，婚姻状况变化的总趋势是：从不同婚姻状况看，未婚人口比重下降，有配偶人口比重上升，丧偶人口比重下降，离婚人口比重上升；从不同性别看，未婚人口中男性比重高于女性，有配偶人口中女性比重高于男性，丧偶人口中女性比重高于男性，离婚人口中男性比重高于女性，具体情况见表 1－11。

表 1－11　15 岁以上人口婚姻状况

单位：%

年度	未婚			有配偶			丧偶			离婚		
	合计	男	女	合计	男	女	合计	男	女	合计	男	女
1990	26.02	29.56	22.38	67.49	65.85	69.18	6.15	4.01	8.34	0.35	0.59	0.10
2000	21.08	24.44	17.84	73.24	71.31	75.11	5.16	3.61	6.66	0.51	0.63	0.40

2000 年，在 15 岁以上人口中，城市未婚人口、离婚人口比重高于乡村，乡村有配偶人口、丧偶人口比重高于城市，具体数据见表 1－12。

表 1－12　城乡 15 岁以上人口婚姻状况

单位：%

地　区	未　婚	有配偶	离　婚	丧　偶
城　市	29.23	67.16	0.75	2.87
乡　村	17.49	75.93	0.40	6.18

（4）受教育程度提高。1990 年、2000 年，市辖区 6 岁以上人口受教育情况见表 1－13。

表 1－13　6 岁及以上人口受教育情况

单位：人，年，%

年度		6 岁以上人口数	大学专科以上	中专高中	初中	小学	文盲和半文盲	平均受教育年数
1990	人　数	635073	11287	63895	178474	255778	125639	6.44
	比　重	100.00	1.78	10.06	28.10	40.27	19.78	
2000	人　数	835247	42153	112392	297355	306431	76916	7.83
	比　重	100.00	5.05	13.46	35.60	36.68	9.21	

说明：“平均受教育年数”，按现行学制年数计算，即：大专以上按 16 年、中专和高中按 12 年、初中按 9 年、小学按 6 年、文盲和半文盲按 0 年计算。

表 1－13 数据说明：①大学专科以上比重上升了 3.27 个百分点，中专高中比重上升了 3.4 个百分点，初中比重上升了 7.5 个百分点，小学比重下降了 3.59 个百分点，文盲和半文盲比重下降了 10.57 个百分点。②平均受教育年数增加了 1.39 年。

（5）就业率有所下降。1990 年、2000 年，15 岁以上在业人口情况见表 1－14。

表 1－14　15 岁以上在业人口情况

年　度	15 岁以上人口(人)	其中:在业人口	比重(%)
1990	519590	428715	82.51
2000	648313	442907	68.32

表 1－14 数据说明：在业人口比重下降了 14.19 个百分点，其原因：一是老龄人口比重上升；二是“4050 人员”提前退休、下岗；三是上学人数和比重增加。四是许多临时就业人员没有进入统计。五是失业、待业人员确有增加。

（6）职业构成发生变化。1990 年、2000 年，在业人口职业构成变化情况见表 1－15。

表 1－15　在业人口的职业构成

单位：%

年　度	农林牧渔劳动者	生产运输设备人员	工商服务业人员	专业技术人　员	办事人员	国家机关党群组织	不便分类人　员
1990	75.71	10.40	5.65	4.66	1.94	1.60	0.04
2000	62.33	12.53	12.05	7.42	4.75	0.83	0.09

表 1-15 的数据说明：农林牧渔劳动者的比重减少了 13.38 个百分点，生产运输设备人员增加了 2.13 个百分点，工商服务业人员增加了 6.4 个百分点，专业技术人员增加了 2.76 个百分点，办事人员增加了 2.81 个百分点，国家机关党群组织减少了 0.77 个百分点。职业构成的上述变化，与这个时期市辖区产业结构的变化趋势是一致的。

三 人口流动

（1）人口流量：显著增长。据市辖区 2003 年流动人口普查资料（下同），1993～2003 年流动人口从 14.7 万人增至 23.7 万人，增长 61.22%。其中，流出人口从 14 万人增至 21.3 万人，增长 52.14%；流入人口从 0.7 万人增至 2.4 万人，增长 2.43 倍。2003 年，流出人口中，省内流动占 60%，跨省流动占 40%；流入人口中，跨省流入 0.6 万人，省内流入 1.8 万人。

（2）主要流向：农村→城镇。2003 年，农村劳动力约 45 万人，其中剩余劳动力约占 35%。因此，在今后相当长一段时期内，市辖区人口的主要流向只能是从农村流向城镇。

（3）流动主体：青年。2003 年流动人口中，15～30 岁的约占 70%，35 岁以下的约占 80%。

（4）从业状况：多元化、专业化、集团化。2003 年，流出人员从业状况见表 1-16。

表 1-16 流动人口的从业状况

项目	合计	建筑业	技术打工	经商	其他
从业人数（万人）	21.3	11.2	5.6	3.6	0.9
比重（%）	100.0	52.6	26.3	16.9	4.2

表 1-16 说明：①建筑业。孝感号称“建筑之乡”，2003 年以北方为主的建筑从业人员达 11.2 万人。②技术打工。2003 年以南方为主的技术打工人员达 5.6 万人。③经商。外出经商人员多以家族关系为基础，通过“传、帮、带”形成以血缘、亲缘、地缘关系为纽带的专业化、集团化经商模式。④ 其他行业，主要是餐饮、家政等服务性行业。

四 问题和措施

（1）主要问题。①人口基数大，资源、环境难以承受。2003 年，人口

密度为每平方公里 816 人，人均耕地 0.84 亩，水、能源等重要资源严重短缺，环境恶化趋势尚未得到有效遏制。②人口素质有待提高。一要面对传染病、慢性病挑战。二要面对每年 1‰左右有缺陷的新生婴儿。三要面对文化素质不高，与发达国家、发达地区差距拉大的危险。③人口结构凸显新隐患。一是性别比例失常，二是"未富先老"，预计 2015 年左右进入老龄化社会。④户籍、婚姻登记制度改革后，计划外生育、早婚早育、非婚生育等现象可能回升，生育率可能出现较大反弹。⑤传统体制受到冲击，主要是流动人口对流入城镇传统体制造成较大冲击。⑥流动人口健康、生育问题突出，他们往往是传染病感染和传播的重点人群，他们中的育龄妇女婚前检查、住院分娩、妇女病普查率低，而孕产妇死亡率、新生儿死亡率高。

（2）应对措施：①转变计划生育工作思路。由以社会制约为主逐步向建立利益导向与社会制约相结合，宣传教育、综合服务、科学管理相统一的机制转变；人口与计划生育工作的主要任务，应转向稳定低生育水平，提高人口综合素质，实现社会和谐以及人与自然和谐。②促进出生人口性别比例趋于平衡。要加强胎儿性别鉴定和人工终止妊娠管理，开展"关爱女孩、关注女性"活动，严厉打击非法鉴定胎儿性别和非法终止妊娠行为，通过综合治理，逐步解决出生人口性别比升高问题。③维护老年人合法权益。一是健全家庭养老和社会养老相结合的养老保障机制，促进老年人供养方式向"社会养老为主，家庭养老和自养为辅"的方向发展。二是推进医疗保障制度改革，满足老年人的基本医疗需求。三是发展老年事业，丰富老年人精神生活。④保障妇女儿童的基本权利。一要消除性别歧视，尊重女婴生存权，尊重妇女发展权；二要普及义务教育，改善办学条件，为少年儿童提供良好的、个性化的素质教育机会；三要重视青少年思想道德建设，加强独生子女研究，搞好独生子女教育。⑤维护流动人口的合法权益。对流动人口要做到一视同仁，公平对待。要保障流动人口依法享有基本的权利，为他们提供文化、教育、医疗、就业、计划生育等方面的服务。同时，实施城镇化战略，加强流动人口管理和服务，促进本地区经济社会健康发展。

第二章 地理环境和资源

第一节 区位和地理环境

一 区位和面积

孝感市辖区位于湖北省中部偏东，东经113°45′~114°12′，北纬30°47′~31°35′，距省会武汉市中心59公里（公路里程），国土面积1034.76平方公里，占全市总面积11.6%。1993~2003年，市辖区总面积没有变化，但城区、建制镇、非建制镇、乡村面积略有变化（详见表2-1）。

表2-1 国土面积变化情况

单位：平方公里

年 度	合 计	按水陆划分		按城、镇、乡划分			
		陆 地	水 面	城 区	建制镇	非建制镇	乡 村
1995	1034.8	676.6	358.2	13.3	—	—	—
1997	1034.8	670.8	364.0	13.5	3.6	77.4	940.3
1999	1034.8	672.8	362.0	14.1	3.6	77.2	939.9
2001	1034.8	673.2	361.6	14.9	3.7	77.2	939.0
2003	1034.8	680.8	354.0	15.5	3.8	74.3	941.2

资料来源：孝感市国土资源局。

说明：表中数据不含双峰山旅游度假区。

二 地形地貌

孝感市辖区地势北高南低，地貌分三类：一类是北部低山区，面积60.2平方公里，海拔100~200米。二类是中部丘陵岗地区，面积45.5平方公里，海拔50~100米，相对高度10~30米，坡度10度左右。三类是南部平原湖区，面积929.1平方公里，海拔20~50米，相对高度0~30米，坡度6度以下。

1993～2003年的地貌变化：一是开发双峰山，退耕还林2000亩，绿化荒山3000亩，开发观赏农业1650亩，初步形成农业观光旅游带。二是综合治理府澴河，整修4处堤段共54.2公里；府河部分河滩平滩灭螺，疏挖航道18公里；老澴河清淤40万立方米，两岸护砌1000米；新建澴河水力自控翻板闸一座。经过治理，府澴河防洪标准已达30～50年一遇。

三　城区变迁

1993～2005年，孝感城区完成了316、107国道外迁和高速公路联络线建设，形成了城区环型放射状公路网；建成了107国道复线高架桥、澴水河大桥、滚子河大桥和南大、泸川、三汊3座高速公路立交桥。这样，京广铁路，107国道、316国道、孝（感）襄（樊）和京珠高速公路，府河、澴河和沦河，天河国际机场（仅距32公里）就为孝感城区构成了陆、水、空立体交通网。

在这一时期，孝感城区新建、改建、扩建了20多条道路和两座人行天桥；新建了一批高层建筑；建成了香澳步行街，改造了北正街、北外街；新建、改造了17处排水工程，排水覆盖率90%；完成了二水厂二期工程，供水普及率达100%；完成了王家窖、后湖冲沟治理工程；新建了垃圾无害化处理场；城市人均公共绿地面积8平方米；城区有庭院的514家单位中，绿化达标单位达80%。1999年，孝感被评为“湖北省卫生城市”；2002年，被评为“湖北省文明城市”。

第二节　自然环境的变化

一　土壤

（1）耕地面积。1999～2003年，孝感市辖区耕地面积变化情况见表2－2。

（2）土壤分类。分3个土类，8个亚类，37个土属，121个土种。在水稻土、潮土、黄棕壤3个土类中，水稻土分5个亚类，343305亩，在孝南区常用耕地中占75.46%，主要分布在平原湖区；潮土分两个亚类，35805亩，占7.87%，主要分布在澴河、府河、沦河两岸，由河流冲积物和湖泊沉积物形成；黄棕壤1个亚类，75900亩，占16.68%，大多分布于丘陵岗地及部分低山区。

表 2-2 耕地面积变化情况

单位：亩

年度		1999	2000	2001	2002	2003
年末耕地面积		490200	489000	486900	717000	711450
其中	孝南区	486150	485100	481200	705000	701400
	市直	4050	3900	5700	12000	10050
当年开荒面积		150	—	150	300	150
当年减少面积		2100	1200	2250	25200	5700
其中	国家基建占地	2100	1050	1050	10050	3450
	乡村集体占地	—	150	—	—	—
	其他基建占地	—	—	—	4500	750
	退耕还林还草	—	—	—	2700	1500
	退耕还渔	—	—	1200	3150	—
	退耕改园	—	—	—	4800	—

资料来源：孝感市统计局。

说明：在不同年度，耕地有增有减，增加原因是行政区域扩大和新开垦荒地；减少原因是国家基建、农村基建、退耕还林还草还渔改园等。

（3）土壤质地和酸碱性：土层厚度在 60 厘米以上的占 98%。耕层质地以中壤和轻壤为主，分别占耕地 58% 和 20.8%，能水灌、能旱作，宜种性强；砂壤和重壤各占 4.2% 和 12.8%，前者宜种植多种旱作物，后者宜种水稻；砂土和粘土分别占耕地面积的 3.1% 和 1.1%，宜种性差。土壤以微酸性（PH 值 5.6~6.5）为主，占耕地面积 42.2%；中性（PH 值 6.5~7.5）土壤占 23.6%；酸性（PH 值 4.5~5.5）占 34.2%。

（4）土壤养分：有机质含量高于 2% 的占 52.3%，1%~2% 的占 41.3%，低于 1% 的为 6.4%，水田含量高于旱地。氮素含量中等偏上，磷含量低，速效钾含量中等。80% 的旱地都不同程度的缺硼、锌、钼等微量元素。水田地力以 2~4 级为主，占水田面积的 81%；旱地地力以 6~7 级为主，占旱地面积的 84%。

二 大气

1992~2003 年，气候偏暖，降水正常略偏少，光照偏少。主要气象指标有以下方面：

（1）气温。1992~2003 年，年平均气温为 16.5℃，比历年（1971~2000 年，下同）平均值高 0.3℃，显冬暖现象。1 月平均气温 3.7℃，比历年平均值高 0.5℃；7 月平均气温 28.3℃，比历年平均值低 0.3℃；极

端最高气温 38.5℃，极端最低气温 -7.5℃。孝感城区气温变化情况见表 2-3。

表 2-3　孝感城区逐月气温

单位：℃

月份＼年度	1992	1993	1994	1995	1996	1997	1998	1999	2000	2001	2002	2003	平均
01	4.4	1.6	4.4	2.9	3.4	3.9	2.6	5.8	2.1	3.9	6.1	3.8	3.7
02	7.4	7.0	5.1	6.7	5.0	6.8	7.3	8.1	5.7	6.1	8.9	6.0	6.7
03	7.7	10.1	9.4	11.0	8.6	11.7	9.7	9.6	12.8	12.2	13.2	10.0	10.5
04	17.6	17.0	17.2	15.5	15.5	16.6	19.1	17.2	17.8	16.4	16.5	15.8	16.9
05	22.3	19.8	24.1	22.2	21.5	23.5	21.3	21.8	23.2	22.9	20.0	21.4	22.0
06	24.4	25.8	25.3	25.4	24.8	25.5	25.7	24.4	26.2	25.9	27.2	26.0	25.6
07	27.8	26.7	29.1	28.9	27.2	27.5	29.0	27.3	29.5	30.5	28.1	28.1	28.3
08	27.7	25.7	28.5	28.1	27.4	28.5	28.4	26.7	27.4	27.7	26.7	27.8	27.6
09	22.2	23.1	22.1	23.6	23.6	21.2	24.1	25.1	23.2	24.9	22.9	23.8	23.3
10	15.1	16.8	16.1	17.5	17.4	18.4	18.7	17.1	16.9	18.2	17.3	16.4	17.2
11	10.7	9.3	12.3	11.2	9.7	10.4	13.8	11.2	8.9	11.5	11.1	10.6	10.9
12	6.3	5.3	6.4	5.8	6.2	5.6	6.5	6.3	6.5	3.7	4.5	4.7	5.7
合计	193.6	188.2	200.0	198.8	190.3	199.6	206.2	200.6	200.2	203.9	202.5	194.4	198.4
平均	16.1	15.7	16.7	16.6	15.9	16.6	17.2	16.7	16.7	17.0	16.9	16.2	16.5
最高	37.5	34.0	37.7	37.0	37.0	35.9	37.1	36.2	37.4	37.0	36.7	38.5	—
最低	-4.5	-7.5	-3.7	-4.5	-5.3	-4.6	-5.1	-6.1	-5.8	-3.4	-4.8	-5.0	—

资料来源：孝感市气象局。

（2）地温。1992～2003 年，地面 0 厘米全年平均温度 18.5℃，比历年平均高 0.1℃。7 月份平均 32.1℃，比历年平均低 0.2℃；1 月份平均 4.4℃，比历年平均高 0.4℃；极端最高温度 65.2℃（2000 年 7 月 16 日），极端最低温度 -7.2℃（1999 年 12 月 22 日）。

（3）降水。1992～2003 年，年平均降水量 1123.4 毫米，比历年平均少 2 成。1993 年降水量最多，1538.6 毫米；2001 年降水量最少，735.3 毫米。在一年中，6～7 月一般是梅雨季节，降水多达 351.9 毫米，占年降雨量 31.3%。日最大降水量 160.2 毫米（1992 年 6 月 14 日）。12 年共出现暴雨 51 次，年均 4.25 次。暴雨最早在 4 月份，最多在 6、7 月份，最晚在 10 月份。

（4）日照。1992～2003 年，年平均日照 1855.9 小时，比历年平均少 169.7 小时，日照百分率为 41.8%，比历年平均少 4%。月平均实照时数 8 月份最多，211.3 小时，2 月份最少，113.5 小时。日平均可照时数 7 月最

多，13.9 小时，12 月最少，10.1 小时。

（5）风。1992～2003 年，每年冬季盛行偏北风，夏季盛行偏南风。年平均风速为 2.2 米/秒，瞬时极大风速为 26 米/秒（1994 年 7 月 29 日）。

（6）四季。按照平均气温小于 10℃时为冬季，大于 22℃时为夏季，10℃～22℃为春、秋两季的划分标准，孝感城区一般在 11 月底入冬，3 月中、下旬入春，5 月底入夏，9 月底入秋。1992～2003 年，孝感城区无霜期 264 天，比历年平均多 10 天左右。

三 水文

（1）河流。辖区内有 4 条主要河流：一是府河，又名涢水，发源于随州大洪山北麓，境内长 33.6 公里，宽 600～800 米，安全泄量 6630 秒/立方米，经武汉谌家矶入长江。二是澴河，发源于河南灵山，境内宽 400 米，安全泄量 4104 秒/立方米，经河口大桥至卧龙潭入府河。三是沦河，是汉北河下游支流，境内长 12 公里，底宽 50 米，安全泄量 836 秒/立方米，经朱湖、东山头入府河。四是滚子河，长 19.4 公里，底宽 10～15 米，安全泄量 163 秒/立方米，自永安至鲢鱼地闸入府河。

（2）湖泊。主要有王母湖、野猪湖。王母湖正常水位 22.5 米，蓄水 1740 万立方米，水面 16 平方公里，承雨面积 310 平方公里，耕地面积 1.65 万亩；野猪湖正常水位 22 米，蓄水 5760 万立方米，承雨面积 320 平方公里，水面 33 平方公里，耕地面积 6 万亩，它们的简要情况见表 2－4。

表 2－4 水位、面积、容积表

王母湖						野猪湖					
水位（米）	面积（平方公里）	围垦面积（平方公里）	比重（%）	全湖容积（万立方米）	未围容积（万立方米）	水位（米）	面积（平方公里）	围垦面积（平方公里）	比重（%）	全湖容积（万立方米）	未围容积（万立方米）
20	0.8	—	—	—	—	19	5.2	0.2	3.8	—	—
21	8.6	2.2	25.5	492.5	395.0	21	30.3	8.3	27.4	4142	3386
22	14.9	6.6	44.3	1572.5	1115.5	23	42.0	14.6	34.8	11407	8361
23	20.5	10.8	52.7	3305.0	1990.5	25	51.4	19.6	38.1	20780	14281
24	23.7	13.2	55.7	5497.5	2985.5	27	60.0	24.0	40.0	31937	21071
25	23.7	12.4	52.3	7937.5	4045.5	29	79.8	—	—	45377	—

资料来源：孝感市水利局。

此外，还有一个与武汉市黄陂区共有的童家湖。该湖正常水位 22.50 米，蓄水 2220 万立方米，承雨面积 420 平方公里，水面 4.8 平方公里，耕地面积12万亩。其中孝南区5万亩。

（3）水库。境内有水库23座，总库容100151.5万立方米，兴利库容43080.6万立方米。其中大型水库有两座（徐家河、郑家河），库容95600万立方米，兴利库容40950立方米；中型水库有1座（八汊洼），库容2335万立方米，兴利库容1224立方米；小一型水库有8座，库容1668.3万立方米，兴利库容717.6万立方米；小二型水库有12座，库容548.2万立方米，兴利库容189万立方米。

（4）地表水。年均水资源量（不包括过境客水）6.4亿立方米，人均715立方米，是全市人均2/3，全省人均1/2，全国人均1/3。1993～2003年，地表水资源累计60.16亿立方米，年均5.47亿立方米，其中2001年最少，1998年最多。水资源量和各年水位变化情况，见表2－5。

表2－5　水资源量的变化

单位：亿立方米

年度	地表水资源量	年度	地表水资源量	年度	地表水资源量
平均	5.47	1996	6.03	2000	2.70
1993	8.04	1997	5.62	2001	1.97
1994	5.70	1998	8.83	2002	5.20
1995	5.36	1999	4.30	2003	6.40

资料来源：孝感市水利局。

（5）用水情况。城区生产、生活用水大部分源于府澴河，少部分源于地下水。2003年与1993年相比较，农业用水量下降，工业、生活和其他用水量上升详见表2－6。

表2－6　孝感城区用水量的变化

单位：万立方米，%

用水类型	1993年		2003年	
	用水量	比　例	用水量	比　例
合　计	16442	100.00	19412	100.00
工　业	1403	8.53	5667	29.19
农　业	12142	73.85	8591	44.26
生　活	2526	15.36	3278	16.89
其　他	371	2.26	1876	9.66

资料来源：孝感市水利局。

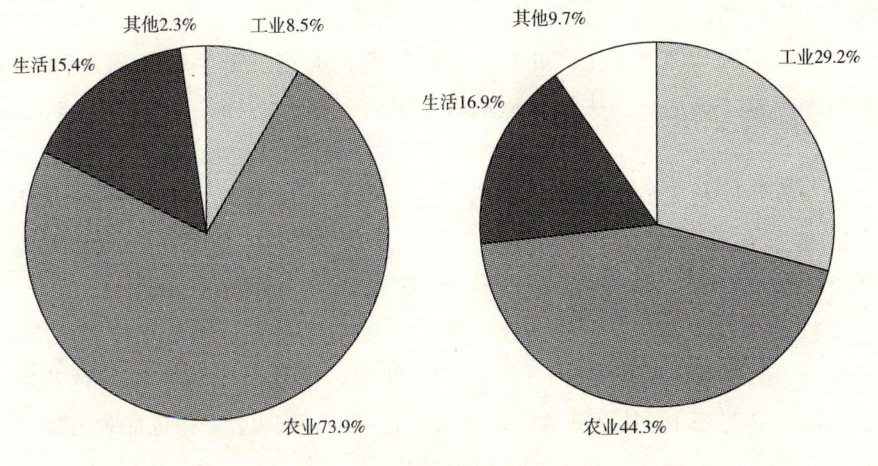

图 2-1 孝感城区用水量的变化

孝感城区地下水可开采量为 6.9 万立方米。由于采取严管、严控、严批措施，无序开采现象得到有效遏制，使城区原有的 3 个漏斗区地下水位保持了稳定。

四 声环境

据孝感市环境部门监测，2003 年孝感城区噪声等效声级昼间平均值 60.5dB（A），高于《城市区域环境噪声标准》2 类标准；夜间平均值 46.3 dB（A），高于 1 类标准。在城市功能区中，市中心医院、人民广场、孝感电信白天超标 1~8 分贝，夜间超标 2~6 分贝；火车站、宇济商贸城白天超标 5~14 分贝，夜间超标 5~9 分贝。

噪声来源：一是工业噪声，昼夜厂界声级超过 2 类标准的占 22.1%，全市高于 85dB（A）的占 59.4%。二是交通噪声，城区总长 14.4 公里交通干线的噪声平均 72.3 dB（A），高于国标 4 类区域的标准；昼夜受交通噪声影响比率为 28.5%。三是生活噪声，其强度在 45~81 dB（A），昼夜受生活噪声影响比率为 28.2%，夜间受生活噪声影响占 32.6%。

第三节 自然资源的开发和保护

一 动物资源

（1）鸟类。驯养鸟类以鸡、鸭、鹅、鹌鹑、乌鸡和鸽为主。鸡的主要品种是江汉鸡、海兰系列鸡等，杨店、三汊一带还有绿壳蛋鸡。鸭主要为

湖北麻鸭系列；鹅以四川大白鹅、本地大白鹅为主；乌鸡以金水乌鸡为主；鸽以信鸽和肉鸽为主；此外，还有鹌鹑、火鸡。野生鸟类有喜鹊、布谷鸟、麻雀、斑鸠、猫头鹰、啄木鸟、鹧鸪等数十品种，基本处于自然保护状态。

鸟类开发利用成效最大的是鸡，占鸟类养殖的90%。1993～2003年，全区禽类养殖由89万只增至400.21万只（其中鸡353.29万只，占88.3%）；禽蛋产量由8941吨增至12458吨。

（2）鱼类。常规鱼种有青鱼、草鱼、鲢鱼、鳊鱼、鲫鱼等，现已形成王母湖、野猪湖、菱角湖、三汊垸、东湖垸、白水湖、葫芦垸、黄花垸、姜尧垸、群建垸10大养殖基地，总面积达10万亩以上。特色品种有鳜鱼、螃蟹、甲鱼、黄鳝等4种，并已初步建成"一带三湖四线"的分布。"一带"即府澴河水产带，面积3000亩；"三湖"即王母湖、野猪湖、白水湖流域，面积6.7万亩；"四线"即黄孝线、孝天线、107国道沿线、汉宜线，面积3000余亩。此外，还有淡水白鲳、麦鲮、黄尾密鲷、南方大口鲶、黄颡等名优鱼类。

在资源开发上，1992～2003年养殖水面由11.17万亩增至15.3万亩，其中精养水面5万亩。在品种上，先后培育、引进、推广了河蟹、甲鱼、黄鳝、鳜鱼等20多个名特优新品种。在养殖技术上，推广了温棚育甲鱼、网箱养鳝鱼、套养螃蟹、寸片培育等多种养殖技术和模式。

（3）兽类。以猪、牛、羊、马、驴、骡、猫、狗、兔为主。其中，猪的品种主要为通城猪、湖北白猪、杜洛克猪、三元杂交猪等；牛的品种主要有江汉水牛、黄陂黄牛、黑白花奶牛等；羊的品种主要有本地白羊、波尔山羊、南疆黄羊等。肉兔主要是江汉白兔，肉狗主要是本地矮狗。此外，近几年还开发了野猪养殖。

（4）虫类。驯养虫类主要是蜜蜂，品种有中蜂和意蜂，大都利用春季紫云英、油菜花开发生紫云英蜜和油菜花蜜。此外，还利用林果生产果花蜜。1999～2003年，年均产蜜11021.6公斤。

二　植物资源

（1）农作物。本区长期以农业为主，其中又以种植业为主。农作物中主产稻、麦、棉，兼产油菜、芝麻、烟叶、蔬菜、水果等经济作物。

稻种改良经历了从籼稻到粳稻、从高秆到矮秆、从常规到杂交的发展过程。现有水稻品种237个，其中早稻89个，中稻52个，晚稻96个，实际种植以中稻为主。夏粮以麦类为主，有大麦品种51个，以早熟3号为

主；小麦品种53个，以鄂麦6号、9号为主。1992年后，为了适应啤酒及畜牧业需求，正大力推广引进的丹麦1号、2号等品种。1949年以来，棉花品种已更新4次，现有新品种8个，以鄂荆9号、鄂棉10号为主。

油料以油菜为主，同时种植花生和芝麻。蔬菜品种较为丰富。水生蔬菜有莲藕、菱角、马蹄（荸荠）等，其中焦湖莲藕、浐川马蹄等品质较为优异。叶菜类蔬菜有大小白菜、红白菜苔、菠菜、苋菜、竹叶菜等。根茎菜类有红白萝卜、胡萝卜、萵苣、土豆等。瓜菜类有南瓜、苦瓜、冬瓜、黄瓜、丝瓜、瓠瓜等。茄果类有紫茄、白茄、辣椒、西红柿等。葱蒜类有大蒜、香葱、韭菜等。此外，还有黄花、食用菌、豆芽等。

水果。主产早蜜桃，多为沙子早生、鄂桃2号等优良品种，2003年种植3.6万亩，产鲜桃2万吨，是全国4大名桃基地之一，销往18个省市。此外，还有砂梨、玉皇李、猕猴桃、柑橘等。

（2）林木。本区北部为双峰山国家森林公园，有较丰富的森林资源，林木类型属鄂东北山地丘陵落叶栎类·马尾松植被区；南部属江汉平原栽培·水生植被区。2003年，全区森林（含灌木林）面积8.67万亩，四旁植树折算为4.6万亩，森林覆盖率8.2%。其中：

用材林，有马尾松0.88万亩，杉树0.29万亩，主要分布在双峰山地区；水杉、池杉2.1万亩，杨树3万亩，主要分布在本区南部，年产木材1800立方米。另外，还有杂木、柏木等树种。

经济林，以茶叶、桃树、柑橘、梨树、板栗为主，此外还有乌桕、油桐、桑树、银杏、油橄榄等。其中桃树3.6万亩，黄栀子1.6万亩，茶叶0.3万亩，其他树种2万亩。

薪炭林。以青刚栎、石栎等栎类树种为主，另有山槐、刺槐、黄荆等品种。

防护林。以旱柳、枫杨和池杉为主，另有水杉、水竹、河柳等树种，大多用于四旁植树。

观赏花木。观赏树木主要有雪松、罗汉松、金钱松、圆柏、刺柏、侧柏、落羽杉、垂柳、毛白杨等。观赏花卉主要有荷花、山茶花、玉兰花、桂花、腊梅、映山红等。

三 矿物资源

市辖区主要矿物资源有北部的石、南部的土及河沙。北部的石，以双峰山地区的石灰岩、片石、黄砂石为主，由于旅游及森林保护，开采量很小，年产不足百吨。南部的土，主要是高岭土，现有砖瓦厂57家，从业人员4182人，年产102万吨，产值2850万元。河沙主要是深水细砂，由于周边县市砂矿易采，故市辖区河沙基本没有采挖。

第四节 社会资源的开发和保护

一 孝文化资源（见本书专题12）

二 古文化资源

早在5000多年前，先祖就在孝感这块土地上生产、生活，留下了丰富的古文化资源，它既有中原文化因素，又含吴越文化特色，是中华民族古代文化的一个重要组成部分。

（1）古遗址。据初步统计，孝感有古遗址40处，其中面积1万平方米以上的有16处。遗址较早的是新石器时代，有21处；文化层较厚的是三汊镇城隍墩遗址，达6米左右；面积较大的是杨店镇东汉时期太平镇遗址，达18万平方米。古遗址中，始建于南北朝的白云寨，是华中地区最大古兵寨群落，面积约20万平方米，残存石砌兵营4000多间，可容万人。相传唐末黄巢起义军、元末红巾军、明末李自成起义军、清末太平军均与朝廷军队征战于此地。

（2）古遗物。孝感古遗物有3个特点：一是延续性。有新石器时代的石器、陶器，周代的樽、盂、铜箭等；战国时期的铜鼎、双耳陶罐等；汉代的铜镜、高圈足盘等；唐代的铜钱、瓷双系壶等；宋代的釉陶壶、圈足碗等；明代的釉陶碟、青花瓷碗等；清代的织锦蟒袍、麒麟袍等。二是多样性。古遗物中，有河南仰韶文化类型，京山屈家岭文化类型，还有龙山文化等类型。三是珍贵性。孝感馆藏文物中，国家一级品100余件，二、三级品1000余件。

（3）古墓群。市辖区内发现古墓群45处，面积在1万平方米以上的有6处，其中，毛陈镇战国时期的天津湖墓群（5万平方米），书院街北宋时期的汪家窑墓群（15万平方米），广场街宋代的郊园墓群（16平方公里），是市辖区至今发现的几处规模最大的古墓群。

（4）古建筑。主要有9处，位于书院街的西湖桥，始建于公元960年，为单孔石拱桥，桥东曾立有“宋太祖沽酒处”石碑。位于新华街的儒学宫，现存有清代重修的大成殿。位于陡岗镇的清代戏楼，高9米，以浮雕装饰额枋，镂空砖压脊，古朴典雅。城区小东门外曾有一座明代文昌阁，共5层，高35米，1581年建成，1643年被毁，1681年重建，1977年被拆。此外，还有三汊镇清代埠镇桥，毛陈镇清代福德桥，闵集乡清代郑家桥等。

（5）古景观。古时有“澴川八景”：双峰瀑布、峻岭横屏、程台夜月、董墓春云、泮沼荷香、琴堂槐荫、西湖酒馆、北泾渔歌。现八景中自然景观依稀可见，但人文景观大多难觅踪影。

1993年以来，这些古文化资源部分得到开发、利用和保护。例如，兴建了集图书馆、博物馆为一体的城区文化综合楼，馆藏文物约20000件；配合工程建设，抢救出土各类文物300余件；建立了一批重点文物保护单位；加强了古文化研究和宣传，取得一批重要成果。1990年，公开发表了《江汉考古》专辑；1995年、1996年，由湖北科技出版社出版了《鄂东北地区文物考古》和《鄂东北考古报告集》。此后，陆续编纂出版了一批包括古文化内容的《中国国情丛书——百县市经济社会·孝感卷》、《孝感市志》、《孝感精华》、《古今诗人咏孝感》等书籍。

三　革命文化资源

（1）革命历史事件。①李自成起义军在孝感坚持斗争达10年(1644～1654年)。②太平军及捻军在孝感开展斗争达13年，咸丰十一年（1861年）经与清军激战10昼夜后而退败。③1911年10月10日，数百名孝感籍官兵参加武昌起义，把辛亥革命第一面旗帜插上了蛇山。④在中国民主革命时期，本区是鄂东、鄂中革命斗争重要地区之一。1926年10月，彭德怀率北伐军进驻孝感城郊，招募新兵。同年，成立中共孝感特别支部，农民运动蓬勃发展。1941年8月，汉孝陂抗日游击队配合新四军第五师13旅夜袭孝感城，取得胜利。1949年3月，中国人民解放军中原部队发起“花西战斗”，毙伤敌700余人，俘敌上千。

（2）革命历史人物。在中国民主革命时期，本区15000多名共产党员和革命群众献出了生命，并涌现出一批著名革命人物。其中，1949年前孝感籍的中共省委书记有4位，即鄂豫陕省委书记徐宝珊、湖北省委书记郭述申、热河省委书记胡锡奎、吉江省委书记刘震。中华人民共和国成立后，胡锡奎曾长期担任中国人民大学党委书记兼副校长，还曾担任过西北局书记处书记。1978年在中共十一届三中全会上，郭述申当选为中共中央纪律检查委员会副书记。在中国人民解放军中，孝感籍的刘震、王新亭1955年被授予上将军衔。

（3）革命遗址和遗物。革命遗址主要有三处：一是城区府后街22号

孝感县总工会旧址。1926 年 12 月，孝感县总工会曾在此成立。二是书院街三元井赵家巷孝感县农民运动训练班旧址。1927 年 4～8 月，孝感县农民协会曾在此举办“农民运动训练班”。三是东山头黄家大湾，1941 年汉孝陂县委县政府曾在此成立。革命遗物有：土地革命时期赤卫队员用过的袖章、大刀、长矛，红军长征用过的马灯，抗战时期新四军第五师师长李先念用过的公文包，陈少敏用过的拐杖，新四军兵工厂生产的手雷，抗战时期云孝县人民政府印章等纪念物。

革命文化资源的开发、利用和保护：①建立革命纪念地。1952 年，在书院街后湖村建了一座烈士陵园，占地 50 亩。1995 年，新建了革命烈士纪念碑。1988 年，孝感烈士陵园被确定为湖北省革命纪念建筑物重点保护单位。1995 年，该陵园被确定为湖北省、孝感市爱国主义教育基地。②编纂出版革命历史读物。先后编辑出版了《孝感英烈传》、《孝感烽火》、《鄂中抗日民主根据地史稿》、《孝感抗日风云录》、《孝感革命史迹寻踪》、《中共湖北孝感市组织史资料》、《孝感历史大事记》、《孝感人民革命史》、《孝感史略》、《胡锡奎纪念文集》、《郭述申著述选》、《中共孝感简史》、《光辉历程》、《新四军第五师在孝感》等 20 余部著作。③开展革命传统教育活动。据不完全统计，每年仅参加革命烈士陵园扫墓并开展革命传统教育的约 35000 人次。④发展“红色旅游”。现已推出武汉—孝感，武汉—红安—大悟—孝感等多条红色旅游线路。

第三章　经济社会发展简况

第一节　经济发展简况

一　主要成就

（一）国民经济持续增长，经济结构明显改善

1993～2004 年，孝感市辖区的国内生产总值及其产业结构的变化情况见表 3－1。

表 3－1　国内生产总值及其构成的变化

年　度	国内生产总值（万元）	第一产业		第二产业		第三产业		人均国内生产总值（元）
		数　值（万元）	比　重（%）	数　值（万元）	比　重（%）	数　值（万元）	比　重（%）	
1993	131892	47921	36.33	41907	31.77	42064	31.89	1670
1995	174700	—	—	—	—	—	—	2137
1997	250595	—	—	—	—	—	—	2955
1999	361388	—	—	—	—	—	—	4156
2001	447233	84273	18.84	173068	38.69	189892	42.45	5009
2003	554715	93015	16.76	226736	40.87	234964	42.35	6125
2004	621346	98133	15.79	258768	41.64	264445	42.56	6977

资料来源：有关年度的《孝感统计年鉴》，下同。

表 3－1 数据说明：①国内生产总值增长了 371.10%。②产业结构发生巨大变化，第一产业比重下降了 20.54 个百分点，第二产业上升了 9.87 个百分点，第三产业上升了 10.67 个百分点。③人均国内生产总值增长了 317.78%。

（二）农业生产连年丰收，农业构成发生变化

1993 年、2000 年、2003 年，孝感市辖区的农业总产值及其结构的变化见表3－2。

表 3－2 农业总产值及其构成的变化

年度	农业总产值（万元）	构成(%)				
		种植业	林业	畜牧业	渔业	其他
1993	47921	59.3	0.9	24.1	15.7	0
2000	85648	54.8	0.6	17.8	26.8	0
2003	93015	51.9	0.5	19.1	26.5	2.0

表 3－2 的数据说明：①农业总产值增长了 94.1%。②农业构成发生了显著变化，种植业、林业、畜牧业比重下降，渔业和其他业比重上升。

（三）工业生产有了增加，发展后劲逐步增强

1999～2003 年，孝感市辖区规模以上工业企业发展简况见表 3－3。

表 3－3 规模以上工业企业发展简况

年度	企业数（个）	总产值（万元）	固定资产净值（万元）	利税总额（万元）	负债合计（万元）	负债率（%）
1999	56	173073	143391	9122	313264	218
2000	61	165925	147728	9656	344808	233
2001	55	208568	198786	10983	342356	172
2002	56	234363	206558	16764	325596	158
2003	59	349254	308440	20037	407042	132

说明：①规模以上企业，是指全部国有企业和销售收入 500 万元以上的非国有企业。②总产值按 1990 年不变价计算。

表 3－3 的数据说明：①总产值增长了 101.80%；②固定资产净值增长了 115.10%；③利税总额增长了 119.66%；④负债合计增长了 29.94%；⑤负债率下降了 86 个百分点。

更重要的是，1993 年以来一大批重点项目落户孝感。例如，从“三线”调迁到孝感城区的红峰、万峰、险峰、万山等企业已完成整体搬迁任务，中外合资三江雷诺、三江瓦力特、爱普科斯，以及高新纺织、吉安铝业等企业已先后投产，红林、红阳、汉光电子、二三八、万山等企业技改项目相继完成。这些企业落户，将大大增强孝感工业发展后劲。

（四）财政收入明显提高，财政支出快速增长

1993～2004 年，孝感市辖区的财政收入和财政支出增长情况见表 3－4。

表 3-4　财政收入和支出的变化

年　度	财政总收入（万元）	人均财政收入（元）	一般预算收入（万元）	财政支出（万元）
1993	8522	107.91	—	13099
1995	12583	153.97	—	16570
1997	18076	213.21	—	23085
1999	26168	300.95	—	27631
2001	33401	374.15	—	42868
2003	39459	435.72	18891	49715
2004	41622	467.35	21141	54031

表 3-4 的数据说明：①财政收入增长了 388.41%，略快于国内生产总值增长速度。②财政支出增长了 312.48%。③人均财政收入增长了 303.798%。

（五）城乡居民收入增加，生活质量明显改善

1993～2003 年，孝感城区居民人均可支配收入达到 6610 元，增长 2 倍；职工人均工资 7950 元，增长 2.2 倍；城镇居民人均居住面积 24 平方米，增长 61.1%。农民人均纯收入达到 2544 元，增长 2.5 倍；农村居民人均居住面积 29.5 平方米，年均增长 3.8%。[①]

（六）消费市场繁荣兴旺，人均消费明显增长

1993～2004 年，孝感市辖区的社会消费品零售总额变化情况见表 3-5。

表 3-5　社会消费品零售总额的变化情况

年　度	社会消费品零售总额（万元）	人均社会消费品零售额（元）	年　度	社会消费品零售总额（万元）	人均社会消费品零售额（元）
1993	57738	731.13	1999	153947	1770.52
1994	72826	906.58	2000	170945	1934.64
1995	87754	1073.83	2001	189061	2117.85
1996	108438	1305.38	2002	208051	2322.77
1997	133100	1569.94	2003	230256	2542.57
1998	139009	1637.71	2004	254965	2862.85

表 3-5 的数据说明：①社会消费品零售总额增长了 341.59%。②人均社会消费品零售额增长了 291.57%。

① 曹世佑、岳勇：《全面贯彻“三个代表”重要思想，开创孝感更加美好未来》，《孝感日报》2003 年 11 月 17 日。

二　问题和对策

市辖区经济发展中存在的主要问题：①经济总量不大。人均 GDP 为 6977 元，在湖北 12 个地级市中居末位。②经济效益不高。人均地方财政收入 237 元，在湖北 12 个地级市中居第 11 位。③工业化水平较低。第二产业比重 41.65%，在湖北 12 个地级市中居第 12 位。④消费水平较低。人均消费品零售额 2995 元，在湖北 12 个地级市中居第 10 位。

为了更好地发展市辖区经济，应该采取的主要对策：一是以发展城区经济为重点，增强市本级经济实力，提高区域竞争力。二是搞好开发区建设，培育市场主体，加快工业化进程。三是发展民营经济，消除投融资等体制性保障。四是发展第三产业，推行连锁经营、物流配送、电子商务等现代流通方式。五是依托交通优势和孝文化资源，建设好武汉旅游休闲后花园。六是以农业增效、农民增收为重点，做好农业农村农民工作。七是加强小城镇建设。按照“谁投资、谁受益”原则，吸引客商和农民到小城镇投资兴业。

第二节　社会事业简况

一　教育事业

（1）基础教育长足进步。1998 年，完成了基本普及九年义务教育和扫除青壮年文盲的任务。1997～2004 年后，小学教育在校生从 111977 人减至 80601 人，下降 28.02%，招生人数从 20151 人降到 8413 人，下降 58.25%，这是计划生育工作成果显著和人口年龄结构发生重大变化的必然结果。普通中学教育发展较快。1997～2004 年，招生人数从 14124 人增至 26666 人，增长 88.76%；在校学生从 31704 人增至 72592 人，增长 128.97%。孝感高中和一中完成迁建任务，高考上线人数逐年增加。孝感市先后获湖北省推进“两基”成就奖和“湖北省‘两基’工作先进单位”称号；市教育局 2000 年被教育部授予全国第五届“中华扫盲奖”，2001 年被教育部、人事部和国家计委授予“全国基础教育先进单位”。

（2）中职教育不断发展。中等职业教育包括普通中专、职业中学、成人中专 3 类。1993～2004 年，中等职业教育经历了兴盛——衰退——回升——发展的曲折历程。2004 年后，由于全国性“技工荒”的出现和“重学历、轻技术”观念的转变，再加上国家大力加强职业技术教育，致

使普通中专迅速发展成为中职教育主力，职业中学也成为不可忽视的后起之秀，成人中专则处于被淘汰境地。2004 年，孝感城区有中等职业教育学校 13 所，招生 9587 人、毕业 4773 人，在校学生达 18740 人，占普通中学在校学生的 25.82%。2005 年，孝感工业学校招生 5300 多人、在校生 10400 多人，成为湖北省首个万人中职学校。

（3）高等教育初具规模。1993～2005 年，孝感高校从两所发展到 3 所。一是湖北职业技术学院，其前身是 1998 年由孝感教育学院、孝感市财贸学校、孝感市卫生学校、孝感市机电工程学校合并组成的孝感职业技术学院。从 1999 年起，该学院筹资 2.5 亿元改善办学条件，扩大办学规模，到 2002 年在校学生已过万人；同时，着力提高办学质量，成功探索出学校——企业——社会“三位一体”的培养模式，已成为湖北一流、全国有重要影响的高职院校。2003 年 4 月经有关部门批准，学院更名为湖北职业技术学院。二是孝感学院，其前身是孝感师范高等专科学校。该学校，1986 年与湖北职业技术师范专科学校合并，1999 年南方城乡建设学校整体并入，2000 年 3 月经教育部批准建立孝感学院。三是孝感电大已在教育、银行、水利三个系统开展远程本科教育。

此外，民办教育事业有一定发展，1999 年 11 月成立了湖北省第一个民办教育协会；幼儿教育和特殊教育已有一定基础，2004 年有幼儿园 40 个，在园幼儿 8338 人；特殊教育学校 1 所，在校学生 149 人。

二　文化事业

（1）报纸和期刊。1990～2004 年，孝感的报纸经过改革、清理和整合，已由 9 种调整为 5 种，其中公开发行 3 种，即《孝感日报》、《孝感晚报》和《楚天声屏报·孝感广播电视》，内部发行两种，即《孝感学院报》和《湖北职院报》。同期，经湖北省新闻出版局批准的非正式期刊，也由 16 种调整为 8 种，其中公开出版期刊两种，即《湖北职业技术学院学报》和《孝感学院学报》；内部资料 6 种，即《孝感通讯》、《发展研究》、《孝感财政》、《槐荫文学》、《孝感教育》、《孝感学刊》。

（2）广播电视。市辖区有 3 个广播电视台，即孝感电视台、孝感有线电视台和孝感人民广播电台。孝感电视台 1993～2003 年投资近 2000 万元用于建设和更新设备，现发射塔高 76 米，发射功率 1 千瓦，有 6 频道，已实现摄像设备数字化和编辑设备非线性化。孝感有线电视台 2003 年用户达 6 万户，覆盖近 60 平方公里，已开通 7 套付费电视节目，转播节目达 38 套。2004 年，按照市区一体化要求，投资 250 万元，建成了全长 220 公

里，联通孝南区13个有线电视光纤主干网。孝感人民广播电台于1998年1月1日建成开播，使用频率为中波927千赫，发射功率为1000瓦，调频91.2兆赫，发射功率为3000瓦，开办节目一套，覆盖市辖区8个县市区及周边地区。

（3）专业剧团。市辖区有两个专业剧团，即孝感市京剧团和孝感楚剧团。孝感京剧团于1993年分离部分演职员创办孝感市艺术学校后，便失去了演出能力，仅靠地方财政拨款养活离退休和在职人员。孝感楚剧团1993年以来经过改革，初步形成了适应戏剧市场新形势的管理体制和运行机制。但总体来看，专业剧团存在3个问题：一是市场萎缩，收入有限；二是人才匮乏，青黄不接；三是设施老化，设备破损；四是经费短缺，入不敷出。

（4）图书馆和博物馆。市辖区有两座公共图书馆，即孝感市图书馆和孝南区图书馆。2004年，两馆馆舍面积6650平方米，藏书达到28万册。两个博物馆，即孝感市博物馆和孝南区博物馆。2004年，孝感市博物馆馆舍面积2000余平方米，孝南区博物馆则一直借用孝南区图书馆房屋280平方米作为馆舍。两个博物馆面临的主要问题：一是馆舍条件差；二是经费严重不足；三是人员素质偏低；四是执法难度大，一些建设单位缺乏文物保护意识，破坏文物现象时有发生。

（5）新华书店。市辖区有两个新华书店，即孝感市新华书店和孝南区新华书店。2004年，共有3个城区门市部、6个乡镇门市部，有职工216人，总营业面积3371平方米，销售收入2157万元，总资产1229万元，总负债626万元，负债率为51%。新华书店面临的主要问题，一是生存空间狭窄，1城、2店、3个门市部以及众多集体，个体书屋同城竞争，致使销售额大幅下滑。二是人员过多，比湖北省新华集团下达编制超82人。三是门市部面积狭小，设施陈旧落后，又无力扩建、装修。四是经营效益不佳，基本工资难以保证。五是管理体制改革滞后，财政统收统支后的某些做法不合理，严重影响正常往来。

（6）孝文化和雕花剪纸。孝感的孝文化资源，极其丰富。孝名，有孝南、孝昌以“孝”字命名的区、县；有“槐荫大道”、“董永宾馆”、“槐荫酒楼”等与“孝”相联系的路名和企业名。孝子，有汉孝子董永；有1996年、2002年评选出来的两届“十大孝子”；1998年董永村好媳妇周玉兰，荣获全国敬老好儿女金榜奖；2004年企业家余汉江为公益事业捐款500多万元，被评为“全国十大敬老楷模”之一。还有孝文化遗址、孝文化习俗、孝文化艺术、孝文化活动、孝文化经济、孝文化招商等等。孝感

的雕花剪纸具有悠久历史传统和广泛群众基础，其作品曾赴前苏联、美国等20多个国家展览，专题片《一剪美人间》获第五届里约热内卢国际电影电视节特别奖；剪纸作品《槐荫记》获世界博览会奖。现成立了雕花剪纸研究所，建立了城乡50人左右的艺人档案库，编辑完成了两册《孝感剪纸》珍藏本画册。

（7）体育事业。1993年建立的孝感体育中心实行事业单位企业化管理，经费来源主要靠承办比赛、开发体育培训、办展销、房屋出租等办法解决，逐步形成了以体育为主，全面经营格局。2003年12月，孝感城区有国家、省、市级传统体育项目学校4所。城区学校每年春秋运动会已形成制度，适龄学生达到国家体育锻炼标准人数超过95%。1992年第二届全国农民运动会后，群众体育已形成体育部门主导、各部门配合、企事业单位支持、居民自觉参与的格局，体育人口超过15万人。2002年，原孝感市业余体育运动学校和孝感职业艺术学校合并组建成孝感市体育艺术学校，教学质量已达到一定水平。

三　社会保障

（1）劳动保障。1993～2003年，围绕企业改革推进劳动保障制度改革，在用人制度方面实行劳动合同制度，在工资分配制度方面指导企业建立了以岗位技能工资制为主的基本工资制度，先后8次调整了企业离退休人员待遇。同时，把促进就业放在前位，培育和发展劳动力市场，推行职业技能培训和职业资格证书制度，促进了劳动者素质的提高。1998年，筹建再就服务中心，通过各种途径帮助约7万名下岗职工实现了再就业。

（2）养老保障。1993年，孝南区对13个乡镇场实行“五保”乡级统筹。“五保”供养水平逐步提高，原人均418元，1994年提高到471元，1997年为1000元、1998年为1200（分散供养）～1400元（集中供养）。2003年，湖北省启动“福星工程”，孝南区筹措资金1925万元，新建和改扩建福利院15所，集中供养1984人，落实供养经费365.43万元。

（3）医疗保障。1996年，孝感市被国务院确定为全国城镇职工医疗保障制度改革试点城市之一。通过几年努力，已取得初步成果：一是医保覆盖面扩大。到2004年底，全部职工参保覆盖率达55%。其中，市直参保单位906个、职工6.25万人，分别占应参保单位和职工人数的77.5%和92%。二是医保基金收支平衡。1997～2005年，市直征收医保基金2.18亿元，征收率96.5%，支付医保费用1.71亿元，占78.4%。三是医疗费用增长过快势头得到控制。市直参保职工住院率控制在6%以内，转外就

医率则为9%。四是管理办法不断完善。市直定点医疗（药）机构24家，定点药店19家，并与武汉同济、协和等6家医院签订了转诊服务合同，参保人员基本上都能按规定就医。

（4）最低生活保障。1997年7月，孝感城区开始实施城镇居民最低生活保障制度。在低保对象的审批中严把户口、手续、公示三关。到2003年底，孝感城区享受低保待遇的达9097户23104人，月发放低保资金129.3万元，人均56元。

四 社会救助和社会福利

（1）抗灾救灾。1993～2004年，市辖区多次发生水、旱、风灾。每次灾后，都及时开展救灾工作。特别1996年、2003年特大洪涝灾害的救灾工作成绩突出。1996年，受灾人口48.6万人，倒塌房屋3284间，死亡5人，死亡牲畜610头，直接经济损失1.86亿元。灾后，发放生活救济款225万元，安置灾民99200人，救济灾民5.5万人次，修复民房3284间，购买仔猪1500头，分别送给7个重灾乡镇重灾户喂养。2003年，受灾人口达70%，受灾耕地达82%，经济损失达2.6亿元。灾后，发放救济款375万元，救济灾民8.5万人次，对房屋倒塌受伤人员发放救济金34.8万元，救济粮10万公斤。从1996年起，市政府把每年10月定为“扶贫济困送温暖活动捐赠月”，社会捐赠活动已形成制度。

（2）社会福利。到2003年，市辖区有17所国办福利院，收养、代养老年人、残疾人和孤儿2070人，其中自费代养率达2%；有“星光老年之家”34个，其中4个单位被湖北省民政厅评为先进单位；扶持兴办了首家民办社会福利机构——孝感福乐老年公寓，已收养老年人、残疾人和孤儿86人；农村新建、改扩建福利院13所，占地面积1476亩，建筑面积33308万平方米，新增床位2859张，已集中供养1984人（年人均生活标准集中供养1312元，分散供养867元）。其中，孝南区杨店镇福利院被评为“全湖北省模范敬老院”和“十佳农村福利院”。肖港镇福利院被评为“湖北省百强农村福利院”。

此外，1998年成立了孝感市慈善会，开展了“一帮一”助学活动，扶持一批特困学生完成学业；争取中华慈善总会支持，为唇腭裂患者成功实施康复手术，社会反响良好。

五 双拥工作

（1）拥军优属、拥政爱民。一是健全了双拥组织，二是加大了宣传力度，三是开展了共建活动。1998 年，市辖区遭受洪涝灾害，驻军和武警部队全力以赴，为减少灾害损失做出了贡献。建设了一批军民共建点，其中 39626 部队与毛陈镇西汉村共建点被民政部、总政治部评为“军民共建社会主义精神文明先进单位”。通过卓有成效的工作，孝感城区连续 4 次荣获全国双拥模范城，连续 5 次荣获湖北省双拥模范城称号。

（2）优抚、安置。农村义务兵家属优待经费实行了乡镇统筹，优待标准随着农村人均收入提高而提高。城镇义务兵家属优待经费从社会统筹过渡到地方财政投入。国家政策规定的各种抚恤补助及提高标准经费得到落实。市辖区 95% 以上城镇退役士兵安排了工作。在农村 88% 军地两用人才得到了开发和使用。2004 年，安置退役士兵 778 人，安置率达 76%，其中自谋职业 300 人，占 39%。各军休所积极开展住房、医疗、用车等制度改革，较好解决了军休老干部实际问题，落实了军休老干生活待遇。市辖区军休系统主动接收安置军队离退休干部和无军籍职工，按时完成了接收安置任务。

此外，烈士陵园接待凭吊的学生和各界人士 45 万人，并拟对烈士陵园实行整体搬迁。

第二篇 经 济

第四章 经济体制改革和经济结构调整

第一节 经济体制改革

1993年撤销原县级孝感市设立孝南区以来，区直属国有、集体工商企业改革（有关孝感市直属国有企业改革问题，将在第七章工业和建筑业中叙述），大体可分为3个阶段。

一 承包、租赁阶段（1993～1995年）

1993年前，区直属国有、集体工商企业普遍存在着“块头小、效益低、负担重、困难大”等问题。1993年，中共孝南区委、区政府学习四川宜宾经验，先后出台了《孝南区工商企业实行“老板制”租赁经营实施办法》等文件，对全区国有、集体工商企业实行总产值、销售收入、上交税金“三项指标”承包（租赁）经营改革。这种经营体制改革，对打破“大锅饭”、转变计划经济模式，起到了一定的促进作用，许多停产、半停产企业开始出现了生机。

但是，这种改革的弊端很快显露出来。一是承包者包盈不包亏，一旦出现亏损，承包者就以“放牛娃赔不起牛”为由一推了事，最后只好不了了之。二是承包者拼设备、拼人力、不投入、不折旧等短期行为无法遏制，有的企业承包期满后厂房设备几近报废。三是有的承包者视承包资产为私产，自己捞钱进腰包，“吃喝嫖赌全报销”，缺乏有效监督，往往造成企业资不抵债，只有走破产之路。四是政府主管部门沿袭计划经济管理模式，仍然对企业下指标、发指示，干预企业经营活动，因而经常出现产值、产量等经济指标上升，税收、利润、工资等经济效益指标下降的情况，企业亏损面日渐扩大。这一切都说明，承包、租赁不是国有、集体企业改革的根本出路。

二 破产、股份制改造阶段（1996～1999年）

承包、租赁改革的弊病说明，不进行产权制度改革企业就难逃厄运。当时，全国上下掀起了一股股份制改造热潮，许多人都认为只要实行股份制、建立现代企业制度，企业就可起死回生；“一股就灵”、“一股就活”的乐观气氛弥漫全国。但是，事实上各方对产权制度改革又顾虑重重：党委、政府担心姓“社”姓“资”问题、担心国有资产流失；主管部门担心削弱管理权力，担心收不到管理费；企业干部、职工担心失掉交椅，担心打破铁饭碗。以企业破产和股份制改造为主要内容的第二阶段企业改革，就是在这种懵懵懂懂、忧心忡忡的心态下开始的。在此期间，孝南区先后组建了孝商集团、长安锁业等5家股份有限公司，千江商贸、宏源饮食等25家有限责任公司和钢板网、禽蛋等4家股份合作制企业，乡镇企业则一下几乎都变成了“股份合作制企业”。

然而，这种股份制改造并没有给企业带来根本好转。因为，这种股份制改造仍以企业原来的国有（集体）资产为主体，企业干部、职工只是象征性地筹集点资金入股，就算完成了“股改”；企业的经营体制、运行机制、用工制度等仍然沿袭过去的办法。显然，这种“股改”只不过是用一种形式的大锅饭代替另一种形式的大锅饭，并无实质意义。至于组建的5家股份有限公司，除孝商集团基本按照《公司法》组建比较规范外，其余4家都是“拉郎配”，股本金根本不能到位，有的是互相参股，造成股本虚设，致使股份有限公司夭折。此外，按照上级要求“拉郎配”组建的8个企业集团也很快销声匿迹了。

在股份制改造的同时，孝南区还对48家国有企业、32家集体企业依法实施了破产。这80家企业，有职工13517人，总资产40831万元，总负债95686万元，负债率高达234%。破产企业职工的生活安置费，每人最少5000元，最多13069元，平均8000元左右。

1993～1999年，孝南区直属工商企业发展简况见表4－1。

表4－1数据说明，通过1993～1999年第一、二阶段改革：①从总体看，孝南区工商企业个数增加了30.36%，职工减少了15.06%，资产总额增加了202.86%，负债总额增加了86.78%，负债率下降了37.93个百分点，生产总值增加了311.78%，销售收入增加了366.4%，缴纳税金增加了211.55%，并已扭亏为盈。②从不同行业看，工业企业负债率下降了50.69个百分点，生产总值利税率上升了1.3个百分点；商业企业负债率下降了2.47个百分点，生产总值利税率下降了1.04百分点；其他企业负债率

表 4－1　孝南区直属工商企业简况

年份	项目	企业个数	职工人数	资产总额（万元）	负债总额（万元）	负债率（%）	经营情况（万元）			
							生产总值	销售收入	缴纳税金	利润
1993	合计	112	21703	75492	74715	98.97	79446	70141	1212	－205
	工业	56	12693	40493	45160	111.53	30974	21459	534	－177
	商业	31	7501	30248	24563	81.21	45020	45020	623	169
	其他	25	1509	4751	4992	105.07	3452	3662	55	－197
1995	合计	116	21930	78422	77897	99.33	113375	100416	1877	730
	工业	58	12866	43223	48122	111.33	51025	38404	1056	671
	商业	32	7544	30398	24683	81.20	56492	56492	713	－25
	其他	26	1520	4801	5092	106.06	5858	5520	108	84
1999	合计	146	18435	228638	159552	69.78	327141	327141	3776	372
	工业	52	8014	99146	60325	60.84	98577	98577	1792	623
	商业	82	8406	121115	95366	78.74	222273	222273	1872	－280
	其他	12	2015	8377	3861	46.09	6291	6291	112	29

资料来源：孝南区体制改革办公室，下同。

说明："其他企业"是指"农"字头的企业，包括农业企业、农业服务企业和农业生产资料企业。

下降了 58.98 个百分点，生产总值利税率则从 －4.11% 转变为正 2.24%。

总体来看，孝南区第一、二阶段企业改革是有成效的，正因此 1996～1998 年连续 3 年被湖北省、孝感市政府评为企业改革先进单位。但是，从生产总值利税率这个最重要的指标看，1993 年为 1.27%，1995 年微升至 2.3%，1999 年又降至 1.27%，基本上停滞不前。这说明，孝南区第一、二阶段的企业改革，并没有达到预期的目的。

三　出售、转民阶段（2000～2003 年）

在前两阶段企业改革实践基础上，通过"走出去"考察、学习，"请进来"讲授理论、传经送宝，孝南区党政机关和企业干部提高了对民营经济、对多种经济成分共存局面的认识。中共十五届四中全会以后，中共孝南区委、区政府按照"县域经济以民营为主体"的指导思想，大力推进"公退民进"改革，使全区企业改革率达到 100%，各种形式转民率达到 85%。通过出售转民改革，一批亏困企业被出售、淘汰，一批低效运营企业被收购、重组，一批民营企业发展壮大，一批引进、重组企业安家落户，多数企业都朝着良性循环方向发展。

2003 年，孝南区规模（即总产值 500 万元，下同）以上工业企业简况见表 4－2。

表 4－2 孝南区规模以上工业企业简况

项目	企业个数	职工人数	资产总额（万元）	所有者权益或总负债(万元)	所有者权益或负债率(%)	经营情况(万元)			
						生产总值	销售收入	缴纳税金	利润
合计	29	4155	69235	33304	48.10	58641	63322	1975	3232
国有	1	65	370	64	17.30	773	695	2	17
集体	2	330	3815	1787	46.84	3089	4048	22	178
民营	26	3760	65050	31453	48.35	54779	58579	1951	3037

表 4－2 数据说明，通过“公退民进”改革，2003 年规模以上工业企业负债率为 48.1%，利税率为 8.88%，其中民营企业负债率为 48.35%，利税率为 9.11%，都好于“公退民进”改革之前。

第二节 所有制结构调整

调整所有制结构，是企业改革的重点。通过所有制结构调整，孝南区已确立了民营经济的主体地位。1993～2003 年，所有制结构变化情况见表 4－3。

表 4－3 所有制结构变化情况

年份	项目	企业个数	职工人数	资产总额（万元）	负债总额（万元）	负债率（%）	经营情况(万元)			
							生产总值	销售收入	缴纳税金	利润
1993	合 计	112	21703	75492	74715	98.97	79446	70141	1212	－205
	国 有	65	10206	41345	41452	100.26	44567	41752	469	－248
	集 体	45	10131	29179	30884	105.84	27671	21677	435	－150
	个体私营	2	1366	4968	2379	47.89	7208	6712	308	193
1995	合 计	116	21930	78422	77897	99.33	113375	100416	1877	730
	国 有	67	10260	41545	41673	100.31	59057	55694	831	352
	集 体	45	10131	29179	30884	105.84	41791	33145	693	297
	个体私营	4	1539	7698	5340	69.37	12527	11577	353	81
1999	合 计	146	18435	228638	159552	69.78	327141	327141	3776	372
	国 有	74	8917	107732	84968	78.87	65962	66572	2377	－272
	集 体	45	5325	70345	48281	68.63	234939	234329	712	287
	个体私营	27	4193	50561	26303	52.02	26240	26240	687	357
2003	合 计	33	4362	72985	35113	48.11	63959	66478	2219	3557
	国 有	2	175	3024	1471	48.64	4311	2151	222	297
	集 体	2	330	3815	1787	46.84	3089	4048	22	178
	个体私营	29	3857	66146	31855	48.16	56559	60279	1975	3082

说明：2003 年仅为孝南区直属工业企业数，而不包括商业和其他行业企业数。

表4－3数据说明：1993～2003年，个体私营企业的比重是逐步增加的，特别从1999年开始增幅更大。到2003年，在孝南区直属工业企业中，个体、私营经济占企业个数的87.88%，职工人数的88.42%，资产总额的90.63%，负债总额的90.72%，生产总值的91.28%，销售收入的90.68%，缴纳税金的89%，利润总额的86.65%；负债率为48.16%，生产总值利税率则为8.94%。显然，个体、私营经济已占居主体地位。如果再加上乡镇企业、外资企业和合资企业中的工业企业，以及商业等其他行业中的非公有制企业，那么民营经济的主体地位将更加突出。与此同时，国有、集体企业的经济效益也大大提高。1993～2003年，它们的负债率已分别从100.26%和105.84%降至48.64%和46.84%，反之，生产总值利税率则从0.5%和1.03%升至12.04%和6.47%。

孝南区工商企业的“公退民进”改革，是通过多种方式实现的。

一　租售结合，逐步转民

对于资产闲置、低效运营的企业，动员企业内部职工，或引进民营企业、个体老板，采取先租后售或租售结合的方式转民。例如，孝感市卫生纸厂是一家处于半停产状态的企业，该厂拥有固定资产3956万元，1990年从意大利进口了一台价值人民币1100万元、具有国际先进水平的5000型纸机，但由于资金短缺，该设备一直处于闲置状态，3台国产纸机也几乎停机。1997年，该厂引进广东维达纸业集团实行租售结合改革，即将进口纸机以1350万元的价格出售给维达公司，同时以每年45万元租金出租制浆、水电设备及厂房仓库，就地生产，租期5年；租期满后，维达公司以400万元整体收购卫生纸厂。2004年，维达纸业集团职工已发展到340人，年产值14000万元。该集团计划在孝南区南大工业园再投资3亿元，进一步扩大纸业生产。

二　整体出售，一步转民

选择一批生产、销售处于停滞状态，已无力再投资，但产品销路、市场前景较好的企业，整体出售转民。例如，湖北钢赢家具公司年销售额长期徘徊在2000万元左右，年上交税金不到100万元。2000年8月整体出售转民，当年销售额突破2000万元，税金突破100万元。到2003年，销售额已增至8136万元，上交税金400多万元，出口创汇900多万美元，职工人数从转民前160多人增至700多人，月均工资也由不足400元升至600多元。该公司与英商苏马吉合资成立的湖北保丽家具有限公司，2004年职

工达1300人，年产值达31000万元。

在整体出售过程中，坚持一个原则，即等额有效资产承担等额债务；采取两个剥离一个切块，即剥离非经营性资产、剥离无效资产，切块安置企业职工；实现三个确保，即确保资产不流失、债务不悬空、职工基本稳定。通过整体出售转民，实现了企业转换机制，职工转变身份，彻底打破了企业干部的铁交椅和职工的“铁饭碗”，真正做到了干部能上能下，职工能进能出，工资能高能低。据统计，1998～2003年，整体出售转民企业15家，转民职工2450人，出售总资产18648万元，消化总负债14956万元（原负债率为80.2%）。

三　破产销户，职工转民

对长期亏损，资不抵债，并已无再投资价值的企业，实施依法破产销户，职工转民。例如，孝感市化肥厂是20世纪60年代初建成的一家国有企业，产品质次价高，经营连年亏损，主要靠行政手段维持，到1997年已资不抵债（账面总资产5400多万，总负债7400多万元），被迫停产。该厂设备老化已无利用价值，但厂址已成为扩建后的孝感城区，宜于搞房地产开发。1998年，该厂依法破产，以1920万元将厂地出售给湖北宇济房地产开发公司，妥善安置了735名职工；同时，将企业生活设施、党组织关系等成建制地移交给新华街办事处，成立了宇济居民社区和物业管理机构、党组织机构，基本上实现了“企业破产，管理不乱，支部不散”。

在实际工作中，既要无情破产又要有情操作，在“活、慎、稳、立”4个字上做文章：“活”，就是只要符合破产条件，无论情况多复杂、困难多突出，一律实行依法破产；“慎”，就是工作要慎重，要组织专班，摸清家底，广泛征求职工意见，制定周密工作方案；“稳”，就是妥善安置职工，采取买断工龄、参加劳保、推荐上岗、鼓励创业等办法解决职工后顾之忧，不留隐患，不把矛盾推向社会；“立”，就是边破边立，出售破产企业资产，组建新的民营企业。据统计，1995～2003年，先后有铝型材厂、化肥厂、钢犁厂、制革厂等80家企业实施了破产。

四　关闭企业，安置职工

对停产多年，资不抵债，回生无望又不宜破产的企业，实施关闭，对职工另作安置。例如，孝感市有机化工厂，位于孝感城区长征路中段，有职工110人，因设备老化、污染严重，不能继续在城区生产，经职代会讨论同意，关闭企业，全部职工另行安置。1995～2003年，已关闭了市钟表公司、医药公司、有机化工厂、环城供销社、光达商贸公司等8家企业，安置职工768人，总资产3628元，总负债3237万元，负债率89.22%。

"公退民进"无论采取何种形式，都存在着职工安置、身份转民问题。2000年以来，一般都按照"先算断、后返聘"思路安置职工。例如，2000~2001年，棉麻公司对421名在册职工，先算断职工工龄，转变国有、集体职工身份；然后，返聘职工165名，对157名离退休人员和86名内退人员，则实行一次性缴纳养老保险金。又如，2003年，卧龙、毛陈、祝站、肖港等5家公司先算断工龄、转变身份453人，然后按照双向选择原则，安排部分职工重新上岗。

算断职工工龄的做法，一般是有关企业把变卖固定资产的收入，按照以下方法支付给职工：对男满55周岁、女满45周岁的职工，由企业一次性缴纳养老保险金，待达到退休年龄后由劳保局发给养老金；对男55岁周岁以下、女45周岁以下的职工，按孝感市上一年人年均工资的2~3倍发给安置费，同时解除其国有、集体职工身份。

第三节　产业结构调整

1993~2003年，市辖区产业结构变化情况见表4-4。

表4-4　市辖区产业结构的变化

项目		国内生产总值（当年价、万元）	金额（万元）			比重（%）		
			第一产业	第二产业	第三产业	第一产业	第二产业	第三产业
1993	合计	137911	48265	44976	44670	35.0	32.6	32.4
	孝南	101795	46279	26521	28995	45.5	26.0	28.5
	市直	36116	1986	18455	15675	5.5	51.1	43.4
1995	合计	231259	70580	78577	82102	30.5	34.0	35.5
	孝南	149979	68540	37945	43494	45.7	25.3	29.0
	市直	81280	2040	40632	38608	2.5	50.0	47.5
1999	合计	361388	84832	138580	137976	23.5	38.3	38.2
	孝南	221388	82782	72130	66476	37.4	32.6	30.0
	市直	140000	2050	66450	71500	1.5	47.5	51.0
2003	合计	554715	93015	226736	234964	16.8	40.9	42.3
	孝南	327810	91013	116960	119837	27.8	35.7	36.5
	市直	226905	2002	109776	115127	1.0	48.3	50.7

资料来源：历年《孝感统计年鉴》。

表 4－4 的数据说明：①从整个市辖区看，第一产业比重已从 35.0% 降至 16.8%，第二产业比重已从 32.6% 升至 40.9%，第三产业比重已从 32.4% 升至 42.3%。②从孝南区看，第一产业比重已从 45.5% 降至 27.8%，第二产业比重已从 26.0% 升至 35.7%，第三产业比重已从 28.5% 升至 36.5%。③从市直看，第一产业比重已从 5.5% 降至 1.0%，第二产业比重已从 51.1% 降至 48.3%，第三产业比重已从 43.4% 升至 50.7%。这就是说，市辖区产业结构比重顺序都已初步实现了从一、二、三到三、二、一的转变，特别是市直第三产业比重更超过了 50%。

在调整产业结构过程中，孝南区采取了以下一些措施：

（1）“促一进二”，即促进重点农产品生产，发展农产品加工业。到 2003 年，产、供、销“一条龙”的农业产业化经营组织发展到 163 个，网络 11 万农户；农产品加工企业 193 个，从业人员 2485 人，年销售额达 3 亿元。例如，全区麻糖米酒企业 44 家，完成产值 1.1 亿元，消化糯米 6000 吨。肖港镇兴办的保丰净葱加工厂，年加工量过万吨，产值 1480 万元，加工增加值 400 万元。毛陈镇兴办的盐渍藕加工厂，年加工量 6500 吨，产值 1560 万元，加工增加值 780 万元。

（2）“基一兴三”，即以农产品为基础，发展农产品流通业。一是组织农产品销售协会。就是围绕重点农产品，按照“三个一”原则（即一个特色产品，一个专门协会，一群农民经纪人），组建一批专业销售协会，搞活农产品流通。到 2003 年，已组织专业协会 17 个，农民经纪人近 6000 人，销售农产品总值 5.8 亿元，实现利润 2122 万元，上交税金 1473 万元。二是兴办农产品交易市场。到 2003 年，已兴办了以南大综合市场为龙头的南大、西大、金西门、东门、焦湖莲藕等一批农产品市场。其中，南大市场业务已辐射到全国 20 多个省市，2004 年交易额达 71000 万元。

（3）“退二进三”，即退出第二产业，发展第三产业。到 2003 年底，孝南区直属企业中“退二进三”企业已达 30 余家，向第三产业转移资产 7700 万元。“退二进三”的主要途径：一是发展商贸业。例如，对原织布厂、锁厂等 10 余家企业进行改造，兴办了千江市场、大东门家具城等商贸区。二是发展房地产。例如，先后将皮鞋厂、通用机械厂等 12 家企业改造开发为双赢、梅宁等 10 多个住宅小区。三是发展饮食娱乐业。例如，利用插件厂、帆布厂等 10 多家企业，兴办了粮庄大酒店、远洋娱乐城、新华康乐城等服务企业，盘活 612 万元的闲置资产。

（4）招商引进，发展乡镇经济。到 2003 年，乡镇场已引进项目 13 个，引资 3.3 亿元，盘活闲置资产 4000 多万元，安置劳动力 3400 多人。

例如，祝站镇利用闲置厂房、场地和铁路专线，引进武汉木材防腐厂，提供税收270多万元。西河镇利用荒岗闲地，引进客商种植红栀子，稳定了农业税源。卧龙乡引进三蜂蜜业、南华橡胶等企业，投资8000万元，年税收达330万元。毛陈镇引进上海申欧公司投资3000万元，可实现产值3000多万元、上缴税收100多万元。

（5）壮大打工经济，拓宽增收渠道。孝南区常年在外打工农民在10万人以上，年收入达8亿元。从行业分布看，建筑业5.8万人，其他行业约5万人；从地区分布看，北京1.8万人，东北2.5万人，新疆达1.9万人，其他地区4万人左右。现在，已把工作重点放在引导、培训和服务上。一是组织好劳务输出，减少劳动力盲目流动；二是开展专业技能培训，提高外出农民素质；三是搞好协调服务，维护外出民工权益。

第四节　产品结构调整

1993年以前，孝南区工业产品以小机械、小化工、小制革、小建材、小造纸等“五小”为主，以满足农业生产和本地居民生活需要为主。1993年以后，工业产品结构发生了两个显著变化。

（1）形成了4类支柱产品。一是以乳酸、麻糖、米酒、蜂蜜、白酒为主的食品工业产品；二是以制罐、制桶、纸箱、塑印为主的包装工业产品；三是以钢制家具、鬃刷、锁具、丝袜为主的轻纺工业产品；四是以生活用纸、卫生纸巾、办公用纸为主的纸业工业产品。在这些产品中，凯风乳酸在2003年被中国国际农业博览会评为名牌产品，麻糖米酒和纸品则占有较大的市场份额。

（2）发展了一批创汇产品。到2003年，已有钢赢家具、鹦鹉锁具、华茂鬃刷、三蜂蜜业、生活用纸、舒氏粘胶带等9家企业多种产品出口，共创外汇6000多万美元。其中，钢赢家具已销售到英国、美国、澳大利亚、马来西亚等国家和地区，年创汇突破700多万美元。

第五章 个体经济和私营经济

第一节 发展概况

1993～2004年，市辖区个体经济和私营经济发展简况见表5－1。

表5－1 个体、私营经济发展简况

年 度	总户数(户)	从业人员(人)	注册资本(万元)	总产值(万元)	销售或营业收入(万元)
1993	17773	31758	5235	15889	32439
1994	33753	89995	25882	55907	95776
1995	42983	138174	51202	88373	152447
1996	49502	179978	78710	163725	196943
1997	55745	204736	104158	200039	231393
1998	60957	228616	129264	251467	268323
1999	62250	234621	131487	295189	310247
2000	59203	226721	143170	354227	366697
2001	56771	225836	147953	349541	355161
2002	68403	247641	172748	382404	392098
2003	79708	254247	203362	380256	415283
2004	82414	262925	212288	432799	471834

资料来源：孝感市工商行政管理部门统计资料，下同（另说明资料来源的除外）。

说明：本表中的“从业人员”包括雇请人员，因而其人数与第19章个体业者阶层和私营业主阶层人数有较大差异，下同。

表5－1的数据说明：1993～2004年期间，个体经济和私营经济发展虽出现过某些起伏，但总体而言发展得较快。它们的总户数增长了3.64倍，从业人员增长了7.28倍，注册资本增长了39.55倍，总产值增长了26.24倍，销售或营业收入增长了13.55倍，均远远高于国民经济总体的发展速度。

第二节 个体经济

一 发展简况

1993～2004年，个体经济发展简况见表5－2。

表5－2　个体经济发展简况

年　度	总户数	从业人员(人)		注册资本(万元)		总产值(万元)		销售或营业收入(万元)	
		合　计	户　均	合　计	户　均	合　计	户　均	合　计	户　均
1993	17686	29773	1.68	3665	0.21	7948	0.45	30505	1.72
1994	33393	82393	2.47	15670	0.47	22584	0.68	87448	2.62
1995	42415	121135	2.86	35057	0.83	44448	1.05	128122	3.02
1996	48674	159713	3.28	50510	1.04	90668	1.86	149777	3.08
1997	54575	175969	3.22	62672	1.15	105692	1.94	168823	3.09
1998	59307	188244	3.17	68304	1.15	119434	2.01	192290	3.24
1999	60300	193496	3.21	69412	1.15	140164	2.32	222172	3.68
2000	57212	185780	3.25	71020	1.24	168197	2.94	262372	4.59
2001	54564	183178	3.36	68393	1.25	144388	2.65	240208	4.40
2002	65731	203434	3.09	85232	1.30	157963	2.40	265190	4.03
2003	77156	210632	2.73	104808	1.36	168057	2.18	280871	3.64
2004	79575	216116	2.72	108189	1.36	204196	2.57	306294	3.85

表5－2数据说明：①从数量看，户数增长了3.5倍，从业人员增长了6.26倍，注册资本增长了28.52倍，总产值增长了24.69倍，销售或营业收入增长了9.04倍；②从规模看，户均从业人员增长了61.9%，注册资本增长了5.48倍，总产值增长了4.71倍销售或营业收入增长了1.24倍。

二　行业分布

1993～2004年，个体经济行业分布变化情况见表5－3。

表5－3　个体经济行业分布的变化

单位：户，人，万元

年　度	农　业			制　造　业			建　筑　业		
	户　数	从业人员	注册资金	户　数	从业人员	注册资金	户　数	从业人员	注册资金
1993	126	210	67	526	1863	624	11	103	37
1994	153	286	144	829	2023	3179	23	403	188
1995	169	269	641	1099	2564	5969	32	564	354
1996	201	296	923	1237	2894	8599	41	635	509
1997	263	301	1145	1312	3016	10669	49	703	636
1998	396	426	1248	1389	3124	11628	57	749	695
1999	386	423	1268	1397	3396	11816	59	806	706
2000	401	563	1297	1409	3699	12089	68	901	722
2001	406	674	1249	1521	3703	11642	71	969	696
2002	423	739	1556	1539	3802	14508	86	994	868
2003	429	763	1913	1549	3854	17840	103	1023	1067
2004	442	783	1975	1598	3954	18415	106	1050	1101

续表 5-3

年度	交通运输业			计算机服务业			批发零售业		
	户数	从业人员	注册资金	户数	从业人员	注册资金	户数	从业人员	注册资金
1993	296	301	195	—	—	—	10073	14246	1374
1994	303	422	593	—	—	—	19278	42562	4399
1995	414	524	1662	3	26	203	24930	59090	13143
1996	423	536	2394	39	61	492	29015	76946	18348
1997	586	603	2970	65	128	610	32998	86231	22765
1998	607	694	3036	104	251	865	35126	90186	24810
1999	709	803	3085	129	293	879	35623	93804	25214
2000	745	908	3156	264	408	1101	33962	90883	25598
2001	884	1025	3039	289	512	1060	32062	89963	24651
2002	1022	1364	3787	326	854	1321	39672	98546	30720
2003	1509	1604	4657	464	1036	1625	44614	100811	37776
2004	1556	1646	4807	478	1063	1785	46015	103422	38995

年度	住宿餐饮业			服务业			其他行业		
	户数	从业人员	注册资金	户数	从业人员	注册资金	户数	从业人员	注册资金
1993	3164	6628	665	3406	6313	631	84	109	72
1994	5896	15452	3387	6810	20649	3214	101	596	566
1995	7623	26129	6361	8014	31263	6036	131	706	688
1996	8526	35369	9164	8934	41883	8695	258	1093	1386
1997	9853	37673	11370	9053	45282	10788	396	2032	1719
1998	10256	41236	12392	10870	48585	11757	502	2993	1873
1999	10758	42779	12593	10680	47796	11948	559	3396	1903
2000	9925	41059	12885	9845	43253	12225	593	4106	1947
2001	9425	40056	12408	9323	42284	11773	583	3992	1875
2002	11026	43396	15463	11041	49526	14672	596	4213	2337
2003	14043	45236	19014	13844	51269	18042	601	5036	2874
2004	14483	46407	19627	14278	52625	18517	619	5166	2967

表 5-3 的数据表明，1993~2004 年期间：

（1）从户数看，第一产业从 126 户增至 442 户，增长了 250.79%，但其比重却从 0.71% 降到 0.56%；第二产业从 537 户增至 1704 户，增长了 217.32%，但其比重却从 3.04% 降到 2.14%；第三产业从 17023 户增至 77429 户，增长了 354.85%，其比重也从 96.25% 增至 97.3%。

（2）从从业人员看，第一产业从 210 人增至 783 人，增长了 272.86%，但其比重却从 0.71% 降到 0.36%；第二产业从 1966 人增至 5004 人，增长了 154.53%，但其比重却从 6.6% 降到 2.32%；第三产业从 27597 人增至 210329 人，增长了 662.14%，其比重也从 92.69% 增至 97.32%。

（3）从注册资本看，第一产业从 67 万元增至 1975 万元，增长了 2847.76%，其比重均为 1.83%；第二产业从 661 万元增至 19516 万元，增长了 28.53 倍，其比重从 18.03% 增至 18.04%；第三产业从 2937 万元增至 86698 万元，增长了 28.52 倍，其比重却从 80.14% 降到 80.13%。

（4）从户均从业人员规模看，第一产业从 1.67 人增至 1.77 人，增长了 5.98%；第二产业从 3.66 人降到 2.32 人，下降了 36.61%；第三产业从 1.62 人增至 2.72 人，增长了 67.9%。

（5）从户均注册资本规模看，第一产业从 0.53 万元增至 4.47 万元，第二产业从 1.23 万元增至 11.45 万元，第三产业从 0.17 万元增至 1.12 万元，增长速度达 5.59 倍，但户均注册资本规模仍然最小。

（6）从具体行业看，按 2004 年数据计算，在总体规模方面，批发零售、住宅餐饮和服务是 3 个最大的行业，它们的比重占总户数的 93.97%、从业人员的 93.68%、注册资本的 71.3%；在户均规模方面，制造业、建筑业注册资本最多（分别为 11.52 万元和 10.39 万元），建筑业、其他行业从业人员最多（分别为 9.91 人和 8.35 人）；在发展速度方面，计算机服务业、建筑业和其他行业成为增长速度最快的 3 个行业。

三　个体业主简况

据调查，个体业主中女性居多，30～49 岁居多，初中文化程度居多，具体情况见表 5－4。

表 5－4　2003 年个体业主简况

单位：人，%

项目	合计	性别		年龄					文化程度			
		男	女	19 岁及以下	20～29 岁	30～49 岁	50～59 岁	60 岁以上	大专及其以上	高中中专	初中	小学及其以下
人数	77156	36927	40229	4799	13448	48808	8805	1296	193	20299	30978	25686
比重	100.00	47.86	52.14	6.22	17.43	63.26	11.41	1.68	0.25	26.31	40.15	33.29

第三节 私营经济

一 发展简况

1993～2004 年，私营经济发展简况见表 5－5。

表 5－5 私营经济发展简况

年度	总户数	从业人数(人)		注册资本(万元)		总产值(万元)		销售或营业收入(万元)	
		合计	户均	合计	户均	合计	户均	合计	户均
1993	86	1985	23.08	1570	18.26	7941	92.34	1934	22.49
1994	360	7602	21.12	10212	28.37	33323	92.56	8328	23.13
1995	568	17039	30.00	16145	28.42	43925	77.33	24325	42.83
1996	828	20265	24.47	28200	34.06	73057	88.23	47166	56.96
1997	1170	28767	24.59	41486	35.46	94347	80.64	62570	53.48
1998	1650	40372	24.47	60960	36.95	132033	80.02	76033	46.08
1999	1950	41125	21.09	62075	31.83	155025	79.50	88075	45.17
2000	1991	40941	20.56	72150	36.24	186030	93.44	104325	52.40
2001	2207	42658	19.33	79560	36.05	205153	92.96	114953	52.09
2002	2672	44207	16.54	87516	32.75	224441	84.00	126908	47.50
2003	2552	43615	17.09	98554	38.62	212199	83.15	134412	52.67
2004	2839	46809	16.49	104099	36.67	228603	80.52	165540	58.31

表 5－5 数据说明：①从数量看，总户数增长了 32.01 倍，从业人员增长了 22.58 倍，注册资本增长了 65.31 倍，总产值增长了 27.79 倍，销售或营业收入增长了 84.59 倍，其增长超过了个体经济增长速度。②从规模看，户均从业人员从 23.08 人减至 16.49 人，减少了 28.55%；注册资本从 18.26 万元增至 36.67 万元，增长了 100.82%；总产值从 92.34 万元减至 80.52 万元，减少了 12.8%；销售或营业收入从 22.49 万元增至 58.31 万元，增长了 159.27%。这说明减人、扩资、增收是市辖区私营企业发展的主要方向。

二 行业分布

1993～2004 年，私营企业行业分布变化情况见表 5－6。

表 5－6　私营经济的产业分布

单位：户，人，万元

年度	农业			制造业			建筑业		
	户数	从业人员	注册资金	户数	从业人员	注册资金	户数	从业人员	注册资金
1993	2	25	30	56	1239	312	3	163	362
1994	3	65	65	217	4989	2156	13	273	2356
1995	12	374	103	343	10508	3270	20	613	3725
1996	18	401	180	498	12260	5712	29	729	6506
1997	20	532	265	707	17704	8401	42	1035	9570
1998	27	603	391	985	24425	12344	59	1453	14062
1999	42	774	485	1149	24578	12570	70	1463	14320
2000	41	759	425	1201	25114	16610	54	1244	13880
2001	47	763	577	1297	26083	18210	77	1494	15305
2002	57	798	635	1582	27009	20030	94	1521	16835
2003	52	804	715	1521	26845	22580	85	1496	18578
2004	58	863	895	1691	28812	23826	95	1605	19603
年度	交通运输业			批发零售业			住宿餐饮业		
	户数	从业人员	注册资金	户数	从业人员	注册资金	户数	从业人员	注册资金
1993	1	8	35	17	251	705	2	73	60
1994	6	136	230	73	1550	4585	10	228	390
1995	10	306	365	116	3775	7245	17	511	617
1996	15	364	638	169	4134	12282	24	607	1077
1997	21	517	938	238	5868	17868	35	863	1485
1998	29	726	1378	336	8235	25755	49	1211	2182
1999	35	761	1405	397	8287	25826	58	1294	2221
2000	35	761	1405	401	8306	30018	51	1022	2085
2001	38	766	1549	437	8442	33100	64	1229	2299
2002	47	813	1705	533	8762	35700	78	1312	2529
2003	42	745	1922	479	8602	37145	64	1258	2850
2004	47	799	2128	533	9232	38862	71	1350	3007
年度	房地产业			服务业			其他行业		
	户数	从业人员	注册资金	户数	从业人员	注册资金	户数	从业人员	注册资金
1993				3	201	40	2	25	26
1994				11	231	260	27	130	170
1995	1	22	150	19	601	410	30	329	260
1996	5	77	600	25	663	515	45	1030	690
1997	7	101	1183	39	901	758	61	1246	1018
1998	18	208	2238	51	1316	1114	96	2195	1496
1999	21	277	2429	66	1406	1234	112	2285	1585
2000	21	277	4507	66	1388	1435	121	2070	1785
2001	23	281	4970	76	1387	1582	148	2213	1968
2002	29	297	5970	76	1364	1740	176	2331	2372
2003	23	209	9730	70	1287	1960	216	2369	3074
2004	26	224	10267	78	1381	2068	240	2543	3443

表5－6的数据表明，1993～2004年期间：

（1）从户数看，第一产业从2户增至58户，增长了29倍，但其比重却从2.33%降到2.04%；第二产业从59户增至1786户，增长了29.27倍，但其比重却从68.6%降到62.91%；第三产业从25户增至995户，增长了38.8倍，其比重也从29.07%增至35.05%。

（2）从从业人员看，第一产业从25人增至863人，增长了33.52倍，其比重也从1.26%增至1.84%；第二产业从1402人增至30417人，增长了20.7倍，但其比重却从70.63%降到64.98%；第三产业从558人增至15529人，增长了26.83倍，其比重也从28.11%增至33.18%。

（3）从注册资本看，第一产业从30万元增至895万元，增长了28.83倍，但其比重却从1.91%降到0.86%；第二产业从674万元增至43429万元，增长了63.43倍，其比重也从42.93%降到41.72%；第三产业从866万元增至59775万元，增长了68.02倍，其比重也从55.16%增至57.42%。

（4）从户均从业人员规模看，第一产业从12.5人增至14.88人，增长了19.04%；第二产业从23.76人降到17.03人，下降了28.32%；第三产业从22.32人减至15.61人，减少了30.06%。

（5）从户均注册资本规模看，第一产业从15万元增至15.43万元，增长了2.87%；第二产业从11.42万元增至24.32万元，增长了112.96%，第三产业从34.64万元增至60.08万元，增长了73.44%。

孝棉实业集团公司气流纺车间

（6）从具体行业看，按2004年数据计算，在总体规模方面，批发零售业、制造业和建筑业是3个最大的行业，它们的比重占总户数的81.68%、从业人员的84.7%、注册资本的79.05%；在户均规模方面，房地产业、建筑业注册资本最多（分别为394.88万元和206.35万元），住宅餐饮业、服务业从业人员最多（分别为19.01人和17.71人）；在发展速度方面，其他行业、交通运输和房地产是增长速度最快的3个行业。

三 资产规模和雇用人员规模

2003年，私营企业资产规模和雇用人员规模情况见表5-7和表5-8。

表5-7 资产规模

单位：户，人，%

资产分组	户 数	从业人员		投资人员		雇用人员	
		合 计	比 重	合 计	户 均	合 计	户 均
合 计	2552	43615	100.00	10003	3.92	33612	13.17
1亿元以上	1	3512	8.05	2	2.00	3510	3510.00
1000万元以上	12	1603	3.68	43	3.58	1560	130.00
500万元以上	26	2004	4.59	84	3.23	1920	73.85
100万元以上	166	3562	8.17	763	4.60	2799	16.86
50万元以上	386	4103	9.41	1013	2.62	3090	8.01
50万元以下	1961	28831	66.10	8098	4.13	20733	10.57

表5-8 雇用人员规模

单位：户，人，%

雇用人员分组	企 业		雇用人数		户均雇用人数
	户 数	比 重	人 数	比 重	
合 计	2552	100.00	33612	100.00	13.17
100人以上	16	0.63	3773	11.22	235.81
51~100人	27	1.06	1815	5.40	67.22
21~50人	153	5.99	4624	13.76	30.22
10~20人	894	35.03	10684	31.79	11.95
10人以下	1462	57.29	12716	37.83	8.70

表5-7和表5-8的数据说明，市辖区的私营企业基本上都是中、小型企业。

四 投资人简况

据调查，私营企业投资人中30~49岁、高中或中专文化程度的男性占绝大多数，具体情况见表5-9。

表5-9 投资人员的基本情况

单位：人，%

项目	合计	性别		年龄						文化程度		
		男	女	19岁及以下	20~29	30~.39	40~49	50~59	60岁及以上	大专及其以上	高中中专	初中及其以下
人数	1202	1125	77	1	133	413	475	160	20	99	1046	57
比重	100.00	93.59	6.41	0.08	11.06	34.36	39.52	13.31	1.66	8.24	87.02	4.74

第四节 问题与对策

一 问题和原因

个体经济和私营经济发展中存在的主要问题：一是少数执法部门思想不够端正，在一定程度上加重了企业负担。二是经济秩序不规范、不正常，坑、蒙、拐、骗事件层出不穷。三是企业自身规模小、水平低，缺乏竞争能力和发展能力。四是经营理念陈旧，运作方式落后，经不起风吹草动，生命周期短，自生自灭频繁。五是经营领域狭窄，许多领域市场准入门槛过高。六是资金、人才奇缺。

存在上述问题的主要原因是：政策、法律不完善，保护私有财产问题尚未完全解决，许多领域尚无合理的市场准入门槛；政府职能未转变，执法作风未改善，许多服务未开展或不到位；市场经济发展还不够成熟，特别是信用制度、诚信环境尚未形成；个体业主、私营业主自身素质差、水平低，管理方式落后，许多企业还停留在家庭作坊、家族企业状态。

二 对策与建议

（1）解放思想，鼓励、支持和引导个体、私营经济发展。制定和完善发展市场经济、维护经济秩序、保护私有财产等法律法规，为发展个体、私营经济创造良好的法律、政策环境。

（2）转变政府职能，提高行政效率。一是要转变工作作风，把工作重

点转移到规划、引导、维护市场秩序、提供公共服务上来；二是减少行政审批事项，规范收费项目，降低收费标准；三是放宽注册条件，减少注册手续；四是加快行政管理体制改革，理顺财政供养体制，从根本上解决企业负担问题。

（3）拓宽个体、私营经济发展空间。凡国家法律没有禁止的领域，都应对个体、私营经济开放；凡对外资开放领域，都应允许个体、私营经济先行进入。当前的重点是，打破行政和行业垄断，放宽市场准入门槛，加快高新技术产业和公交、供水、供气、环卫、绿化、殡葬等公共服务领域的开放步伐。

（4）深化金融体制改革和人事制度改革，拓宽融资渠道和人才招聘渠道，改善个体、私营企业投资、融资环境和招聘人才环境。

（5）建立社会信用系统，培育社会诚信环境，为个体、私营经济的发展创造良好信用环境。

（6）发展商会、协会等自律性、行业性组织，搞好个体业主、私营业主的自我管理、自我服务。

第六章 农 业

第一节 主要生产要素

一 耕地

2003年底，市辖区常用耕地面积454966亩，其中水田360741亩，旱地94225亩。1993~2003年，耕地总量和人均耕地呈减少趋势（详见表6-1）。

表6-1 常用耕地变化情况

单位：亩

年度	年末耕地面积	人均耕地	年度	年末耕地面积	人均耕地
1993	483000	0.61	1999	484816	0.56
1994	472500	0.59	2000	483753	0.55
1995	469022	0.57	2001	479687	0.54
1996	463682	0.56	2002	458610	0.51
1997	462044	0.54	2003	454966	0.50
1998	452126	0.53			

资料来源：1993~2003年《孝感市孝南区国民经济统计资料》。

二 水利设施

1993~2003年，水利建设投资24510.44万元，修筑大中小型水利工程6000多处。到2003年底，有中型排灌站8处，装机39台，总功率18903千瓦，有效灌溉面积约50万亩（详见表6-2和表6-3）。

表 6-2　中型排灌站基本情况

名　称	地　址	类　型	提水级数	扬程（米）	装机数（台）	容量（千瓦）	干渠长度（公里）	渡槽长度（米）	受益面积（万亩）
总　计					39	18903	74.2	100	50.80
野猪湖	祝　站	抽　水	2	33	6	1920	24.8	—	7.5
石塔寺	三　汊	抽　水	3	53	8	1755	16.0	—	3.5
田家岗	龙　店	抽　水	2	42	6	3660	17.4	100	10.0
三元宫	三　汊	抽　水	2	42	5	2013	16.0	—	6.0
北径咀	龙　店	排　水	—	8	2	3200	—	—	6.0
朱　湖	朱　湖	排　水	—	8	3	2400	—	—	6.0
复兴河	卧　龙	排　水	—	7	5	755	—	—	5.8
鲢鱼地	龙　店	排　水	—	9	4	3200	—	—	6.0

资料来源：孝感市统计局，下同。

表 6-3　有效灌溉面积等情况

单位：亩

年　度	有　效灌溉面积	旱　涝保收面积	机　电排灌面积	年　份	有　效灌溉面积	旱　涝保收面积	机　电排灌面积
1993	451500	345300	344400	2000	457800	385500	307950
1996	437700	355050	345300	2001	450300	338100	316950
1997	433200	365250	302550	2003	437700	354150	334950
1999	456150	381900	299250				

三　农业机具

20 世纪 80 年代初实行家庭联产承包责任制后，农户拥有主要手工农具呈上升趋势。据有关部门调查，1997 年每百亩水田拥有犁 9 部、耙 8 部、水车 4 辆。

市辖区使用农业机械始于 1952 年，其发展经历了 4 个阶段：第一阶段（1952－1965 年），以国有经济和集体经济为主体，以排灌和加工机械为重点；第二阶段（1966～1981 年），以集体经济为主体，以手扶拖拉机和场上作业机械为重点；第三阶段（1982～1990 年），以家庭承包户为主体，经历了曲折发展过程；第四阶段（1991～2003 年），以个体农业机械经营户为主体，并进入快速发展阶段。

1993～2003 年，农业机械发展情况见表 6－4。

表 6-4 农用动力机械拥有量

单位：千瓦

年度	农业机械总动力	其中：							
		大中型拖拉机	小型拖拉机	载重汽车	农用运输车	农用排灌动力	机动收割机	动力喷雾(粉)机	其他
1993	130602	9903	16863	1445	6057	64994	16613	297	14430
1996	127959	9107	10523	1956	10023	69290	1429	306	25325
1997	124295	8158	9549	7492	13772	64991	163	293	19877
1999	147862	9699	11834	15228	10233	68705	515	707	30941
2000	150378	9643	11885	12238	14847	71467	218	616	29464
2001	151439	9119	10689	11468	16299	72663	71	942	30188
2003	172426	9874	12263	14423	18874	79123	74	1022	36773

四 农用能源与物资

1993～2003 年，市辖区农用能源与物资使用情况见表 6-5。

表 6-5 农用能源与物资使用情况

单位：万千瓦，吨

年度	农村用电	化肥					农用塑料薄膜	农用柴油	农药
		合计	氮肥	磷肥	钾肥	复合肥			
1993	3944	17134	9586	2122	2105	3321	452	4439	379
1996	4650	20247	10347	2428	2501	4971	439	5374	505
1997	5571	20579	9944	3504	1996	5135	411	7418	729
1999	5972	22119	12742	3299	1621	4457	506	5414	707
2000	6715.5	20662	11703	3093	1779	4087	507	5748	765
2001	7753	15298	8964	2043	1294	2997	374	5613	691
2003	7606	15476	8917	2244	1180	3135	407	5116	692

第二节 农业结构

一 农业产值及其结构

1993～2003 年，农业总产值和农业增加值及其结构变化见表 6-6 和表 6-7。

表 6－6　农业总产值及其结构变化

（按 1990 年不变价格计算）

单位：万元，%

年　度	农　业总产值	行　　业				比　　重			
		种植业	林　业	牧　业	渔　业	种植业	林　业	牧　业	渔　业
1993	58066	35249	531	13816	8470	60. 71	0. 91	23. 79	14. 59
1996	74088	40091	408	20292	13297	54. 11	0. 55	27. 39	17. 95
1997	82136	44618	532	20359	16627	54. 32	0. 65	24. 79	20. 24
1999	75757	42909	456	12532	19860	56. 64	0. 60	16. 54	26. 22
2000	79246	43432	458	14099	21257	54. 81	0. 58	17. 79	26. 82
2001	76232	41271	387	14537	20037	54. 14	0. 51	19. 07	26. 28
2003	83779	44336	419	16346	22678	52. 92	0. 50	19. 51	27. 07

表 6－7　农业增加值及其结构变化

（按现行价格计算）

单位：万元

年度	农　业增加值	其　　中				年度	农　业增加值	其　　中			
		种植业	林　业	牧　业	渔　业			种植业	林　业	牧　业	渔　业
1993	46845	27441	366	11438	7600	2000	83545	54289	428	11828	17000
1996	124449	85469	321	22662	15997	2001	82415	47975	396	13447	20579
1997	103037	67742	497	21070	13728	2003	93284	51934	539	15597	23126
1999	83552	55183	430	10291	17648						

二　种植业结构

1993～2003 年，种植业播种面积及其产量变化情况见表 6－8。

表 6－8　种植业播种面积及其产量变化情况

单位：亩，公斤，吨

年　度	农作物播种面积	产　　量				
		粮　食	棉　花	油料作物	春、秋季蔬菜	全年蔬菜
1993	1126768	829059	58240	112372	30090	—
1994	1138738	822176	58071	122934	37224	—
1995	1183379	828710	56455	151025	52811	—
1996	1160516	846980	45156	139388	51094	—
1997	1159897	838757	47599	142744	—	88994
1998	1103162	750475	35109	145348	—	108128
1999	1183949	794200	44289	154941	—	116995
2000	1078485	658954	17113	175621	—	156878
2001	1059024	78925	16002	187722	—	226695
2002	1022599	563603	13679	190259	—	225159
2003	1011387	533612	16732	200714	—	225312

在调整种植业结构过程中，出现了以下几种变化：一是提高了多种经营产值比重，2002～2003年粮棉油产值与多种经营产值比重已由20.5∶79.5变成19.2∶80.8；二是优化了品种结构，稻、油、果、药、茶、畜、禽、水产等农产品综合优质率达85%以上；三是扩大了集中经营规模，利用10万亩丘陵、2万亩滩涂草场、15万亩可养水面、3万亩低产湖田和30万亩沃土平原，按照“南抓渔藕稻，东抓果药茶，城郊抓蔬菜，全区上下抓畜禽”的思路，重点开发“三路”（107、316国道和京珠高速），“三河”（府河、环河、沦河），“三湖”（野湖湖、王母湖、白水湖），“三岗”（杨店上下十里岗、西河安平庙林岗、石板沟水库周围岗地），建设了一批各具特色的农业基地。其中，杨店早蜜桃已成为全国四大名桃基地之一。

三 问题和对策

农业发展中的突出问题是：环保意识差，无公害生产起步较晚，技术水平低，无公害产品少；原有农业科技机构、应用推广机制和科技队伍，已不适应发展现代农业的客观需要；农业投入不足，特别是一些种养大户，资金短缺的问题比较突出。

为了解决上述问题，应该采取如下对策：①进一步调整农业结构。围绕优质稻、林果、药材、水产、畜禽、精细蔬菜等6个农业经济板块，制定优惠政策和开发规划，向上争项目，对外招客商，主要运用市场机制引导开发。②加快重点项目和基地建设。主要是加快中国香稻推广项目、316国道蔬菜产业带项目、吉龙苗圃项目、桃园养鸡项目建设，同时加快以黄栀子为重点的林果基地、以名特优为重点的水产基地、以时令菜为重点的蔬菜基地建设。③加大资金和科技投入力度。一是加大农业设施投入力度，提高资金使用效率，力争以较少资金获得较大经济效益。二是加大科技投入力度，开展多形式科普教育，加速新技术推广应用。④加大农村政策落实力度。全面落实党在农村的各项政策，调动和保护农民生产积极性。⑤强化主管部门服务职能。农口各部门应该以发展农业为己任，特别是为各种农业项目创造良好的开发环境，主动参与，优质服务，真正做到引得进，做得好，留得住。

第三节 土地承包和流转

一 发展简况

1997年，农村土地二轮延包面积为48.7万亩。2002年农村税费改革后，以二轮承包面积为基数核定计税面积46.7万亩，减少了2万亩；农户实际计税面积与二轮承包面积不一致的约7万亩。

2000年以来，土地流转规模扩大，速度加快，形式和用途多种多样。从土地流转规模看，据调查推算流转面积达6.25万亩，占二轮承包面积的12.8%。从土地流转规范化程度看，签书面合同的1.1万亩，没有书面合同的5.15万亩，占82.4%。从土地流转形式看，主要有转包、转让、互换、入股、租赁或反租倒包等5种形式。从土地流转用途看，一是用于农业种植，约2.27万亩，占土地流转总面积的36.3%；二是用于多种经营，约1.9万亩，占30.4%；三是用于经营性项目建设，约1.12万亩，占17.9%；四是用于公益事业项目建设，约0.96万亩，占15.4%。

从调查情况看，市辖区土地流转有4个特点：一是村集体组织流转面积3.48万亩，占流转面积的55.7%；二是土地流转期限短，大多数为3~5年，10年以上的较少；三是大多是有偿流转，无偿流转或倒贴流转较少；四是流转的动因，以外出务工经商不能经营土地为主。

二　问题、原因和对策

土地承包和流转中存在着以下主要问题。

（1）二轮延包工作不完善。一是工作不到位，完成二轮延包并换发土地经营权证、开展二轮延包但未换发经营权证和未开展二轮延包的村各占1/3。二是土地经营权证不规范，不规范和遗失的土地经营权证约占已发证的2/3。三是承包面积不准确，导致计税面积与一、二轮承包面积存在很大差距。

（2）流转机制不健全。一是土地流转市场尚未形成，供求信息不灵，致使出租方和承包方都难以及时找到合适对象。二是土地流转补偿制度尚未建立，往往出现压低租金或漫天要价现象。三是多数乡村都没有建立土地流转登记制度，一旦发生纠纷，很难调解或仲裁。

（3）流转行为不规范。基本上只有口头约定，没有签订协议；有的签有书面合同，但具体条款也不规范，对双方权利及违约责任、赔偿等缺乏明确规定；有的是承包方与乡、村组织签订流转合同，再由乡、村组织与农户签订协议；有的没有严格限制耕地用途，没有落实复耕保障措施；有的乡村组织强制流转，越权处置农民承包地，损害农民利益，影响农村社会稳定。

（4）流转效益不显著。承租方往往采取短期行为，粗放经营，掠夺式生产；流转到种田大户和龙头企业的土地，由于没有形成规模化经营，对周边农户带动作用不显著。另外，由于外出弃田、外迁退田、无力种田、

无收丢田、农户留近田退远田、留好田退差田等原因而流转的土地，其效益更是微乎其微。

造成上述问题的主要原因：一是土地流转主体错位，农村土地流转主体本应是农户，但乡镇政府和村委会凭借行政权力或土地所有者身份往往控制了土地流转过程和结果。有的乡村强行收回承包土地另行发包，而不给原承包户合理补偿。二是乡村干部素质低、不稳定，许多乡村干部为了顺从长官意志或谋取短期政绩，不惜违背法律规定乱作为；乡村干部变动频繁，常因人员更换而任意否定、变更前任签订的承包合同，致使纠纷频发。三是农民法律知识少，依法办事意识淡薄，有的不遵守合同，故意拖欠承包费；有的违反合同，擅自改变土地用途；有的权益受损，也不知道使用法律维护自己权益。

要解决上述种种问题，必须采取以下对策：

①加强宣传教育，促进土地二轮延包和正常流转。要多形式、多渠道宣传有关法律法规，提高乡村干部和广大农民依法办事的自觉性，为完成土地二轮延包和正常流转消除阻力，增强助力。

②完善二轮土地延包，依法确权确地到户。按照明确所有权、稳定承包权、搞活经营权、保障收益权的要求，继续搞好土地二轮承包工作，认真解决工作不到位、操作不规范、面积不准确等问题。

③坚持依法、自愿、有偿的原则，规范土地流转。一要注重条件、因地制宜。二要依法流转、规范有序。三要自愿选择、互利有偿。四要规范操作，加强管理。

④发展农业产业化经营，带动土地规模流转。农业产业化必须以土地规模化经营为前提，通过“公司 + 基地 + 农户”模式促进农业产业化，是带动土地规模流转、提高土地效益的基本途径。

⑤强化引导与服务，促进土地高效流转。一要制定切实可行方案，引导农村土地流转。二要建立土地流转市场，规范土地流转操作。三要建立中介组织，搞好供求信息、法律咨询等服务。四要发展农业产业化经营，引导农村劳动力转移，促进土地向农业产业化企业和种田能手集中，提高土地效益。

第四节　农村劳动力转移

一　劳动力从业结构和收入结构

1993~2003 年，市辖区农村人口、劳动力资源和从业人员变化情况见表 6-9。

表 6-9 农村人口、劳动力资源和从业人员变化情况

单位：万人，%

年度	农村人口	劳动力资源	从业人员		行业分布					
			人数	占人口比重	农业		工业	建筑业	服务业	其他
					人数	比重				
1993	62.55	30.52	29.78	47.61	19.15	64.30	1.57	4.64	1.65	2.77
1994	59.39	29.22	28.46	47.92	18.01	63.28	1.54	5.11	1.61	2.19
1995	59.12	29.50	28.71	48.56	17.84	62.14	1.58	5.27	1.65	2.37
1996	58.14	29.64	28.79	49.52	17.62	61.20	1.82	5.14	1.89	2.32
1997	57.39	29.35	28.49	49.64	16.43	57.67	1.81	5.32	2.07	2.86
1998	56.88	29.18	28.34	49.82	16.84	59.42	1.73	5.11	2.37	2.29
1999	56.16	29.01	27.35	48.70	15.54	56.82	1.76	5.01	2.85	2.19
2000	56.18	28.65	27.30	48.59	15.44	56.76	1.64	5.13	2.89	2.20
2001	57.07	29.09	27.61	48.38	15.43	55.89	1.54	5.35	2.92	2.37
2002	58.59	31.08	27.69	47.26	15.52	56.07	1.52	5.19	2.97	2.49
2003	58.75	31.20	28.02	47.69	15.19	54.21	1.62	5.83	2.95	2.43

资料来源：历年《孝感市统计年鉴》和《孝感市孝南区国民经济统计资料》。

说明：①“劳动力资源”是指劳动力年龄内有劳动能力的人 + 高于劳动力年龄的在业人员 + 低于劳动力年龄的在业人员。②“占人口比重”是指占农村人口的比重。③农业栏内的“比重”是指农业从业人员占从业人员总数的比重。④“服务业”包括交通、商贸、餐馆等各种服务行业。

表 6-9 的数据说明：①农村人口逐步下降，但速度慢，有反复；②农村劳动力资源略有增加；③农村从业人数略有减少，比重基本稳定，均有微量起伏；④农业从业人数和比重均有明显下降。

据孝南区统计局 2002 年调查，在被调查的 537 名农村劳动力中，第一产业 293 人，占 54.6%；第二、三产业 244 人，占总数的 45.4%。在第二、三产业就业的劳动力中，外出务工经商 236 人，占 80.6%；就地转移 57 人，占 19.4%。在外出务工经商的劳动力中，45 岁以下的占 98.9%（其中 35 岁以下的占 72.4%），初中以上的占 93.4%（其中高中以上的占 23.9%），基本上都是农村素质较高的劳动力。

农村劳动力转移的作用是多方面的，它既加快了城镇建设，发展了城镇第二、三产业，提高了城镇居民生活，又增加了农民收入，改善了农民生活，促进了村镇建设，推进了土地规模经营。1999 年以后，第二、三产业已成为农村居民收入的主要来源。许多地方已出现“外出一人、致富一家，外出一片、带富一方”的可喜局面。1993～2003 年，农村居民收入结构的变化情况见表 6-10。

表 6－10 农村居民收入结构变化情况

单位：元/年人均，%

年 度	纯收入	第一产业收入	第二、三产业收入		年 度	纯收入	第一产业收入	第二、三产业收入	
			金 额	比 重				金 额	比 重
1993	839	427	412	49.10	2000	2257	1301	956	42.36
1997	2322	1513	809	34.84	2001	2632	1120	1512	57.45
1999	2633	1281	1352	51.35	2003	3319	1281	2038	61.40

表 6－10 数据说明：①1993～1997 年第一产业收入增长 254.33%，第二、三产业收入只增长 96.36%，因而后者比重下降了 14.26 个百分点。②1997～2003 年，第一产业收入下降了 15.33%，第二、三产业收入增长了 151.92%，因而后者比重上升了 26.55 个百分点。

二 农村劳动力转移的制约因素和应对措施

农村劳动力转移的制约因素，主要来自城镇方面的体制性障碍和歧视性政策，致使农民进城务工经商成本越来越高、效益越来越低。但是，就农村方面而言，也存在一些不可忽视的问题：一是劳动力素质低，缺乏科学知识、专业技能；二是劳动力转移的组织程度低，主要是“亲靠亲”、“邻帮邻”，基本上处于自发、无序状态；三是劳动中介组织不发达，诚信程度低，许多人不敢相信中介组织。

为了促进农村劳动力向非农产业、向城镇转移，应该采取以下对策与措施：

在城镇方面，必须改革户籍管理、劳动就业、劳动保护、社会保障和升学等制度，必须废除各种歧视农村劳动力的政策，努力降低农民进城务工经商的成本，维护他们的合法权益，为他们顺利转移和融入城镇，创造良好的经济、政治、文化、社会环境。同时，加快城镇化步伐，搞好小城镇规划、建设和管理，为农民创造更多的就业岗位、兴业机会和生存空间。

在农村方面，一要加强职业培训，提高劳动力素质，逐步形成农村劳动力职业培训体系。二要开辟农村劳动力市场，引导农村劳动力有序、合理流动。三要成立各种中介组织，沟通劳动力供求信息，提高中介的成功率和诚信程度。四要建立各种服务机构，帮助转移人员解决后顾之忧，为他们创造安心、放心转移的良好环境。五要发展农业机械化和规模化经营，把更多的劳动力解放出来。

第五节　农业产业化和农庄经济

一　农业产业化的发展

20世纪80年代末90年代初，市辖区开始出现农业产前、产中、产后"一条龙"服务和贸、工、农、产、加、销"一体化"的经营模式。1998年后，先后形成了麻糖米酒、南大市场、早蜜桃、军进粮油等几个农业产业化企业或基地。经过几年发展，农业产业化经营取得一定成效主要表现在以下方面。

农村机械化收割

（1）基地建设初具规模。2003年各类基地开发面积达28.1万亩。其中，水产基地14.1万亩，莲藕基地6.2万亩，早蜜桃基地5.3万亩，糯米基地2.5万亩。

（2）主导产业已经形成。2003年工商营业执照和生产许可证齐全的麻糖米酒企业21家，年生产能力5万吨。早蜜桃受益面积2.76万亩，产量1.5万吨，销售公司16家，经纪人180多人。"珠莹"牌糯米、"神霖"牌米酒、"孝感"牌麻糖和焦湖莲藕等产品已通过国家绿色食品或无公害农产品质量认证。

（3）龙头企业奠定基础。2004年，主要农业产业化龙头企业：一是孝感市麻糖米酒有限责任公司（见专题调查）；二是孝南区南大市场（见专

题调查）；三是孝感市军进粮油有限责任公司（民营企业），占地40亩，固定资产2200万元，职工120人，其中技术人员15人。该公司从事色拉油生产，年生产能力2.87万吨，销售额2.6亿元，创利税3000多万元，可带动60万亩油菜种植。

（4）经济效益初见成效。一是增加税收。2003年，仅孝感市麻糖米酒公司和南大市场两家企业上交税收655万元。二是促进农业结构调整。孝感市麻糖米酒公司每年约需糯米300万斤、芝麻40万斤。1999年以来，该公司与朱湖农场签约建设了2.5万亩糯米、芝麻生产基地，收购价比市场高10%。三是带动相关产业发展。南大市场以经营水果、水产为主，经营人员560人，它带动的制冰、制氧企业8家，包装（每年消耗竹筐15万个）、餐饮（每年经营额达3000万元）、运输等从业人员达600多人。市场附近的三军村，常年有410人从事各项服务工作，年人均收入1.22万元。

市辖区农业产业化过程中存在的主要问题是：龙头企业数量少、规模小，带动作用有限；农产品加工率仅35%（发达国家为80%），农业总产值与农产品加工产值之比仅为1∶0.7（发达国家为1∶3）；科技含量低，30%的麻糖、米酒企业还是手工生产，莲藕加工全部是手工作坊式生产；大多数企业与基地、农户之间基本上是一种简单买卖关系，利益联结不紧，一体化程度不高。

为了促进农业产业化的发展，应该采取以下一些措施：一是加大招商引资力度，进一步做大做强龙头企业；二是推动科技进步，发展农产品加工业；三是提高产品质量，争创品牌，拓展产品市场空间；四是创新经营管理体制，逐步形成“利益共享，风险共担，优势互补，相互促进”的机制。

高新技术农业园

二 农庄经济的兴起

随着土地有序流动，农庄经济发展也方兴未艾。据调查，2004 年市辖区经营面积 20 亩以上的农庄有 874 户，经营土地 50000 多亩，户均 60 亩左右。这些农庄有以下一些特点：①经营主体多元化。其中，本地种养大户 674 户，占农庄户数的 77.1%；城镇干部职工离退休人员 120 户，占 13.7%；外地客商 80 户，占 9.2%。②土地流转多样化。主要有租赁、承包、转让等方式，流转规模 20～100 亩的 793 户，占农庄户数的 90.7%；100 亩以上的 81 户，占 9.3%。③经营种类特色化。其中，种植业 326 户，占农庄户数的 37.3%；养殖业 473 户，占 54.1%；种养综合经营 75 户，占 8.6%。④农庄管理企业化。多数农庄突破了家庭经营方式，代之以企业化管理模式。例如，西河百龙养殖场就是一个股份制农庄，有 8 个股东，董事长控股 30%。该场占地 80 亩，投资 560 万元，年出栏商品猪 8000 头、繁殖仔猪 4000 多头，每年获利 80 多万元。⑤经营方式集约化。多数农庄突破了简单再生产的局限，在一定程度上实现了土地、技术、资金等生产要素的集约经营。据不完全统计，874 户农庄总投资 6000 多万元，户均 7 万元左右，年销售额 1 亿多元，户均约 11 万元。⑥经济效益显著化。这是集约经营的必然结果。例如，朱湖农场饶章义苗木花卉园，2003 年种植苗木 120 多种，花卉 20 多种，面积 68 亩，获利 28 万元，亩均 4118 元，是种粮收入的 10 倍。此外，还贡献了大量税费。据不完全统计，2003 年 874 户农庄交纳各种税费 800 多万元。

第六节 农村税费改革

一 基本情况

2002 年 5 月中旬，孝南区全面启动农村税费改革，经过艰苦工作，取得了阶段性成果。

1997 年，农村土地二轮延包面积 48.7 万亩，农民负担总额 8497.19 万元，亩均 174.5 元，人均 144.8 元。2002 年农村税费改革，重新核定计税面积 46.7 万亩，农民负担总额为 4704.3 万元，亩均 100.7 元，人均 82.36 元；2003 年进一步下降为 4422.1 万元、95.6 元和 77.4 元。

据测算，全区“两税两附加”总额 3762.57 万元。其中，农业税 3063.81 万元，农业特产税 71.67 万元，合计 3135.48 万元；农业税附加 612.76 万元，农业特产税附加 14.33 万元，合计 627.09 万元。

改革前后，乡村财力发生了较大变化。1999年，乡村两级总财力为7661.07万元，改革后为3762.57万元，减少了3898.5万元，减幅达50.89%。1999年，村级财力（公益金和管理费）2133.16万元，村均4.86万元，改革后627.09万元，村均1.43万元，减少1506.07万元，减幅为70.6%。

二 成效、问题和对策

农村税费改革的主要成效是：减轻了农民负担，提高了农民种田积极性，形成了农税征管新格局，增强了基层民主意识，密切了干群关系，促进了农村稳定。但是，也存在一些深层次问题。

（1）任务落实难。全区农民常年外出约8万人，季节性外出约5万人，耕地长年荒芜1万余亩，季节抛荒近2万亩，占计税面积6.5%，涉及农业税300多万元，这些有地无人的税费任务难落实。

（2）税费征收难。一是征管力量不足，按规定税改后乡村干部不能直接征税，而农税征管人员又明显不足。二是征管手段乏力，对纳税意识不强的农民和2%左右的“钉子户”，农税人员缺乏有效征收手段。三是虚征税费后遗症严重。税改前，绝大多数村都有借钱交税现象。税改后，有的乡村干部将征收的税费直接用于偿还债务；有的农民债主直接以债抵交税费，致使当年税费任务落空。据估算，税改后每年没有征收入库的农税达800多万元，占总任务20%左右。

（3）配套改革难。财政供养人员过多，是农民负担重的根本原因。2001年，孝南区财政供养20707人，其中教师8622人；乡镇编制2052人，实际供养3784人。全年财政收入15202万元，其中区直8201万元，乡镇7001万元；财政支出19430万元，其中区直10818万元，乡镇8612万元；财政实际可用财力12850万元，人均6200元。通过改革，虽然撤并了一些机构，调整了中小学校布局，但财政供养人员并没有真正减少。配套改革难彻底，是农村税费改革最大的拦路虎。

（4）债务化解难。截至2003年底，全区村级集体债务1.3亿元，村均20多万元。这些债务，主要是过去搞“普九”达标、兴办企业、农业开发、村组干部报酬、借贷缴纳税费等原因造成的。税改后，由于税费征收规范化等原因，堵住了收费还债的口子，致使乡村财力更为紧张，还债更加困难。

为了解决农村税费改革后存在的种种问题，应该采取以下一些对策：一是免除农业税。二是减轻农民各种摊派和费用负担。三是完善村内“一事一议”筹资筹劳管理办法。四是搞好乡镇综合配套改革。五是化解乡村集体债务。只有如此，才能巩固和发展农村税费改革的成果。

第七章　工业和建筑业

第一节　工业经济运行

一　经济运行主要特点

（1）工业经济增长较快。1993～1997 年，市辖区乡及乡以上工业总产值从 9.8 亿元增至 23.4 亿元。1998 年后，改为对规模以上（年营业收入超过 500 万元）工业企业进行统计。1998～2003 年，规模以上工业企业发展情况见表 7－1。

表 7－1　规模以上企业主要经济指标

单位：亿元

项目		企业（个）	职工（人）	产值（不变价）	产值（现行价）	增加值	销售收入	利润总额	利税总额	资产总计	固定资产原值	流动资产平均余额
1998	合计	94	2611	17.06	18.81	4.38	19.91	－1.22	－0.24	38.86	20.54	15.26
	市直	37	1718	10.08	11.10	2.36	16.13	－1.35	－0.56	31.74	16.23	12.76
	孝南	57	893	6.98	7.71	2.02	3.78	0.13	0.32	7.12	4.31	2.50
1999	合计	56	20042	17.31	17.03	4.24	21.11	－0.12	0.91	36.84	22.77	13.26
	市直	31	16273	13.46	13.32	3.27	17.69	－0.33	0.50	32.61	20.21	11.76
	孝南	25	3769	3.85	3.71	0.97	3.42	0.21	0.41	4.23	2.56	1.50
2000	合计	61	20321	16.59	17.37	4.88	21.82	5.26	6.42	39.15	24.71	15.10
	市直	34	15956	12.43	13.21	3.71	18.09	5.02	6.00	35.72	22.65	13.45
	孝南	27	4365	4.16	4.16	1.17	3.73	0.24	0.42	3.43	2.06	1.65
2001	合计	55	18232	20.86	19.70	6.00	23.88	6.57	7.74	40.92	31.04	14.33
	市直	28	13731	16.34	15.24	4.73	19.81	6.28	7.24	36.76	28.89	12.11
	孝南	27	4501	4.52	4.46	1.27	4.07	0.29	0.50	4.16	2.15	2.22
2002	合计	56	18453	26.44	21.31	7.20	27.43	7.44	8.54	40.93	28.64	15.94
	市直	29	13970	21.96	16.98	5.89	22.59	7.28	8.21	35.35	26.65	12.59
	孝南	27	4483	4.48	4.33	1.31	4.84	0.16	0.33	5.58	1.99	3.35
2003	合计	59	18757	34.93	37.08	12.32	35.38	8.75	9.97	51.98	37.70	19.23
	市直	30	14602	29.03	31.21	10.61	29.05	8.43	9.45	45.06	33.79	16.81
	孝南	29	4155	5.90	5.87	1.71	6.33	0.32	0.52	6.92	3.91	2.42

资料来源：历年《孝感统计年鉴》，下同。

（2）运行质量不断提高。2003 年，规模以上工业企业完成销售收入 35.38 亿元，按现行价计算的产销率达 95.42%，实现利税总额 9.97 亿元，是 1993 年 253 万元的 394 倍。

（3）运行基础比较牢固。2003 年，工业产品有 34 个大类、150 个中类、312 个小类，其中列入工业产品目录的超过 40 种。绝大多数产品产量比 1993 年增加，新产品不断涌现，产品质量和档次不断提高，已形成化学冶金、纺织轻工、机电汽车、食品医药 4 大支柱产业。

（4）骨干企业作用明显。2003 年，59 家规模以上工业企业实现工业增加值 12.32 亿元，占市辖区第二产业国内生产总值 41.06%。其中，年营业收入过亿元的有黄麦岭磷化集团、汉光电子、爱普科斯公司、孝棉集团、三江集团瓦力特厂、万峰厂、红林厂、险峰厂、红峰厂等 9 家，共完成总产值 15 亿元，占规模以上工业企业总产值的 42.97%。

二 主要问题和对策

工业经济运行的主要问题：一是经济总量不大，效益较差。2003 年，市辖区国内生产总值 55.47 亿元，小于汉川的 98.2 亿元、应城的 82.87 亿元；市、区两级财政收入 3.95 亿元，还不及汉川一个县级市。二是经济增长方式有待转变。工业企业规模偏小，科技含量和附加值低，粗放经营、管理不善等问题比较突出。三是融资难、贷款难问题突出。特别是一些国转民企业，生产形势好转，流动资金需求增大，但很难得到贷款。四是经济环境有待改善。乱收费、乱罚款、乱摊派现象仍然存在，部门服务质量有待提高，企业周边环境需要改善。

要加快市辖区工业经济发展，应该采取如下对策：

（1）实施工业强市战略，推进新型工业化。一是以重点项目为支撑，加大技改投资力度，促进支柱产业壮大、升级。二是加大节能降耗力度，推广清洁生产。三是加快信息产品制造业发展，以信息化带动工业化。四是推进工业园区建设，建立以政府投入为引导、企业投入为主体、金融贷款为支撑的多元化投入体制，高标准建设好工业园区。

（2）培育市场主体，发展民营经济。市直原 16 家国有企业除黄麦岭化工集团公司外均已转民；孝南区国有、集体企业只有两家；开发区除军工业企业外均为民营企业。要继续抓好以民营化为取向的国有、集体企业改革，强化民营经济主体地位。要降低市场准入门槛，减少审批环节，简化登记手续，放宽有关政策，促进民营经济快速发展。

（3）健全引资政策，完善招商机制。一是制定招商引资优惠政策，既要科学布局，又要严格土地政策，保护农民利益。二是对引进的职业经理人和高级技术人员，要在安家费、家属落户、子女就学等方面给予优惠。三是为引进的投资业主建立人身和财产保全机制，使投资业主能安心经营、谋求更大发展。

（4）理顺管理体制，优化外部环境。一是理顺执法部门管理体制，工商、税务、技术监督、卫生、环保、物价等部门，应实行市、区联动，综合执法。二是建立“创业中心”及产业孵化器，发展各类中介组织，形成产前、产中、产后社会化服务体系。三是建立企业融资体系，强化中小企业信用担保中心职能，解决企业融资难问题。四是加强监测分析，提高运行质量。对重点企业跟踪监测，保证电力、运输和资金供应，确保重点企业正常生产经营。

第二节　工业企业改革

一　发展历程

1993 年前，企业改革走了三大步：一是放权让利，扩大企业经营自主权；二是利改税；三是推行承包经营责任制。这些改革，对增强企业活力发挥了一定作用，但国有企业包袱沉重、机制不活、效益低下等问题没有根本解决。

1994～1995 年，孝感市政府出台了《孝感市企业产权制度改革试行办法》，围绕产权制度改革这个核心问题，进行了积极探索。

1996 年后，企业改革经历了三个阶段：第一阶段是全面改制（1996～1997 年），主要推行公司制和股份合作制等改制形式。第二阶段是资产重组（1998～1999 年），主要解决企业资产闲置、产权凝固等结构性问题。第三阶段是放小转民（2000 年至今），主要是企业产权和用工制度改革，着重解决深层次的产权主体归宿、公有制实现形式，以及减债、减人和企业办社会等问题。

二　改革简况

（1）解放思想，制订改革方案。中共孝感市委、市政府通过学习、研讨和外出考察，思想得到了解放，形成了“以放为主”、“公退民进”、实现区域经济民营化的共识。在此基础上，制定了国有企业改革的方向、重点和实施方案，决定除保留 30 户左右国有独资或控股企业外，其他国有企

重型数控液压折边机

业通过多种形式逐步实现公退民进。

（2）“抓大放小”，因企制宜。一是抓大，对国有黄麦岭磷化工集团公司实行债转股改革，2000年5月签订17.4亿元债转股协议后，黄麦岭的负债率从95.7%降至22.2%。二是兼并、破产和收购，如民营福星科技公司对孝感柴油机厂实施兼并，引进金龙泉公司收购神水公司等。三是国转民，如三环印刷公司、孝棉集团、试验机厂等10家国有企业转为民营。

（3）出台政策，解决好关键问题。市委、市政府出台政策，着重解决了以下几个关键问题。

①把好资产处置关，盘活资产存量。为了防止国有资产流失，规范了五个环节：一是产权界定，按“谁投资、谁所有”原则界定产权。二是资产评估，遵循市场规律，坚持客观公正，严防高评或低估。三是资产处置。四是产权转让。五是产权监管。市直已转民9家工业企业，原资产37556万元，除非经营性资产3202万元、不良资产4707万元、安置职工资产7217万元、原企业保留资产7430.5万元外，实际转民有效经营性资产14999.5万元，从而为盘活这部分存量资产、为今后保值增值打下了良好基础。

②把好债务协商关，实现银企双活。对改制转民企业的债务，通过协

汽车零部件

商分3种情况处理：第一，对整体转民企业，有效净资产与债务相等的，由新企业出资收购净资产，并全额承担老企业债务；对资不抵债的，由新企业有效资产对应债务还本付息，超过有效资产的债务先通过银企协商寻求落实办法，再逐步争取政策，消化债务。第二，对分体转民企业，按银行债务占企业债务的同等比例，承担相应债务，超过有效资产的债务由原企业承担。第三，对租赁经营企业，债务由原企业承担，由出租方与银行协商还债付息。这样处理，在原国有企业保留部分资产的前提下，市直9家转民企业承担债务1.33亿元，占改制前企业总债务的35.2%，从而实现了金融部门债务不悬空、企业有效资产债务落实到责任人的银企双活的目的。

③把好人员安置关，实现平稳转制。对改制企业各类人员实行“4个保障、2个补偿、3个分流”，妥善处理好买断企业职工的国有身份，建立市场化的劳动用工机制和健全的社会保障体系，多途径安置分流人员，确保平稳转制和社会稳定。

“4个保障”：一是养老保障。对企业离、退休职工由企业一次性为其缴断基本养老保险金，其离、退休费用直接纳入社会化发放；二是内退保障。对55岁以上男职工和45岁以上女职工实行内部退养，退养期间生活费标准按职工本人上年职工个人档案基本工资70%逐月发放，达到退休年龄后其养老金直接纳入社会发放；三是失业保障。对改制时与原企业解除劳动关系并未再就业的职工办理失业保险，为他们提供失业保险金；四是

下岗保障。对在改制时已进入再就业服务中心的下岗职工，按政策提供基本生活保障费。

“2个补偿”：即通过补偿买断国有身份。一是对实行劳动合同制前参加工作的固定工，由企业为其交清在职养老保险金后，按孝感市企业职工上年平均工资收入三倍的标准发给一次性安置费，领取安置费后不再享受失业保险待遇。据此计算，市直9家转民企业固定工人均安置费为1.5万元。二是对合同工按劳部发［1994］481号文有关规定一次性支付经济补偿金，每满一年发给相当于一个月的本企业上年合同制工人月平均工资，失业后按规定享受失业保险待遇。据此计算，市直9家转民企业合同工人均补偿金为0.4万元。

“3个分流”：一是转民新企业按一定比例将原企业在职职工安置一批，并重新签订劳动合同；二是进入劳动力市场，帮助实现再就业一批，并为其提供转岗培训、择业指导、就业信息等方面的服务；三是给予优惠政策扶持，自谋职业一批。截至2004年，市直9家转民企业5528名职工已全部算断了国有企业职工身份，并得到了合理分流。其中，交劳动部门管理的离退休、内退人员974人，占17.6%；新企业留用2789人，占50.5%；进入劳动力市场再就业1147人，占20.7%；自谋职业618人，占11.2%。

④把好经营者选择关，实现资产人格化。选择经营者要过4关：一是职工意愿关。二是债权人（主要是金融部门）认可关。三是主管部门支持关。四是政府审批关。市直9家转民企业都定向出售给了原企业法人代表，职代会通过率都在80%以上；企业转民方案通过率都在85%以上。

（4）整体联动，创造宽松环境。

①组织动员，规范行为。一是举办优化环境研讨班，各职能部门拿出支持企业改革与发展的具体意见。二是召开机关作风建设大会，表彰正面典型，处理反面典型，促进落实各项政策。三是规范部门收费标准和行为，降低改革成本。

②部门配合，优化服务。改制操作部门注重搞好与财政、国资、金融、劳动、国税、工商、土地、房产等有关部门的沟通与协作，对国有资产处置、银行债务落实、职工保险缴纳和身份算断等问题，共同协商，各司其职，国企办则负责统一协调、审核和认定。

③打击霸强，整治环境。成立打击“四霸六强”专班，抽调了近百人分6处开展整治，集中打击严重干扰市场秩序和企业周边环境的不法行为

和首恶分子。不少企业长期没有解决的无偿用水、用电、强行装卸和无理收费等问题，得到了较好解决。

三　问题和思路

企业改革存在的主要问题：一是债务处理难。由于国有企业不良资产和非经营性资产比重大，因而大部分债权债务转移到金融资产管理公司，原抵押的土地、房产等权证也被转移，影响了转民后的资产分割与手续办理。二是资产变现和职工安置难。由于切块资产难以变现，如果企业经营或业主变化，分年偿付的职工安置费、补偿金等将难以保障。三是部分改制企业运作不规范。改为公司制企业股金难到位、易抽逃，法人治理结构和国有资产营运机构不健全，监管体系未形成，造成国有股权主体虚置。四是经营、债务风险大。转民后的企业经营、债务偿还、职工安置资金落实等都维系在承债者一人身上，经营和债务风险都很大。

为了深化企业改革，下一步的工作思路包括以下方面：

（1）按照现代企业制度，完善企业运行机制。一是完善企业股权设置。按照“股权向管理层、技术骨干层分散，经营者持大股”的要求，调整股权结构，防范债务和经营风险。二是完善法人治理结构。处理好“老三会”（厂委会、职代会、工会）与“新三会”（董事会、监事会、股东会）关系，实行“新三会”制衡下董事会领导总经理负责制。三是完善激励和约束机制，深化人事、分配等制度改革，适当提高经营者持股比例，试行股票期权、经营者年薪制。

（2）“抓大”“放小”相结合，加快结构调整步伐。一是培植骨干企业，以资本为纽带，引大靠大联大，培育拥有自主知识产权、主业突出、核心竞争力强的大公司和企业集团。二是抓好放小转民工作，一方面抓好转民企业权证变更、注册登记、债务落实、债务变更等善后工作。另一方面对尚未改制的企业，要尊重企业和职工意愿，宜卖则卖，宜股则股，宜破则破。减少租赁企业数量，推行先租后卖再转民方式。要在产权制度改革方面迈出实质性步伐。

（3）完善四个体系，优化企业发展环境。一是完善社会保障体系。搞好职工养老保险、下岗职工基本生活保障和失业保险、城市居民最低生活保障“三道保障线”的相互衔接及按时足额发放。推进城镇职工医疗保险制度改革。二是探索国有资产管理体系。按照“国家所有、分级管理、授权经营、分工监督”原则，组建国有资产经营公司行使国有资本出资者职能。三是建立中小企业社会化服务体系。搞好信息沟通、市场准入、技术创新、人才培训和融通资金等服务。加快中小企业信用担保体系建设。四是规范产权交易。按市场规则整合产权交易中心、土地交易所、房产交易所、拍卖行等机构，组成统一的产权交易市场，实行“两集中”、“五统一”（集中收费、集中办证；统一市场、统一政策、统一程序、统一操作、统一监督）管理。

第三节 工业结构调整

一 工业结构现状

（1）产业结构渐趋合理。市辖区国内生产总值中第一、二、三产业比重，1993 年分别为 35.0%、32.6% 和 32.4%，到 2003 年已调整为 16.8%、40.9% 和 42.3%。在第二产业中，机电汽车、轻工纺织、化学冶金、食品医药 4 大支柱产业分别占 38.2%、27.3%、12.5%、14.2%。

（2）聚集效应初步显现。到 2003 年，市辖区已有 3 个工业园区，即开发区工业园、南大工业园和长兴工业园，基础设施投入 7.8 亿元，引进企业 13 个，引资 4.2 亿元，形成了以特色产业链定位、同类企业聚集、依托资源优势和高新技术共同发展的新型工业发展模式。

（3）所有制结构变化显著。到 2003 年底，已有德国西门子、法国雷诺、白俄罗斯轮式车辆厂以及福建恒安、广东维达、上海申欧、武汉红人、金龙泉啤酒等一批国内知名企业落户孝感。1998～2003 年，工业企业所有制结构变化情况见表 7－2。

表 7－2 工业企业所有制结构变化情况

单位：亿元，%

年 度	合 计		国有企业		集体企业		其他企业	
	总产值	比 重	总产值	比 重	总产值	比 重	总产值	比 重
1998	17.06	100.00	6.09	35.72	3.31	19.37	7.66	44.91
1999	17.32	100.00	4.95	28.57	0.84	4.83	11.53	66.60
2000	16.60	100.00	7.02	42.28	1.04	6.26	8.54	51.46
2001	20.86	100.00	9.64	46.21	0.65	3.12	10.57	50.67
2002	26.44	100.00	10.57	39.98	0.24	0.91	15.63	59.11
2003	34.93	100.00	19.84	56.79	0.57	1.64	14.52	41.57

说明：国有企业中，除黄麦岭磷化公司外，其余均为从“三线”搬迁来的军工企业。

(4) 技术结构明显提高。市辖区现有省级以上认定的高新技术企业16家，生产高新技术产品企业20家，列入工业产品目录的产品42种，其中高新技术产品占24.8%。在产品结构方面，培育和发展了一批科技含量高、市场占有率高、附加值高的“三高”产品。

二　问题和建议

存在的主要问题：一是从产业结构看，纺织、机械、食品、建材等传统工业比重过大，在总产值中占80%以上，而增加值仅占30%左右，外向型销售收入只占6.4%。二是从产品结构看，一般产品、初级产品多，新产品、品牌产品、科技含量和附加值高的产品少，研发费用占销售收入比重仅0.3%。三是从企业规模看，偏轻、偏小，大中型企业9家，仅占企业总数15.25%。四是从生产组织看，专业协作水平低，企业关联度差，经济效益难以提高。

调整工业结构，发展是主题，创新是关键，改革是动力，体制是保证。要抓住融入武汉经济圈机遇，做好以下几个方面的工作：

(1) 突出区域特色，搞好产业布局。一是以长兴工业园为主，发展金属制品、纺织服装、纸品、食品医药等行业，开发水产品和麻糖米酒等传统食品。二是以开发区、东城区、南大工业园为主，加大招商力度，发展民营经济。三是发挥“三线”调迁军工企业优势，扩大民品生产。四是依托武汉东风汽车基地和“光谷”，发展汽车制造、零部件配套和光电子信息产业。

(2) 优化资源配置，发展支柱产业链。以资本为纽带，以市场为导向，以企业为主体，重点发展“五个产业链”，即汽车机电产业链，盐磷化工产业链，轻工纺织产业链，食品医药产业链，金属制品产业链。

(3) 融入武汉城市圈，推进工业结构调整。一方面，加强规划，确立重点，以“实施一批重点项目、培育一批龙头企业、创立一批名牌产品，壮大一批产业链”为突破口，实现产业结构合理化。另一方面，开放搞活，引进资本、机制、技术、人才，全方位提高对外开放水平。

(4) 发展产业集群，促进园区新跨越。发展“产业集群”和“园区经济”，要避免单打独斗、重复建设，要跳出“资源+产品+废物排放”和“机械化-电气化-信息化”的传统工业化道路，实现“资源+产品+再生资源”和以信息化带动工业化、以工业化促进信息化的“跨越式发展”。

第四节 工业技术改造

一 发展概况

1993~2003 年，市辖区技术改造投资 23.07 亿元，年均 2.31 亿元。它有两个特点：一是投资规模较大，2003 年投资 2000 万元以上的技改项目有 6 个，即维达纸业公司投资 4000 万元的年产 3 万吨卫生纸生产线项目，金龙泉啤酒公司投资 5500 万元的年产啤酒 10 万吨生产线配套项目，国营红林机械厂投资 2000 万元的生产线扩能改造项目，湖北保丽家具公司投资 5222 万元的年产 160 万件钢制家具生产线项目，湖北端药药业公司投资 17759 万元的 GMP 改造项目，孝棉纺织公司投资 12000 万元的高档面料生产线项目。二是技术含量高，先后引进了 60 余台（套）具有 20 世纪 90 年代先进水平的生产设备和生产线，10 年来市辖区用于提高技术装备水平的投资占全部投资 80% 以上。1993~2003 年，技术改造投资情况见表 7-3。

表 7-3 技术改造投资情况

单位：万元

年 度	全市合计	市辖区合计	市直(开发区)	孝南区
总 计	1019874	230747	171219	59528
1993	22900	1714	1547	167
1994	34368	9896	9330	566
1995	25223	2997	2816	181
1996	49598	13043	6938	6105
1997	45034	10515	7886	2629
1998	123101	35319	25014	10305
1999	107188	16496	9986	6510
2000	124073	34539	28636	5903
2001	141849	29336	22210	7126
2002	157503	34024	24823	9201
2003	189037	42868	32033	10835

二 主要成就

（1）技改投资效益较好。2003 年，2000 万元以上技改项目的总投资为 46481 万元，建成投产后可新增产值逾 10 亿元，新增利润 16100 万元，新增税金 8210 万元。

（2）高新技术产业发展较快。现有省级高新技术开发区一个，经省认定的高新技术企业16家，有7个高新技术项目列入了国家和省级火炬计划，2003年高新区实现工业总产值（不变价）103090万元，工业增加值28452万元，利税总额6457万元，出口交货值3007.3万元。

（3）科技实力有所增强。一是科技队伍不断壮大。2003年，27家列入统计范围的企业，从业人员13974人，其中工程技术人员1965人，占从业人员的14.06%。二是科技机构有所发展。已有企业科技机构4个，研究人员199人，经费568万元。三是装备水平有所提高。到2003年，13家军工企业已投资25亿元，拥有“国际水平、国内少有、省内一流”高精尖设备2万多台（套）。

（4）技术创新取得成效。1993～2003年，市辖区组织实施科技计划326项，其中国家和省级计划116项，市级计划210项，争取科技经费16662.5万元，其中财政拨款1543万元；获奖科技成果74项，其中国家级1项，省级7项，市级66项。

三　差距和举措

主要差距：一是企业规模偏小。2003年22家高新技术企业平均产值5357万元，经济拉动作用有限。二是职工整体素质不高。2003年规模以上工业企业从业人员18787人，其中高中级技术人员1303人，另大学本科及以上学历1120人，合计2423人，仅占12.9%。

主要举措：①以信息化带动工业化，提高企业综合实力。59家规模以上工业企业要尽快建立以电子商务为核心的市场营销系统，以财务成本管理为核心的管理系统。②加强科技联姻，走产学研结合道路。要走出去，与高等院校、科研单位对口衔接，寻求技术、管理、人才和培训支持；要请进来，聘请有关专家和工程技术人员帮助解决生产过程中遇到的技术难题，逐步改变工业企业科技水平落后的状况。③加大技改力度，提高企业装备水平。要抓好重点技改项目，争取多个项目挤进国债项目笼子，要拓宽技改融资渠道，形成多元投资体制。④引进与开发并重，建立科技创新体系。要引进高新技术，搞好骨干企业的技术改造；要发展科技中介机构，促进科技成果交易；要抓好骨干企业技术创新，9家大中型骨干企业要争取建成省级以上认证技术开发中心。⑤加快高新区建设，形成科技创新基地。要完善高新区基础设施，逐步形成聚集效应；要加快服务中心建设，建立较为完善的企业孵化体系，为中小企业提供较为完备的金融投资、技术支持、人才培养、中介代理等服务，形成科技创新基地。

第五节 建筑业

一 发展简况

1993～2003年，建筑业发展简况见表7－4。

表7－4 建筑业发展简况

年度	企业(个)	从业人员(人)				总产值(万元)		利润(万元)	税收(万元)
		合计	#技术人员			合计	#省外产值		
			人数	#工程师					
				人数	#高级				
1993	18	11773	941	273	13	59068	7854	12414	4896
1995	29	15112	1360	352	28	81606	10381	14689	5288
1997	38	20995	2388	460	49	116142	16782	18491	6212
1999	43	23342	2941	591	71	148227	23559	22214	8461
2001	44	27740	3639	701	79	190529	31934	28630	10020
2003	42	28973	3935	832	87	218138	44228	33830	13568

表7－4数据说明：①企业个数增长了1.33倍。②从业人员增长了1.46倍，每个企业平均从业人数从654人增至690人。③技术人员增长了3.18倍，从业人员中技术人员比重从7.99%增至13.58%。④工程师增长了2.05倍，其中高级工程师增长了5.69倍。⑤总产值增长了2.69倍，其中省外产值增长了4.63倍。⑥利润增长了1.73倍，税收增长了1.77倍。

二 工程质量

1993～2003年，建筑业竣工项目增加，优良率、监理率提高（详见表7－5）。

表7－5 竣工项目及优良率、监理率情况

单位：个，万平方米，%

年度	竣工项目		优良工程		监理工程	
	个数	面积	个数	优良率	个数	监理率
1993	96	39.92	10	10.4	—	—
1995	89	68.44	14	11.1	—	—
1997	54	93.77	11	20.4	35	64.8
1999	193	121.87	75	38.9	178	92.2
2001	325	176.91	137	42.2	325	100.0
2003	341	249.17	139	40.8	341	100.0

表7－5数据说明：①竣工项目从96个增至341个，增长2.55倍。②工程优良率提高了30.4个百分点。③工程监理率提高了63.1个百分点。

三　问题和措施

主要问题：一是市场主体各方（尤其是业主方）法制意识淡薄，违法违规行为时有发生。二是违法分包和挂靠问题没有根本解决。三是企业素质不高，管理跟不上发展要求，企业结构有待进一步优化。四是执法队伍建设相对滞后，执法不严、违法不究仍然存在。

为了顺利发展建筑业，应该采取以下措施：

（1）发展专业承包和劳务分包类建筑企业。兴办建筑劳务企业，提高劳务输出组织化程度。促进建筑劳务企业与承包企业建立劳务输出关系。拓展有形建筑市场，规范劳务分包行为。

（2）整顿建筑市场秩序。实行总分包的建设项目，必须分包给具有相应资质的分包企业，并按照有关示范文本签订合同，送建设主管部门备案。对违反规定者，应进行严肃查处。

（3）推行业主工程款支付担保、承包商履约担保和承包商分包工程款担保制度。要按照建设部有关规定，实行工程款担保制度，保障建设工程各方合法权益。

（4）培育建筑龙头企业，提升建筑企业整体实力。要按照市场需求、优势互补、企业自愿、政府引导原则，引导骨干企业重组整合，培育龙头企业，提高建筑企业实力和竞争力。

第八章 交通运输

第一节 公路建设

1990年前，全市公路通车里程3300公里。其中：一级公路为0，二级公路259公里，三、四级公路1101公里，等外公路1940公里；等级公路比重仅41%。

孝襄高速公路

1992年，实行“贷款修路，收费还贷”政策，拓宽了公路建设融资渠道。1992~2003年，累计筹集资金22亿元，其中上级拨款及地方自筹10.6亿元，银行贷款10亿元，引进外资1.4亿元，先后对107、316国道和汉宜、孝天等省道进行了路面改造；新铺县乡油路1500多公里，在湖北省率先实现了乡乡通油路，97%的村委会通公路，公路技术等级和服务水平有了较大提高。

2000年，孝感市制定了“4线8路12桥”路网建设规划。“4线”是孝感城区外环线、市域循环线、市县辐射线和高速公路联络线；“8路”是316、107国道和汉宜、孝天等6条省道的改扩建；“12桥”是环河、滚子河、南大立交、107高架等12座大桥。到2004年，已完成二级路面新建、改造479公里，12座大桥全部建成。现在，城区外环线基本联通，市域循环线基本形成，市县辐射线和高速公路联络线按期完成，全市公路网络化格局

南大立交桥

已形成。2003年底，公路通车里程4593公里，其中一级公路28.49公里，二级公路777公里，三、四级公路3695.51公里，等级公路比重达到98%。

但是，市辖区公路建设仍然存在着许多问题。一是总量偏少，等级偏低。路网密度每百平方公里仅51.6公里，其中一、二级公路仅占17.5%。二是公路主骨架尚待完善。全市除市辖区内107、316国道重合段20.56公里和孝感城区7.93公里一级公路外，与周围县（市）、与高速公路之间均为二级公路连接，部分地段仍然通而不畅。三是资金短缺，利息负担沉重。公路部门欠银行贷款达10亿元，每年需支付利息数千万元，影响公路建设快速发展。

第二节　公路运输

一　发展历程

公路运输行业管理始于1985年，它的发展经历了几个阶段：一是发展阶段（1985～1991年）。行业管理以发展为基调，主要是建立机构，建全规章制度，整顿发展中的突出问题。二是调整阶段（1991～1995年）。针对市场运力趋于饱和、无序竞争逐渐突出等情况，行业管理重心转为以调整运力结构，协调各方关系，增强服务意识，提高服务质量为主。三是规范阶段（1996以后）。行业管理以规范化为基调，主要是健全管理体系，

完善规章制度，严格市场准入，规范行政执法，一个“统一、竞争、开放、有序”的公路运输市场已基本形成。

据孝感市道路运输行业统计，2003 年底市辖区有营运车辆 3340 台，维修企业 118 家，装卸运输企业 1 家，客货运站场两个，检测站 1 家，驾校两家，公路运输占国民经济总量的 2%。

二 客运业

1990 年以来，在市场竞争中客运业已形成以国有客运企业为主导经营干线、以个体和社会车辆为辅助经营支线的格局；在经营上则出现了单车合股经营、快捷直达运输等模式。1993 年，孝感城区出现客运出租车。1999 年，孝感市政府联合交通、交警、物价等部门举行了客运出租车经营权首次拍卖，2002 年进行第二次拍卖。2001 年，8 家国营和社会客运企业联合组建成“孝感客运集团公司”，被交通部评为二级客运资质企业。1994～2003 年，市辖区客运业发展情况见表 8－1 和表 8－2。

表 8－1 营运载客汽车变化情况

年 度	营运客车（辆）	班线客车		客运出租车	
		台	座	台	座
1994	357	357	10256	0	0
1995	647	402	11658	245	1715
1996	1010	459	10098	551	3306
1997	1026	503	11066	523	3110
1998	1044	521	11462	523	3110
1999	1193	514	11308	679	4610
2000	1181	502	11044	679	4610
2001	1197	518	11396	679	4610
2002	1189	510	11220	679	3395
2003	1184	505	11110	679	3395

资料来源：孝感市交通局，下同。

说明：“客运出租车”为已办理《道路运输证》的车辆。

表 8－2 客运量变化情况

年 度	客运量（万人次）	客运周转量（万人公里）	年 度	客运量（万人次）	客运周转量（万人公里）
1994	846	23688	1999	812	29500
1995	867	24565	2000	790	31000
1996	994	44267	2001	780	31750
1997	850	35000	2002	765	32600
1998	840	31000	2003	760	29850

从客运量看，1996年是一个分水岭，此前呈上升趋势，此后呈下降趋势；从客运周转量看，1996年后逐年下降，但1999年后又缓慢回升。上述变化说明：①1996年后，乘客运汽车的流动人口逐年下降；②1999年后，客运量继续下降，但客运周转量回升，这说明中长途客运量增加。

三　客运出租车

1993年前，孝感城区客运出租车很少，基本上是自生自灭，放任自流。1994年后，以天津大发、柳州五菱为主的出租车一下猛增到500多台，但都没有办理《道路运输证》，价格随意性大，市场秩序混乱。1995年，市政府规定出租车由交通部门主管，实施了统一安装计价器、标志灯，公布举报电话等措施，从此出租车管理趋于规范。1999年，在孝感城区举行了出租车经营权第一次拍卖，标期3年，每台车标价分别为：1.8万元、2万元、2.5万元，车辆总量为679台。2002年，出租车全部更新为富康牌轿车，并举行了第二次经营权拍卖，统一标价为2.75万元，标期仍为3年，车辆总数仍为679台。据市交通部门调查，2004年孝感城区出租车经营成本情况，见表8-3。

表8-3　孝感城区出租车经营成本明细表

（按每月30天计算）

单位：元

项　目	合　计	固定支出						可变支出		
		规　费	折　旧	经营权	工　资	租　金	年审年检	保　险	油　耗	车辆维修
挂靠经营	9563	524	1888	458	1600	—	40	661	3942	450
租赁经营	10534	524	1083	458	1600	1776	40	661	3942	450

说明：①规费：524元，其中：税金227元；养路费223元；运营费64元；公司管理费10元。

②折旧：挂靠经营1888元，其中：车辆折旧250元；经营权1638元〔出租车原购车价：108300元，按5年经营权计算，估计经营权期满后车价为1万元，每月折旧费为（108300-10000）/（5＊12）=1638.3元〕。租赁经营1083元，其中：车辆折旧250元；经营权833元〔租赁经营者出资5万元，每月折旧费50000/（5＊12）=833.3元〕。

③经营权：458元（出租车经营权5年27500元，平均每月458元）。

④工资：1600元（按一名车主司机加一名代班司机计算）。

⑤租金：挂靠经营者无此支出；租赁经营者，每月交纳租车费1776元。

⑥年审年检：40元，其中：交警审车8.8元；车辆检测18.3元；驾证年审13.3元，合计40.4元。

⑦保险：661元（2004年车辆保险费为7933元/12=661元）。

⑧油耗：3942元（每百公里耗油9L，每天运行4百公里，每升3.65元，每天131.4元，每月3942元）。

⑨车辆维修：450元（为2004年的调查数据）。

四 货运业

1990 年以后，货运业有了较快发展。1994～2003 年，货运发展情况见表 8－4、表 8－5。

表 8－4 营运货车变化情况

年 度	营运货车(台)	普通货车		危险品运输车	
		台	吨	台	吨
1994	1102	1086	4344	16	85
1995	1296	1278	5112	18	95
1996	1520	1498	5192	22	114
1997	1656	1634	6536	22	114
1998	1868	1844	7456	24	124
1999	1690	1662	6648	28	140
2000	1734	1702	6848	32	163
2001	1875	1839	7500	36	193
2002	2043	2003	8015	40	165
2003	2156	2105	8420	51	209

表 8－5 货运量变化情况

年 度	货运量(万吨)	货运周转量(万吨公里)	年 度	货运量(万吨)	货运周转量(万吨公里)
1994	205	11230	1999	245	12856
1995	206	11376	2000	232	12036
1996	213	11456	2001	240	12451
1997	219	11687	2002	254	13052
1998	227	11952	2003	256	13202

表 8－4 和表 8－5 数据说明，1994～2003 年期间：①营运货车增长了 95.6%。②货运量增长了 24.9%，货运周转量只增长了 17.6%，均低于货车增长速度。③营运货车效率下降，平均每台货车货运量由 1860 吨降至 1187 吨，下降 36.2%；货运周转量由 10.2 万吨公里降至 6.1 万吨公里，下降 40.2%。④危险品运输车比重已由 1.45% 升至 2.37%。此外，这个时期个体货车由 624 台增至 1602 台，其在营运货车中的比重也由 56.6% 升至 74.3%。

五 装卸搬运业

1994～2003 年，交通部门与非交通部门装卸搬运企业变化情况，见表 8－6。

表 8-6 装卸搬运企业变化情况

单位：户，人

年度	企业户数	交通部门		非交通部门		年度	企业户数	交通部门		非交通部门	
		户数	人数	户数	人数			户数	人数	户数	人数
1994	31	3	420	28	306	1999	22	2	824	20	230
1995	26	2	456	24	294	2000	4	2	835	20	210
1996	24	2	520	22	265	2001	8	2	865	6	15
1997	23	2	654	21	250	2002	6	2	562	5	12
1998	22	2	764	20	225	2003	2	2	528	0	0

说明："交通部门"是指隶属于交通行政部门的企业，属国有企业性质；"非交通部门"是指不隶属于交通行政部门的企业，多属城镇集体企业或个体、私营企业。

六 客运站

1990～1995年，共投资1200万兴建客运站点。到2003年，市辖区有客运站2个，其中一级站1个，四级站1个，建筑面积18000平方米。1994～2003年，客运业务变化情况见表8-7。

表 8-7 客运站、客运班次、旅客流量变化情况

年度	客运站（个）	日发客运（班次）	旅客流量（万人次）	年度	客运站（个）	日发客运（班次）	旅客流量（万人次）
1994	5	756	532	1999	4	810	533
1995	5	770	548	2000	2	810	518
1996	4	780	547	2001	2	890	507
1997	4	802	536	2002	2	960	507
1998	4	810	530	2003	2	1040	482

从表8-7数据可以看出，客运站在减少，日发客运班次在增加，旅客流量呈下降趋势，平均每个客运班次载客由19.3人降到12.7人。其原因：一是孝感城区人口增长较慢；二是单位车辆、个人车辆增多，分流了大量旅客；三是旅客对乘车舒适度要求越来越高。

七 运输服务业

（1）汽车维修。1990年，市辖区有汽车维修企业56家，其中个体48家。1992年后，随着维修技术、设备和技术人员的科技含量越来越高，维修企业由综合型向专业化发展，特别是上海大众、东风二汽、富康等特约

维修、服务站的出现及其市场占有额的越来越大，原有的维修企业和个体户纷纷被淘汰。1994～2003年，市辖区维修企业变化情况见表8-8。

表8-8 维修企业变化情况

年度	企业数（个）	企业类别			年度	企业数（个）	企业类别		
		一类	二类	三类			一类	二类	三类
1994	148	6	10	132	1999	141	6	12	123
1995	141	6	10	125	2000	144	6	13	125
1996	136	5	11	120	2001	149	6	8	135
1997	140	5	12	123	2002	130	5	10	115
1998	142	5	12	125	2003	118	5	10	103

说明：按照国标《汽车维修业开业条件》划分，一类企业可从事发动机大修和总成大修，二类企业可从事二级维护及保养，三类企业仅能从事专项修理。

（2）车辆性能检测。20世纪90年代，车辆性能检测、检查多依赖人工完成。1990～1993年，共检查车辆12937台次。1995年，为适应车辆技术状况不解体检测和移动检测需要，市运管部门购买了两台检测车。2000年，市交通部门兴建了固定式综合性能检测站，配备员工21人，设备50多台套，负责对营运车辆进行技术评定，年检测能力18000台次，被湖北省交通厅评为A级站。1996～2004年，累计检测车辆109537台次，其中一级车32150台次，二级车77232台次，三级车155台次。

（3）运输培训。分机动车驾驶员培训（简称驾培）和营运驾驶员职业培训（简称上岗证培训）。

孝感市辖区的驾培起源于20世纪80年代，原来是对交通企业内部职工免费进行驾驶培训。90年代，随着社会车辆发展，就逐渐转变成为面向社会的经营性收费培训。当时，交通和公安部门各办一所驾培学校（简称驾校），至今仍在经营。2004年，两所驾校分别与主管部门脱钩，公安驾校更名为安福驾校，有职工57人，其中教员28人，教练车45台，教室5间，训练面积14500平方米；交通驾校更名为合力驾校，有职工79人，其中教员39人，教练车42台，教室3间，训练面积8200平方米。到2004年底，市辖区通过驾校培训取得驾驶证的有8多万人。

八 运输企业

20世纪90年代，客运交通企业得到了较快发展，其中国有企业居主导地位。2001年，孝感市所属各县市交通部门直属骨干企业与广水恒泰客运公司联合组建了“孝感客运集团公司”，总资产2.2亿元，在职职工3000余人，车辆712台，其中高级客车80台，中级客车220台，年营业额3亿元，利税200万元。被交通部评为客运二级资质企业，取得了跨省经营资格。

货运企业在20世纪90年代初曾得到迅速发展，但20世纪90年代后期由于经济效益下降，许多企业被迫从运输经营为主转向以信息服务等业务为主。2002年，由孝感合力运输公司牵头组建了“孝感合力运输集团公司”，固定资产1.8亿，职工2600人，车辆300多台，年营业额3.5亿，利税600万元。经交通部评审，取得“二级货运经营企业”资质，可从事各种民用物资超长途运输业务。

另外，还有两家装卸搬运企业，即孝感市装卸运输总公司和孝感市联运总公司。孝感市装卸运输总公司总资产1540万元，职工220人，车辆248台，年营业额560万元，亏损12万元。孝感市联运总公司总资产466万元，职工308人，车辆12台，年营业额200万元，亏损60万元。由于人员负担重，业务量小，两家企业年年亏损，只是靠主管部门在各方面予以照顾才得以维持。

九　问题和对策

当前，公路运输存在的主要问题：一是运力发展过快，造成运力浪费和无序竞争。周边乡镇客运车辆实载率不足60%，不同类型客运车辆之间经常发生争客斗殴事件。二是客运经营主体分散，车辆结构不合理。客运企业仅2家，另200多家均为个体运输户；在505辆班线营运客车中，高档客车仅42辆。三是油价上涨，运输成本过高。2002~2004年，客运成本已占营运收入80%~90%。四是由于武汉对外地货车进出有诸多限制，再加上挂武汉牌照车辆的养路费、货附费、运管费、过路费等享受优惠，因而1996~2004年孝感籍货车流失到武汉约1500辆。五是黑车猖獗，运输市场混乱。2004年上半年，从武汉二手车市场流入的黑车达100余台，每台车一年可少交各种规费近2万元，获利4万元。六是运输市场管理体制不完善。班线客运和出租车由交通部门主管，城区公交由城建部门主管，机动三轮车由交警主管；城乡管理分割，孝感市运管处直属所管辖城区，孝南区运管所管辖乡镇场，它们之间一直存在管理对象交叉、执法交叉、重复收费等问题；缺乏有效退出机制，客运市场一旦取得经营权后就无法正常退出，否则就会到市政府集体上访。

为了解决上述问题，撰稿人建议：市区合并、城乡统一，理顺公路运输管理体制；运用市场力量，尽可能控制运力过快增长；制定优惠政策，

促进规模化、集约化、专业化、便捷化经营；搞好运输管理，努力降低运输成本；参照武汉管理经验和收费标准，改革管理办法，下调收费水平，尽可能减少车辆流失；整顿运输市场，取缔各种黑车，鼓励合法、有序竞争。

第三节 铁路运输

一 线路和车站

市辖区境内，有京广（北京－广州）线的4个火车站，线路长约40公里，属孝感车务段管理。

（1）肖家港车站。位于肖家港镇中心，为4等中间站。站址中心在京广线1108公里+597米处。站场纵间1479米，横间66米，占地104650平方米，有股道5条。职工29人，设运转4个班组。

（2）孝感车站。位于孝感城区北侧，为2等中间站。站址中心在京广线1121公里+967米。站场纵间1813米，横间150米，占地226502平方米，有股道14条。职工246人，设运转、客运、货运、售货部等15个班组。还有线路大修、工务、电务、建筑、给水、公安、车务段等单位。

（3）三汊埠车站。位于三汊镇中心，为4等中间站。站址中心在京广线1135公里+211米处。站场纵间1489米，横间68米，占地104260平方米，有股道5条。职工33人，设运转班组4个。站内驻有工务、电务、公安等单位。

（4）祝家湾车站。位于祝家湾镇南侧，为4等中间站。站址中心在京广线1143公里+777米处。站场纵间1802.1米，横间70.58米，占地127200平方米，有股道7条。职工35人，设运转班组6个。站内驻有工务、电务、公安等单位。

二 客货运输

1951～2004年，主要年度客货运输发送量，见表8－9。

表8－9 主要年度客货发送量

单位：吨，人

项目＼年份	1951	1965	1978	1989	1998	2000	2002	2004
货物运输	78912	273749	1218431	839961	926078	776120	825167	963378
旅客运输	—	1159804	2019190	1730093	1716006	1576537	1243216	1268289

资料来源：孝感车务段。

孝感车务段周边市、县以农业为主，地域经济落后，运输物资有限，但有大量剩余劳力。该段一改过去货运为主、以客补货的指导思想，确立了以客为主、重在民工的营销战略。经过几年探索，闯出了一条紧盯源头、培育市场、主攻春运、拓展营销的新路子，培育出了鄂东北的客运市场。

（1）宏观把握，确立源头开车营销战略。孝感是国家级劳务输出基地，每年有大量剩余劳力到珠三角、东北三省打工。该段就把客运营销重点定位在开行“特色专列”、服务“打工经济”上。

（2）掌握详情，开展源头追踪客流调查。该段对孝感周边 9 个县、市、区百余乡镇近千个自然村进行了调查，基本摸清了民工的流量、流向和出行时间，为制订营销方案奠定了基础。

（3）分析上报，提供源头开车决策依据。调查数据显示，孝感车务段每年春节前后往返广东的民工约 10 万人；每年清明后去东北的民工约 30 万人。由于受列车方向、车次停点、票额分配等限制，大部分民工不得不取道武汉、信阳往返，在孝感段乘车的仅 2 万余人。根据上述情况，在铁路局分局的支持下，1998 年孝感段先后开行了 90 趟南下“打工专列”、110 趟北上“建筑专列”，发送旅客 343862 人，客票收入 3588 万元。此后，每年开行的南下“打工专列”和北上“建筑专列”已成为孝感段的“第二春运”，其客运收入均占当年客运总收入 50% 以上。

第四节　水路运输

一　航道、港口和船舶

（1）航道：孝感境内河湖交错，历史上水运比较发达。1949～1991 年，由于自然条件变化和人为因素影响，境内通航里程逐渐减少。1992 年后，逐步加大港航基础设施建设，现已形成以长江一级支流（汉江、府河）和二级支流（汉北河）为主通道，以大富水、府河、沦河、汉湖水库为脉络的航道网，全市现有天然航道 280.1 公里，人工控制航道 265.3 公里。其中，府河干流在孝感境内 125.6 公里，天然河流 VI（3）航道，航宽 30.0m，水深 1.20m。通航 120.3 公里，主要由老府河的护镇船闸——肖李湾船闸；澴水的澴河口——花园公路桥；沦河的沦河口——民乐；老澴河的鲢鱼地船闸——河口闸；滚子河的三军台桥——理丝桥等 5 部分构成。

（2）港口：孝感港由河口港区和沦河港区组成，共有库场面积5000平方米，均为自然坡岸码头，有码头泊位19个，最大靠泊能力300吨。

（3）船舶：1992～2004年，船舶发展经历了3个阶段：一是增长阶段（1992～1995年），主要是水运市场逐步放开，部分集体所有制水运企业解体或改制，个体、私营船舶迅速发展。二是萎缩阶段（1996～2000年），主要是水运市场疲软，运力大于运量，部分参营船舶停航；大批老龄船舶缺乏更新改造资金自然淘汰。三是复苏阶段（2001年以后），主要是水运市场复苏，化学品液货船、危险品运输船逐步进入市场；船舶更新，向大型化、专业化、现代化发展，船用雷达、油水分离器普遍配置，船舶整体质量提高。1992～2004年后，孝感市船舶发展情况，见表8－10。

表8－10　孝感市船舶发展情况

年　度	船舶(艘)	载重(吨)	功率(千瓦)	年　度	船舶(艘)	载重(吨)	功率(千瓦)
1992	489	47000	8200	1999	276	45586	9604
1993	465	45205	8650	2000	268	30531	10621
1994	472	47211	9935	2001	226	42420	10055
1995	571	61567	13274	2002	237	49502	14106
1996	402	53759	11287	2003	268	61438	18801
1997	397	57803	12616	2004	239	56220	20647
1998	328	32249	10879				

资料来源：孝感市交通局。

二　客货运输

客运：1992年后，水上旅客运输已不适应市场要求，到1998年水路客运已全面退出市场。

货运：1992～1993年，年起运量80万吨，周转量超2亿吨/公里。1994～2001年，由于铁路公路运输迅速发展，汉北河综合整治，通航水位不稳等因素，许多传统水运货物改行陆路，2000年货物起运量降到49.8万吨，周转量降到9300万吨/公里。2000～2004年，汉北河大富水航道疏浚工程改善了通航条件，可保证全年通航，使水运运价低、运量大优势得以充分体现。这样，原来改行陆运的货物大部分又回到水运，2003年货物起运量回升到73万吨，周转量回升至2亿吨/公里。

第九章　邮政和电信

第一节　邮　　政

一　发展历程

1993～2003年，市辖区邮电事业发展可分为以下两个阶段。

（1）邮电合营阶段（1993～1998年）。这一阶段，由于电信行业迅猛发展，邮电企业经济效益不断提高，但由于邮电企业已由“以邮养电”变成了“以电养邮”，因而出现“重电轻邮”倾向。1993～1998年，市辖区邮政业务收入由380.1万元增至1328.4万元，但占邮电业务收入比重却由29%降至13.2%；固定资产投资1378.7万元，仅占邮电固定资产投资25.3%。1993～1998年邮政业务发展情况见表9－1。

表9－1　邮政业务发展情况

单位：万元，万件，万份，万张，%

年　度	业务总量	业务收入	函　件业务量	特　快业务量	报　刊累计份数	进口汇票	出口汇票	储蓄期末余　额	集邮票销售量
1993	401.4	380.1	208.3	2.4	564.3	5.3	5.0	4325.0	298.5
1994	520.6	488.2	247.1	2.8	718.9	6.6	5.6	4766.6	344.9
1995	675.1	627.0	293.1	3.2	915.8	8.3	6.2	5253.3	398.6
1996	875.6	805.4	347.8	3.7	1166.6	10.4	6.9	5789.6	460.6
1997	1135.5	1034.4	412.5	4.3	1486.1	13.1	7.6	6380.7	532.3
1998	1472.6	1328.4	489.4	5.0	1893.2	16.4	8.5	7033.0	615.2
1998：1993增长百分比	266.9	249.5	134.9	108.3	235.5	209.4	70.0	62.6	106.1

（2）邮电分营阶段（1998年至今）。1998年，按照国家邮电部的部署，孝感市邮电局实行邮电分营。分营后的孝感市邮政局，是在原孝感市邮电局和孝南邮电分局基础上建立起来的。分营结束时，市邮政局资产总

值4881.7万元（其中固定资产原值2451.1万元），负债3480万元，资产负债率达71.3%。

为了克服分营后邮政职工思想波动、负债率高、建设滞后、资金短缺、任务繁重等困难，市邮政局领导班子采取了一系列措施：①解放思想，更新观念，克服“恐邮症”和等、靠、要思想，树立艰苦创业观念。②转变官商作风，树立市场意识，改革经营体制，改善服务态度和营销方式，积极参与市场竞争。③为地方经济服务，提高邮政企业知名度。2002年，市邮政局按照“政府主导，邮政搭台，经贸唱戏，市场运作”思路，通过《董永与七仙女》邮票首发式，为孝感市招商引资6.3亿元，同时提高了邮政企业知名度，开发了《董永与七仙女》系列邮品20余种。④根据市场需求，积极开办邮政延伸业务。市邮政局在抓好传统业务的同时，积极发展邮政储蓄、特快专递和集邮3项重点业务，还开办了特快同城专递、物流配送、农资分销、代理保险、代办电信、中邮专送广告等新业务。2003年，《中邮专送广告》已成为孝感有影响的平面广告媒体，年发行量38.5万份；同城专递业务收入46.1万元。⑤推进企业改革，加强企业管理，开源节流，增收节支，提高企业经济效益。2003年，在通信、水电、运输等支出大幅增长，邮政绿卡建设等任务十分繁重的条件下，仍比1998年减亏374.8万元。

经过职工共同努力，1998~2003年邮政业务得到了一定发展（详见表9-2）。

表9-2 邮政业务发展情况

单位：万元，万件，万份，万张，%

年度	业务总量	业务收入	函件业务量	特快业务量	报刊累计份数	进口汇票	出口汇票	储蓄期末余额	集邮票销售量
1998	1472.6	1328.4	489.4	5.0	1893.2	16.4	8.5	7033.0	615.2
1999	1697.9	1562.9	532.3	5.2	1657.7	16.7	8.0	10460.2	571.3
2000	1957.7	1838.7	579.0	5.4	1451.5	17.1	7.5	15557.4	530.6
2001	2257.2	2163.2	629.8	5.7	1270.9	17.4	7.0	23138.6	492.8
2002	2602.6	2545.1	685.0	5.9	1112.8	17.8	6.6	34414.0	457.6
2003	3000.8	2994.3	745.1	6.2	974.6	18.1	6.2	51183.0	425.1
2003：1998增长百分比	103.8	125.4	52.2	24.0	-48.5	10.4	-27.1	627.8	-30.9

为了增强服务能力，1999~2003年市邮政局投资1054万元，建设了综合计算机网、邮政绿卡网和电子汇兑网，开通绿卡网点12个，实现了邮

政储蓄和电子汇兑业务全国通存通兑；建设电子化局所 3 个；新增邮运汽车 15 辆，微机 38 台套，信报箱格口 8942 个。1998 ~ 2004 年，邮政网点、职工、线路等情况，见表 9 - 3。

表 9 - 3　邮政网点、职工、线路等情况

单位：个，人，平方米，公里，辆

年　度	营业网点		职　工		邮政生产营业面积	干线邮路单程长度	农村投递线路长度	各　种邮运车辆
	个　数	#农村	人　数	#离退和内退				
1998	16	11	437	79	10332	310.5	2343	8
2004	18	11	469	156	9314	310.5	2413	23

二　邮政亏损及其原因

邮电分营后，尽管市邮政局采取一系列措施增收节支，但 2004 年仍亏损 68 万元，负债 1611.5 万元，资产负债率仍达 41.2%。邮政亏损的主要原因是：

（1）普遍服务业务量大。普遍服务是指免费或不计成本提供邮政服务，它包括：①不计成本为边远地区、农村居民服务。②免费为社会公益事业服务，如免费为盲人读物、烈士遗物等提供邮政服务。③免费为国家任务服务，如免费为国家机要通信、边防和义务兵通信、边远地区党报、党刊发行等提供邮政服务。普遍服务是社会对邮政的基本要求，是党和政府赋予邮政的光荣使命。为完成普遍服务任务，邮政部门付出了很大代价。据国家邮政局和财政部测算，1999 年国家邮政部门为普遍服务承担了 34.4 亿元亏损，湖北省承担了 2.6 亿元亏损。2004 年，孝感市邮政局 11 个农村支局业务收入 181.3 万元，成本 254.6 万元；机要通信、党报、党刊发行等业务收入 37.2 万元，支出 66.3 万元，仅此两项亏损 102.4 万元。此外，孝感还承担了约占湖北省 1/3 的义务兵免费信件服务。

（2）人员、债务负担沉重。1998 ~ 2004 年，职工人数从 437 人增至 469 人，离退休人员（包括内退人员）从 79 人增至 156 人。1998 年分营时，承担债务 3480 万元，再加上部分电信应拨付款未拨，从而给邮政带来了沉重负担。

（3）邮政业务竞争日趋激烈。随着电话、网络通信等通信方式多样化，传统函件、报刊发行等业务下滑；随着部分邮政业务放开，经营主体多元化，特快专递等盈利性业务又面临私营速递公司的激烈竞争，从而导致经营困难。

此外，管理制度不够完善、职工素质不高等内部因素，也是造成亏损的重要原因。

三 对策与建议

从中国实际情况出发，借鉴世界各国邮政成功经验，撰稿人建议：

（1）建立健全邮政法规。现行《邮政法》是20世纪80年代邮电合营条件下制定的，已不适应邮电分营的现状。因此，应尽快修改《邮政法》，明确普遍服务补偿原则，细化邮政专营范围（如法国邮政法规定，1000克以下函件和包裹的寄递由法国邮政专营）等。

（2）给予某些政策性倾斜。为了搞好普遍服务，应参照发达国家做法，可考虑：给予一定财政补贴；减免某些税收；给予某些政策优惠；对某些邮政设施（如邮筒、邮箱、邮政报刊亭、阅报橱窗、信报箱）的建设给予补助等。

（3）建立邮政资费调节机制。在市场经济条件下，邮政资费应该主要依靠市场机制调节。因此，应该尽快建立灵活多样的邮政资费调节机制。

第二节 电 信

一 电信行业改革简况

1998年邮电分营后，邮电行业设有孝感市邮政局、孝感市电信公司和湖北省无线传呼有限公司孝感分公司。

1999年7月，电信行业改革重组，分为湖北省电信有限公司孝感市分公司（简称孝感电信）和湖北移动通信有限责任公司孝感分公司（简称孝感移动）。

2000年8月，成立中国联通有限公司孝感分公司（简称孝感联通）。

2001年8月，成立铁道通信信息有限责任公司孝感分公司（简称孝感铁通）。至此，孝感电信行业就有了4家公司：孝感电信、孝感移动、孝感联通和孝感铁通。

二 基础设施建设与业务发展情况

（1）基础设施建设。国家有4条骨干光缆穿越市辖区，它们是：京汉广（北京—武汉—广州）国家一级光缆骨干传输通信干线（军用、民用各一条）、汉西兰（武汉—西安—兰州）微波数字光缆和西武（西安—武汉）

光缆。1999～2003年，抓住4条国家骨干光缆穿越孝感的有利条件，累计投资11.7亿元建设以孝感为中心、覆盖全市城乡的光缆网，使市辖区光纤总长度由3300公里增至11527.8公里。此外，4家公司交换枢纽大楼也相继完工。

（2）业务发展情况。孝感电信、孝感铁通经营固定电话和互联网业务，孝感移动、孝感联通经营移动电话和互联网业务。1999～2003年，年营业收入、固定电话和移动电话拥有量、交换机容量、互联网用户等，均大幅增长。

1999～2003年，基础设施建设和业务发展情况见表9－4、表9－5、表9－6、表9－7。

表9－4　职工人数和固定资产投资的变化

单位：人，万元

年度	职工人数					固定资产投资				
	合计	电信	移动	联通	铁通	合计	电信	移动	联通	铁通
1999	1320	900	300	46	74	17800	16000	1000	800	—
2000	1267	840	295	52	80	14000	10000	2000	2000	—
2001	1226	800	290	58	78	25500	12000	3000	10000	500
2002	1196	780	288	56	72	28302	14500	3000	9502	1300
2003	1177	760	286	56	75	32722	18340	8000	3682	2700

表9－5　光纤长度和交换机容量的变化

单位：公里，万门

年度	光纤长度					交换机容量				
	合计	电信	移动	联通	铁通	合计	电信	移动	联通	铁通
1999	3300	1500	1000	800	—	34.3	17.0	10.3	7.0	—
2000	4400	2000	1400	1000	—	68.9	42.9	18.0	8.0	—
2001	4800	2000	1500	1300	—	80.4	48.4	20.0	10.0	2.0
2002	9470	2770	3000	2800	900	102.4	49.9	35.3	15.0	2.2
2003	11528	3528	4000	3000	1000	150.0	63.5	54.0	30.0	2.5

表9－6　电话机拥有量和电话普及率的变化

单位：万部，%

年度	电话机拥有量					电话普及率			
	合计	电信	移动	联通	铁通	合计	固定电话	移动电话	部/每百人
1999	2.50	1.00	1.00	0.50	—	2.50	1.00	1.50	2.87
2000	8.60	6.00	2.00	0.60	—	8.60	6.00	2.60	9.73
2001	10.82	7.00	3.00	0.80	0.02	10.82	7.02	3.80	12.12
2002	13.04	8.00	4.00	1.00	0.04	13.04	8.04	5.00	14.79
2003	18.00	10.00	5.00	2.00	1.00	18.00	11.00	7.00	19.88

说明："电话普及率"，是根据《孝感统计年鉴》中市辖区有关年度年末人口总数计算出来的。

表 9－7 互联网用户和营业收入的变化

单位：户，万元

年度	互联网用户					营业收入				
	合计	电信	移动	联通	铁通	合计	电信	移动	联通	铁通
1999	800	400	200	200	—	3600	2000	1000	600	—
2000	1200	600	200	400	—	4700	2500	1500	700	—
2001	1500	800	200	500	—	5810	3000	2000	800	10
2002	1920	1000	200	700	20	8050	4000	3000	1000	50
2003	16800	15000	300	800	700	10300	5000	4000	1200	100

上述数据说明：孝感市电信基础设施已有一定规模。孝感电信、孝感移动分别在固定电话、互联网和移动电话方面处于领先位置，孝感联通和孝感铁通业务能力也在不断增强。

三 竞争情况

1998 年邮电分营后，孝感电信市场出现了固定电话中电信与铁通的直接竞争，移动电话中移动与联通的直接竞争，以及 4 者之间的间接竞争。为了打破行业垄断，国家对电信行业实行不对称管理政策：主要是把孝感电信和孝感移动作为主导营运商，资费标准由政府定价；对处于弱势的新运营商的资费标准，则允许下降一定幅度（联通可下降 10%，铁通可下降 8%～12%），以利开展竞争。到 2003 年，电信、移动、联通、铁通 4 家公司营业收入分别达 5000 万元、4000 万元、1200 万元、100 万元，均具备了较强竞争力。

四 问题和对策

当前，电信行业存在的主要问题：一是管理体制不健全。互联互通问题大多出现在县区级，但县、区级没有相应管理机构，普遍存在管理缺位问题。二是价格战愈演愈烈。价格战不仅蔓延到各种业务、各个市场，而且从隐蔽走向公开，从短期走向长期，致使企业效益大幅度下滑，2003 年电话用户增长 38%，营业收入仅增长 28%。三是互联互通问题不断。现已从传统业务向新兴业务蔓延，特别是移动网与固定网短信互联互通问题迟迟未能解决。

为了实现孝感市辖区电信业的长期、稳定、可持续发展，撰稿人建议采取如下对策：

工作间

营业大厅

（1）健全管理体制。重点解决县、区及其以下电信事业的管理问题。

（2）提高互联互通结算费率。2004 年孝感移动、孝感联通网间结算收入占总收入比重分别为 3.6% 和 3.3%，而国外一般为 15% ~ 30%。

（3）建立市场化的价格体系。移动资费长期居高不下，为打价格战留

下了空间。深化电信资费改革，根据市场变化科学制定价格标准，是克服恶性竞争的重要举措。

(4) 允许电信企业进行全业务经营。依照国际经验，为了避免“双寡头”竞争，应允许更多企业进行全业务经营。同时，全业务经营有利于分散运营风险，创造新的利润增长点。

(5) 建立适度监管策略。实行管制和竞争并重的监管政策，建立集中统一、独立运作、依法行政的监管体系。政监要分离，建立相对独立的监管体系，制定游戏规则，加强监管力度。

第三节 信息产业

一 历史和现状

20 世纪 90 年代以前，市辖区信息产业仅有几家小型企业，主要是生产一些电阻、电容器、接插件、黑白电视机、电子医疗器具等产品，从业人员约 500 人，年产值约 800 万元。90 年代后，由于几家军工电子企业搬迁到孝感，从而大大提升了信息产业的生产规模和技术水平。1990 ~ 2003 年，市辖区信息产品制造业发展简况，见表 9 - 8。

表 9 - 8 信息产品制造业发展简况

单位：个，人，万元

年度	企业数	职工数	#专业技术人员	资产总值	工业总产值	工业增加值	销售收入	利税
1990	9	1255	102	2200	2300	252	1800	174
1995	12	3385	336	20100	13800	3144	12300	1049
2000	23	6237	748	66200	83700	16131	64400	2852
2003	23	7906	1308	145700	148400	35878	113400	6242

2003 年，23 家企业的主要产品有 6 大类：电子元器件、通信器件、光电源系列产品、光电子产品、电子医疗仪器、电子军工产品。其中，近 30 项产品填补国内空白，每年开发新产品产值 8000 万元以上，出口 6000 多万元。这 23 家企业中，有 15 家通过了 ISO9000 质量体系认证，共获得国防科工委、信息产业部、湖北省人民政府科技成果奖 150 多项。

这23家企业的分布情况，见表9－9、表9－10。

表9－9　按企业规模划分

单位：个，万元，%

企业规模	企业数	工业增加值	比重
合　计	23	35878	100.0
大型企业	1	4612	12.9
中型企业	4	20259	56.4
小型企业	18	11007	30.7

表9－10　按经济类型划分

单位：个，万元，%

企业规模	企业数	工业增加值	比重
合　计	23	35878	100.0
国有及国有控股企业	5	24871	69.3
集体企业	7	3933	11.0
私营企业	4	1521	4.2
股份制企业	5	3034	8.5
外商及港澳台投资企业	2	2519	7.0

二　问题和趋势

信息产业存在的主要问题是：产业规模小，全行业经济总量仅占孝感市国内生产总值1.0%；企业规模小，缺乏有竞争实力的龙头企业；缺少高级技术人才，创新能力不足；资金投入不足，融资渠道单一；高技术、高附加值产品较少；民营高科技企业亟待发展。

2005～2007年，孝感市将引进信息产业项目20余个，总投资26亿元，销售收入35亿元、利税4.5亿元。其中主要的有：一是湖北万享通讯科技公司一期工程投资1.6亿元、年产50万部配备GPS定位系统的手机和车载电话系列产品生产线。二是三江集团民品工业科技园建设、国营汉光电工厂汽车电子项目开发、台商烨和电子公司汽车电子及小型电子产品项目投产。三是华中光电科技有限公司、四四零四厂等企业改制，以及一批高科技新型元器件产品。四是嵌入式软件产品。这些项目，将成为市辖区信息产业的新增长点。

第四节 软件产业

一 发展现状

市辖区软件产业2003年开始起步，到2004年底已注册企业4家，见表9－11。

表9－11 4家软件企业简况

单位：万元，人，平方米

项目	所有制	注册资本	固定资产	工作人员		生产用房面积
				人数	#专业人员	
湖北飞天软件科技发展有限公司	私有	200	150	32	20	500
孝感金蝶软件有限公司	私有	50	30	8	4	150
湖北华迪信息技术有限公司	合资	200	100	12	7	300
孝感市思开软件有限责任公司	私有	50	30	9	5	120

在上述软件企业中，有3家处于产品研究阶段。湖北飞天软件科技发展有限公司已获得湖北省信息产业厅颁发的软件企业认证书，并已开始生产和销售产品，其软件产品主要有：政府和企事业单位各种宏观、微观经济分析系统软件；办公自动化应用系统软件；全方位的集成空间和社会经济信息应用系统和决策系统软件，其发展情况见表9－12。

表9－12 湖北飞天软件科技发展有限公司简况

单位：万元，人，%

项目 \ 年度	2004	2003	增长百分比
工业总产值	3383	3155	7.2
工业增加值	370	339	9.1
销售收入	3383	3155	7.2
工业产品销售率	100	100	0.0
税金总额	288	268	7.5
利润总额	43	40	7.5
职工人数	32	23	39.1
其中：专业技术人员	20	16	25.0

二　问题和对策

目前，软件产业存在的主要问题：一是规模小、基础弱。二是人才少、资金紧，专业技术人员最多的公司仅20人，注册资金最多的仅200万元。三是知识产权保护不力，盗版现象十分严重。四是软件产业局限于计算机领域，传统产业领域软件市场尚未很好开拓。

为了加快软件产业发展，应该采取以下对策：一要加大企业研发投入，提升自主创新能力。二要发挥汉字信息处理技术优势，开发具有中国特色、通用性强的国产办公软件。三要重视人才培养，增强企业在国内乃至国际软件市场的话语权。四要搞好售后服务，孝感软件企业拥有本土优势，在售后服务上一定要胜过外地厂商。五要与盗版现象做持久斗争，要加大宣传力度，降低软件售价，与公安、司法等部门配合，加大打击盗版的力度。

第十章 商务和旅游

第一节 商 业

一 商业发展简况

1993～1995年，市辖区商业发展简况见表10－1。

表10－1 市辖区商业发展简况

项目		批发商业			零售商业			社会消费品零售总额（万元）
		机构（个）	网点（个）	人员（人）	机构（个）	网点（个）	人员（人）	
1993	合计	52	247	3630	43	345	4437	57738
	市直	19	52	1120	6	12	252	7647
	孝南	33	195	2510	37	333	4185	50091
1995	合计	66	519	6036	33	210	2548	87754
	市直	27	98	1626	5	16	178	13062
	孝南	39	421	4410	28	194	2370	74692

资料来源：历年《孝感统计年鉴》，下同（另说明来源者除外）。

表10－1数据说明：①社会消费品零售总额增长51.99%，其中市直增长70.81%，孝南仅增长49.11%。②批发商业的机构、网点和人员呈增长趋势，零售商业的机构、网点和人员则呈下降趋势。

1996年后，有关商业活动的统计指标发生了变化。根据新指标体系统计数据，1999～2003年，市辖区商业发展简况见表10－2。

表10－2数据说明：①社会消费品零售总额增长55.26%，其中市直增长71.11%，孝南增长49.35%。②限额以上法人企业减少62.5%，购进总额增长86.42%，销售总额增长78.47%，其中批发总额增长98.98%，零售总额增长43.49%。③外贸创汇减少22.64%，其中市直减少63.93%，孝南增长247.57%。

表 10－2 市辖区商业发展简况

项目		社会消费品零售额（万元）	限额以上批发零售贸易购销总额					外贸创汇（万美元）
			法人企业（个）	购进总额（万元）	销售（万元）			
					总额	批发	零售	
1999	合计	148307	24	111062	112292	70781	41511	2950
	市直	40231	14	78929	76373	58417	17956	2559
	孝南	108076	10	32133	35919	12364	23555	391
2000	合计	170745	18	111186	131526	106008	25518	1236
	市直	51176	11	88152	92992	86651	6341	1025
	孝南	119569	7	23034	38534	19357	19177	211
2001	合计	189061	11	91276	101916	79165	22751	1273
	市直	56938	6	54792	58176	52642	5534	512
	孝南	132123	5	36484	43740	26523	17217	761
2002	合计	211662	11	166964	190821	170735	20086	1845
	市直	65310	7	141564	153739	140043	13696	665
	孝南	146352	4	25400	37082	30692	6390	1180
2003	合计	230256	9	207052	200406	140840	59566	2282
	市直	68840	7	190375	181955	135429	46526	923
	孝南	161416	2	16677	18451	5411	13040	1359

二 社会消费品零售结构

1900～2004 年，社会消费品零售额结构也发生了变化，孝感全市变化情况，见表 10－3。

表 10－3 社会消费品零售额结构的变化

单位：万元，%

项目		社会消费品零售总额	按所在地			按行业				
			市	县	县以下	批发零售贸易	餐饮业	制造业	农业	其他
1990	金额	183190	51336	34849	97005	133444	9354	15954	17762	6676
	比重	100.00	28.03	19.02	52.95	72.84	5.11	8.71	9.70	3.64
1995	金额	458375	133898	130649	193828	316258	33014	29442	60905	18756
	比重	100.00	29.21	28.50	42.29	69.00	7.20	6.42	13.29	4.09
2000	金额	1021373	396429	135885	489059	629932	158884	62815	159556	10186
	比重	100.00	38.81	13.31	47.88	61.67	15.56	6.15	15.62	1.00
2004	金额	1519052	670125	199808	649119	1238652	267410	—	—	12990
	比重	100.00	44.12	13.15	42.73	81.54	17.60	—	—	0.86

资料来源：《孝感统计年鉴 2004》第 266 页。

表10－3数据说明：①从所在地看，市零售额比重上升16.09个百分点，县下降5.87个百分点，县以下下降10.22个百分点。②从行业看，批发零售贸易、制造业和农业零售额比重下降9.71个百分点，其他行业下降2.78个百分点，餐饮业比重上升12.49个百分点。表10－3中的数据是全市的数据，但它也能在一定程度上说明市辖区社会消费品零售额结构的变化。

第二节　集市贸易

一　发展现状

2005年，孝感城区的集贸市场实有30个左右，其中经主管部门审批、挂牌的15个。据对这15个集贸市场的实地调查，其发展现状是：

（1）形成时间：20世纪80年代前有2个，90年代有10个；2000年后有3个。

（2）地域分布：新华街1个，书院街3个，车站街3个，广场街8个。

（3）投资单位：孝感市市场开发服务中心（以下简称“中心”）7个，所在街道、社区5个，兴宇房地产公司1个，农业局、商务局1个，个人1个。

（4）主管单位：中心8个，街道、社区4个，个人1个；中心与工商、城管、卫生等部门共管（以下简称“共管”）2个。

（5）占地面积：45160平方米，平均每个集贸市场占地3011平方米。其中：2000平方米及其以下的7个，2000～5000平方米的5个，5000平方米以上的3个。

（6）建筑面积：34148平方米，平均每个集贸市场建筑面积2277平方米。其中：1500平方米及其以下的6个，1500～3000平方米的6个，3000平方米以上的3个。

（7）摊位数量：2500个，实际使用2256个，平均每个集贸市场150个。其中：100个及其以下的6个，100～200个的5个，200～300个的3个，300个以上的1个。每个摊位平均营业面积1.5～2平方米，自有资金约2200元。

（8）从业人员：约3500人，每个摊位平均1.6人。

（9）每日人流：平时约54000人，节假日约72000人，平均每个集贸市场平时约3600人，节假日约4800人。

（10）销售数量：全年销售鱼、肉、禽、蛋、蔬菜、干鲜杂货等日常生活必需品约13132万公斤，平均每个集贸市场销售875万公斤；每个实际使用摊位年销售 58209 公斤，每月 4851 公斤，每天 162 公斤。

（11）销售金额：全年约 20800 万元（平均价格每公斤 1.58 元），平均每个集贸市场 1387 万元，每个实际使用摊位年销售 92199 元，即每月 7683 元，每天 253 元。

（12）销售利润：全年约 4000 万元（平均利润率 19% 左右），平均每个集贸市场 267 万元，每个实际使用摊位 17730 元，即每月 1478 元，每天 48.6 元，每人每天 30.4 元。

（13）摊位租金：315.6 万元（包括税金，在市场内经营不再缴纳税金），平均每个集贸市场 21.04 万元，每个实际使用摊位 1399 元，即每月 117 元。

（14）缴纳规费：120 万元，平均每个集贸市场 8 万元，每个实际使用摊位 532 元，即每月 44 元，其中主要是卫生费。

（15）管理人员：102 人，平均每个集贸市场 6.8 人。其中：5 人以下的 4 个，6~8 人的 6 个，9 人以上的 5 个。管理人员工资 122.3 万元，年人均 1.2 万元。

2005 年，15 个集贸市场简况见表 10－4。

表 10－4　15 个集贸市场简况

街道	名称	形成时间	投资单位	主管单位	占地面积（平方米）	建筑面积（平方米）	实有摊位（个）	摊位租金（万元）	管理人员（人）	人员工资（万元）
合　计					45160	34148	2256	315.6	102	122.3
新华	南园	1970	中心	中心	4200	3600	102	15.5	7	8.3
书院	东门	1992	兴宇公司	中心	2000	1700	72	17.0	6	8.0
书院	金西	1998	中心	中心	2200	1800	154	13.3	7	7.0
书院	西大	1999	书院街办	中心	9800	7500	240	38.0	6	12.0
车站	八里	1996	中心	中心	3000	2800	155	41.0	10	12.0
车站	车站	1994	中心	中心	2180	1998	179	29.5	10	11.0
车站	红光	2002	红光社区	社区	1000	700	246	34.1	4	2.0
广场	彭湾	1980	中心	共管	1030	1000	80	22.2	9	13.5
广场	园林	1990	农业、商务局	共管	5000	4300	300	22.2	9	10.0
广场	一宫	1996	中心	中心	1550	1200	102	13.5	8	8.0
广场	九真	1998	中心	中心	1000	750	96	21.0	10	16.0
广场	建设	1993	付冲、一宫村	村	7000	3000	350	35.0	8	10.0
广场	桂桥	2001	桂桥社区	社区	1500	1000	60	4.2	3	1.5
广场	严桥	1997	严桥社区	社区	2500	2000	90	7.0	3	2.0
广场	光荣	2005	个体户	个体户	1200	800	30	2.1	2	1.0

二 问题和对策

孝感城区集贸市场管理存在的主要问题：

(1) 地域分布严重失衡。按2003年居民人数计算，每万居民拥有经主管部门审批集贸市场的数量，新华街0.5个，书院街0.63个，广场街0.89个，车站街1.49个。这种地域分布是不合理的，应该调整。同时，随着城区发展和重心转移，在新居民区还应增设一些集贸市场。

(2) 脱管现象相当普遍。城区有集贸市场30个左右，其中约有一半没有纳入正常管理。此外，走街串巷、占道经营屡禁不止。据估算，在城区集贸市场交易总量和总额中，未纳入管理的集市和走街串巷、占道经营商贩约占30%。显然，做好集贸市场管理工作，仍然任重道远。

(3) 多头管理问题多。如彭家湾市场"一街两制"，西半条街由中心管理，东半条街由工商、城管、卫生等部门管理，而所谓"管理"实质是只收费、不管事，致使这一带道路堵塞，环境脏、乱、差。又如园林路市场，由农业、商务局投资兴建，硬件设施全城区质量最好。但是，由于多头管理，形成"南北朝"局面：南部市场内由中心管理，北部市场外由工商、城管、卫生等部门管理。由于市场外只收费、不管理，可占道经营，又不收摊位费，于是场内经营户大量外移，到2005年底实际摊位已由309个下滑到123个，一个好端端的市场搞得空空荡荡，而市场外却拥挤不堪。

为了搞好集贸市场管理，应采取的对策：一是统一规划，合理布局，力争每万居民有1个左右较规范的集贸市场。二是把尚未纳入规范管理的集贸市场全部纳入管理范围，加强对走街串巷、占道经营的治理，消除脱管现象。三是由政府制定集贸市场管理制度，搞好商务、工商、城管、卫生、税务等部门的分工和协调，克服多头管理和重收费、轻管理现象。四是发挥中心作用，加强服务工作，寓管理于服务之中；搞好中心自身建设和管理，努力为经营者、消费者提供优质服务。

第三节 对外贸易

1992年9月，孝感地区进出口公司获自营进出口权，1993年正式开展自营进出口业务。1993年11月，湖北省政府决定外贸体制下放，将省外经贸委设在地、市、州、县的外贸企业下放到所在地、市、州、县管理，从而使地、市、州、县外经贸企业有了经营自主权。

一　解放思想，树立大外贸观念

面对新体制，市辖区外经贸部门确立了新指导思想：以深化改革为动力，以出口创汇为重点，以经济效益为中心，加快转换机制步伐，加大招商引资力度，发挥市区龙头作用，促进外向型经济发展。并提出了“四个转变、四个结合”的奋斗目标：从小外经贸（重外贸，轻外资、外经）向大外经贸（外贸、外资、外经一起抓）转变，把抓系统内部外向型经济与抓系统外部外向型经济结合起来；从计划型向市场型转变，把抓任务与抓效益结合起来；从单一型向多元型转变，把抓流通与抓实业结合起来；从行政指令型向经营管理型转变，把抓市区龙头企业与抓面上工作结合起来。

二　深化改革，促进企业转换机制

市辖区外经贸委重点抓了以下几方面工作：一是政企分开，改变由局长兼任进出口公司经理的做法，把机关与企业分开，让企业独立自主闯市场。二是调整和整顿企业，采取区域划分；划分核算单位，分散突围；失误撤换；财务审计等形式，让振兴无望企业停业整顿，让新成立公司新起新发。三是完善风险机制和激励机制，实行经理聘任、法人代表风险承包、职工优化组合、效益工资、代理出口业务等制度，加强管理，规范行为，堵塞漏洞，减少失误，提高经营效益。

三　开拓进取，形成出口创汇新格局

为了扩大出口创汇，外经贸系统抓了几件工作：一是发挥市进出口公司龙头作用，用足用活进出口权。二是做好外资企业服务工作，扩大出口创汇。三是协助有条件企业自营出口业务。四是扩大市区产品出口。五是立足本市，面向全国、全省组织出口货源。六是拓宽出口渠道，向远洋客户发展。七是建立湖北省进出口商品检验局孝感办事处，节约成本和时间，促进事业发展。

四　抓住机遇，加快招商引资步伐

在招商引资工作方面：一是拓宽渠道。例如利用第二届全国农民运动会在孝感举行的机遇招商引资，赴港、澳地区和美、韩等国考察、招商引资等。二是优化投资环境。按照“两集中、两统一”（集中审批、集中收费，统一投诉、统一管理）要求，实施优惠政策，搞好服务，优化软、硬投资环境。三是发挥外资企业协会作用。举办环境说明会、外商恳谈会和政策研讨会，听取外商意见，解决外企困难，表彰优秀外企，致使投资者已扩大到美、日、法、德、韩、港、澳等国家和地区。

1993～2004年，市辖区外贸出口创汇情况，见表10－5。

表10－5 外贸出口创汇情况

单位：万美元

年度	合计	市直	孝南	年度	合计	市直	孝南
1993	106	44	62	1999	2644	2598	46
1994	1060	1028	32	2000	1236	1025	211
1995	1534	1400	134	2001	1273	512	761
1996	1421	930	491	2002	1845	665	1180
1997	3316	3020	296	2003	2282	923	1359
1998	3673	3444	229	2004	2816	784	2032

表10－5的数据说明：①外贸出口创汇数额起伏波动很大，1993～1998年为上升期，1998～2000年为下降期，2000年后为回升期。②创汇主体，1994～2000年是市直，2001年后是孝南区。

2001年，孝感市外贸出口市场分布情况，见表10－6。

表10－6 外贸出口市场分布情况

项目	合计	亚洲				非洲	欧洲	北美洲	拉丁美洲	大洋洲
		合计	港台	日本	其他					
金额(万美元)	2490	1538	480	302	756	88	603	216	39	6
比重(%)	100.00	61.77	19.28	12.13	30.36	3.53	24.22	8.67	1.57	0.24

表10－6是全市数据，但它也能在一定程度上说明市辖区外贸出口市场的分布。

外贸工作也存在一些问题。如少数外商抓住外贸部门涉外经验少、信息不灵等弱点，搞假合资闹剧；有些外商在进口设备时低价高报，以次充好，甚至倒卖设备；有的外商在进口原材料、出口产品时制造“两头在外、两头挨宰”局面；有的出现到资违约情况；由于经营管理观念差异，导致摩擦增多、终止合作的情况更屡见不鲜。

第四节 旅 游 业

一 旅游资源及其开发

1984 年，孝感首家旅游主题公园——董永公园建成，它是孝感旅游业起步的重要标志。1992 年，设立双峰山旅游风景区。2001 年，设立双峰山旅游度假区。有关具体情况，见本书专题调查。

孝感市玉泉路旁的广化寺，创建于北宋天圣年间，距今已有 1000 多年历史。1978 年，对原广化寺进行了重修，寺院面积约 10 亩。1995 年，成为正式宗教活动场所。2000 年，兴建了“圆通殿”念佛大厅、讲经楼、藏经阁、斋堂等一些佛事活动的建筑设施，香火相当旺盛。

古驿桃花杨店镇，位于孝感城东，总面积 96.4 平方公里，人口 5.8 万。古杨店是一个商贾云集的地方，朝廷曾在此设立斗山驿站、邮亭，逐渐成为重镇。杨店镇种植桃树历史悠久，桃花兴盛繁荣，故有“桃花驿站”之名。1992 年江泽民同志参观杨店万亩桃林后，连续举办桃花节，吸引越来越多游客观光，赏花吟诗。2004 年，杨店镇桃树种植面积已达 2 万多亩。

此外，野猪湖、王母湖、八汊洼水库等都有可开发的旅游资源。如野猪湖建成了水上旅游度假村——顺风鱼村；八汊洼水库建成了税务度假山庄，每年可接待游客 5 万多人次。

二 旅游业发展现状

1992 年，孝感市接待游客不到 50 万人次，旅游总收入仅 1 亿元。2003 年，接待国内游客 240 万人次，总收入 8.2 亿元，占国内生产总值 2.4%。这 10 年，旅游业发展的主要表现是：

（1）星级宾馆从少到多。1992 年，城区只有一家二星级宾馆——孝感宾馆。2001 年，孝感宾馆升为三星级宾馆。2003 年，新增两家三星级宾馆——乾坤大酒店和鹤展大酒店，两家二星级酒店——卓洲宾馆和城西宾馆。

（2）旅行社从无到有。1992 年，城区只有一家企业办的旅行社——谊乐旅行社。1993 年，经湖北省旅游局批准成立了孝感市旅行社，这是孝感第一家正规旅行社，2000 年更名为孝感市金帅旅行社。到 2003 年底，又新增联春、天仙、先锋、光源、梦之旅、朝阳和双峰假日等 7 家旅行社。

（3）旅游景区逐步进入等级管理。20世纪90年代以来，旅游景区建设明显加快。2000年，开始实施A级景区管理。2001年，董永公园被湖北省旅游局评定为AA级旅游景区；双峰山旅游度假区，正在向4A级旅游景区迈进。

（4）旅游商品生产逐步形成规模。1998年，孝感的麻糖米酒被湖北省

旅游局评为省级旅游商品；孝感剪纸，在华中旅游博览会上被评为湖北省优秀旅游商品，仅2003年销售收入就达1000万元。

（5）旅游职工队伍业逐步加强。经过多年发展，市区旅游业直接从业人员已达5000多人。各类服务人员，全部经过企业或劳动部门业务培训后上岗。星级宾馆经理中，有20%获得了经理证书；旅行社经理中，有52人经湖北省旅游局培训、考试合格后已获得经理资格证书；导游员中，获得国家导游证的1993年仅有两人，1995年增至6人，2003年达72人，另有持景区导游证的有23人。

三　问题和对策

孝感市辖区旅游业存在的主要问题有以下几点：①投入不足，片面强调政府投入，忽视社会投入和招商引资投入。②注重旅游自然资源开发，忽视孝文化等人文资源的研究、开发和利用。③宣传促销力度不够，旅游宣传促销意识淡薄，各单位小打小闹，难以对外形成孝感旅游业整体宣传促销态势。

为了加快发展旅游业，建议采取如下对策：一是增加财政投入，加强重点旅游景区基础设施建设。二是加大促销宣传，提高重点旅游景区知名度。三是发挥价格杠杆作用，调整旅游宾馆价格，减轻旅游企业负担。四是发展旅游交通，形成水陆空内外通达、快速便捷的立体交通网络。五是整顿旅游市场秩序，规范旅游企业行为，查处各种违法行为，严厉打击“黄、赌、毒”现象。六是提高旅游从业人员素质，推行旅游从业人员资格认证和考试制度，建立选拔任用人才的激励机制。

第十一章 金 融

第一节 发展概况

一 中国人民银行体制改革及信贷情况

1993 年孝感地改市后，中国人民银行孝感地区分行改为孝感市分行，原县级孝感市支行改为孝南区办事处。1998 年，在中国人民银行武汉分行成立后，孝感市分行更名为孝感市中心支行。2003 年 10 月中国银监会孝感监管分局成立后，孝感市中心支行强化了央行职能，努力为金融机构和地方经济服务。1993～2003 年，孝感市中心支行向金融机构发放再贷款情况见表 11－1。

表 11－1 中国人民银行信贷情况

单位：万元

年 度	再贷款余额	累计投放	年 度	再贷款余额	累计投放
合计	157654	72976	1998	7282	—
1993	45461	—	1999	5424	8519
1994	9695	—	2000	14914	15739
1995	9331	—	2001	18414	15400
1996	12014	—	2002	9619	15718
1997	13600	—	2003	11900	17600

资料来源：人民银行孝感市中心支行货币信贷统计资料。

孝感市中心支行认真履行央行职责，较好地发挥了信贷支持作用，主要表现在以下几个方面：

（1）突出“窗口”指导作用，支持地方经济发展。一是加强货币政策指导。为解决中小企业“贷款难”和银行“难贷款”问题，适时调整指导重点，制定和下发有关指导性文件。二是疏导银企关系。本着“搭台不唱戏，参与不干预，牵线不推荐，要求不强求”原则，以推介货币信贷政策为主题，召开金融联席会、银企座谈会、金融品种推介会 18 次，签订贷款合同 609 份，金额 86 亿元，改善了银企关系。

（2）探索综合治理措施，缓解中小企业和农民贷款难问题。一是开展“金融诚信企业”评定活动。在《孝感日报》上公布“金融诚信企业”，增强银行投入信心。二是创建信用县市，提升对外形象。2003 年孝感市被湖北省授予“A 级信用市州”。三是创建“农村信用工程”，解决农民贷款难问题。2001 年，对 14.5 万农户进行信用等级评定，占农户总数的 81.5%，其中，评出信用户 8.5 万户，信用村 102 个，信用乡镇 5 个；对信用户授信 8.5 亿元，发放支农再贷款 1.01 亿元，投入小额农户贷款 9.79 亿元。

（3）落实货币政策，防范或化解金融风险。一是用好再贷款，减少信贷风险。通过支农资金封闭管理和小额农贷“四包一挂钩”（包发放、包管理、包收回、包效益，与工资奖金挂钩）管理，确保贷款放得出，收得回；通过贷前审查、规范手续和专款专用等制度，控制贷款风险；通过商业汇票相互查询、资金专管员、再贴现审查等制度和操作规程，保障再贴现零风险。到 2003 年，累计发放支农再贷款、中小金融机构专项再贷款 17.55 亿元和 1.75 亿元，办理再贴现 7.86 亿元，再贷款到期回收率达 100%。二是多法并举，处置资金风险。对农村信用社通过综合治理，加大紧急贷款投入，提高资金筹措能力等举措，全额收回了 1993 年以来累计发放的 3.65 亿元紧急贷款。

二 市辖区各金融机构存贷业务发展简况

在中国人民银行孝感市中心支行指导下，市辖区金融业有了较快发展。1993～2003 年，市辖区金融机构从 103 个增至 177 个，从业人员从 2300 人增至 2842 人，存款、贷款简况，见表 11－2。

表 11－2 市辖区各金融机构存款、贷款简况

单位：万元，%

年度	存款余额	增长额	增长率	贷款余额	增长额	增长率
1993	125935	—	—	196642	—	—
1994	169847	43912	34.87	190230	－6412	－3.26
1995	255772	85925	50.59	238061	47831	25.14
1996	325204	69432	27.15	331084	93023	39.08
1997	378186	52982	16.29	505782	174698	50.30
1998	416647	38461	10.17	600940	95158	19.00
1999	453028	36381	8.73	566645	－34295	－5.71
2000	527828	74800	16.51	543584	－23061	－4.07
2001	602565	74737	14.16	550589	7005	1.29
2002	727715	125150	20.77	606013	55424	10.07
2003	863190	135475	19.00	626075	20062	3.31

说明：此表为各金融机构汇总数据，其中存款包括工、农、中、建、商行、联社和邮政储蓄的余额汇总；贷款为人行再贷款、工、农、中、建、农发行、商行、联社等贷款余额汇总。

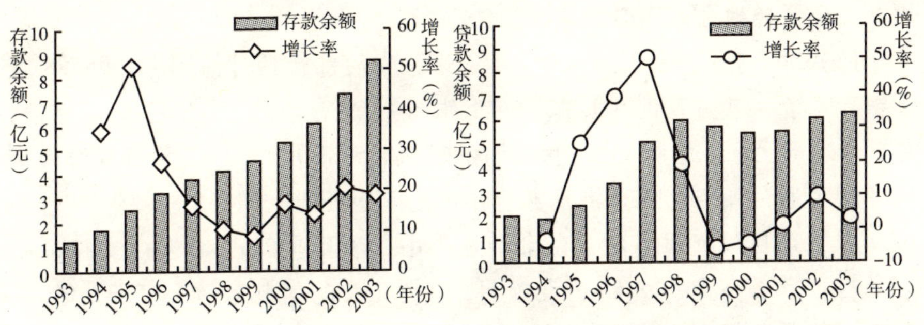

图 11－1　市辖区各金融机构存款、贷款简况

第二节　国有商业银行

一　孝感市工商银行

1993～2003 年，孝感市工商银行存贷业务飞速发展，具体情况见表 11－3。

表 11－3　孝感市工商银行存款、贷款情况

单位：万元，%

年 度	存款余额	比年初增 长	贷款余额	比年初增 长	年 度	存款余额	比年初增 长	贷款余额	比年初增 长
1993	36579	8.3	49274	3.9	1999	112229	28.5	169618	12.4
1995	53390	24.8	62395	13.8	2001	130527	16.2	156651	5.2
1997	87770	14.9	112551	8.2	2003	187573	16.7	187337	0.3

资料来源：孝感市工商银行统计资料。

1993～2003 年，孝感市工商银行的发展有以下特点：

（1）经营管理集约化。1992 年，孝感城区共有 53 个营业网点，盲目竞争的结果是由盈变亏，最高峰的 1997 年亏损达 1.1 亿元。1997～2003 年，贯彻“效益第一”思想，城区营业网点降至 19 个，网点存款余额都在 5000 万元以上，最高达 3 亿多元。2002 年，扭亏为盈。2003 年，盈利 2953 万元。

（2）业务经营网络化。从 1992 年开始，加快城区营业网点电算化发展步伐，1996 年完成城区联网通存通兑。后来，逐步将分散在各营业网点的账户集中到市分行、省分行、总行，从而实现了全市、全省、全国联

网，实现了异地存款实时到账。

（3）服务产品现代化。1992 年以来，先后推行牡丹信用卡、95588 电话银行系统、电话查询和转账、网上银行系统等业务。2002 年，与电信、移动和联通公司联合推出“电话费代收”服务。2004 年，与税务局合作推出“银税通”服务，与亚洲证券合作推出“银证通”服务。

（4）项目投资规模化。在融资业务中，项目贷款占 64%。支持的主要项目：京珠高速等公路建设项目 11 亿元；电信邮政项目 1.31 亿元，其中电信局项目 1.11 亿元；教育项目 6000 万元，主要是支持孝感学院扩建；制造业项目 1 亿多元，如湖北端药 5727 万元，孝棉实业 3000 万元等。

面临的主要问题是：企业逃废银行债务严重，特别是公有企业在变卖、改制、破产、处置资产过程中大量逃废债务，造成银行债权空悬，损失惨重。

二　孝感市农业银行

1996 年底，孝感市农业银行完成“一分一脱”改革（即与农业发展银行分设，与农村信用社脱钩）后，不再承担国家政策性金融业务和领导农村信用社职责，净化了国有独资商业银行职能，其存贷业务发展较快，具体情况见表 11－4。

表 11－4　孝感市农业银行存款贷款情况

单位：万元，%

年 度	存款余额	比年初增长	贷款余额	比年初增长	年 度	存款余额	比年初增长	贷款余额	比年初增长
1993	16757	－18.2	45535	－12.5	1999	114500	11	124249	2.7
1995	43123	67.9	28660	17.6	2001	142688	12.1	73700	－0.7
1997	96476	59.3	85108	121.5	2003	199160	17	108852	27.8

资料来源：孝感市农业银行统计资料汇总。

1993～2003 年，孝感市农业银行的发展有如下特点：

（1）实施信贷“双赢”战略。1993～2003 年，遵循“平等、互惠、双赢、共存”服务宗旨，精心培植了 8 类客户，即引进的外向型客户、地方支柱型客户、资源开发型客户、市场垄断型客户、事业机构型客户、民营型客户、个人消费型客户和同业客户。到 2003 年底，优良客户率比上年提高 30 个百分点。

（2）实施金融创新战略。先后推出国际金融、房地产金融、银行卡等产品和“金穗银行卡”、“金钥匙”消费信贷、“金牛”银证转账系统、“金马”收费系统、“金话筒”95599在线银行等5大系列品牌，以及中间业务类产品，并在孝感推出首家“金融超市”。2002年，中间业务效率名列湖北省农行系统首位。

（3）实施科技兴行战略。1993～2003年，经过投入、开发和整合，科技实力不断增强。为客户搭建了功能综合、方便快捷的服务平台；实现了主要业务流程信息化、网络化；电子银行体系为银证通等业务延伸和新产品开发铺设了“快车道”；与省域数据中心对接，为业务快速发展插上了腾飞的翅膀。

存在的主要问题是，不良贷款包袱沉重，控制贷款风险难度加大。

三　孝感市中国银行

2003年，中国银行孝感市分行内设12个部室，另有1个区支行，1个营业部，职工284人。1993～2003年，中国银行孝感市分行存贷业务发展情况，见表11－5。

表11－5　中国银行孝感市分行存款、贷款情况

单位：万元，%

年度	存款余额	比年初增长	贷款余额	比年初增长	年度	存款余额	比年初增长	贷款余额	比年初增长
1993	9628	125.4	15576	2.2	1999	30400	－8.36	84840	－15.37
1995	25201	93.7	51317	90.4	2001	52771	19.12	78314	－1.04
1997	25830	－10.36	68655	16.66	2003	79376	21.72	55428	－37.83

资料来源：中国银行孝感市分行统计汇总资料。

1993～2003年，中国银行孝感市分行的经营管理和业务发展主要特点如下：

（1）负债业务快速发展。存款余额从9628万元增至79376万元，增长7.2倍，占全行存款余额208542万元的38.1%。

（2）资产业务质量提高。有重点、有选择地支持了一批外贸出口公司，特别是重点支持了孝棉集团、二三八厂、孝感高中等重点项目。同时，加强内部管理，提高资产质量，不良资产率迅速下降。

（3）中间业务有效拓展。一是开通国际结算业务，2001年结售汇1308万美元，市场占有率32%。2003年结售汇2674万美元，市场占有率

40%，实现收益人民币90万元。二是开展银行卡业务，1994年发信用卡889张，发展特邀商户75家，1995年增至91家。2003年借记卡新增12730张，国际卡86张。2004年长城信用卡1952张，国际卡223张，特约商户7家。三是开拓代理代销业务，2000～2003年先后与中国人保、寿险、太平洋、泰康等保险公司签订代理业务，共代收2600万元，增加存款6000万元，增加效益100万元。2002年6月开办代销基金业务，当年代销65万元，2003年代销522万元，2004年代销1543万元。

（4）内部管理不断拓新。1995年，推行责任目标制，实行工资与效益挂钩。1998年，实行全员劳动合同制。1999～2001年，建立公司治理机制，进行了人事、工资考核体系、风险控制体系改革。2002年，推出了劳动工资体制、客户经理制、全员竞聘上岗等改革。2003年，强化存款增量费效挂钩考核，在制度、机制、产品、营销等方面不断创新，受到客户好评。

四　孝感市建设银行

1993～2003年，建设银行孝感市分行存款余额从39560万元增至164206万元，年均递增15.29%；贷款余额从21581万元增至84860万元，年均递增14.67%（详见表11－6）。

表11－6　建设银行孝感市分行存款、贷款情况

单位：万元，%

年 度	存款余额	比年初增 长	贷款余额	比年初增 长	年 度	存款余额	比年初增 长	贷款余额	比年初增 长
1993	39560	33.3	21581	15.6	1999	87741	22.59	50551	－34.93
1995	78097	41.37	56996	11.27	2001	113606	13.12	68864	－8.13
1997	51976	15.24	79120	27.23	2003	164206	20.40	84860	18.13

资料来源：建设银行孝感市分行统计资料。

1993～2003年，建设银行孝感市分行以建立现代商业银行为目标，取得了令人瞩目的成就。

（1）推进品牌战略。一是打造“CCB”（中国建设银行英文缩写）企业品牌，1996年中国建设银行启用新行名、新行徽，“CCB”已成为全行统一标识。二是创建产品品牌，先后推出“龙卡”、“速汇通”、“乐得家”、“e路通”、“汇得盈”等产品，深受客户欢迎。三是拓展服务品牌，实施CIS战略（企业形象识别系统），开通客户服务电话95533，客户通过

电话就可享受到快捷的银行服务。

（2）全面走进市场。1994年以来，信贷体制进行了7次改革，个人金融业务实现了两次飞跃。1994～2001年，个人金融业务从单一筹资业务发展到综合化零售服务，相继推出个人电子汇款、储蓄卡、外汇买卖、银证转账、住房和消费信贷、理财服务，以及电话银行、网上银行、手机银行等产品。从2002年起，全面个人金融业务已在向塑造精品银行目标迈进。

（3）服务信息化。经过了3个发展阶段：1995～2000年，加快了城市综合网络建设；2001～2002年，基本完成了电子化和网络化建设；2002～2003年，电子银行业务已涉及所有非现金类的金融产品，包括电话银行、网上银行、手机银行等电子银行业务。

（4）优化机构人员。1993年，建设银行在孝感城区设有支行3个，营业网点26个，从业人员400多人。经过发展和改革，到2003年底孝感城区有支行5个，直营分理处5个，营业网点24个，从业人员330人。在机构上，培育综合性高产网点；在人员上，实行了聘任制和竞聘上岗、优化组合；在薪酬上，实行薪点+绩效工资制；在培训上，实行统一考试持证上岗。

面临的主要问题：一是地方经济发展较慢，难以得到信贷政策倾斜；二是客户竞争力不强，信用等级较低，很难与上级行投放方向合拍；三是信贷结构不尽合理，行际之间、信贷产品之间不平衡；四是个人金融业务发展不快，中间业务收入较小，推广较难。

第三节　孝感农业发展银行

中国农业发展银行孝感市分行成立于1996年，是孝感市唯一一家政策性金融机构，其主要职责是：办理国务院、中国人民银行安排的信贷资金和由财政贴息的粮、棉、油、猪肉等农副产品专项收购、储备、调销、加工贷款；扶贫贴息、贫穷地区发展经济贷款；国家确定的小型农、林、牧、水利基本建设和技术改造贷款。2003年，银行内设8个科室、1个服务中心，工作人员63人。

为了解决粮棉油收购资金被挤占挪用、亏损挂账、“白条”满天飞、农民“卖粮难”问题，孝感农业发展银行创建初期，实行收购资金封闭运行，即对粮食企业按“收购一斤粮食，发放一斤粮食贷款，销售一斤粮食，收回一斤粮食贷款”办法进行管理。经过两年努力，消除了“白条”

现象，解决了“卖粮难”问题。同时，遏制了挤占挪用收购资金现象，减少了基础货币投入，增强了国家宏观调控能力。

农业银行孝感市分行

为了认真履行农业政策性金融职能，农业发展银行孝感市分行严格实行“收购码单，库存仓单，资金分割单”管理，强化“贷款发放、库存监管、收贷收息”等3个环节，并同财政、监察等部门一起与粮食企业签订《收购资金封闭运行管理责任书》，确保信贷资金专款专用。2002年4月，银行抽调26人，组成3个专班，对所辖19个粮食购销企业、60个存粮库清仓查库，对清查出的银企业务账差粮食3793万公斤进行了处理，收回贷款1300万元，实现了新发放贷款与新收购值100%相符。

1997～2003年农业发展银行孝感市分行存款、贷款情况见表11－7。

表 11－7 农业发展银行孝感市分行存款、贷款情况

单位：万元，%

年 度	存款余额	比年初增 长	贷款余额	比年初增 长	年 度	存款余额	比年初增 长	贷款余额	比年初增 长
1997	3900	—	76015	—	2001	1497	7.00	59780	0.87
1998	342	－91.23	56385	－25.82	2002	820	－45.22	59401	－0.63
1999	1843	438.89	58710	4.12	2003	781	－4.76	59119	－0.47
2000	1399	－24.09	59264	0.94					

资料来源：农业发展银行孝感市分行营业部统计资料。

农业发展银行孝感市分行面临的主要问题是，信用环境较差，“三老问题”（即库存老粮棉、老账和老人）突出，法制不够健全。为了解决这些问题，我们建议：①创造良好信用环境，加强收购资金封闭管理。②妥善解决“三老”问题。一是库存“老粮棉”，一年一度，亏价销售，分批处理，逐年消化。二是“老账”，全面审计，一次划断，财政挂账停息。三是“老人”，完善社会保障体系，开辟再就业渠道，逐步解决问题。③健全法律保障机制，应尽快制定有关法律，使国家、企业和农发行管理政策性贷款有法可依。

表 11－7 数据说明：1998 年，中国人民银行调整了农业发展银行的业务范围。按照有关规定，1998 年 11 月，从农发行划走粮棉附营企业 35 家、粮棉附营业务贷款 20025 万元；划走农业综合开发企业 6 家、农业综合开发贷款 1034 万元；划走扶贫开发企业 1 家、扶贫开发贷款 261 万元，合计减少开户单位 42 家、贷款 21320 万元。

第四节 孝感市商业银行

孝感市商业银行的全称是孝感市商业银行股份有限公司，由城区原 4 家城市信用社及下设 3 个分社组建而成，1999 年 12 月 7 日开业。公司股本金人民币 1 亿元，其中：孝感市财政 3000 万元，市直企业 7000 万元。它按照城市区划设立，根据商业经营原则主要为地方经济、为中小企业服务，是国有商业银行的补充。2003 年底，孝感市商业银行下辖 7 个支行和 1 个营业部，职工 229 人。

孝感市商业银行的发展经历了两个阶段：一是城市信用社阶段（1993～1999 年）。其中，1993～1995 年发展较为正常。1996 年后，在高

息存款和异地存款的推动下，存贷业务异常增长，不良贷款剧增，经营亏损严重。1998 年底，4 家城市信用社有 3 家亏损，亏损 1507 万元。二是商业银行阶段（2000～2003 年）。以服务中小企业、民营经济为宗旨，发挥经营自主性强、经营方式灵活和贴近群众等特点，业务不断发展。到 2003 年，存、贷业务分别占全市金融机构的 3% 和 2%，其中中小企业贷款占其全部贷款的 75.5%。1993～2003 年存贷业务发展简况见表 11－8。

表 11－8　孝感市商业银行存款、贷款情况

单位：万元，%

年度	存款		贷款		年度	存款		贷款	
	余额	比上年增减	余额	比上年增减		余额	比上年增减	余额	比上年增减
1993	673	—	2307	—	1999	10428	－21151	12570	－12963
1994	4207	2534	2788	481	2000	45244	34816	29195	16625
1995	6658	2451	5215	2427	2001	55827	10583	36237	7042
1996	18753	12095	11419	6204	2002	67725	11898	40485	4248
1997	20473	1720	11509	90	2003	82726	15001	50502	10017
1998	31579	11106	25533	14024					

存在的主要问题是：资产质量有待进一步提高，历史形成的不良贷款化解困难。2001 年底前企业逃废债务达几千万元，占不良贷款的 23.85%。

第五节　农村信用社

在市辖区内，并存有孝感市农村信用合作社联合社和孝南区农村信用合作社联合社。

1993 年，孝感市农村信用合作社联合社经原中国人民银行湖北省分行批准作为试点设立，1996 年与农业银行脱钩，1999 年按合作制原则重新组建，注册资本 550 万元。到 2003 年，全市农村信用社有法人机构 110 个，职工 2044 人，存款余额 442325 万元，贷款余额 290418 万元。孝感市联社债券回购交易量 125 亿元，拆借近 13 亿元，为县（市）联社调入资金 150 亿元，创收益 775 万元。

2003 年底，孝南区农村信用合作社联合社下辖 16 个法人社，21 个储蓄所（含营业部），正式员工 368 人。1993～2003 年，孝南区农村信用合作社存款、贷款情况见表 11－9。

表 11－9 孝南区农村信用联社存款、贷款情况

单位：万元，%

年度	存款		贷款		年度	存款		贷款	
	余额	比上年增减	余额	比上年增减		余额	比上年增减	余额	比上年增减
1993	20544	—	16908	—	1999	87095	4293	60683	－1165
1994	27001	6457	20357	3449	2000	81489	－5606	58049	－2634
1995	38148	11147	24147	3790	2001	79906	－1583	58629	580
1996	59647	21499	44155	20008	2002	87992	8086	63575	4946
1997	85245	25598	59224	15069	2003	101395	13403	68077	4502
1998	82802	－2443	61848	2624					

资料来源：孝南农村信用联合社统计资料。

说明：孝感市农村信用联社为管理机构，无存贷经营业务。

孝南区农村信用合作社的发展可分为 3 个时期：一是农业银行代管时期（1993～1996 年）。二是与农业银行脱钩初期（1996～1999 年）。受当时经济环境影响，出现高息存款、异地存款、违规贷款等现象。1999 年，经清产核资，4 家资能抵债的基金会业务并入农村信用社，并入资产 3259 万元、负债 3257 万。三是整改和正常经营时期（2000～2003 年）。2000 年初，靠人民银行发放紧急救助再贷款 1.7 亿元化解了风险。2002 年底，还清了紧急救助贷款，经营进入正常。2001～2003 年，减亏 4489 万元，净增存款 2.2 亿元，不良贷款下降 39 个百分点，9 个法人社盈利 9 万元，结束了信用社无盈利历史。

存在的主要问题是：效益不佳，绩效考核、激励机制没有发挥应有作用；分灶吃饭流于形式；发展不够，严重威胁信用社生存；基层内控制度不落实，安全隐患比较突出。为了解决这些问题，我们建议：①坚持“支农、抓降、增存、增效、控案”方针，走全面协调可持续发展之路。②抓好风险防范，查处各种违规违纪行为，健全安保防范长效机制。③改革创新，完善动力机制和压力机制，提高发展的积极性和创造性。④抓好学习、教育与培训，提高全员素质。⑤坚持“三会”（社员代表大会、理事会、监事会）制度，推进民主与法制建设。⑥加强党风廉政建设，努力形成反腐工作合力。

第六节 证券市场

1993 年，经批准孝感市工商银行信托投资公司正式组建三峡证券公司孝感营业部，从业人员 15 人。上海、深圳证券交易所各派遣两名红马甲，从事证券交易。当年，开户 489 户，股民保证金 850 万元，交易额 9100 万元。1997 年底，按照国家规定银行与证券脱钩，三峡证券公司收购信托公司孝感证券营业部，成立三峡证券公司孝感营业部，从业人员增至 32 人，开户增至 8500 户，股民保证金 5200 万元，交易额 33 亿元。2001 年，三峡证券公司增资扩股改为亚洲证券公司，孝感营业部也随之改名为亚洲证券公司孝感营业部，其业务发展情况，见表 11－10。

表 11－10 亚洲证券公司孝感营业部业务开展情况

年 度	开户数（户）	股民保证金（万元）	交易额（万元）	年 度	开户数（户）	股民保证金（万元）	交易额（万元）
1993	489	850	9100	1999	16000	12000	290000
1994	1000	1500	30000	2000	22000	22000	590000
1995	2200	2000	62000	2001	25000	16000	330000
1996	3500	3000	80000	2002	28000	12000	290000
1997	8500	5200	330000	2003	29000	9900	270000
1998	14000	5500	210000				

资料来源：亚洲证券公司孝感营业部。

从表 11－10 可以看出：①1993～1996 年为起步阶段，开户少，保证金小，交易清淡。②1997～2000 年为发展阶段，由于孝感的湖北双环科技、福星科技先后在深交所上市，因而开户数逐年增加，保证金余额增长，交易活跃。③2001～2003 年为下降阶段，上证综合指数 2001 年 6 月达到最高 2245 点后逐年下跌，证券市场进入熊市，开户数虽有增加，但股民保证金余额、交易额却逐年下降。

第七节 邮政储蓄

1986～1994 年，是恢复开办邮政储蓄的初期。1995 年上半年，孝感市、孝南区分别成立了储汇科和储汇股。1998 年邮电分营，撤销了储汇科和储汇股，成立了邮政储汇局和储汇分局。2003 年，市辖区有 12 个网点，每个乡镇邮政网点都办理邮政储蓄，从业人员 100 人，其发展情况见表 11－11。

表 11－11　孝感市辖区邮政储蓄业务发展一览表

年度	储蓄存款（万元）	其中		比上年增减（%）	年度	储蓄存款（万元）	其中		比上年增减（%）
		活期	定期				活期	定期	
1993	1193.57	151.39	1032.18	—	1999	10634.66	3287.90	7346.76	51.21
1994	1910.56	272.76	1637.80	61.42	2000	16701.73	4901.40	11800.33	57.05
1995	11155.45	5218.35	5937.10	483.88	2001	27139.75	9167.25	17972.50	62.50
1996	19713.50	9919.82	9793.68	76.72	2002	39465.36	11359.79	28105.57	45.42
1997	10416.44	3326.18	7090.26	－47.16	2003	48753.57	8342.38	40411.19	23.54
1998	7032.81	3407.74	3625.07	－32.48					

资料来源：孝感市邮政储汇局统计资料汇总。

存在的主要问题是：体制不顺，由于邮政、储蓄混业经营，使储蓄变形，核算体制复杂，经营机制僵化，内部管理机制不全，人员素质偏低。应深化邮政储蓄体制改革，成立邮政储蓄银行。

第八节　信用担保公司、典当行及民间借贷

2000 年，由孝感市经贸委牵头成立孝感市中小企业信用担保有限公司，主要从事中小企业对外投资、银行贷款的担保和咨询业务。到 2000 年底，公司担保贷款 63 笔，金额 1840 万元。

2003 年 7 月，经批准成立了孝感福鑫元典当行，其经营范围是：金银首饰、手机、汽车、房地产质押典当，限额内绝当物品变卖，以及鉴定评估和咨询等，注册资本 580 万元，从业人员 7 人，其中 5 人取得专业上岗资格。到 2003 年底，办理典当业务 200 多笔，典当金 475 万元，盈利 5 万元。

民间借贷历史久远。一方面，随着民营经济发展，周转资金需求越来越大，而多数个体、私营业主又很难获得银行贷款；另一方面，随着收入水平的提高，民间沉淀货币越来越多，正在寻求投资渠道。再加上银行存款利率下调，客观上为民间借贷发展提供了滋生、繁衍土壤。据了解，孝感民间借贷多为一家一户小额交易，每笔交易额多在 1000 元至 10 万元之间，月息多为 4%～5%，不计复利。2005 年 7 月 20 日《孝感日报》报道，“据有关部门对我市 80 户企业调查显示，有 62 户企业存在民间借贷行为，借贷资金占经营资金的 56%”，“全市民间游资约占全市信贷资金总额的 20%”。这说明，民间借贷已成为一股不可忽视的资金力量。

第十二章 保　　险

第一节 财产保险

一 发展历程

1993年孝感撤地建市后，中国人民保险公司孝感地区分公司更名为孝感市分公司，原县级孝感市支公司分设为孝南支公司和孝昌县支公司，继续混业经营。

1996年，中国人民保险公司改组为中国人民保险（集团）公司，实行产险、寿险分业经营。同年5月，中国人民保险公司孝感市分公司分设为中保财产保险有限公司孝感分公司和中保人寿保险有限公司孝感分公司。分设后的中保财产孝感分公司内设9个科室；在市辖区内，下辖孝南区支公司、直属营业部和开发区办事处。

1999年1月，中保财产保险有限公司孝感分公司更名为中国人民保险公司孝感分公司（简称为人保孝感分公司）。2000年3月，市辖区内原孝南区支公司、直属营业部和开发区办事处合并，组建成分公司营业部，内设2办、3科和1个业务处理中心。2002年，分公司内设机构改革，建立了“三个中心”：业务处理中心、财务处理中心、客户服务中心。

2003年，随着中国人民保险（集团）公司重组改制，人保孝感分公司更名为中国人民财产保险股份有限公司孝感市分公司（简称“人保财险孝感市分公司”），并对全市机构、人员重组，市分公司内设综合部、信息技术部、业务管理部、营销管理部和“三个中心”——承保中心、理赔/客户服务中心、财务中心。

1993～2004年，人保业务发展大致可分为3个阶段，即混业经营阶段、分业经营阶段和重组改制阶段。

二 混业经营阶段（1993～1995年）

1993年，为实现保险业务由“速度型”向“效益型”转变，聘协保

员270名，研制出城镇家财、农房、耕牛等定额保单10多个品种，还推广机器设备损坏、安装工程、个体户等10余个新险种，收保费70多万元。是年，全市承保额19.6亿元，业务收入1627.6万元。

1994年，调整、压缩虚假和亏损业务，保户储金比上年下降62.6%。但一年期业务仍比上年增长，其中企财险增长24.9%，运输工具险增长41.5%。新险保费174万元，其中房改住房保险37万元。是年，全市承保总额21亿元，业务收入1509.4万元。

1995年，抓住实施机动车辆保险新条款、新费率和车辆换版换照时机，车辆险保费比上年净增295.7万元，增长43.9%。同时，开办了雇主责任险、公众责任险、村组干部"一揽子"险等新险种。当年，全市累计承保总额26.9亿元，业务收入1700万元。

三　分业经营阶段（1996～2002年）

为适应分业经营需要，财产保险转移工作重点，以效益为中心调整了业务结构，优先发展有市场、有规模、有效益的险种。1997年，积极发展车辆（龙头险种）、家庭财产、责任、意外伤害等保险，其保费收入在财险保费收入中的比重已由上年17%升至21%。2002年，由于对不良保单"挤水"，部分无效企财险、责任险被挤掉，因而保费比上年下降46%。

这一阶段，人保财险业务发展简况见表12－1。

表12－1　人保财险业务发展简况

单位：万元

年　度	保费收入	赔款支出	未决赔款	年　度	保费收入	赔款支出	未决赔款
1996	1522.4	939.0	—	2000	1946.5	926.0	277.4
1997	1781.7	1038.9	—	2001	1898.1	1034.1	288.8
1998	1426.7	1456.4	—	2002	1025.9	1049.9	338.2
1999	1604.0	820.8	191.6				

（1）车辆保险。从1997年起，严把车辆年检、新车入户和旧车过户关，推行9个附加险条款，使该业务快速发展，成为龙头险种。车辆保险业务发展简况见表12－2。

（2）财产保险。1996～2001年，企财险保费收入仅由178万元增至255.2万（1996～2000年，由于家财险数量有限，因而统计在企财险之中。

表 12－2　车辆保险业务发展简况

单位：万元，辆

年　度	保费收入	承保数量	赔款支出	年　度	保费收入	承保数量	赔款支出
1996	1186.0	—	829.1	2000	1723.5	4583	866.3
1997	1291.5	—	750.0	2001	1599.1	3337	915.4
1998	1201.2	4095	110.2	2002	1844.6	4627	833.5
1999	1351.8	4117	659.7				

2001 年"金锁"家财险上市后才另行统计）。2002 年，企业结构调整，保险金额大幅下滑。财产保险发展简况见表 12－3。

表 12－3　财产保险业务发展简况

单位：万元

年　度	保费收入		赔款支出		年　度	保费收入		赔款支出	
	企财险	家财险	企财险	家财险		企财险	家财险	企财险	家财险
1996	178.0		35.9		2000	199.4		53.2	
1997	441.4		274.1		2001	255.2	91.2	109.1	2.1
1998	169.6		324.0		2002	105.4	53.5	－29.2	14.1
1999	215.8		153.8						

（3）货船保险。1996～1998 年，铁路货运相对稳定，保费每年增长 14%左右。1998 年后，铁路货运不景气，保费步步下滑，但船舶险有一定发展。货船保险发展简况见表 12－4。

表 12－4　货船保险业务发展简况

单位：万元

年　度	保费收入		赔款支出		年　度	保费收入		赔款支出	
	货运险	船舶险	货运险	船舶险		货运险	船舶险	货运险	船舶险
1996	41.9		13.9		2000	23.6		6.4	
1997	48.8		14.8		2001	25.2	9.4	2.4	
1998	55.5		30.0		2002	29.6	6.8	4.4	21.0
1999	36.4		7.3						

（4）其他险种。包括工程险、责任险、变压器险，农村禾场火灾、通讯器材、村组干部综合险等专项业务。1999 年后，农险业务萎缩，工程

险、责任险仍有一定业务。2002 年，不良责任险被挤掉或转向，保费金额为 -82.6 万元。其他险种发展简况，见表 12-5。

表 12-5 其他险种业务发展简况

单位：万元

年 度	保险收入		赔款支出	
	责任险金额	其他险金额	责任险赔款	其他险赔款
1996	116.5		60.0	
2001	30.0	60.0	5.8	9.3
2002	-82.6	295.5	-33.4	239.5

四 重组改制阶段（2003 年以后）

2003 年，人保财险重组改制。为适应新形势，市人保财险系统加强管理和“三个中心”建设，实施机构人员重组。当年，市辖区人保财险保费收入 2283.2 万元。2004 年，在消化历史包袱、剔除上年不实保费情况下，仅个人代理营销完成保费 445.1 万元，同比增长 19%。2003 年度保险业务发展情况，见表 12-6。

表 12-6 2003 年度保险业务发展情况

单位：万元，辆

险 种	保费金额	赔款支出	险 种	保费金额	赔款支出
企财险	140.6	153.6	货运险	23.9	4.3
家财险	28.4	5.1	船舶险	11.5	31.0
责任险	23.1	40.1	意外险	22.5	9.8
车辆险	1939.1	1363.2	其他险	94.1	12.0

五 问题和原因

财产保险面临的新情况和新问题是：①保险主体增加，市场占有率下降。市辖区财产保险主体已由 1 家增至 3 家，2004 年人保财险市场占有率比上年下降了 8 个百分点。②保险业务平稳增长，总体水平不高。1993～2004 年，全市财险保费收入由 6500 多万元增至 12000 万元，增长 84.6%，但保险密度（社会人均保费）、保险深度（保费占国内生产总值比重）仅为 16.55 元/人和 0.28%，均大大低于全国平均水平 260.99 元/人和

2.88%。③新产品开发滞后，农业保险呈下降趋势。④中介机构发育不全，保险代理业务偏少。⑤监管力度不够，保险市场有待规范，交叉监管、重复检查、行政干预现象时有发生。

造成上述问题的主要原因是：思想观念落后，发展意识不强，展业手段单一；经营方式粗放，服务质量不高，“重规模、轻效益，重保费收入、轻业务管理”的传统经营思想仍不同程度存在，以“市场为导向、以客户为中心”的经营理念尚未真正树立；保险专业人才缺乏，职工队伍良莠不齐。同时，由于地方经济发展较慢、保险意识不强、企业改制、部分企业实行统保等因素，都不同程度地制约了保险业务的发展。

第二节　人寿保险

一　混业经营时期（1993～1995年）

1993年4月～1996年4月，人寿保险业务规模不大（详见表12－7）。

表12－7　人寿保险业务发展情况

单位：人，万元

年　度	险　　种	承保人数	保险金额	保费收入	给付人数	给付金额
1993	合　计	211541	18246	1618	25058	1040
	养老金险	59011	0	1113	15637	894
	短期人身险	129970	14676	115	3770	76
	储金性人身险	22560	3570	390	5651	70
1994	合　计	107382	24256	522	2001	166
	养老金险	1327	0	100	0	28
	短期人身险	89637	22236	122	1824	75
	储金性人身险	16418	2020	300	177	63
1995	合　计	157851	24428	684	2221	185
	养老金险	149	0	179	1	0
	短期人身险	142914	21960	185	2052	157
	储金性人身险	14788	2468	320	168	28

1993年，保费收入中养老金险占68.8%。1994年后，由于亏损，收缩养老金业务，保费收入大降。1995年，短期人身险有一定发展。同期，给付与保费收入呈同步增减趋势。

二 分业经营以后（1996～2003年）

1996年4月产、寿险分业经营后，中保人寿保险有限公司孝感分公司下辖孝南区支公司、直属营业部和开发区办事处。2000年12月，孝南区支公司、直属营业部、开发区办事处合并为一个营业部。1996～2003年，人寿保险业务发展情况见表12－8。

表12－8 人寿保险业务发展情况

单位：万人，万元

年 度	承保人数	保险金额	保费收入	给付人数	给付金额
1996	28	206884	952	0.5	427
1997	36	279478	1884	0.9	742
1998	27	560690	2711	1.0	841
1999	27	1356604	4777	1.7	1329
2000	22	397808	7305	2.5	1961
2001	18	440912	5936	4.3	3465
2002	20	517190	8894	4.0	3228
2003	23	310006	9856	1.9	1535

表12－8数据说明：1996～2003年，保费收入增长了9.4倍，给付金额增长259%。2001年，由于养老金业务收缩，保费收入减少。2001～2002年，是养老金和养老年金给付高峰，给付金额大增。2003年，养老金业务满期给付很少，因而全年给付金额大幅下降。

人寿保险实行专业化经营以后，由于个人营销的出现、新型产品的推出和银行（邮政）代理的启动，市辖区人寿保险业务出现了持续、快速、健康发展态势。

（1）个人营销。个人营销是指寿险公司向营销员支付手续费，营销员在公司授权范围内销售个人人身保险产品的一种销售方式。个人营销业务在孝感始于1996年9月，以孝感城区为试点，1997年向各县市区铺开，并逐步延伸到乡镇。营销员进入公司后，经过培训、育成、考试取得资格证后才能对外展业。公司与每个营销员签订劳动合同，并办理人身意外、医疗、养老保险，作为公司员工统一管理。公司按不同险种标准与营销业绩计算营销员手续费（佣金），一般来讲，期交业务（分期交费）比趸交业务（一次性交费）高，交费期限长的业务（3、5、10、20年交费）比交费期限短的业务要高。营销员收入，高的一年几万元，低的只几百元。1996～1999年，个人营销业务发展情况见表12－9。

表 12－9　个人营销业务发展情况

单位：人，万元，%

年　度	营销员人数	个人营销保费收入	个人营销占保费总收入比重
1996	103	147	9.2
1997	305	799	42.4
1998	416	1498	55.3
1999	630	4269	89.4

个人营销制度的引入，不仅促进了人寿保险事业快速发展，宣传了保险知识，提高了城乡居民保险意识，而且缓解了政府安置就业压力。2003年，营销人员简况见表 12－10。

表 12－10　营销人员简况

单位：人

<table>
<tr><td rowspan="2">年　度</td><td rowspan="2">人　数</td><td colspan="2">性　　别</td><td colspan="2">年　　龄</td><td colspan="2">文化程度</td></tr>
<tr><td>男</td><td>女</td><td>35 岁以下</td><td>36 岁以上</td><td>高中、中专</td><td>大专以上</td></tr>
<tr><td>2003</td><td>306</td><td>122</td><td>184</td><td>260</td><td>46</td><td>224</td><td>82</td></tr>
<tr><td rowspan="2">年　度</td><td colspan="4">原职业状况</td><td colspan="4">年人均收入</td></tr>
<tr><td>下岗职工</td><td>大中专学生</td><td>待业</td><td>机关分流</td><td>1 千元以下</td><td>1 千至 5 千</td><td>5 千至 1 万</td><td>1 万元以上</td></tr>
<tr><td>2003</td><td>243</td><td>18</td><td>29</td><td>16</td><td>32</td><td>127</td><td>101</td><td>46</td></tr>
</table>

表 12－10 数据说明，营销人员主要是下岗职工，他们约占营销人员总数的 80%。

个人营销方式的优点是：可减少保险公司正式员工数量，降低营运成本；可上门服务，宣传保险知识，提高居民保险意识；可直接与客户互动，了解客户需求，反馈客户的意见；可打破传统分配机制，调动营销员展业积极性。归根到底，可推动人寿保险快速发展。

（2）新型产品。1998 年前，寿险公司主要经营以死亡、伤残为给付条件的纯保障型险种，如简易人身险、子女教育婚嫁险、短期意外险等，都不具有投资、分红功能。这些产品的死亡率、费用率、利率风险均由寿险公司承担。改革开放后，由于长期处于高利率环境下，寿险预定利率与央行基准利率挂钩，因而传统寿险预定利率很高，最高时超过 9%。

1996～2002 年，央行基准利率 8 次下调，一年期定期存款利率由

10.98%降至1.98%。由于寿险公司资产主要集中于银行存款和政府债券，因而随着央行基准利率下调，寿险公司投资回报大幅下降，利差损大量产生。1999年6月，中国保监会为防止产生新利差损，将寿险产品新单预定利率上限下调为2.5%。这样，传统寿险产品风险集中暴露了出来：一是原有高预定利率产品出现大量利差亏损；二是降低预定利率后业务拓展难度增大，而且销售低预定利率传统产品存在退保风险。

在市场压力下，寿险公司推出了利差返还型险种和分红险种。利差返还型险种是指当保险单预定利率低于银行同期利率时，保险公司以一定比例增加保额或给付金额，给予被保险人适当补偿的一种保险产品。分红险种是指保险公司将其实际经营人寿保险的结果优于保守定价假设的盈余，按一定比例向保单持有人进行分配的一种保险产品。1998年，孝感上市利差返还型新险种13个，其中88鸿利、99鸿福和66鸿运3种保险保费收入1032万元，占个人营销保费收入1498万元的68.9%。1999年6月停止销售高预定利率保单后，公司通过推出新险种等工作，使市辖区保费收入增至4777万元，比上年增长76.2%。2000年，由于大力推行个人养老金业务，使保费收入比上年净增2528万元，增长52.9%。2001年11月份后，人寿孝感分公司推出了9个分红产品，12月份仅一个月完成分红险保费收入249万元。

（3）银行（邮政）代理。银行（邮政）代理是指寿险公司向银行（邮政）支付手续费，银行（邮政）在从事其自身业务的同时，在寿险公司授权范围内代理销售保险产品。

个人营销促进了人寿保险迅速发展，但也遇到了许多困难：一是收入不稳定，队伍流动性大；二是培训成本提高，人均产能下滑。1997年、2000年、2004年，培养一个营销员的成本分别为300元、800元和1200元，人均产能却分别为4.3万元、3.1万元和2.7万元；三是市场主体增多，同业竞争激烈。在这种情况下，开拓银行（邮政）代理渠道势在必行。

2001年，由于国家人寿养老年金的推动，团体直销保费收入3271万元，占保费总收入55.1%；个人营销2013万元，占33.9%；代理业务开始启动（只邮政一家），保费收入652万元，占11%。2002年，代理业务仍以邮政为主（占90%以上），但开始向银行延伸（以建行为主），代理险种主要是鸿泰两全险。2003年，代理业务向农行、建行、工行拓展，大大促进了人寿保险业务的发展。2001～2003年，各种销售渠道业务发展情况见表12－11。

表 12 – 11　各种销售渠道业务发展情况

单位：万元

年　度	保　费总收入	团体直销		个人营销		银行代理	
		金　额	比　重	金　额	比　重	金　额	比　重
2001	5936	3271	55.1	2013	33.9	652	11
2002	8894	6362	71.5	2233	25.1	299	3.4
2003	9856	4202	42.6	1867	18.9	3787	38.4

三　2004 年状况

2004 年，市辖区人寿保险系统职工队伍（不含营销员）简况，见表 12 – 12。

表 12 – 12　人寿保险系统职工队伍简况

单位：人

项　目	合　计		性　别		年　龄		文化程度		技术职称		中共党员	
	人数	#正式职工	男	女	35 岁以下	35 岁及上	大专以下	大专及上	助师以下	助师及上	否	是
合　计	43	33	28	15	15	28	22	21	28	15	19	24
分公司	32	26	21	11	11	21	18	14	21	11	15	17
营业部	11	7	7	4	4	7	4	7	7	4	4	7

2004 年，人寿保险孝感分公司业务有了较大进展，在市辖区范围内承保人数达 20 万人，保险金额 1817214 万元，保费收入 11783 万元，同比增长 19.6%。其中，团体直销占 61%，个人营销占 26.7%，银行（邮政）代理占 12.3%。全年累计给付 18000 人，给付金额 1433 万元，同比下降 6.6%。其中，死伤医疗给付同比增长 45.3%，满期给付同比下降 27.2%。

2002 年，新华人寿保险股份公司孝感中心支公司（简称新华人寿）、中国太平洋人寿保险股份公司孝感中心支公司（简称太平洋人寿）和泰康人寿保险股份公司孝感中心支公司（简称泰康人寿）相继开业。2003 年，中国平安人寿保险股份公司孝感中心支公司（简称平安人寿）进入孝感。到 2004 年末，孝感寿险市场有 5 家保险公司。但在寿险市场上，中国人寿保险孝感分公司（简称中国人寿）仍居于主导地位。中国人寿、新华人寿、太平洋人寿、泰康人寿和平安人寿占有市场的份额，分别为 86.21%、8.1%、2.78%、2.17% 和 0.74%。

四 问题、趋势和对策

目前，人寿保险业存在的主要问题是：①总体规模小，保险密度和深度低。2004 年，保险密度为 130 元，比湖北省低 32.1 元；保险深度为 2.1%，保费占储蓄比重 0.66%，分别比全省低 0.6 个百分点和 0.12 个百分点。②市场主体结构有待调整。2004 年，虽有 5 家寿险经营主体，但中国人寿居主体地位，其他公司仅在个人营销、银行代理和学生平安保险等业务上有一定竞争力。专业保险中介机构还没有进入孝感。③业务发展面临不少困难。传统产品，或销售难度较大，或利润逐步下滑，或经营风险较高；新型产品，趸交业务占 87.4%，新保期交业务占 6.2%，续保业务占 6.4%。这种结构，既不利于可持续发展，又不利于投保人形成正确的保险意识。④银行代理业务亟待新的突破。⑤外部经营环境有待改善。

为了解决寿险市场存在的问题，适应寿险市场的发展趋势，我们建议采取如下对策：一是加强指导，培育市场主体，完善寿险市场准入机制，逐步建立寿险市场退出机制。二是发展中介市场，鼓励专业保险中介机构进入孝感，逐步建立一个种类齐全、功能互补、经营规范、素质较高、信誉良好的保险中介市场体系。三是创新寿险产品，鼓励寿险公司调整产品结构，特别是结合社会保障体制和医疗体制改革，积极开发养老和医疗保险产品，注重开发保障型和非利率敏感型产品，适当引入与物价指数挂钩的产品。四是创新服务方式，丰富保险服务内涵，加强风险管理和健康咨询服务，把服务渗透到保险消费的各个环节。五是完善市场体系，促进市场充分竞争，充分发挥市场机制在资源配置中的基础性作用。六是加强诚信建设，树立良好社会形象，提高从业人员诚信水平，建立保险信用评价体系，强化失信惩戒机制。七是加强保险行业协会建设，充分发挥行业协会“自律、维权、协调、宣传”作用。八是加强和改善保险监管，积极维护被保险人权益，严厉惩处市场违规行为，不断完善“企业内控、政府监管、行业自律、社会监督”四位一体的监管体系。

第十三章　财政与税收

第一节　财政体制

一　财政体制的演变

1993年，孝感撤地建市，当年财政体制未作变动。1994年，根据国务院决定，改革地方财政包干体制，实行分税制。按湖北省规定：① 原财政体制继续运行，原收入超基数比例分成暂改为递增包干上缴，每年递增上解。②地市州财政主要承担本地区政权机关运转支出及经济、事业发展支出。③将部分地方固定收入划为省级固定收入。④将部分地方固定收入划为省与地市州共享收入。⑤将本级企业增值税的25%、营业税（金融保险营业税除外）、本级企业所得税（利润）和计划亏损补贴、个人所得税、土地增值税、国有土地有偿转让收入、其他收入等划为地市州固定收入。

按湖北省确定的财政体制，孝感市相应确定了各县市区的财政体制。确定孝南区的基数是：财政收入3138万元，财政支出3252万元，结算上缴447万元，孝感市对孝南区补贴561万元。另外，对朱湖农场、双峰林场的财政收入、财政支出、定额上缴基数做出了相应规定。对于孝南区在城区收取的城市维护建设税，除按规定交省10%的部分外，其余留给孝南区用于老城区改造。1995年2月，孝感市财政对开发区实行“划分收支，核定基数，递增上缴”的管理体制。从1994年起，孝感市一直实行“双轨”运行的财政体制，其后对部分体制和结算事项进行了调整。

从2002年起，中央实行所得税分享改革。除少数特殊行业或企业外，对其他企业和个人所得税实行中央与地方按比例分享。中央保证各地区2001年地方实际所得税收入基数，实施增量分成。具体比例是：2002年，中央50%，地方50%；2003年，中央60%，地方40%。此后，湖北省也调整了省以下分税制财政体制，即根据中央规定的地方收入范围，划分了省与市、州收入范围，对企业所得税、个人所得税、增值税、营业税实行中央、省与市、州分享。其中，所得税（除部分中央企业和个人储蓄利息所得税外）分享比例是：2002 年，中央 50%，省 20%，市州 30%；2003 年，中央 60%，省 15%，市州 25%。增值税分享比例是：中央 75%，省 8%，市州 17%。营业税分享比例是：省 30%，市州 70%。此外，还调整了城市维护建设税等 7 个小税种的结算政策，即由年递增 10% 上缴省财政改为定额上缴省财政。据此，孝感市财政也相应调整了对各县市区的财政体制。

二　存在的主要问题

1994 年分税制改革后，社会上有种种说法。有的说，“中央财政蒸蒸日上，省级财政稳稳当当，地市财政勉勉强强，县级财政摇摇晃晃，乡镇财政空空荡荡”；有的说，“中央财政是富日子，省级财政是好日子，地市财政是紧日子，县级财政是穷日子，乡镇财政是苦日子”。这两种说法，在一定程度上反映了各级财力的现实状况，特别适用于包括孝感在内的中西部大多数经济不发达地区。

造成这种状况的原因，主要是当前财政体制存在一些问题：

（1）中央集中财力速度过快。1994 年分税制改革时，中央设计了“1∶0.3”的税收返还机制。事实上，地方在“两税”增量中所占比重，1994 年为 27%，1995 年为 25%，1996 年为 23%，1997 年为 21%。另外，在所得税体制改革中，2002 年中央分享 50%，2003 年提高到 60%。企业所得税和个人所得税现已成长为地方骨干税种，中央拿走 60%，令地方难以承受。

（2）中央与地方财权事权划分不清。1994 年分税制改革和 2002 年所得税体制改革，都没有触及事权划分问题。由于两次改革，地方财力逐渐向中央集中，而事权划分没有跳出传统体制套路，从而加重了地方财政负担负。例如，义务教育本应由中央财政负担，但实行以县为主方针。2003 年，市辖区义务教育经费 6771 万元，而上级补助仅 1655 万元。农村医疗卫生、养老保险等也是如此。

（3）地方财政收入极不稳定。从地方税系看，增值税、企业所得税等几个较大税种都不是独立的地方税，地方留成比例除营业税为 70% 外，一般为 20% 左右。同时，随着农村税费改革的深入，地方财政就失去了主体税种的支撑。此外，城市维护建设税、印花税、资源税和教育费附加等都是税源分散、难于征管、收入不稳、缺乏弹性的小税种。这一切，都使得

地方税收极不稳定。

（4）转移支付的平衡作用有限。一方面，转移支付形式过多，缺乏统一协调机制。现有转移支付体系包括多种类型，各种转移支付形式各自为政，缺乏明确、统一的转移支付的总体目标。另一方面，由于对地方的转移支付大多以不甚规范的形式存在，而均等化转移支付的规模又十分有限，因而对地区间财力差异的平衡作用极其微弱。

（5）财政体制变动过于频繁。1950～2002年，我国财政体制至少变动了19次，平均不到3年变动一次，至今没有形成一个稳定的中央与地方的财政关系。财政体制变动过于频繁的根本原因在于，1949年以来我国财政体制的废立都以行政决策为依据，而不是以法律为基础。

三　创新财政体制的建议

（1）合理划分各级政府的事权和财权。应按照“比较优势”原则划分各级政府事权范围，凡是地方具有比较优势的事权，原则上应划给地方。应按照“不越位、不缺位”原则重新界定各级财政职责范围。越位职责应逐步退出，未到位职责（如义务教育、社会保障、支农等）应加大支持力度。应加快建立地方最低财力保障体系。根据地方事权确定转移支付数额，使地方财权与事权相适应。

（2）建立规范的转移支付制度。一是简化转移支付形式，建立透明、规范的转移支付体系。二是加强专项拨款管理，控制专款总量，优化专款结构，保证重点需求，建立专项拨款监督体系，确保专款专用。三是完善过渡期转移支付办法，科学选择测算因素，规范测算方法，建立激励和约束机制。四是加大过渡期转移支付力度，发挥转移支付在平衡地区财力差异方面的促进作用。

（3）改革税收共享办法，实行税基分享制。税基分享制，是国际通行的政府间共享税收的做法。它的要旨是：税基由中央政府统一确定，不同层级政府共享税基，分率计征，即各级政府针对同一税基分别按不同税率征收各自税收。税基分享制的最大优点是，使中央和地方财政收入都建立在随经济发展而自动、稳定增长的良性循环基础之上，使各级政府财政收入都具有透明度和可预见性。

（4）加强财政立法工作。我国尚无一部政府间财政关系的基本法。经过改革和探索，中央和地方财政关系应该具有的基本框架和遵循的原则已经明确，立法条件已经成熟。因此，应加强财政立法工作，使中央与地方的财政关系早日走向法制化轨道。

第二节 财政收支

一 管理制度改革

孝感撤地建市以来，围绕建立公共财政体制，进行了许多管理制度改革。

在预算编制方面：1996 年，实行综合预算管理办法，对预算内和预算外资金统筹管理。1998 年，实行零基预算基础上的综合预算，消除了以前预算安排中不合理因素的影响。2002 年，在市直率先实行部门预算管理，从而使预算更加透明。当年，市直 4 个部门试点，2003 年扩大到 18 个部门。

在政府采购方面：1999 年，实行政府采购改革。2002 年，首创“红单报账”（凭定点供应商开出的红色凭单报账）办法，堵塞了采购中“跑冒滴漏”现象，这一做法已在全省、全国推广。2003 年，采购范围扩大到货物、工程和服务 3 类、12 项、350 多品种，采购规模 4880 万元，节约 450 万元。

在“收支两条线”管理方面：1997 年，市直在湖北省率先实行“收缴、罚缴分离”（各部门只开具《收费、罚没收入缴款通知书》，由缴款人到指定银行代收点缴纳款项）办法，从而避免了预算外和罚没资金体外循环。1998 年，孝感被确定为湖北省“收支两条线”改革试点，其经验在全国推广。

在会计管理方面：1995 年，实行会计委派制改革，即由财政部门对行政企事业单位委派会计人员代理会计业务。2000 年，各乡镇实行“零户统管”，由乡镇财政所代理各单位会计业务。2002 年，市直成立会计核算中心，178 个单位取消银行账户和财务机构，由会计核算中心代理会计业务。

在财政监督方面：1999 年，孝感市、孝南区分别成立财政监督局。2000 年，市直在湖北省首创“归口管理、一头对外”的财政监督检查模式，即财政局各科室对各单位的财务检查工作，统一由财政监督局对外组织实施，从而解决了财政局各科室对外重复、交叉检查问题。

二 财政收入

1994～2003 年，财政总收入、地方一般预算收入（简称一般预算收入）增长情况见表 13－1。

表 13-1 财政总收入、一般预算收入增长情况

年度	财政总收入		一般预算收入		GDP		占 GDP 比重(%)	
	实绩（万元）	增幅（%）	实绩（万元）	增幅（%）	实绩（万元）	增幅（%）	总收入	一般预算收入
合计	243625	16.35	152640	14.28	3448442	14.98	7.06	4.43
1994	10089	—	5681	—	157891	—	6.39	3.60
1995	12392	22.83	7632	34.34	194700	23.31	6.36	3.92
1996	14829	19.67	10527	37.94	227390	16.79	6.52	4.63
1997	18076	21.90	12455	18.31	280353	23.29	6.45	4.44
1998	22094	22.23	15759	26.53	326796	16.57	6.76	4.82
1999	26168	18.44	18810	19.36	361388	10.59	7.24	5.20
2000	29681	13.42	21519	14.40	401800	11.18	7.39	5.36
2001	33845	14.03	23905	11.09	447233	11.31	7.57	5.35
2002	36985	9.28	17461	-26.96	496176	10.94	7.45	3.52
2003	39466	6.71	18891	8.19	554715	11.80	7.11	3.41

资料来源：历年《湖北省市州县财政决算资料》、《孝感市直财政决算报表》、《孝南区财政决算报表》、《孝感统计年鉴》。

说明：在分税制财政体制下，财政总收入包括中央收入、省级收入和地方本级收入，其中，地方本级收入包括地方一般预算收入和地方基金预算收入。

表 13-1 数据说明：①财政收入不断增加，年均增幅 16.35%；②一般预算收入也不断增加，年均增幅 14.28%。如果按 1994~2001 年一般预算收入计算，年均增幅为 17.31%。

1994~2003 年，市辖区税收收入在财政收入中所占比重变化情况见表 13-2。

表 13-2 税收收入占财政收入比重变化情况

年度	财政收入（万元）	税收收入（万元）		年度	财政收入（万元）	税收收入（万元）	
		实绩	比重(%)			实绩	比重(%)
合计	243625	214319	87.97	1999	26168	22663	86.61
1994	10089	9890	98.03	2000	29681	25236	85.02
1995	12392	11640	93.93	2001	33845	27459	81.13
1996	14829	13832	93.28	2002	36985	34230	92.55
1997	18076	15760	87.19	2003	39466	34942	88.54
1998	22094	18667	84.49				

说明：在税收收入中，已剔除按政策规定对三线调迁等企业每年所退的增值税，并且不包括调整省以下分税制前市辖区按企业隶属关系征收的中央和省属企业的收入。

表13－2数据说明，税收收入占财政收入的比重，1994～2001年逐步下降，2002年后有所回升。

三　财政支出

1994～2003年，市辖区财政总支出及社会保障支出变化情况见表13－3。

表13－3　财政总支出及社会保障支出变化情况

单位：万元，%

年　度	财政总支出		社会保障支出		年　度	财政总支出		社会保障支出	
	金额	增幅	金额	占比		金额	增幅	金额	占比
合　计	333784	14.05	18902	5.66	1999	33543	19.75	2435	7.26
1994	16819	—	634	3.77	2000	38750	15.52	2667	6.88
1995	18867	12.18	689	3.65	2001	46240	19.33	3349	7.24
1996	21090	11.78	664	3.15	2002	50667	9.57	2901	5.73
1997	24872	17.93	1039	4.18	2003	54924	8.40	3015	5.49
1998	28012	12.62	1509	5.39					

1994年以来，财政供养人员不断增加，干部、教师工资成倍增长。1996～2003年，市辖区财政供养人员从21072人增至33678人，增长59.8%；工资总额从10681万元增至40526万元，增长2.8倍。同时，各种政策性增支，特别是社会保障支出也增长较多。

在这种情况下，市辖区一方面在湖北省率先提出“两卡一证”〔工资档案正卡（财政部门持有）、副卡（单位持有）、个人工资证（干部职工个人持有）〕管理办法，较好地控制了财政供养人员膨胀势头。另一方面调整财政支出结构，压缩一般性支出，确保工资、社会保障等重点支出。

1994～2003年，市辖区财政收入与支出对比变化情况，见表13－4。

表13－4　财政收支对比变化情况

单位：万元，%

年　度	财政收入		财政支出		年　度	财政收入		财政支出	
	实绩	增幅	实绩	增幅		实绩	增幅	实绩	增幅
合　计	243625	16.35	333784	14.05	1999	26168	18.44	33543	19.75
1994	10089	—	16819	—	2000	29681	13.42	38750	15.52
1995	12392	22.83	18867	12.18	2001	33845	14.03	46240	19.33
1996	14829	19.67	21090	11.78	2002	36985	9.28	50667	9.57
1997	18076	21.90	24872	17.93	2003	39466	6.71	54924	8.40
1998	22094	22.23	28012	12.62					

从表 13－4 可以看出，市辖区财政收入每年都低于财政支出。这是因为，在分税制财政体制下，财政支出中不仅包含市本级财政安排的支出，而且包含中央和省补助收入安排的支出。如果将中央和省补助收入计入财政收入，那么从 1995 年起市辖区财政收支就一直保持着平衡。

四 存在问题

（1）地方财力不能随收入增长相应增加。市辖区大量企业是分税制改革后迁入的“三线”企业和引进企业，它们的税收没有列入分税制改革时的税收基数，因而中央对市辖区确定的税收返还基数较低，从而加剧了市辖区收入向中央集中的程度。1994～2003 年，市辖区向中央上划增值税和消费税收入 70890 万元，返还 51672 万元，净上划 19218 万元，年均 1922 万元。

（2）地方财政支出压力较大。由于历史原因，市辖区财政供养系数（财政供养人员占辖区总人口的比重）较高，2003 年达 2.85%，高于全省 2.5%、全国 2% 的水平。2003 年，市直财政供养人员 14096 人，可用财力 21746 万元，人均 15427 元。与经济发展水平相当的荆州、黄冈、咸宁 3 市市本级财政相比较，孝感市本级财力总额和人均财力位次都处于靠后位置（详见表 13－5）。

表 13－5　2003 年孝感市市直与荆州、黄冈、咸宁 3 市市直财力对比情况

项　目	财政供养人员（人）	可用财力绝对额（万元）	人均可用财力（元）
孝感市市直	14096	21746	15427
荆州市市直	40157	53891	13420
黄冈市市直	16791	26028	15501
咸宁市市直	11541	21445	18582

（3）地方财政运行风险加大。到 2003 年底，市辖区政府债务余额达 127756 万元，是 2003 年市辖区一般预算收入的 6.8 倍。其中，直接显性债务（指由特定法律或合同所确定，政府在任何情况下都需要支付的债务，如政府直接借入的各种债务等）余额 97188 万元；或有显性债务（指在特定事项发生情况下，政府才需要支付的法定债务，主要包括政府提供担保的债务，以及根据法律和政策规定需要政府兜底的支付事项）余额 30568 万元。这些债务，有的需财政偿还；有的是财政担保，一旦债务人不能偿还，仍需财政偿还。例如，全国 5 大磷化工基地之一的黄麦岭磷化工集团公司是国家“八五”重点建设项目，1987 年利用世界银行贷款兴建

矿肥结合工程，总投资19.2亿元，其中世行贷款3.4亿元，1994年进入还款期。由于矿石品位低、需大量从外地购入矿石等原因，企业效益不好，无力偿还到期债务。按照担保协议，到2003年底中央已累计从市财政扣还11049万元。据测算，该项目债务本息总额78300万元，是2003年市本级财政一般预算收入的8倍。这些债务要在2009年前扣完，如此大规模扣款已对孝感市财政资金调度产生严重影响，财政运行的风险较大。

五 几点建议

(1) 搞好财源建设。一是加大招商引资力度，解决改制企业遗留问题。二是落实农村政策，提高农业产业化水平，推进乡镇综合配套改革。三是搞好基础设施建设，加快融入武汉城市圈建设步伐。

(2) 大力组织收入。一是搞好“金税工程”建设，加强税控系统建设，强化税源征管。二是加强非税收入征管，加强国有资产经营收益征收和管理，加大土地“非转经”占用费征收力度。

(3) 调整支出结构。压缩非生产性建设支出，压缩会议、旅差、更新或购买小汽车等公用支出。同时，要重点保障干部、教师工资和各种社会保障支出。

(4) 精简供养人员。一是对空编较多、人员较少单位给予一定奖励。二是对离岗分流人员给予一次性补助。三是推进财政差额拨款事业单位改革，逐步改革成为自收自支或企业化管理单位。

(5) 加大改革力度。一是规范部门预算编制程序，增强部门预算编制的完整性、科学性和透明度。二是推进国库集中收付改革，对所有财政支出都采取财政直接支付和授权支付方式。三是落实“收支两条线”规定。四是规范政府采购行为，健全“管采分离”机制，防止“暗箱操作”。

第三节 国家税收

一 主要成绩

(1) 深化征管模式改革。1995年前后，推行自行核算、自行申报、自行缴纳税款的“三自纳税”。2001年前后，在国税系统推行机构、人事、征管改革，基层国税机构由1994年的113个，收缩到2003年的52个，减少了54%。通过改革，初步实现了税收管理规范化、统一化，初步形成了“以申报纳税和优化服务为基础，以计算机网络为依托，集中征收，重点

稽查，强化管理”的新型征管模式。

（2）强化国税信息化建设。金税工程一期建设成效显著，一般纳税人100%纳入了增值税防伪税控系统；中国税收征管信息系统（简称CTAIS）成功上线，实现了金税工程与CTAIS资源整合，为科学预测和组织收入奠定了基础。通过国税信息化建设，一方面，转变了国税干部传统思维方式和管理理念。另一方面，实现了税收征管革命。同时，还降低了成本，提高了效率，方便了纳税人。

（3）推进依法治税。一是法制观念普遍增强，“重在治内、重在治权”的现代法制理念趋向成熟；二是管理机制趋于完善，逐步建立和健全了以信息化、专业化为特征的现代税收管理模式，推行了税务行政执法公示制、责任制、过错责任追究等制度；三是执法力度不断加强，稽查执法工作日益规范；四是国税收入质量明显提高，努力做到“应收尽收”。

（4）国税收入持续增长。1994～2003年，市辖区国税收入增长情况见表13－6。

表13－6 国税收入增长情况

年度	合计(万元)		#市直实绩	孝南区实绩	年度	合计(万元)		#市直实绩	孝南区实绩
	实绩	增幅				实绩	增幅		
合计	119087	11.00	81169	37918	1999	11437	12.44	7580	3857
1994	7157	—	5462	1695	2000	13347	16.70	8961	4386
1995	8680	21.28	6455	2225	2001	15009	12.45	10169	4840
1996	8806	1.45	6136	2670	2002	16930	12.80	11260	5670
1997	9452	7.34	6228	3224	2003	18097	6.89	12193	5904
1998	10172	7.62	6725	3447					

（5）国税结构发生显著变化。1994～2003年，不同所有制企业国税贡献率变化情况见表13－7。

表13－7 不同所有制企业国税贡献率变化情况

单位：%

年度	国有	集体	个、私	外资	股份制	年度	国有	集体	个、私	外资	股份制
1994	72.25	11.08	5.60	9.01	2.06	1999	53.72	6.80	10.34	21.91	7.24
1995	67.29	12.23	11.53	6.48	2.47	2000	46.93	5.75	18.45	19.65	9.22
1996	65.64	14.61	11.08	3.75	4.92	2001	38.61	3.86	22.25	27.20	8.06
1997	64.44	11.36	8.25	11.59	4.36	2002	38.88	4.15	23.10	26.95	6.93
1998	65.46	7.25	8.95	11.88	6.47	2003	33.43	1.33	16.91	26.05	22.27

表 13－6 和表 13－7 数据说明：①国税收入持续增长，从 7175 万元增至 18097 万元，增长了 152%。②经济结构显著变化。1994 年国有、集体企业国税贡献率高达 85.44%，其他所有制企业贡献率仅占 14.56%；2003 年国有、集体企业国税贡献率降至 34.76%，其他所有制企业贡献率升至 65.24%。

二 问题和对策

存在的问题：国税收入占 GDP 比重已由 4.53% 滑至 3.26%；国税收入占财政收入比重也由 70.94% 降至 45.85%。这有多方面原因：从客观讲，主要是市辖区经济发展较慢，经济效益差，创税能力弱。从主观上看，税源管理比较薄弱，漏征漏管现象时有发生；机构收缩不彻底，设置不统一；信息数据失真，应用面狭窄；税收执法不严，行政处罚不力；国税队伍结构不合理，机制不活，管理不严；在征管环境方面，存在着管税“越位”、护税“错位”、协税“失位”、缴税“缺位”和征税“抢位”等现象。

为了加强国税工作，课体组提出以下建议：

（1）改进国税工作，促进国税稳定、持续增长。①树立现代治税观念，按照“有税尽收，无税禁收”的要求，构建服务型税收征管模式。②加强国税队伍建设，抓好干部的管理、教育、锻炼、监督和任用。③加快实现税收征管现代化，推进税收征管的集约化、科学化、法制化和社会化。④重视本级税源建设，努力做大国税“蛋糕”。⑤建立国税收入稳定增长机制，完善税收工作考核办法，推行税款直达国库办法，加快实行财政、税务、国库计算机联网，增强税款入库透明度。

（2）发挥国税职能，促进市辖区经济发展。①坚持走新型工业化道路，大力发展科技含量高、原材料能耗低、环境污染少的“朝阳产业”；培养一批龙头企业，拓宽税基，提高税源含金量。②坚持招商引进，不断提高外向型经济对地方财政的贡献率。③改善投资环境，树立全新的发展观、法制观、服务观，创建服务型国税机关，构筑招商引资和经济发展的优质平台。

第四节 地方税收

一 发展态势

（1）经济发展较快，地税比重提高。1994～2003 年，地税收入增长情况见表 13－8。

表 13-8 地税收入增长情况

年度	地税收入				年度	地税收入			
	实绩（万元）	增幅（%）	占 GDP 比重	占财政收入比重		实绩（万元）	增幅（%）	占 GDP 比重	占财政收入比重
1994	2948	—	1.87	29.22	1999	10851	30.56	3.00	41.47
1995	3928	33.24	2.02	31.70	2000	12432	14.57	3.09	41.89
1996	5684	44.70	2.50	38.33	2001	16866	35.67	3.77	49.83
1997	6992	23.01	2.49	38.68	2002	23568	39.74	4.75	63.72
1998	8311	18.86	2.54	37.62	2003	25864	9.74	4.66	65.53

表 13-8 数据说明，地税收入增长了 8.77 倍，占国内生产总值比重已由 1.87% 提高到 4.66 %，占财政收入比重已由 29.22% 提高到 65.53 %。此外，地税收入质量明显好转。2002 年、2003 年，市地税局实际消化因体制调整形成的虚增地税收入 2109 万元，从而增强了地方政府实际可用财力。

（2）积极财政政策作用显著，投资拉动税收效应增大。1993 年以来，在积极财政政策推动下，相继完成了京珠高速等孝感段公路建设，同时完成了“三网”（道网、农网、城网）改造等工程。1999～2003 年，仅建筑安装行业实现地方税收 7545 万元，年均增幅 17.1%。

（3）国有经济税收比重下降，但其主体地位仍未动摇。1994～2003 年，国有经济、集体经济、非公有经济实现地方税收变化情况，见表 13-9。

表 13-9 国有、集体、非公有经济实现地方税收情况

单位：万元，%

年度	国有经济		集体经济		非公有经济	
	地方税收	比重	地方税收	比重	地方税收	比重
1994	1891	64.15	563	19.10	494	16.76
1995	2698	68.69	644	16.40	586	14.91
1996	3486	61.33	861	15.15	1337	23.52
1997	4494	64.27	766	10.96	1732	24.77
1998	5002	60.19	1183	14.23	2126	25.58
1999	6349	58.51	2178	20.07	2324	21.42
2000	7314	58.83	2371	19.07	2747	22.10
2001	8670	58.42	3393	22.86	2777	18.71
2002	5809	40.05	5875	40.51	2819	19.44
2003	7558	50.72	4497	30.18	2846	19.10

说明：此表按剔除社会保险基金收入口径统计。

表 13－9 数据说明，实现地税占地税总额的比重，国有经济下降了 13.79 个百分点，但仍占主体地位；集体经济上升了 11.08 个百分点；非公有制经济上升了 2.34 个百分点。

（4）大部分地方税种增势强劲，流转税主体地位突出。1994 年实行分税制以来，12 个单项地方税种除个别停征外均有大幅增长，以营业税为主的流转税主体地位稳固，详见表 13－10。

表 13－10　12 个单项地方税种实现税收情况

单位：万元

年度	营业税	企业所得税	个人所得税	资源税	投资调节说	城建维护税	房产税	印花税	土地使用税	土地增值税	车船使用税	屠宰税
1994	1817.8	98.2	182.2	53.9	46.6	281.4	131.9	8.5	64.1	—	46.3	37.2
1995	2378.4	369.0	204.6	52.9	69.0	309.3	270.3	10.0	67.5	—	52.8	46.8
1996	2877.5	742.6	653.9	55.2	78.8	480.8	298.4	14.9	58.3	0.8	70.8	120.8
1997	3420.1	922.1	827.9	62.0	83.5	537.2	395.5	41.0	85.3	10.0	71.3	252.0
1998	3862.0	896.1	1185.6	10.7	414.0	525.0	376.9	44.1	293.5	1.9	66.8	243.0
1999	4759.0	1862.0	982.0	133.0	884.0	534.0	525.0	47.0	318.0	—	69.0	325.0
2000	5796.0	2867.0	994.0	153.0	69.0	632.0	783.0	53.0	445.0	—	51.0	199.0
2001	5732.0	4605.0	1787.0	335.0	13.0	645.0	494.0	74.0	473.0	—	56.0	307.0
2002	6102.0	4614.0	2136.0	129.0	—	507.0	375.0	92.0	327.0	—	55.0	—
2003	6422.0	3608.0	2140.0	174.0	—	924.0	580.0	110.0	515.0	38.0	76.0	—

说明：①投资调节说和屠宰税，2001 年、2002 年已停征；②表中仅指地税收入，未计算教育附加、社会保障费、基金等规费收入。

二　问题和对策

地方税收面临的以下主要问题。

（1）经济运行质量不高，地方税收增势减弱。2001 年，社会保险基金由劳动部门移交给地税部门征收，这是地税连续两年 30% 以上高增长的主要原因。如果剔除该因素，2001 年增 19.37%，2002 年负增长 2.28%，2003 年增 2.74%，呈增收乏力之势。其原因：一是经济运行质量不高；二是由于收入级次改变、起征点提高等政策性，致使地税税基缩小，地税与经济增长相关性进一步减弱。

（2）非公有制经济发展不快，其税收比重呈下降趋势。1998～2003 年，市辖区非公有制经济发展势头减弱，提供地方税收比重下降了 6.48 个百分点。

（3）城乡税收比重差距拉大，农村税源增长乏力。1994～2003 年，地

方税收城区比重由74.67%升至88.33%，镇、乡、场比重由25.33%降至11.67%，特别是农村税费改革后这一趋势将更加明显。

（4）第二产业效益低，税收增幅不成比例。2003年，市辖区第二产业GDP比重40.3%，地税比重仅32.95%；第三产业GDP比重43.3%，地税比重达67.05%，其根本原因是工业效益较低。

应该采取的发展对策是：推进新型工业化，打造龙头竞争企业；解放思想，加快发展民营经济；增加农民收入，推进农业产业化；实施人才战略，提高经济发展的科技含量。只有第一、二、三产业有了较大发展，经济效益有了明显提高，培植了较广阔、厚实的税基，地税才能得到较快发展。

第五节 国有资产

一 管理体制的变化

孝感市国有资产管理体制大体经历了3个发展阶段。

第一阶段：建立管理体系和做好基础工作（1989年9月~1997年9月）。1989年，孝感地区国有资产管理局（以下简称国资局）成立。1993年，孝感撤地设市后更名为孝感市国有资产管理局。1996年，内设5个科室，行政编制17名。这一阶段，建立和完善了产权登记、资产评估以及国有资产管理等体系。同时，完成了以下6个方面基础性工作：

①清产核资。1990~1993年，完成行政事业单位清产核资工作；1992~1996年，完成国有企业清产核资工作。清产核资的具体情况见表13-11、表13-12。

表13-11 市辖区行政事业单位国有资产汇总表

（截至1993年12月31日）

单位：万元

项目	总计	文教卫	科研	行政管理	公检法	工交	农林水	社会福利	其他
户数	1665	1170	8	82	82	5	266	10	42
资产合计	66923	26979	180	14402	3361	949	16173	693	4186
固定资产	63120	26816	180	14296	3349	799	15025	688	1967
事业周转金	3600	179	—	64	—	100	1061	5	2191
专项资金	203	-16	—	42	12	50	87	—	28

表 13－12 市辖区企业国有资产统计表

（截至 1993 年 12 月 31 日）

单位：万元

项目	户数	总值	固定资产	无形资产	递延资产	流动资产	长期投资	其他资产
合计	162	266117	94884	6675	10099	150350	3279	830
市直	71	156428	57934	6434	3629	85352	2844	235
孝南	91	109689	36950	241	6470	64998	435	595

②产权登记。到 1997 年办理开办登记 365 户，变更 12 户，注销 35 户，年度检查 2158 户。

③资产评估。到 1995 年办理评估立项 31 项，确认 20 项，评估总价值 5.7 亿元。

④行政事业单位“非转经”管理。到 1997 年，“非转经”征收占用费 206 万元，超过省市分配任务。

⑤产权交易。1995 年成立孝感市产权交易中心，当年交易业务 44 笔。1997 年，市政府规定国资局为产权交易行政主管部门，产权转让合同须经市产权交易中心鉴证后生效。

⑥国有资产保值增值。1994 年试点。1995 年，选择孝棉集团等 18 家企业搞年薪制试点，年终兑现最高 5 万元，最低 0.6 万元。到 1998 年，市直保值增值考核企业扩大到 58 家。

第二阶段：深化国有企业改革，推动经济结构调整（1997 年 9 月～2001 年）。这一阶段，除继续做好基础性工作外，主要是积极支持产权交易和“放小转民”这两项工程。

1998 年 1 月 8 日，首次产权交易签约项目 111 个，金额 4.32 亿元。其中，合同项目 84 个，金额 1.2 亿元；协议项目 10 个，金额 1.3 亿元；意向项目 16 个，金额 1.8 亿元；拍卖成交项目 1 个，金额 0.02 亿元。1998～2000 年，全市成交项目 450 余项，金额近 27 亿元，盘活资产近 10 亿元。

1999 年，成立孝感市国有资产管理委员会（以下简称国资委）。2000 年，深化国有企业产权制度改革。在“放小转民”过程中，为孝棉集团、试验机厂、三环印刷等 15 家企业办理了改制转民手续。

2001 年 9 月，撤销孝感市国有资产管理局，成立孝感市国有资产营运中心。

第三阶段：落实出资人制度，构建“三层次”国资管理新模式（2001

年至今）。1998 年，市国资局就制定了建立国资委——国有资产经营公司——企业“三层次”国有资产监管体系实施方案。1999 年，授权市建材国有资产经营公司经营建材行业国有资产。同年 5 月，首次对城区 679 辆出租车经营权进行拍卖，取得经营权收入 1276 万元。2002 年 7 月，组织第二轮城区 679 辆出租车经营权拍卖，取得经营权收入 1867 万元。2000 年，选择市直 4 家大中型企业进行国有股权代表委派和企业效绩评价试点。2002 年，又对市汽车维修公司等企业进行会计委派试点。2003 年，将行政事业单位“非转经”资产管理及占用费征收工作纳入了规范化、法制化轨道。

2004 年，按照国务院和省政府要求，撤销了孝感市国有资产营运中心，组建了“孝感市人民政府国有资产监督管理委员会”，为政府直属正县级特设机构，内设 4 个科室，核定编制 17 人。该机构将代表政府履行市属国有资产出资人职责，它必将进一步完善“三层次”国有资产管理模式。

二　国资体制的现状、问题和改革思路

（一）国有资产存量及其发展趋势

2003 年底，市辖区国有资产存量情况见表 13－13。

表 13－13　市辖区国有资产存量情况

（截至 2003 年 12 月 31 日）

项目	国有企业（户）	行政事业单位（户）	国有资产总额（万元）					
			合　计	经营性国有资产		非经营性国有资产		
				小　计	比重（%）	小　计	比重（%）	#非转经资产
合计	44	349	220638	40579	18.4	180059	81.6	10951
市直	11	184	172419	49680	28.8	122739	71.2	4327
孝南	33	165	48219	－9101	—	57320	—	6624

表 13－13 的数据说明：①经营性资产比重小，仅占 18.4%；非经营性资产比重大，占 81.6%，这与省级和中央级国有资产分布情况正好相反。②市直占 78.1%，孝南区仅占 21.9%。

市辖区国有资产中，经营性资产主要分布在黄麦岭磷化公司、四四0四厂、市客运总公司、市合力运输总公司等几家尚未改制的市直企业。随着企业改革进一步推进，国有资产用于安置国企职工的数量将越来越大，经营性资产将进一步减少。非经营性资产主要分布在市、区两级行政事业单位。随着国家行政事业投入增加，非经营性资产将进一步扩大。与此同

时，非经营性资产为了充分发挥社会作用，将会越来越多地转为经营性资产（如大中专院校学生宿舍转为商品化管理，部分机关办公楼转为商业网点，单位接待楼转为经营性机构，某些事业单位转为企业化管理等）。

（二）国资管理存在的问题和改革思路

国有资产管理主要存在以下问题：

（1）管理体制不顺。一方面行政主管部门习惯于直接干预企业经营活动，造成所有者越位；另一方面出资人制度尚未建立，造成所有者缺位。国有资产营运机制仍存在着浓厚的计划经济色彩。

（2）职责权限不明。许多应由国资部门监管的资产，由于没有明确授权，不能管理；管理中的难题，由于没有相关制度，不便管理，导致国有资产仍在继续流失。

（3）资产来源多样。国有资产形成渠道多，有的是上级调拨，有的是其他单位调剂，有的是社会捐赠等。由于财务管理不规范，许多资产没有入账，很难建立有效管理和监督机制。

（4）产权管理分散。国有资产“所有权在政府、收益权在财政、日常使用权和管理权在单位”的原则，没有得到很好贯彻。此外，许多资产产权不清、单位资产混杂占用等现象也相当普遍。

（5）资产效益低下。一方面，浪费严重，重购建、轻管理，追求“大而全”、“高而新”，撤销单位公用设施没有调剂使用，造成大量国有资产闲置。另一方面，谋取私利，许多单位将非经营资产转作经营性资产，为单位谋福利、搞补贴，事实上把国有资产变成了单位资产。

为了搞好国有资产监管，撰稿人建议：一是成立直接隶属于市政府的国有资产监管机构，以利于加强管理，利于国有资产市场化运作。二是把经营性资产和非经营性资产统一纳入监管范围，并归口财政统一管理。三是重组国有资产经营公司（如设立城市投资经营公司，负责城建投资管理和城市滚动开发；组建1~2家综合性国有资产经营公司，持有和经营国有企业及入股公司的国有产权；组建1家行政事业资产经营公司，专门持有和经营行政事业单位国有资产等），推进国有资产经营改革。四是编制国有资产经营预算，提高国有资产经营效益。要按照“以收定支、量入为出”原则编制经营预算，不断提高国有资产经营效益。五是加强国有资产管理法规和制度建设。要全面贯彻《企业国有资产监督管理暂行条例》，并根据孝感实际制定相应管理制度，如国有资产业绩考核制度、国有资产统计评价制度、行政事业资产管理制度、奖惩制度等，切实加强对国有资产的监督管理。

第十四章 物价与审计

第一节 物 价

一 1990～1993年的物价

1990～1993年，物价指数变化情况，见表14－1。

表14－1 1990～1993年物价指数变化情况

（以上年基期价格为100）

项目＼年份	1990	1991	1992	1993
一 消费品物价指数	100.1	107.2	112.7	114.0
1. 食品类	97.5	112.7	122.8	109.1
2. 衣着类	105.1	104.0	109.2	119.3
3. 日用品类	101.7	100.2	103.9	111.3
4. 文娱用品类	95.8	94.8	100.2	100.0
5. 书报杂志类	107.5	100.4	104.2	116.2
6. 药及医疗类	104.2	100.9	106.0	107.4
7. 建材装潢类	101.5	110.7	102.9	119.2
8. 燃料类	110.5	136.8	112.1	201.4
二 零售物价总指数	100.4	107.2	112.7	114.0
三 农业生产资料价格指数	102.5	106.3	103.4	110.8

资料来源：孝感市统计局，下同。

表14－1数据说明：①从不同年度看，1990～1991年物价上升幅度在10%以内；1992～1993年上升幅度超过了10%。这是因为，1992～1993年政府和社会固定资产投资大幅增加，同时加大了价格改革力度，初步形成了以市场为主的价格调控机制。②从不同类别物价看，多数年份消费品物价上升幅度都高于农业生产资料价格上升幅度。③从不同消费品看，燃料类价格1991年、1993年涨幅最高，它是国家能源紧缺的必然反映。

④从不同用途看，生存类消费品（如食品、衣着、建材等）涨幅较高，发展类、享受类消费品（如文娱、书报、医药等）涨幅较低。这是温饱型消费的具体表现。

二 1994~1997年的物价

1994~1997年，物价先涨后落。1994年、1995年，居民消费价格总指数连续上涨20%左右，特别是1994年粮食、油脂、肉禽及其制品、鲜菜等商品都上涨50%以上。这有多方面的原因：一是1992年以来价格改革的连锁反应，在这次改革中90%以上商品由国家定价改为市场调节，从而导致了物价猛涨；二是居民对1988年物价大幅上涨记忆犹新，人们普遍预期价格还会继续上涨，因而大量囤积货物，造成虚假市场需求，催升了物价上涨幅度；三是南方严重干旱，供应南方的粮食大幅增加，来自南方的鲜活产品大量下降，致使农产品价格猛涨；四是1995年国家放开了非义务教育收费，致使当年学杂费上涨1倍多。

1996~1997年，在国家宏观调控和亚洲金融危机影响下，物价涨幅迅速回落，居民消费价格总指数和商品零售价格指数的涨幅，均降至10%以内；农业生产资料价格指数和城区农贸市场价格指数，甚至出现了下降趋势。

1994~1997年，物价指数变化情况见表14-2。

表14-2 1994~1997年物价指数变化情况

（以上年基期价格为100）

项目＼年度	1994	1995	1996	1997
一 居民消费价格总指数	126.8	119.5	108.3	102.3
1. 食品	138.9	125.8	110.7	101.3
其中：粮食	159.7	129.1	103.4	93.9
油脂	170.6	108.1	91.2	102.0
肉禽及其制品	151.3	133.9	109.5	110.1
蛋类	109.4	107.4	119.9	81.5
水产品	127.4	118.7	114.0	96.5
鲜菜	173.2	128.0	123.6	92.7
在外用膳食品（饮食业）	125.5	134.9	112.6	106.4
2. 衣着	122.2	113.5	105.9	101.4
3. 家庭设备及用品	111.4	110.8	105.4	104.0
4. 医疗保健和个人用品	107.3	115.8	108.3	105.3

续表 14－2

项目 \ 年度	1994	1995	1996	1997
5. 交通和通讯	102.2	95.8	99.2	100.0
6. 教育娱乐文化用品及服务	110.3	109.4	104.2	100.7
7. 居住	117.2	105.2	102.5	104.6
其中:建筑	111.3	68.9	100.1	94.9
8. 服务项目	109.7	143.1	114.0	106.4
其中:交通费	110.8	114.0	111.5	89.7
学杂费	107.4	201.7	109.7	103.1
二　商品零售价格指数	124.6	115.5	107.7	101.4
三　农业生产资料价格指数	119.9	127.1	109.0	99.3
四　城区农贸市场价格指数	144.1	127.3	102.0	95.5

三　1998～2004 年的物价

1998～2002 年，物价水平连续 5 年稳中有降；2003～2004 年，物价又开始复苏和上涨。

（1）1998 年，是物价指数从全面上涨转为全面下降的拐点，居民消费价格总指数降为 99.2%，商品零售价格指数降为 97.9%，农业生产资料价格指数降为 97.3%，城区农贸市场价格指数更降为 94.2%，比上年都下降了 0.8～5.8 个百分点。

（2）1999～2002 年，由于市场总体状况是供大于求，因而物价连续 4 年下降。以 1999 年为基期，2002 年居民消费价格总指数为 93.3%，4 年下降了 6.7 个百分点；农业生产资料价格指数为 93.9%，4 年下降了 6.1 个百分点；城区农贸市场价格指数为 89.1%，4 年下降了 10.9 个百分点。

（3）2003 年，物价开始复苏，居民消费价格总指数和工业品出厂价格总指数均出现微涨，前者上涨 1.9 个百分点，后者上涨 1.8 个百分点。

（4）2004 年，物价全面上涨，其中：居民消费价格总指数上涨了 5 个百分点，农业生产资料价格指数上涨了 14.2 个百分点，工业品出厂价格总指数上涨了 6.83 个百分点。

2003～2004 年，备受人们关注的价格问题有以下几个方面：一是房屋价格增长过快，2002 年孝感城区中心地段商品房价格每平方米 800～1000 元，私有房 500～800 元；到 2004 年底已分别涨到 1200 元和 1000 元以上。二是医疗费用大幅上涨，看病难、看病贵问题日益突出，许多低收入家庭生了病根本不敢去医院，“因病致贫”现象日益普遍。三是教育收费持续

攀高，居民家庭教育支出大幅增长，甚至出现了许多“教育致贫”现象。

1998～2004 年，物价指数变化情况见表 14－3。

表 14－3　1998～2004 年物价指数变化情况

项目 \ 年份	1998	1999	2000	2001	2002	2003	2004
一　居民消费价格总指数	99.2	97.5	99.0	98.3	97.7	101.9	105.0
1. 食品	97.4	95.9	96.6	99.8	98.4	105.8	109.7
其中:粮食	102.6	98.1	82.2	98.7	97.3	104.4	128.7
油脂	101.1	95.9	77.0	91.4	111.3	110.7	110.6
肉禽及其制品	88.4	91.5	99.8	100.0	98.6	107.3	115.4
蛋类	101.3	89.5	85.2	117.5	100.2	100.6	118.1
水产品	94.0	81.7	102.9	97.0	97.1	98.3	125.4
鲜菜	99.7	99.0	107.8	90.7	104.5	115.6	91.4
饮食业	101.2	101.1	101.8	100.8	99.5	—	—
2. 烟酒及制品	—	—	—	83.3	99.5	102.0	99.4
3. 衣着	104.2	102.1	104.7	99.0	100.0	98.0	98.8
4. 家庭设备及用品	99.9	99.3	97.9	97.5	98.1	99.3	99.8
5. 医疗保健和个人用品	94.0	99.5	98.1	97.9	81.7	100.9	101.6
6. 交通和通讯	96.3	84.1	85.1	93.3	99.2	99.1	99.0
7. 教育娱乐文化用品	97.5	94.9	97.1	97.0	98.3	100.6	100.4
8. 居住	100.0	97.5	97.9	95.3	99.7	107.2	105.5
其中:建筑	83.2	89.3	88.5	—	—	—	—
9. 服务项目	100.0	98.5	107.3	—	—	—	100.6
其中:交通费	95.0	89.8	112.3	—	—	—	—
学杂费	105.3	105.5	114.8	—	—	—	—
二　商品零售价格指数	97.9	97.7	98.7	—	—	—	—
三　农业生产资料价格指数	97.3	97.0	97.2	99.8	99.6	99.8	114.2
四　城区农贸市场价格指数	94.2	93.1	94.4	100.3	101.1	—	—
五　工业品出厂价格总指数	—	—	—	—	—	101.8	106.8

说明：以上年基期价格为 100。

第二节　审　　计

一　审计工作简况

1993～2003 年，孝感市、孝南区审计工作取得了以下几方面的成绩。

(1) 严肃了财经纪律。通过“打假治乱”，揭露和查处了财政预算资

金管理不规范、税收征管不严格、金融机构违规经营、私设“小金库”、做假账等违法违纪案件，共查出违规金额69375万元，有效遏制了违纪现象的漫延，严肃了财经纪律。

（2）维护了经济运行安全。市、区两级审计机关加强对财政、金融、企业的审计，在监督国有资产保值增值、专项资金有效使用、化解金融风险等方面发挥了重要作用。10年来，累计上缴财政2391万元，追回挪用资金9017万元，挽回经济损失4745万元。

（3）促进了廉政建设。10年来，市、区两级审计机关向纪检、司法机关移送案件8件，涉案人员32人，其中有18人受到党纪政纪处分，5人被追究法律责任，在社会上产生了重大影响，有效震慑了违法犯罪分子，促进了公职人员廉政建设。

（4）服务了宏观决策。1993～2003年，市、区两级审计机向上级党政领导机关提供了大量审计信息和专题材料，其中被批示、采用1452条（份），对解决有关问题和宏观决策发挥了重要作用。例如，1998年原国务委员彭珮云对孝感医疗机构乱收费问题的批示，以及2003年中央政治局委员、湖北省委书记俞正声对外债管理体制不顺问题的批示等，就是最好的实例。

（5）开展了经济责任审计。2000～2003年，市、区两级审计机关对72名党政领导干部和企业领导人员进行了任期经济责任审计，查出违规金额1833余万元，撤职、降职和免职了15名涉案人员，给予党纪政纪处分1人、移送司法机关处理1人。

1993～2003年，市、区两级审计机关审计工作简况见表14－4和表14－5。

二　审计处理

审计处理的一般程序是：审计取证；提出审计报告和处理意见；听取被审计单位意见；审计机关召开办公会，搞好审计复核，处理金额较大的还要举行听证会；审计机关作出处理处罚决定。此外，还要向党政领导机关做专题反映，有的经批准后向社会公开。

目前，孝感市审计结果披露已有一定渠道：一是《审计情况专报》，1993～2003年共编发112期，它是向市委、市政府反映审计情况的重要渠道；二是向市人大常委会报告审计工作；三是专题报告，每个审计项目结束后都要向委托机关写出专题报告。1997年，经市领导批准，曾对城区后湖公园建设资金的筹集、管理、使用试行过社会公告，产生了良好作用。

表 14－4 审计工作简况

年份 \ 项目		审计单位（个）	审计查明违规金额（万元）	审计处理情况：处理决定（万元）：上交财政	还原渠道	移送有关机关（件、人）：案件	涉案人员	被批示采用文件（件）
1993～2003 年总计	合计	1152	69375	2391	15028	8	32	1452
	市局	1053	66803	2313	14506	—	—	1368
	孝南	99	2572	78	522	—	—	84
1993	市局	55	12161	71	0	—	—	—
1994	市局	29	2186	285	84	—	—	—
1995	市局	44	8057	209	2646	—	—	69
1996	市局	101	8149	163	1501	—	—	157
1997	市局	58	7642	253	1565	—	—	170
1998	市局	401	4019	349	1255	3	4	192
1999	市局	116	5329	134	0	1	23	153
2000	市局	56	1123	162	369	—	—	108
2001	市局	72	5546	163	1129	2	2	50
2002	合计	97	4844	305	874	1	2	431
	市局	38	4073	28	584	1	1	382
	孝南	59	771	277	290	—	—	49
2003	合计	123	10319	297	5605	—	—	122
	市局	83	8518	247	5373	—	—	87
	孝南	40	1801	50	232	—	—	35

表 14－5 经济责任审计简况

年份 \ 项目	主体		审计单位（个）	责任人（人）	违规金额（万元）	职务变动情况（人）：平调	晋升	免职	降职	撤职	建议给予党政处分（人）	移送司法机关（人）
2000～2003 年总计	合计		71	71	1833	22	15	13	1	1	1	1
	市局	党政领导	32	32	1711	12	4	9	1	1	1	1
		国有企业	3	3	86	—	—	3	—	—	—	—
	孝南	党政领导	36	36	36	10	11	1	—	—	—	—
2000	市局	党政领导	8	8	339	1	—	7	—	—	—	—
		国有企业	2	2	85	—	—	2	—	—	—	—
2001	市局	党政领导	9	10	979	3	2	2	1	1	1	1
		国有企业	1	1	1	—	—	1	—	—	—	—
2002	市局	党政领导	6	6	275	3	1	—	—	—	—	—
	孝南	党政领导	23	23	36	8	1	—	—	—	—	—
2003	市局	党政领导	9	9	118	5	1	—	—	—	—	—
	孝南	党政领导	13	13	—	2	10	1	—	—	—	—

三　问题和原因

审计工作中存在着以下主要问题：

（1）审计执法力度不够。一是存在许多审计盲区。到2003年底，还有20个单位没有审计，约占应审计对象的10%；一些专项资金或基金（如党费、残疾人基金、工会会费等）也未纳入审计范围。二是处理处罚偏轻。一些被审计单位或借口经济状况差、或找领导说情，尽量抵制、拖延接受审计处理处罚。三是一些被审计单位屡查屡犯，审计督办整改难度大。

（2）审计结果公开不够。在目前审计体制下，审计内容和数据都要经有关领导首肯才能公布于众，而有关领导出于种种考虑往往不愿公开审计结果。因此，在目前条件下，审计结果很难做到公开、透明，很难发挥应用社会作用。

（3）经济责任审计无执法主体资格。由于现行《审计法》及有关法律法规，没有就经济责任审计的执法主体资格作出明确规定，因而使得经济责任审计在执法程序、执法地位、人员编制（事业编制，不在公务员序列）、执法机构等方面一直处于两难境地。

（4）审计经费得不到保障。各级政府将审计经费交由同级财政部门审批，这就在客观上削弱了审计机关对财政部门的监督力度；再加地方财力紧张，审计经费除工资、行政开支外，办案经费少之又少，严重影响审计工作正常开展。例如，2003年孝感市审计局财政拨款140万元，而工资、福利需144万元（在职和离退休干部70人），公务经费150万元，合计294万元，保障率仅为47.6%；孝南区审计局财政拨款95万元，而工资、福利需58万元（在职和离退休干部35人），公务经费62万元，合计120万元，保障率为79.2%。

造成以上问题的原因：一是审计体制不顺。现行审计体制是将审计机关隶属于政府，其结果是审计机关对同级政府难以进行有效监督和制约。二是审计立法滞后。例如，领导干部任期经济责任审计执法主体问题、审计经费保障问题、审计体制改革问题等等，都有待《审计法》的修订和完善。三是督办机制不健全。在目前条件下，审计机关既要完成当地党委、政府交办的各项中心任务，又要承担繁杂的审计工作，很难落实纠正违纪违规行为，迫切需要健全督办机制。四是处理处罚难到位。许多单位借口经费困难，或者拖延、拒不执行审计处理处罚决定；或找领导、找关系求情，致使审计处理处罚难以落实到位。

（5）审计力量薄弱。2003 年市、区审计人员简况见表 14－6。

表 14－6 审计人员简况（截至 2003 年 12 月 31 日）

单位	人数	年龄结构				学历结构			专业结构			职称结构		
		30 岁以下	30～40 岁	40～50 岁	50 岁以上	本科及上	大专	其他	财会	其他	工程造价	高级	中级	初级
合计	74	11	20	31	12	19	32	23	27	22	4	9	37	18
市局	54	10	17	16	11	16	26	12	27	11	3	8	30	6
孝南	20	1	3	15	1	3	6	11	0	11	1	1	7	12

表 14－6 数据说明：审计人员年龄偏大，文化程度偏低，专业结构单一。特别是缺乏既懂审计业务，又具有较高计算机操作水平；既会查账、搞综合分析，又有较强文字表达能力；既懂财务审计，又懂工程造价审计等“一专多能”的复合型人才。

四 几点建议

（1）改革审计体制。将审计机关从政府系列分离出来，独立设置，或隶属于人大，直接向人大负责并报告工作，审计经费单独列入国家预算；或列入司法系列，成立有较高法律权威、具有执法功能的审计法院；或进行“微调”，将审计机关负责人提升半格，延长任期，使其职务不受政府任期影响，在客观上保持审计组织的独立性，并改双重领导为垂直领导。

（2）加强审计立法。重点是修订和完善《审计法》和《审计法实施条例》。

（3）加大审计结果公告力度。对人民群众密切相关的专项资金、经济责任审计结果应依程序试行公告。争取市委、市政府制定《审计结果公开办法（试行）》，对审计结果公开的程序、内容、形式等做出明确规定，保证审计结果公开工作健康发展。

（4）加强审计队伍建设。审计队伍应该逐步降低平均年龄，提高文化程度，形成合理专业结构，特别是要重点培养或引进“一专多能”的复合型人才。

第十五章 开 发 区

第一节 高新技术开发区

一 发展历程

孝感“高新技术产业开发区”（简称“高新区”），是1997年经湖北省政府批准在原孝感“新产业开发开放试验区”（简称“试验区”）基础上设立的。“试验区”创建于1985年，1989年12月经湖北省政府批准，成为全省最早的9个省级开发区之一。1993～2004年，“高新区”的发展（包括“试验区”阶段）大体可分为3个阶段。

（一）创建阶段（1985～1993年6月）

1985～1986年，原县级孝感市引进了一批技术人员和设备，提高了企业生产水平；开展了与066基地、二汽的联营工作，并与武汉高等院校、科研机构开展了技术合作。1986～1989年，原电子工业部4404厂、原兵器工业部238厂、原航天工业部066基地开发中心、湖北航天汽车工业公司、红林厂等一批军转民企业落户孝感；同时，引进了8家港台合资企业。这样，就为孝感对外开放奠定了基础。1987年，国务院批准原县级孝感市为“对外开放城市”。1989年12月，经湖北省政府批准，成立了“孝感市新产业开发开放试验区”。

1990～1993年6月，在设立试验区和举办全国第二届农运会推动下，又引进了066基地所属的万峰厂、红峰厂、万山厂、红阳厂孝感分厂、总体设计所等三线调迁企业，以及由万山、江北、长征等企业联合组建的湖北航天汽车工业公司。到1993年上半年，引进的港台客商已兴办了湖北协和医械公司、湖北华泰塑料品公司、钢赢家具公司、双赢鞋业公司、港龙油墨公司、金源米业公司、楚佳利食品公司、金兰饮品公司等一批三资企业。

（二）从“试验区”到“高新区”的过渡阶段（1993年6月～1999年）

1993年4月，孝感撤地建市。同年6月，试验区转为地级孝感市管

精密的数控加工中心

理。1993 年 6 月 ~1999 年，是从试验区到高新区的过渡阶段。这一阶段，开发区发展的主要表现有以下方面：

（1）管理体制发生变化。一是界定管辖范围，明确划定城区东、西两块共 9.5 平方公里为开发区。二是健全管理机构，1993 年成立了中共孝感市委、市政府派出机构——新产业开发开放试验区工作委员会和管理委员会。1997 年 8 月，在东区 2.8 平方公里设立了高新技术产业开发区。1998 年，成立了中共孝感市委、市政府派出机构——高新技术产业开发区工作委员会和管理委员会（简称“工委”和“管委会”）。三是明确管

旧貌新颜：孝感市高新技术产业开发区

理权限，在土地开发、规划、建设等方面，实行统一领导和管理；在人事方面，实行分级管理和聘任制度，干部职务、工资等与工作业绩挂钩；在财政方面，实行“核定基数，超收分成，歉收扣减”管理办法。这样，开发区就成了一个有特定区域、专门管理机构和特殊管理体制的经济区域。

（2）招商引资成果显著。1993～1999 年，引进重点项目 18 个，资金 17 亿元，其中外资 8000 万美元。一是新引进了一批三线调迁企业。如江北厂、江河厂、长征厂、309 地质大队等。二是通过三线调迁企业引进国际知名企业。如通过三江集团下属企业引进法国雷诺、白俄罗斯明斯克轮式车辆厂、美国 UTA 联合电器公司合资兴办了三江雷诺汽车公司、三江瓦力特公司、联峰电器公司；通过 4404 厂引进德国西门子、日本松下公司合资兴办了爱普科斯电子公司；通过 238 厂引进香港富华国际实业公司合资兴办湖北富华精密仪器光电公司等。三是发挥本地优势对外招商。如发挥本地石膏、铝厂、农产品资源优势，引进德国 ACE 公司与湖北膏矿、孝感市开源公司合作兴办了三环墙体材料公司，引进了吉安铝业公司、香港独资脆一郎食品公司、日本独资龙江汽车公司等。通过这些引进，初步形成了以汽车及零部件、光电子、机械制造及精加工、新型建材等为主的产业格局。

（3）建设规模相当可观。1993～1999 年，企业建设形成高潮，如投资 3.5 亿元的三江雷诺汽车公司，投资 2 亿多元的万峰厂、红峰厂，投资 1 亿多元的三环墙体公司、联峰电器公司，以及爱普科斯公司、白俄罗斯重型越野车底盘等 10 多家重点企业相继建成投产。与此同时，基础设施建设也在整体推进。到 1999 年，东区长征路、北京路、文化东路、交通东路、体育东路“二纵三横”框架；西区黄陂西路、交通西路、分丝路“一纵二横”框架，均已基本建成。这个阶段，固定资产投资总额约 20 亿元，为开发区建设良好基础。

（4）经济发展比较迅速。1993～1999 年，规模以上工业企业产值由 1.3 亿元增至 9.8 亿元，销售收入由 1.2 亿元增至 9.7 亿元，财政收入由 180 万元增至 4439 万元。

（三）新区扩展阶段（2000 年至今）

1999 年，高新区原界定区域基本建成。从 2000 年起，高新区进入了新区扩展阶段：

（1）拓展发展空间，调整园区规划。2000 年 8 月，孝感市委、市政府决定将孝南区新铺镇所辖 3 个村委会、5.25 平方公里划归高新区，从

而使高新区管辖面积由9.5平方公里扩大为14.75平方公里。2001年春，高新区规划在东区建设“高新技术工业园”；在西区飞机场控高区建设“高新技术农业园”；同时设立促进科研成果转化、培植高新企业的“高新技术创业服务中心”（简称“两园一中心”）。2003年10月，根据发展情况和实际需要，“高新技术农业园”已部分调整为“高新技术工业园”。

高新技术工业园区

（2）调整发展思路，强化管理机制。根据实践经验，高新区改变了过去以服务为主、依靠企业自主招商的思路，确立了以招商引进为中心，以“两园一中心”为重点，实施“服务立区、招商强区、科技兴区、改革活区”战略。同时，强化管理机制。在领导上，成立高新区领导小组，由市长任组长；选派一名市委常委任工委书记、管委会主任。在管理上，授予一定的财权、事权、人权，并实行零收费、零干扰、宁静日制度和封闭式管理。在招商上，授予比较灵活、优惠的政策。在资金上，市财政每年安排1000万元支持高新区建设。

（3）建设“两园一中心”，重点发展孝天工业园。2001～2002年，高新技术工业园（命名为“孝天工业园”）引进了投资1.2亿元的鄂港合资项目高新纺织公司，开始了107国道复线建设；高新技术农业园投资1200多万元，建成了智能温室、组培楼、日光大棚及配套设施；高新技术创业服务中心引进了光源电子、吉明利照明、节能特种光源等8家孵化企业。2003年，作为发展重点的孝天工业园，投资5200多万元建成了“两纵三横”的道路及配套设施。正式落户项目8个，投资6.7亿元，其中7个项目已开工建设，5个项目一年内竣工投产。

开发区发展简况，请见表15－1、表15－2、表15－3和表15－4。

表 15－1　开发区面积、人口发展简况

年度	面积(平方公里)		耕地(亩)	村委会	居委会	人口(人)				
	辖区	建成区				合计	农业	非农业	男	女
1994	9.50	5.0	4254	8	3	42103	11400	30703	21452	20651
1997	9.50	5.5	3734	8	3	46157	12013	34144	23579	22578
2000	14.75	6.0	3440	11	3	50018	14637	35381	25238	24780
2003	15.60	7.0	6173	6	7	65400	15099	50301	33240	32160
2004	15.60	7.0	5591	6	9	67359	16531	50828	34122	33237

表 15－2　开发区经济发展简况

年度	固定资产投资(亿元)	#基础设施	工业总产值(亿元)	#高新产品产值	销售收入(亿元)	出口交货值(亿元)	利润总额(亿元)	引进内资(亿元)	利用外资(万美元)	财政收入(亿元)
1993	—	—	1.30	—	1.20	—	—	—	—	0.02
1994	2.70	0.11	1.86	0.95	2.20	0.07	0.06	0.59	1600	0.05
1997	1.55	0.13	5.40	4.50	4.10	0.15	-0.46	1.01	1200	0.33
1999	—	—	9.80	—	9.70	—	—	—	—	0.44
2000	2.31	0.15	8.74	8.62	7.31	0.75	-0.56	2.32	800	0.53
2003	3.53	0.55	15.51	10.63	12.03	0.88	0.38	4.55	900	0.74
2004	4.18	0.50	16.54	14.43	14.10	1.49	0.39	2.32	1102	0.74

表 15－3　开发区工委、管委会职工简况

年度	人数(人)			学历(人)				行政级别(人)				年人均工资(元)
	合计	男	女	本科以上	大专	高中中专	其他	正副县级	正副科级	科员	办事员	
1994	55	35	20	9	25	10	11	4	24	10	17	4797
1997	62	47	15	9	28	11	14	9	27	15	11	8264
2000	63	45	18	12	30	8	13	11	35	7	10	10217
2003	56	41	15	21	23	4	8	11	30	6	9	13821
2004	55	40	15	20	23	4	8	14	27	5	9	15291

表 15－4　开发区管委会直属事业单位职工简况

年度	人数(人)			学历(人)				行政级别(人)				年人均工资(元)
	合计	男	女	本科以上	大专	高中中专	其他	县处级	正副科级	科员	办事员	
1997	12	7	5	4	2	1	5	—	1	6	5	7171
2000	20	11	9	4	5	7	4	—	2	8	10	9059
2003	28	15	13	12	8	2	6	—	4	18	6	9357
2004	30	15	15	12	10	2	6	—	4	20	6	14041

说明：2004 年高新区管委会有 4 个直属事业单位，职工 30 人。其中：规划设计测量所 12 人，创业服务中心 8 人，地产汽车销售办公室 6 人，计生服务站 4 人。

二 主要成就

1993～2004年，开发区建设和发展取得了显著成就，其主要表现有以下方面：

（1）基础设施比较齐全，厂房设备初具规模。1993～2004年，高新区全社会固定资产投资累计达到41.8亿元。其中，基础设施投资8.3亿元，进区企业投资33.5亿元。

（2）工业企业发展迅速，配套行业相继涌现。2004年，高新区有各类法人单位202家。其中，工业94家（包括规模以上38家），建筑8家，交通电信3家，批发零售7家，住宿餐饮5家，房地产4家，服务业16家，行政事业单位65家。另外还有大量个体经营者。

（3）国民经济持续增长，经济实力明显增强。1993～2003年，国内生产总值由0.5亿元增至6.7亿元。1993～2004年，规模以上企业工业总产值增长近12倍，工业产品销售收入增长近11倍，财政收入增长40倍，高新产品产值增长15倍，出口交货值增长21倍。

（4）招商引资取得进展，对外开放逐步扩大。1993～2003年，累计引进资金28亿元，其中外资9000万美元；累计出口交货3.5亿元，创外汇4217万美元。在引进企业中，已投产规模以上工业企业27家。其中，投资过亿元企业14家（含世界500强企业3家）。

（5）科技力量不断壮大，高新产业逐步形成。1993～2003年，引进专业技术人才3000多人，先进设备9000多台（套）。有10多家企业设立了技术开发中心，有省级高新技术企业4家，高新技术产品50多个。2004年，高新技术产品产值比重已达87.2%。

（6）各项改革不断深化，发展活力不断增强。一批国有企业已改制成股份有限公司或有限责任公司，3家企业破产，14家集体企业整体转民，通过购买、扩股、置换、兼并等途径重组资产2.46亿元。开发区领导体制、人事制度、分配政策、环境管理等改革不断深化。

（7）人均收入不断提高，社会事业逐步发展。1994～2004年，高新区城镇居民人均可支配收入从5001元增至7458元，增长49%；农民年人均纯收入从1284元增至3200元，增长149%；国有企业在岗职工年人均工资从3814元增至11062元，增长2.9倍。有5个村基本实现了由农村向城市、由农民向市民的转变。航天花园、汉光小区、同升、群声、桂桥等单位被评为花园式庭院和市级文明卫生小区。农村普及九年义务教育和扫除青壮年文盲工作，在全市已率先通过验收。计划生育工作连续10年居全市

前列，2001 年获国家级表彰。

经过 10 多年实践和探索，正反两方面经验教训说明：要搞好高新区建设，必须解放思想，必须以招商引资为中心，必须优化发展环境，必须加强基础设施建设，必须改革管理体制，必须团结合作、整体联动。此外，必须坚持富民与强区并重，把村委会、社区建设当大事来抓。实践证明，没有村委会、社区同心协力，高新区的各项事业就不可能顺利开展。

第二节　南大开发区

一　发展历程

南大民营经济开发区（简称南大开发区），位于孝感市东城新区南侧，东距武汉市中心 50 公里，天河国际机场 32 公里，107、316 国道和京珠、汉十高速公路在区内交汇，武汉—孝感高速公路已开工建设，武汉—孝感轻轨已列入规划。同时，紧靠京广、汉丹铁路和府河—汉水—长江，已形成了陆、空、水立体交通网络。南大开发区的发展经历了 3 个阶段。

（1）“南大市场”阶段（1992 年 2 月～1995 年 3 月）。1991 年，原县级中共孝感市委、市政府决定，在城南 10 余里的 107 国道旁兴建一个大型农副产品批发市场——南大市场。1992 年 2 月动工，10 月投入试运营，到 1993 年底完成第一期建设，占地 0.05 平方公里（76 亩），总人口 680 人；投资 970 万元，建成经营楼 5 栋、晴雨棚 9 个，建筑面积 16000 平方米；投资主体为 5 家国合企业；进入市场经营的有 200 多个体户，从业人员 600 人，其中由 3～5 户联合经营的股份合作经济逐渐成为市场主导力量。1993 年，已形成以鲜鱼夜市为特色、南北水果为骨干的农副产品批发市场，当年成交量 5200 万公斤，交易额 12000 万元。

（2）“南大经济小区”阶段（1995 年 3 月～1998 年 6 月）。由于农副产品批发市场的牵动，引来了一批投资办厂、经商的客户。1995 年 3 月，中共孝感市孝南区委、区政府决定在南大市场基础上设立了“南大经济小区”。到 1996 年底，南大经济小区辖 2 个村委会，1 个居委会，占地面积 2 平方公里，总人口 4570 人；投资 24000 万元，建设批发市场 2 个，企业 15 家，个体户 261 户，从业人员 1600 人，配套服务部门 13 个，建筑面积 62000 平方米；当年商品交易额 41000 万元，工业产值 15000 万元，财政收入 720 万元。经营规模，水产市场居湖北省第一位，水果市场居湖北省第二位，经营业务辐射全国 18 个省市。

（3）“南大民营经济开发区”阶段（1998 年 6 月至今）。为了促进民营经济发展，1998 年 6 月中共孝感市委、市政府决定在南大经济小区基础上设立“南大民营经济开发区”，并把它与孝感城区总体规划结合起来。1999～2004 年，南大开发区有了进一步发展。到 2004 年，总人口增至 5145 人，入驻企业 36 家，个体户 292 户，从业人员 2000 人，建筑面积 152000 平方米，当年商品交易额 71000 万元，工业产值 42000 万元，财政收入 2000 万元。

1992～2004 年，南大开发区各阶段发展简况见表 15－5。

表 15－5　南大开发区各阶段发展简况

发展历程	年度	占地面积（平方公里）	人口（人）	建筑面积（平方米）	企业（个）	个体户（户）	从业人员（人）	市场交易总额（万元）	工业总产值（万元）	财政收入（万元）
南大市场	1993	0.05	680	16000	5	200	600	12000	50	免税年
南大经济小区	1996	2.00	4570	62000	15	261	1600	41000	15000	720
南大民营经济开放开发区	1999	2.00	4802	104000	22	275	1720	62000	22000	1200
	2004	2.00	5145	152000	36	292	2000	71000	42000	2000

资料来源：部分数据来源于孝南区统计局。

二　主要成就

（1）制定了发展规划。开发区自成立以来，坚持经济发展这 1 中心，突出市场建设和招商引进两个重点，实施新型工业化、镇区城镇化、市场产业化 3 项战略，狠抓基础设施、投资环境、工业园区、新型社区 4 项建设，并据此制定了发展规划，即在孝感城区南郊，以 107、316 国道重合带为轴心，建成批发市场、高新技术工业园、外贸出口加工、居民住宅和公共服务等 5 个区域，到 2015 年将建设成为建成区 8 平方公里、人口 10 万、市场交易额 30 亿，工业产值 50 亿，税收超 5 亿的功能比较齐全的新型开发区。

（2）建设了基础设施。到 2004 年，除实现水、电、路、邮电、通信等“五通一平”外，还建成了水产、水果、建材、农机 4 个批发市场和南大工业园南区。在南大工业园南区，已初步形成了以广东维达和中顺、福建恒安、上海申欧为主的纸品工业基地；以金河酒业、海天食品、孝威米酒为主的食品工业基地；以湖北端药为主的医药工业基地；以红人服饰、金梦娇服饰、林枫伟达商贸为主的服装工业基地；以保丽家具、舒氏集团、三蜂蜜业为主的外贸出口加工基地，以及武汉东鑫集团的高标准工业厂房园区。南大工业园北区，正进行基础设施建设，已展开招商引资工作，占地2千亩、投资4.5亿元的浙江温州精益电器集团已签约入园。到2004年底，南大开发区建设已投入5.2亿元，建筑面积15.2万平方米。

（3）优化了投资环境。1998年孝感市政府制定了10项优惠政策。在入区管理上，实行“一栋楼办公，一个窗口对外，一条龙服务”的封闭管理，立项、办照两个工作日内答复，一周内办完一切审批手续。在税费优惠上，企业所得税从获利年起5年内先征后返，前2年返100%，后3年返50%；国家明文规定的各项收费，在建时按最低标准50%收取，建成后按最低标准收取。在征收管理上，实行“一票代征，分户核算，专户储存，按月划拨”办法。在户籍管理上，凡有固定住所、合法收入和稳定生活来源的人，均可办理常住户口。此外，开发区内还设有警务、劳务、环卫、物业管理等服务部门。

（4）引进了一批客商。1993～2004年，已引进广东维达、福建恒安、金河酒业、海天食品、孝威米酒、湖北端药、嘉美制罐、红人服饰、舒氏集团和武汉东鑫集团等20余家企业，到位资金5亿多元。2004年，已投产和在建部分企业简况，见表15－6和表15－7。

表15－6　2004年部分投产企业简况

单位：万元，人

企业名称	企业性质	计划投资总额	生产经营内容	员工人数	产值
广东维达纸业（湖北）有限公司	私营	30000	纸业生产	340	14000
福建恒安（孝感）卫生用品	私营	5000	卫生用品生产	210	8000
广东中顺鸿昌纸业	私营	28000	纸业生产	260	20000
上海申欧纸业	私营	5000	纸业生产	200	8000
湖北端药药业有限公司	私营	25000	生物医药制造	150	2600
红人服饰	私营	8000	服装生产	2000	15000
保丽家具	私营	5031	家具制造	1300	31000
三蜂蜜业	私营	2000	食品加工	110	8000
水产批发市场	集体	1100	水产品批发	—	41000
水果批发市场	集体	900	水果批发	—	21000
建材批发市场	私营	8000	建材批发	—	5000

表 15－7 2004 年部分在建企业简况

单位：万元

企 业 名 称	企业性质	计划投资总额	生产经营内容
武汉东鑫集团	私营	28000	房地产业
湖北舒氏集团有限公司	私营	6200	工业胶带生产
湖北金河酒业有限公司	私营	6400	白酒生产、销售
孝感朱氏塑料制品厂	私营	500	塑料制品加工
孝感市瑞欣文化市场	私营	500	文化用品批发
孝感市海虹物资贸易公司	私营	2000	建筑材料装饰材料
孝感市倬宣新型建材有限公司	私营	300	塑钢制品建筑材料加工
孝感市起荣商贸有限公司	私营	500	粮食食品
湖北新华木业	私营	1500	建筑装饰材料
孝感诚信实业公司	私营	5000	环保产品加工

(5) 形成了批发市场。到 2004 年，投资 7300 万元，建成水产、水果、建材、农机 4 个批发市场，占地 530 亩，建筑面积 9.2 万平方米，其业务辐射到全国 24 个省市，已成为湖北省内外有一定知名度的批发市场。2004 年，商品交易量 3 亿公斤，交易额 7.1 亿元。1998 年以来，已先后获“中国百强市场”、“国家级农业产业化重点龙头企业” 等多项殊荣。

(6) 加强了城镇建设。南大开发区抓住 107、316 国道改道，南大立交桥建设等机遇，调整了建设规划，开展了村湾并点、居民搬迁工作。2003 年，在成功搬迁代家湾的基础上，又搬迁了新华村的叶家湾、梁湾、颜家稻场、高家湾 4 个居民点共 149 户。然后，按照街道式布局重新建设了新华新村。到 2004 年底，住宅还建、新村道路、地下管网建设已基本完成，搬迁居民已入驻新居，初步实现了村镇建设与城镇建设接轨。

南大开发区建设具有几个显著特点：一是政府引导，业主开发，形成多元投入机制；二是基础先行，滚动开发，逐步扩大建设规模；三是上下联动，多法并举，依靠诚信招商引资；四是强化协调，跟踪服务，优化投资兴业环境，做到投资项目引得进、留得住、能发展。

第三节 问题和建议

一 存在问题

(1) 管理体制问题。市辖区有两个开发区、孝感市管理高新开发区，孝南区管理南大开发区，两个开发区各自为政，各搞一套。高新区有明确

行政区域，却没有相应法律地位和权限，每当封闭管理与部门利益发生冲突时高新区就失去了管理效力，封闭管理成为一句空话。南大开发区多头管理、交叉管理很突出，特别是财权、事权不统一，致使开发区发展受到很大牵制。

（2）发展规划问题。两个开发区各搞一套规划，互不协调，互不衔接，更缺乏合理性和连续性。高新开发区兴建的高新技术农业园，由于脱离实际，不得不进行调整。1992 年建成的南大市场，由于远离城区，营运初期“门前冷落鞍马稀”，甚至出现有“场”无“市”现象。1998 年 6 月建立的南大民营经济开发区，仍是走一步、看一步，缺乏全面、系统调查研究和科学规划，致使开发区商户返城现象时有发生，许多经营门面长期闲置。

（3）建设投入问题。南大开发区的矛盾比较突出：一是土地问题。南大开发区规划面积 8 平方公里，但至今可用土地仅 2 平方公里。2004 年，有 10 多个项目有意落户南大开发区，但用地至今无法落实。二是资金问题。1992～2004 年，孝感市、孝南区政府投入南大开发区资金不到 1 亿元，基础设施滞后，严重制约了开发区的发展。

（4）发展规模问题。孝感工业基础薄弱，竞争力不强，招商引资工作往往饥不择食，引进项目多为规模小、水平低、污染重企业。孝感许多久负盛名的农副产品，如焦湖莲藕、太子米、早蜜桃和各种蔬菜等，没有形成生产、加工、包装、销售产业链，“水产、水果”批发市场 90% 货源来源于外地，南大市场仅仅只是一个中转站。总之，发展规模小、速度低。

（5）经济效益问题。从税收与 GDP 的比值看，1998 年、1999 年均为 5.2%，2000 年为 5.1%，与同期全国平均 12%～14% 相比较，存在较大差距。其原因：一是不纳税的军工企业多、占销售总额比例大。如 2003 年，军工企业 19 家，全年销售收入 62371 万元，占高新区销售总额的 51.8%，全部不纳税。二是纳税企业数量少、规模小。如 2003 年，年纳税 50 万元以上的企业只有 17 家，占企业总数的 12.4%。三是一批新引进的企业还处于税收优惠期。从利润看，大多数企业尚处于亏损或微利阶段。

（6）失地农民问题。例如，2003 年高新区新征地近 700 亩，新增失地农民近 700 人。按现行政策规定，每亩补偿 18000 元，其中给农户 11700 元，给村集体 6300 元。显然，仅靠这笔补偿费，失地农民既不可能得到长期生活保障，更不可能实现小康。又如，1999 年以来南大开发区征用土地 1371.39 亩，辖区内完全失去土地的农户 533 户、2034 人，占开发区农业人口的 89%。其中，无土地、无劳力、无生活来源的“三无”农户 63 户、

183人；特困户22户、45人；五保户15户、15人。由于生活无保障，这些农户经常群体到孝感市、湖北省政府上访，使南大开发区承受着稳定社会的极大压力。

二 对策建议

（1）合并开发区，理顺管理体制。根据中国行政区划体制改革的趋势，我们建议在市辖区实行市、区合并的行政管理体制。同时，把高新开发区和南大开发区合二而一，并赋予合并后的新开发区以市辖区的法律地位和权力，真正做到责、权、利相统一，事权与财权相结合。只有这样，才能从根本上理顺开发区的管理体制。

（2）统一发展规划，合理安排项目。一个高新开发区，一个民营开发区，这样的安排是不科学、不合理的。因为，高新开区内可以有、也应该有民营企业，民营开发区内可以有、也应该有高新技术企业。科学的做法应该是，按照产业关联度和利益最大化、代价最小化原则来调整开发区的项目安排，从而提高整个开发区的经济效益。

（3）加大招商力度，提高引资质量。必须坚持“四个并重”，即内源型与外源型项目并重，资源开发型与资源节约、环保型项目并重，产业单一型与产业复合型项目并重，引进资金与引进品牌、技术项目并重；坚持效益优先原则，重点抓好高质量、高科技、高效益项目；实现“四个转变”，即由全员招商向专业招商转变，由遍地开花向重点突破转变，由“招管一体”向“招管分离”转变，由政策优惠向服务创新转变。

（4）落实封闭管理，优化投资环境。真正落实封闭管理制度，坚决纠正乱收费、乱罚款、乱检查，不履行承诺，吃拿卡要等违规违纪现象。对于违规违纪行为，要做到“四不放过”，即问题不查清不放过，错误不处理不放过，责任单位不改正不放过，客商不满意不放过。行风评议不仅要广泛听取引进企业意见，而且要加大企业意见在评分中的比重。

（5）坚持协调发展，维护群众利益。①保障失地农民利益，保证农民征地补偿资金按时足额到位。②增加农民收入，指导农民合理规划和利用土地，依托园区加快发展建筑、运输、商贸等行业。③做好农村劳动力就业培训和劳务输出工作，园区建设和企业招工在同等条件下优先使用本地劳动力。④解决居民生活保障问题，做好城市低保工作，健全农村扶贫机制。

第三篇　社会结构

第十六章　社会分层和社会流动

第一节　社会阶层变化

随着改革开放深入，产业结构调整，经济社会发展，社会阶层发生了一系列变化。1993～2003年，孝感市辖区各社会阶层在业人口及其结构的变化，见表16－1和表16－2。

表16－1　各阶层在业人口的变化

年度	总人口（万人）	在业人口		各阶层在业人口数（万人）								
		合计（万人）	比重（%）	社会管理阶层	私营业主阶层	专业技术阶层	办事人员阶层	个体业者阶层	商贸服务阶层	产业工人阶层	农业劳动阶层	其他阶层
1993	78.96	39.25	49.71	0.54	0.02	2.07	0.82	0.64	6.42	9.51	19.15	0.08
1994	80.33	40.06	49.87	0.52	0.07	2.05	0.83	2.25	5.90	9.85	18.01	0.58
1995	81.72	41.33	50.58	0.53	0.11	2.14	0.75	2.05	6.22	9.95	17.84	1.74
1996	83.07	42.91	51.66	0.51	0.17	2.03	0.71	3.12	6.31	9.76	17.62	2.68
1997	84.78	43.92	51.80	0.50	0.23	2.16	0.68	4.71	7.13	10.33	16.43	1.75
1998	85.89	44.65	51.99	0.46	0.33	2.25	0.66	5.78	6.96	10.14	16.84	1.23
1999	86.96	45.55	52.38	0.44	0.39	2.27	0.68	8.27	7.14	9.97	15.54	0.85
2000	88.36	46.25	52.34	0.44	0.40	2.35	0.67	9.09	7.29	10.27	15.44	0.30
2001	89.27	46.80	52.43	0.41	0.44	2.28	0.69	9.79	7.35	10.39	15.43	0.02
2002	89.57	48.32	53.95	0.37	0.53	2.27	0.73	9.87	7.36	10.34	15.52	1.33
2003	90.56	48.92	54.02	0.37	0.51	2.27	0.63	10.29	7.34	11.25	15.19	1.07

资料来源：根据孝感市统计局编《孝感统计年鉴》；孝感市孝南区统计局编《孝感市孝南区国民经济统计资料》和有关主管部门统计资料（1993～2003年）综合整理。

说明："其他阶层"，指无正当职业者和不便分类的劳动者。

表16－1和表16－2数据说明：①在业人口从39.25万人增至48.92万人，他们在总人口中的比重也由49.71%升至54.02%，这是劳动就业和

计划生育工作的成果。②社会管理阶层、办事人员阶层的人数和比重均有所下降。③专业技术人员阶层人数增加，但比重有所下降，这主要是由于小学教师和农村医务人员已大量减少。④私营业主阶层、个体业者阶层的数量和比重均大幅增长。⑤商贸服务阶层、产业工人阶层人数有所增加，但比重下降，它既是第二、三产业有所发展的表现，又是个体、私营经济蓬勃发展的结果。⑥农业劳动阶层的人数和比重均大幅下降。⑦其他阶层的增加，主要是无正当职业者人数有了较大增长。

表 16－2　各阶层在业人口结构的变化

年度	在业人口合计	各阶层在业人口结构(%)								
		社会管理阶层	私营业主阶层	专业技术阶层	办事人员阶层	个体业者阶层	商贸服务阶层	产业工人阶层	农业劳动阶层	其他阶层
1993	100.00	1.38	0.05	5.27	2.09	1.63	16.36	24.23	48.79	0.20
1995	100.00	1.28	0.27	5.18	1.81	4.96	15.05	24.07	43.16	4.21
1997	100.00	1.14	0.52	4.92	1.55	10.72	16.23	23.52	37.41	3.98
1999	100.00	0.97	0.86	4.98	1.49	18.16	15.68	21.89	34.12	1.86
2001	100.00	0.88	0.94	4.87	1.47	20.92	15.71	22.20	32.97	0.04
2003	100.00	0.76	1.04	4.64	1.29	21.03	15.00	23.00	31.05	2.19

总之，这个时期社会阶层发生了两个最显著、最深刻的变化：一是农业劳动阶层大幅下降；二是个体业者、私营业主阶层大幅上升，它们是社会经济结构发生根本转变的必然结果。

第二节　各社会阶层简况

据对孝感市辖区 781 户问卷调查，2004 年底各社会阶层的简要情况有以下方面。

一　各阶层回答人家庭基本情况

表 16－3 数据说明：①从家庭规模看，在户均人口、在业人口、家庭代数、夫妻对数等方面，私营业主、农业劳动、产业工人和个体业者阶层家庭规模较大，无劳动力和其他劳动阶层家庭规模偏小，专业技术、社会管理和办事人员阶层家庭规模居中。②从家庭结构看，私营业主、农业劳动和产业工人阶层家庭结构比较复杂（主干家庭均在 30% 以上），无劳动力和其他劳动阶层家庭结构往往不够完整；社会管理、专业技术和办事人员阶层家庭结构比较简单（核心家庭均在 70% 以上）。

表 16－3　各阶层回答人家庭基本情况

单位：户，人，%

社会阶层	户数	每户平均					家庭结构(比重)			
		人口	其中:在业人口		家庭代数	夫妻对数	夫妇家庭	核心家庭	主干家庭	其他家庭
			人数	比重						
合　　计	781	4.08	2.38	0.58	2.20	1.19	7.55	56.21	26.76	9.48
社会管理阶层	41	3.32	2.06	0.62	2.12	1.05	2.44	78.05	17.07	2.44
私营业主阶层	9	5.00	2.61	0.52	2.44	1.78	—	22.22	33.33	44.44
专业技术阶层	106	3.15	1.89	0.60	1.96	0.95	7.55	71.70	9.43	11.32
办事人员阶层	32	3.63	2.10	0.58	2.03	1.16	6.25	75.00	15.62	3.13
个体业者阶层	92	4.17	2.30	0.55	2.22	1.16	3.26	63.04	22.83	10.87
商贸服务阶层	70	3.87	2.08	0.54	2.10	1.19	8.57	64.29	24.28	2.86
产业工人阶层	142	4.19	2.20	0.53	2.31	1.25	6.34	52.11	33.80	7.75
农业劳动阶层	275	4.63	2.93	0.63	2.32	1.28	8.73	45.82	34.91	10.54
其他劳动阶层	7	3.14	0.61	0.19	1.86	1.14	28.57	14.29	28.57	28.57
无劳动力阶层	7	1.86	0.61	0.33	1.00	0.74	57.14	14.29	0	28.57

二　各阶层回答人文化程度

根据表 16－4 数据计算，平均受教育年数由多到少的顺序是：社会管理阶层 13.95 年，专业技术阶层 13.36 年，办事人员阶层 10.88 年，私营业主阶层 9.67 年，商贸服务阶层 9.54 年，个体业者阶层 8.43 年，产业工人阶层 8.37 年，其他劳动阶层 7.00 年，无劳动力阶层 6.71 年，农业劳动阶层 5.79 年。这说明，农村普及九年义务教育的任务仍非常繁重。

表 16－4　各阶层回答人文化程度

单位：人

社会阶层	人数	文盲	初小	高小	初中	高中中专	大专	大学本科	研究生
合　　计	781	64	156	47	240	148	63	59	4
社会管理阶层	41	—	1	—	1	8	18	12	1
私营业主阶层	9	—	1	1	3	3	1	—	—
专业技术阶层	106	—	6	4	5	23	25	40	3
办事人员阶层	32	1	1	5	6	9	4	6	
个体业者阶层	92	8	12	5	40	21	5	1	—
商贸服务阶层	70	—	6	4	36	20	4	—	—
产业工人阶层	142	7	34	6	45	44	6	—	—
农业劳动阶层	275	46	92	20	100	17	—	—	—
其他劳动阶层	7	1	1	2	1	2	—	—	—
无劳动力阶层	7	1	2	—	3	1	—	—	—

三 各阶层在业回答人所在单位行业

由于781户问卷调查回答人中，有80人不在业，因而在业回答人为701人。2004年底各社会阶层在业回答人的职业状况见表16－5和表16－6。

表16－5 各阶层在业回答人所在单位行业

单位：人

社会阶层	人数	农林牧渔业	采掘制造建筑	交通运输邮电	批零贸易餐饮	金融保险	房产社会服务	卫生体育福利	教科文化广电	党政机关群团	其他
合　计	701	294	88	11	106	11	54	22	64	42	9
社会管理阶层	37	—	—	3	—	3	1	5	2	23	—
私营业主阶层	8	—	1	—	3	—	2	—	2	—	—
专业技术阶层	98	4	9	—	3	4	3	16	53	5	1
办事人员阶层	28	1	3	1	1	2	3	—	5	12	—
个体业者阶层	81	9	1	2	52	—	15	—	1	—	1
商贸服务阶层	61	2	2	2	39	2	13	—	—	—	1
产业工人阶层	116	12	71	3	6	—	15	1	1	1	6
农业劳动阶层	271	265	1	—	2	—	2	—	—	1	—
其他劳动阶层	1	1	—	—	—	—	—	—	—	—	—

表16－6 各阶层在业回答人所在单位所有制

单位：人

社会阶层	人数	国有	城镇集体	农村集体	个体	私营	中外合资	股份合作	其他
合　计	701	182	6	266	123	69	2	47	6
社会管理阶层	37	34	—	—	—	2	—	1	—
私营业主阶层	8	—	—	—	—	8	—	—	—
专业技术阶层	98	84	1	3	2	6	—	2	—
办事人员阶层	28	22	—	—	—	3	—	2	1
个体业者阶层	81	—	—	—	81	—	—	—	—
商贸服务阶层	61	7	—	6	6	29	—	13	—
产业工人阶层	116	28	2	13	24	19	1	27	2
农业劳动阶层	271	7	3	243	10	2	1	2	3
其他劳动阶层	1	—	—	1	—	—	—	—	—

表16－5数据说明：社会管理和办事人员阶层主要集中在党政机关和文化教育卫生等行业；私营业主、个体业者和商贸服务阶层多经营批零贸

易餐饮业、房地产、社会服务等行业；专业技术阶层大都集中在文化教育卫生和制造、建筑等行业；产业工人阶层则以制造业、建筑业为主；农业劳动阶层则以农林牧渔业为主。

四　各阶层在业回答人所在单位所有制

表 16－6 的数据说明：社会管理、专业技术和办事人员阶层主要集中在国有单位；农业劳动阶层基本集中在农村集体单位；其他社会阶层的多数集中在个体、私营和股份合作单位。

五　2004 年各阶层回答人全家全年总收入

表 16－7 数据说明：①收入差距较大。社会管理和私营业主阶层户均收入最高，专业技术和办事人员阶层次之，其他劳动和无劳动力阶层最低，前者是后者的 5 倍多。②从收入分组情况看，户均 5000 元以下贫困户（按户均 4.08 人计算，人均 1000 元左右）82 户，占总户数 10.54%；户均 50000 元以上富裕户 21 户，占总户数 2.7%。③从收入集中程度看，其他劳动、社会管理、私营业主和产业工人阶层较集中，均在 4 个组之内；农业劳动、商贸服务、个体业者和专业技术阶层较分散，均在 6 个组以上。

表 16－7　2004 年各阶层回答人全家全年总收入

社会阶层	户数（户）	户均（元）	收入分组（元）							
			<1000	1001～2000	2001～5000	5001～1 万	1 万～2 万	2 万～5 万	5 万～10 万	>10 万
合　计	778	17147	3	8	71	233	252	190	19	2
社会管理阶层	41	35729	—	—	—	—	8	**27**	6	—
私营业主阶层	9	34267	—	—	—	1	1	**6**	1	—
专业技术阶层	106	27420	—	—	1	11	29	**59**	5	1
办事人员阶层	32	23591	—	—	1	3	14	12	2	—
个体业者阶层	89	15656	—	2	9	**33**	27	15	3	—
商贸服务阶层	70	19234	—	—	6	17	**29**	16	1	1
产业工人阶层	142	14478	—	—	8	42	**65**	27	—	—
农业劳动阶层	275	10978	1	5	43	**119**	78	28	1	—
其他劳动阶层	7	6257	—	—	3	**4**	—	—	—	—
无劳动力阶层	7	6771	2	1	—	**3**	1	—	—	—

说明：①个体业者 92 户，因有 3 户拒绝回答“全家全年总收入”情况，因而只剩下 89 户，合计则为 778 户。②黑体字为户数最集中的收入分组。

六 2004 年各阶层回答人家庭财产及其构成

表 16－8 数据说明：①各阶层家庭财产差距较大。私营业主阶层一枝独秀，户均 60 万元以上；社会管理和专业技术阶层次之，均为 10 万元左右；商贸服务、个体业者、办事人员、其他劳动和产业工人阶层再次之，均在 7 万元左右；农业劳动和无劳动力阶层最少，均不足 4 万元。②在家庭财产结构方面，总体情况是：住房居第 1 位，耐用消费品居第 2 位，生产资料居第 3 位。但是，不同阶层之间差异很大。私营业主阶层是生产资料居第 1 位，住房居第 2 位，其他财产居第 3 位；个体业者阶层是生产资料居第 2 位；办事人员、商贸服务阶层是金融资产居第 3 位；其他劳动阶层是其他财产居第 2 位。

表 16－8 2004 年各阶层回答人家庭财产及其构成

社会阶层	人数（人）	户均（元）	其中（%）				
			生产资料现值	住房现值	耐用消费品现值	金融资产现值	其他财产现值
合计	781	72825	10.32	66.53	13.74	2.85	6.55
社会管理阶层	41	145254	5.24	70.25	20.60	3.91	—
私营业主阶层	9	624411	37.28	30.67	3.93	0.54	27.58
专业技术阶层	106	96214	4.82	72.27	15.09	4.20	3.62
办事人员阶层	32	74928	2.27	66.11	20.82	9.13	1.67
个体业者阶层	92	75890	18.69	62.54	12.60	0.21	5.96
商贸服务阶层	70	77107	3.72	72.88	14.13	5.96	3.31
产业工人阶层	142	64404	5.44	77.87	12.71	3.33	0.65
农业劳动阶层	275	37926	6.25	75.49	14.17	1.34	2.76
其他劳动阶层	7	71843	0.3	90.87	4.30	—	4.53
无劳动力阶层	7	35414	—	85.32	13.88	—	0.81

第三节 社会流动的变化

社会流动是指社会成员从一种社会职业向另一种社会职业、从一种社会阶层向另一种社会阶层的转变。社会流动可分为代际流动和代内流动，代际流动是指两代人之间社会职业或社会阶层的转变；代内流动是指个人一生中社会职业或社会阶层的转变；还可分为向上流动和向下流动，向上流动是指从较低级社会职业或社会阶层向较高级社会职业或社会阶层流动，向下流动是指从较高级社会职业或社会阶层向较低级社会职业或社会阶层流动。在不同社会历史条件下，社会流动的流量和流向是不一样的。为了研究社会流动的变化，我们在对2004年《781户问卷调查》（以下简称《781户调查》）进行研究的同时，对1992年出版的《中国国情丛书——百县市经济社会调查·孝感卷》《804户户情调查》（以下简称《804户调查》）的数据进行了重新处理和对比研究。下面，就是对比研究的结果。

一　各阶层社会地位的顺序

在《781户调查》中，我们根据决定社会地位的"劳动就业"、"文化程度"、"职业地点"、"单位情况"、"经济状况"等5类、11个指标，采用分等评分方法（最高100分，在业者最低25分，不在业者最低11分）评估各阶层社会地位的高低，其结果见表16－9。

表16－9　各阶层社会地位评分情况

单位：分

项　目	总　计	劳动就业	文化程度	职业地点	单位情况	经济状况
合　　计	54.24	13.35	7.07	8.45	11.27	14.10
社会管理阶层	75.22	13.02	12.34	14.15	17.54	18.17
私营业主阶层	74.33	14.00	7.56	16.22	11.22	25.33
专业技术阶层	70.45	12.89	12.02	12.82	15.95	16.77
办事人员阶层	64.94	12.41	8.81	11.97	16.50	15.25
个体业者阶层	54.83	13.64	6.42	8.35	10.86	15.56
商贸服务阶层	54.70	12.53	6.91	8.79	11.78	14.69
产业工人阶层	54.27	12.58	6.51	9.25	12.13	13.80
农业劳动阶层	44.20	14.60	4.79	5.14	8.03	11.64
其他劳动阶层	27.14	6.71	5.14	1.86	1.14	12.29
无劳动力阶层	20.14	3.71	4.86	1.14	0.00	10.43

表16－9的数据说明：从劳动就业看，农业劳动和私营业主阶层得分最高；从文化程度看，社会管理和专业技术阶层得分最高；从职业地点看，私营业主和社会管理阶层得分最高；从单位情况看，社会管理和办事

人员阶层得分最高；从经济状况看，私营业主和社会管理阶层得分最高。总体来说，作为社会政治精英、经济精英、文化精英的社会管理、私营业主和专业技术阶层在多数指标中得分领先，因而他们是社会地位最高的3个阶层。

二　代际社会流动

据1991年《804户调查》，回答人阶层与他们父辈阶层变动情况见表16－10。

表16－10　《804户调查》：父辈阶层与回答人阶层变动情况

单位：人

自己＼父辈	合计	社会管理阶层	私营业主阶层	专业技术阶层	办事人员阶层	个体业者阶层	商贸服务阶层	产业工人阶层	农业劳动阶层	其他劳动阶层
合　计	**792**	12	—	44	29	23	18	95	571	—
社会管理阶层	44	**2**	—	3	8	—	2	7	22	—
私营业主阶层	—	—	**0**	—	—	—	—	—	—	—
专业技术阶层	80	3	—	**15**	4	3	2	10	43	—
办事人员阶层	60	—	—	6	**7**	1	—	10	36	—
个体业者阶层	20	—	—	—	—	**5**	—	4	11	—
商贸服务阶层	34	1	—	3	3	—	**6**	5	16	—
产业工人阶层	110	4	—	9	6	2	1	**42**	46	—
农业劳动阶层	436	2	—	8	1	11	6	15	**393**	—
其他劳动阶层	1	—	—	—	—	—	—	1	—	—
无劳动力阶层	7	—	—	—	—	1	1	1	4	—

说明：表16－10从左上角到右下角的黑体字，是未发生阶层流动的人数；黑体字右上部分是向上流动的人数；黑体字左下部分是向下流动的人数。

表16－10数据说明：①从流量看，未流动470人，占59.34%；已流动322人，占40.66%。②从流向看，向上流动233人，占已流动322人的72.36%；向下流动89人，占27.64%。

据2004年《781户调查》，回答人阶层与他们父辈阶层变动情况见表16－11。

表16－11数据说明：①从流量看，未流动310人，占39.69%；已流动471人，占60.31%。②从流向看，向上流动416人，占已流动471人的88.32%；向下流动55人，占11.68%。

表 16－11 《781 户调查》：父辈阶层与回答人阶层变动情况

单位：人

自己＼父辈	合计	社会管理阶层	私营业主阶层	专业技术阶层	办事人员阶层	个体业者阶层	商贸服务阶层	产业工人阶层	农业劳动阶层	其他劳动阶层
合　计	**781**	8	1	18	24	23	34	103	568	2
社会管理阶层	41	**1**	—	3	5	—	3	6	22	1
私营业主阶层	9	—	**1**	—	1	—	1	1	5	—
专业技术阶层	106	4	—	**5**	10	6	14	25	42	—
办事人员阶层	32	2	—	—	**3**	1	2	6	18	—
个体业者阶层	92	1	—	2	2	**4**	5	16	62	—
商贸服务阶层	70	—	—	1	—	6	**4**	17	41	1
产业工人阶层	142	—	—	5	2	4	4	**25**	102	—
农业劳动阶层	275	—	—	1	1	1	1	4	**267**	—
其他劳动阶层	7	—	—	—	—	—	—	2	5	—
无劳动力阶层	7	—	—	1	—	1	—	1	4	—

与 1991 年《804 户调查》相比较，2004 年《781 户调查》社会阶层代际流动率上升了 19.65 个百分点，其中向上流动比重上升了 15.96 个百分点。这说明，与 1991 年前代际流动的社会历史条件相比较，1991～2004 年期间经济社会发展速度更迅速、更健康，社会阶层结构变化更广泛、更深刻，它已促使更多社会成员走上了向上流动的康庄大道。

三　代内社会流动

据 1991 年《804 户调查》，回答人最初阶层与 1990 年阶层变动情况。见表 16－12。

表 16－12 《804 户调查》：回答人最初阶层与 1990 年阶层变动情况

单位：人

1990 年＼自己最初	合计	社会管理阶层	私营业主阶层	专业技术阶层	办事人员阶层	个体业者阶层	商贸服务阶层	产业工人阶层	农业劳动阶层	其他劳动阶层
合　计	**796**	—	—	86	37	5	32	124	469	43
社会管理阶层	45	**0**	—	8	12	—	—	13	1	11
私营业主阶层	—	—	**0**	—	—	—	—	—	—	—
专业技术阶层	80	—	—	**60**	7	—	3	3	4	3
办事人员阶层	60	—	—	17	**18**	—	2	14	2	7
个体业者阶层	20	—	—	—	—	**4**	—	10	6	—
商贸服务阶层	34	—	—	—	—	—	**25**	3	5	1
产业工人阶层	112	—	—	1	—	1	—	**75**	21	14
农业劳动阶层	437	—	—	—	—	—	—	3	**428**	6
其他劳动阶层	1	—	—	—	—	—	—	—	—	**1**
无劳动力阶层	7	—	—	—	—	—	2	3	2	—

表16－12数据说明：①从流量看，未流动611人，占76.76%；已流动185人，占23.24%。②从流向看，向上流动156人，占已流动185人的84.32%；向下流动29人，占15.68%。

据2004年《781户调查》，回答人最初阶层与2004年阶层变动情况见表16－13。

表16－13　《781户调查》：回答人最初阶层与1990年阶层变动情况

单位：人

自己最初 / 2004年	合计	社会管理阶层	私营业主阶层	专业技术阶层	办事人员阶层	个体业者阶层	商贸服务阶层	产业工人阶层	农业劳动阶层	其他劳动阶层
合　　计	**781**	—	—	89	42	28	81	227	298	16
社会管理阶层	41	**0**	—	5	19	—	3	5	3	6
私营业主阶层	9	—	**0**	2	2	2	1	2	—	—
专业技术阶层	106	—	—	**66**	6	—	8	17	4	5
办事人员阶层	32	—	—	5	**12**	—	3	6	3	3
个体业者阶层	92	—	—	3	1	**21**	17	38	12	—
商贸服务阶层	70	—	—	2	1	1	**30**	35	1	—
产业工人阶层	142	—	—	2	1	2	14	**102**	21	—
农业劳动阶层	275	—	—	3	—	—	4	17	**249**	2
其他劳动阶层	7	—	—	1	—	—	—	3	3	—
无劳动力阶层	7	—	—	—	—	2	1	2	2	—

表16－13数据说明：①从流量看，未流动480人，占61.46%；已流动301人，占38.54%。②从流向看，向上流动231人，占已流动301人的76.74%；向下流动70人，占23.26%。

与1991年《804户调查》相比较，2004年《781户调查》社会阶层代内流动率上升了15.30个百分点，但向上流动比重却下降了7.58个百分点。这说明，与1991年前代内流动的社会历史条件相比较，1991～2004年期间经济社会发展变化速度更快、竞争更激烈，社会阶层结构变化更频繁，风险更显著，它促使社会成员在社会流动中必须做出更大努力。

从表16－10、表16－11、表16－12、表16－13的对比中还可以清楚地看到：①社会阶层代际流动率都高于代内流动率，但1991年前者比后者高74.96%，2004年仅高56.49%，两者差距有缩小趋势。②无论是代际流动还是代内流动，向上流动比重都超过向下流动比重，但不同时期向上

流动比重超过向下流动比重的幅度是不同的。其中，1991 年代际流动中向上流动比重与向下流动比重差距最小，仅 2.62 倍；2004 年代际流动中向上流动比重与向下流动比重差距最大，达 7.56 倍。③社会阶层向上流动比重已呈下降趋势。2004 年代内流动中向上流动比重为 76.74%，比代际流动向上流动比重 88.32% 下降了 11.58 个百分点，甚至比 1991 代际流动向上流动比重 84.32% 也下降了 7.58 个百分点。反之，向下流动比重则呈上升趋势。这说明，随着市场经济发展，社会竞争加剧，尽管社会流动的流量越来越扩大，向上流动比重仍会大于向下流动比重，但它们的差距会逐步缩小，对个别社会成员来说向下流动风险会越来越大。

第十七章 婚姻、家庭和生育

第一节 婚 姻

一 婚姻状况

据1990年、2000年人口普查资料，15岁及其以上人口婚姻状况见表17－1。

表17－1 15岁及其以上人口婚姻状况

单位：人，%

项目		15岁以上人口数	未婚	有配偶	丧偶	离婚
1990年人口普查	人数	898913	243735	594449	57505	3224
	比重	100.00	27.1	66.13	6.40	0.36
2000年人口普查	人数	541990	114260	396980	27990	2760
	比重	100.00	21.08	73.24	5.16	0.52

说明：1990年为原县级孝感市人口普查数据；2000年，为孝感撤地设市后市辖区人口普查数据（不包括划分出去的孝昌县部分）。

表17－1数据说明：15岁及其以上人口中未婚人口比重下降6.02个百分点，有配偶人口比重上升7.11个百分点，丧偶率下降1.24个百分点，离婚率上升0.16个百分点。这说明，居民婚姻生活质量和自由度已明显提高。

二 结婚情况

（1）结婚登记情况。1993～2003年，民政部门结婚登记情况见表17－2。

表17－2与表17－1对比说明：有配偶人口比重呈上升趋势，但千人结婚率呈下降趋势，其原因可能是相当一部分已婚者没有在民政部门登记，因而出现千人结婚率下降的假象。

表 17－2　民政部门结婚登记情况

单位：人，对，%

年　度	年平均人数	结婚对数	千人结婚率	年　度	年平均人数	结婚对数	千人结婚率
1993	796450	8601	21.60	1999	863171	6146	14.24
1994	810250	6705	16.55	2000	848492	5202	12.26
1995	823950	6866	16.67	2001	857709	5056	11.79
1996	839250	6659	15.87	2002	866019	5364	12.39
1997	853350	7888	18.49	2003	868693	5731	13.19
1998	861036	6431	14.94				

（2）晚婚情况。据市民政局、人口和计生委资料，1990～2001 年晚婚情况见表 17－3。

表 17－3　女性初婚和晚婚情况表

单位：人，%

年　度	初婚人数	其中晚婚	晚婚率	年　度	初婚人数	其中晚婚	晚婚率
1990	9768	5970	61.12	1996	12657	—	—
1991	9834	5824	59.22	1997	15168	—	—
1992	9742	5231	53.70	1998	12616	—	—
1993	16586	—	—	1999	12048	—	—
1994	12982	—	—	2000	13640	3651	26.77
1995	12524	—	—	2001	11324	3795	33.51

表 17－3 数据说明：1990～2001 年晚婚率明显下降，这与表 17－1 有配偶人口比重上升趋势是一致的，它进一步说明民政部门登记的千人结婚率下降是一种假象。

（3）婚姻质量：据 2004 年对市辖区 781 户城、镇、乡居民家庭问卷调查，不同社会阶层回答人对家庭生活满意度情况见表 17－4。

表 17－4 数据说明：①781 户城、镇、乡居民家庭满意率（包括很满意和比较满意）为 61.33%，一般为 29.83%，不满意率（包括不满意和很不满意）为 8.07%，说不清的为 0.77%。②不同社会阶层家庭生活满意率是不一样的。其中，满意率最高的是社会管理阶层、办事人员阶层和专业技术阶层，均在 80% 左右；满意率最低的是产业工人阶层和商贸服务阶层，均在 54% 以下；私营业主阶层和个体业者阶层居中，均为 60% 左右。

表 17－4　不同社会阶层对家庭生活满意度情况

单位：人，%

项　　目		合　计	很满意	较满意	一　般	不满意	很不满意	说不清
合　　计	人数	781	191	288	233	51	12	6
	比重	100.00	61.33		29.83	8.07		0.77
社会管理阶层	人数	41	16	19	6			
	比重	100.00	85.37		14.63			
私营业主阶层	人数	9	1	5	3			
	比重	100.00	66.67		33.33			
专业技术阶层	人数	106	22	61	20	2	1	
	比重	100.00	78.30		18.87	2.83		
办事人员阶层	人数	32	12	14	5	1		
	比重	100.00	81.25		15.62	3.13		
个体业者阶层	人数	70	22	19	19	7	1	2
	比重	100.00	58.57		27.14	11.43		2.86
商贸服务阶层	人数	92	19	30	32	10	1	
	比重	100.00	53.26		34.78	11.96		
产业工人阶层	人数	142	33	42	56	7	3	1
	比重	100.00	52.82		39.44	7.04		0.70
农业劳动阶层	人数	275	63	93	87	23	6	3
	比重	100.00	56.73		31.64	10.54		1.09
其他劳动阶层	人数	7	1	3	3			
	比重	100.00	57.14		42.86			
无劳动力阶层	人数	7	2	2	2	1		
	比重	100.00	57.14		28.57	14.29		

三　离婚情况

据民政部门资料，1993～2003 年离婚、复婚登记情况见表 17－5。

表 17－5　离婚、复婚登记情况

单位：人，对，%

年度	年平均人数	离婚对数	万人离婚率	复婚对数	万人复婚率	年度	年平均人数	离婚对数	万人离婚率	复婚对数	万人复婚率
1993	796450	473	11.88	85	2.13	1999	863171	205	4.75	—	—
1994	810250	298	7.36	66	1.63	2000	848492	326	7.68	60	1.41
1995	823950	413	10.02	241	5.85	2001	857709	366	8.53	9	0.21
1996	839250	251	5.98	250	5.96	2002	866019	—	—	—	—
1997	853350	255	5.98	155	3.63	2003	868693	—	—	—	—
1998	861036	106	2.46								

据了解，离婚原因：一是性格不合，约占离婚总数的40%；二是配偶有外遇、重婚、“包二奶”，约占30%；三是家庭暴力，约占10%；四是其他原因，约占20%。

第二节　家　　庭

一　家庭规模

据1990年、2000年人口普查资料，家庭人口规模变化情况见表17－6。

表17－6　家庭人口规模变化情况

单位：户，人

类　别	1990年		2000年		户均人数		
	户　数	人　数	户　数	人　数	1990年	2000年	减　少
合　计	183400	764000	218900	833900	4.17	3.81	0.36
城　镇	—	—	109300	380800	3.48	3.48	—
农　村	—	—	109600	453100	4.13	4.13	—

二　家庭结构

据1990年、2000年人口普查资料，家庭户类型分布情况见表17－7。

表17－7　家庭户类型分布情况

单位：户，%

家庭户类型	1990年		2000年	
	户　数	比　重	户　数	比　重
总　计	293180	100.00	234945	100.00
一代户	16388	5.59	38921	16.57
二代户	199072	67.90	134830	57.39
三代及其以上户	66988	22.85	46728	19.89
单身户	8955	3.05	14466	6.15
其他户	1777	0.61	—	—

表17－7数据表明，家庭结构的发展趋势是：①一代户比重上升了96.42%，其中相当一部分是“丁克（DINK）”家庭（即夫妇二人不要孩子的家庭）。②以“核心家庭”（即一对夫妇与未婚子女组成的家庭）为主的二代户比重下降了15.48%，但仍占主体地位。③以主干家庭（即由两代或两代以上已婚家庭成员组成、每代不超过一对夫妻、且中间无断代的

家庭）为主的三代户及其以上户比重也有所下降。④单身家庭比重上升了101.64%，升幅最大。

三 家庭暴力

（1）家庭暴力现状。1999~2003年，孝感市、孝南区妇联接待婚姻家庭方面来信来访2313件次，其中涉及家庭暴力问题694起。经鉴定，轻微伤486起，占家庭暴力总数的70%；轻伤131起，占18.9%；重伤73起，占10.6%；暴力致死4起（4人），占0.5%。施暴者年龄集中在30~50岁之间，文化程度较低，多为工人、农民、个体户，也有公务员、教师和军人。

（2）家庭暴力原因。一是经济困难、生活拮据；二是心胸狭窄、相互猜疑；三是婚外情、第三者插足；四是赌博、酗酒等恶习；五是重男轻女、专横跋扈。此外，“男尊女卑”思想，“家丑不可外扬”陋习，妇女自身的软弱（如遭受暴力后顾虑重重，退让、遮掩、妥协、一味迁就等），法律法规不够完善（如有些规定缺乏可操作性）等，也是重要原因。

（3）家庭暴力危害。一是摧残妇女，不仅留下肉体伤痕，而且毁灭人生信念，扭曲性格，甚至失去生命。二是伤害孩子，使孩子心灵受到永久性伤害，甚至走上犯罪道路。三是危害社会，受害妇女有的离家出走，流落街头；有的不堪受辱、以暴制暴，走上犯罪道路。

第三节 生　　育

一 生育胎次

据孝感市人口和计划生育委员会提供的资料，1999~2004年生育胎次情况见表17-8。

表17-8 生育胎次情况

单位：人，%

年度	全年出生人数	一胎		二胎		三胎	
		人数	比重	人数	比重	人数	比重
1999	6444	5239	81.30	1159	17.99	46	0.71
2000	6917	5393	77.97	1488	21.51	36	0.52
2001	6070	4766	78.52	1264	20.82	40	0.66
2002	6052	4851	80.16	1165	19.25	36	0.59
2003	6377	4876	76.46	1449	22.72	52	0.82
2004	6961	5290	75.99	1631	23.43	40	0.58

表 17－8 的数据说明：只生一胎比重呈下降趋势，二胎比重呈上升趋势，三胎比重呈波动下降趋势。由此说明计划生育工作仍任重道远。

二　计划生育

1999 年 10 月 1 日～2000 年 9 月 30 日，孝感市计划生育情况见表 17－9。

表 17－9　计划生育情况

项　　目	总人口		出生总数			
	期　初	期　末	人　数	#计划内	出生率‰	计划生育率（%）
合　计	851641	863777	6917	6876	8.06	99.41
非农业人口	219129	220265	2113	2107	9.62	99.72
农业人口	628865	629864	4768	4736	7.58	99.33
流动人口	3647	13648	36	33	4.16	91.67

从表 17－9 数据可以看出：①非农业人口是“两高”，一是出生率最高，二是计划生育率最高。②流动人口是“两低”，一是出生率最低，二是计划生育率最低。③农业人口出生率和计划生育率分别为 7.58‰和 99.33%，它说明农村计划生育工作已取得显著进展。

三　生育问题

新生儿缺陷率不断上升是一个值得高度重视的严重问题。据孝感市人口和计划生育委员会统计，孝感市新生儿出生缺陷率，2001 年为 7.51‰，2002 年升至 8.94‰，2003 年再升至 9.34‰，2004 年更升达 10.1‰。专家指出，如果认真进行孕检，至少有 80% 的缺陷儿不会出生。遗憾的是，目前系统孕检的人十分有限。这既有经济原因，又有准父母对孕检认识不够、重视不够的原因，更有管理体制、政策法规等方面的深层原因。

第十八章 劳动就业

第一节 劳动力资源

1993~2004年，市辖区劳动适龄人口和从业劳动力变化情况见表18-1。

表18-1 劳动适龄人口和从业劳动力

单位：万人

年度	劳动适龄人口	从业劳动力	城镇从业劳动力			农村从业劳动力		
			合计	男	女	合计	男	女
1993	52.5	31.50	5.25	2.60	2.65	26.25	12.50	13.75
1995	52.0	31.20	5.20	2.58	2.62	26.00	12.43	13.57
1997	51.2	30.72	5.12	2.51	2.61	25.60	11.87	13.73
1999	49.6	29.78	4.98	2.39	2.59	24.80	12.01	12.79
2001	49.9	29.88	5.98	2.71	3.27	23.90	11.40	12.50
2003	50.4	30.24	6.04	2.99	3.05	24.20	11.98	12.22
2004	50.7	30.42	6.08	2.86	3.22	24.34	12.30	12.04

资料来源：孝感市劳动局，下同（另说明来源的除外）。

说明："劳动适龄人口"，是指男性16~60岁、女性16~50岁的人口。

1990年、2000年，市辖区15岁及其以上人口文化程度变化情况见表18-2。

表18-2 15岁及其以上人口文化程度变化情况

单位：人，%

年度		15岁及其以上人口	文盲	小学	中学				大专	本科及以上
					合计	初中	普高职高	中专技校		
1990	人数	624548	115114	255778	242369	178474	47792	16103	9215	2072
	比重	100.00	18.43	40.95	38.81	28.58	7.65	2.58	1.48	0.33
2000	人数	664994	68103	170157	384581	265588	78320	40673	32963	9190
	比重	100.00	10.24	25.59	57.83	39.94	11.78	6.11	4.96	1.38

第二节　城镇劳动力就业

一　城镇就业的阶段性变化

1993～2003 年，市辖区城镇劳动力就业的变化大体可分为以下三个阶段。

（1）总就业率基本稳定和以国有、集体单位为主的阶段（1993～1997 年）。这个阶段，总就业率从 97.71% 微降至 97.66%。从所有制看，国有单位从 48.15% 降至 40.4%，集体单位从 31.77% 降至 29.2%，个体经营从 12.09% 升至 19.2%，私营单位从 7.99% 升至 11.2%。公有单位合计为 69.6%，仍是就业主体。从就业方式看，以国有、集体单位招工和子女顶替为主，劳动者自谋职业和通过劳动力市场就业为辅。

（2）总就业率下降和从公有制为主向非公有制为主的转换阶段（1997～1999 年）。这个阶段，总就业率从 97.66% 降至 83.27%。主要原因是：国有、集体企业大批职工下岗。其中，国有单位从 40.4% 降至 21.55%，集体单位从 29.2% 降至 27.12%。个体经营则从 19.2% 升至 25.91%，私营单位从 11.2% 升至 25.42%。公有制单位已从 69.6% 降至 48.67%，非公有制单位则从 30.4% 升至 51.33%，后者已成为就业主体。从就业方式看，通过公有制单位改制和劳动力市场就业已成为主要方式，自谋职业方式也占有重要地位。

（3）总就业率回升和以私营、个体经营为主的阶段（1999～2004 年）。这个阶段，总就业率从 83.27% 回升到 89.8%。主要原因是：大量下岗、失业职工实现了再就业。从所有制看，国有单位从 21.55% 降至 5.68%，集体单位从 27.12% 降至 10.07%，个体经营从 25.91% 升至 26.92%，私营单位从 25.42% 升至 57.33%。公有制单位从 48.67% 降至 15.75%，非公有制单位从 51.33% 大幅升至 84.25%，其中私营单位大幅上升 31.91 个百分点，已单独成为就业主体。从就业方式看，通过劳动力市场就业已成为主要方式。

1993～2003 年，市辖区城镇劳动力就业变化的具体情况见表 18－3。

二　下岗、失业

1993～2003 年，孝感市直“关、停、并、转”国有、集体单位 132 家，孝南区也有大批职工下岗、失业。据不完全统计，市辖区国有企业职工下岗、失业情况见表 18－4。

表 18－3　城镇劳动力就业变化情况

单位：万人

年度	劳动力	就业人数							
		合计	年龄			所有制			
			16～34	35～49	50～59	国有	集体	个体	私营
1993	5.25	5.13	2.30	2.56	0.27	2.47	1.63	0.62	0.41
1995	5.20	5.08	2.20	2.54	0.34	2.25	1.43	0.89	0.51
1997	5.12	5.00	2.15	2.53	0.32	2.02	1.46	0.96	0.56
1999	4.98	4.13	1.33	2.41	0.39	0.89	1.12	1.07	1.05
2001	5.98	5.24	1.89	2.56	0.79	0.70	0.81	1.31	2.42
2003	6.04	5.51	2.03	2.58	0.90	0.46	0.63	1.41	3.01
2004	6.08	5.46	2.01	2.52	0.93	0.31	0.55	1.47	3.13

表 18－4　市直国有企业职工下岗、失业情况

单位：人

年度	下岗、失业人数	女性	下岗原因：		
			企业关停并转	个人自愿下岗	其他原因
1993	9134	4913	8154	161	819
1995	9619	4954	8544	105	970
1997	10541	4817	9113	201	1227
1999	12463	5988	9819	306	2338
2001	13369	6743	10677	346	2346
2003	10516	5014	8617	505	1394
2004	8763	4115	7146	106	1511

说明："其他原因"，是指加入民营企业、个体户、外出打工等。

三　失业人员再就业和待业人员安置

1993～2004年，市辖区城镇失业人员再就业情况见表18－5。

表 18－5　城镇失业人员再就业情况

单位：人

年度	总计	到企业再就业							到个体经济组织再就业
		合计	所有制			产业			
			国有集体	私营企业	外资港台	第一产业	第二产业	第三产业	
1993	9548	9134	357	6744	2033	441	987	7706	414
1995	10023	9619	279	6562	2778	365	1143	8111	404
1997	11085	10541	264	7112	3165	410	991	9140	544
1999	13174	12463	212	7504	4747	399	1148	10916	711
2001	13369	12226	113	6963	5150	413	713	12243	1143
2003	11179	10516	48	7115	3353	388	557	9571	663
2004	9279	8763	30	5033	3700	372	613	7778	516

1993～2004年，市辖区城镇待业人员安置就业情况见表18－6。

表18－6 城镇待业人员安置就业情况

单位：人

年度	合计	国有单位	集体单位	个体私营	其他单位	临时工作
1993	2100	576	200	943	61	320
1995	2447	671	343	899	81	453
1997	2716	711	266	1041	91	607
1999	2886	913	334	1107	97	435
2001	2955	818	89	1141	77	830
2003	3005	1054	43	1015	114	779
2004	2987	1143	21	1147	107	569

第三节 农村劳动力就业

一 农村劳动力状况

据孝感市、孝南区劳动就业局等单位资料，1990年、2000年、2005年市辖区农村劳动力简况见表18－7。

表18－7 城镇下岗、失业人员再就业情况

单位：万人

年度	农村劳动力	性别		文化程度				
		男	女	文盲	小学	初中	高中	大专及以上
1990	47.5	25.1	22.4	0.01	20.20	23.74	3.40	0.15
2000	48.3	24.3	24.0	0.01	19.40	23.01	5.60	0.28
2005	48.6	24.2	24.4	0.01	18.10	20.84	9.30	0.35

据孝感市、孝南区劳动就业局对近10万农村外出劳动力登记资料，他们的文化、技术状况见表18－8。

表18－8 农村外出劳动力文化、技术状况

单位：人

年度	合计	文化程度				技术特长						
		大中专	高中	初中	其他	建筑	烹饪	缝纫	木工	修理	汽车驾驶	其他
1994	96307	132	13946	52609	29620	57966	4541	3645	7628	1280	2000	19247
1995	98427	146	15862	54418	28001	58864	4647	3685	7769	1650	480	21332

二 农村劳动力向非农产业转移

（一）转移的数量和分布

1993～2004年，农村劳动力向非农业产业转移的数量及其分布情况，见表18－9。

表18－9 农村劳动力向非农产业转移就业情况

单位：人

年度	人 数	地区分布		行业分布						
		跨 省	省 内	建筑业	电 子	机 械	缝 纫	维 修	商 饮	其 他
1993	68354	54612	13732	31340	8910	570	470	717	13741	12606
1995	73285	61047	12238	36881	11810	586	1101	917	13432	8558
1997	76189	66177	10012	37631	11433	610	861	874	14110	10670
1999	84152	70140	14012	41430	13170	703	922	803	14760	12364
2001	112740	82743	29997	51530	16437	1140	1341	1055	18990	22247
2003	153730	127643	26087	71440	21433	1860	2170	2331	31429	23067
2004	159830	137540	22290	71136	21768	1779	2030	2410	31673	29034

（二）转移的方式和特点

市辖区农村劳动力向非农业产业转移大体有3种方式：第一种方式是兼业式转移，主要是年龄较大、文化较低、缺乏一技之长的农民，农忙时种田，农闲时外出打工或到城里做小买卖。第二种方式是脱农式转移，主要是高、初中毕业青年劳动力，不愿意留在家乡务农，而希望通过到外地闯世界逐步脱离农村。第三种方式是搬迁式转移，主要是有技术特长、在外打工、经营有一定基础，有能力把家属全部转移的农民。

不同街、镇、乡、场农村劳动力转移的方向、范围、行业往往具有不同特点：一是城区街道和周边乡镇，主要依托城区从事个体商贸、餐饮、劳务、贩运等行业，到外地打工的较少。二是北部杨店、西河、陡岗3镇是建筑之乡，20世纪90年代到京、津、东北搞建筑打出了品牌，在部分建筑大户的带领下长年有数万人在北方从事建筑业。三是靠铁路的肖港、祝站、三汊3镇，除建筑业外，部分农民以铁路为依托赴武汉、广东等地运销蔬菜等农产品。四是南部靠近武汉的毛陈、闵集、东山头等乡镇场，一部分农民迁徙到武汉市郊种蔬菜，一部分则到上海、江浙等地做沙生意。五是中部朋兴、新铺两镇，20世纪90年代初就闯入云、贵、川等地

人才交流现场

做小商品生意，有的已小有名气，如四川遂宁等地就有孝感商品街。此外，各街、镇、乡、场都有一定数量青壮年男女农民到东南沿海地区务工经商，有的已完成原始积累，开办了自己的企业。

（三）转移的经济社会效益

市辖区人多地少、人增地减，农村劳动力向非农业产业转移带来了巨大经济社会效益：

（1）打工经济已成为农民增收主渠道。据调查，2001 年市辖区农民人均纯收入 2443 元，其中打工收入 496.62 元，占 20.32%。2003 年，打工

孝感劳动力输出

收入增至701.22元，占全年纯收入27.48%，增7.16个百分点。

（2）打工收入已成为发展农业、改善生活的资金来源。据摸底，一个农民工一年打工收入约1万元。“打工”家庭一般有“四多”，即买农业生产资料多，做新房多，孩子上高中大学多，添置耐用消费品多。

（3）打工收入促进了新农村建设。打工赚回的资金，促进了村级公路、农村小学等公益事业发展。2005年，陡岗镇18个村投资400多万元建设油路，其中9个村、15公里油路已建成通车。

（4）回归经济已成为发展县域经济的重要动力。据调查，外出务工经商农民中约有2%的人已成为拥有百万元、千万元的老板。他们中已有部分人回乡投资，成为推动县域经济发展的动力。到2004年，回归经济已兴办投资200万元以上企业40余个，提供就业岗位400余个，建农业基地8000余亩。

（5）提高了打工者综合素质。打工者通过外出打工不仅获得了物质利益，而且扩大了视野，增长了见识，学到了技术，提高了综合素质，从而为社会主义新农村培养了不可或缺的建设和管理人才。

此外，农村劳动力转移还缓解了人多地少矛盾，有利于发展农庄经济，有利于土地集约经营，有利于农业机械化和现代化，有利于农业产业化经营，有利于向农村扩散现代文明。

（四）转移的问题和对策

农村劳动力转移面临的主要问题：一是制度性障碍仍然很普遍，特别是在就业、工资、社会保障制度以及子女上学、住房等方面对进城农民的限制仍然很多。二是劳动中介组织少，信息不对称，求职几率低，特别是收费低、信誉好的劳动中介组织更少。三是劳动条件、安全保障、生活条件太差，致使农民工体质下降，职业病频发，工伤事故得不到及时医治和赔偿。四是缺乏维权意识和维权组织，一旦发生劳资纠纷，合法权益就会受到侵害。五是农民工自身素质低，在劳动力市场竞争中始终处于弱势地位。六是留守老弱妇孺多，农民工集中的村落往往出现土地抛荒现象，留守孩子的教养也成为一个日益突出的社会问题。

为了促进农村劳动力转移，应采取以下对策：首先，进一步破除体制性障碍和政策性歧视。其次，加强职业培训，提高农民工素质。第三，发展劳动中介组织，搞好农民工服务工作。第四，吸收农民工加入工会组织，帮助农业民工维护自身合法权益。第五，做好留守老弱妇孺服务工作，解除农民工后顾之忧。

三　农民失地情况

随着城镇扩张和非农产业发展，征用耕地越来越多。2005年，据孝

南区政府对城区4个街道、周边4个乡镇以及南大开发区调查，共征占土地15913亩，涉及70个村，9342户（其中全部失地4802户，部分失地4540户）、34796人（其中全部失地15655人，部分失地19141人）。从征地项目用途看，道路建设占12%，城市建设占35%，园区企业占45%，行政事业占8%；从征地项目归属看，省级占12%，市级占42%，区及以下占46%。如何安排城镇周围失地农民，已成为越来越突出的社会问题。

第四节　职业介绍和培训

一　职业介绍

20世纪90年代初，孝感市劳动部门就成立了“下岗职工再就业服务中心”，这是按政策要求成立的过渡性职业介绍机构。1993～2004年，市辖区劳动部门有职业介绍机构20个，其中市、区各1个，街道、镇18个；工作人员从63人增至69人。1993～2004年，劳动部门职业介绍工作情况见表18－10。

表18－10　劳动部门职业介绍工作情况

单位：人，%

年度	求职登记人数					用人登记人数				职业介绍成功人数				求职成功率
	合计	待业青年	失业人员	其他人员	农村劳力	合计	企业	家庭服务	其他	合计	失业人员	其他人员	农村劳力	
1993	5813	1054	465	1077	3217	3644	3380	213	51	2981	431	413	2137	51.28
1995	6619	1249	575	1229	3566	4147	3823	245	79	3877	531	594	2752	58.57
1997	7643	1334	539	1824	3946	4566	4236	283	47	4367	477	917	2973	57.14
1999	8707	1551	772	1969	4415	5015	4599	309	107	4968	663	914	3391	57.06
2001	8854	1531	1283	1763	4277	5619	4996	507	116	5513	1113	933	3467	62.27
2003	9241	1643	1552	1370	4676	6487	5744	647	96	6107	1443	717	3947	66.09
2004	9137	1566	1722	1316	4533	6710	5919	713	78	6601	1610	515	4476	72.24

表18－10数据说明：①求职登记人数呈上升趋势，2004年比1993年上升了57.18%。②用人登记人数呈上升趋势，2004年比1993年上升了84.14%。③职业介绍成功人数也呈上升趋势，2004年比1993年上升了121.44%。④求职成功率同样呈上升趋势，2004年比1993年上升了20.96个百分点。⑤农村求职登记人数和求职成功人数，2004年比1993年分别

上升了40.91%和109.45%，即分别低于总增长率16.27个百分点和11.99个百分点，这是农村劳动力处于弱势地位的具体表现。

二 职业培训

1993～2004年，劳动部门职业培训工作情况见表18－11。

表18－11 劳动部门职业培训工作情况

单位：人

年度	结业人数		办学单位			结业后去向					
	合计	#待业青年	劳动部门办学	私人办学	其他	国有单位	集体单位	乡镇企业	私营企业三资企业	个体经营	待业
1993	4819	4819	3354	817	648	1000	—	529	2319	654	317
1995	4987	4987	4110	765	112	1109	—	365	2614	567	332
1997	5536	5536	4136	814	586	1345	—	393	2910	516	372
1999	5886	5886	4617	865	404	1353	—	560	2814	743	416
2001	7110	6177	5516	1044	550	1614	613	—	4057	595	231
2003	7319	5227	5868	1231	220	1277	354	—	4946	532	210
2004	5849	3327	4321	774	754	1014	403	—	3774	463	195

三 问题和措施

职业介绍和培训中存在的主要问题：一是机构规模小、工作人员少，不适应发展需要。二是从业人员素质低，专业人才奇缺，影响了职业介绍和培训质量。三是缺乏管理职业介绍和培训的经验，部分职介、培训机构出现滥收费、缺乏诚信、欺诈求职者等违规违法现象，在社会上造成一些负面影响。

为了搞好职业介绍和培训工作，应采取如下措施：一是搞好整顿，认真清理和整顿职业介绍和培训机构，坚决纠正违规违法行为，取缔违法职介和培训机构。二是加强领导，逐步实现对职业介绍和培训机构的规范化管理。三是加大投入，政府应加大对职业介绍和培训的投入，这既是求职者和用人单位的迫切需要，也是发展经济、稳定社会的迫切需要，是政府必须履行的社会职责。

第十九章　社会保障和社会救助

第一节　农村“五保”

“五保”是指保吃、保穿、保烧、保教（对少年儿童）、保葬，是国家对农村缺乏劳动力、生活无依无靠的鳏寡孤独者实行的一种保障制度。

1993 年，孝感撤地设市，孝南区对 13 个乡、镇、场实行了“五保”乡级统筹。

1994 年，国务院颁布《农村“五保”供养条例》，它标志着“五保”供养进入法制化轨道。为贯彻条例，市辖区民政部门做了几件工作：一是按规定评定五保对象。二是提高供养水平，原为 418 元，1994 年为 471 元，1997 年为 1000 元，1998 年后为 1200（分散供养）和 1400 元（集中供养）。三是与各村委会签订协议，颁发五保供养证。

2003 年，湖北省启动“福星工程”。孝南区对农村五保情况进行了一次检查，并筹措资金 1925 万元，新建福利院 5 所，改扩建福利院 10 所，集中供养 1984 人，落实供养经费 365.43 万元，改善了五保条件。

1993 ~2003 年，五保供养乡统筹情况，见表 19 -1。

表 19 -1　五保供养乡统筹情况

单位：万元，人

年　度	统筹金额	供养方式和人数			
		合　计	集中供养	分散供养	亲属代养
1993	89.6	1965	236	1729	—
1995	205.0	2900	330	2570	—
1997	225.0	1940	345	1595	—
1999	250.0	2802	347	1941	514
2001	266.7	2997	675	2322	—
2003	365.4	3930	1984	1946	—

资料来源：孝南区民政局，下同（另说明出处者除外）。

说明：“集中供养”是指进入区、乡、镇、场办福利院供养。

存在的主要问题是：五保对象看病难，生活水平偏低，精神生活缺乏。

建议：①把五保供养工作纳入政绩考核内容，每年进行一至两次考核。②出台五保对象医疗救助办法，解决五保对象看病难。③加大资金投入，使农村五保供养标准与城镇低保标准基本持平。

第二节 医疗保险

一 城镇医疗保险

1996 年，国务院确定孝感市为全国城镇职工医疗保险制度改革试点城市之一。1997～2005 年，市辖区医疗保险制度改革大体可分为 4 个阶段，即试点阶段（1997～1998 年）、与国务院医改《决定》接轨阶段（1999 年）、建立多层次医疗保障体系阶段（2000～2001 年）和调整完善配套政策阶段（2002 年以后）。目前，一个以基本医疗保险为主，公务员医疗补助、大病医疗保险和企业补充医疗保险为辅的多层次医疗保险体系已基本建立。同时，有效控制了医疗费用不断攀升的势头，实现了医疗保险统筹基金收支平衡。

医疗保险制度改革的主要成果是有以下方面：

（1）医疗保险覆盖面稳步扩大。截至 2004 年底，市直有 906 个单位、6.25 万职工参加医疗保险，占应参保单位数、职工人数的 77.5 % 和 92%，全部职工参保覆盖率达 55% 。行政、事业、企业单位职工参保率，分别为 98.8 %、82.5 % 和 64.8%。2004 年 9 月实施城镇灵活就业人员医疗保险办法后，已参保 2345 人。

（2）医疗保险基金收支平衡。1997～2005 年，市直征收医疗保险基金 2.18 亿元，征收率 96.5%，支付医疗保险费用 1.71 亿元，占征收基金的 78.4%。其中，个人账户支付 0.7 亿元，沉淀 0.24 亿元；统筹基金支付 1.01 亿元，积累 0.23 亿元。在统筹基金支付的 1.01 亿元中，支付住院医疗费 0.83 亿元，支付慢性病医疗费 0.07 亿元，支付大病封顶线以上医疗费 0.11 亿元，基本满足了不同参保人群医疗需求。

（3）医疗费用过快增长势头得到控制。1997～2005 年，参保职工人均医疗费用支出从 352.9 元增至 425.8 元，增长 20.7%。在参保人数增加的情况下，人均医疗费用递增率为 15 %。但是，比医改前 9 年人均医疗费递增率降 8.4 个百分点；市直参保职工平均住院率始终控制在 6% 以内，转外就医率则为 9%；市直主要定点医疗机构住院定额稳中有降，不规范行

为明显减少。

(4) 管理办法不断完善。市直确定定点医疗（药）机构 24 家，定点药店 19 家，并与武汉同济、协和等 6 家医院签订了转诊服务合同。就医管理服务网络完善，为职工提供了就医专窗、专柜、专床及挂牌服务，住院转院审批、内部审核、定额结算和考核评比等制度及医疗费用预测监控体系健全。市辖区多层次医疗保险体系和城镇灵活就业人员医疗保险政策已经建立，出台了慢性病管理报销办法、困难企业参保办法和改制企业离退休人员医疗保险一次性算断办法，并得到了较好的贯彻执行。

1997 ~2004 年，孝感市直城区参保人数及征收医疗保险基金情况，见表 19 –2。

表 19 –2　孝感市直城区参保人数及征收医疗保险基金情况

项目＼年份	1997	1998	1999	2000	2001	2002	2003	2004
参保人数(人)	21509	23615	26240	31560	33470	34500	51600	62008
征收基金(万元)	1689	1705	1916	2500	2800	3009	4900	6180

二　问题和建议

医疗保险存在的问题：一是市直与县市工作不平衡。二是属地原则难落实，部分中央和省属单位游离于医疗保险之外。三是政策宣传不力。四是有关政策跟不上经济发展要求。五是缺乏稳定财政支撑机制。

为了搞好医疗保险撰稿者建议：一要加强医疗保障立法，重点解决经费来源、财政支撑定位、私企、个体、临时就业等人员参保等问题。二要落实属地原则，确保中央和省属单位参加医疗保险。三要尽快出台城镇居民、学生等人群参保指导意见。四是保证经办机构、人员的活动经费。

农村合作医疗，2003 年正在孝感市下辖云梦、汉川、安陆 3 县市进行试点，市辖区暂时还未实行。

第三节　残疾人事业

一　主要成绩

1993 ~2003 年，市辖区残疾人事业有了较大发展。

(1) 普查登记。据 2003 年普查登记，市辖区有残疾人 30561 人，占

总人口 82.6 万的 3.7%。其中，视力残疾 4138 人，占 13.5%；听力残疾 2329 人，占 7.6%；言语残疾 2037 人，占 6.7%；智力残疾 4501 人，占 14.7%；肢体残疾 12995 人，占 42.6%；精神残疾 3434 人，占 11.2%；多重残疾 1127 人，占 3.7%。

(2) 康复工作。已先后使 300 余名白内障患者重见光明，为 12 名肢残人员安装了假肢，让 12 名聋儿接受语言训练，免费发放残疾人用品用具 200 余件。

(3) 社区试点。城区 4 个街道、27 个社区有残疾人 3450 人，占市辖区残疾人总数的 11.2%。2005 年，在一宫、三里棚和中山社区开展残疾人试点工作，已取得初步成效，并召开现场会推广。

(4) 安置就业。市辖区有福利企业 13 家，已集中安置 230 名残疾人就业，按比例分散安置 240 名残疾人就业。此外，盲人按摩从业者达 100 余名；扶持残疾人个体从业 600 余名。有的残疾人还开办了企业，如肢残人程厚平、胡云乔、晏松林开办的摩托车修理厂、旅社、商店、印刷厂资产已达 20 万~100 万元。

(5) 扶助贫困。城区有 814 名特困残疾人享受城镇居民最低生活保障，每月发放生活保障金 48316 元，人均 59.36 元。2005 年，开展党员先进性教育和“手牵手”结对帮扶活动，有 100 余户残疾人家庭受益。

(6) 倒房重建。2002 年，开展农村倒房重建工作，其中解决残疾人危房或倒房 375 户，新建房屋 587 间，投入资助建房资金 176 万元，户均获得资助资金 4693 元。

(7) 送温暖活动。每年“全国助残日”、春节或残疾人大学生升学之际，开展为残疾人送温暖活动，累计送慰问金 2 万余元；市辖区特殊教育学校累计接受社会捐赠 20 余万元，物资价值 5 万元。

二 问题和建议

残疾人工作存在的主要问题：一是残疾人贫困人口多，生存状况差。二是政策、法规不够完善。三是资金投入不足。四是对残疾人存在不同程度偏见，现代残疾人观还有待广泛宣传。

发展残疾人事业的建议：一是加强领导，政府有关部门应将残疾人工作列入职责范围和工作计划。二是加大投入，由政府将残疾人事业经费列入财政预算，并动员社会各界支持。三是完善立法，依法保障残疾人参与社会生活的权益。四是加强教育，宣传现代残疾人观，消除对残疾人的歧视和偏见。

第四节　社会救助和社会福利

一　社会救济

1993~1996年，城镇社会救济概况见表19-3。

表19-3　城镇社会救济概况

单位：人，元

年度	地区		救济人数	月救济金额	人均金额
1993		合计	337	28552	84.7
	其中	孝南	190	15293	80.5
		市直	147	13259	90.2
1994		合计	437	37869	86.7
	其中	孝南	272	22755	83.7
		市直	165	15114	91.6
1995		合计	623	55077	88.4
	其中	孝南	325	26350	81.1
		市直	298	28727	96.4
1996		合计	715	64609	90.4
	其中	孝南	325	26350	81.1
		市直	390	38259	98.1

2003年8月，国务院颁布《城市生活无着的流浪乞讨人员救助管理办法》。到2004年，孝感市辖区共接待求助人员1508人，对其中符合条件的1318人给予了及时救助。

二　城镇居民最低生活保障

1997年7月，孝感城区开始实施城镇居民最低生活保障制度（以下简称“低保”）。由于低保对象具有范围广、类别多、收入变动大等特点，因而在审批工作中严把户口、手续、公示三关。为了强化低保工作管理，建立了四项制度：一是申请续保制度。低保对象每季度都要到所在社区申报家庭收入变化情况，递交续保申请，连续两季度不申请者作自动放弃处理。二是动态管理制度。根据低保对象收入变化情况，该增的增，该降的降，该取消的取消。例如，2002年接到群众举报100余起，调整350户987人低保标准，取消45户、153人低保待遇。三是分类管理制度。把低保对象分为3类：无法定抚养人、无劳动能力、无生活来源的“三无对象”；主要劳动力长期重病、重残，收入低的对象；有一定劳动能力、收入不稳定的对象，分类进行管理。四是公益劳动制度。每月组织有劳动能力低保对象参加公益劳动，2003年孝南区参加公益劳动的低保对象达3000人次以上。

1997～2003年，低保对象、金额变化情况见表19－4。

表19－4 低保对象和金额变化情况

年 度	季 度	户数(户)	人数(人)	金额(万元)/季度	人均(元)/月
1997	3	351	526	4.08	25.86
2000	3	435	840	10.12	40.16
2002	1	1358	3207	40.70	42.30
2002	4	6000	16000	202.00	42.08
2003	4	9196	23366	122.50	52.43

三 社会福利

到2003年，市辖区有17所国办福利院，收养代养老年人、残疾人和孤儿2070人，其中自费代养率达2%；市辖区有“星光老年之家”34个，其中孝南区老年服务中心星光老年之家等4个单位被湖北省民政厅评为先进单位。同时，积极推进社会福利社会化进程，扶持兴办了孝感城区首家民办社会福利机构——孝感福乐老年公寓，已收养老年人、残疾人和孤儿86人。

农村“福星工程”有较大进展，市辖区共划拨闲置资产27处，占地面积1476亩，建筑面积33308平方米，改、扩建福利院8所，新建福利院5所，新增床位2859张，已集中供养1984人。

四 困难和建议

社会救助和社会福利工作面临的主要困难：一是资金缺口大，如2002年孝感城区低保标准人均42元/月，比湖北省要求中等城市人均60元/月标准低30%。2003年按新政策年需资金2070万元，资金缺口达345.3万元。二是动态管理难度大，成本高。三是多数低保对象文化水平低、劳动技能差、年龄偏大，就业非常困难。四是社会福利设施少、水平低，很难满足实际需要。

第五节 优抚和安置

一 优待和抚恤

1993~2003年，优抚对象统计情况见表19-5。

表19-5 优抚对象统计情况

单位：户，人

年度	烈士家属		因公牺牲家属		病故军人家属		军人家属		伤残军人	复员军人	退伍军人
	户数	人数	户数	人数	户数	人数	户数	人数			
1993	168	671	278	558	326	968	6901	27604	310	3225	28281
1995	179	712	304	912	379	1064	7963	29028	398	2562	29988
1997	189	745	338	986	396	1192	9002	33251	492	2234	31729
1999	201	783	354	1063	418	1244	10048	39781	568	1982	33167
2001	210	848	383	1129	445	1325	11043	42120	662	1807	34176
2003	221	886	398	1183	461	1384	12116	46291	736	1697	35055

资料来源：孝感市统计局。

二 双拥工作

1993~2003年，市辖区双拥工作扎扎实实。一是健全了双拥组织。二是加大了宣传力度。三是开展了共建活动，杨店镇与湖北省军区某通信团共建点被湖北省军区授予“十面红旗”之一，西汉村被总政治部、中宣部命名为“共建社会主义精神文明先进单位”。四是办了许多实事，如给部队补贴水电燃料费、优先安排驻军子女入学、入托等，城区粮管所被总政治部、商业部评为“军粮供应先进单位”，四方稍粮库被共青团中央授予“青年文明号”。通过共同努力，孝感已连续4次获湖北省“双拥模范城”和4次获全国“双拥模范城”称号。

孝感驻军在拥政爱民方面也做出了很大贡献。特别是1998年市辖区遭受了历史上罕见的洪涝灾害，陡岗、肖港、朋兴、毛陈、东山头、闵集、祝站等8个乡镇45个村农作物严重受渍，受渍人口168640人，经济损失达数百万元。灾情发生后，驻军和武警部队全力以赴，个个争先，哪里有灾情，哪里就有子弟兵，为减少灾害损失做出了巨大贡献。

2004年，驻孝部队深入开展“手牵手、帮战友”、捐资助学等活动，捐款捐物价值12.5万元，解决了250户特困优抚对象“生活难、住房难、看病难”问题，资助大批失学儿童重返校园，受到社会普遍赞誉。

三　安置工作

1993～2003年，市辖区共安置城镇退伍军人3246名；使用军地两用人才1780名，使用率达60%以上。例如，杨店镇爱国村在退伍军人李金洲的带领下，全村70%的农户喂养甲鱼，实现了甲鱼基地化饲养，使该村一跃成为全镇首富村，先后两次被湖北省政府、湖北省军区评为“军地两用人才先进单位”。

2004年，市辖区克服“难安置、安置难”，实行“按系统分配包干安置”和政府统筹安置相结合，以及“边接收、边安置”的办法，安置退役士兵778人，安置率达76％。其中，自谋职业300人，占39%。

安置工作的一项重要任务，是搞好军休所规范化建设，落实军休干部待遇。市直军休所积极争取湖北省军休办和地方有关部门的支持，全面落实了军休干部的医疗、工资和福利待遇，经常开展“生命之树常青”、“老战士情系苏区”、捐资助学、门球赛等活动，丰富了军休干部生活。由于工作出色曾荣获湖北省民政厅全省军休所规范化建设一等奖，市直军休所所长赵友元被评为“全国军休工作先进工作者”。

第六节　自然灾害的救助

1993～2003年，自然灾害和救灾救济概况见表19－6。

表19－6　自然灾害和救灾救济概况

年度	自然灾害情况	救灾情况
1993	旱灾、水灾、龙卷风和阴雨交替袭击，致使2人死亡，152人受伤，倒塌房屋547间	机关干部、职工捐款1.2万元，大米1万斤，衣物3000余件，国家拨专款15万元，发棉被80床，寒衣580套
1994	6月降雨量少，14条河流断流，1.84万口塘堰干涸。9个乡镇4.85万人、2.8万头牲畜饮水困难，受旱面积32.2万亩，基本无收面积9.1万亩，直接经济损失1552万元	机关安排专班到乡、镇走访，春节前下拨救灾款25万元
1995	发生水汛	调查闵集等4个乡镇灾情，录制实况片报省民政厅

续表 19-6

年度	自然灾害情况	救灾情况
1996	遭受历史罕见洪涝灾害,成灾人口48.6万元,倒塌房屋3284间,伤病560人,死亡5人,死亡牲畜610头,直接经济损失1.86亿元	争取上级下拨救灾款126万元,社会各界捐款17万元,安置灾民99200人,修复房屋3284间,拨27万元购仔猪1500头,分送给7个重灾乡镇的重灾户喂养
1997	6至7月受大暴雨影响,沿府环河的肖港、朋兴、陡岗、卧龙4乡镇受灾面积19550亩,成灾面积7820亩	组织215名干部、1.2万劳力、98台电机(850千瓦)、120台柴油机(138匹马力)抗灾,把损失降到最低限度
1998	遭受历史罕见洪涝灾害,8个乡镇45个村农作物受渍,受渍人口168640人,经济损失2500万元以上	拨救灾款物300余万元,救济安置灾民3.5万人,接受社会捐款物合计270万元
1999	先后发生洪涝、干旱和病虫害。受害人口约20万人,特困户3.5万户,14万人	发放救灾、救济款80.2万元,救助灾民和特困户2500户
2000	持续干旱,涉及476个村49万人,成灾人口38万人。6月龙卷风袭击,140户民房倒塌,经济损失700余万元	发放救灾款62万元,寒衣500余套,棉被300余床,后又争取救灾款90万元,为6万余人解决了困难
2001	遭受特大旱灾,受灾面积达41.1万亩,成灾面积36.6万亩,绝收14万亩,受灾人口达45万人	组织近500人次深入查灾,确保人畜饮水,湖北省政府办公厅、省交通厅捐赠救灾救济款1692225元
2002	从6月份起,长期阴雨并屡遭暴雨,农作物大面积受灾,农房损毁,直接经济损失达8000余万元	下拨救灾款160万元,上年底购粮17万公斤,开春后分两批购粮60.5万公斤,发放到受灾乡镇
2003	6月22日进入汛期后遭特大降雨,8个乡镇82%耕地受灾;城区大面积渍水,民堤损毁严重。受灾人口43.4万,成灾人口34.7万人,直接经济损失2.6亿元	对房屋倒塌受伤人员973人下拨治病资金5.8万元,调剂12万元修复毁坏房屋,发放救济金17万元,救济粮10万公斤

第二十章　社会治安及其管理

第一节　社会治安和公安工作

一　发展概况

1993年，人民警察首次授衔；孝感地区公安处更名为孝感公安局，原县级孝感市公安局更名为孝南区分局，设立开发区分局。1995年1月，成立巡警支队。1996年，开通110报警报务台。

1997年，实行警队建制，完成从行政事务型向综合实战型转变；启动派出所和刑侦工作改革。派出所改革：实行一区一警、一警多能、一包到底的社区警务机制。刑侦工作改革：建立刑警队，实行侦审一体化；预审机构、队伍和职能划归刑侦部门。2000年12月，民警换着九九式警服。

2002年，组建了一支40人的多功能防暴警察队伍，担负巡逻、防暴、处置突发性事件等急难险重任务；开通集110、120、119和城市交通监控、金融联网报警、有线和无线为一体的“三警合一”指挥系统，提高了城区治安动态、刑事侦破、火灾预防和快速反应能力。

1993～2003年，社会治安形势大体可分为以下3个阶段：

（1）1993～1996年，这一阶段的特点是：农村案件多发，带黑社会性质犯罪开始出现，盗窃自行车、铁路物资、耕牛、变压器、电机以及车匪路霸案件比较突出。通过整治，遏制了犯罪活动。1996年9月，第三届全国工人运动会孝感赛区保卫工作万无一失，被评为最佳赛区。

（2）1997～2000年，这一阶段，刑事案件有所减少，但孝感城区发案上升，特别是“四霸六强”（村霸、街霸、行霸、地霸；强揽建筑工程、强行装卸运输、强行用水用电、强买强卖、强拿恶要、强占土地）、抢劫出租车司机、入室盗窃等案件增多。这一阶段，加强了刑事案件立案和侦破工作，处置了一批地痞流氓，维护了社会治安，保证了孝感建市五周年纪念和招商等活动。

（3）2001～2003年，这一阶段的特点：一是盗窃摩托车、电动自行车案件增多；二是入室盗窃居刑事发案主导地位；三是抢劫、抢夺作案方式在孝感城区频繁出现。根据中央部署，开展了为期两年的严打整治斗争，促进了治安形势好转。

二　刑事案件

（一）刑事案件立案和破案

1993～2003年刑事案件立案、破案和案犯情况见表20－1和表20－2。

表20－1　刑事案件简况

年度		立案数（件）	案件类型（件）									破案数（件）	破案率（%）
			杀人	伤害	纵火	抢劫	抢夺	诈骗	盗窃	强奸	其他		
合计	件	12848	85	638	8	660	176	401	8681	153	2046	9941	77.4
	%	100.00	0.66	4.97	0.06	5.14	1.37	3.12	67.57	1.19	15.92		
1993		1029	3	51	—	34	2	15	729	19	176	765	74.3
1995		1049	6	53	1	51	3	24	710	11	190	957	91.2
1997		850	8	41	1	42	4	21	501	20	212	710	83.5
1999		950	7	44	—	53	7	26	591	6	216	611	64.3
2001		1877	7	97	4	86	12	59	1325	26	261	1288	68.6
2003		1588	6	67	1	98	92	78	1075	11	160	854	53.8

资料来源：孝感市、孝南区公安局档案资料，下同。

说明："合计"是指1993～2003年各年立案件数之和。下面的年度省略了，1994、1996、1998、2000、2002年的数据，下同。

表20－2　部分刑事案犯简况

年份		案犯人数	性别		年龄					职业				
			男	女	14岁以下	14～15岁	16～18岁	19～25岁	26岁以上	农民	职工	干部	学生	其他
合计	件	5612	5465	147	67	258	477	1595	3215	3317	351	21	118	1805
	%	100.00	97.38	2.62	1.19	4.60	8.50	28.42	57.29	59.11	6.25	0.37	2.10	32.16
1994		525	515	10	2	16	25	148	334	318	37	2	6	162
1995		543	530	13	4	19	32	142	346	321	31	1	6	184
1997		497	487	10	7	15	36	147	292	291	28	3	4	171
1999		501	490	11	3	32	40	128	298	281	35	2	11	172
2001		836	806	30	9	40	61	271	455	491	42	2	32	269
2003		462	450	12	15	35	91	121	200	233	29	3	18	179

说明：省略了1996、1998、2000、2002年的数据。

表 20－1 和表 20－2 数据表明：①从立案数量看，2000 年前波动不大，2001 后上升较多，主要是加强了如实立案。②从立案类型看，侵财型案件大幅上升。③从破案率看，总体呈下降趋势，主要是盗窃类增多、侦破难度较大。④从案犯性别看，男性占绝大多数。⑤从案犯年龄看，25 岁以下青少年 42.71％。⑥从案犯职业看，农民占绝大多数，但是职工、学生也占相当比例。

为了提高刑事案件破案率，公安部门在侦破工作中：一是坚持“命案必破”。1993～2003 年，发生命案 134 起，破 126 起，破案率为 94％。2001 年、2002 年实现了命案全破。二是坚持露头就打，有针对性地解决突出治安问题。三是坚持科技强侦，提高整体破案水平。四是坚持机制创新，完善责任制和激励机制，调动破案积极性。同时，悬赏举报，激发人民同犯罪作斗争热情。例如，2003 年成功实施代号为“301”的缉毒行动，一举抓捕贩毒人员 7 名，缴获海洛因 17 公斤、运毒车 1 辆；同时，协助云南边防总队抓获贩毒人员两名，缴获海洛因 13.5 公斤、运毒车 1 辆。

（二）经济刑事案件

1996 年刑法修改以前，经济犯罪案件由人民检察院侦办。1997 年以后，公安机关承担起打击经济犯罪职能。1997～2003 年，公安机关受理经济刑事案件简况见表 20－3。

表 20－3 经济刑事案件简况

年度	立案数（件）	案件分类（件）					办结数（件）	办结率（％）
		金融诈骗	破坏金融管理秩序	扰乱市场秩序	危害税收征管	其他		
合计	1511	310	276	270	317	338	1496	99
1997	98	21	26	23	19	9	98	100
1999	203	49	51	32	37	34	200	98.5
2001	267	61	37	41	51	77	265	99.3
2003	287	46	51	42	50	98	282	98.3

说明：省略了 1998、2000、2002 年的数据。

表 20－3 数据说明：①从案件数量看，受理案件 1511 起，年均 216 起；办结 1496 起，办结率为 99％。②从案件分类看，除“其他”类外，“金融诈骗”和“危害税收征管”发案频率最高。

三　治安案件和事故

（一）治安案件

1996～2003 年，查处治安案件和治安拘留人员简况，见表 20－4 和表 20－5。

表 20－4　治安案件简况

单位：件

年　度	查处案件	案件种类							
		偷　窃	赌　博	卖淫嫖娼	传播淫秽物品	殴打他人	扰乱公共秩序	阻碍公务	其　他
合　计	11413	1383	2409	3214	191	1999	123	107	1987
1996	2028	239	414	633	45	281	19	5	392
1997	1381	121	271	385	28	265	18	4	289
1999	1253	162	235	297	18	194	15	11	321
2001	1313	169	291	374	17	286	10	18	148
2003	1435	168	421	484	16	239	11	21	75

说明：1993～1995 年档案数据不全，故未列入表内；省略了 1998、2000、2002 年的数据。

表 20－5　治安拘留人员简况

单位：人

年度	人数	性　别		年　　龄			文化程度			职　　业				
		男	女	<18	18～25	>25	初中以下	中专高中	大专以上	农民	职工	公务员	学生	其他
合计	4870	4098	772	179	825	3866	4114	724	32	3129	472	34	20	1215
1996	573	494	79	17	81	475	487	84	2	361	58	2	2	150
1997	554	482	72	18	83	453	485	66	3	347	51	3	2	151
1999	542	471	71	19	87	436	451	89	2	335	52	6	2	147
2001	736	601	135	32	135	569	612	119	5	512	71	3	2	148
2003	686	548	138	26	118	542	584	95	7	431	71	4	2	178

说明：省略了 1998、2000、2002 年的数据。

表 20－4 和表 20－5 的数据表明：①从案件数量看，总量较大，年均 1427 起。②从案件种类看，卖淫嫖娼、赌博、殴打他人比重最大，3 类合计超过案件总数 2/3。③从拘留人员性别看，男性占 84.15%。④从拘留人员年龄看，25 岁以下青少年占 20.62%。⑤从拘留人员文化程度看，初中以下占 84.48%。⑥从拘留人员职业看，农民占 64.25%。

（二）治安事故

据孝感市公安局提供的资料，1993～2003 年火灾和交通事故简况见表 20－6。

表 20－6　火灾和交通事故

年度	火灾事故				交通事故			
	起数（起）	死人（人）	伤人（人）	直接经济损失（万元）	起数（起）	死人（人）	伤人（人）	直接经济损失（万元）
合计	800	8	17	208.3	2085	844	1929	941.05
1993	59	1	1	14.4	107	117	72	48.27
1995	74	2	4	15.4	61	71	49	37.56
1997	63	1	1	9.9	87	92	67	114.50
1999	76	1	2	17.4	80	77	43	57.31
2001	82	0	1	8.9	465	53	428	133.34
2003	39	0	0	3.8	198	39	249	71.86

说明：省略了 1994、1996、1998、200、2002 年的数据。

表 20－6 数据说明：①从火灾事故看，年均 73 起，死 0.73 人，伤 1.55 人，经济损失 18.94 万元。②从交通事故看，年均 180 起，死 76.73 人，伤 175.36 人，经济损失 85.55 万元。

此外，爆炸、食物中毒等其他事故也时有发生。例如，1996 年 1 月 9 日，孝南区肖港镇非法鞭炮厂发生爆炸，死 6 人，伤 3 人；1999 年 8 月 28 日，孝感城区“晨光”幼儿园 9 名儿童食物中毒，一名女孩死亡；1999 年 10 月 27 日，孝感市中心医院建筑工地塌方，民工死亡 2 人等等。

四　问题、原因及对策

（1）突出问题：一是刑事犯罪高发。二是案件种类扩大。三是流窜犯罪增加。四是团伙犯罪突出。五是抢劫、抢夺犯罪阶段性突发。六是公共娱乐场所寻衅滋事、聚众斗殴案件时有发生。七是以爆炸、投毒、绑架等手段敲诈勒索钱财犯罪抬头。八是青少年违法犯罪问题突出。九是火灾和重特大交通事故呈上升趋势。十是群死群伤安全事故不容忽视。

（2）原因分析：一是警力严重不足，民警整体素质不高，队伍结构不合理。二是技术装备落后，甚至落后于犯罪分子。三是经费保障困难，“皇粮”吃不饱、“杂粮”不好吃的现象难以改变。

（3）对策建议：一是以“打团伙，破命案，追逃犯”为重点，不间断地开展严打专项斗争。二是以城区为重点，建立以特种行业、危险物品管理为重点的特控体系，提高破案攻坚能力。三是以应对突发事件为重点，建立突发事件预警和应急机制。四是创新管理理念，改革公安管理工作，转变服务方式，形成行为规范、运转协调、公正透明、廉洁高效的公安行政管理体制。五是争取党委、政府的重视，加强领导班子建设，提高队伍素质，落实办案经费，改进技术装备，加大科技强警力度。六是推进派出所改革，加强派出所建设，努力把派出所建成为综合性战斗实体。

第二节　人民检察院工作

一　机构简况

孝感市辖区人民检察院机构包括两个层次：孝感市人民检察院和孝南区人民检察院。

孝感市人民检察院成立于1993年11月，内设16个机构，在职干警98人；下辖8个县、市、区人民检察院（2000年，广水划归随州市代管）。

孝南区人民检察院是1993年原县级孝感市分为孝昌县和孝南区后设立的，它内设12个机构，下辖毛陈和肖港两个检察处，在职干警115人。

二　主要成绩

（一）孝感市检察机关的主要成绩

1993～2003年，孝感市检察机关履行检察职能情况，见表20－7。

表20－7　审查批捕和起诉情况

单位：件，人

年　度	审查批捕情况			审查起诉人情况		
	审查批捕数	决定批捕数	不批捕数	审查起诉人数	决定起诉人数	不　诉
合计	18732	15858	1362	16314	12378	468
1993	1928	1598	99	1737	1294	3
1995	2229	1523	0	1872	1391	0
1997	1471	1317	143	1405	1013	59
1999	1490	1291	168	965	764	57
2001	1854	1647	162	1702	1311	98
2003	962	908	30	794	660	51
2004	1149	1090	42	1077	771	63

资料来源：孝感市检察院档案资料，下同。

说明：①审查批捕的案件中，除决定批捕、不批捕之外，还有退回公安机关作撤案处理的情形，故审查批捕数不等于决定批捕数和不批捕数之和。同样，审查起诉案件中存在退回侦查部门作撤案处理的情形，故审查起诉人数不等于决定起诉人数和不起诉人数之和。②省略了1994、1996、1998、2000、2002年的数据。

查办和预防职务犯罪是检察工作的一个重点。1993～2003年，孝感市检察机关共受理贪污贿赂、渎职案件线索6167件，立案侦查贪污贿赂、渎职案件2530件，侦查终结2107件，移送起诉1773件（实际起诉865件），为国家挽回直接经济损失2.4亿余元（详见表20－8）。

表20－8　查处贪污贿赂、渎职侵权案件情况

年度	贪污贿赂案件				渎职侵权案件			
	立案数（件）	起诉		不诉（人）	立案数（件）	起诉		不诉（人）
		件	人			件	人	
合计	2227	795	932	279	303	348	70	33
1993	288	37	41	0	54	66	0	0
1995	249	104	120	1	41	41	12	0
1997	207	40	51	64	32	38	4	11
1999	155	74	89	28	9	10	3	2
2001	137	65	74	25	17	20	4	2
2003	105	72	79	10	10	11	5	2
2004	101	84	105	20	13	15	9	2

说明：①由于立案案件的处理有起诉、不诉（1997年前还有免诉）、撤案等几种情形，所以立案数不等于起诉案件数和不起诉案件数之和。②立案数量逐年下降的原因：一是法律规范逐步严格，随意立案逐步下降；二是社会各界法律意识逐步提高，经济行为更加规范，贪污贿赂和渎职侵权行为势必有所收敛。③省略了1994、1996、1998、2000、2002年的数据。

孝感市检察机关在工作中努力做到了以下几点：一是主动争取党委、政府的重视，成立了职务犯罪预防领导小组，建立了长效预防机制。二是讲究办案方法，注重维护正常生产、经营、工作秩序，适时向主管部门通报情况，做好衔接工作。三是搞好诉讼监督，维护司法公正和法制统一。四是加强队伍建设，提高队伍素质，涌现出一批先进典型，有3人获最高人民检察院表彰。五是推行检务公开和主诉检察官办案责任制，提高了工作效率和办案质量。六是加强基层建设，有4个基层院获湖北省人民满意检察院称号。七是基础建设取得进展，兴建了功能比较齐全的检察技术楼等。

（二）孝南区检察机关的主要成绩

（1）投入“严打”整治斗争，维护社会稳定。1994～2003年，审查批捕和起诉情况见表20－9。

表 20－9　审查批捕和起诉情况

单位：件，人

年度	审查批捕情况			审查起诉情况		
	审查批捕数	决定批捕数	不批捕数	审查起诉人数	决定起诉人数	不　诉
合计	2049	1972	77	1841	1688	153
1994	169	151	18	118	102	16
1995	156	147	9	133	116	17
1997	167	162	5	151	133	18
1999	167	161	6	153	138	15
2001	346	341	5	333	320	13
2003	176	168	8	152	137	15

资料来源：孝南区检察院档案资料，下同。

说明：省略了 1996、1998、2000、2002 年的数据。

（2）开展反腐败斗争，查办和预防职务犯罪。1994～2003 年，受理贪污贿赂、渎职罪侵权案件线索 1013 件，初查 596 件，立案侦查 227 件，起诉 161 件、161 人，为国家和集体挽回经济损失 5000 万元，详见表 20－10。

表 20－10　查处贪污贿赂、渎职侵权案件情况

年度	贪污贿赂案件				渎职侵权案件			
	立案数（件）	起诉		不诉（人）	立案数（件）	起诉		不诉（人）
		件	人			件	人	
合计	216	154	154	62	11	7	7	4
1994	21	13	13	8	1	1	1	0
1995	23	14	14	9	1	0	0	1
1997	22	12	12	10	1	0	0	1
1999	20	15	15	5	1	1	1	0
2001	23	19	19	4	1	1	1	0
2003	16	14	14	2	1	1	1	0

说明：省略了 1996、1998、2000、2002 年的数据。

（3）加强诉讼监督，维护司法公正。1994～2003 年，受理刑事立案监督 37 起，先后追捕、追诉 76 人；办理刑事抗诉案件 8 件，民事、行政抗诉案件 98 件；刑事技术鉴定案件 826 件；处理人民来信来访 407 件次。该院举报中心，先后 3 次被最高人民检察院授予“全国文明接待室”称号。

(4) 加强队伍建设，提高干警整体素质。孝南区人民检察院近80%干警达到大学本科以上学历；2000～2002年连续3年被湖北省检察系统评为“人民满意检察院”或“先进集体”；该院半数以上科室进入孝感市、湖北省乃至全国检察系统先进行列，受各级表彰达220余人次。

(5) 依法从俭建院，搞好机关建设。孝南区人民检察院新建了1300余平方米的办公楼和12000余平方米的职工住宅，更新了检察装备，提高了办公自动化水平，完成了从旧址到新址的搬迁任务。同时，推进检察改革，试行首办责任制和人民监督员制度，实行了竞争上岗和双向选择制度，增强了活力。

三　问题和对策

检察工作中存在的主要问题是：查办职务犯罪的力度，与党委要求、群众期望还存在一定差距；诉讼监督力度，总体上还没有到位；队伍素质和执法水平，还不能适应形势发展需要。

为了搞好今后的检察工作：一要统一执法思想，加大执法力度，特别是加大反腐败、反渎职和诉讼监督工作力度；二要深化检察改革，推进领导方法创新，机关管理创新，激励机制创新和用人机制创新，推动检察改革向深层发展；三要加强队伍建设，进一步提高干警检察业务素质。

第三节　人民法院工作

一　发展概况

1993年孝感撤地建市后，孝感地区中级人民法院更名为孝感市中级人民法院，内设20个机构。2002年机构改革，内设17个机构，下辖7个基层人民法院，干警1239人，其中市中级法院155人。孝感市中级人民法院以“公正与效率”为工作主题，实施“政治建院、人才兴院、改革活院、科技强院”4项战略，狠抓审判工作、法院改革、队伍建设3件大事，为孝感经济建设和社会发展做出了贡献。1999～2003年，曾多次被湖北省高级法院评为全省法院系统优秀单位、模范法院；被孝感市委评为先进单位、文明单位，有一批法官受到各级表彰、奖励。

二　民事案件

1993～2003年，市辖区民事案件立案情况见表20－11。

表 20－11　民事案件立案情况

单位：件，%

年度	立案	案件类型			比重		
		离婚	赔偿	债务	离婚	赔偿	债务
合计	279351	23965	5285	189215	8.58	1.89	67.3
1993	18859	1793	410	13441	9.51	2.17	71.3
1995	34603	2339	594	24143	6.76	1.72	69.8
1997	40732	2767	725	29784	6.79	1.78	73.1
1999	22977	2227	521	15064	9.69	2.27	65.6
2001	15603	2052	428	7993	13.2	2.74	51.2
2003	9084	2015	336	3699	22.2	3.69	40.7

资料来源：孝感市中级法院档案，下同。

说明：省略了 1994、1996、1998、2000、2002 年的数据。

表 20－11 数据说明：①从立案数量看，1996 年前呈上升趋势，以后呈下降趋势，特别是 1999 年后大幅下降。它既是市场经济体制不断完善，市场经济秩序逐步好转的必然反映；又是市辖区经济交往不活跃，经济发展相对落后的具体表现。②从立案类型看，1999 年前债务案件比重占 2/3 至 3/4，离婚、赔偿案件仅占 10% 左右；1999 年后债务案件比重降至 40.7%，离婚、赔偿案件则分别上升至 22.2% 和 3.69%。它一方面说明经济纠纷减少，市场经济秩序逐步好转；另一方面表明城乡居民对婚姻质量要求日益提高，传统、凝固的婚姻观念已被打破，经济维权意识已大大加强。

1993～2003 年，民事案件结案情况见表 20－12。

表 20－12　民事案件结案情况

单位：件，%

年度	结案	结案方式					
	件数	调解		判决		撤诉	
		件数	比重	件数	比重	件数	比重
合计	232512	175870	75.6	31712	13.6	18397	7.91
1993	16840	14650	86.9	980	86.9	1092	6.48
1995	29281	25515	87.1	2064	7.05	1519	5.19
1997	35600	28502	80.1	4575	12.9	2035	5.72
1999	18523	13189	71.2	2983	16.1	2032	10.9
2001	11837	5933	50.1	3275	27.7	1865	15.8
2003	7992	1327	16.6	3619	45.3	562	7.03

说明：省略了 1994、1996、1998、2000、2002 年的数据。

表 20 - 12 数据说明：判决比重大幅上升，调解比重大幅下降，撤诉比重一直在 10% 左右徘徊。这种过多依赖判决、而忽视调解结案方式的倾向，是值得重视和改变的。

三 工作思路

为了做好法院工作，今后的工作思路是：一要坚持"从严治长"方针，创建"团结、廉洁、创新、实干"的坚强领导核心。二要深化审判改革，开展竞争上岗、末位待岗、交流轮岗等活动，完善立、审、监、执分立等制度，提高法院公信力。三要加强队伍建设，提高干警素质。四要坚持"能调则调，当判则判、判调结合"原则，尽可能通过调解达到平息纠纷、保障社会和谐的目的。五要加强教育、防范和监督，强化事前、事中、事后监督，筑起警戒防线，确保队伍不出问题。

第六节 司法行政工作

一 工作情况

（1）普及法律知识工作由浅入深。1993 年以来，法制教育经历了 3 个阶段。"一五"普法，进行法律启蒙教育；"二五"普法，以宪法为核心，突出行政诉讼法、义务教育法学习；"三五"普法，强调学用结合，依法治理。"三五"普法期间，完成了 70 万人次普法任务，在 17 个街、镇、乡、场及所辖村委会开展了依法治理工作，初步实现了从单纯普法教育到依法治理实践的跨越。

（2）劳动教养工作从无到有。1996 年开始筹建劳教所，1998 年正式收教，到 2003 年已发展成为湖北省第一流的劳教所，占地面积 40 亩，建筑面积 7000 多平方米，按军营式、校园式和花园式要求配置了各种教育感化设备。在劳教工作中，贯彻"教育、感化、挽救"方针，形成了 9 类 58 项规章制度，保证 24 小时不脱管，做到了"收得下、管得住、改造好"。劳教所人员在全国素质考核中取得人均 92 分的好成绩；在收教的 810 人中，所内改好率达 95%，重新违法犯罪率低于 5%。

（3）人民调解工作由虚到实。一是抓组织建设，在辖区内形成了纵横交错、遍布城乡、扎根基层的调解组织体系。二是抓纠纷排查，仅 2002 年就排查出民间纠纷 3915 件，调处 3683 件，其中劝解制止上访事件 73 批（次）。三是抓调解工作，贯彻"调防结合，以防为主，多种手段，协同作

战”的调解工作方针，及时化解了大量民间纠纷。四是抓安置帮教工作，1998 年以来通过多种渠道安置了 1478 名刑释解教人员。1993～2003 年，人民调解工作的具体情况，见表 2－13。

表 20－13　人民调解工作情况

年份＼项目	调解委员会		调解纠纷			调解成功		防止可能非正常死亡人数（人）
	个数（个）	调解人员（人）	受理数（件）	件数（件）	调解率（％）	件数（件）	成功率（％）	
合　计	5622	32009	20252	19695	97.2	18884	95.6	452
1993	492	1937	4665	4572	98.0	4435	97.0	89
1995	492	3741	1607	1528	95.1	1415	92.6	49
1997	492	7285	5460	5253	96.2	4990	95.0	105
1999	527	1613	736	726	98.6	714	98.3	24
2001	527	3600	318	317	99.7	316	99.7	15
2003	527	527	829	825	99.5	820	99.4	6

资料来源：孝感市司法局档案，下同。

说明：省略了 1994、1996、1998、2000、2002 年的数据。

（4）法律服务工作由小到大。1998 年以来，在律师、公证、基层法律服务管理体制和运行机制方面进行了深化改革，以促进法律服务业向决策层、向基层单位、向居民家庭延伸。

1993～2003 年，律师、公证工作发展情况，见表 20－14 和表 20－15。

表 20－14　律师工作情况

年份＼项目	律师事务所（个）	律师（人）	顾问单位	办理法律事务				
				刑事案件（件）	民事案件（件）	经济案件（件）	行政案件（件）	非诉讼法律事务
1993	4	41	246	98	312	379	17	426
1995	4	44	265	157	504	356	37	308
1997	4	48	334	267	596	496	23	157
1999	6	50	298	223	580	580	17	202
2001	6	52	352	243	593	549	29	243
2003	7	58	398	208	605	554	28	397

此外，法学教育、司法考试、“148”法律服务专线建设、司法鉴定等业务也有不同程度进展。

表 20－15　公证工作情况

年份＼项目	公证处（个）	公证人员（人）	受理件数（件）	公证件数(件)			
				合　计	民事公证	经济公证	涉外经济和其他
1993	1	12	15920	15633	15023	324	286
1995	2	12	1251	1245	442	456	347
1997	2	16	2247	2212	1439	415	358
1999	2	15	8689	8689	7213	1065	411
2001	2	15	2900	2900	1350	1206	344
2003	2	15	2000	2000	333	1302	365

二　问题和措施

司法行政工作存在的主要困难和问题：一是普法工作发展不平衡，依法治理还处在探索阶段，普法办事机构职能弱、经费少。二是人民调解工作无专项经费，人员变动大，素质不高，一些地方的机构还没有建立。三是公证证源不足，公证队伍整体素质不高，现有公证人员难以取得资格，公证质量有待提高。四是多数律师事务所规模小、管理不规范，律师队伍素质不高，特别是缺乏懂外语、懂科技、懂世贸组织规则的人才，存在着重经济效益、轻社会效益倾向。五是法律援助机构不统一，有律师资格的人员明显不足，队伍素质差，法律援助活动经费缺口较大。

为了搞好司法行政工作，应该采取以下措施：

（1）开展普法依法治理工作。实施“四五”普法。强化依法行政、依法决策。抓好领导干部法律培训和法律知识考核。完善学校法制教育。推进依法治理工作。推行政务公开。

（2）加强劳教工作。提高教育改造质量。建立健全长效安全机制，确保安全稳定。劳教办学工作要做到人员、时间、内容、效果、经费五落实，力争建成劳动教养学校。

（3）深化法律服务改革。发展法律服务队伍，提高队伍整体素质。理顺法律服务管理体制。规范法律服务机构管理，走规模化、专业化道路。加快法律援助机构建设。形成法律援助网络。

（4）加强基层基础工作。以乡、镇、街道为重点，抓好基层司法所建设。健全人民调解组织和网络，提高调解成功率。加强回归人员安置帮教工作，提高安置率、转化率，减少不安定因素。

（5）认真履行司法行政管理职能。组织实施好国家司法考试工作。加强司法鉴定管理工作，探索建立科学、公正的司法鉴定管理体系。

第四篇　社会事业

第二十一章　教　　育

第一节　高等教育

孝感城区有3所高等院校。一是孝感学院，其前身是孝感师范高等专科学校，1999年南方乡建设学校整体并入，2000年3月经教育部批准建立孝感学院。二是湖北职业技术学院，其前身是1999年由孝感教育学院、孝感卫校、孝感财校、孝感机电学校合并组建的孝感职业技术学院，2003年4月经批准更名为湖北职业技术学院。三是孝感广播电视大学，2000年与华中科技大学网络教育联合成立了"华中科技大学网络教育学院孝感广播电视大学教学中心"，2004年经孝感市教育局批准成立了"孝感电子信息科技学校"，是1所3块牌子、1套班子的学校。

1997~2004年，孝感城区3所高等院校发展简况见表21-1。

表21-1　3所高等院校发展简况

年度	校园占地面积（亩）	校舍建筑面积（平方米）				固定资产总额（万元）	学校藏书（万册）	教育经费收入（万元）	#学杂费（万元）
		合计	图书馆	学生宿舍	教职工宿舍				
1997	432	114944	5937	29921	38103	21640	42	1164	946
2001	1608	468039	46154	96774	131078	41887	113	7230	5853
2002	1671	468039	46154	96794	131078	43132	117	7844	7240
2003	2175	692409	58154	217982	139478	54278	121	8314	4600
2004	2200	810000	—	—	—	—	265.7	—	—

年度	学生人数（人）			教职工数（人）	专任教师（人）	最高学历（人）			专业技术职称（人）			
	在校	招收	毕业			博士	硕士	本科	正高	副高	中级	初级
1997	3303	1078	1012	662	348	0	36	240	5	81	145	81
1998	3606	1392	831	—	640	—	—	—	—	—	—	—
1999	7607	4294	930	—	746	—	—	—	—	—	—	—

续表 21－1

年度	学生人数(人)			教职工数(人)	专任教师(人)	最高学历(人)			专业技术职称(人)			
	在校	招收	毕业			博士	硕士	本科	正高	副高	中级	初级
2000	10853	6165	1048	—	999	—	—	—	—	—	—	—
2001	14880	5501	1065	1851	1189	2	93	874	28	299	436	334
2002	18577	7550	2549	1791	1253	5	96	1004	32	286	473	312
2003	19526	7921	—	1900	1351	12	148	1059	60	334	504	340
2004	20851	—	—	—	—	—	—	—	—	—	—	—

资料来源：1998～2003 年“学生人数”内的“在校”、“招生”、“毕业”和“专任教师数”，引自《孝感统计年鉴》1999 年第 247 页、2000 年第 309 页、2001 年第 317 页、2002 年第 332 页、2003 年第 339 页；2004 年“在校学生数”引自《湖北统计年鉴 2005》第 161 页；2004 年“校园占地面积”和“校舍建筑面积”，引自《百度》网上有关学校简介。

2004 年 3 所高等院校简况见表 21－2。

表 21－2　2004 年 3 所高校简况

学校名称	占地面积(亩)	建筑面积(万平方米)	院系分校(个)	开设专业(个)	全日制在校生(人)	教职员工(人)	专任教师(人)	高级职称教师(人)
合　计	2200	81.00	31	105	21217	1840	1253	453
孝感学院	1085	38.20	15	29	10709	946	603	253
湖北职院	1010	38.80	8	28	10508	894	650	200
孝感电大	105	4.00	8	48	—	—	—	—

资料来源：百度网站有关学校简介。

第二节　中等职业教育

中等职业教育包括普通中专、职业中学、成人中专 3 类。1997～2004 年，普通中专、职业中学、成人中专发展情况见表 21－3、表 21－4、表 21－5。

表 21－3　普通中专基本情况

年度	学校数(所)	占地面积(亩)	建筑面积(平方米)	固定资产(万元)	在校学生(人)	招生数(人)	毕业生数(人)	教职工数(人)	其中:专任教师(人)
1997	9	—	—	—	22733	7240	5433	1279	749
2001	7	788	292691	22911	9417	1977	5922	968	477
2002	5	677	232399	22267	5644	1745	2897	667	405
2003	5	534	191773	12211	4676	2715	1890	683	429
2004	8	—	—	—	11284	6400	3172	609	319

资料来源：1997 年、2001 年、2002 年、2003 年《孝感市教育统计年鉴》。其中，2004 年数据引自《2004 年度孝感市教育统计年鉴》，第 5～6 页。

表 21－4　职业中学基本情况

年度	学校数（所）	占地面积（亩）	建筑面积（平方米）	固定资产（万元）	在校学生（人）	招生数（人）	毕业生数（人）	教职工数（人）	其中：专任教师（人）
1997	3	—	—	—	879	273	257	—	86
2001	2	90	18883	—	521	305	96	—	67
2002	2	90	18883	—	537	295	96	—	75
2003	—	—	—	—	—	—	—	—	—
2004	3	—	—	—	7156	3083	1521	378	257

资料来源：1997 年、2001 年、2002 年、2003 年、2004 年度《孝感市教育统计年鉴》。其中，2004 年数据引自《2004 年度孝感市教育统计年鉴》，第 5～6 页。

表 21－5　成人中专基本情况

年度	学校数（所）	占地面积（亩）	建筑面积（平方米）	固定资产（万元）	在校学生（人）	招生数（人）	毕业生数（人）	教职工数（人）	其中：专任教师（人）
1997	15	—	100033	—	6850	1944	1958	794	489
2001	11	—	125316	—	1895	832	1025	435	234
2002	8	—	96596	—	967	120	601	271	153
2003	5	157	48334	2165	1301	567	137	240	142
2004	2	—	—	—	300	104	80	56	51

资料来源：历年《孝感市教育统计年鉴》。其中，2004 年数据引自《2004 年度孝感市教育统计年鉴》，第 5～6 页。

普通中专和职业中学都经历了一个曲折发展过程，到 2004 年已进入加速发展的新时期。它是全国性“技工荒”和“重学历、轻技术”观念发生转变的必然结果，也是进入 21 世纪后国家有关部门大力加强职业技术教育的显著成果。但是，成人中专却呈直线下滑趋势。这有两方面原因：一是高校扩招、职业技术学校复苏，截断了成人中专的生源；二是劳动力市场和整个社会的“文凭热”已大幅降温。

2004 年，中等职业学校情况见表 21－6。

表 21－6 数据表明：①在中等职业教育中，普通中专已成为主力，职业中学也是不可忽视的后起之秀，成人中专则已步入被淘汰的境地。②获得职业资格证书人数占毕业生人数的比重仅为 33.08%。③教职工中专任教师比重为 60.12%，其中普通中专仅为 52.38%，比重明显偏高。④教职工与在校学生之比为 1∶17.97，专任教师与在校学生之比为 1∶29.89，教职工和专任教师比重偏低。

表 21－6 中等职业学校情况

单位：人

学校名称	在校学生	招生人数	毕业生数	获职业资格证书	教职工数	其中：专任教师
	18740	9587	4773	1579	1043	627
一 普通中专	11284	6400	3172	1499	609	319
湖北航天工业学校	1412	655	344	308	160	76
湖北孝感市工业学校	3741	2635	702	702	193	109
湖北省孝感生物工程学校	290	170	815	—	15	13
孝感市护士学校	68	38	25	—	24	13
湖北省孝感师范学校	615	181	284	—	105	32
湖北职院卫生学校	2341	928	513	—	—	—
孝感市第一技工学校	2641	1733	434	434	97	61
孝感市职业中等专科学校	176	60	55	55	15	15
二 职业中学	7156	3083	1521	—	378	257
孝感市黄陂路综合高级中学	3409	1538	514	—	108	88
孝感市综合高中	2853	1211	780	—	219	120
孝感市西城综合高级中学	894	334	227	—	51	49
三 成人中专	300	104	80	80	56	51
孝感信用合作职工中专学校	—	—	—	—	40	40
楚天职业学校	300	104	80	80	16	11

资料来源：《2004 年度孝感市教育统计年鉴》第 5～6 页。

第三节 普通中学

1997～2004 年，普通中学基本情况见表 21－7。

表 21－7 普通中学基本情况

年度	学校数(所)		占地面积(亩)	建筑面积(平方米)	在校学生(人)	招生数(人)	毕业人数(人)	教职工数(人)	其中：专任教师(人)
	合计	其中：高中、完中							
1997	42	7	—	—	31704	14127	10057	2601	2144
2001	43	10	1057	229138	55537	22466	11611	3124	2598
2002	43	11	1173	231235	61037	24325	13948	3170	2731
2003	44	12	1258	252023	67480	25639	16199	3467	2992
2004	46	9	2511	620231	72592	26666	18402	3784	3121

资料来源：历年《孝感市教育统计年鉴》。其中，2004 年数据引自《2004 年度孝感市教育统计年鉴》，第 55、59、87 页。

表 21－7 数据表明：①学生增幅较大。毕业生增长 82.97%，招生人数增长 88.76%，在校学生更增长 128.97%。显然，1999 年后高校扩招起了很大刺激作用。②校园校舍增幅更大。生均校园面积由 12.68 平方米增至 23.03 平方米，生均校舍建筑面积由 4.13 平方米增至 8.54 平方米，均增长 1 倍左右。③教职工、特别是专任教师工作负担明显加重。教职工与在校学生之比已由 1∶12.19 升至 1∶14.79，专任教师与在校学生之比也由 1∶19.18 升至 1∶23.26。

1997～2004 年，普通中学专任教师学历情况见表 21－8。

表 21－8　普通中学专任教师学历情况

单位：人

年度	初中						高中					
	总数	研究生	本科	专科	高中阶段	高中以下	总数	研究生	本科	专科	高中阶段	高中以下
1997	1691	0	283	1038	301	69	453	0	282	161	7	3
2001	1960	1	396	1297	254	12	638	5	512	117	4	0
2002	2052	0	499	1310	240	3	679	2	579	97	1	0
2003	2180	0	531	1455	192	2	812	1	719	92	0	0
2004	2314	1	786	1358	167	2	807	2	766	39	0	0

资料来源：历年《孝感市教育统计年鉴》。其中，2004 年数据引自《2004 年度孝感市教育统计年鉴》，第 65～66 页。

从表 21－8 数据可以看出：①初中专任教师中，研究生学历少而不稳，本科学历比重已由 16.74% 升至 33.97%，专科学历比重已由 61.38% 升至 66.74%（但 2004 年又降至 58.69%），高中阶段及其以下者比重则逐年下降。②高中专任教师中，研究生学历也是少而不稳，本科学历比重已由 62.25% 升至 94.92%，专科学历比重逐年下降，高中阶段及以下者已经消失。从总体看，初中专任教师的学历以专科为主，但本科比重正大幅上升；高中专任教师的学历则以本科为主。

1997～2004 年，普通中学专任教师职称情况见表 21－9。

从表 21－9 数据可以看出：①初中专任教师中，中学高级职称增长了 1 倍；中学一级职称增长 92.15%，已成为初中专任教师职称的主体（占 56.05%）；中学二级、三级职称数量有所增加，但比重下降；未评职称者数量和比重均大幅下降。②高中专任教师中，中学高级职称增长 81.08%，中学一级职称增长 50.31%，中学二级职称增长 99.05%，它们分别占高中专任教师的 24.91%、29.99% 和 25.90%；中学三级职称人数未变，但比重大幅下降；未评职称者比重明显上升，主要是新增本科毕业生所致。

表 21－9 普通中学专任教师职称情况

单位：人

年度	初中						高中					
	总数	中学高级	中学一级	中学二级	中学三级	未评职称	总数	中学高级	中学一级	中学二级	中学三级	未评职称
1997	1691	91	675	513	191	221	453	111	161	105	28	48
2001	1960	128	1040	438	159	195	638	194	231	157	27	29
2002	2052	149	1083	482	166	172	679	222	197	165	27	68
2003	2180	169	1229	482	172	128	812	208	247	219	44	94
2004	2314	182	1297	544	217	74	807	201	242	209	28	127

资料来源：历年《孝感市教育统计年鉴》。其中，2004 年数据引自《2004 年度孝感市教育统计年鉴》，第 69～70 页。

第四节 小 学

1997～2004 年，小学基本情况见表 21－10。

表 21－10 小学基本情况

年 度	学校数（所）	占地面积（亩）	建筑面积（平方米）	在校学生（人）	招生数（人）	毕业生数（人）	教职工数（人）	其中：专任教师（人）
1997	343	—	—	111977	20151	13018	4172	4007
2001	231	2575	371432	107920	15125	16986	3680	3562
2002	221	2545	367190	100548	11708	18390	3889	3794
2003	215	2578	357841	90112	9582	18948	3648	3541
2004	198	2771	351886	80601	8413	18712	3408	3295

资料来源：历年《孝感市教育统计年鉴》。其中，2004 年数据引自《2004 年度孝感市教育统计年鉴》，第 127、133、153 页。

表 21－10 数据表明：①招生人数和在校生人数明显下降，毕业生大幅上升。1997～2004 年招生人数下降 58.25%，在校学生人数下降 28.02%，毕业生人数上升 43.74%。这是计划生育工作成果显著和人口年龄结构发生重大变化的必然结果。②校园校舍面积增减幅度不大，但人均增幅显著。2001～2004 年，校园面积扩大了 7.6%，校舍建筑面积减少了 5.26%。但生均校园面积和校舍建筑面积已分别由 15.89 平方米和 3.44 平方米增至 22.90 平方米和 4.37 平方米。③教职工和专任教师工作负担明显减轻。教职工与在校学生之比已由1∶26.84降至 1∶23.65，专任教师与在校学生之比也由 1∶27.95 降至 1∶24.46。

1997～2004 年，小学专任教师学历和职称情况见表 21－11。

表 21－11　小学专任教师学历和职称情况

单位：人

年度	学历情况						职称情况					
	总数	研究生	本科	专科	高中阶段	高中以下	中学高级	小学高级	小学一级	小学二级	小学三级	未评职称
1997	4007	0	11	430	3167	399	21	1315	1344	340	50	937
2001	3562	0	73	848	2561	80	34	1654	763	498	54	559
2002	3794	0	99	1147	2465	83	28	1869	886	623	43	345
2003	3541	0	149	1453	1895	44	50	1829	860	568	47	187
2004	3295	4	223	1505	1519	44	46	1766	800	548	29	106

资料来源：历年《孝感市教育统计年鉴》。其中，2004 年数据引自《2004 年度孝感市教育统计年鉴》，第 141、142 页。

从表 21－11 数据可以看出：①小学专任教师中，研究生学历已从无到有，本科学历比重已由 0.27% 升至 6.77%，专科学历比重已由 10.73% 升至 45.68%，高中阶段学历已由 79.04% 降至 46.10%，高中以下者已由 9.96% 降至 1.34%。②小学专任教师中，中学高级职称增长了 1.19 倍，小学高级职称增长了 34.30%，小学一级职称减少了 40.48%，小学二级职称增长了 61.18%，小学三级职称减少了 42%，未评职称者减少了 88.58%。从总体看，小学专任教师学历以专科、高中为主；职称则以小学高级、一级为主。

第五节　幼　儿　园

1997～2004 年，幼儿园基本情况见表 21－12。

表 21－12　幼儿园基本情况

年度	园　数（所）	占地面积（亩）	建筑面积（平方米）	入园人数（人）	在园人数（人）	离园人数（人）	园　长（人）	教职工数（人）	其中：专任教师（人）
1997	40	—	—	6006	8043	—	39	463	351
2001	32	127	49047	7154	9444	4919	57	610	359
2002	34	132	51547	6286	8424	4248	62	649	388
2003	43	114	55060	5625	8843	2967	76	748	452
2004	40	136	57605	4023	8338	2800	64	683	431

资料来源：历年《孝感市教育统计年鉴》。其中，2004 年数据引自《2004 年度孝感市教育统计年鉴》，第 175、176、179、180、187 页。

表 21－12 数据表明：①从总体看，幼儿园教育呈停滞状态。②校园、校舍面积均有所增加。在园幼儿人均园面积、建筑面积已分别由 8.96 平方米和 5.19 平方米增至 10.86 平方米和 6.91 平方米。③教职工和专任教师工作负担明显减轻。教职工与在园幼儿之比已由 1∶17.37 降至 1∶12.21，专任教师与在园幼儿之比也由 1∶22.91 降至 1∶19.35。

2001～2004 年，幼儿园专任教师基本情况见表 21－13。

表 21－13 幼儿园专任教师基本情况

单位：人

年度	学历情况						职称情况					
	总数	研究生	本科	专科	高中阶段	高中以下	中学高级	小学高级	小学一级	小学二级	小学三级	未评职称
2001	359	1	28	121	200	9	3	68	121	58	8	101
2002	388	0	19	102	248	19	1	75	131	73	12	96
2003	452	0	34	186	231	1	2	92	128	50	8	172
2004	431	0	42	199	185	5	2	97	146	53	14	119

资料来源：历年《孝感市教育统计年鉴》。其中，2004 年数据引自《2004 年度孝感市教育统计年鉴》，第 183、184 页。

从表 21－13 数据可以看出：①幼儿园专任教师中，研究生学历从有到无，本科学历已由 7.80% 升至 9.74%，专科学历已由 33.70% 升至 46.17%，高中阶段学历已由 55.71% 降至 42.92%，高中以下者已由 2.51% 降至 1.16%。②幼儿园专任教师中，中学高级职称减少 33.33%，小学高级职称增长 42.65%，小学一级职称增长 20.66%，小学二级职称减少 8.62%，小学三级职称增长 75%，未评职称者增长了 17.82%。从总体看，专任教师学历以专科、高中为主；职称则以小学一级和高级为主，未评职称者比重一直在 30% 左右。

第六节 特殊教育

2001～2004 年，特殊教育学校基本情况见表 21－14。

表 21－14 数据表明：①招生人数呈现出下降、停滞趋势，毕业生人数有所增加，因而在校学生数基本上处于下降、停滞状态。②2004 年校园占地面积生均 161 平方米，校舍建筑面积生均 20.08 平方米，比较宽敞。③教职工和专任教师工作负担明显减轻。教职工与在校学生之比已由1∶15.69降至 1∶9.31，专任教师与在校学生之比也由 1∶20.40 降至 1∶11.46。

表 21－14 特殊教育学校基本情况

年 度	学校数（所）	占地面积（亩）	建筑面积（平方米）	在校学生（人）	招生人数（人）	毕业人数（人）	教职工数（人）	其中：专任教师（人）
2001	1	—	—	204	28	6	13	10
2002	1	—	—	142	9	10	16	8
2003	1	—	—	148	25	11	18	13
2004	1	36	3100	149	24	22	16	13

资料来源：历年《孝感市教育统计年鉴》。其中，2004 年数据引自《2004 年度孝感市教育统计年鉴》，第 161、163、171 页。

2001～2004 年，特殊教育学校专任教师学历、职称情况见表 21－15。

表 21－15 特殊教育学校专任教师基本情况

单位：人

年度	学 历 情 况						职 称 情 况					
	总数	研究生	本科	专科	高中阶段	高中以下	中学高级	小学高级	小学一级	小学二级	小学三级	未评职称
2001	10	0	2	3	5	0	0	3	4	3	0	0
2002	8	0	3	4	1	0	4	1	2	1	0	0
2003	13	0	1	8	3	1	1	5	5	0	0	2
2004	13	0	2	5	6	0	2	1	2	2	0	6

资料来源：历年《孝感市教育统计年鉴》。其中，2004 年数据引自《2004 年度孝感市教育统计年鉴》，第 165、166 页。

从表 21－15 数据可以看出：①专任教师中，本科学历已由 20% 降至 15.38%，专科学历已由 30% 升至 38.46%，高中阶段学历已由 50% 降至 46.15%。②专任教师中，中学高级职称从无到有，小学高级职称减少了 2/3；小学一级职称减少了 50%；小学二级职称减少了 1/3；未评职称者从无增加到 6 人，占总人数的 46.15%。从总体看，特殊教育不发达，且处于停滞状态；专任教师数量有所增加，质量有所下降；各种教育资源，利用率较低。

第二十二章 科学技术

第一节 科技机构

一 管理机构

1993年孝感撤地建市后，市辖区设有孝感市科委和孝南区科委。2002年机构改革，更名为孝感市科技局和孝南区科技局。1993年、2002年、2004年，市、区科技局人员简况见表22－1。

表22－1 市、区科技局管理人员简况

单位：人

年度	合计		性别		年龄			文化程度			专业技术职称		
	人数	其中:科技人员	男	女	<35岁	36～55岁	>56岁	高中	大专	本科	初级	中级	高级
1993	44	44	34	10	5	34	5	—	—	—	—	4	1
2002	36	36	30	6	5	28	3	—	24	12	2	6	3
2004	36	36	30	6	3	30	3	—	25	11	2	6	2

资料来源：孝感市科技局，下同。

二 科研机构

（一）政府系统科研机构

1993年、2003年，政府系统科研所简况见表22－2和表22－3。

1993年，市辖区有政府系统科研所11个，其中市直科研所5个，区科研所6个。1993年后，原孝感市微生物研究所更名为孝感市应用技术研究所；新增孝感市教育科学研究所和孝感市水产科学研究所；撤销了孝感市科技情报研究所和孝南区食品工业研究所。2003年，市、区两级科研所仍保持11个，其中市直科研所6个，区科研所5个。

表 22－2　1993 年政府系统科研所简况

机构名称	成立年份	人数（人）	其中		固定资产（万元）	财政拨款（万元）	仪器设备（套）	完成项目（项）
			科技人员（人）	比重（%）				
合　　计	—	196	103	52.55	279.15	37.68	118	52
孝南区农业科学研究所	1959	35	24	68.57	12.60	0.68	4	15
孝感市农业科学研究所	1959	58	23	39.66	163.50	16.00	18	20
孝感市林业科学研究所	1965	27	18	66.67	23.40	4.93	10	2
孝南区微生物研究所	1970	9	4	44.44	12.00	1.27	25	2
孝南区农业机械研究所	1972	5	3	60.00	0.55	0.70	9	2
孝感市微生物研究所	1972	15	6	40.00	25.00	3.30	15	1
孝感市农业机械研究所	1976	11	10	90.91	17.00	3.20	25	1
孝南区科技情报研究所	1978	5	3	60.00	1.70	0.90	4	2
孝南区水产科学研究所	1980	23	7	30.43	18.00	3.80	3	3
孝南区食品工业研究所	1984	4	2	50.00	5.30	2.50	5	3
孝感市科技情报研究所	1989	4	3	75.00	0.10	0.40	—	1

表 22－3　2003 年政府系统科研所简况

科研机构	人数（人）	其中		固定资产（万元）	财政拨款（万元）	仪器设备（套）	完成项目（项）
		科技人员（人）	比重（%）				
合　　计	233	173	74.2	970.5	312.9	141	60
孝感市农业科学研究所	54	32	59.3	598.0	78.5	23	24
孝感市水产科学研究所	15	10	66.7	150.0	11.7	12	3
孝感市应用技术研究所	14	10	71.4	25.2	25.8	16	8
孝感市农业机械研究所	10	9	90.0	13.0	28.5	28	8
孝感市教育科学研究所	30	26	86.7	—	32.2	—	—
孝感市林业科学研究所	30	15	50.0	100.0	47.2	13	6
孝南区农业科学研究所	46	46	100.0	33.3	36.4	5	4
孝南区微生物研究所	11	6	54.5	48.0	11.8	26	3
孝南区水产科学研究所	10	6	60.0	1.0	20.4	4	2
孝南区科技情报研究所	5	5	100.0	1.0	7.9	4	—
孝南区农业机械研究所	8	8	100.0	1.0	12.5	10	2

（二）企业自办科研机构

据不完全统计，1993 年底，市辖区企业自办技术开发办公室、新产品开发办公室、生产技术部、科技研究小组等科研机构 21 个，配备科技人员

148 人，其中中级职称 51 人，初级职称 97 人，完成新产品开发 57 项。2002 年底，有 36 家企业建有技术中心或技术开发部（室）。在高新开发区，有 15 家企业建有技术中心，技术开发人员 567 人（有两家在 100 人以上，最少的为 5 人）。

（三）民办科研机构

1993 年，民办科研机构 1 家，即孝感师专电脑技术应用研究所，成立于 1989 年，集体单位，工作人员 16 人，固定资产 12 万元，主要从事软件开发、应用及设备维修、培训、咨询等业务。

上述 3 类科研机构的共同点是以科技服务经济、服务社会。但是，在管理体制、发展目标、运行机制、服务对象等方面存在着明显区别：政府系统科研所受各业务主管部门领导，以政府需要为目标，按国家计划运行，为全社会服务；企业自办科研所受企业领导，以企业需要为目标，按企业计划运行，为企业发展服务；民办科研所受工商和科技行政部门管理，以利润为主要目标，按市场需求运行，主要为个体户、城乡居民服务，它们的社会作用是相互补充的。

三　问题和对策

主要问题：一是投入少，科研力量不足，研发能力不强；二是行业分布不均，主要在农业领域，没有中介机构；三是市场化程度不高，经济和社会效益不大，大部分科研所依靠财政拨款维持生计。

要改变这一现状，必须深化科技体制改革，把科技机构、科技人员推向经济建设主战场；必须走科技工作市场化、民营化，社会化道路。

第二节　科技队伍

一　发展简况

科技人员是指具有中专以上学历、有一定科研能力的人员。1993～2003 年，市辖区科技人员数量及其在每万人口中比重的变化情况见表 22－4。

表 22－4 数据说明：科技人员增长了 114.84%，总人口增长 14.69%，每万人口中的科技人员数从 67.1 人增至 125.68 人，增长了 87.3%。

表 22-4 科技人员数量及其在总人口中比重的变化

年度	科技人员（人）	总人口（万人）	每万人口中科技人员数	年度	科技人员（人）	总人口（万人）	每万人口中科技人员数(人)
1993	5298	78.96	67.10	1999	9076	86.96	104.37
1994	5779	80.33	71.94	2000	9630	88.36	108.99
1995	6345	81.72	77.64	2001	10185	89.27	114.09
1996	6779	83.07	81.61	2002	10663	89.57	119.05
1997	7966	84.78	93.96	2003	11382	90.56	125.68
1998	8494	85.89	98.89				

资料来源：孝感市科技局和孝南区科技局，下同。

2003 年，科技人员年龄、文化程度、学科、职称情况，见表 22-5、表 22-6、表 22-7。

表 22-5 2003 年科技人员年龄、文化程度情况

单位：人，%

项目	人数	年龄			文化程度			
		<35 岁	36~55 岁	>56 岁	高中及下	大专	本科	硕士博士
人数	11382	5385	5294	703	3032	4132	4021	197
比重	100.00	47.31	46.51	6.18	26.64	36.30	35.33	1.73

表 22-6 2003 年科技人员学科类别、职称等级情况

单位：人，%

项目	科技人员	学科类别				职称等级			
		理工	社科	医药	农业	高级	中级	初级	无职称
人数	11382	5247	3428	1960	747	1274	3972	3869	2267
比重	100.00	46.10	30.12	17.22	6.56	11.19	34.90	33.99	19.92

表 22-7 2003 年不同类型单位科技人员比重

单位：人，%

单位类型	职工		科技人员		每百名职工中科技人员数
	人数	比重	人数	比重	
合计	34043	100.00	11382	100.00	33.43
行政单位	2335	6.86	1978	17.38	84.71
事业单位	10576	31.07	6129	53.85	57.95
企业单位	21132	62.07	3275	28.77	15.50

表22－4、表22－5、表22－6和表22－7数据说明：①35岁及其以下的青年人接近一半，大学本科及其以上人员占37.06%，但高中及其以下仍占26.64%。②在科技人员中：理工类比例最大，社科类次之，医药类再次之，农业类最少（这与农业科研机构最多形成鲜明对比）。③中级职称最多，初级职称次之，高级职称最少，无职称者占有相当比重。④在科技人员中，事业单位人数最多，企业单位次之，行政单位最少；按每万职工中科技人员数计算，行政单位最多，事业单位次之，企业单位最少。显然，行政单位集中了太多科技人员，科技人才资源的这种分布是极不合理的。

二　问题和对策

主要问题：一是结构不合理，农业学科太少；博士、硕士太少。二是分布不合理，行政单位比重过大，企业单位比重过小；城区比重过大，农村过少。三是总体素质不高，缺乏高层次技术人才。四是积极性没有充分发挥，在工资待遇、职称评定、选拔任用中的不正之风挫伤了许多人积极性。

基本原因：观念落后，重硬件，轻人才，尚未树立人才是第一资源的观念；体制障碍，主要是官本位制、人才单位所有制、产、学、研脱节等体制性问题尚未解决；政策滞后，科技投入、科技人员奖励、分配等政策不合理。此外，研发基础薄弱，缺乏配套措施，忽视培训等也是重要原因。

对策建议：一要改革引进制度，营造创业环境，引进高层次科技人才。二要加大培养力度，采取政府与企业相结合、国内与国外相结合的办法，培养具有创新精神的科技人才。三要创新激励机制，推行知识、技术、资金等生产要素按贡献参与分配的机制，建立多元化人才奖励机制等。

第三节　科技经费

1993～2003年，组织实施国家、湖北省、孝感市3级科技计划情况见表22－8。

表22－8的数据说明：1993～2003年除项目数和投资金额大幅增长外，平均每个项目的投资力度已由1.7万元增至130.4万元，增长了近76倍；国家和省级项目投资占投资总额的比重，已由12.5%升至98.4%，上升了85.9个百分点；财政拨款和借款已由2.5万元增至380.5万元，增长了151倍；企业自筹和贷款占投资总额的比重已由0升至94.5%。显然，在孝感实施的科技项目中，国家和省级项目投资已占绝对优势，企业已成为科技投资主力。

表 22-8　国家、省级和市级科技计划项目和经费投入情况

年度	总计		国家和省级项目						市级项目	
	项数（项）	金额（万元）	项数（项）	金额（万元）	其中（万元）				项数（项）	金额（万元）
					财政拨款	财政借款	企业贷款	企业筹款		
合计	345	37562.6	123	36904.6	901.6	260.0	16204.0	19539.0	222	658.0
1993	12	20.0	2	2.5	2.5	—	—	—	10	17.5
1994	24	90.5	9	73.0	58.0	—	—	15.0	15	17.5
1995	16	106.6	3	89.1	2.1	20.0	—	67.0	13	17.5
1996	17	57.5	1	20.0	20.0	—	—	—	16	37.5
1997	19	195.0	4	165.0	15.0	40.0	—	110.0	15	30.0
1998	21	1948.0	5	1910.0	25.0	—	900	985.0	16	38.0
1999	36	1437.5	10	1377.5	177.5	—	600	600.0	26	60.0
2000	34	3001.5	15	2931.5	131.5	—	800	2000.0	19	70.0
2001	32	2925.0	14	2855.0	115.0	—	1955	785.0	18	70.0
2002	60	18133.5	23	17983.5	174.5	—	6670	11139.0	37	150.0
2003	74	9647.5	37	9497.5	180.5	200.0	5279	3838.0	37	150.0

第四节　科 技 成 果

一　成果登记

1993~2003 年，孝感市辖区已登记科技成果 143 项。其中，已鉴定 102 项，占 71.3%；已验收 31 项，占 21.7%；已获行业准入 10 项（农作物新品种 5 项；其他 5 项），占 7%（详见表 22-9）。

表 22-9　科技成果登记情况

单位：项

年度	合计	成果单位类别					成果领域			
		科研机构	大专院校	企业	医疗机构	其他	工业	农业	医疗	其他
合计	143	12	19	23	66	23	32	33	72	6
1993	4	1	2	—	1	—	—	3	1	—
1994	4	—	1	1	2	—	1	1	2	—
1995	9	—	1	2	5	1	2	—	6	1
1996	19	2	—	3	3	11	6	9	3	1

续表 22－9

年度	合计	成果单位类别					成果领域			
		科研机构	大专院校	企业	医疗机构	其他	工业	农业	医疗	其他
1997	8	2	1	2	3	—	2	3	3	—
1998	10	1	3	—	5	1	1	1	8	—
1999	24	2	1	9	9	3	10	3	10	1
2000	9	—	4	—	5	—	2	2	5	—
2001	13	1	1	2	7	2	2	3	7	1
2002	19	—	1	1	17	—	1	1	17	—
2003	24	3	4	3	9	5	5	7	10	2

说明：① 成果登记企业，仅限于宏业医用仪器公司、国营汉光电工厂、黄麦岭磷化工集团公司等 11 家企业；②“其他”指农业服务型单位和某些行政机构。

二　成果水平

上述 143 项科技成果的水平分布情况见表 22－10。

表 22－10　科技成果水平状况

单位：项

年度	合计	国际先进水平	国内领先水平	国内先进水平	其他	年度	合计	国际先进水平	国内领先水平	国内先进水平	其他
合计	143	2	53	46	42	1998	10	—	6	3	1
1993	4	—	—	3	1	1999	24	—	10	7	7
1994	4	—	1	3	—	2000	9	—	8	—	1
1995	9	—	1	6	2	2001	13	—	2	4	7
1996	19	—	3	7	9	2002	19	—	12	6	1
1997	8	—	1	2	5	2003	24	2	9	5	8

三　成果获奖

1993～2003 年，孝感市辖区科技成果获奖共 120 项，其中一等奖 22 项，二等奖 36 项，三等奖 61 项，四等奖 1 项，具体情况见表 22－11。

表 22－11　科技成果获奖情况

单位：项

项目	合计	工业				农业					医疗				其他		
		小计	一等奖	二等奖	三等奖	小计	一等奖	二等奖	三等奖	四等奖	小计	一等奖	二等奖	三等奖	小计	一等奖	三等奖
合　计	120	30	6	8	16	39	7	13	18	1	49	8	15	26	2	1	1
国家级	1	1	—	—	1	—	—	—	—	—	—	—	—	—	—	—	—
省　级	19	7	2	1	4	9	—	1	7	1	2	—	—	2	1	—	1
市　级	100	22	4	7	11	30	7	12	11	—	47	8	15	24	1	1	

说明：“其他”指软科学成果。

四　主要成果简介

——工业方面：“微放管冷镦电极工艺技术”，在国内率先解决了高精度冷镦工艺机械加工难题，由国营汉光电工厂完成；“缩水甘油苄基醚及其聚合体的制备”，已处于小试阶段，由孝感学院承担，该项目填补国内空白，达到国际先进水平；“水泥混凝土路面加铺沥青面层方法研究”，解决混凝土路面维修周期长、费用大等难题，由孝感市公路总段和华中科技大学共同承担完成。

——农业方面：“三元猪产业化养殖技术推广应用”，每年增加出栏三元猪约83万头，增值5亿元，由孝感市畜牧良种场和朱湖畜禽公司共同完成；“植保‘三化’新技术应用研究”，病虫预报准确率达95%，经济效益5.6亿元，由孝感市植保站完成；“栗疫病发生规律及综合防治研究”，示范应用面积347公顷，防效达85%，增产52万公斤，增值286万元，由孝感学院完成。

——医疗卫生方面：“农药残留对环境、食品及人体健康影响研究”，云梦5.5万亩蔬菜应用该成果，增产10%，增值30%，由孝感市卫生防疫站完成；“套管针穿刺持续负压引流治疗头皮血肿临床研究”，已在国内和阿尔及利亚援外医院应用，由孝感市中心医院完成。“路皂茵陈汤治疗慢性乙型肝炎临床研究”，每位病人可节省2000元，每年可节省200万元，由孝感市中医医院完成。

五　问题、原因和对策

存在问题：成果数量不多，登记成果143项，年均13项；质量不高，达到国际先进水平的仅两项；分布很不平衡，工业、农业成果仅占

45.5%，大专院校、科研机构成果仅占21.7%。

主要原因：一是科研意识不强，许多单位根本不重视科研工作。二是科研投入不足，财政拨款主要用于养人，真正用于科研的极其有限。三是人才问题突出，既留不住人才，又闲置人才、浪费人才。四是体制束缚严重，人才相对集中的科研机构、大专院校科技成果却相对较少，其中一个重要原因就是平均主义、干好干坏一个样，严重束缚了科技人员的积极性、主动性和创造性。

对策性建议：一要坚持发展，这是第一要务，是根本出路。二要坚持双百方针，创造宽松环境。三要提高科技意识，特别是向“第一把手”灌输科技精神，实施“科技兴市”战略。四要改革人才机制，真正做到以制度留人，以事业留人。五要加大投入，提高财政支出中R&D（科学研究和试验发展）比重。六要促进独立科研机构走入市场，尽快转变为科技服务型企业。

第五节 专利工作

一 发展简况

孝感市的专利工作，从无有到逐步发展。2000年，成立专利执法小组，由市科技局成果专利科负责此项工作。2001年机构改革后，市科技局、市知识产权局“两块牌子，合署办公”，内设知识产权科负责专利工作。2002年，对部分重点企业和高新技术产业的专利申请、管理工作进行了调查和指导。2003年，制定了《专利资助经费管理暂行办法》，开展了知识产权和专利宣传教育工作，为企事业单位以及个人提供专利咨询服务。1993~2003年，专利授予情况见表22-12。

表22-12 专利授予情况

年度	专利件数	专利种类			年度	专利件数	专利种类		
		发明	实用技术	外观设计			发明	实用技术	外观设计
合计	253	38	122	93	1998	25	5	11	9
1993	8	1	6	1	1999	39	1	8	30
1994	25	7	15	3	2000	24	5	10	9
1995	21	5	15	1	2001	38	3	9	26
1996	18	4	10	4	2002	26	2	18	6
1997	15	2	11	2	2003	14	3	9	2

据《湖北省专利工作白皮书 1995～2000》资料显示，1997～2000 年，孝感市专利申请量 1999 年度居湖北省第 5 位，其余 3 年度均为第 8、9 位。自 1998 年湖北省企业专利示范工程实施以来，孝感市很少有企业进入此项工程，说明孝感市在企业专利工作方面极为薄弱。

二 问题和对策

主要问题：一是专利法规教育不够，知识产权和专利意识不强；二是科技力量薄弱，专利生产能力低下；三是自我保护意识差，不重视无形资产的利用和保护；四是资金投入少，缺乏优惠政策和激励举措；五是专利管理不到位，专利保护、执法能力薄弱。六是专利中介服务仍是一片空白。

我们建议：一要健全管理机构，理顺运行机制，组织一支稳定的专利管理队伍。二要发展专利代理、资产评估、咨询、转让等中介机构。三要加强企业专利工作，建立专利投入、开发、引进机制。四要整合现有资源，发挥高新技术企业、大专院校科研人员作用，实施前瞻性的专利战略。五要推进专利技术产业化，树立几个靠专利起家典型，以促进专利工作。

第二十三章 报刊、文化和体育

第一节 报纸和期刊

一 报纸

1990 年，孝感有报纸 9 种，其中公开发行 1 种，即《孝感日报》。经过 10 多年改革、清理和整合，到 2004 年有报纸 4 种，其中公开发行 3 种，即《孝感日报》、《孝感晚报》和《楚天声屏报·孝感广播电视》；内部发行 1 种，即《孝感学院报》。

（一）《孝感日报》

《孝感日报》是中共孝感市委机关报。1958 年 10 月 1 日创刊。1997 年 1 月 1 日，由 4 开 4 版扩为对开 4 版。1999 年 1 月，推出《科教周刊》。2004 年，期发 38000 份。该报印刷厂原为铅字排版、平版机印刷。1990 年，首次使用华光照排系统。1996 年，添置激光照排系统等设备。2001 年，整体搬迁，新建媒体宽带局域网等设备，提高了印刷能力和质量。

在新闻宣传上，该报紧扣市委、市政府中心工作，突出了重大主题、重大典型、重大活动的报道，并设置了“三农”、“经济沙龙”、“民主与法治”、“学习”、“生活”等专刊，以及读者喜爱的“今日论谈”、“热线新闻”、“新闻目击”、“一周网评”、“田头参谋”等栏目。

在发行上，该报 1994 年由邮发改为自办发行，当年发行量上升 38%，1995 年达 5 万份。1998 年，恢复为邮发。2003 年，组建发行中心。2004 年，第二次自办发行，并对科教周刊、财富周刊实行主编负责、自主经营，当年创利税 119.9 万元。

该报是全国地级报改革试点单位，是全国地市报研究会发起和理事单位之一。2002 年以来，该报社加大改革力度，对中层干部及工作人员实行竞争上岗、双向选择的全员聘用制，取得了较好效果。2004 年，该报已呈现出“六增一减”（即发行量、固定资产、广告收入、非主业收入、年总收入、上缴利税增加和人员减少）的良好发展态势。

(二)《孝感晚报》

《孝感晚报》是地方性市民报，由《孝感日报》主办，2000 年 10 月 1 日创刊，为 4 开 8 版，周 6 刊。2003 年，扩大为 4 开 16 版。

该报面向自费读者市场，与《孝感日报》功能互补，定位于"关注国家大事、广集奇闻趣事、服务百姓家事、调节民众心事"。该报以平民视角精办社会新闻，版面轻松活泼，文字短小通俗，具时效性、群众性、生活性和趣味性。它创办了《校园》、《财经》等周刊，开设了《百姓茶坊》、《就业参谋》、《消费观察》、《现场写真》、《曝光台》和《记者帮你办》等栏目，在反映社情民意、开展舆论监督、帮助读者排忧解难等方面，取得了可喜成绩。

在内部管理上，该报加强采、编、审、校、印、发管理，确保每个环节责任到人，着力提高办报水平。在内容上，突出本地新闻，在竞争中开拓市场。2004 年，该报固定资产、发行收入、广告收入均呈上升态势，创利税 11.6 万元。在湖北省市、州晚报新闻奖评比中，有 50 余件作品获奖；其精品稿件《民工心声传到人民大会堂》荣获中国晚报新闻一等奖。

(三)《楚天声屏报·孝感广播电视》

《楚天声屏报·孝感广播电视》的前身是《孝感广播电视报》，创办于 1992 年，曾十分红火。但到 20 世纪 90 年代后期，由于报业竞争激烈，广播电视报生存和发展受到威胁。2000 年，在湖北省新闻出版局的推动下，全省地市级广播电视报实行集团化整合，统一使用国内报刊号和《楚天声屏报》报名。因此，《孝感广播电视报》更改为现名。

为了生存和发展，《楚天声屏报·孝感广播电视》定位于面向家庭文化生活的专业报，由孝感电视台主办，围绕"指导、服务、娱乐、知识"做文章。在内容上，既完善广播电视节目、剧情和影视圈趣闻轶事报道，又突出地方特色，加大本地新闻、民情、典故、文化生活报道力度。现在，该报已成为孝感唯一的 4 开周报，2004 年已扩充到 20 版。为了提高视觉冲击力，该报由黑白印刷发展到套红双色印刷，再发展到封面用铜版纸双面彩印，其图片、照片靓丽美奂，并做刊式装订，具有厚报多彩时尚，但定价仅 1 元，深受读者喜爱。

2003 年、2004 年，3 种公开发行报纸的简况，见表 23-1。

(四)《孝感学院报》

该报创刊于 1984 年，原名《孝感师专》，为不定期的 8 开 4 版报。1992 年，更名为《孝感师专报》。1998 年，获全国统一报刊号，改为定期

表 23-1 3种公开发行报纸的简况

名称	年度	工作人员（人）	固定资产（万元）	发行数量（万份）	年定价（元）	总收入（万元）				税（万元）
						合计	广告	发行	其他	
孝感日报	2003	105	1895	3.3	156	728	311	390	27	28
	2004	98	2968	3.8		1033	454	390	190	120
孝感晚报	2003	59	0	2.5	138	605	160	0	0	120
	2004	45	100	2.0		484	208	276	0	12
孝感广播电视	2003	20	24	5.0	29	210	60	150	0	12
	2004	17	27	1.5	46	88	62	24	0	0

资料来源：孝感市新闻出版局。

半月出版的4开4版报。2000年，更为现名。2004年，扩展为对开4版，每期印刷5千份，工本费5千元，年定价9.6元。该报由孝感学院主办，面向本学院教职员工，主要为本学院的改革发展、教育教学、学生工作、后勤服务和校园文化建设服务。同时，也为培养新闻新秀提供了一个实践平台。

二 期刊和内部资料

1990年，孝感有经湖北省新闻出版局批准的非正式期刊16种。经清理、整顿和变革，到2004年有期刊和内部资料8种，其中公开出版期刊有两种，即《湖北职业技术学院学报》和《孝感学院学报》；经湖北省新闻出版局批准的内部资料6种，即《孝感通讯》、《发展研究》、《孝感财政》，《槐荫文学》、《孝感教育》和《孝感学刊》。

（一）《湖北职业技术学院学报》

《湖北职业技术学院学报》（国际标准连续出版物 ISSN 1671-8178）的前身是内部刊物《孝感教育学院学报》，创刊于1989年。1998年，成立孝感职业技术学院后更名为《孝感职业技术学院学报》。2001年，经国家新闻出版署批准，该学报由内部刊物改为面向全国公开出版发行的学术刊物。2004年，学院更名为湖北职业技术学院，学报也随之改为现名。

《湖北职业技术学院学报》是综合性理论刊物，主要反映以该学院为主的最新教学、科研成果。注重学术性、理论性、探索性。该刊设有高职教育、邓小平理论、人文艺术、科学文化、财经、政法、医学、机械电子、计算机等主要栏目。它以繁荣学术研究，推动教育教学改革为己任，

同时也是与其他兄弟院校、工矿企业、科研单位学术交流的重要窗口。

该刊为季刊，刊页 88 个页码，每期印数 600 份，每册定价 5 元，每年办刊经费 15 万元。该刊现已加入《中国学术期刊（光盘版）》、万方数据－数字化期刊群，并入选中国学术期刊综合评价数据库统计源期刊。该刊编辑部有专职编辑 5 人，均具有本科以上学历和中、高级专业技术职称。2004 年出版到第 27 期，并顺利通过了主管部门试办评审验收。

（二）《孝感学院学报》

《孝感学院学报》原名《孝感师专学报》，创刊于 1981 年，为内部刊物；1995 年，经批准公开出版发行；2000 年，孝感师范专科学校升格为本科孝感学院后，更改为现名。

《孝感学院学报》是综合性学术理论刊物，其宗旨是展示校内外最新科研成果，促进学术交流，服务两个文明建设。该刊原为季刊，每年有 1 期自然科学版；2001 年后，改为双月刊，每年有 4 期哲学社会科学版，两期自然科学版。该刊是中国人文社会科学核心期刊，首届和第二届全国百强社科学报，曾获《中国学术期刊（光盘版）检索与评价数据规范》执行优秀奖、第三届湖北省优秀期刊等称号。

该刊刊页 128 个页码，每期印制 2000 册，每册定价 10 元，每年办刊经费 20 余万元。到 2004 年底，已出版 93 期。该刊编辑部有工作人员 6 人。它对内赠发教职员工阅读，对外与全国 600 多所高等院校、有关科研机构、报刊、图书馆进行刊物交流。

（三）内部资料

孝感市原有 16 种非正式期刊。经调整、压缩和筛选，到 2004 年被批准出版的内部资料有 6 种，它们可分为 4 类：即工作指导类的《孝感通讯》、《发展研究》，经济研究类的《孝感财政》，文学类的《槐荫文学》，教育教学、理论研究类的《孝感教育》、《孝感学刊》。

2004 年，6 种内部资料简况见表 23－2。

表 23－2　6 种内部资料简况

名　称	主办单位	主要内容	页码（页）	刊　期	每期印数（册）	办刊经费（万元）	赠阅范围
孝感通讯	市委办公室	党的路线方针政策	48	月　刊	1500	10.0	党委系统
发展研究	市府办公室	经济建设社会发展等	48	双月刊	1000	3.0	政府部门
孝感财政	市财政局	财政工作、政策、法规	48	双月刊	2000	6.0	财政系统
槐荫文学	市文联	文艺作品、文艺评论	64	季　刊	1000	4.0	文化系统
孝感教育	市教育局	教育理论、教学改革等	48	双月刊	1000	2.0	教育系统
孝感学刊	市委党校	哲学社科理论研究等	48	季　刊	1000	1.5	党校系统

第二节 文化事业

一 专业剧团

孝感城区有两个专业剧团，即孝感市京剧团和孝感楚剧团。

孝感市京剧团，20 世纪 50～60 年代曾十分红火，但“文化大革命”后逐步衰落。1993 年，剧团分离部分演职员创办孝感市艺术学校后，便失去了演出能力，仅靠地方财政拨款维持离退休和在职人员生活。2003 年，剧团有 64 人，其中在职 27 人（发 60% 工资）；离退休 37 人（发 80% 工资）；年财政拨款 60 万，支出 63.5 万元，已无力开展业务。

孝感楚剧团，20 世纪 50～80 年代曾走过从红火到衰落的曲折历程。1993 年后，通过内部改革，初步形成了新管理体制和运行机制：一是灵活的用人机制；二是激励的分配机制；三是开放的演出机制。通过内联外延，拓宽了演出市场，建立了鄂中、鄂东、鄂北、鄂南农村营销网络，在出人才、出精品等方面取得了明显成效。2003 年，剧团有 82 人，其中在职 43 人，离退休 39 人；年财政拨款 80 万元，不足部分靠演出等收入弥补。

存在问题：一是市场萎缩、收入有限。农村虽有一定市场，但每场收入仅 1000～1500 元，很难维持生存。二是人才匮乏、青黄不接。多年来演艺人才只出不进，已严重威胁剧团的生存与发展。三是设施老化、设备破损。无练功房、排练厅、剧院和剧场，现有灯光、音响、道具等设施，多停留在 20 世纪 60～70 年代的水平。四是经费短缺、入不敷出。

楚剧是湖北地方剧种。孝感是楚剧之乡。为了重点保护和振兴孝感的楚剧，我们建议：一是走民营化道路，按照市场原则把孝感楚剧团改造成为民营文化企业。二是处理遗留问题，主要是解决离退休人员养老、医疗等保障问题，下岗人员安置和在职人员变换身份问题。三是给予政策扶持，在价格、税收、专业技术职称评定等方面给予适当优惠。四是创造发展环境，主要是在剧目开发、资金融通、知识产权保护等方面，创造良好社会环境。

二 图书馆

市辖区有两座公共图书馆：孝感市图书馆和孝南区图书馆。

孝感市图书馆，1998 年实现自动化管理，建有 50 台套设备的电子阅览室；2001年完成改扩建工程，馆舍面积由1080平方米增至4000平方米。2004年，藏书15万册，报纸杂志500余种。在职人员23人，其中正高职称1人，中级职称6人；离退休人员8人。2004年，财政拨款70余万元，年购书经费25万元，购新书约1.2万册。设有服务窗口6个，长年持证读者9000余人，年外借书刊约30万册次，接待读者约20万人次，组织读者活动约20次，培训学员约2000人次。2002年、2003年，90%以上学术论文参与湖北省级学会研讨。该馆现是湖北省文化信息资源共享工程基层中心之一，全国文化信息资源共享工程先进单位。

孝南区图书馆新建于1993年，面积2650平方米，建有10台套设备的电子阅览室。2004年，藏书13万册，报纸杂志112种；在职人员36人（其中高中级职称11人），退休6人；年财政拨款46万元，工资保障75%左右，购书经费4万元，购新书约2000册。阅览室有320个坐席，长年持证读者1200多人，年外借书刊7万余册次，接待读者10万余人次，组织读者活动6次。2002年、2003年，有4篇学术论文参与湖北省级学会研讨。

存在问题：一是馆舍条件较差。馆舍面积未达到国家规定标准，内部装修和设施比较陈旧、落后。二是经费不足。根据评估定级要求，地市级图书馆必须达到“三个五”，即5000平方米馆舍，50万册藏书，每年50万元购书经费，均存在较大差距；孝南区图书馆连工资都无法得到完全保证。三是馆员整体素质偏低，缺乏图书专业、理工科技和高层次人才。

三　博物馆

孝感城区有两个博物馆：孝感市博物馆、孝南区博物馆。

孝感市博物馆，1982年建馆，建筑面积800平方米。到2003年，馆舍面积扩大到2000余平方米，其中业务用房1511平方米，展厅632平方米；收藏文物17064件，展出文物500余件，其中一级文物20余件；在岗职工12人，其中高级职称3人，中级职称7人，初级职称2人；年财政拨款21万元，全部是工资和管理费用，业务经费为零。

1993～2003年，开展的主要业务活动：①举办各类陈列展览。如“李先念同志在大悟山区革命活动展览”、“孝感市历史文物陈列展”等，接待观众20余万人次。②抢救和保护地下文物。配合建设施工考古发掘60余次，抢救各类出土文物300余件。2000年清理文昌阁铜钱窖藏1个，出土汉至宋代铜钱2万余枚等等。③创收。共创收30万元，用于改造、装修馆

舍28万元。④开展学术研究。撰写论文27篇，其中在全国发表4篇，在省内发表23篇。

孝南区博物馆成立于1990年。到2003年，仍借用孝南区图书馆房屋280平方米作为馆舍，其中库房100平方米；收藏文物1700余件，展出100余件；在岗职工7人；年财政拨款22万元，其中业务经费2万元。在各项建设工程中，发现古遗址、墓葬30多处，已发掘20多处，对尚未发掘的文物都采取了保护措施。

存在问题：一是馆舍条件差，二是经费严重不足，三是人员素质偏低，四是执法难度大，一些建设单位缺乏文物保护意识，破坏文物现象时有发生。

我们建议：首先，做好迁址规划，根据市政府关于博物馆随党政机关迁往东城区的安排，认真做好选址、规划工作；其次，加强安防管理，完善安防管理制度；第三，引进专业人才和技术，解决好各类文物修复问题；第四，搞好库房建设和展厅改造，改善文物保管、陈列条件；第五，配合各类工程建设，加强地上地下文物发掘、保护工作。

四 新华书店

孝感城区有两个新华书店：孝感市新华书店和孝南区新华书店。

孝感市新华书店，1993~2003年，销售总额3543万元，利润117.6万元。2004年，书店有建筑面积4600平方米；总资产550万元，总负债274万元；有职工74人，其中离退休人员15人；教材代发总额2700万元，代发纯收入70万元，比上年减少58万元。书店仅有1个门市部，营业面积420平方米，销售收入357万元，创利1.7万元。

孝南区新华书店，内设11个机构，下辖城区中心门市部、第二门市部和毛陈、肖港、祝站、杨店、三汊、陡岗等6个乡镇门市部。2004年，总建筑面积3803平方米，其中营业面积2951平方米；总资产679万元，总负债352万元；职工141人，其中在职人员90人，富余人员和离退休人员51人；实现销售1800万元，利润10万元，上缴税费56万元。

存在问题：一是生存空间狭窄，由于1城、2店、3个门市部以及如雨后春笋般的集体、个体书屋同城竞争；再加上学生“减负”，作为书店主要销售收入的教材代发费不断减少，致使销售额大幅下滑。二是人员过多，两店共220人，比湖北省新华集团下达134人编制多86人。三是门市面积狭小，设施陈旧落后。四是经营效益不佳，基本工资难以保证。五是管理体制改革滞后，用人制度、分配制度弊端丛生，无法调动职工积极

性。六是财政实行统收统支后，把购买课本代收款纳入笼子，致使周转期延长达半年，严重影响业务往来。

建议采取如下对策：①改革管理体制。实行股份制改造，打破人事、分配制度上的“大锅饭”。②调整企业布局。搞好市店与区店同城整合，统一安排城区和乡镇场门市部，增强市场竞争能力。③加强内部管理。精简职工，提高素质，加强管理，降低成本，提高社会效益和经济效益。④协调外部关系。既要协调好与教育、财政等部门的关系，又要协调好与集体、个体书店的关系，力争在平等竞争中实现双赢。⑤加大资金投入。改建房屋，更新设施，提高科技含量，改善购书环境，打造具有较高文化品位和优美和谐氛围的购书环境。

五　雕花和剪纸

孝感的雕花剪纸，具有悠久历史传统和广泛群众基础。1974 年，赴苏、美、英、法、日、意、古、韩等 20 多个国家展览。1987 年，剪纸作品《百凤图》获中国首届艺术节优秀作品奖。1988 年，专题片《一剪美人间》获第五届里约热内卢国际电影电视节特别奖；剪纸作品《槐荫记》获世界博览会奖。为了传承雕花剪纸艺术，孝感恢复了雕花剪纸研究所，建立了包括 50 人左右的艺人档案（含孝感雕花剪纸大师胡均启及其儿子胡云甫等 5 名直系传人）。1999 年，编辑了两册《孝感剪纸》珍藏本画册，制作了 8 块剪纸艺术展牌，在湖北省民间艺术之乡农民画展上取得“一金”、“三银”、“四铜”、“两个特别奖”的好成绩。2002 年，除对以往画册重新设计、制作、包装外，还制作了壁挂产品。2005 年，又创作了 20 位古代清官图和 10 位现代公仆形象，气势宏大，构图精美，具有很强的艺术性和社会性。

中央电视台现场直播
孝感第二届孝文化艺术节

第三节 文化市场

一 基本情况

1994年后，成立了文化市场管理机构，形成了较为完善的文化市场管理体系。2001年，市文体局设置了市场科，成立了市场稽查队；区文体局也配置了相应机构和人员，负责娱乐、演出、音像、电影、美术品、书报刊、文物市场和“网吧”等营业场所的管理工作。

据统计，2003年孝感市、区共有文化经营场所639家，其中：舞厅10家，卡拉OK厅105家，音乐茶座88家，电子游戏机室15家，“网吧”营业场所133家，音像出租158家，音像零售27家，美术经营点14家，书报刊出租经营点22家，书报刊零售经营点44家，演出团体9家，演出经营场所4家，影剧院7家，民间乐队3家；从业人员3200人，文化产业经营收入3650万元，上缴税费400万元。

二 管理工作

根据“一手抓繁荣、一手抓管理”的方针，主要做了几件事：①学习培训。组织执法人员学习有关法律法规，提高业务素质和执法水平。②公正执法。公开收费标准和执法程序，接受社会监督，克服乱收费、乱罚款等现象。③开展“扫黄、打非”行动。1993～2004年，共行动143次，出动人员950人次、车辆180台次，检查各类文化经营单位690家次，收缴淫秽色情、非法出版物和音像制品90800余册（盘）。④整顿文化市场。根据“压缩总量，减少重复，分布合理”要求，娱乐行业压缩了42%，印刷行业取缔了12家不合格企业，卡拉OK放映室全部关闭，电子游戏室压缩到9家。尽可能减少对未成年人和社会的危害。

2000年，孝南区文体局有3名工作人员被湖北省、孝感市评为“扫黄、打非”先进工作者。2001年，孝南区文体局文化市场股被孝感市有关单位评为“青少年维权岗”称号。

三 问题和措施

存在问题：一是经营单位小、散、乱，不便管理；二是淫秽色情制品、非法出版物屡禁不止，电子游戏等地下经营尚未禁绝；三是“网吧”等营业场所接纳未成年人和超时经营问题未彻底解决；四是演出市场管理

很不规范。

应该采取的措施：①完善文化市场管理机制。放宽市场准入条件，鼓励非公有资本及外资参与文化产业建设；建立政府调节市场、市场引导企业的管理体制和运行机制。②整顿文化市场秩序。一是文化市场涉及经济和文化两个领域，要协调各方利益，确保社会稳定。二是促进民族文化的传承和创新，扩大民族文化产品市场份额。三是坚决保护知识产权。四是维护未成年人合法权益。③加强文化市场管理建设。一是改革管理体制，形成党委领导、政府管理、行业自律、企事业单位依法运营的文化市场管理体制。二是树立大局意识，促进文化市场全面发展。三是坚持发展眼光，抓主要矛盾，推动文化市场全面协调可持续发展。

第四节　体育和体校

一　体育事业

1993 年建立孝感市体育中心以来，实行事业单位企业化管理体制。1993～2003 年，先后建成了体育馆、体育场、网球场、室外游泳池、健身训练中心等设施。1994 年后，逐步引进武术学校、乒乓球培训班、搏击馆、跆拳道训练班、足球学校等机构，开展了武术、自由搏击、跆拳道、少儿足球和网球等培训和训练，形成了以体为主、全面经营格局。

孝感市体育中心存在的问题：一是建设不配套，规划中的游泳馆一直没有开工建设；二是设施难更新，很难满足人民群众日益增长的体育锻炼和健身需求；三是经费困难，难以承受体育中心巨额维护、保养费用；四是缺乏有效创收手段。

学校体育由教育部门负责，体育部门配合。截至 2003 年 12 月，孝感城区有国家、省、市级体育传统项目学校 4 所，经常开展田径、篮球、乒乓球等训练活动。城区学校每年春秋运动会已形成制度，适龄学生达到国家体育锻炼标准人数超过 95%。学校体育的主要问题是：普遍存在重文轻体倾向；体育师资不足、知识老化、年龄老化问题十分突出。

1992 年第二届全国农民运动会后，孝感的群众体育已逐步形成了体育部门主导、各部门配合、企事业单位支持、居民自觉参与的格局。每年节假日体育活动，如元旦迎春长跑、春节体育游乐、三八妇女节体育比赛、五一节干部职工老年人乒乓球和门球比赛、国庆休闲体育活动等已形成传统。日常体育锻炼与健身活动已社区化和经常化，体育人口超过 15 万人。

存在的主要问题：一是投入少，设施不足；二是已有设施损坏严重，维修、保养成问题；三是缺少专业人员辅导，盲从性较大；四是体育锻炼和科学健身知识有待普及。

二 体育艺术学校

2002 年，原孝感市业余体育运动学校和孝感市职业艺术学校合并组建成孝感市体育艺术学校（以下简称“体艺校”）。该校是一种体育+艺术的新办学模式，但仍属国民教育体系，受市文体局和教育局双重领导，以文体局为主。该校学生既学文化，又学专业。其中，文化课程分为初中班和高中班，按照国家有关规定设置课程和教学；专业课程分为体育、艺术两类，体育类设有篮球、柔道、田径、举重、武术、游泳、跆拳道等专业，艺术类设有音乐、舞蹈、美术等专业。该校教学质量已达到一定水平，10 多年来已向上级输送体育后备人才 57 名；获省以上奖项 341 项。1993～2004 年，“体艺校”发展简况见表 23－3。

表 23－3 体育艺术学校发展简况

年度	在校学生（人）	建筑面积（平方米）	教职员工（人）		办学经费（万元）			教师获奖（项）		学生获奖（项）	
			人数	#教师、教练	合计	#财政拨款	自筹资金	合计	#省以上	合计	#省以上
1993	185	1150	103	63	72.0	26.0	46.0	—	—	34	34
1994	197	1150	103	63	73.5	26.0	47.5	—	—	16	16
1995	291	1340	100	60	82.1	28.7	53.4	2	1	27	27
1996	337	2440	98	58	107.4	25.8	81.6	1	—	26	26
1997	354	2840	96	57	131.7	26.6	105.1	2	1	38	38
1998	270	2840	93	54	122.0	26.9	95.1	—	—	36	36
1999	233	2840	92	53	121.3	35.3	86.0	6	2	55	55
2000	156	3400	91	52	104.7	39.6	65.1	2	1	38	38
2001	102	3900	86	50	121.0	79.0	42.0	1	1	11	11
2002	115	3900	78	42	216.1	165.0	51.1	3	3	12	12
2003	123	3900	74	40	202.2	139.6	62.6	1	1	24	24
2004	156	3900	67	39	220.7	154.9	65.8	2	2	12	12

该校存在的主要问题：一是学校规模小，招生难，很难发挥规模效益，很难引进和留住人才。二是教师、教练逐年减少，知识老化，训练方法和手段落后。三是训练设施不配套，至今还没有室内游泳池、篮球场等设施，学生训练受到很大限制。四是教学质量有待进一步提高，学校虽然输送了许多体育后备人才，但尖子运动员较少。

第二十四章　广播和电视

第一节　广播事业

一　发展概况

1988年10月1日，孝感人民广播电台建成开播，使用中波频率1566千赫，发射功率1000瓦；开办节目一套，全天播音8小时25分钟。1993年，孝感撤地建市后，更名为“孝南人民广播电台”，改中波发射为调频发射，调频91.2兆赫，发射功率100瓦；全天播音5小时35分钟。1996年，停播并撤销。

1997年10月，原县级孝感市广播电视机构并入地级孝感市有关机构，并在原县级孝感人民广播电台基础上组建了地级孝感人民广播电台，使用中波频率927千赫，发射功率1000瓦；调频91.2兆赫，发射功率3000瓦，开办节目一套，覆盖孝感全市及周边地区。1998年1月1日，正式开播。孝感人民广播电台为副处级事业单位，人员编制原25人，1999年增至30人，内设办公室等6个机构。

2003年3月1日，孝感人民广播电台开通了交通音乐频道，迈开了频率专业化第一步。2004年9月1日，广播电台和发射机房搬迁到新址。同时，购置了3000瓦、1000瓦全固态调频发射机各1台，分别用作交通音乐频道和新闻综合频道发射机；购置了两台音频工作站，改善了节目制作条件，实现了微机自动化播出；新增了直播器、调音台、延时器等设备，装修了新直播室、录播室、发射机房。

二　宣传工作

1988～1996年，原县级孝感人民广播电台除转播中央和湖北省台节目外，还自办节目4小时25分。在开播的8年中，共播发新闻20000多条，其中自采稿件5800多条；中央台用稿17条，湖北省台用稿270条，各类报刊用稿700多条；先后有30多篇（组）优秀新闻和播音作品在全国、

湖北省、孝感市获奖；出版专著两部，在国家或省级刊物发表论文 28 篇；多次被评为“先进单位”和“文明单位”。

1998～2000 年，地级孝感人民广播电台强化了喉舌和服务功能，全天播音时间从 7 小时 45 分增至 14 小时，其中自办节目从 6 小时增至 12 小时 15 分。2003 年开播交通音乐台后，全天两套节目共播出 35 小时。该台在宣传报道中强化了 4 种意识：一是“政治纪律和宣传纪律”意识，按时完整转播中央和湖北省台重要新闻节目；二是“新闻立台”意识，办好《孝感新闻》，共组织新闻稿 21900 多条，用稿 16425 条，其中自采 3285 条；三是“政治责任和精品”意识，湖北省台用稿 489 条，中央台用稿 10 条，《人民日报》用稿 1 条；有 4 篇（组）新闻稿被评为湖北省抗洪救灾好新闻；四是“服务大众”意识，坚持“文艺活台”方针，办好《热线点播》、《空中娱乐城》等文艺节目，先后有 12 万多人次作为嘉宾主持、参与热线直播节目。同时，办好《百业园地》、《经济与社会》、《对农村广播》、《民主与法制》等专题节目。

2001～2004 年，该台上湖北省台用稿数分别为 229 条、185 条、210 条和 300 条，对外宣传名列湖北省地市州台前列，连续多年被湖北省台授予“集体记者优胜单位”称号。

三　优秀栏目

（1）《孝感新闻》。全天播出 6 次，每次 15 分钟，播出方式以文字稿和现场采访音响报道为主，新闻体裁涉及消息、通讯、专题、评论、人物访谈等，范围广泛，内容丰富，每逢重大事件或活动，采取电话直播、开辟专栏、现场直播等方式。如：1998 年 8 月 8～22 日，汉江发生特大洪涝灾害，该台记者迅速赶到现场，利用热线电话抢发直播新闻和编发新闻 50 多条，充分发挥了广播新闻“先、准、快、实”的特点，为抗洪抢险战胜水灾赢得了宝贵的时间，受到市委、市政府和各方面的肯定与好评。

（2）《空中娱乐城》。这是一档参与性强的热线直播节目，以主持人出题、听众通过热线回答为主要形式。所出题目有谜语、判断、选择、问答、脑筋急转弯等几种类型，内容涉及文学、历史、天文、地理、生物、艺术、生活等几个方面。在听众答题过程中，时而穿插一些便于广播操作的游戏，以体现该节目集知识性、趣味性、娱乐性于一体的特点。该节目自 1998 年 3 月开播以来，收听率不断提高。

（3）《百姓生活》。它是面向城乡居民的一档板块栏目，以“内容适用、节目到位”为主要宗旨，集知识性、服务性、参与性于一体，主要介

绍与衣、食、住、行相关的生活知识，栏目长度90分钟，下设“市场漫步”、“供求热线”、“都市风情”、“空中医院”等节目。该栏目自1998年4月开播以来，经过4次改版，共收到来信来电8000多人次，给人们生活带去了方便，取得了良好社会效益和经济效益。

第二节 电视事业

一 孝感电视台

（一）发展概况

1992年，孝感电视台迁入新址，占地面积7753平方米，建筑面积2047平方米，新发射塔高180米，拥有电视发射机5台，非线性编辑机9台，摄像机24台，使该台技术装备实现了第一次质的飞跃。从1997年开始，投资500多万元更新设备，实现了第二次质的飞跃。通过这次设备更新，实现了摄像、编辑设备全部数字化；使用了自动播出系统，提高了播出质量，把错播、漏播、劣播率控制在百万分之一以内；新建了400平方米的演播厅，为制作综艺节目提供了必要条件；主频道采用了全固态发射机，使收视覆盖范围扩大到江汉平原和鄂北地区的11个县市区，总面积8.7万平方公里、总人口近700万。1999年7月1日，两套电视节目全天24小时播出；12月25日，400平方米多功能演播厅首次现场直播元旦电视文艺晚会，并圆满实现了与湖北有线广播电视台的联合直播。10年来，先后投资近2000万元，实现了硬件设备、软件开发同步高速发展，重新塑造了孝感银屏新形象。

1989～2003年，孝感电视台发展简况，见表24－1和表24－2。

表24－1 职工基本情况

单位：人

年度	人数	性别		年龄			学历		职称			离退休人员
		男	女	30岁以下	30～45岁	45岁以上	大专以下	大专及上	初级	中级	高级	
1989	25	16	9	16	6	3	10	15	—	—	—	0
1993	83	48	35	52	18	12	11	72	8	16	2	1
1995	95	55	40	55	32	8	13	82	12	26	6	2
1997	98	57	42	55	21	22	12	86	18	34	8	5
1999	142	82	60	85	27	30	13	129	22	38	9	9
2001	146	83	63	87	19	40	15	131	26	42	9	15
2003	150	81	69	91	22	37	15	135	28	45	9	16

表 24－2 业务活动简况

年度	孝感台播出			湖北省台播出		中央台播出		广告创收（万元）	电视设备投入（万元）
	新闻（条）	专题片（部）	电视剧（集）	新闻（条）	专题片（部）	新闻（条）	专题片（部）		
合　计	29992	283	8400	3546	99	48	7	3500	1917.9
1989～1990	1590	60	—	—	—	—	—	—	367.3
1992	2926	17	—	123	16	3	1	—	770
1993	2016	6	—	92	—	2	—	140	97
1995.1～6	940	43	1540	121	9	—	2	—	3.1
1997	3580	—	—	500	30	5	2	40	150
1998.1～6	1300	—	—	200	5	3	2	270	20
1999	1800	—	—	400	33	3	—	750	250
2000	1400	157	—	300	6	2	—	800	25
2001	5000	—	1921	670	—	27	—	700	—
2002	2240	—	1754	450	—	1	—	—	70
2003	4500	—	3185	420	—	—	—	800	145.5
2004.1～6	2700	—	—	270	—	2	—	—	20

（二）节目安排

（1）安排宗旨。坚持正面宣传为主；提高政治意识和大局意识；学习科学理论、传播先进文化、塑造美好心灵、弘扬社会正气、倡导科学精神；把党和政府的声音送到千家万户，把最好的精神食粮奉献给全市人民；为把孝感建设成为经济强市、文化名市，做出应有奉献。

（2）频道和节目。频道设置、频道定位及节目安排，见表 24－3。

表 24－3 频道与节目安排

频道设置	主题栏目	自办栏目	引进栏目	电视剧
新闻综合频道	转播中央电视台《新闻联播》、《孝感新闻》	《药监风采》、《先锋》、《规矩与方圆》、《健康之友》、《市场评说》、《资讯时分》	《环球新闻杂志》、《新化纵横》、《法制播报》、《目击者》、《生命》、《综艺新势力》、《勇者总动员》	每日黄金强档推出两集电视剧
（公共）生活频道	每日黄金时间连续播出 3 集电视剧、两部电影		《传奇》、《财富中国》、《生活在线》、《方太美食广场》、《健康时空》	
影视频道	以展播观众喜爱的电影、电视剧和影视资讯、知识、赏析类栏目为主，大量展播优秀外国电影，重播精品电视剧、纪录片，新增《环球流行电影精选》、《丰田野生动物精选》，辅以《终极》、《影视快讯》、《影像中国》等介绍影视界动态、花絮、秩文的栏目。			
休闲频道	播出港台电影、电视剧		《消费时代》、《欢乐总动员》、《国际时尚前沿》、《奇闻宝典》	

（三）主要栏目

《孝感新闻》：它是反映中共孝感市委、市政府中心工作的窗口。1989年7月开播，每周一、三、五首播，二、四、六重播；后改为每周五期、六期；从1997年7月起改为每天播出，每期播出时间由10分钟增至15分钟。《孝感新闻》每年开设2～5个小栏目，组织3～10次系列报道或连续报道，它已成为孝感人民了解政治、经济、文化、社会新闻的重要渠道。

《规矩与方圆》：它是与中共孝感市纪委联办的栏目，1999年创办，每周一期，每期12分钟左右，节目内容涉及治理腐败、作风建设、纠风治乱、案例剖析、先进典型、政务公开等诸多方面。该栏目播出的《失去监督的权力》、《以权敛财、终尝苦果》、《“农”字情深》等节目在湖北省、孝感市评比中获奖，《“温州夏梦”何日圆》还在中纪委举办的全国“卫视杯”优秀电教片评比中获奖。

《市场评说》：它是与孝感市工商局联办的栏目，1994年开办，每周一期，每期10分钟，已播出近600期，其内容包括打假维权、公平交易、日常监管、菜价行情、工商动态、个体私营、工商系统先进人物及其事迹等。它的播出，对规范市场秩序、增强办案透明度、维护消费者权益起了积极作用。

《药监风采》：它是与孝感市药监局联办的栏目，2003年5月开办，每月一期，每期10分钟，播4周8次。该栏目内的子栏目：《药监动态》，反映药监工作动态；《监管前沿》，综合反映药监规范、整治活动；《药品法规》，主要宣传各种药品管理法规；《用药指南》，介绍药品、医疗器械知识。

《健康之友》：它是与孝感市中心医院联办的栏目，2004年4月9日开播，每两周一期，每期10分钟，现已播出4期。该栏目的主要内容是：向观众宣传科学健康理念，介绍一些多发病、常见病的预防、治疗知识。该栏目开播后，产生了较好的社会效果，受到许多观众欢迎。

此外，还先后摄制了《与时俱进看孝感》、《共创文明家园》、《跨越——献给孝感建市十周年》等优秀专题片；创办过《警方行动》、《孝感故事》等许多栏目，对社会产生了良好影响。

（四）成果和问题

1992年10月10日，孝感电视台与中央电视台、湖北电视台联合，向全国观众现场直播了第二届全国农民运动会在孝感城区体育场隆重举行的盛况，并以此为契机培育和造就了一批专业技术人才，增添和更新了一批技术设备，使孝感电视台综合实力实现了第一次质的飞跃。1996年9月，

孝感电视台又成功地报道了第三届全国工人运动会孝感赛区的竞赛活动。

孝感电视台实施精品战略，狠抓节目质量，已取得初步成效。目前，以《孝感新闻》、《规矩与方圆》、《警方行动》为龙头的栏目已成为孝感电视台的中坚，其他栏目如《孝感故事》、《娱乐现场》、《世界军事报道》、《电视剧场》等也各显特色。据 2003 年调查，这些栏目的收视率已占孝感电视总收视率的 76.32%。此外，湖北省已有 8 个地市州电视台转录或转播《孝感新闻》、《警方行动》、《孝感故事》等栏目的内容。还有一批优秀电视作品在全国和湖北省获奖。例如，《小小手》、《毛陈莲藕运销记》获全国广播电视优秀节目二等奖；《剪纸世家》、《银屏上走下的女英雄》获全国城市电视台《大江南北》新闻评选二等奖；《农家女的企事梦》获全国农村妇女“双学双比”（学文化、学技术，比成绩、比贡献）竞赛三等奖和湖北省电视新闻节目奖。2000 年以来，孝感电视台多次被中共孝感市委、市政府授予文明单位、先进单位称号，多次被湖北省广播电视局评为先进单位，获各类奖牌 20 多块。

但是，孝感电视台也存在着 3 个不容忽视的问题：一是人员培养有待加强。二是节目质量有待提高。2003 年在有线电视覆盖区域孝感电视台的收视率仅为 27.6%。三是设备更新步伐有待加快。电视采编播设备适用周期短、更新速度快，与邻近地级电视台相比较，孝感电视台已落后了一大截。

二 孝感有线电视

（一）机构沿革

1991 年 12 月，成立孝感地区有线电视台，与原孝感地区电视台一套班子、两块牌子。1992 年 2 月两台分离，孝感地区有线电视台开始播出自办节目。1994 年 8 月，孝感地区有线电视台更名为孝感市有线电视台。1997 年 10 月，孝感市有线电视台与孝南区有线电视台合并组建成新的孝感有线电视台。1998 年，孝感有线电视台升格为副县级事业单位。2003 年，根据专业化管理、集约化经营、规模化发展原则，孝感有线电视台剥离新闻宣传职能，更名为孝感广播电视信息网络发展中心，内设办公室等 6 个机构。2004 年，根据业务发展需要新增数字电视业务部和农村网络运营部两个内设机构。

（二）基础设施建设

孝感有线电视兴建之初，存在着孝感市、孝南区两个机构、两张网。1994 年，市、区用户分别为 1.2 万户和 1.3 万户，到 1997 年 10 月城区覆

盖率仅63%；066、4404厂还建有自成体系的有线电视网。由于网络设施落后，市、区两网只覆盖35平方公里，而且只能传送14套至18套节目。

1997年10月，市、区两台合并。1998年，完成了市、区两网整合和改造升级，网络带宽达到550兆，转播节目增至24套。1999年，完成了主干网光纤改造第一期工程，架设了55公里光缆干线，开辟了逆程信息系统，使股民足不出户就可知晓股市行情。1999～2000年，孝感有线电视台迁至广电大楼，装修了播控机房，购置了图文电视接收机、数字编辑机、高带编辑机和9台掌中宝摄像机，更新和备份了一批安全播出设备，使转播节目增至31套。2000年，架设光缆干线115公里，开通光节点61个，基本建成了HFC网架构，从而突破了有线电视向城区外围发展的“瓶颈”。2002年，启动了模拟加密工程，完成了朋兴、桂桥等5个光节点5000用户的加密，加强了对孝棉集团等近3000用户的管理。

2003年，有线电视覆盖区域扩大到近60平方公里，用户发展到6万户，转播节目增至38套，开通了7套付费电视节目。当年，还被国家广电总局批准为全国有线电视数字化改造试点单位。2003～2004年，按照数字电视网标准，改造主支干线180公里，新增光节点29个，高标准建设了新的数字播控机房，建成了全长220公里、联通孝南区13个乡、镇、场的有线电视光纤主干网。

（三）主要成绩

（1）宣传工作。1992年8月，自办频道正式开播，推出了第一个完全自采自编栏目《新闻时空》。1994～1997年，主要是口播新闻，每周播发新闻1期，每年采编新闻300条左右。1998年，每周播发新闻3期，采编新闻1500条。1999～2002年，推出了近30个专栏节目，每年采编新闻2000条左右。

1994～2000年，共采编新闻11600条、专题900余部。其中，湖北省台用稿1900条、中央台用稿30条。1998～2002年，在湖北省地、市、州有线电视台用稿评比中，连续5年保持前5名。2001年，采编的《孝感发现一名韩国籍侵华日军慰安妇》，荣获中央台新闻二等奖；采编的《媒婆》，走进了中央台的大型节目《东方时空·百姓故事》。

（2）经营创收。孝感广播电视信息网络发展中心完全靠自筹资金、滚动发展，没要国家一分钱。1994～1996年，收入来源主要是收视维护费、安装费和少量广告费。其中，1994年66万元，1995年105.7万元，1996年131.9万元。1997年市、区台合并后，收入来源新增逆程股市信息费、视频点歌费、付费节目费等。1997～2000年，收入从580万元逐步增至

1030 万元；2000～2003 年，又略降至 930 万元。

（3）内部管理。一是抓文明创建，1997～2003 年连续 4 次被评为孝感市文明单位，2003 年还被评为湖北省广播电视系统先进单位和全国国家干线网维护管理先进单位。二是抓安全播出，建网以来连续 15 年安全播出无事故，2003 年被评为湖北省广播电视系统防范“法轮功”先进单位。三是抓队伍管理，先后涌现出省级劳动模范 1 名，受省市表彰 20 多名；在现有 79 名职工中，有 18 人取得中高级职称。

（四）问题和建议

存在问题：一是城区有线电视发展规划有待进一步完善。二是“村村通”工程投资 300 万元架设的 170 多公里乡镇主干光缆，由于管理分散，利用率不高，致使投资闲置，发展受阻。

为了加快有线电视发展，实现有线电视数字化，撰稿人建议：①以新的模式来发展数字电视。实现有线电视数字化，关键在普及、在整体转换。孝感应该以市场化方式来逐步转换，实现有线电视数字化。②政府推动，政策支持。有线数字电视整体转换涉及千家万户，特别是在起步阶段，需要政府强有力的推动和政策扶持。③团结协助、利益共享。要建立统一的有线数字电视服务平台，以数字化发展和业务开发为龙头，以数字技术为手段，努力实现数字电视市、区城乡一体化，实现利益共享。

第二十五章 医疗卫生

第一节 发展概况

1994~2003 年，孝感市（市辖区）医疗卫生事业发展简况，见表 25-1。

表 25-1 医疗卫生机构、床位、人员发展情况

年度	机构(个)	床位(张)	工作人员(人)	其中卫生技术人员(人)	床/千人	卫技人员/千人
1994	118	2315	4493	3600	2.88	4.48
1995	115	2209	4814	3766	2.70	4.61
1996	35	2265	4419	3381	2.73	4.07
1997	99	2149	5013	3830	2.53	4.52
1998	98	2102	5049	3875	2.45	4.51
1999	48	2198	5136	3991	2.53	4.59
2000	60	2065	4714	3729	2.34	4.22
2001	51	2103	4668	3625	2.35	4.06
2002	44	2149	4409	3491	2.44	3.96
2003	98	2179	4510	3624	2.41	4.00

资料来源：《孝感地区卫生局1989~1992年统计年报》、《孝感市卫生局1993~2003年统计年报》、孝感市统计局《孝感五十年》和有关年度的《孝感统计年鉴》，下同（另说明来源除外）。

说明："市辖区"数据，包括地级孝感市直属单位和孝南区所属单位数据，但不含孝感驻军医疗卫生单位数据，下同（另说明来源除外）。

表 25-1 数据显示，医疗卫生机构数、床位数、每千人拥有床位数和卫生技术人员数，均有所减少，其原因：一是医疗卫生改革中机构合并，许多乡镇以下卫生所并入了乡镇卫生院。二是部分厂矿企业医务室、门诊部在市场竞争中关闭。三是孝感城区毗邻武汉，随着经济发展、交通条件改善，居民中去武汉就医的人数日见上升。

1994~2003 年，市辖区医疗卫生事业的发展变化，主要表现在以下几个方面。

一 医疗卫生机构

医疗卫生机构结构发生了显著变化，详见表 25－2、表 25－3。

表 25－2 医疗卫生机构类型的变化

单位：个

年度	合计	综合医院	专科医院	中医院	卫生防疫站	妇幼保健院	乡镇卫生院	门诊部	职工中专	血防所	结防所	药检所	其他
1994	118	4	1	1	2	2	13	83	3	3	1	2	3
1998	98	4	1	1	2	2	13	63	3	3	1	2	3
2003	98	6	3	1	2	2	13	57	2	5	1	2	4

表 25－3 医疗卫生机构部门、所有制、地域结构的变化

单位：个

年度	合计	部门结构		所有制结构			地域结构	
		卫生	其他	全民	集体	个体	城区	乡镇
1994	118	34	84	88	30	0	105	13
1998	98	34	64	62	28	8	85	13
2003	98	49	49	50	25	23	85	13

表 25－2、表 25－3 数据说明：①从类型看，厂矿企业门诊部减少 26 个，综合医院、专科医院和血防机构各增加两家。②从部门看，卫生部门机构所占比重由 29% 上升到 50%。③从所有制看，全民所有制机构比重从 75% 降至 51%，但仍居主体地位；集体所有制机构减少了 5 家，个体诊所发展到 23 家。④从地域看，城区所占比重由 89% 降至 87%。

2003 年“非典”疫情后，开展了公共卫生突发事件医疗救治体系建设，到 2005 年已建市疾病预防控制中心、传染病区、传染病院 3 个，乡镇发热门诊部 13 个，共投资 1383 万元。

二 医疗卫生队伍

医疗卫生队伍结构，特别是卫生技术人员结构变化见表 25－4、表 25－5、表 25－6。

上述 3 表说明，医疗卫生工作人员总数变化不大，但结构变化显著：①从职业结构看，卫生技术人员和其他技术人员比重上升，管理人员和其他人员比重下降。②从学历结构看，硕士从无到有，本科生、专科生、中专生比重上升，其他文化程度比重下降。③从职称结构看，高级、中级比重上升，初级比重下降。④从地域分布看，城区比重上升，乡镇比重下降。

表 25－4　医疗卫生工作人员职业结构的变化

单位：人，%

年度	人数	卫生技术人员		其他技术人员		管理人员		工勤人员	
		人数	比重	人数	比重	人数	比重	人数	比重
1994	4493	3600	80.12	109	2.43	408	9.08	376	8.37
1998	5049	3875	76.75	234	4.63	436	8.64	504	9.98
2003	4510	3624	80.36	263	5.83	277	6.14	346	7.67

说明：2003 年有离休、退休、内退、停薪留职、辞职人员 101 人未纳入年报，下同。

表 25－5　医疗卫生工作人员学历结构的变化

单位：人，%

年度	人数	硕　士		本　科		专　科		中　专		其　他	
		人数	比重	人数	比重	人数	比重	人数	比重	人数	比重
1996	4419	0	0.00	364	8.24	599	13.56	2117	47.90	1339	30.30
1999	5136	0	0.00	422	8.22	763	14.86	2520	49.06	1431	27.86
2003	4510	3	0.07	441	9.78	1249	27.69	2220	49.22	597	13.24

表 25－6　卫生技术人员职称结构和城乡分布的变化

单位：人，%

年度	人数	职　称　结　构						总数	地　域　分　布			
		高　级		中　级		初　级			城　区		乡镇	
		人数	比重	人数	比重	人数	比重		人数	比重	人数	比重
1996	3381	196	5.80	747	22.09	2438	72.11	3381	2634	77.91	747	22.09
1999	3991	274	6.86	1125	28.19	2592	64.95	3991	3093	77.50	898	22.50
2003	3624	293	8.08	1131	31.21	2200	60.71	3624	3031	83.64	593	16.36

三　病床

1994～2003 年，病床分布结构发生了一些变化，详见 25－7。

表 25－7　病床分布情况

单位：人，%

年度	总床位数	部门(全民)				所　有　制						地　域			
		卫生部门		其他部门		全　民		集　体		个　体		城　区		乡　镇	
		病床	比重	病床	比重	病床	比重	病床	比重	病床	比重	病床	比重	病床	比重
1994	2315	2261	97.67	54	2.33	2285	98.70	30	1.30	0	0	1781	76.93	534	23.07
1998	2102	2018	96.00	84	4.00	2102	100.00	0	0	0	0	1735	82.54	367	17.46
2003	2179	2088	95.82	91	4.18	2159	99.08	0	0	20	0.92	1829	83.94	350	16.06

从表 25－7 数据可以看出：①从部门结构看，卫生部门病床数量和比重均有所减少。②从所有制结构看，全民所有制病床数量和比重始终占有绝对优势。③从地域结构看，城区病床数量和比重上升，乡镇病床数量和比重则下降。

四　医疗设备

1990 年以来，市辖区医疗卫生机构的设备有很大变化。截至 2003 年底，市直属医疗卫生单位拥有万元以上设备 161 台套，其中 1 万～50 万元的设备 149 台套，50 万～100 万元的设备 6 台套，100 万元以上设备 6 台套。孝感市中心医院、市第一人民医院拥有磁共振诊断系统、螺旋 CT 扫描机、彩色 B 超声波检测仪、伽玛（Y）照相机、全自动生化分析仪、血液平衡治疗、钴 60 治疗仪、日本产大型 X 光机、C 臂 X 光机、腹腔镜、关节镜、电子镜、人工肾、经颅多普勒、多功能麻醉机、B 超定位体外冲击波碎石机等高、尖、新设备。

乡镇卫生院均装备有 500 毫安影相增强机、全自动生化分析仪、多功能心电监护仪、麻醉呼吸机、B 超、心电图机等。市及乡镇卫生院共有医用救护车 30 辆。

第二节　疾病种类及其变化

据《中国国情丛书——百县市经济社会调查·孝感卷》资料，1989 年孝感市 3 所综合医院住院病人 24811 人次，其中前 10 位疾病人合计 23207 人，第 1 位是妊娠分娩疾病，占 18.75%；第 2 位是消化系统疾病，占 18%；第 3 位是呼吸系统疾病，占 17.96%。到 21 世纪初，住院病人疾病种类发生了很大变化。据孝感市中心医院和市第一人民医院统计，2000～2003 年这两所医院住院病人 106770 人次，其中前 10 位疾病情况，见表 25－8。

表 25－8　2000～2003 年住院病人前 10 位疾病情况

单位：人，%，名

项目	合计	呼吸系统	循环系统	妊娠分娩疾病	外伤	消化系统	肿瘤	传染病	泌尿系统	眼及附器	糖尿病
人次	83061	15621	13677	13469	13024	12030	5152	3533	3105	2292	1158
比重	100.00	18.81	16.47	16.22	15.68	14.48	6.20	4.25	3.74	2.76	1.39
排序	—	1	2	3	4	5	6	7	8	9	10

表25－8数据说明：①住院病人病种呈分散趋势。住院病人前10位病种病人所占比重，1989年为93.5%，2000～2003年已降至77.8%，下降了15.7个百分点。②住院病人前10位疾病顺序发生了显著变化。与1989年相比较，2000～2003年呼吸系统疾病已上升到第1位，其比重上升了0.85个百分点；循环系统疾病上升到第2位，其比重上升了10.58个百分点；妊娠分娩疾病下降至居第3位，其比重下降了2.53个百分点。

呼吸系统疾病以感冒、肺炎、慢性支气管炎、哮喘居多，特别是肺结核呈上升趋势，其发病人群多分布在农村和打工族中，由于无钱医治，往往轻症拖成重症，存在着大量传染危险。高血压、冠心病等循环系统疾病增幅惊人，它往往随着经济发展，生活水平提高，高脂肪、高蛋白摄入增加而急剧上升。前者主要是"贫困病"，后者多为"富贵病"，它们的上升均存在着深层社会原因，应引起高度重视。

据《中国国情丛书——百县市经济社会调查·孝感卷》资料，1989年孝感市3所综合医院住院病人死亡405人，占住院病人总数1.63%。其中，前10位疾病死亡385人，占死亡总数95.1%。在死亡病因中，第1位是损伤和中毒，占17.14%；第2位是围产期疾病，占16.88%；第3位是循环系统疾病，占15.06%。据孝感市中心医院和市第一人民医院统计，2000～2003年这两所医院住院病人死亡959人，占住院病人总数0.9%。其中，前10位疾病死亡824人，占死亡总数85.9%。在死亡病因中，前10位死亡病因情况，见表25－9。

表25－9　2000～2003年住院病人前10位死亡病因情况

单位：人，%，位

项目	合计	循环系统	外伤	肿瘤	呼吸系统	传染病	新生儿疾病	消化系统	糖尿病	泌尿系统	血液病
人次	824	348	182	104	49	44	44	32	9	7	5
比重	100.00	42.23	22.09	12.62	5.95	5.34	5.34	3.88	1.09	0.85	0.61
排序	—	1	2	3	4	5	6	7	8	9	10

表25－9数据说明：①住院病人死亡率大幅下降。1989年为1.63%，2000～2003年为0.9%，下降了44.8%。②死亡病因呈分散趋势。死亡病因前10位所占比重，1989年为95.1%，2000～2003年已降至85.9%，下降了9.2个百分点。③死亡病因前10位的顺序发生了显著变化。1989年居死亡病因第1、2、8位的有损伤和中毒、围产期疾病、神经及感觉器官疾病，在2000～2003年已退出死亡病因前10位，循环系统疾病则上升为

第1位，其比重上升了1.8倍；外伤上升为第2位，主要是交通事故死亡增多；肿瘤上升为第3位，其比重上升了3.01个百分点。此外，新生儿疾病、糖尿病、血液病进入了前10位死亡病因，这些上升死亡病因大都与经济发展、生活水平提高密切相关，值得深入研究。

第三节　疾病控制和卫生监督

一　疾病控制

1990年以来，贯彻“预防为主”方针，甲类传染病（指鼠疫、天花、霍乱等发病急、传播快、死亡率高的烈性传染病）已经消灭，其成果得到巩固。乙类传染病中的脊髓灰质炎已宣告消灭，流行性脑脊髓膜炎、流行性乙型脑炎、钩端螺旋体病、流行性出血热、麻疹、百日咳、伤寒及副伤寒等发病率已降到最低限度，疟疾发病率已由1970年代的5207/10万，控制到1/万以下。地方性甲状腺肿（碘缺乏病）和麻风、头癣病、丝虫病均已消灭。在流行血吸虫病的115个村中，3个达到传播阻断、112个达到控制传播或疫情标准，见表25－10。

表25－10　血吸虫病防治情况

年度	流行区域		灭螺情况		控制疫情情况			血吸虫病情况		
	乡镇（个）	村庄（个）	查出钉螺面积（平方米）	灭螺面积（平方米）	阻断传播（村）	控制传播（村）	控制疫情（村）	查出病人（人）	治疗病人（人）	治疗率（%）
1994	6	115	43480	15425	3	38	74	4044	4035	99.77
1998	6	115	30268	24492	3	79	33	2783	2783	100.00
2003	6	115	23160	8040	3	79	33	2093	2093	100.00

根据传染病疫情统计资料，全年传染病患病人数1989年为7000例左右，1998年为1600例左右，2003年为1718例。这3个年度前6位传染病发病情况，见表25－11。

从表25－11数据看：①传染病患病总人数，1998年比1989年大幅减少，2003年又有所回升。②6种主要传染病病种发生改变，流行性感冒（简称“流感”）、流行性出血热和伤寒及副伤寒1998年后已退出主要传染病行列，结核病、淋病和麻疹则进入主要传染病行列。③主要传染病患病多寡顺序发生显著变化，1989年流感居第1位，痢疾和病毒性肝炎居第2、

表 25-11 1989、1998、2003 年前 6 位传染病发病情况

单位：人，%，位

项　目	1989			1998			2003		
	人数	比重	排序	人数	比重	排序	人数	比重	排序
合　计	6194	100.00	—	1569	100.00	—	1684	100.00	—
流　感	2147	34.66	1	—	—	—	—	—	—
痢　疾	2112	34.10	2	355	22.63	2	140	8.31	3
病毒性肝炎	1729	27.91	3	709	45.19	1	857	50.89	1
出血热	95	1.53	4	—	—	—	—	—	—
伤寒副伤寒	56	0.91	5	—	—	—	—	—	—
疟　疾	55	0.89	6	30	1.91	6	25	1.48	5
结核病	—	—	—	238	15.17	3	614	36.46	2
淋　病	—	—	—	160	10.20	4	37	2.20	4
麻　疹	—	—	—	77	4.91	5	11	0.65	6

3 位；1998 和 2003 年病毒性肝炎均跃居第 1 位，结核病和痢疾则居第 2、3 位。病毒性肝炎患病率直线上升和结核病卷土重来，值得高度重视。

二　卫生监督监测

1983 年、1987 年颁布《食品卫生法》和《公共场所卫生管理条例》后，食品卫生工作和宾馆、旅社、影剧院、歌舞厅、浴室、发廊等公共场所的卫生均纳入法制管理范围。据检测，1985 年食品合格率为 66.23%。1998 年，市辖区食品生产经营单位和公共场所 2299 户，从业人员 7076 人，健康合格率为 97%，产品合格率 91.70%。2003 年，食品生产经营单位和公共场所减至 1916 户，从业人员增至 9597 人，健康合格率为上升到 98.02%，产品合格率下降到 84.91%。1994～2003 年，市辖区共发生食物中毒 4 起，中毒 158 人，无死亡。

三　城区环境卫生和农村饮水卫生

1989 年国务院下发《关于加强爱国卫生工作的决定》后，市辖区加快了城乡卫生工作步伐，一方面，在城镇铺水泥路、柏油路，修下水道，植树、种草、栽花、建花坛，大力绿化环境，同时开展除四害（苍蝇、蚊子、老鼠、蟑螂）活动。2000 年，孝感城区获湖北省卫生城市和除四害先进城区荣誉称号。另一方面，在农村改良饮水，改建厕所，加强饮水卫生

工作。到2003年，农村饮水改良项目1.26万处，群众集资133万元，受益人口62万人，其中自来水项目554处，受益人口23万人；农村改良、新建厕所9.95万座，受益人口36万人，其中无害化厕所5.82万座，受益人口23.38万人。

第四节 健康与保健

一 人口平均寿命

随着经济发展、医疗条件改善和生活水平提高，居民死亡率下降，平均寿命延长。据统计，市辖区人口死亡率1978年6.78‰，1996年4.58‰，2003年降至4.07%；人口平均寿命，1949年35岁，1978年65.17岁，1996年71.53岁，2003年升至73.9岁。

二 新生儿健康

1994～2003年，市辖区新生儿出生、死亡情况，见表25－12。

表25－12 新生儿出生、死亡情况

年 度	出生人数(人)	死亡人数(人)	死亡率(‰)
1994	7284	19	2.61
1999	4722	23	4.87
2003	5845	22	3.76

从表25－12数据可以看出：出生人数呈波浪下降趋势，死亡人数和死亡率略有上升。

三 妇女保健

市辖区有两所妇幼保健机构：孝感市妇幼保健院和孝南区妇幼保健院。两所妇幼保健院有门诊楼、住院楼4栋，建筑面积1.32万平方米，开设有内科、外科、妇产科、儿保、妇保、心理咨询、检验、放射、B超、心电图等科室，配备有彩超、经颅多普勒、心电图机、X光机、全自动生化分析仪、血球计数仪、尿分析仪、心电监护仪、红外线多功能治疗仪、乳腺透照仪等设备，并都装备有救护车。其工作人员情况，见表25－13。

表 25－13　妇幼保健院工作人员发展情况

单位：人

年度	人数	学历				专业技术职称			
		本科	专科	中专	初中	高级	中级	初级	其他
1994	307	11	28	185	83	7	52	188	60
1999	383	15	67	218	83	26	127	191	39
2003	388	19	97	216	56	33	126	184	45

两所妇幼保健院都积极开展妇女病查治工作。查治范围主要是滴虫性阴道炎、宫颈糜烂、淋病、尖锐湿疣、宫颈癌、尿瘘、Ⅱ度以上子宫脱垂等妇女病。2001 年，对市辖区 3587 名妇女进行妇女病普查，查出各类妇科病 1009 例，患病率为 28.13%。1989～2003 年，产前检查率由 85.2% 上升到 90.93%；住院分娩率由 77.49% 上升到 92.29%。2003 年，新法接生率达到 98.94%。2001～2003 年，孕妇死亡率由 46.91/10 万下降到 39.14/10 万。

此外，孝感市中心医院、孝感市第一人民医院也做了许多妇女保健和妇女病治疗工作。为了提高人口素质，孝感市各医疗单位积极创建国际爱婴医院。经过多年努力，孝南区妇幼保健院、孝感市中心医院、孝感市第一人民医院、孝感市妇幼保健院先后于 1993 年、1996 年、1997 年、2003 年被授予“国际爱婴医院”称号并挂牌。

市中心医院

四　学龄前儿童保健

为了预防结核病、脊髓灰质炎（小儿麻痹症）、麻疹、白喉、百日咳、破伤风等 6 种传染病，市辖区从 1986 年开始实行扩大计划免疫——冷链运转活动，按规定程序对学龄前儿童逢双月或单月接种卡介苗、脊髓灰质炎糖丸、麻疹疫苗、百白破4种疫苗。为提高计划免疫质量，还开展了计划免疫保偿工作，凡接种对象每人交纳15~25元的接种费，疾病控制部门执行接种任务，如果在保偿期内发生相关传染病，由防疫部门赔偿医药费用。1989~2003年，计划免疫保偿投保率由19.8%升至36.82%。现市辖区范围内脊髓灰质炎已消灭，白喉、百日咳、破伤风无报告病例，麻疹则由1980年的12.43/10万降至2003年的1.21/10万。

五 老年保健

市辖区老年保健工作开始于20世纪80年代，主要是在市、区综合医院设立老年专科门诊，不定期为老年人进行健康检查。2001~2003年，参加健康体检的离退休干部有498人次。

1999年，孝感市康复医院成立老年康复中心，为老人提供养护、医疗、康复、娱乐为一体的家庭式居住环境，常年入住40位老人。孝南区建立了4家社区卫生服务中心，22家服务站，以老年人、慢性病人、残疾病人为重点，常年开展健康咨询服务。

第五节 药品的监管、生产和经营

一 药品监管

药品监督管理职能，原分属卫生、贸易、供销等部门。2001年，成立孝感市药品监督管理局，后改为食品药品监督管理局，结束了政出多门管理体制，揭开了统一监管新篇章。

（1）行政监督。一是开展《药品管理法》等宣传活动。已开展5次大型宣传活动，其中3次集中销毁假劣药品、医疗器械总标值161万元。二是培训药品从业人员。已举办15期培训班，培训从业人员2340人次。三是成立药品不良反应监测中心。2002年中心成立以来，已上报药品不良反应监测报告291份，居湖北省前列。四是建立了麻醉、精神药品管理制度。对医用麻醉药品、一类精神药品，既保证临床需要，又保证不滥用、不流失。五是净化药品市场。已出动执法人员9000多人次，查处各类案件近600起，监督检查覆盖面达100%。

（2）技术监督。药品技术监督，由药品检验所承担。2005年，药品检验所占地面积2400平方米，实验楼建筑面积864平方米，有职工36人，其中在岗30人；在职人员中，高级职称6人，中级职称12人。常用检测设备有紫外分光光度计、红外分光光度计、高效液相色谱仪、气相色谱仪、智能型溶出度仪、集菌仪、超净电子天平等40余台件。2001～2003年7月，检验药品3800多件，为行政监督发挥了技术支撑作用，药品检验工作位居湖北省前列。

二　医药生产

2003年，有药品生产企业1家，医疗器械生产企业7家，实现工业产值6000万元，利税800万元。2001年以来医药生产有几个特点：一是发展步伐加快。新增招商企业两家，投资5000多万元。二是产品种类增加，新增剂型3个，品种5个；开发医疗器械新产品4个，现生产基础化验设备、医用激光设备、卫生材料和一次性无菌注射器等医疗器械。三是优势产品初现端倪，如生物组织脱水机、生物组织包埋机等产品在国内已有一定知名度。

三　医药经营

2003年，市辖区有药品经营企业86家，其中批发企业3家，零售企业83家，实现销售收入4600万元、利税500万元。药品经营管理日趋规范，3家批发企业已顺利通过GSP（即药品经营企业质量管理规范）认证，零售企业的GSP认证也于2004年底完成。

为了克服药品价格虚高弊端，2002年5月在市委、市政府领导下成立了“孝感市医疗机构药品集中招标采购”监督委员会和指导委员会。2002年，招标采购药品11大类、831个品种，金额5460万元，平均降价19.43%，让利1060万元；2003年，招标采购药品22大类、1537个品种、近3000个品规，金额7120万元，平均降价19.46%，让利1386万元。

第六节　存在问题和对策建议

存在的主要问题：一是发展比较缓慢。1994～2003年，每千人拥有床位由2.88张减至2.41张，每千人拥有卫生技术人员也由4.48人下降到4人。二是城乡分布很不平衡。2003年，30%的城区人口拥有86.73%的医疗卫生机构、83.64%的卫生技术人员、83.94%的病床，反之，70%的乡镇人口仅拥有15%左右的医疗卫生资源。三是机构重叠十分严重。不足30平方公里的孝感城区，集中了6个综合医院、5个血防所、2个卫生防疫站、2个妇幼保健院、2个药检机构和57个门诊部，医疗卫生资源浪费严重。四是政府投入不足。按照中央标准，医疗卫生事业投入应占财政支出

8%，而市辖区一直不到3%。五是药品虚高定价。政府医药定价过高，是看病贵的主要原因。六是医疗市场比较混乱。街头巷尾无证行医、非法行医仍屡禁不止，医疗纠纷时有发生。七是医疗保障制度极不健全。近60%的乡村人口，没有医疗保障；在约40%的城镇人口没有参加医疗保险的约占89%。在参加医疗保险的35000人中，除少数离休干部和得到大病统筹安排的少数人外，大多数人仍承受着看病难、看病贵的困扰。八是医疗卫生管理有待加强。特别是农村公共卫生管理十分薄弱。

为了搞好市辖区医疗卫生事业，撰稿人建议采取如下对策：

（1）合并市区医疗机构，合理配置医疗卫生资源。孝感市属医疗卫生机构和孝南区属医疗卫生机构，应该打破行政隶属关系，按照医疗卫生事业发展的客观需要，合并设置医疗卫生机构，合理配置医疗卫生资源，充分发挥现有医疗卫生资源的作用。

（2）调整城乡医疗资源，加强农村医疗卫生事业。要重点加强13个乡、镇、场公立卫生院建设，同时加快设立480个村委会、34个居委会社区卫生室步伐，力争早日建立和健全区（市辖区）、乡、村三级农村医疗卫生服务体系和网络。

（3）完善城镇医疗保障制度，提高医疗卫生保障水平。要扩大城镇医疗保障覆盖面，重点解决好非公有制单位职工、个体工商户、下岗人员、农民工及他们家属的医疗保障问题。同时，努力提高医疗保障水平，逐步提高大病统筹的范围和程度。

（4）建立新型农村合作医疗制度，缓解农民看病难、看病贵问题。争取早日建立由政府组织、引导、支持，农民自愿参加，个人、集体和政府等多方筹资，以大病统筹为主的农民医疗互助共济制度，逐步缓解农民看病难、看病贵问题。

（5）整顿医疗卫生市场，规范个体行医管理。坚决整顿医疗卫生市场，取缔无证行医、非法行医行为，严惩无证行医、非法行医造成的医疗事故。同时，规范个体行医管理，把个体医护业者纳入城乡医疗卫生服务体系和网络。

（6）加大政府财政投入，加快医疗卫生事业发展。逐步加大对医疗卫生事业的财政投入，重点解决乡镇卫生院、社区卫生服务中心和卫生服务站的建立、完善问题，同时解决部分城镇医疗卫生单位房屋、设备更新问题，使医疗卫生投入尽快达到中央规定的占地方财政总支出8%的标准。

此外，在医疗管理和科研，提高医疗卫生服务质量等方面，也应采取一些有效对策。

第五篇 政 治

第二十六章 中国共产党组织

第一节 组织机构

一 市级党组织

（一）中共孝感市第一届委员会（1993～1998年）

1993年6月，经中共湖北省委批准，撤销中共孝感地委，成立中共孝感市委，下辖孝南区委、孝昌县委、大悟县委、云梦县委、汉川县委、应城市委、安陆市委、广水市委。

1993年10月，中共孝感市第一次代表大会召开，选举产生了中共孝感市第一届委员会，委员33人，候补委员3人，其中常委12人，张忠俭任市委书记。1998年3月，张昌尔被任命为市委书记。1995年底，按市辖区口径统计，下辖1个区委、74个党组、18个乡、镇、街道、农场党委，86个企事业等单位党委，269个党总支，2352个党支部。

（二）中共孝感市第二届委员会（1998～2001年）

1998年10月，中共孝感市第二次代表大会召开，选举产生了中共孝感市第二届委员会，委员33人，候补委员4人，其中常委13人，张昌尔任市委书记。1998年底，按市辖区口径统计，下辖1个区委、55个党组、20个乡、镇、街道、农场党委，80个企事业等单位党委，284个党总支，2491个党支部。

（三）中共孝感市第三届委员会（2002～2003年）

2002年1月，中共孝感市第三次代表大会召开，选举产生了中共孝感市第三届委员会，委员34人，候补委员6人，其中常委13人，张昌尔任市委书记。2002年7月，曹世佑被任命为市委书记。到2003年底，按市辖区口径统计，下辖1个区委、84个党组、17个乡、镇、街道、农场党委，81个企事业等单位党委，241个党总支，2453个党支部。

二 区级党组织

（一）中共孝南区第一届委员会（1993～1998年）

1993年6月，撤销原县级中共孝感市委员会，设立中共孝南区委员会，吴绪坤任区委书记。1993年8月，中共孝南区第一次代表大会召开，选举产生了中共孝南区第一届委员会，委员27人，候补委员3人，其中常委12人，吴绪坤任区委书记。1996年2月，陈德学被任命为区委书记。

（二）中共孝南区第二届委员会（1998～2001年）

1998年12月，中共孝南区第二次代表大会召开，选举产生了中共孝南区第二届委员会，委员27人，候补委员3人，其中常委11人，陈德学任区委书记。2002年9月，聂利军被任命为区委书记。

（三）中共孝南区第三届委员会（2002～2003年）

2003年12月，中共孝南区第三次代表大会召开，选举产生了中共孝南区第三届委员会，委员27人，候补委员4人，其中常委13人，聂利军任区委书记。

三 基层党组织

1995年、1998年、2001年、2003年，市辖区基层党组织发展情况，见表26－1。

表26－1 基层党组织发展情况

单位：个

年份	项目	党委			党组	党总支					党支部				
		合计	街镇乡场	企事其他		合计	机关	企业事业	村	其他	合计	机关	企业事业	村	其他
1995	合计	104	18	86	74	269	140	55	2	72	2352	482	594	547	729
	市直	74	—	74	67	116	44	—	—	72	963	168	—	111	684
	孝南	30	18	12	7	153	96	55	2	—	1389	314	594	436	45
1998	合计	100	20	80	55	284	131	145	3	5	2491	533	1371	509	78
	市直	69	2	67	49	112	48	60	—	4	1075	202	738	61	74
	孝南	31	18	13	6	172	83	85	3	1	1416	331	633	448	4
2001	合计	95	18	77	65	251	167	73	2	9	2361	604	1118	503	136
	市直	64	—	64	59	90	42	46	—	2	888	220	627	20	21
	孝南	31	18	13	6	161	125	27	2	7	1473	384	491	483	115
2003	合计	98	17	81	84	241	81	49	2	109	2453	557	1308	496	92
	市直	67	—	67	61	77	30	4	—	43	999	237	681	19	62
	孝南	31	17	14	23	164	51	45	2	66	1454	320	627	477	30

在1993~2003年期间，基层党组织建设工作取得很大成绩：一是加强了农村基层党组织建设，有1个乡镇党委、1个村党组织受中共湖北省委表彰。二是适应企业改制需要，加强了非公有制经济组织党建工作，到2002年底有3名以上党员的非公企业党组织组建率达95.2%。三是适应城市发展需要，积极探索街道社区党建工作，到2002年底城区20个居委会党组织已改建成社区党组织。同时，机关、学校、社会团体等基层党组织建设工作也得到了加强。

第二节 党员队伍

一 发展简况

1995年、1998年、2001年、2003年，党员队伍发展简况见表26-2、表26-2.1和表26-2.2。

表26-2 党员队伍简况（一）

单位：人

年份	项目	人数 合计	人数 预备党员	性别 男	性别 女	年龄 25岁以下	年龄 26~45	年龄 46~60	年龄 61岁以上	文化程度 本科以上	文化程度 大专	文化程度 中专高中	文化程度 初中小学	文化程度 文盲
1995	合计	41007	1370	35389	5618	1353	18559	15002	6093	6786		11405	21157	1659
	市直	16530	611	13868	2662	691	7893	5770	2176	4547		5093	6616	274
	孝南	24477	759	21521	2956	662	10666	9232	3917	2239		6312	14541	1385
1998	合计	42289	1481	36386	5903	1544	17423	15271	8051	8335		12679	20142	1133
	市直	17052	743	14244	2808	666	7586	6024	2776	5397		5428	6038	189
	孝南	25237	738	22142	3095	878	9837	9247	5275	2938		7251	14104	944
2001	合计	44160	1326	37690	6470	7917	25712		10531	3167	7140	13398	19401	1054
	市直	16856	578	13848	3008	3540	9861		3455	2554	4101	5067	5027	107
	孝南	27304	748	23842	3462	4377	15851		7076	613	3039	8331	14374	947
2003	合计	46833	1379	39704	7129	8778	26074		11981	3754	7747	14923	20409	
	市直	18224	719	14869	3355	3919	10337		3968	2985	4382	5725	5132	
	孝南	28609	660	24835	3774	4859	15737		8013	769	3365	9198	15277	

表 26－2.1 党员队伍简况（二）

单位：人

年度		人数	农业劳动者	在职职工							离退休人员	在校学生	其他
				合计	工人	商服人员	专业人员	管理人员	行政干部	其他			
1995	合计	41007	16048	20103	5128	752	5445	3428	5207	143	4664	58	134
	市直	16530	2113	11452	3822	138	3256	1979	2235	22	2849	58	58
	孝南	24477	13935	8651	1306	614	2189	1449	2972	121	1815	—	76
1998	合计	42289	15152	21124	4532	848	3983	6026	5144	591	5452	125	436
	市直	17052	1518	11971	3233	192	1869	3975	2564	138	3225	124	214
	孝南	25237	13634	9153	1299	656	2114	2051	2580	453	2227	1	222

表 26－2.2 党员队伍简况（三）

单位：人

年度		人数	农业劳动者	在职职工合计	#公有单位			#非公有单位		城乡个体户	离退休人员	在校学生	其他
					工人	专业和管理	机关干部	工人	专业和管理				
2001	合计	44160	14463	20170	4134	8438	7061	247	290	52	6898	174	2403
	市直	16856	725	10713	2431	4846	3059	164	213	1	4159	174	1084
	孝南	27304	13738	9457	1703	3592	4002	83	77	51	2739	—	1319
2003	合计	46833	13988	19699	3728	9751	5372	394	454	166	8756	405	3819
	市直	18224	752	10558	2235	4716	2927	333	347	29	5134	405	1346
	孝南	28609	13236	9141	1493	5035	2445	61	107	137	3622	—	2473

表 26－2、表 26－2.1 和表 26－2.2 的数据说明：

（1）党员数量：合计增长了 14.21%，其中市直增长 10.25%，孝南增长 16.88%。在此期间，每年预备党员人数一般在 1200～1500 人之间。

（2）妇女党员比重：由 13.7%提高到 15.22%，其中市直由 16.1%升至 18.41%，孝南则由 12.08%提高到 13.19%。从总体看，妇女党员比重偏低。

（3）党员年龄：35 岁以下党员比重由 26%左右降至 18.74%，其中市直由 28.06%降至 21.5%，孝南由 24.49%升至 16.98%；61 岁以上党员比重已由 14.86%升至 25.58%，其中市直由 13.16%升至 21.77%，孝南由 16.0%升至 28.0%。从总体看，党员年龄偏高。特别是 35 岁以下年轻党员比重大幅下降，是一个突出的问题。农村党员老龄化的问题也比较突出，2003 年孝南区 61 岁以上党员比重高于市直 2.42 个百分点。

（4）党员文化程度：初中以下党员比重由 55.64%降至 43.58%，其中市直由 41.68%降至 28.16%，孝南由 65.07%降至 53.4%；大专及以上

党员比重由16.55%升至24.56%，其中市直由27.51%升至40.42%，孝南由9.15%升至14.45%。从总体看，党员文化程度偏低。由于农村党员文化程度普遍偏低，初中以下党员比重仍高达43.58%，孝南区更高达53.4%。

（5）党员职业：①农业劳动者比重已由39.13%降至29.87%；②工人和商业服务人员比重已由14.34%降至8.8%；③专业技术人员和管理人员比重已由21.64%微升至21.79%；④行政机关干部比重已由12.7%降至11.47%；⑤离退休人员比重已由11.37%升至18.7%。党员职业结构的变化，是与经济社会结构和从业人员结构的变化相一致的，即农业劳动者、工人和商业服务等人员比重下降，专业技术、管理等人员比重上升，行政机关干部则因机关精简比重略有下降。随着人口老龄化发展离退休人员比重则有较大幅度的上升。

（6）非公有单位党员和城乡个体户党员：2000年前，非公有单位党员和城乡个体户党员没有专门统计资料。2001～2003年，非公有单位党员已由1.22%升至1.81%，其中市直由2.24%升至3.73%，孝南则保持在0.59%；城乡个体户党员已由0.12%升至0.35%，其中市直由0.01%升至0.16%，孝南由0.19%升至0.48%。

二　发展党员情况

1995年、1998年、2001年、2003年，发展党员情况见表26－3。

表26－3　发展党员情况

单位：人

年份	项目	发展党员		年　龄		文化程度			职　业				
		人数	其中：女	<35岁	>36	大专及上	中专高中	初中及下	农林牧渔人员	工人商服人员	专技管理人员	行政干部	其他
1995	合计	1246	243	875	371	385	586	275	329	160	285	318	154
	市直	595	131	432	163	275	257	63	23	106	199	162	105
	孝南	651	112	443	208	110	329	212	306	54	86	156	49
1998	合计	1381	322	1023	358	532	671	178	234	187	267	302	391
	市直	730	197	560	170	380	297	53	24	143	207	193	163
	孝南	651	135	463	188	152	374	125	210	44	60	109	228
2001	合计	1180	340	890	290	535	524	121	198	147	377	268	190
	市直	529	195	427	102	357	148	24	8	50	212	81	178
	孝南	651	145	463	188	178	376	97	190	97	165	187	12
2003	合计	1309	469	1016	293	483	722	104	148	105	570	221	265
	市直	685	301	576	109	246	423	16	2	66	290	98	229
	孝南	624	168	440	184	237	299	88	146	39	280	123	36

表26－3的数据表明：①发展党员的数量，每年都保持在3%左右。②女性党员比重增大，1995年为19.5%，2003年为35.83%。③35岁以下青年党员比重增大，1995年为70.22%，2003年为77.62%。④大专及以上学历党员比重增大，1995年为30.9%，2003年为36.9%。⑤专业技术、管理、机关干部等人员比重上升，1995年为48.39%，2003年为60.43%。⑥农业劳动者、工人和商业服务等人员比重下降，1995年为39.25%，2003年为19.33%。

三　非公有单位党建工作

（1）非公有单位党建工作现状。2003年底，有非公有单位4291家，其中非公有企业57家，个体工商户4234家。在这些单位中，有中共党员1159人，占从业人员总数的7.9%；57家非公企业中已建党组织40个，占70.2%（其中，党委11个，党支部29个），个体工商户尚未单独建立党组织。

（2）非公有单位党建工作面临的问题。一是缺乏正确认识，有的认为非公有单位规模小，党建工作难有作为；有的认为非公有单位党员流动快，党建工作难开展；有的担心私营业主不支持、不配合。二是非公有单位党员心态复杂，有的把自己等同于一般职工，缺乏党员意识；有的存在雇佣思想，只埋头干活；有的怕得罪老板，不愿参加党的活动。三是党组织覆盖面不大，有些非公有单位和个体户尚未建立党组织。四是存在一些未接转组织关系的党员。

（3）加强非公有单位党建工作的建议。一要统一思想，提高认识。二要发展非公有单位党的力量，扩大党的工作覆盖面。三要探索非公有单位党组织和党员发挥作用的途径。四要加强组织领导，形成党建工作合力。

四　流动党员管理

（1）流动党员管理的现状。据不完全统计，2003年市区有外出流动党员1865名，占党员总数的15.4%，其中城镇主要是下岗职工，农村主要是外出务工经商人员。

（2）流动党员管理的问题。一是常年在外，难以管理。二是大多数是非公有单位雇佣人员，难以自主开展活动。三是部分党员党的意识弱化，不愿表明党员身份。四是部分破产企业党组织名存实亡，没有能力进行管理。五是部分农村党组织工作不力，对外出党员放松管理。六是转移党组织关系程序复杂，因而流动党员很少办理转移党组织关系手续。

（3）加强流动党员管理的举措。一要创新工作方法，除执行《流动党

员活动证》管理外，可探索通过网络对流动党员进行管理的方法。二要确定“以流入地管理为主”原则，加强流入地党组织建设。三要加强党性教育，提高外出党员的党性意识。

第三节 党的干部

一 党政机关干部简况

1995 年、1998 年、2003 年，党政机关干部简况，见表 26 -4 和表 26 -4.1。

表 26 -4 1995、1998、2003 年，党政机关干部简况（一）

单位：人

年度		人数	其中中共党员	性别		年龄				文化程度				
				男	女	≤30	31～45	46～54	≥55	研究生	本科	专科	中专	高中
1995	合计	5832	4232	4720	1112	1292	2761	1305	474	8	482	2442	1444	1456
	市直	2727	1943	2172	555	656	1329	557	185	7	346	1378	533	463
	孝南	3105	2289	2548	557	636	1432	748	289	1	136	1064	911	993
1998	合计	6730	4905	5379	1351	1577	3281	1373	499	10	662	3104	1470	1484
	市直	3442	2440	2728	714	858	1734	639	211	9	473	1782	518	660
	孝南	3288	2465	2651	637	719	1547	734	288	1	189	1322	952	824
2003	合计	5297	4437	4249	1048	867	2656	1376	398	83	1512	2384	722	596
	市直	2802	2413	2277	525	479	1415	743	165	65	987	1388	185	177
	孝南	2495	2024	1972	523	388	1241	633	233	18	525	996	537	419

表 26 -4.1 1995、1998、2003 年党政机关干部简况（二）

单位：人

年度		人数	职级分布				系统分布					
			地厅	县处	科级	其他	党委	人大	政府	政协	群团	其他
1995	合计	5832	35	455	2111	3231	—	—	—	—	—	—
	市直	2727	35	412	1147	1133	—	—	—	—	—	—
	孝南	3105	—	43	964	2098	—	—	—	—	—	—
1998	合计	6730	38	658	2622	3412	830	87	5100	81	147	485
	市直	3442	38	629	1737	1038	349	39	2752	41	55	206
	孝南	3288	—	29	885	2374	481	48	2348	40	92	279
2003	合计	5297	31	463	2244	2559	759	91	3689	69	137	552
	市直	2802	31	429	1344	998	284	38	2155	28	64	233
	孝南	2495	—	34	900	1561	475	53	1534	41	73	319

表 26－4 和表 26－4.1 数据说明，1995～2003 年期间：①干部数量减少了 9.17%。②妇女干部比重基本上保持在 19% 左右。③年龄偏大，30 岁以下年轻干部比重已由 22.15% 降至 16.37%。④文化程度提高，大学本科及以上干部比重已由 8.40% 升至 30.11%。⑤干部职级上升，科级以上干部比重已由 44.60% 升至 51.69%。

二　党组织主要干部简况

1995 年、2003 年，党组织主要干部简况见表 26－5。

表 26－5　党组织主要干部简况

单位：人

年度		人数	性别		年龄				文化程度					
			男	女	≤35	36～45	46～55	≥56	本科及以上	专科	中专	高中	初中	小学以下
1995	合计	569	543	26	30	250	165	124	68		28	125	276	72
	市区	45	43	2	2	23	13	7	27	11	7	—	—	—
	乡镇街场	30	29	1	2	24	4	—	13	14	3	—	—	—
	村	494	471	23	26	203	148	117	3		18	125	276	72
2003	合计	566	524	42	22	174	249	121	76		26	146	318	
	市区	42	40	2	4	22	13	3	36	5	1	—	—	
	乡镇街场	28	26	2	3	23	2	—	23	5	—	—	—	
	村	496	458	38	15	129	234	118	7		25	146	318	

说明：市含市委副书记、市委常委、市委委员；区含区委副书记、区委常委；乡镇街场含副书记；村仅含书记。

表 26－5 的数据表说明：①1998 年后数量有所减少，但减少幅度不大。②妇女干部数量，2003 年有较大幅度增长，但总的来看比重仍然太小。③干部年龄偏高，而且 35 岁以下干部比重有所下降，56 岁以上干部比重有所上升。④干部文化程度有所提高，初中以下干部比重有所下降，专科以上干部比重有所上升，但整体学历仍然偏低，初中以下仍占 56.18%。特别是村党组织书记高中以下学历占 93.55%，与建设新农村要求不相适应。

三　干部制度改革

（1）不断扩大民主，坚持和完善科学的干部任用机制。一是实行了干部考察预告制和任前公示制度。从2001年开始，实行了干部考察预告制和县级领导干部任前公示制。二是坚持和完善科学规范的干部任用决策制度。制定了市管干部任免工作程序规范（试行），进一步规范了干部任免工作程序。实行了市直党政领导干部任职试用期制、干部任免票决制，对于进一步扩大干部工作中的民主、建立科学的干部任用决策机制起到了重要作用。

（2）推进能上能下，坚持和完善公正有序的择优汰劣机制。一是推行公开选拔领导干部。1995年和2001年先后两次在全市公开选拔35岁以下的副县级领导干部63人。二是在市直机关推行全员竞争上岗、双向选择。2002年，市直79个党政群机关、801个科级领导职位实行了竞争上岗，占市直机关科级领导职位的80%。三是实行干部末位待岗和领导干部待岗制。四是推行事业单位聘任制，完善公务员辞职辞退办法。在党政群机关，贯彻领导干部自愿辞职、责令辞职、引咎辞职制度，完善公务员辞职、辞退办法。1994年，在市直大中专学校、医院试行行政副职聘任制。2003年，推行事业单位领导人员聘任制，健全了辞聘、解聘制度。2002～2003年，有1名副县级党政领导干部自愿辞职，两名事业单位副县级领导干部辞聘或被解聘。

（3）推进交流轮岗，坚持和完善干部培养使用机制。一是推进回避交流。对县、乡两级党政主职，县纪委书记、组织部长和法院院长、检察院检察长、公安局长实行回避交流。二是对在同一岗位工作时间较长干部实行交流。三是中层干部轮岗。中层干部在同一职位任职10年以上，管理人财物及其他重要岗位任职5年以上的中层干部必须轮岗。四是对后备干部、年轻干部进行上派（从基层到机关）、下派（从机关到基层）、外派（从市内到市外）等多岗位锻炼。

第四节　纪检和监察

一　机构和人员

1993～2003年，纪委和监察局的机构和人员变化情况，见表26－6。

表 26－6 机构和人员变化情况

单位：人

机构名称	起止时间	纪委				监察局		内设机构	下属机构		纪检监察干部
		委员	其中			局长	副局长		直属机构	基层机构	
			书记	副书记	常委						
市纪委监察局	1993. 10～1998. 10	17	1	3	7	1	2	11	64	—	92
	1998. 10～2002. 1	17	1	3	9	1	2	14	77	—	96
	2002. 2～2003. 12	27	1	3	9	1	2	13	55	—	74
区纪委监察局	1993. 1～1996. 12	13	1	3	7	1	2	5	73	17	173
	1997. 1～1997. 12	13	1	3	7	1	2	7	52	18	149
	2001. 1～2003. 12	21	1	2	7	1	2	8	56	20	179

资料来源：孝感市、孝南区纪委监察局，纪检监察干部年报和工作年报，下同。

从表 26－6 可以看出，1993 年后，纪委、监察机构和人员已得到了加强。

二 工作情况

（1）领导干部廉洁自律工作。一是贯彻中央、湖北省委关于领导干部廉洁自律的规定。二是召开民主生活会，开展批评与自我批评。三是纠正和遏制不廉洁行为。1996 年，清退了 17 名县处级干部多占住房 17 套，4 人受纪律处分。1999～2003 年，先后有 414 人登记上交礼品礼金 157.93 万元。此外，对领导干部配置的超标超编小汽车、移动电话、住宅电话、住宅电脑进行了清查和处理，对兴建办公楼、到名胜风景区开会、达标评比、出国（境）旅游、庆典、到下属单位报销个人费用、公款获取学历、乡镇干部“走读”、公款买商业保险、违规购买企业内部股、“小金库”、插手工程建设以及子女经商等问题，进行了清理和整顿。

（2）查办党员干部违法违纪工作。1993～2003 年，查办案件工作情况见表 26－7、表 26－8、表 26－9、表 26－10。

（3）纠正部门和行业不正之风工作。一是减轻农民、企业和个体户负担。共减轻农民负担近 3000 万元，查处涉农案件 15 件；先后对 103 家企业、个体户挂牌保护，建立 23 个联系点，累计减轻负担近 4000 万元。二是治理公路、河道“三乱”（乱收费、乱设卡、乱罚款），先后上路巡查 176 次，查处违规违纪问题 121 件，处理有关人员 85 人，退还罚没款 5.3 万元。到 2001 年 3 月已成为湖北省公路基本无“三乱”市州之一。三是治理教育乱收费，先后检查 1283 所中小学校，查处乱收费 178 起，纠正

143 个不合理收费项目，清退资金 874.4 万元，追缴违纪资金 118.5 万元，给予 27 名校长党纪政纪处分。四是纠正医药购销不正之风，处理了一批证照不全的药品生产、批发企业，取缔无证药品经营户，清理销毁过期假劣药品，清理虚假广告，降低虚高定价药品 354 个品种 612 个品规，降幅 12%，建立医药招投标采购中心，使药品零售价平均下降 19.6%。

表 26－7　信访举报情况

年度	举报件数（件）	其中（人）									
		按级别分		按对象分		按错误性质分					
		县处级	乡科级	党员	监察对象	组织人事	经济	失职	侵权	违反道德	违反社会秩序
合计	13082	486	2170	7886	7969	475	7135	545	746	430	1169
1993	896	63	260	542	485	25	520	36	36	22	118
1995	1331	71	317	827	801	16	623	14	55	77	201
1997	1675	97	369	925	847	36	775	129	53	37	124
1999	1084	12	57	627	643	41	546	59	105	26	78
2001	1220	8	105	864	923	80	799	31	121	44	50
2003	887	16	59	543	598	95	553	65	44	26	37

表 26－8　初查核实情况

年度	小计	转立案（件）	失实（人）	处理（人）	年度	小计	转立案（件）	失实（人）	处理（人）
合计	4758	855	1091	2795	1999	253	43	81	139
1993	360	70	121	141	2001	395	121	101	172
1995	511	115	92	289	2003	339	61	132	138
1997	734	99	53	591					

表 26－9　立案、结案情况

单位：人

年度	立案（件）	按级别分		按对象分		按错误性质分							结案（件）	挽回经济损失（万元）
		县处级	乡科级	党员	监察对象	政治	组织人事	经济	失职	侵权	违反道德	违反秩序		
合计	1536	73	247	1009	1006	11	23	736	192	42	67	409	1503	2577
1993	106	8	19	86	25	—	4	11	1	—	7	84	99	46
1995	193	6	33	126	118	2	—	72	18	4	10	71	193	31
1997	201	6	14	83	132	4	3	92	25	6	10	38	201	79
1999	128	5	20	88	86	—	1	78	22	5	2	15	131	351
2001	116	9	66	98	72	—	2	72	16	1	4	18	119	525
2003	103	7	9	77	74	—	3	68	28	1	2	7	106	359

表 26-10 处分情况

单位：人

年度	处分人数	按级别分		按类别分		年度	处分人数	按级别分		按类别分	
		县处级	外科级	党纪	政纪			县处级	乡科级	党纪	政纪
合计	1541	65	183	934	800	1999	144	6	25	89	73
1993	97	2	6	97	3	2001	127	10	13	97	46
1995	198	8	37	113	118	2003	117	8	12	72	63
1997	194	6	14	83	132						

（4）执法监察工作。一是清理政法机关经营活动。对政法机关属下17家企业，撤销7家，解除挂靠关系6家，保留4家，改为对内服务公司。二是加强粮改执法监察。1998～1999年，查处违反国家粮食政策案件26件，挽回经济损失1500万元。三是开展逾期贷款清欠工作。1999～2001年，先后清理不良贷款2.1亿元，追缴欠款2000多万元，追究25名党员干部纪律责任。四是开展水利建设执法监察，查处了孝感市河道堤防管理处等违纪案件。此外，还对国债资金、社会保障资金、房改资金、防汛救灾款物、计生经费、扶贫扶苏和以工代赈资金、民政事业经费、汉北河工程资金、预算外资金、建设工程等开展了执法监察，纠正了违纪违规行为。

（5）源头治腐工作。1997年7月，正式启动"收支两条线"（即将依职能所得收入上缴国库或财政专户，其所需经费由财政部门按预算核拨）管理。1998年，建立有形建筑市场。1999年，实行会计委派、村账站管、零户统管制度。2000年，实施"6+3"管理，即"收支两条线"、有形建筑市场、政府采购、会计委派、村账站审、零户统管和政务、厂务、村务"三公开"。2001年，实行"三改一审"，即行政审批制度改革、财政管理制度改革、干部人事制度改革和党政领导干部经济责任审计。2002年，落实"四项制度"，即经营性土地使用权招标拍卖挂牌出让制度、工程建设招投标制度、政府采购制度和产权交易进入市场制度。努力从源头上铲除滋生腐败的土壤和条件。

为了推进行政审批制度改革，2001年10月18日成立了行政服务中心，先后办理各类审批事项20万件，按期办结率100%。为了推进收支两条线、零户统管等工作，2002年10月22日成立了会计核算中心，共受理92个单位收支业务11837笔55909万元，拒付不合理开支217笔206.4万元，审减不合规定支出41万元。为了解决"乱执法、乱收费、信用差、

服务差”等问题，2003 年 8 月成立了经济发展环境投诉中心，共受理投诉 108 批次，为当事人避免经济损失 5 万元，退还不合理收费近 1 万元。为了全面落实四项制度，2003 年 12 月还成立了综合招投标中心。

（6）建立教育、制度、监督并重的预防和惩治腐败体系。一是在宣传教育方面，从 1993 年起，每年 4 或 5 月都要举办一次党性、党风、党纪教育主题宣传月活动。此外，还通过电视台、广播电台、手机短信、开设网页、编辑下发书籍、编排现代楚剧、制作警示教育光碟等形式开展教育，宣扬了 52 个正面典型，剖析了 44 个反面教材。二是在制度建设方面，成立了党风廉政建设领导小组，落实了“一岗双责”（工作职责和廉政职责），实行了“三查”（检查党委政府、检查责任牵头单位、检查纪检监察机关）；“三测”（测党政主职履行职责、测领导班子作风建设、测部门和行业作风）；“三鉴评”（检查考核组、责任牵头单位、纪检监察机关业务室鉴评）；“三挂钩”（与评先表彰、选拔任用和责任追究挂钩）考核办法，先后对 88 人进行了责任追究。三是在监督方面，围绕《党内监督条例》，执行好民主生活会、领导干部述职述廉、任前廉政谈话、诫勉谈话、党风廉政建设巡视、个人收入申报、个人及家庭重大事项报告、礼品礼金登记上交等制度。

三　问题和对策

存在的主要问题：一是“两手抓、两手都要硬”的责任感还有待增强。二是纪检、监察力量不足。在机构改革中，人员编制有所减少，办案人员更少（市纪委监察局 59 人，办案人员仅 10 人），基层纪检监察机构设置难以保证，非公有制单位还是空白。三是纪检监察干部自身素质有待进一步提高，特别是纪检干部违纪苗头值得高度重视。四是办案力度有待进一步加强。1993～2003 年信访举报 13028 件，初查核实 4758 件，信访初查率仅占 36.37%，特别是大案要案查处不多。

为了搞好纪检、监察工作，建议采取如下对策：

（1）加大领导干部廉洁自律工作力度。一是坚决刹住向领导干部送钱歪风。二是推进职务消费货币化改革。三是做好住房、小汽车、公款吃喝、赌博、大操大办等专项清理工作。

（2）加大办案工作力度。一是加强组织领导，加强办案力量。二是拓宽案源渠道，提高信访初查率和成案率。三是研究案件新特点、新规律和新对策。

（3）加大执法监察工作力度。一是推进纠风治乱专项治理工作，重点治理教育乱收费、医药乱收费等热点社会问题。二是坚决纠正征用土地中侵害农民利益、拖欠和克扣农民工工资行为。三是抓好社保、水利、国债等资金专项检查。四是深化行风评议工作。

（4）加大源头治腐工作力度。一是落实《行政许可法》、“收支两条线”管理、用人失察失误责任追究、经济责任审计等制度。二是做好行政服务、综合招投标、会计集中核算等中心工作。三是规范政务公开、企事业单位事务公开、村务公开行为。

（5）加大建立惩治和预防腐败体系工作力度。一是在教育上，抓好正面典型教育和警示教育。二是在制度上，把制度建设贯穿于反腐倡廉各个环节。三是在监督上，落实《党内监督条例》和《纪律处分条例》，开好民主生活会，提高“述职述廉”质量，防止走过场。

第二十七章 人民政权

第一节 市人民代表大会

一 市人大组织

1993年11月，孝感撤地设市后召开了第一届人民代表大会，选举产生了第一届孝感市人民代表大会常务委员会。1993～2004年期间，孝感市共召开了三届人民代表大会，选举产生了三届人大常委会。第一、二、三届市人民代表大会简况，见表27－1和表27－2。

表27－1 市人民代表大会简况

单位：人

届次	时间	代表人数	性别		界别							政治面貌	
			男	女	工人	农民	干部	知识分子	党外	华侨侨眷	解放军	中共党员	其他
一	1993.11～1998.2	447	349	98	70	78	123	101	67	4	4	291	156
二	1998.2～2003.2	463	344	119	76	86	142	106	42	—	11	338	125
三	2003.2至今	421	324	97	60	71	125	101	56	—	8	310	111

表27－2 会议期间提出议案和建议、批评、意见简况

届次	时间	提出议案(件数)	议案处理情况(件数)		提出建议、批评、意见(件数)
			作议案处理	作建议、批评处理	
一届一次	1993.11.15～18	22	1	21	54(21)
一届二次	1994.4.12～15	9	1	8	41(8)
一届三次	1995.2.9～12	6	—	6	33(6)
一届四次	1996.2.26～29	6	1	5	49(5)
一届五次	1997.1.27～30	14	—	14	64(14)
一届六次	1997.12.26～27	选举省人大代表54人，本次会议期短，议题为选举产生省人大代表			
二届一次	1998.2.25～31	16	—	16	44(16)
二届二次	1999.2.5～8	21	—	21	31(21)
二届三次	2000.2.22～25	17	2	15	41(15)

续表 27－2

届　次	时　间	提出议案（件数）	议案处理情况（件数）		提出建议、批评、意见（件数）
			作议案处理	作建议、批评处理	
二届四次	2001. 1. 14～17	14	1	13	27(13)
二届五次	2002. 2. 1～4	14	—	14	29(14)
二届六次	2003. 2. 21～24	19	—	19	32(19)
三届一次	2004. 1. 7～10	31	—	31	61(31)

说明："提出议案"是指10名以上代表联名提出议案的件数；"提出建议、批评、意见"是指10名以上代表联名提出建议、批评、意见的件数；"（）内的数字"是指将议案作为建议、批评、意见处理的件数。

二　市人大会常委会

1993年11月，孝感市第一届人民代表大会通过投票方式选举产生了第一届人民代表大会常务委员会组成人员，成立了孝感市人民代表大会常务委员会。市人大常委会下设财经、法制、教育科学文化卫生民族宗教侨务外事、城乡建设环境资源保护、农村等专业委员会，2004年增设预算工作委员会；人大会议期间设立议案工作委员会，换届选举时设立代表资格审查委员会。

市人大机关设有3个职能机构：常委会办公室（内设人事秘书科、行政科、信访科），代表选举人事任免办公室（内设选举任免工作科、代表工作科），调查研究办公室（内设调研法规科、宣传科）。2004年底，市人大常委会机关有工作人员45人。

第一、二、三届市人大常委会成员简况见表27－3。

表27－3　市人大常委会成员简况

单位：人

届次	类别	人数	性别		年　龄				界　别						政治面貌	
			男	女	35岁以下	35～45岁	45～55岁	55岁以上	工人	农民	知识分子	干部	侨属	其他	中共党员	其他
第一届（1993）	主　任	1	1	0	—	—	1	—	0	0	0	1	0	0	1	0
	副主任	5	4	1	1	3	1	—	—	—	—	5	—	—	4	1
	常　委	25	24	1	1	24	—	—	2	—	2	20	—	1	18	7
第二届（1998）	主　任	1	1	0	—	—	—	1	0	0	0	1	0	0	1	0
	副主任	6	5	1	1	5	—	—	—	—	—	6	—	—	5	1
	常　委	24	21	3	1	23	—	—	1	—	2	20	—	1	15	9
第三届（2003）	主　任	1	1	0	—	—	—	1	0	0	0	1	0	0	1	0
	副主任	7	6	1	—	3	4	—	—	—	—	7	—	—	6	1
	常　委	25	23	2	1	24	—	—	1	—	2	22	—	—	15	10

第一、二、三届市人大常委会部分会议简况见表 27－4、表 27－5 和表 27－6。

表 27－4　第一届市人大常委会部分会议简况

会　次	时　间	会 议 议 题
第一次会议	1993 年 11 月 18 日	一审议通过市人大常委会有关工作委员会组成人员名单；二审议通过市第一届人大常委会代表资格审查委员会组成人员名单；三任命市人大常委会副秘书长；四市人大常委会主任张忠俭讲话
第八次会议	1994 年 12 月 13～15 日	一听取和审议市中级人民法院关于经济审判工作情况的报告；二听取和审议市人民检察院关于经济检察工作情况的报告；三听取和审议市政府卫生局关于贯彻落实《湖北省血吸虫病防治条例》情况的报告；四审议通过《孝感市人大常委会及其组成人员联系市人大代表办法》（草案）；五补选一名省八届人大代表；六人事任免
第二十次会议	1996 年 6 月 20～21 日	一听取和审议市政府关于提请审议《孝感城区禁止燃放烟花爆竹规定》及其实施方案的报告，并作出决议；二听取和审议市公安局、市中级人民法院、市人民检察院关于严厉打击严重刑事犯罪分子情况的报告；三人事任免
第二十一次会议	1996 年 8 月 27～28 日	一听取和审议市人民政府关于抗洪救灾和生产自救情况的报告；二听取和审议市财政局关于孝感市 1995 年本级财政决算和 1996 年财政预算上半年执行情况的报告；三听取和审议市审计局关于孝感市 1995 年本级财政预算执行情况和其他财政收支的审计工作报告，审查批准孝感市 1995 年本级财政决算；四补选省八届人大代表
第二十六次会议	1997 年 3 月 27～28 日	一听取和审议市政府依法治市报告并作决议；二听取和审议市政府关于开展创建文明卫生城市活动的报告并作决议；三讨论通过市人大常委会 1997 年度工作要点；四人事任免

表 27－5　第二届市人大常委会部分会议简况

会　次	时　间	会 议 议 题
第二次会议	1998 年 6 月 15～17 日	一听取和审议关于全市农业产业化重点项目工作进展情况的报告；二听取和审议关于孝感城区创建文明卫生城市工作的情况报告；三审议通过《孝感市人民代表大会常务委员会人民来信来访办理规则（草案）》；四审议通过孝感市第二届人民代表大会常务委员会代表资格审查委员会组成人员名单；五人事任免
第八次会议	1999 年 4 月 5～6 日	一听取和审议市政府关于实施《防洪法》及 1998 年水毁工程修复情况的报告；二审议通过关于推行执法责任制和错案责任追究制的决定；三审议通过市人大常委会 1999 年度工作要点；四人事任免
第十八次会议	2000 年 10 月 30～31 日	一听取对外贸易经济委员会主任、公安局局长、农业局局长的述职报告，并且进行审议；二审议通过关于对计划生育委员会工作的评议意见和关于对质量技术监督局工作的评议意见；三人事任免及其他

续表 27-5

会　次	时　间	会议议题
第二十五次会议	2001年8月22~23日	一听取市政府关于机构改革方案的报告;二听取和审议市政府关于2001年上半年全市国民经济和社会发展计划执行情况的报告;三听取和审议市政府关于孝感市2000年财政决算和2001年上半年财政预算执行情况的报告,批准孝感市2000年本级财政决算;四听取和审议市政府关于2000年孝感市本级财政预算执行和其他财政收支的审计工作报告;五人事任免
第二十九次会议	2002年4月1~2日	一听取和审议关于应对人世需要,加快农业结构调整步伐的报告;二听取和审议关于《中华人民共和国老年人权益保障法》实施情况的报告;三人事任免

表 27-6　第三届市人大常委会部分会议简况

会　次	时　间	会议议题
第三次会议	2003年6月25~26日	一听取并审议市政府《关于全市贯彻执行(渔业法)工作情况的报告》;二听取并审议市政府《关于(湖北省文化市场管理暂行条例)实施情况的报告》;三听取并审议市政府《关于孝感城区近期建设规划编制工作的报告》;四人事任免及其他
第六次会议	2003年12月30日	一听取和审议市政府关于办理市三届人大一次会议代表建议情况的报告;二审议《市人民政府关于提请审议(孝感东城区开发建议方案)的议案》,通过《市人大常委会关于开展建设孝感东城区的决议》(草案);三通过《市人大常委会关于召开市三届人大二次会议的决定》(草案);四人事任免
第九次会议	2004年4月26~27日	一听取并审议市政府关于推进全市农业机械化情况的报告;二听取并审议市中级人民法院关于全市法院执行工和情况的报告;三人事任免
第十次会议	2004年6月28~29日	一听取并审议市政府《关于(中华人民共和国传染病防治法)贯穿实施情况的报告》;二听取并审议市政府《关于(中华人民共和国城市规范法)贯彻执行情况的报告》;三审议通过《孝感市人民代表大会常务委员会组成人员守则》(修订草案);四审议通过《孝感市人民代表大会常务委员会关于开展创建先进代表小组和争当优秀代表活动的决定(草案)》;五人事任免

第二节　市人民政府

一　机构改革

1993年4月，市、区机构改革，上收孝南区城委、工商、土地、公

安、交通等76个机构，共3000多人，理顺了市、区机构编制关系，实现了撤地建市的平稳过渡。1993年8月，按照湖北省编办有关通知要求，完成了市辖区18个乡镇场的分类测算工作。1995年，对市直各单位的职能配套、内设机构和人员配备作了全面清理，为实施“三定”（定机构、定编制、定人员）做好基础性工作。1995年9月，成立了孝感市机构改革领导小组，1995年底开始批复市辖区机构改革方案。

2001年3月，孝感市确定机构改革的目标是：通过改革和精简，建立廉洁高效、运转协调、行为规范的行政管理体制。原则是：转变政府职能、实现政企分开；精简、统一、效能；责权一致；实事求是、从实际出发和依法行政。根据上述目标、原则：市级政府的主要职能是加强对企业分离出来的社会事务管理，改善投资环境，加强基础设施建设，维护市场秩序，搞好社区服务，充分发挥城市的辐射功能；区级政府的主要职能是服务与协调，加强农村基层政权建设，加强小城镇建设，提高农业专业化、市场化、现代化水平；乡镇政府的主要职能是推动农业社会化服务体系的发展与完善，为发展乡镇企业创造条件，解除政府主管部门与所办经济实体和直属企业的行政隶属关系，并在人、财、物方面彻底脱钩，全面落实企业自主权，发挥市场在资源配置中的基础性作用。不再保留工业、商业、物资等专业经济部门，所有行政性公司一律改为经济实体，其管理职能交给政府综合经济部门承担。培育和规范中介组织，将应该由社会自我管理和调节的社会事务转给中介组织。同时，深化事业单位机构、人事制度改革，强化分类管理，推进政事分开。

按照中央关于“保持现有格局，体现精简原则”要求和湖北省规定，孝感市政府设置机构30个；市直机构编制由1856人减为1400人，减少24.6%。在改革中，认真制定各单位“三定”方案，按照中央“带职分流、定向培训、加强企业、优化结构”原则和一次定编定员、3年分流人员办法搞好人员定岗分流工作。到2001年底，已基本完成机构改革任务。

二　公务员队伍

1995年11月，孝感市成立了推行国家公务员领导小组，对国家行政机关工作人员和具有行政管理职能的事业单位及参照试行单位进行了公务员过渡培训，通过“公开考试、严格考察、平等竞争、择优录取”方法选拔任用公务员。1997年、2004年，组织了两次公务员招考，分别招聘76人和38人，另根据工作需要还组织过几次小型招聘考试。

三 转变政府职能

转变职能的方向是：弱化微观管理，强化宏观调控；硬化市场监管，优化公共服务；简化行政事务，转化社会管理。转变职能的目标是：法治政府、有限政府、服务政府、透明政府、诚信政府、责任政府。2001 年 10 月，孝感市在湖北省率先建立了行政服务中心和经济发展环境投诉中心（见本书专题 15）。2002 年 10 月，建立了会计集中核算中心，从源头上治理小金库，从制度上遏制乱收费、乱罚款、乱开支行为。2004 年 1 月，建立了综合招投标交易中心，从制度上规范政府采购、国有资产转让等行为，从源头上预防腐败。

1995 ~2004 年，孝感市还组织实施了中华人民共和国国家赔偿法、行政处罚法、行政复议法和行政许可法等法规。为积极应对加入世界贸易组织，2001 年底对有关 1825 份文件进行了清理，其中废止 634 件、按失效处理 304 件、修改 141 件、继续适用 746 件；2002 年 4 月组织领导干部参加“应对入世与优化软环境研讨班”，以加快政府职能转变。2003 年底，对市直行政执法机关落实行政执法责任制情况进行考核，考核结果纳入年度目标考核内容，社会效果明显。

第三节 区级政权组织

一 区人大及其常委会

1993 ~2004 年，孝南区撤销了原县级孝感市人大常委会，成立了孝南区人大筹备组，召开孝南区第一、二、三届人民代表大会。三届区人民代表大会简况，见表 27 -7 和表 27 -8。

表 27 -7 区人民代表大会简况

单位：人

届次	时间	代表人数	性别		界别						政治面貌	
			男	女	工人	农民	干部	知识分子	解放军	其他	中共党员	其他
一	1993. 9.	310	241	69	84	81	77	41	5	22	201	109
二	1999. 1.	291	206	65	78	74	74	39	5	21	189	102
三	2004. 1.	291	206	65	78	74	74	39	5	21	189	102

表 27－8　区人大常委会成员简况

单位：人

届次	类别	人数	性别		年龄				界别						政治面貌	
			男	女	35岁以下	35～45岁	45～55岁	55岁以上	工人	农民	知识分子	干部	侨属	其他	中共党员	其他
第一届（1993年）	主　任	1	1	—	—	—	1	—	—	—	—	1	—	—	1	
	副主任	6	5	1	—	—	4	2	—	—	—	5	1	—	5	1
	常　委	14	12	2	—	2	11	1	2	2	1	9	—	—	14	
第二届（1999年）	主　任	1	1	—	—	—	1	—	—	—	—	1	—	—	1	
	副主任	4	3	1	—	1	3	—	—	—	—	4	—	—	3	1
	常　委	14	11	3	2	4	8	—	2	1	2	9	—	—	13	1
第三届（2004年）	主　任	1	1	—	—	1	—	—	—	—	—	1	—	—	1	
	副主任	6	5	1	—	—	5	1	—	—	—	6	—	—	5	1
	常　委	14	12	2	—	4	10	—	2	1	2	9	—	—	14	

1993 年 6 月，孝南区人大筹备组成立后，其工作机构有：办公室及法制、财政经济、科教文卫、城乡建设、代表 5 个专门工作委员会。1993 年 10 月，撤销城乡建设工作委员会，成立农村工作委员会。1998 年，核定编制 24 名，实有干部职工 43 名。

二　区人民政府

1993 年 6 月，撤销原县级孝感市人民政府成立孝感市孝南区人民政府。当时，区人民政府有工作机构 61 个。到 1998 年底，区政府有工作机构 68 个，其中含 12 个垂直管理单位，3 个政府办公室内设正局级单位，1 个派出机构。2001 年机构改革，确定孝南区政府设置机构 20 个。

三　公务员队伍

1993～1998 年，孝南区公务员简况，见表 27－9。

表 27－9　孝南区公务员简况

单位：人

年度	人数		政治面貌			文化程度				年龄			
	合计	其中：女性	中共党员	共青团员	民主党派	本科及上	大专	高中中专	初中及下	35岁及下	36～45岁	46～54岁	55岁及上
1993	2961	502	1976	204	7	106	840	1632	383	1140	781	733	307
1994	3285	596	2364	266	7	145	1034	1781	325	1186	962	819	318
1995	3105	557	2289	285	10	137	1064	1671	233	1143	934	748	280
1996	2278	455	1619	273	6	102	709	1285	182	820	693	486	279
1997	2281	470	1629	315	5	97	750	1279	155	866	694	488	233
1998	2348	485	1663	368	7	112	827	1291	118	911	718	511	208

第四节　乡级政权组织

一　乡镇人大及其常委会

1993～2004年，孝南区乡镇召开了4届人民代表大会，其简况见表27－10和表27－11。

表27－10　区人民代表大会简况

单位：人

届次	时间	代表人数	性别		界别					政治面貌	
			男	女	工人	农民	干部	知识分子	解放军	中共党员	其他
一	1993	821	639	182	109	567	78	66	1	499	322
二	1996	821	637	184	123	555	78	65	—	501	320
三	1999	821	638	183	141	538	79	63	—	509	312
四	2002	821	635	186	147	535	79	60	—	508	313

表27－11　乡镇人大常委会主任、副主任简况

单位：人

届次	人数	性别		年龄				政治面貌	
		男	女	35岁以下	35～45岁	45～55岁	55岁以上	中共党员	其他
一	11	11	—	—	—	11	—	11	—
二	11	11	—	7	4	—	—	11	—
三	11	11	—	6	5	—	—	11	—
四	11	11	—	—	9	2	—	11	—

第二十八章　人民政协、民主党派和群众团体

第一节　人民政协

一　发展概况

1993年4月孝感撤地建市，6月成立市政协筹备组，11月召开市第一届政协委员会第一次会议，正式成立市政协。1993～2003年，市政协先后产生过3届委员会，会议简况见表28－1。

表28－1　孝感市政协历届委员会全体会议简况

单位：人

届次		会议时间	出席委员	常委会议			主要议题
				常委	秘书长	正副主席	
一届	1次	1993.11.13～16	298	42	1	5	(1)学习上级有关文件精神 (2)听取和审议市政协常务委员会工作报告 (3)列席市人民代表大会 (4)选举市政协常务委员会主席、副主席、秘书长和常务委员 (5)讨论并通过有关决议 (6)对国家、地方重要事务进行讨论，并提出建议和批评
	2次	1994.4.11～14	301	42	1	5	
	3次	1995.2.8～11	301	42	1	5	
	4次	1996.2.25～28	301	42	1	7	
	5次	1997.1.26～29	301	42	1	8	
二届	1次	1998.2.23～28	315	37	1	10	
	2次	1999.2.23～28	315	39	1	10	
	3次	2000.2.21～24	315	39	1	10	
	4次	2001.1.13～17	315	38	1	10	
	5次	2002.1.28～2.2	315	39	1	10	
三届	1次	2002.12.28～2003.1.1	308	36	1	10	

二　机构和人员

1993年，市政协内设7个专门委员会和1个办公室，工作人员28人。

2003年机构改革后，办公室作为综合办事机构，设1个研究室、10个职能科室和老干部科，工作人员34名。

历届市政协委员、常委构成情况，见表28－2和表28－3。

表28－2 市政协委员构成

单位：人，%

项目		一届一次会议		二届一次会议		三届一次会议	
合计		人数	比例	人数	比例	人数	比例
		298	100.0	315	100.0	308	100.0
性别	男	241	80.9	251	79.7	253	82.1
	女	57	19.1	64	20.3	55	17.9
文化程度	大专以上	186	62.4	218	69.2	268	87.0
	中专高中	88	29.5	88	27.9	40	13.0
	初中小学	24	8.1	9	2.9	0	0
党派	中共党员	117	39.3	123	39.1	121	39.3
	非中共党员	181	60.7	192	60.9	187	60.7
民族	汉族	289	97.0	304	96.5	298	96.8
	少数民族	9	3.0	11	3.5	10	3.2
界别		24		26		26	

表28－3 市政协常务委员构成

单位：人，%

项目		市一届政协常务委员		市二届政协常务委员		市三届政协常务委员	
合计		人数	比例	人数	比例	人数	比例
		42	100.0	37	100.0	36	100.0
性别	男	33	79	31	83.78	29	77.17
	女	9	21	6	16.22	7	22.83
年龄	55以上	13	31	11	29.73	7	19.44
	50～55岁	18	43	10	27.03	7	19.44
	50以下	11	26	16	43.24	22	61.12
	平均	51.2		48.6		45.81	
文化程度	大专以上	25	60	27	72.97	34	94.44
	大专以下	17	40	10	27.03	2	5.56
党派	中共党员	13	31	10	27.03	10	27.78
	非中共党员	29	69	27	72.97	26	72.22

三 职能及其活动

政协的主要职能是政治协商、民主监督、参政议政。市政协的主要活动包括以下方面：

(1) 召开例会。1993～2003年，市政协召开全委会12次、常委会52次、主席会80余次，各专门委员会330次。市政协各次常委会议简要情况，见表28－4、表28－5和表28－6。

表28－4 市政协一届委员会常委会议简况

届 次	会议时间	主要议题
一	1993.11.17	专委会设置;选举副秘书长
二	1994.1.13～14	加强自身建设及人事安排事宜
三	1994.3.23～24	召开市政协一届二次会议事宜
四	1994.4.10	人事安排及增补部分委员
五	1994.7.7～8	市区龙头企业和党风廉政建设
六	1994.11.23～24	农业问题
七	1995.1.20	召开市政协一届三次会议事宜
八	1995.6.8～9	“菜篮子”工程及农资价格问题
九	1995.9.12～13	科教兴市问题
十	1996.1.9～10	减轻农民负担和城区环卫问题
十一	1996.2.6	召开市政协一届四次会议问题
十二	1996.2.27	增补政协常委、副主席事宜
十三	1996.6.12～13	企业改革和人事任免问题
十四	1996.9.12～13	加强精神文明建设问题
十五	1996.12.10～11	“三农”问题
十六	1997.1.3	召开市政协一届五次会议事宜
十七	1997.1.25	增补副主席及其他人事任免问题
十八	19907.4.17～18	调动农民积极性、增加农业投入问题
十九	1997.9.4～5	企业改革、实现两个根本性转变问题
二十	1997.12.15～16	进一步加强精神文明建设问题
二十一	1998.2.20	召开市政协二届一次会议有关事宜

表28－5 市政协二届委员会常委会议简况

届 次	会议时间	主要议题
一	1998.3.1	专委会设置、副秘书长人选等问题
二	1998.4.28～29	“三农”、企业改制及人事任免问题
三	1998.9.3～4	下岗职工再就业和社会保险问题
四	1998.12.17	科教兴市问题
五	1999.1.25	召开市政协二届二次会议事宜
六	1999.2.2	通报选举酝酿情况、通过有关决议
七	1999.4.22～23	“三农”问题
八	1999.8.9～10	科教兴市问题
九	1999.11.9	国有企业改革和发展问题

续表 28－5

届　次	会议时间	主要议题
十	2000.1.28	召开二届三次会议的有关事宜
十一	2000.2.23	二届三次会议有关决议
十二	2000.4.28	“三农”问题。
十三	2000.8.10	科教兴市问题、委员考勤办法
十四	2000.11.9	孝感“十五”计划纲要
十五	2000.12.28	召开市政协二届四次会议事宜
十六	2001.1.12	通过二届委员会有关人事任免事宜
十七	2001.1.15	通报选举酝酿情况、通过有关决议
十八	2001.4.10	农业调整、村级债务、提案工作细则
十九	2001.8.9	科教兴市战略
二十	2001.11.8	民营经济发展问题
二十一	2002.1.15	召开市政协二届五次会议有关事宜
二十二	2002.1.31	二届五次会议有关决议及人事任免
二十三	2002.4.9	农业应对入世挑战问题、人事任免
二十四	2002.7.30	科教兴市问题、副秘书长任命问题
二十五	2002.11.6	民营经济发展问题、换届人事问题
二十六	2002.12.23	二届常委会工作报告及其他事宜

表 28－6　市政协三届委员会常委会议简况

届次	会议时间	主要议题
一	2003.2.24	协商通过常委会工作要点、加强自身建设的决定、专委会设置及有关人事任免事项
二	2003.4.23～24	学习全国和湖北省“两会”精神、协商“三农”问题、通过委员述职工作意见
三	2003.7.28	讨论新型工业化问题、通过在全市政协兴起学习“三个代表”重要思想新高潮的意见
四	2003.10.27	协商劳动就业和再就业工作
五	2003.12.25～26	讨论召开市政协三届二次会议有关事宜

(2) 组织学习。举行反腐倡廉、抗旱救灾、社会治安等情况通报会 20 次、学习报告会 50 多次，收看形势教育录像 26 次；编发学习资料 42 期 16800 册，赠其他学习资料 8000 册。

(3) 搞好提案工作。1993～2003 年，共收提案 2024 件，立案 1874 件，其中已落实和正在落实 1600 件；召开提案座谈会 29 次；专题视察 4

次；与市政府联合开展提案督办活动50次；与有关单位联合举办“95孝感办案千里行”电视采访活动，摄制20集新闻片等。

（4）开展调查研究。组织委员就“三农”、科教兴市、社会保障、就业再就业、青少年犯罪、禁毒等课题开展调查232次，形成调查报告210篇，其中136篇被市委、市政府转发或供参考。

（5）开拓协商监督途径。组织委员就新型工业化、汉江可持续发展等问题视察78次，开展民主评议活动44次，组织情况通报会7次、座谈会4次、技术咨询3次，选派行风监督员230多名。

（6）开展文史资料工作。先后征编出版孝感文史资料11辑，与武汉经济协作区联合征编出版《长江中游历史人物选》等专辑，举办“纪念抗战胜利50周年”专栏、组织拍摄电视片《共铸辉煌》等。

（7）开展联谊交友和招商引资活动。多次召开各界人士迎春座谈会、中秋茶话会，开展联谊交友活动，参与私立英才外国语学校、烟灯山公墓园、叶敏综合医院、楚天鹿园等项目招商活动。

（8）开展扶贫助困献爱心活动。1993～2003年开展“科技、文化、卫生”三下乡活动12次、义诊16次，捐赠药品9万多元、图书25000余册。开展扶贫助教活动30余次，捐款物30多万元。

1993～2003年，市政协机关先后获得湖北省政协授予的“先进单位”、“信息工作先进单位”两项荣誉；获得孝感市委、市政府授予的“市级最佳文明单位”、“党风廉政建设先进单位”等20余项荣誉；每年市直机关民主测评，市政协机关获得的优秀票率都位居前列，赢得了社会各界的好评。

第二节　民主党派

一　发展概况

1979年以前，孝感仅有7名民主党派成员。1980年代中期，民革、民盟、民建、农工4个民主党派在原县级孝感市建立支部，开展活动。1996年，中共孝感市委决定将4个民主党派组织管理关系收归地级孝感市管理。1997年，各民主党派分别召开孝感市第一次全体成员大会，各自成立了市委会，并在有成员的市直、孝南区、孝昌县成立支部。2001年，4个民主党派市委会第一次换届，各支部也相应换届。2003年12月，各民主党派基本情况见表28－7。

表 28－7　孝感市民主党派基本情况

单位：个，人

党派	组织设置		现有人数					年龄结构							文化程度				专业技术职称	
				其中																
	市委会	支部	合计	女	市直	孝南	孝昌	30以下	31至40	41至50	51至60	61至70	71以上	平均	大学	大专	高中	初中	高级	中级
合计	4	11	272	66	124	118	30	6	70	75	47	47	27	51.4	107	91	69	5	100	123
民革	1	3	63	18	25	22	16	1	13	13	12	15	9	55.0	20	23	20	—	17	31
民盟	1	2	76	11	41	35	—	3	23	16	13	15	6	50.1	44	25	6	1	47	26
民建	1	3	67	16	28	32	7	1	21	24	9	6	6	48.2	18	20	25	4	9	33
农工	1	3	66	21	30	29	7	1	13	22	13	11	6	52.6	25	23	18	—	27	33

从表 28－7 可看出，孝感民主党派的特点是：①男性占 75.7%，女性较少；②年龄偏大，平均 51.4 岁；③文化程度较高，大专以上文化程度占 73%，中、高级以上职称占 82%；④市辖区（市直和孝南区）占 90%，孝昌县仅占 10%。

4 个民主党派市委会均为正县级机构，共有领导成员 22 人，每个市委会有 1 名主委，1 名副主委，3～4 名组织、宣传、社会服务或社会咨询委员，内设一个正科级办公室，配 1 名专职干部。

二　主要活动

（1）参政议政。在民主党派成员中有 81 人分别在省市县人大、政协担任职务。其中，省人大代表和政协委员各 2 人；市人大副主任、政协副主席 4 人；市人大代表、市政协委员 42 人。此外，省文史馆馆员 1 人，市县特约监察员、检察员、教育督导员、审计员、国土资源监督员等 64 人。

（2）调查研究。共形成调研报告 100 多篇，其中许多调研成果得到有关部门重视和采纳。

（3）社会服务。在办学、医疗、扶贫等方面取得显著成绩。例如，民革办的“孝感中山自修大学”培养各类人才 5000 多名；义诊咨询上万人次，免费送医药 8 万余元；捐款物约 47 万元等。

（5）海外联谊。通过各种途径和方式，与海外亲人取得联系，为招商引进牵线搭桥。

（6）自身建设。主要抓了 4 方面工作，即思想建设，领导班子和后备干部队伍建设，组织发展工作和机关建设，并建立健全了各项管理制度，使各民主党派工作走上了规范化轨道。

三　存在问题及对策

存在问题：一方面，在中共党内有少数人对多党合作认识不够。另一方面，各民主党派也存在后备干部缺乏，培养选拔机制不完善，组织发展片面追求数量倾向，参政议政能力有待提高等。

对策建议：①提高对多党合作、政治协商制度的认识。②推进政治协商、民主监督、参政议政的规范化、制度化。③加大民主党派干部担任实职的力度。④协助民主党派加强自身建设。一是协助把好组织发展关。二是帮助搞好领导班子建设和后备干部队伍建设。三是协助加强机关建设。四是帮助构建各种工作机制。⑤支持民主党派发挥参政党作用。

第三节　群众团体

一　工会

（一）发展概况

孝感撤地建市后，原湖北省总工会孝感地区办事处更名为孝感市总工会。1994 年 4 月，召开了孝感市工会第一次代表大会，大会代表 332 人，选举产生了第一届委员会 35 名委员，其中常委 11 名，主席 1 人，副主席 3 人。同时，选举产生了第一届经费审查委员会。1999 年 6 月，召开了第二次代表大会，大会代表 332 名，选举产生了第二届委员会 39 名委员，其中常委 11 名，主席 1 人，副主席 3 人。同时，选举产生了第二届经费审查委员会。会议表彰市级劳模 50 名。

（二）主要活动

（1）发展工会组织，扩大会员规模。1993～2003 年，市直及孝南区工会组织由 330 个发展到 452 个，工会会员由 27710 扩大到 53854 人，工会干部也由 618 人增至 623 人。

（2）推进厂（校）务公开。2003 年，推行厂务公开的单位，控股企业占 100%，集体企业占 94%，改制企业占 60.7%；事业单位占 73%，其中校务公开占 85%。另在 10 家非公有制企业办试点。

（3）“两个制度”（职工代表大会制度和平等协商、集体合同制度）逐步发展。到 2003 年，国有企业达 100%。建立劳动争议调解委员会 593 个，调解员 1784 人，9 个单位推行工资协商试点。

（4）开展送温暖活动。建立了 1.7 万名特困职工档案，受理来信来访

求助213起，救助特困子女就学15名、大病患者9名、下岗再就业10多人、提供法律援助4起。

（5）举办职工培训。1993～2003年，办培训班50多期，培训近5000人，组织5万职工参加“经济技术创新”活动，提合理化建议2612条，被采纳1586条，创经济效益近千万元。

此外，工会组织采取多种形式丰富职工业余文化生活；开展各种专题活动；加大《工会法》学习宣传力度；为近千名女职工办理重大疾病补偿保险；开展工会经费审计工作，对90%单位的工会进行了审计。由于市总工会工作取得了显著成绩，1999年后连续4年被湖北省总工会授予“全省工会工作先进单位”称号，职工中涌现出全国劳模10名、省级劳模54名、市级劳模近200名。

二 共产主义青年团

（一）发展概况

1993～2003年，共产主义青年团有较大发展。2003年底，有团员45891人。其中，男24043人，女21848人；14～18岁20397人，19～25岁19524人，26～28岁5723人，28岁以上247人；农民16209人，学生21979人，机关企事业单位4194人，街道3509人。专职团干部92人，其中男63人，女29人；19～25岁57人，26～28岁23人，28岁以上12人；大专及以上文化程度90人；团市委9人，孝南区团委5人，市直单位44人，高新区2人，孝南乡镇、街道32人。

（二）主要活动

（1）搞好青少年思想政治教育。一是组织理论学习，成立学习小组8000多个，开展学习竞赛2000多场（次）。二是进行爱国主义教育。三是培养青年人才。

（2）服务经济建设。一是开展创业行动，培训2000多名，帮助1200多名下岗青工就业。二是举办技能大赛205场，近10000人参加。三是推广科技项目，已成功推广项目3个，受益10多万人。四是保护母亲河工程，筹集资金153.91万元，老环河一期工程青少年生态公园动工，占地54亩，投资200万元。五是“非典”防治，筹资2万余元，开展宣传200多次，发放资料10多万份。

（3）推广共青团品牌。一是开展青年志愿者行动，到2003年底已组织3万多青年参加。二是青年文明号活动，共创建全国级3个、省级19个、市级87个。三是搞好希望工程，引进资金670万元，资助贫困学生12573名。

（4）搞好团组织自身建设。一是搞好党建带团建工作。2003 年，城区非公有制组织中 35 岁以下青年 24835 人，团员 1985 人；应建团单位 272 个，已建团单位 241 个，建团率达 88.6%。二是加强团干部队伍建设。2003 年，有团干部 1504 人，其中专职 92 人；孝南区乡镇团委书记进乡镇领导班子的占 43%。三是搞好信息化建设。2003 年，团市委已建立孝感共青团网站，孝南区团委及部分市直企业、院校团委已实现团系统内网上办公。

1993～2003 年，市辖区团组织多次被评为湖北省、孝感市先进单位，2000 年还被共青团中央评为"全国五四红旗团委创建工作优秀组织单位"。

（三）问题和对策

主要问题：一是工作覆盖面有待进一步扩大。二是工作实效性有待进一步提高。三是工作针对性有待进一步加强。

为了做好新时期共青团工作，应该采取如下对策：

（1）强化一个保证，坚持党建带团建。一要加强基层思想建设，保持共青团正确政治方向。二要推进基层组织建设，保持团组织群众基础。三要加强基层干部队伍建设。四要加强作风建设。

（2）找准两个结合点，加强团组织服务功能。一是要找准与政府中心工作的结合点，引导青年服务于经济社会发展。二是要找准与青年需求的结合点，为青年学习、工作和生活提供有效服务。

（3）整合三种资源，提供强有力物质依托。一是整合团内资源，充分发挥青年志愿者、青年文明号等组织作用。二是发挥各职能部门作用。三是整合社会资源，为共青团提供多方面支持。

（4）完善"四种机制"，开创共青团工作新局面。一是完善青少年教育机制。二是完善青少年服务机制。三是完善青年参与机制。四是完善共青团组织运行机制，共同开创共青团工作新局面。

三　民主妇女联合会

（一）发展概况

1994 年 3 月，召开第一届妇女代表大会，总结孝感妇女运动经验，确定工作目标和任务，选举产生市妇联一届执委会的 33 名委员和 6 名常务委员。会后，制定了《孝感市九十年代儿童发展规划纲要》。1995 年，市区两级成立了妇女儿童工作委员会，健全了妇女儿童问题保障、议事、协调机构。1998 年，市妇联被孝感市委、市政府评为先进集体。

1999 年 6 月，召开第二次妇女代表大会，回顾孝感妇女运动历程，审议了一届执委会工作报告，选举产生市妇联二届执委会 33 名委员和 7 名常务委员，制定了面向21世纪妇女工作的指导思想、目标和措施。会后，市妇联组织开展“巾帼建功”、“巾帼扫盲”等工作，并先后荣获第五届全国“巾帼扫盲”先进集体、“三八”绿色优质工程、“湖北省巾帼建功先进协调组织”、“促进就业先进单位”等荣誉称号。

（二）主要活动

（1）开展“双学双比”、“巾帼建功”和“五好家庭”活动。在这些活动中，农村有18万名妇女参加，80%掌握了1～2门实用技术；市区有3.4万名妇女参与，涌现各类标兵156名；市区评选出“五好家庭”1万户次，受县级以上表彰1646户；3.6万名农村妇女参加实用技术培训，2.4万名妇女摘掉文盲帽子，729名妇女获得农民技术员称号；“巾帼手拉手扶贫”结对8000对，树立巾帼文明示范岗160多个，表彰巾帼建功先进个人800名，帮助近1200名下岗女工实现再就业；创建“三八绿色工程”示范基地13个，争取全国妇联、国家林业部援助基地两个，资金25万元；有106名妇女获全国、全省“巾帼科技致富能手”称号；有4个岗位被湖北省、国务院授予“巾帼文明示范岗”称号。

（2）开展“5·15国际家庭日”活动。通过“国际家庭日”活动，推动城乡居民家庭健康、文明和进步，评选“五好家庭”11.5万户，涌现出一批“十佳母亲”、“十大女杰”、“百名好军嫂”等妇女典型。

（3）宣传和实施《中华人民共和国妇女权益保障法》。印发宣传手册1万册，开辟专栏两个，专题调查两次，撰写调查报告和论文11篇；建立“手拉手”帮带对子10对，使40多名失学女童重返校园；解救了21名被拐卖的妇女；找到了3名离家出走的女童。

（4）组织妇女参政议政。1998年，市县两级人大、政协女代表、女委员分别比上届增加0.8和0.4个百分点。1998年，有女干部7214人，其中副厅级领导干部5人，县处级干部93人。

（5）儿童工作向纵深发展。一是推进“春蕾计划”，市直机关捐款1万多元，资助50名女童复学。二是办家长学校800余所，成立家教研究会9个，办培训班350余期，培训14000余人次。

（6）健全基层妇女组织。街道和居委会已全部建立了妇代会，村级妇代会建设已占村委会总数99.9%。各级各类妇女联谊会、人才促进会、个体协会、学会等社团已发展到60余个。

（7）实施“巾帼家政服务”再就业工程。成立孝感市巾帼家政服务中心，对下岗女工进行家政服务知识和技能培训，帮助近千名下岗女工在家政服务岗位上实现再就业。

(8) 编制和落实妇女儿童发展纲要。编制《孝感市妇女发展规划(2001~2010)》和《孝感市儿童发展规划(2001~2010)》。这两个规划,已经市长办公会讨论、通过和颁布,并已付诸实施。

(三) 问题和建议

(1) 男尊女卑意识尚未彻底消除。建议加强男女平等基本国策的宣传和贯彻力度。

(2) 家庭暴力屡禁不绝,对施暴者难以处罚。建议制定惩治家庭暴力的专门法规,建立妇女法律援助制度和妇女陪审员制度,使实施暴力行为者承担相应的行政责任、经济责任与刑事责任。

(3) "4050" 女性困难大,求助难。建议提供更多的培训机会,拓宽更广的就业渠道,制定 "4050" 女性救助制度,建立 "4050" 女性救助基金,及时救助哪些需要救助的 "4050" 城乡妇女。

(4) 妇女组织不够健全,妇女干部素质不高。建议坚持党建带妇建,切实加强妇女组织建设。同时,加强各级妇女干部培训,提高妇女参政议政能力,重视妇女干部的培养、提拔和使用。

此外,建议健全妇女工作网络和机制,进一步加强与国际妇女组织的合作。

四 工商业联合会(总商会)

(一) 发展概况

1994 年,成立孝感市工商业联合会(简称 "市总商会")。1999 年,换届。2003 年,再次换届。

市总商会第三届执行委员会(简称 "执委会")由 77 人组成,其中:①中共党员 17 名;②经济界 6 名,民营经济 56 名,港澳台工商界两名,有关单位负责人 1 名,工商联干部 12 名;③大专以上 58 名,中专高中 18 名,初中 1 名。此外,妇女 3 名;年龄最大 64 岁,最小 29 岁,平均 45 岁。有基层商会 113 个,企业会员 5689 个,团体会员 179 个,同业商会 61 个,个人会员 10222 人。同时,在武汉、成都成立了 "武汉总商会孝感企业家商会" 和 "成都总商会孝感商会"。

孝南区工商业联合会(简称 "区总商会")1994 年成立。1997 年,换届。2002 年,再次换届。

区总商会第三届执行委员会(简称 "执委会")由 64 人组成,其中:①中共党员 30 名;②民营经济 42 名,集体企业 1 名,工商联干部 14 名,其他 7 名;③大专以上 33 名,中专、高中 20 名,初中 11 名。此外,妇女

5 名；年龄最大 62 岁，最小 28 岁，平均 43 岁。区总商会在 18 个乡、镇、场、街和南大开发区都成立了分会。现有企业会员 41 个，团体会员 46 个，老会员 3 个，个人会员 1595 人，另成立孝南新华竹木业协会 1 个。

（二）主要活动

（1）促进民营经济发展。1993～2003 年，市辖区民营经济总户数由 1.77 万户增至 7.72 万户，从业人员从 2.98 万人增至 21.07 万人，营业收入从 3.05 亿元增至 28.08 亿元，占市辖区从业人员比重从 9.7% 升至 89%，占市辖区 GDP 比重从 11% 升至 87%，民营经济已成为市辖区经济主体。

（2）为改革、发展、稳定做贡献。1993～2003 年，市辖区民营企业缴纳税收从 0.22 亿元增至 1.35 亿元，吸纳各类就业人员 4.1 万人。在受表彰的再就业先进单位中，会员单位占 80%，其中富思特集团、金龙泉啤酒（孝感公司）获“2004 年度湖北最佳成长型民营企业”提名奖（全省 50 名）。

（3）维权服务取得进展。1997 年以来，市总商会协同有关部门为民营企业调解纠纷 1800 余起，挽回直接经济损失近 4000 万元。

（4）参政议政取得成绩。市总商会系统已形成了以人大代表、政协委员为骨干的参政议政网络。

（5）光彩事业成绩显著。1997 年以来，市辖区民营企业家为光彩事业投资 50 万元以上的项目有 5 个，50 万元以下的项目 100 多个，累计投资 1.1 亿元，到位资金 1.1 亿元，培训人才 0.3 万人。

（三）问题与建议

主要问题：一是人员少、经费紧、影响小、活力弱；二是服务领域有待拓宽，服务水平有待提高；三是调查研究工作有待加强；四是商会干部素质有待提高。

建议加强对总商会工作的领导，加大对民营经济支持力度，建立民营企业联系制度，不断优化发展环境，设立民营企业维权投诉中心，加强总商会系统干部队伍建设，改善总商会工作条件。

五　文学艺术界联合会

（一）发展概况

1995 年，孝感市文联召开第一次代表大会。1999 年，召开第二次代表大会。2004 年，召开第三次代表大会，选出委员 25 人，其中主席 1 人，副主席 5 人；下辖市级协（学）会 13 个，会员 1108 人，其中市直 345 人，孝南 114 人。13 个市级协（学）会简况，见表 28－8。

表 28-8　2004 年市级协（学）会简况

单位：人

学会名称	成立时间	人数	#市直	孝南
孝感市作家协会	1990	164	30	9
孝感市美术家协会	1986	90	25	7
孝感市民间文艺家协会	1994	15	5	2
孝感市曲艺家协会	1994	10	4	2
孝感市文艺理论家协会	1995	69	30	7
孝感市舞蹈家协会	2000	180	60	20
孝感市音乐家协会	2002	90	30	10
孝感市书法家协会	1986	129	43	10
孝感市戏剧家协会	1991	64	20	5
孝感市摄影家协会	1989	58	20	6
孝感市楹联学会	2002	56	23	10
孝感市诗词学会	1989	148	45	20
孝感市收藏者协会	2004	35	10	6

2004 年，市文联专职工作人员 9 人。其中，男 7 人，女 2 人；36~45 岁 4 人，46~58 岁 4 人，60 岁以上 1 人；大专以上文化程度 6 人，高中 2 人，初中 1 人；干部 8 人，工勤人员 1 人。

（二）主要活动

（1）编印《槐荫文学》杂志。1989 年创办《槐荫文学》，双月刊，16 开本 64 页，每期刊发作品 10 万~12 万字；2001 年改为季刊。1993~2004 年，出刊 54 期，发表作品总字数达 600 万字。

（2）编辑出版文学作品。到 2004 年已出版中短篇小说、散文、报告文学、评论、诗词等 22 部。

（3）开展文艺评奖活动。每年举办 1~2 次有影响的全市性文艺评奖活动。

（4）举办文学函授。1989 年，成立“孝感市文学函授中心”。1993~1995 年，举办 3 期，平均每期学员 350 人，共培训 1000 多人，其中有 60 多名学员已成为文学创作骨干。

（5）组织文艺家下基层。组织作家到基层采访，写出报告文学 160 多篇，专著 4 部；组织书法家为农民义务写春联，共写春联近 8000 副；组织音乐家、舞蹈家到企业、学校辅导 40 余次。

（6）开展孝文化研究。整理、发表孝文化故事、传说、歌谣、论文等 300 多篇，出版专集 2 部；1998~2004 年，又出版专著 6 部。

（7）扶持作者出版专著。鼓励、帮助作者出版画集 3 部，书法作品集

10部，短中长篇小说13部，散文和报告文学集14部，诗词28部，文学评论集2部，楹联集2部。

(8) 开展学术活动。举办作品研讨会、编者作者读者研讨会、文艺评论会等18次，各协（学）会召开学术讨论会、评论会等92次，发表研讨文章216篇，有8篇文章获省级以上奖项。

1993~2004年，全市重点文艺作品出版情况，见表28-9。

表28-9 1993~2004年全市重点文艺作品出版情况

作品名称	作　者	作品形式	出版单位	出版时间
叶恒蓁诗词选	叶恒蓁	诗词集	海南摄影美术出版社	1994
剑啸	赵定炼等	中篇小说集	湖北人民出版社	1997
春天的足迹	杨　武	诗集	中国青年出版社	1997
冬日的季风	朱晓玲	小说集	中国文联出版社	1997
童医圣大战病魔王	袁南芳	童话集	中国连环画出版社	1997
秋笺	张子勤(孝南)	诗集	武汉出版社	1998
人生经纬集	李先志	散文集	作家出版社	1999
老兵故事	胡士华	报告文学集	解放军出版社	1999
直话公司	张祥书	小说集	湖北人民出版社	2000
我可以坏,但你必须纯洁	范　青	长篇小说	中国工人出版社	2003
菱角痕	金焱(孝南)	长篇小说	中国广播电视出版社	2003
人生风景在游走	黄亚华	散文集	湖北人民出版社	2003
感悟人生	何霞江	诗集	光明日报出版社	2003
风雨历程	叶恒蓁	诗词集	中国文联出版社	2003
朱晓玲自选集	朱晓玲	小说散文集	中国文史出版社	2003
女书记	何霞江	长篇小说	中国文联出版社	2004
大别山小沙河	周文俊	长篇叙事诗	作家出版社	2004
钱塘江治理与发展	胡士华	长篇纪实	中央党校出版社	2004
南窗独语	杨　武	散文集	学苑出版社	2003

六　科学技术协会

(一) 组织沿革

1994年，孝感市科学技术协会（简称“市科协”）召开第一次代表大会。1999年，召开第二次代表大会。2004年，召开第三次代表大会，会议代表260名，选出委员39名，常委17名。

孝南区科学技术协会（简称“区科协”）也在同期召开代表大会。2004年，召开第三次代表大会，会议代表121人，选出委员31名，常委11名。

市科协内设4个部室，干部、职工12名；下辖8个县（市、区）科学技术协会，41个市级学会、146个基层学会、协会，5个直属基层科协，总计会员19883人。

2003年市、区部分学会简况，见表28－10和表28－11。

表28－10　2003年部分市级学会简况

单位：人

学会名称	会员人数	学会名称	会员人数
畜牧学会	65	计量协会	76
家禽业协会	104	安全生产协会	300
水利学会	453	会计学会	3114
农学会	200	财政学会	59
烟草学会	217	统计学会	860
农机学会	80	珠算协会	212
气象学会	160	计生协会	355
环保学会	145	药学会	332
林业学会	170	护理学会	1210
花卉协会	180	中医学会	470
果茶技术协会	20	预防医学会	265
电机学会	268	医学会	1441
交通学会	224	卫生经济管理研究会	121
化冶工程学会	760	青少年科技辅导员协会	1465
标准化协会	82	反邪教协会	58

表28－11　2003年部分区级学会简况

单位：人

学会名称	会员人数	学会名称	会员人数
畜牧兽医学会	136	邮电学会	70
禽业技术学会	348	建筑学会	74
水利学会	37	机械电子学会	26
农学会	184	化工工程学会	35
农业机械学会	125	电子学会	76
林业学会	184	医药卫生学会	469
食用菌技术协会	49	数理化学会	50
微生物学会	49	科普创作学会	71
水产学会	35	影评学会	33
茶业技术协会	30	文学创作协会	111
园艺学会	60	法学学会	56
杨店镇农民技术协会	60	群众文化学会	53
电力学会	8	青少年科技辅导员协会	31

（二）主要工作

（1）“燎原工程”。“燎原工程”是全国科协系统为支援农村科技兴农，农户科学务农、扶助农民科技致富的实用技术传播工程。全市科协系统在市辖区农村组织专业技术研究会113个，科技示范户2508户，科技致富带头人7500人。有2464名科技型农民被评定为农学、农电、农机等14个专业的农民技师、助理技师、技术员职称。推广新品种67个，新技术125项，累计增收1.5亿元。有70名农民获得湖北省科技致富竞赛优胜奖和科技致富竞赛能手奖。

（2）“金桥工程”。“金桥工程”是中国科协倡导的科技兴工活动。市科协成立以来，累计组织3000名科技人员与200多家企业结“对子”，申报并完成“金桥工程”375项，经济效益近6亿元。

（3）科学素质工程。“科学素质工程”是湖北省科协在全国率先倡导、孝感市最早实施的以人为本的科技强市、科技富民工程。在市辖区组建了32个科学技术协会，61个学会、135个专业技术研究会，办了两所中国农函大分校，14所农广校，建立了两处青少年科技活动中心，6个农业科普示范基地；成立了有40名专家任教的农村实用技术讲师团，开通了8部专家热线电话。通过下乡、进社区等活动，推广新品种185个，实用技术170多项，培养科技示范户3560户

（4）学术交流。1994～2004年，市科协组织市级学会召开各类研讨会、论证会130余次，交流论文985篇，编辑论文集3本，选送200余篇论文参加优秀论文评比，组织70多名科技工作者参加中国科协、湖北省科协主办的多届学术年会，有34篇论文获优秀论文奖。

（5）青少年科技活动。在中小学中创办了5处青少年科普教育基地，有近3000多名青少年科技作品（项目）参加市级以上大赛，1800多件获市级奖、640件获省级奖、189件获国家级奖。

（6）科普宣传。与《孝感日报》、广播电台、电视台联办“科技示范户扫描”、“田头参谋”、“专家释疑”等专栏25个，制作了“水·资源·环境”等18套近千幅巡回展示科普展版。在省内外30多家报刊发表科技新闻、科普作品700多篇，编辑出版了科技书刊8本。

第二十九章　居民委员会和村民委员会

第一节　居民委员会

一　发展概况

1990年实施《中华人民共和国城市居民委员会组织法》（以下简称《居委会组织法》）后，居民委员会（以下简称居委会）的发展可分为两个阶段。

（一）居委会阶段（2001年前）

1993年孝感撤地建市后，孝感城区设4个街道办事处，其简况见表29－1。

表29－1　居委会简况

单位	居委会数（个）	居民户数（户）	居民人数（人）	办公用房（平方米）	居委会干部数（人）	产生方式
合　计	20	38611	123980	1083	85	—
广场街	5	15506	47880	295	18	委派
车站街	4	6598	23930	210	19	委派
新华街	6	7716	24258	307	28	委派
书院街	5	8791	27912	271	20	委派

资料来源：孝感市民政局、孝南区民政局统计资料，下同。

随着经济社会发展，城市出现了许多新情况、新问题：一是大量“单位人”转变为“社会人”，大量农村人口涌入城市，迫切需要一种新管理模式；二是国有企业改革剥离出来的社会职能，政府机构改革转移出来的服务职能，迫切需要承接载体；三是居民生活水平提高和住房、医疗、养老、就业等制度改革，使得城市居民在社区服务、居住环境、文化娱乐、医疗卫生等方面向所属地提出了多层次、多样化服务要求；四是城市基层社会管理滞后，城市居民素质有待加强，迫切需要改革和提高城市基层管理方式。

然而，原有居委会却存在着许多不适应的情况：一是管理方式不适应。长期以来，居委会行政化倾向严重，自治色彩淡薄，服务功能缺乏，凝聚力不强。二是规模设置不合理。在20个居委会中，人口最多的13907人，最少的仅298人；辖区面积最大的1.4平方公里，最小的仅0.1平方公里。三是人员素质和工作条件不适应。居委会干部多由离退休人员或"婆婆妈妈"组成，待遇低、工作条件差，严重地制约了居委会作用的发挥。因此，改革原有居委会体制，建立与市场经济体制和社会服务需求相适应的城市基层管理模式，已成为加强城市基层工作的客观需要，同时也是城市基层干部和居民的迫切要求。

（二）社区居委会阶段（2001年至今）

2001年5月，孝感市委、市政府根据民政部关于在全国推进城市社区建设的意见，"先试点、后推进，积极稳妥推进社区建设"，到2001年7月21日，正式批准设立了20个社区居委会，这20个社区居委会的基本情况见表29－2。

表29－2　20个社区居委会基本情况

街道、社区名称		辖区面积（平方公里）	居民户数（户）	居民人数（人）	办公用房（平方米）	活动室（平方米）	室外活动场所（平方米）	办公经费（万元）	干部月均工资（元）
合计		13.23	39197	124122	1083	647	1135	5.85	633
广场街	园林路	0.40	3200	9600	80	—	—	0.30	767
	翟家湾	1.00	2864	8492	20	—	—	0.30	767
	三里棚	1.33	4767	13907	80	—	—	0.30	767
	文化路	0.80	3139	9296	15	—	—	0.30	767
	文昌阁	1.00	2122	6703	100	—	—	0.30	767
车站街	民　主	0.30	3208	11990	98	40	170	0.20	360
	胜　利	0.20	2342	7826	5	—	100	0.20	340
	八里街	0.20	387	1499	7	—	20	0.10	360
	神　水	0.10	661	2605	100	20	25	0.10	360
新华街	中　山	0.90	2600	8273	87	52	—	0.50	827
	沿　河	0.40	1506	4387	90	50	—	0.40	800
	府　前	0.40	1100	4579	30	—	—	0.25	783
	枚宁关	0.90	2100	5799	60	—	—	0.35	800
	宇　济	0.30	300	956	20	—	120	0.20	817
	槐　荫	0.30	110	298	20	—	—	0.20	817
书院街	书　院	1.20	2822	9800	100	25	100	0.50	527
	北　池	1.40	2730	6095	23	100	150	0.50	457
	西湖桥	1.00	1815	7260	30	120	200	0.30	542
	北　外	0.60	1170	3250	90	90	100	0.30	517
	向阳路	0.50	254	1507	28	150	150	0.25	527

说明："干部月均工资"包括补贴，为社区居委会主任、副主任、委员工资之和的平均数。

2001~2005年，社区建设取得较好成效。一是社区组织体系比较健全，成立了以党组织为核心的社区成员代表大会、社区居委会和社区协商议事委员会等组织；二是社区基础设施初具规模，大部分社区都配备了电脑、电话等办公设施，解决了社区活动室、室外固定活动场所等问题；三是社区功能逐步完善，现已设立社区服务站30个，成立社区志愿者组织32个，志愿者达960人；四是社区共驻共建格局已初步形成，20个社区中共有372个驻社区单位，其中60%的单位能积极参与社区建设。

二 机构及人员

城区社区一般有4种机构：

（1）社区党组织。每个社区都建有党总支或支部，是社区的领导核心。

（2）社区成员代表大会。它是社区自治决策机构，依法选举社区居委会。一般50~70户选举1名代表，每届任期3年，可连选连任。社区成员代表大会简况见表29－3。

表29－3 社区成员代表大会简况

单位	社区数（个）	居民户数（户）	居民人数（人）	代表合计（人）	其中		
					居民代表	流动人口代表	社区单位代表
合计	20	39197	124122	702	548	56	98
广场街	5	16092	47998	211	153	15	43
车站街	4	6598	23920	157	123	12	22
新华街	6	7716	24292	163	127	21	15
书院街	5	8791	27912	171	145	8	18

（3）社区居委会。它是社区自治组织的执行机构，每500户左右配备一名，最多5人，一般采取“公开招聘、定岗竞争、择优入围、依法选举”产生，每届任期3年，可连选连任，提倡社区居委会成员与党组织成员交叉任职。社区居委会成员简况见表29－4。

（4）社区协商议事委员会。由社区人大代表、政协委员、知名人士、单位代表、居民代表10~15人组成。在社区成员代表大会闭会期间，它对社区事务行使协商、议事职能，对社区居委会工作提出意见和建议，并实行监督。

表 29-4 社区居委会成员简况

单位：人

单 位	委员人数	职务		性别		年龄			文化程度		政治面貌	
		正副主任	委员	男	女	30岁以下	31~50	51岁以上	高中中专	大专以上	中共党员	其他
合 计	93	48	45	41	52	26	66	1	65	28	59	34
广场街	22	12	10	11	11	3	19	—	20	2	14	8
车站街	18	8	10	8	10	5	13	—	5	13	12	6
新华街	32	18	14	16	16	15	16	1	28	4	18	14
书院街	21	10	11	6	15	3	18	—	12	9	15	6

说明：在上述 93 人中，有国家干部 52 人；专职人员 75 人，兼职人员 18 人。

孝感城区除 4 个街道外，还有一个孝感市高新开发区。2002 年底，高新开发区启动社区建设工作，将原群声村委会、原汉光住宅小区改制为社区居委会。2003 年，将原航天住宅小区和原同升、红光、严桥、桂桥 4 个村委会改制为社区居委会。到 2003 年底，高新开发区有社区居委会 7 个。这 7 个居委会及其成员的简况见表 29-5 和表 29-6。

表 29-5 开发区社区居委会简况

社区名称	居民户数（户）	居民人数（人）	办公面积（平方米）	居民代表总数（人）	其 中（人）		
					居民代表	流动人口代表	单位代表
合 计	13530	42080	3085	268	184	5	79
群 声	2658	8697	680	40	23	—	17
汉 光	1582	3658	45	44	28	—	16
航 天	3740	11200	650	56	56	—	—
同 升	1700	6475	500	42	24	—	18
红 光	1748	6220	360	26	14	—	12
严 桥	995	2614	400	28	17	4	7
桂 桥	1107	3216	450	32	22	1	9

表 29-6 开发区社区居委会成员简况

单位：人

单 位	委员人数	职务		性别		年龄		文化程度			政治面貌	
		正副主任	委员	男	女	30~50岁	50~60岁	初中	高中中专	大专以上	中共党员	其他
合 计	35	13	22	26	9	28	7	11	19	5	27	8
群 声	5	2	3	4	1	5	—	—	5	—	5	—
汉 光	6	2	4	4	2	5	1	1	4	1	3	3
航 天	8	1	7	4	4	5	3	2	3	3	5	3
同 升	3	2	1	3	—	3	—	—	3	—	3	—
红 光	4	2	2	3	1	4	—	3	1	—	4	—
严 桥	4	2	2	3	1	3	1	—	3	1	2	2
桂 桥	5	2	3	5	—	3	2	5	—	—	5	—

三 职能变化

居委会改制为社区居委会后，职能发生了显著变化。根据重新定义的职能，可概括为5个方面：一是拓展社区服务；二是发展社区卫生；三是繁荣社区文化；四是美化社区环境；五是加强社区治安。经过多年努力，4个街道、20个社区上述5方面工作已取得初步成效，其中广场街三里社区还被评为湖北省最佳示范社区。

4个街道、20个社区居委会履行职能简况，见表29－7、表29－8、表29－9。

表29－7 社区服务简况

单 位	服务中心（个）	老年公寓（个）	星光之家（个）	少儿服务机构（个）	志愿者服务		社区服务			安排再就业（人）
					组织（个）	队伍（人）	网点（个）	组织（个）	项目（个）	
合 计	4	1	30	13	34	960	18	21	42	756
广场街	1	1	9	5	15	265	5	6	14	243
车站街	1	—	5	2	10	162	3	4	8	124
新华街	1	—	8	6	6	289	6	6	11	216
书院街	1	—	8	—	3	244	4	5	9	173

表29－8 社区卫生、社区文化简况

单 位	卫生服务站（个）	家庭病休人员（人）	家庭健康档案（人）	图书室（个）	体育设施（处）	体育设施场所面积（平方米）	居民学校（个）
合 计	21	152	10230	16	21	2099	20
广场街	6	46	3120	5	5	317	5
车站街	4	26	2013	2	2	375	4
新华街	6	43	2603	6	6	222	6
书院街	5	37	2494	3	8	1185	5

表29－9 社区环境、社区治安简况

单 位	卫生保洁组织（个）	卫生保洁人员（人）	绿化美化景点（个）	绿化美化面积（平方米）	警务室（个）	警员（人）	保安队员（人）	联防队员（人）	群众调解员（人）
合 计	20	60	30	2000	20	20	100	100	20
广场街	5	15	9	520	5	5	25	25	5
车站街	4	12	6	460	4	4	20	20	4
新华街	6	18	8	515	6	6	30	30	6
书院街	5	15	7	505	5	5	25	25	5

四 工作条件

2001年前，居委会工作条件很差，具体情况见表29-10。

表29-10 居委会工作条件

单位	全年经费（万元）	人均月工资（元）			经费来源	办公用房面积（平方米）			
		最高	最低	平均		9以下	10~29	30~99	100以上
合计	5.85	900	300	633	街道补贴	2	6	9	3
广场街	1.50	800	750	767		—	2	2	1
车站街	0.60	400	300	355		2	—	1	1
新华街	1.90	900	750	807		—	2	4	—
书院街	1.85	650	390	514		—	2	2	1

2001年居委会改制为社区居委会后的情况：一是财政支持，按照“政府出岗、财政出钱、街道招聘、社区用人”原则，保障了社区经费来源，落实了专职人员待遇；二是费随事转，政府或职能部门给社区布置工作任务，必须同时拨付有关经费；三是有偿服务，即在开展社会福利、社会互助等无偿服务的同时，适度拓展有偿服务业务；四是社会资助，以自愿为原则，鼓励辖区单位和个人捐助财物，支持社区活动。通过上述措施，社区居委会工作条件得到了较大改善，社区工作人员待遇也得到了较大提高，2003年社区基本情况，见表29-11。

表29-11 社区居委会基本情况

单位	干部数（人）	办公用房（平方米）	工资总额（万元）	年人均工资（万元）	办公经费（万元）	其他投入（万元）	经费合计（万元）
合计	93	3551	96.66	1.04	33.20	62.10	191.96
广场街	22	750	28.60	1.30	15.00	12.00	55.60
车站街	18	715	19.70	1.09	2.60	4.00	26.30
新华街	32	976	25.60	0.80	5.40	15.00	46.00
书院街	21	1110	22.76	1.08	10.20	31.10	64.06

说明：经费来源，以财政投入为主，社区有偿服务、费随事转及社会资助极为有限。其他投入，主要指用于社区基础设施建设及组织活动的经费。

此外，还有5个乡镇共有15个居委会，它们是：杨店镇的花阳、桥西、中兴居委会；肖港镇的肖港、白马、天桥、肖邹、孝大居委会；毛陈镇的毛陈渡居委会；三汊镇的车站、搭墙院、赵陈居委会；祝站镇的回龙路、人民路、北正街居委会。由于这些居委会人员混杂，运转不规范，许多方面与村委会相近，又无确切统计数据，因而无法单独表述。

五　问题和对策

社区居委会工作存在的主要问题：一是行政化倾向仍很严重，社区干部由街道委派，社区工作由街道下达，社区经费由街道根据完成任务情况拨付，社区自治有名无实。二是社区党组织大包大揽，不重视、不发挥社区成员代表大会、社区居委会作用，或者相互之间不配合、不协调，矛盾重重。三是社区居委会与物业管理单位之间往往存在着职能重叠、工作脱节、互相扯皮、互相摩擦现象。四是社区居委会与驻区单位之间往往互不配合，互不支持，特别是一些行政单位，一些大企事业单位往往不重视、不支持社区居委会工作。

为了促进社区自治和社区居委会工作的健康发展，应该采取如下对策：

（1）提高思想认识。认真学习、宣传《居委会组织法》，明确居委会是居民自我管理、自我教育、自我服务的基层群众自治性组织。要尊重社区居民自治权，支持社区居委会工作。

（2）转变政府职能。政府要转变职能。要理顺政府部门、街道办事处与社区居委会的关系，并建立长效稳定的财政投入机制，形成“权随责走，费随事转”的工作机制。

（3）理顺“两委”关系。社区党委会（包括支委、总支委、党委）要充分尊重社区各种自治组织，充分发挥社区自治组织作用，特别是充分发挥社区居委会作用。

（4）正确处理社区居委会与物业管理单位的关系。物业管理单位是企业。社区居委会有权对物业管理企业进行协调和监督，同时要支持物业管理企业搞好物业管理和服务。

（5）正确处理社区居委会与驻区单位的关系。驻区单位要接受社区居委会在社会事务方面的管理，支持居委会工作。社区居委会要支持驻区单位工作，关心驻区单位职工生活。

第二节　村民委员会

一　发展概况

1993～2003 年，村民委员会（以下简称村委会）的发展可分为两个阶段。

（一）试行阶段（1998 年以前）

试行阶段，是指从 1988 年贯彻《中华人民共和国村民委员会组织法（试行）》（以下简称《试行法》）开始至 1998 年实施《中华人民共和国村民委员会组织法》（以下简称《组织法》）止的阶段。在这个阶段的 1990 年、1993 年、1996 年，市辖区农村举行了第一、二、三届村委会选举或换届选举。其中，第二、三届换届选举后的村委会简况，见表29－12。

表 29－12 村委会简况

年份	项目	村委会数（个）	村民小组数（个）	村民户数（户）	村民人数（人）	村均		
						小组数（个）	户数（户）	人数（人）
1993	合 计	462	3898	156500	591400	8.43	339	1280
	孝南区	433	3755	152000	573600	8.67	351	1325
	开发区	29	143	4500	17800	4.93	155	614
1996	合 计	446	3760	140700	552800	8.43	315	1239
	孝南区	438	3689	136500	538100	8.42	312	1229
	开发区	8	71	4200	14700	8.88	525	1838

（二）实施阶段（1998 年至今）

实施阶段，是指实施《组织法》后的阶段。1999 年、2002 年，市辖区农村举行了第四、五届村委会换届选举，村委会及换届选举简况见表29－13。

表 29－13 村委会及换届选举简况

年份	项目	村委会数（个）	村民小组数（个）	村民户数（户）	村民人数（人）	换届选举情况		
						选民人数（人）	参选人数（人）	参选率（%）
1999	合 计	446	3760	143425	570103	341862	203123	59.42
	孝南区	438	3689	139531	555430	332578	194222	58.40
	开发区	8	71	3894	14673	9284	8901	95.87
2002	合 计	463	3917	147896	582830	362540	282539	77.93
	孝南区	452	3822	143669	565161	351408	272821	77.64
	开发区	11	95	4227	17669	11132	9718	87.30

说明：1999～2002 年，村委会数增加 17 个。其中，孝南区增加 14 个，是因为 2000～2001 年乡村体制改革时，园艺场、野猪湖农场（原不作一级行政组织）撤销了原下辖 14 个大队建制，并入相邻乡镇后改制为村委会；开发区增加 3 个，其原因是市政府将新铺镇 3 个村委会划入了开发区。

表 29－12 和表 29－13 数据说明：①村委会和村民小组数量先减后增、基本稳定，2002 年略超 1993 年。②村均户数和人数，1993 年为 339 户、1280 人，1996 年为 315 户、1239 人，1999 年为 322 户、1278 人，2002 年为 320 户、1258 人，起伏都很微弱。③选民人数、参选人数和参选率，2002 年均高于 1999 年，但市直参选率有所下降。

据统计，1999 年、2002 年第四、五届换届选举后村委会成员简况，见表 29－14。

表 29－14　村委会成员简况

单位：人

项目		村委会成员人数	其中			性别		政治面貌	
			主任	副主任	委员	男	女	党员	非党员
1999	合计	2165	446	769	950	1845	320	1145	1020
	孝南区	2125	438	760	927	1816	309	1123	1002
	开发区	40	8	9	23	29	11	22	18
2002	合计	1705	463	660	582	1583	122	1140	575
	孝南区	1631	452	638	541	1534	97	1087	554
	开发区	74	11	22	41	49	25	53	21

项目		年龄结构				文化结构			
		30 岁以下	31～40	41～50	51 岁以上	小学	初中	高中	大专以上
1999	合计	191	789	978	207	157	1326	18	4
	孝南区	180	773	965	207	155	1306	—	4
	开发区	11	16	13	—	2	20	18	
2002	合计	87	637	882	99	91	921	622	71
	孝南区	84	609	842	96	87	893	589	62
	开发区	3	28	40	3	4	28	33	9

表 29－14 数据说明：①村委会成员减少 460 人，村均成员从 4.85 人减至 3.68 人。其原因是村委会与村党支部成员交叉任职。据统计，第五届换届选举后交叉任职 675 人，占村委会成员 39.59%，其中，村支书、村主任“一肩挑”191 人，占 41.25%。②村委会成员中，女性从 14.78%降到 7.16%，中共党员从 52.89%升至 66.86%，31～50 岁青壮年从 81.62%升至 89.09%，高中以上文化程度从 1.02%升至 40.65%（其中大专以上文化程度从 0.18%升至 4.16%）。村委会成员的发展趋势是：少而精；男性化、党员化、青壮年化和高学历化。

二 村民自治

1993~2003 年期间，村民自治取得明显进步，其主要表现是：

(1) 组织比较健全。每个村都成立了“两会一组”，即村民代表议事会、村务监事会和村民理财小组。

(2) 阵地比较完善。每个村委会都建立了公开栏（墙）、黑板报，经常利用有线广播、电视、传单、明白卡，以及召开会议、设立接待日等形式，公开村务，尊重村民知情权。

(3) 制度比较健全。每个村都制定了民主选举制度，以村规民约、“两会一组”为重点的民主管理制度，以村务公开、民主理财、民主评议为主要内容的民主监督制度。

(4) 内容比较丰富。村务公开包括党和政府的方针政策、财务管理、计划生育、土地管理、农民负担、水电费管理等内容，其中以财务管理为核心，以监督村干部为重点。

(5) 程序比较规范。孝南区规定每年 1、4、7、10 月的 25 日为公开日，并统一印制了村务公开记载薄，公布举报电话，以乡镇为单设立接待日、咨询日，以便收集意见，接受监督。

(6) 成效比较明显。一是改善了干群关系。二是暴露和查处了一些贪污、腐败问题。三是增强了村民民主决策、管理、监督观念。四是促进村干部改进工作方式，转变工作作风。

2003 年，村务公开简况，见表 29-15。

表 29-15 村务公开简况

单位：个，人

单位	村委会数	村务公开村数	规范化公开村数	村民代表议事会		村务监事会		民主理财小组	
				个数	成员数	个数	成员数	个数	成员数
合计	463	463	341	463	9859	463	3241	463	2315
孝南区	452	452	332	452	9578	452	3164	452	2260
开发区	11	11	9	11	281	11	77	11	55

三 存在问题

(1) 在民主选举方面，既存在着不规范、不严格、走过场现象；又存在着一些横行乡里的“恶人”、宗族房头势力大的“强人”、人缘好而能力

差的“庸人”、只栽花不种刺的“好人”容易当选，而敢于坚持原则的人往往受到排挤、落选的现象。

（2）在民主决策方面，外出青壮劳力，无暇涉足决策；留守老幼妇孺，无力顾及决策；贫困弱势群体，无胆过问决策；综合素质低下，无能参与决策，因而民主决策往往变成为少数干部决策、部分能人决策、利益集团决策，甚至谋私团伙决策。

（3）在民主管理方面，许多村干部把乡镇政府下达的各项政治、经济、文化、社会任务当作是非抓不可的硬任务，而把村民自治的各项事务当作可抓可不抓、可早抓可晚抓、可真抓可假抓的软任务，致使村委会职能本末倒置无，村民自治徒有虚名。

（4）在民主监督方面，有的村务公开内容不全面，不真实；有的公开重点不突出，甚至故意避重就轻；有的公开形式过于简略，让村民看不明白；有的公开不及时、不经常，往往是应付上面的检查；有的重公开，轻反馈，不接受村民的“质询”，致使民主监督流于形式。

（5）在“两委”关系方面，有的村党支部自认为是“核心”，支书“一言堂”，致使村委会有名无实；有的村委会干部自认为是民选的，更能代表群众，遇事自作主张，把党支部撇在一边；有的两委成员对着干，相互推诿，互相争斗，致使村的工作陷于瘫痪。

（6）在乡（镇）村关系方面，许多乡镇政府大包大揽，随意指选、派选、任命、撤换村委会干部；随意调拨、挪用或控制村民自治财物；随意撤销、改变村民自治的合法决议；随意安排村委会干部承办各种政治、行政事务，从而严重损害着村民自治权益。

四　主要对策

（1）宣传贯彻《组织法》。要提高村民和干部的认识，把贯彻《组织法》当作自己不可被剥夺的根本权利。要提高乡镇干部的认识，把宣传、贯彻《组织法》当成自己的工作职责。

（2）转变乡镇政府职能。要充分尊重村民自治权力。要明确乡镇政府与村委会的关系，是“指导、支持和帮助”与“协助”的关系，而不是领导与被领导、命令与服从的关系。

（3）提倡交叉任职。通过各种符合法定程序的方式，实现村支书、村主任“一肩挑”。

（4）推行村务公开。乡镇政府要严格按照有关规定推进村务公开工作，使之尽快步入健康有序发展轨道。在一定阶段，必要的行政推力是农

村推行村务公开不可或缺的。

(5) 加强村干部队伍建设。一方面，要培训村干部，提高他们的政治、业务素质，建立责任和激励机制；另一方面，要从思想、工作、生活上关心村干部，解除他们的后顾之忧。

(6) 提高村民素质。要搞好农村文化教育、科普教育和普法教育，逐步提高村民的文化水平、科技水平、法律意识和自治能力，逐步成为现代化的新型农民。

第六篇　建设和环境

第三十章　城镇规划和城区建设

第一节　发展战略和城镇体系

一　发展战略

1993 年撤地设市后的孝感市是一个地级市，2004 年下辖孝南区、应城市、安陆市、汉川市、孝昌县、大悟县和云梦县，95 个乡镇，8 个农林牧渔场，国土面积 8910 平方公里，户籍人口 507 万。因此，孝感市的城镇体系规划必须包括整个市域。

2005 ~2020 年孝感市的发展战略：一是融入武汉都市圈，促进孝感经济发展和资源开发。二是以孝感城区为中心，以应城、汉川、安陆三市为重点，合理布局城镇体系，发挥城市功能，带动整个区域经济发展。三是重点开发“三沿”（沿京广、汉丹等铁路，沿 316 国道、107 国道、京珠高速等公路和沿汉江）地带，带动全市经济发展。四是加大市域内现有磷化工、盐化工、石膏建材、副食品生产加工和商品、信息流通基地型产业投资力度，加快主导产业发展速度，提高主导产业产品质量。

二　城镇体系规划

（1）城镇布局。整个市域以孝感城区为核心，以应城、汉川、安陆 3 市为副中心，以“一江（汉江）、三线（京广线、汉丹线、长荆线）、三路（316 国道、107 国道、京珠高速公路）”为纽带，以资源配置和工业经济为基础，建立多轴线开放型城镇网络体系。

（2）城镇等级。市域 113 个城镇分 5 个等级，每个等级城镇的具体规划，见表 30 - 1。

（3）城镇规模，见表 30 - 2。

（4）城镇职能，见表 30 - 3。

表 30－1　市域城镇等级

等　　级	数　量	名　　称
一级中心城市(市域中心)	1	孝感城区
二级中心城市(市域副中心)	3	应城、汉川、安陆
三级城市(县域中心)	3	云梦、大悟、孝昌
四级城镇(重点建制镇)	30	孝南区辖:肖港、杨店、三汊、祝站、毛陈 应城市辖:陈河、杨河、汤池 汉川市辖:马口、分水、脉旺、沉湖、新河 安陆市辖:烟店、棠棣、王义贞、巡店、陈店、伏水、赵棚 云梦县辖:义堂、隔蒲、下辛店、伍洛 大悟县辖:河口、宣化店、夏店 孝昌县辖:周巷、小河、卫店
五级城镇	76	一般乡镇所在地

表 30－2　市域城镇规模

等　　级	数量(个)	1998 年规模(万人)	规划规模(万人)
一　　级	1	20.4	45
二　　级	3	15	30～40
三　　级	3	10	20～25
四　　级	30	1～3	2～5
五　　级	76	0.5～1.0	1～2

表 30－3　城镇主要职能

城镇名称	城镇主要职能
孝　　感	鄂东经济区北部中心城市和交通枢纽。孝感市域政治、经济、文化中心,以汽车、食品工业以及高新技术产业为主的中等城市
应　　城	孝感市域副中心城市之一:湖北省重要的岩盐和石膏产地,以发展盐碱化工和石膏建材工业为主,相应发展其他产业的新型工矿中等城市
汉　　川	孝感市域副中心城市之一:工业发展以电力、轻纺为主,具有水乡特色的新型中等城市
安　　陆	本市政治、经济、文化中心,湖北省铝及铝制品生产和银杏加工基地的中等城市
大　　悟	本县政治、经济、文化中心,以发展磷化工为主,适当发展加工及建材业的小城市
云　　梦	以发展轻纺、盐化工业为主体,并拥有丰富文物遗迹的现代化小城市
孝　　昌	本县政治、经济、文化中心和孝感市域交通结点,以建材、食品加工为主的新型小城市

第二节 城区规划

一 总体规划

1993年撤地设市后，孝感城区的性质、规模、发展方向、空间布局、重大基础设施等需要调整。1994年，由湖北省城市规划设计院与孝感市城市规划院联合编制了《孝感市城市总体规划（1994～2010）》，1995年经湖北省人民政府批准实施。1998年，对孝感城市总体规划进行了修编，修编前后的主要变化，见表30－4。

表30－4 总体规划回顾一览表

规划年限	城市性质	城市规模			发展方向	规划结构
		现状		规划		
1994～2015	孝感市的政治、经济、文化中心，湖北省重要体育运动中心之一，以机电、食品等工业为主的中等城市	人口（万人）	16	35	以向西、西北发展为主，适当向东发展，2010年以后集中向东跨滚子河发展	块状城市和组团式结构
		用地（平方公里）	14.1	40.9		
1999～2020	鄂东经济区中心城市和交通枢纽之一，市域政治、经济文化中心，以汽车、食品及高新技术产业为主的水乡园林城市	人口（万人）	21.49	45	以向东跨滚子河为主，适当向南跨老澴河发展，限制向西部机场方向发展	呈组团式结构分布
		用地（平方公里）	18.10	42.75		

二 近期规划

市规划部门依据城区总体规划，开展了近期建设规划编制工作，现正在组织实施（附：图34－1《孝感市近期建设规划——现状图》）。近期建设规划的主要内容是：

（1）规划期限：2003～2005年，与孝感市“十五”计划年限一致。

（2）规划范围：孝南区管理辖范围和双峰山风景区，总面积1011.2平方公里。

（3）城市规模：2002年城市人口28.6万人，城市用地25.16平方公里，人均用地88平方米/人。2005年城市人口34万人，城市用地31.3平方公里，人均用地92平方米/人。

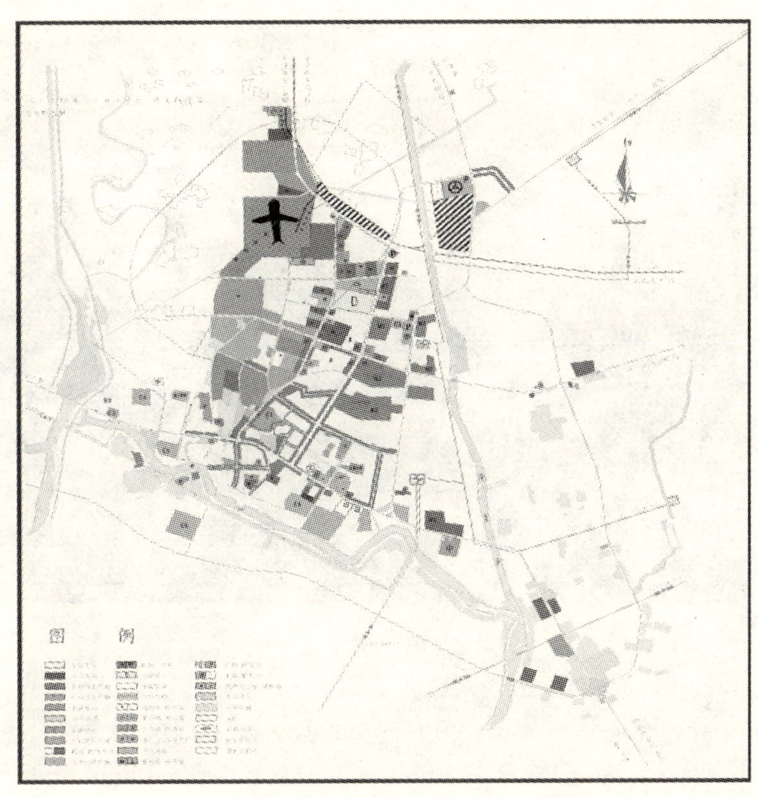

图 30－1　孝感市近期建设规划——现状图

（4）建设目标：到 2005 年建成区绿地率、绿化覆盖率、人均公共绿地面积分别达到 30%、40% 和 10 平方米，人均道路面积 9 平方米以上，垃圾处理率 80%，污水处理率 60%。

（5）区域划分：城区分为 5 个区域，即加速发展区，主要是高新科技工业园、南大和长兴工业园，发展现代制造业；引导发展区，主要是引导旧城改造；限制发展区，只安排园林绿化建设；控制发展区，主要是 316、107 国道、孝天路、黄孝路及文化东路两侧，严格控制，在规划指导下整体开发；禁止发展区，主要是高压走廊下、河道水体上和城市规划道路范围内，禁止建（构）筑物建设。

（6）重点项目：共 7 项，即文化东路延伸工程；长征南路拉通工程；西外环和高新工业园路网建设；人民广场和槐荫广场二期工程；槐荫大道中段、文化路中段和城站路南段样板街改造；高新科技园、南大工业园、长兴工业园建设；河东新区中心路网建设。

（7）城市交通：以加快公路建设为重点，基本完成城市外环线建设，

居民小区

逐步形成对外交通骨架体系，同时配套建设各工业园区货运站和物流中心。

(8) 城市基础设施：制定了公共设施、居住用地、工业用地、园林绿化、供水、排水、电力、通信、燃气、环卫、防灾等专业设施规划，提出了环境保护的目标和措施。

(9) 旧城改造：以长征南路拉通工程为契机，带动旧城改造，疏散老城区人口，搬迁污染环境的工业企业，改善老城区人居环境，改造面积约28公顷。

(10) 城区村民点：完善基础设施，建设南桥、熊咀、星火等村民点，集并城乡结合部村民点，建设面积32公顷。

三 分区规划

(1) 东城区规划。东城区是新城区中心，以行政、文化、商业、金融和居住为主，规划用地约7.0平方公里（包括滚子河生态公园1.4平方公里）。东城区建设力求体现“城、文、水、绿”规划理念：“城”，即成为孝感新城中心区；“文”，即体现孝文化底蕴和时代气息；“水”，即以滚子河为依托，体现水乡园林特色；“绿”，即形成生态绿带网络。

在规划结构上采用“一心二轴三带四区”形式。一心：把行政、文

化、会展、商业、金融等功能相结合，形成城市中心；二轴：以上海路形成东西向自然景观轴，以行政、文化、商业等设施形成南北向建筑景观轴；三带：以行政、会展、商业等为中心构筑城市发展带，在高新科技园与行政中心之间形成一个居住带，在南大工业园与上海路之间形成另一个居住带；四区：将上海路和107国道用地划分为4个片区，以居住为主，发展城市空间。

在生态绿地系统上采用“一纵、一横、一环网、一生态公园”形式。一纵：107国道两侧各预留20米绿化带，形成绿化纵轴；一横：规划大道70米路幅宽，路两侧各留10米绿带，形成绿化横轴；一环网：规划横3#路、107国道外迁线、迎宾大道和滨河大道生态绿化带形成绿化环网；一生态公园：以滚子河为依托，借河道两边低洼地势建设滚子河生态绿地，体现水乡园林特色。采取点、线、面相结合手法，使新城区融入自然环境之中。

东城区建设坚持统一规划、统一开发、统一管理、分步实施原则，确保有序发展。在建设过程中，充分利用区位优势，招商引资筹措建设资金，计划3~5年基本建成2.45平方公里起步区，7~10年建成具有水乡园林特色、时代气息和孝文化内涵的新东城区。

（2）其他分区规划。除东城区外，还编制了澴川风景区（10平方公里）、南大工业园（8平方公里）、高新工业园（4平方公里）、长兴工业园（6平方公里）等分区规划，使分区规划面积达35平方公里。

此外，还编制了18项控制性详细规划，排水、环卫、交通、消防等专业性规划，校园、小区、环境、工业、公用建筑、市政设施等类修建性详规，以及一部分市政工程规划，完善了市政交通及市政管线设施规划，改善了城市交通、管线设施状况。

四 问题和对策

主要问题：一是城镇规划意识不强，有些地方和单位不按规划办事，甚至擅自进行建设。二是城乡结合部管理薄弱，特别是“城中村”问题突出。三是部门关系不够协调，计划、国土、建设、房产等部门相互配合机制尚未形成。四是规划基础工作薄弱，规划动态监管滞后。五是规划设计人才紧缺，现有队伍难稳定，高水平人员难引进。

为了搞好城镇规划工作，应该采取如下对策：

（1）强化规划意识。要加大宣传力度。强化规划法律地位。提高公众对规划的知情权、参与权和选择权，形成公众与规划部门互动机制。

(2) 提高规划科学性。要实现两个转变，即：从重开发建设转向重保护、利用资源，从重确定城镇性质、规模和功能转向重环境容量和科学建设标准，以促进人居环境改善和可持续发展。主要抓4个方面：一是坚持“富规划，富建设”，体现以人为本和可持续发展原则。二是注重资源保护、利用和空间管制，要对生态环境和脆弱资源实行强制性保护。三是改善人居环境，完善综合服务功能。四是搞好宏观、中观、微观之间的结合。

(3) 强化规划管理。一是加强统一管理，各类开发区规划必须由规划部门统一管理。二是严格管理责任，对随意违反规划现象层层追究责任。三是健全监督制度，接受法律、社会和舆论监督。四是加强执法工作，对违法事件要及时查处，决不姑息迁就。

(4) 加大资金、人才投入。要把规划编制和管理经费纳入公共财政预算予以保证。要加大规划投入力度。要加强规划队伍建设，引入竞争机制，鼓励专业人员创品牌、出精品。

第三节　城区建设

一　住宅建设

（一）房地产开发

2001~2005年，房地产企业和开发建设简况，见表30－5。

表30－5　房地产企业及其开发建设简况

单位：%

年度	企业（个）	企业资质			注册资本（亿元）	从业人员（人）		投资规模（亿元）		施工面积（万平方米）	竣工面积（万平方米）
		二级	三级	四级		合计	#专业人员比重	合计	#住宅		
2001	34	1	5	21	2.26	612	32	2.34	1.94	50.66	27.87
2002	31	1	7	19	2.60	620	35	2.48	2.11	55.07	30.29
2003	36	4	6	16	3.37	635	40	2.59	2.25	60.86	37.91
2004	38	4	6	17	4.62	646	42	3.98	3.46	46.93	24.43
2005	41	4	6	16	8.16	697	45	5.55	4.88	69.32	32.59

城区房地产产业的特点：一是企业数量相对稳定。二是企业素质明显提高，从业人员中专业技术人员比重已由32%上升至40%左右。三是企业

注册资本增长，最高注册资本已由 5480 万元增至 8858 万元。四是项目规模逐步扩大，每个项目平均规模已由 20222 平方米增至 23041 平方米。五是企业行为逐步规范，报建手续齐全率 80% 以上，商品房预售办证率 90% 以上，住宅质量和使用说明书发放率 80% 以上。六是新建住宅小区竣工综合验收率 85% 以上。七是房地产开发向集中成片方向发展，已形成一批具有一定规模、档次的商住小区。

（二）商品房销售

2001～2003 年，商品房销售价格呈逐年上升之势，详见表 30－6。

表 30－6　商品房销售价格

年　度	销售面积（万平方米）	#住宅面积（万平方米）	平均价格（元/平方米）	住宅均价（元/平方米）	非住宅均价（元/平方米）
2001	14.41	11.82	680	661	2295
2002	18.73	15.55	804	793	2708
2003	33.71	28.65	1056	842	3250

2004 年前三季度，城区完成房地产投资 2.99 亿元，同比增长 5.38%；商品房施工面积 42.37 万平方米，同比增长 3.2%；竣工面积 16.72 万平方米，同比增长 1.5%；销售面积 9.1 万平方米，同比增长 4.58%；住宅价格 968 元/平方米，同比增长 5.5%。其原因：一是受国家宏观调控影响。二是土地投放量减少。三是能源、建材价格上涨，建设成本上升。

2002～2004 年，孝感城区人均住房建筑面积变化情况，见表 30－7。

表 30－7　人均居住建筑面积

年　度	住宅建筑面积（万平方米）	总人口（万人）	人均建筑面积（平方米）
2002	595.64	25.63	23.24
2003	647.15	26.19	24.71
2004	686.51	26.64	25.77

（三）主要问题

存在的主要问题：一是开发企业资质等级偏低、开发规模较小。注册资本 500 万元以下的企业 18 家，占 50%，最低只有 108 万元。二是挂靠开发现象仍然存在。三是项目手册制度执行情况不好。四是个别房地产企业行为不规范。五是项目资本金制度还没有建立。

二 基础设施建设

（一）供水、排水和污水处理

1994～2003 年，城区建成供水支管网和排水管网情况，见表 30－8。

表 30－8 建成供水支管网和排水管网情况

年度	供水管网总长度(公里)	排水管网总长度(米)	年度	供水管网总长度(公里)	排水管网总长度(米)
1994	76	36223	2002	148	52332
1996	90	40112	2003	160	63448
2001	130	48326			

2003 年，建成管径 300～1000 毫米的供水管网长度 160 毫米；排水管网长度 63448 米，其中：主管网（管径 1 米以上）29321 米，支管网（管径 1 米以下）34127 米，排水管网服务面积占建成区 98%；污水处理采用地埋式无动力污水处理装置，年处理能力 14352 万吨。

（二）道路和交通设施

到 2003 年，孝感城区道路主干网已形成“三纵四横”格局，“三纵”是指北京路、长征路、城站路；“四横”是指槐荫大道、文化路、交通路、体育路。城区有公交营运线路 5 条，营运总里程 42 公里，营运车辆 152 辆，折公交车 105 标台，有候车亭 35 座，年客运量 1368 万人次。具体情况，见表 30－9、表 30－10 和表 30－11。

（三）燃气设施

1994 年，孝感城区开始设立液化气站。到 2003 年，城区有液化气站 5 家，设置贮罐 12 个，贮气规模 505 吨；建成液化石油气中压输气管网 3150 米，低压管网 39600 米，用气户数 5500 户。2003 年 12 月，开始建设引进天然气工程。具体情况，见表 30－12。

表 30－9 城区道路发展情况

年度	主次干道条数	长度（米）	面积（平方米）	年度	主次干道条数	长度（米）	面积（平方米）
1994	12	8913	389524	2002	35	24323	964532
1996	17	12567	500322	2003	39	58789	1930583
2001	28	20745	834452				

表 30－10 城区主、次干道配置情况

①宽 40～50 米:5 条

路名	长度(米)	宽度(米)	面积(平方米)	路名	长度(米)	宽度(米)	面积(平方米)
合计	18721	40～50	834435	长征路	3580	50	179003
北京路	4479	50	223946	交通路	3982	40	159286
槐荫大道	6180	40	247200	长征北路	500	50	25000

②宽 20～32 米:15 条

路名	长度(米)	宽度(米)	面积(平方米)	路名	长度(米)	宽度(米)	面积(平方米)
合计	22474	20～32	866977	南卧路	1484	20	296708
玉泉路	1669	30	50070	黄陂东路	530	32	16973
文化路	750	20	15000	分丝路	1235	20	24695
体育路	2168	32	69376	城站路	5000	32	160000
园林路	830	20	16600	教育路	639	20	12776
八里街	800	20	16000	文化西路	1442	20	28835
黄陂路	2612	32	83580	胜利街	2013	25	50325
文化东路	859	20	17178	车站街	443	20	8861

③宽 8～18 米:19 条

路名	长度(米)	宽度(米)	面积(平方米)	路名	长度(米)	宽度(米)	面积(平方米)
合计	19324	8～18	260270	建设路	1728	18	31100
长征一路	1000	14	14000	仙女路	441	8	3524
长征二路	1800	14	25200	书院街	511	16	8179
师专路	1200	8	9600	广场路	1000	12	12000
后湖边路	600	12	7200	车站街	953	13	12391
园北路	1500	8	12000	汤家街	400	12	4800
光荣路	494	14	6913	解放街	1200	14	16800
环城路	2404	14	33653	北正街	500	13	6500
和平街	465	14	6510	中山街	400	12	4800
神水街	1000	14	14000	建设路	1728	18	31100

表 30－11 城区公共交通营运情况

年度	线路(条)	营运里程(公里)	营运车辆(辆)	其中:公汽公司车辆	年度	线路(条)	营运里程(公里)	营运车辆(辆)	#公汽公司车辆
1994	2	18	55	28	2002	5	38	130	68
1996	2	21	63	32	2003	5	42	152	80
2001	4	32	108	53					

表 30－12 燃气设施

年度	液化公司(个)	贮罐(个)	贮气规模(吨)	年度	液化公司(个)	贮罐(个)	贮气规模(吨)
1994	1	2	60	2002	6	11	520
1996	2	6	140	2003	5	12	505
2001	7	10	550				

（四）园林环卫

到2003年，孝感城区建成绿地、绿带19万平方米，栽植行道树1.7万棵。建成区总绿地率18.6%，绿化覆盖率20.8%，人均公共绿地2.47平方米。具体情况，见表30－13。

表30－13　园林绿化

年度	绿地面积（公顷）	绿化面积（公顷）	公共绿地（公顷）	年度	绿地面积（公顷）	绿化面积（公顷）	公共绿地（公顷）
1994	221	278	31	2002	421	483	63
1996	280	302	36	2003	469	524	71
2001	392	411	58				

此外，在环境卫生方面，城区设有3个环卫站、1个机械作业管理站、1个设施维护管理站，对主干道清扫保洁、洒水降尘，对居民庭院实行“门前包干”，重点整治建筑工地和“白色污染”现象，加强垃圾治理，对公共厕所实行专人专管，保证正常使用。

（五）问题和措施

存在的主要问题：一是城区缺水严重，地下水超采，水质欠佳，给水管网老化，1/3城区没有完善排水系统，污水未经处理直接排放。二是城区人多、车多、路少，“断头”路、“丁字”路多，交通事故增多。三是公共交通不发达，仅有5条公汽线路，居民出行乘车难。四是没有燃气专项规划，随意设置液化气站和代灌点，瓶装液化气经营不规范。五是环卫机械、车辆少，垃圾死角多，公厕、果皮箱等设施匮乏。六是人均公共绿地面积仅2.47平方米。七是城市规划滞后。八是资金短缺。九是基础设施管理水平低。

为了搞好城区基础设施建设和管理，建议实施以下一些措施：首先，规划先行，合理布局，管理要到位，实施要认真。其次，多渠道筹措资金，运用市场手段，增加土地收益；盘活存量，理顺价格，实行有偿使用；鼓励外资参与建设和管理；增加财政投入；动员社会资金等。第三，组织好基础设施建设，按照“拓展新区、改造老区、完善功能、先急后缓、量力而行、逐步实施”原则，搞好老城区改造，新城区建设。第四，提高管理水平，按照民主化决策、市场化经营、企业化管理、社会化服务原则，提高基础设施管理水平。

三　物业管理

（一）发展历程和主要成就

通过城镇住房制度改革，孝感城区90%以上公房出售给了个人，新建

住宅基本上是个人购买。居民已由公房承租人转变为房屋所有权人，他们对作为最重要财产的住房提出了越来越多的使用、维护等服务需求；同时，也产生了协调房屋所有权人公共空间、共用设施等方面的需要。随着住房条件的改善，居民对住宅环境、社区秩序、消费服务的要求越来越高。孝感城区的物业管理，就是适应上述改革和居民要求而逐步发展起来的。

1995 年，中房孝感房地产公司走“谁开发、谁管理”路子，率先设立了物业管理公司，对其开发的小区实行物业管理。之后，惠民、安居等房地产公司也纷纷设立物业管理机构，对各自开发的小区实施物业管理。物业管理早期“谁开发，谁管理”模式，解决了“重建轻管”和“只建不管”问题，满足了居民对商品房售后服务、管理的需求，促进了住宅商品房的开发和销售，造就了一批物业管理企业。同时，也决定了早期物业管理企业对房地产公司处于从属、依附的地位。经过 10 多年发展，物业管理取得了以下主要成绩：

（1）造就了一批物业管理企业。2004 年底，有物业管理企业 18 个，职工 603 人，管理住宅面积 212.47 万平方米，其具体情况见表 30－14。

表 30－14　物业管理企业简况

序号	企业名称	资质等级	单位性质	注册资金（万元）	职工人数（人）	管理面积（万平方米）	法人代表
1	居安物业管理有限责任公司	二	有限责任	300	34	21.00	杨星华
2	房地产物业经营管理公司	三	有限责任	80	16	21.03	涂汉洲
3	荣欣物业管理有限公司	三	有限责任	50	36	11.00	唐德华
4	香澳物业管理有限公司	三	有限责任	150	28	12.78	孙芳洲
5	恒泰物业管理有限责任公司	三	有限责任	50	7	2.10	徐国华
6	佳诚物业有限公司	三	有限责任	50	34	9.15	黄兆琪
7	孝宇物业管理有限责任公司	三	有限责任	50	30	21.24	江　山
8	富晨物业管理有限公司	三	有限责任	50	7	4.32	陈巧云
9	惠苑物业管理有限责任公司	三	有限责任	50	16	6.67	艾国平
10	天纬物业管理有限公司	三	有限责任	50	18	9.00	陈建伟
11	天地乾坤物业管理有限公司	三	有限责任	50	10	3.60	刘先华
12	康正物业管理有限责任公司	三	有限责任	50	12	3.89	刘　雪
13	汉光物业开发有限责任公司	三	有限责任	50	26	9.08	赵晋鄂
14	天和物业管理有限责任公司	三	有限责任	50	6	1.50	付继平
15	孝柴物业管理有限责任公司	三（临）	有限责任	50	12	7.80	张立志
16	惠利房地产物业管理经营中心	三	国有公司	95	72	10.80	李林予
17	湖北三江航天物业有限公司	二	股份公司	2340	228	51.00	汪新桥
18	方园物业有限公司	三（临）	有限责任	50	5	6.50	胡军芳

（2）管理面积不断扩大。2002 年、2003 年、2004 年，物业管理面积分别为 147.54 万平方米、194.92 万平方米和 212.47 万平方米。物业管理覆盖面，正在从新建小区向建设较早的住宅区推进；从住宅区向工业区延伸。

（3）创优达标初见成效。2000～2002 年，理丝小区、航天花园和东苑小区，先后获得湖北省“物业管理优秀住宅小区”称号；2003 年文昌小区、荣欣公寓，获孝感市“物业管理优秀住宅小区”称号。

（4）人员素质有所提高。2000～2002 年，物业管理企业职工分别为 430 人、475 人、603 人，其中执证上岗人员分别为 139 人、155 人、173 人。特别是三江、居安、佳诚、荣兴 4 家物业企业，管理人员持证上岗率均达 100%。

（5）管理行为逐步规范。各企业都建立了管理制度和档案，设立了服务电话，接受业主投诉。2003 年，三江物业通过了 ISO9000 质量认证，另 6 家物业企业也做得较好。

从 2002 年开始，孝感城区物业管理企业迈开了社会化步伐，逐步改变了早期“谁开发、谁管理”模式，惠利、居安、三江、惠苑、荣欣等物业公司都面向社会承接物业管理业务，其中荣欣物业已扩展到汉川，三江物业更扩展到了武汉。

（二）主要问题

孝感城区物业管理面临以下主要问题：

（1）物业管理和房地产开发没有分离，物业管理市场竞争机制尚未建立。城区住宅小区物业管理基本延续“谁开发，谁管理”模式，95% 以上住宅小区由开发商委托其内设物业管理公司管理，物业管理企业尚未成为自主经营、自主管理、自负盈亏的市场主体。由于多数物业管理企业依附于房地产企业，一旦失去房地产企业支持，物业管理企业就难以生存，因而往往造成物业管理与房屋建设职责不清。同时，业主与物业管理企业双向选择机制未建立，多数物业管理企业未与业主签订物业管理委托合同，因而物业管理变成了物业公司单方面的义务，而没有业主的积极配合与协调，物业管理也难以管好。

（2）管理人员素质不高，服务意识不强。城区物业管理基本属于劳务型服务行业，房地产企业只考虑安排人员就业，70% 管理人员未经严格培训，造成管理队伍素质偏低。由于缺乏专业技术知识，持证上岗人员比例不到 30%，低于全省平均 35% 的水平，相当一部分小区的水、电等硬件设施的建设和管理达不到应有标准。

（3）居民缺乏物业管理消费意识，物业服务费标准低、难收齐。2004年，城区物业管理综合服务费的统一标准是0.20元/平方米·月，而且只能收到60%~70%，致使物业管理企业入不敷出，服务质量难提高，管理工作难到位，业主难满意，公司难维持。这样，物业管理就陷入了低收费——低服务——低管理——低满意度的怪圈；有的企业被迫退出物业管理市场，有的住宅小区重新出现有人建设、无人管理的混乱局面。

（4）水电等终端收费难以落实，物业管理企业不堪重负。城区住宅小区的水、电、卫生等费用的收取，由于有关部门、单位责任不明，现在都由物业管理企业代理。这样，物业公司既要无偿提供代收代缴服务，又要承担水损、电损等费用，致使物业管理企业不堪重负，亏损越来越大。如，供水总表与分表之间存在着“跑冒滴漏”、“滴水水损”、“二次提水”等费用均由物业公司承担，因而每年仅水费亏损都达30%左右。

（5）小区办社会，管了许多管不了、管不好的事。由于城区许多物业管理小区未设立居委会，社区管理组织不健全，致使许多应该由基层行政组织、群众自治组织管理的事务，如居民入户、小孩入学、计划生育、社会治安综合治理、交通安全进万家等等，都落到了物业管理企业身上，从而形成了小区物业办社会的局面。久而久之，致使许多业主产生误解，认为物业管理企业应该是万能的，其结果是物业管理企业费力不讨好。

（6）专项维修资金不到位。按《物业管理条例》等有关文件规定，“住宅物业、住宅小区的非住宅物业或者与单幢住宅楼结构相连的非住宅物业的业主，应当按照国家有关规定交纳专项维修资金”，“用于物业保修期满后物业共用部位、共用设施设备的维修和更新、改造”。由于孝感城区维修基金制度执行较晚，绝大多数住宅小区没有建立维修基金，许多共用设施因缺乏维修基金无法及时进行大、中修，从而引起居民对物业企业的抱怨。

此外，房改房、企事业单位住宅，很难推行物业管理，也是一大问题。

（三）对策和措施

为了推进孝感城区物业管理发展，应该采取如下对策和措施：

（1）宣传《物业管理条例》，形成社会共识。通过宣传，提高业主对《物业管理条例》的认识，教育物业管理企业认真履行职责，促进主管部门依法行政、依法保护当事人合法权益。只有形成社会共识，才能真正贯彻《物业管理条例》，促进物业管理健康发展。

（2）落实《物业管理条例》，规范物业管理行为。应抓好几项工作：一是成立业主大会及业主委员会，发挥业主委员会作用。二是房地产企业

与物业管理企业分设，使物业管理企业成为独立经营的市场主体，并通过合同形式明确建设方、管理方、业主方的责权利。三是把住宅小区物业管理全部推向市场，并抓好物业管理招投标工作。

（3）合理制定收费标准和办法，妥善解决终端收费问题。物业管理收费应按照有关规定，实行政府指导价和市场调节价相结合的收费办法。要实行优质优价，具体收费标准由业主与物业管理企业根据核定的基准价和浮动幅度在物业服务合同中约定。要按照谁收益、谁负责原则，妥善解决好水、电、气、热、通讯、有线电视等终端收费问题。

（4）加强队伍建设，造就一支诚实守信物业管理队伍。一要整顿物业管理市场，清理不符合资质要求的物业管理企业。二要开展多层次、全方位人才培训，及时掌握先进专业技术，用科学方法管理住宅小区。三要建立专项维修资金，以保证住宅共用部位、共用设施设备大、中修有稳定资金来源。四要抓好住宅小区物业创优工作，以推动物业管理健康发展。

第三十一章 村镇建设

第一节 概 况

2003年底，市辖区总人口905600人，其中城区285864人，8个镇、3个乡、两个场合计619736人；[①] 有集镇61个，其中建制镇8个，非建制镇53个。在非建制镇中，中心集镇（乡级政府所在地）6个，一般集镇47个。村民委员会458个，村民小组3667个。

1993～1997年，完成了集镇、村庄规划编制工作。2001～2003年，完成了5个建制镇的修编规划，并启动了100个中心村的规划修编工作。1993～2003年，村镇基础设施建设累计投入资金20多亿元，到2003年镇区面积达22.6平方公里，常住人口15.04万人。初步形成了“一城、二环、三级、四线”的城镇建设总体框架。“一城”，即孝感城区；“两环”，即由城区周边的朋兴、卧龙、南大的连线为一环，毛陈、新铺、肖港、陡岗的连线为二环；“三级”，即中心集镇、一般集镇和中心村；“四线”，即107国道、316国道、孝天路、黄孝路沿线。

到2003年，有6个镇、村分别成为湖北省、孝感市两级试点单位：毛陈镇为湖北省小城镇建设试点镇，肖港镇为湖北省综合体制改革试点镇，陡岗镇为湖北省中心镇试点镇，杨店镇为湖北省口子镇试点镇，三汊镇和新铺镇徐山村为孝感市级试点单位。

1993年、2003年村镇建设主要指标对比情况，见表31－1。

表31－1的数据说明：①建成区面积，建制镇增长64.26%，中心集镇增长58.43%，一般集镇增长8.24%。②常住人口，建制镇增长104.35%，中心集镇增长83.05%，一般集镇增长41.81%。③住宅面积，建制镇增长156.84%，中心集镇增长123.03%，一般集镇增长107.64%，村庄增长17.58%。④人均居住面积，建制镇增长24.97%，中心集镇增长21.43%，

① 孝感市统计局、孝南区统计局：《孝感统计年鉴2003》、《孝感市孝南区国民经济统计资料2003》。

一般集镇增长22.61%。⑤生产建筑面积，建制镇增长185.87%，一般集镇增长26.52%。⑥公用建筑面积，建制镇增长252.27%，一般集镇增长226.20%。⑦自来水普及率，建制镇增长13%，中心集镇增长116.67%，一般集镇增长58.57%。⑧道路长度，建制镇增长72.76%，中心集镇增长78.43%，一般集镇增长65.37%，村庄增长148.35%。⑨工业总产值，建制镇增长12.44倍，中心集镇增长14.11倍。⑩农业总产值，建制镇增长78.86%，中心集镇增长52.42%。从总体看，建制镇增长速度高于中心集镇，中心集镇的增长速度高于一般集镇，一般集镇增长速度高于村庄；常住人口增长速度高于建成区面积增长速度；公用建筑面积增长速度高于生产建筑面积增长速度；工业总产值增长速度高于农业总产值增长速度。

表31－1　1993、2003年村镇建设主要指标对比情况

年度	建成区面积（平方公里）	常住人口（万人）	住宅面积（万平方米）	人均居住面积（平方米）	生产建筑面积（万平方米）	公用建筑面积（万平方米）	自来水普及率（%）	道路长度（公里）	排水管长度（公里）	路灯（盏）	工业总产值（万元）	农业总产值（万元）
建制镇												
1993	6.24	4.14	74.93	18.10	17.76	29.50	60.00	37.74	24.84	289	18018	27805
2003	10.25	8.46	192.45	22.75	50.77	103.92	67.80	65.20	38.30	800	242162	49731
中心集镇												
1993	3.32	1.77	37.17	21.00	—	—	30.00	8.90	3.00	42	7095	16371
2003	5.26	3.24	82.90	25.59	—	—	65.00	15.88	6.22	238	107237	24953
一般集镇												
1993	11.41	4.64	89.70	19.33	3.96	27.94	39.10	38.70	16.30	91	—	—
2003	12.35	6.58	186.25	28.31	5.01	91.14	62.00	64.00	40.20	310	—	—
村庄												
1993	—	—	1258.3	—	—	—	—	273.00	—	—	—	—
2003	—	—	1479.5	—	—	—	—	678.00	—	—	—	—

资料来源：孝感市建设局、孝南区建设局：《村镇建设统计年报》，下同。

说明：①住宅面积指建筑面积；②公用建筑指学校、卫生院等；③生产建筑指厂房、车间、仓库等。

第二节　建制镇建设

一　基本情况

2003年，8个建制镇简况主要有以下方面。

毛陈镇位于孝感城区东南10公里，是汉孝子董永故里，镇区面积1.3

平方公里，常住人口15200人；全镇国土面积148平方公里，58098人，辖38个村委会、1个居委会，有8个集镇。该镇工业较发达，现有申欧纸业、中顺纸业、亚伦板材、宝丽家具、红人服饰等10多家较大企业；农业很有特色，是全国著名的“莲藕之乡”、“湖北省蔬菜产业带”。

肖港镇位于孝感城区北16公里，是孝感北大门，镇区面积3平方公里，常住人口14000人；全镇国土面积108平方公里，100803人，是湖北省特大乡镇之一，辖66个村委会、3个居委会，有4个集镇。该镇依托京广铁路、107国道、汉十高速公路的交通优势，大力发展蔬菜、商贸、旅游等经济。1999年，被列为湖北省小城镇综合体制改革试点镇。

杨店镇位于孝感城区东北24.5公里，是孝感东大门，与武汉市黄陂区、孝昌县交界，为孝感6个市际“口子镇”之一，镇区面积1.5平方公里，常住人口12046人；全镇国土面积127平方公里，72516人，辖54个村委会、3个居委会，有8个集镇。该镇有早蜜桃、茶叶、药材、甲鱼、桃园、养鸡等特色种养业，而且有“建筑之乡”和“口子镇”的优势。

祝站镇位于孝感城区东部，与武汉市黄陂区相邻，镇区面积1.2平方公里，常住人口11000人；全镇国土面积59.8平方公里，41395人，辖38个村委会、3个居委会，有3个集镇。

陡岗镇位于市辖区西北部，北接孝昌县、西通云梦县，镇区面积1平方公里，常住人口10871人；全镇国土面积57平方公里，49284人，辖32个村委会，有3个集镇。该镇依托6条商贸街和4个市场搞活流通，以边贸为特色，已成为辐射3个县市的中心镇。

新铺镇位于孝感城区东北部，镇区面积0.7平方公里，常住人口9500人；全镇国土面积61平方公里，54412人，辖34个村委会，有5个集镇。随着孝感城区东扩，已有11个村，11.5平方公里被纳入东城区范围。该镇依托长兴工业园发展民营经济，初步形成了建筑、建材、造纸、金属加工、食品加工、餐饮服务等行业。

三汊镇位于孝感城区东部，镇区面积1平方公里，常住人口9200人；全镇国土面积84.3平方公里，52546人，辖42个村委会、3个居委会，有3个集镇。该镇依托京广铁路发展“一优两高”农业，逐渐成为武汉、孝感两市农副产品供应基地。

西河镇位于孝感城区东北，镇区面积0.55平方公里，常住人口2800人；全镇国土面积57平方公里，29908人，辖26个村委会，有4个小集镇。该镇以建材工业和运输业为主。

2003年，8个建制镇简况，见表31-2。

表 31 -2　8 个建制镇简况

名　称	镇区面积(平方公里)		人口(万人)		农业总产值(万元)	工业总产值(万元)	人均收入(元)
	规划区	其中:建成区	全镇人口	其中:镇区人口			
合　计	22.02	10.25	45.89	8.46	49731	242162	2894
毛陈镇	1.72	1.30	5.81	1.52	11982	24260	3156
肖港镇	5.00	3.00	10.08	1.40	10629	38025	2916
杨店镇	4.50	1.50	7.25	1.21	8197	54157	2900
祝站镇	2.80	1.20	4.14	1.10	3785	4850	2556
陡岗镇	2.50	1.00	4.93	1.08	3294	4955	2810
新铺镇	2.40	0.70	5.44	0.95	4204	81864	3310
三汊镇	2.50	1.00	5.25	0.92	4413	16451	2800
西河镇	0.60	0.55	2.99	0.28	3227	17600	2707

表 31 -2 的数据说明：8 个建制镇的平均规模：规划区面积 2.75 平方公里，建成区面积 1.28 平方公里，全镇人口 5.74 万人，镇区人口 1.06 万人，工农业总产值 36487 万元，人均工农业总产值 6361 元，人均收入 2894 元。总体看，规模尚可，经济发展水平不高，收入较低。

二　基础设施

2003 年，建制镇镇区基础设施建设情况，见表 31 -3。

表 31 -3　建制镇镇区基础设施建设情况

名　称	住宅面积(万平方米)	人均面积(平方米)	公共建筑面积(万平方米)	生产建筑面积(万平方米)	用水人口(万人)		道路长度(公里)	路灯盏数(盏)	排水管道长度(公里)
					用水人口	日人均用水(升)			
合　计	192.45	22.62	103.92	50.77	5.74	—	65.20	800	38.30
毛陈镇	34.96	23	26.78	17.09	1.05	34.61	6.30	149	4.60
肖港镇	33.60	24	360.00	10.25	1.27	70.25	18.00	79	7.80
杨店镇	27.83	24	10.00	3.20	1.15	39.14	11.00	160	6.90
祝站镇	24.20	22	5.81	5.00	0.58	75.11	9.00	50	0.80
陡岗镇	24.84	23	4.50	4.31	0.30	50.20	6.20	65	6.00
新铺镇	20.90	22	3.90	1.30	0.39	46.10	4.30	97	2.80
三汊镇	20.24	22	13.43	6.00	0.80	47.65	7.20	150	6.90
西河镇	5.88	21	3.50	3.62	0.20	68.49	3.20	50	2.50

表31－3说明：①基础设施已初具规模。2003年道路长度镇均8.15公里，排水管道长度镇均4.79公里，标准路灯镇均100盏，用自来水人口镇均0.72万人，自来水普及率达67.8%。②住房数量已相当可观。2003年人均居住面积已增至22.62平方米。③公用建筑和生产建筑有较大发展，镇均分别达12.99万平方米和6.35万平方米。但是，总体质量不高，种类不全，特别是自来水普及率较低，生产经营性建设还有待大大加强。

三　建设投资

2000～2003年，是建制镇快速发展时期，其投资发展情况见表31－4。

表31－4　建制镇投资发展情况

年　度	合　计（万元）	住宅（万元）	公用建筑（万元）	生产建筑（万元）	基础设施（万元）	
					自来水	道　路
合计	21093.08	5249.08	4431.60	10550.00	8.20	854.20
2000	3740.92	1024.72	1096.60	1580.00	2.40	37.20
2001	4644.36	1289.36	1135.00	2100.00	3.00	117.00
2002	5607.80	1435.00	1200.00	2670.00	2.80	300.00
2003	7100.00	1500.00	1000.00	4200.00	—	400.00

表31－4说明：2000～2003年建设投资2.1亿元，其中生产建筑1.05亿元，公用设施、基础设施投资比例明显过低，其中自来水投资仅8.2万元，这是亟待解决的问题。

第三节　农村集镇建设

一　基本情况

2003年，53个农村集镇（包括6个乡级政权所在地集镇）简况，见表31－5。

表31－5的数据说明：每个集镇平均建成区面积仅0.23平方公里，常住人口1241人，其规模仅相当于一个村委会。特别是陡岗镇、祝站镇和闵集乡的10个集镇，平均人口仅500人左右，更只相当一个较大的自然村。

表 31-5　53个农村集镇简况

名　称	集镇个数（个）	建成区面积（平方公里）		住户（万户）	常住人口	
		总面积	平均面积		合计（万人）	平均（人）
合　　计	53	12.35	0.23	1.62	6.58	1241
三 汊 镇	3	0.81	0.27	0.11	0.43	1433
西 河 镇	4	0.68	0.17	0.04	0.19	475
毛 陈 镇	8	0.92	0.12	0.24	1.10	1375
新 铺 镇	5	0.81	0.16	0.10	0.41	820
肖 港 镇	4	1.25	0.31	0.16	0.64	1600
陡 岗 镇	3	0.80	0.26	0.04	0.16	533
祝 站 镇	3	0.70	0.23	0.04	0.16	533
杨 店 镇	8	1.60	0.20	0.46	1.82	2275
闵 集 乡	4	0.54	0.13	0.05	0.17	425
朋 兴 乡	2	0.38	0.19	0.06	0.25	1250
卧 龙 乡	5	0.60	0.12	0.15	0.60	1200
东山头场	1	0.50	0.50	0.04	0.18	1800
朱湖农场	2	0.40	0.20	0.10	0.37	1850
南大市场	1	2.36	2.36	0.03	0.10	1000

二　中心集镇

6个中心集镇分别是3个乡、两个场、1个开发区的所在地，它们的简况如下：

（1）卧龙中心集镇，位于孝感城区西南2.5公里，建成区面积0.7平方公里，常住人口4860人；全乡国土面积61.7平方公里，人口47916人，辖31个村委会、1个居委会。该镇重点发展城郊经济，长湖工业园、卧龙食品工业园、黄花高科技农业示范园建设已初现雏形。

（2）闵集中心集镇，位于孝感城区东南32公里，与武汉市黄陂区、东西湖区相连，距天河机场7公里，建成区面积0.7平方公里，常住人口2700人；全乡国土面积97.1平方公里，人口27285人，辖28个村委会。该镇以农林牧渔业为主，同时有大量劳力输出。

（3）朋兴中心集镇，位于孝感城区北部，建成区与城区车站街相连，常住人口1.5万人；全乡国土面积53平方公里，人口49123人，辖30个村委会。随孝感城区扩展，该乡已有11个村委会、15平方公里划入城区规划控制区范围。

（4）东山中心集镇，是东山头原种场场部所在地，位于孝感城区南部，与武汉市东西湖区接壤，建成区面积0.8平方公里，常住人口1000

人；全场国土面积21.4平方公里，人口9691人，辖8个村委会。该场以培育、生产种子为主，是湖北省种子生产培优基地之一。

（5）朱湖中心集镇，是朱湖农场场部所在地，位于孝感城区东南边缘，与汉川市、云梦县相临，建成区面积0.7平方公里，常住人口6500人；全场国土面积25平方公里，人口22774人，辖29个村委会。该场以农林牧渔果菜业和农产品加工业为主。

（6）南大中心集镇，是南大开发区所在地，位于孝感城区南部，建成区面积2.36平方公里，常住人口2400人；全区国土面积3.82平方公里，人口4012人，辖2个村委会。到2003年，已有20多家民营企业落户，实现工业总产值3.85亿元，已成为市辖区新经济增长点。

2003年，6个中心集镇简况，见表31－6。

表31－6　6个中心集镇简况

名　称	建成区面积（平方公里）	人　口（万人）		住宅面积（万平方米）	人均居住面积（平方米）	农业总产值（万元）	工业总产值（万元）	人均收入（元）
		总人口	常住人口					
合　计	5.26	16.08	3.24	82.99	25.6	24953	107237	2738
闵集乡	0.70	27.3	0.27	6.75	25	4401	2701	2468
朋兴乡	车站街	4.91	1.50	38.71	26	3959	11518	2700
卧龙乡	0.70	4.79	0.48	12.40	26	7788	40608	2935
东山头场	0.80	0.97	0.10	2.40	24	2150	10870	2794
朱湖农场	0.70	2.28	0.65	16.25	25	6569	3000	2765
南大市场	2.36	0.40	0.24	6.48	27	86	38540	2767

表31－6说明：6个中心镇的平均规模：建成区面积（除朋兴中心镇外）1.05平方公里，常住人口0.54万人，总人口2.68万人，工农业总产值22032万元，人均工农业总产值8221元，人均收入2738元。从总体看，规模小于建制镇，人均收入略低于建制镇，但人均工农业总产值却高于建制镇，综合经济发展水平稍逊于建制镇。

三　基础设施

1993～2003年，53个农村集镇镇区基础设施发展情况见表31－7。

表31－7说明：①基础设施明显增加。道路长度增长65.37%，路灯增长240.66%，排水管增长146.63%，用水人口增长121.20%。②房屋建设持续增长。住房建设增长107.64%，公用建筑增长226.2%，生产建筑

增加1188.13%。但是，镇均道路1.21公里，路灯5.85盏，排水管0.76公里，公用建筑1.72万平方米，生产建筑0.96万平方米，总体水平不高，质量较差。

表31－7　53个农村集镇镇区基础设施发展情况

年　度	住宅面积（万平方米）	公用建筑面积（万平方米）	生产建筑面积（万平方米）	用水人口（万人）		道路长度（公里）	路灯盏数（盏）	排水管道长度（公里）
				用水人口	日人均用水（升）			
1993	89.70	27.94	3.96	1.84	11.15	38.70	91	16.30
1995	96.90	32.21	18.44	2.70	18.94	58.73	133	22.50
2000	166.66	38.91	28.18	3.50	28.35	62.23	182	37.00
2003	186.25	91.14	51.01	4.07	34.56	64.00	310	40.20

2003年，6个中心集镇镇区基础设施建设情况，见表31－8。

表31－8　6个中心集镇镇区基础设施建设情况

名　称	道路长度（公里）	路灯盏数（盏）	生活用水		排水管道长度（公里）
			人口（万人）	日人均用水（升）	
合　计	15.88	238	2.1	49.51	6.62
闵集乡	3.9	35	0.22	64.46	0.21
朋兴乡	2.1	44	0.8	38.36	1.5
卧龙乡	0.7	40	0.25	54.79	1
东山头乡	1.18	20	0.3	15.22	0.71
朱湖农场	4	29	0.33	81.78	1
南大市场	4	70	0.2	40.29	2.2

表31－8说明：中心镇镇均道路长度2.65公里，路灯39.67盏，排水管道1.10公里，均低于建制镇，但高于一般集镇。

四　建设投资

1993年、1995年、2000年、2003年，47个一般集镇建设投资发展情况见表31－9。

表31－9说明：①1993年、1995年、2000年，投资金额直线上升，但2003年已大幅下降。②4个年度合计，住宅建设投资最多，达6332万元，占70.18%；公用建筑投资1320万元，占14.63%；生产建筑投资831万元，占9.31%；道路建设投资最少，539万元，占5.97%。

表 31－9 47 个一般集镇建设投资发展情况

单位：万元，%

年 度	投资金额								
	合 计	住宅建设		公共建筑		生产性建筑		道路建设	
		金 额	比 重	金 额	比 重	金 额	比 重	金 额	比 重
1993	1503	906	60.28	395	26.28	160	10.65	42	2.79
1995	1977	1225	61.96	325	16.44	179	9.06	248	12.54
2000	3852	3001	77.91	400	10.38	382	9.92	69	1.79
2003	1690	1200	71.01	200	11.83	110	6.51	180	10.65

第四节 村庄建设

一 基本情况

2003 年，市辖区村委会、村民小组的数量、分布和规模，见表 31－10。

表 31－10 村委会、村民小组、住户、人口的分布和规模

年 度	住户（万户）	人口（万人）	村民委员会			村民小组		
			个数（个）	每村平均户数（户）	每村平均人数（人）	个数（个）	每组平均户数（户）	每组平均人数（人）
合 计	11.68	46.63	458	255	1018	3667	32	127
三汊镇	0.96	3.82	42	229	910	328	29	116
西河镇	0.64	2.57	26	246	988	220	29	117
毛陈镇	1.12	4.49	38	295	1182	393	28	114
新铺镇	1.15	4.56	34	338	1341	312	37	146
肖港镇	1.33	5.30	66	202	803	498	27	106
陡岗镇	1.10	4.38	32	344	1369	249	44	176
祝站镇	0.86	3.45	38	226	908	212	41	163
杨店镇	0.75	2.99	54	139	554	470	16	64
闵集乡	0.62	2.50	28	221	893	234	26	107
朋兴乡	1.16	4.65	30	387	1550	286	41	163
卧龙乡	1.16	4.63	31	374	1494	239	49	194
东山头乡	0.25	1.01	8	313	1263	71	35	142
朱湖农场	0.47	1.87	29	162	645	138	34	136
南大市场	0.11	0.41	2	550	2050	17	65	241

表31－10说明：①每村平均255户，1018人；每个村民小组平均32户，127人，规模都很小。②不同镇、乡、场村委会和村民小组的规模存在着一定差异。南大市场村委会和村民小组的规模最大，杨店镇村委会和村民小组的规模最小，两者相差4倍左右。

二 基础设施

2003年，村庄住宅和基础设施建设情况见表31－11。

表31－11 村庄住宅和基础设施建设情况

名称	住宅建设面积(万平方米)			基础设施	
	合计	其中：混合结构房屋	人均居住面积(平方米)	道路长度(公里)	道路面积(万平方米)
合计	1479.50	968.79	31.73	678	425
三汊镇	125.06	98.95	33	66	40.0
西河镇	63.90	58.37	25	44	24.0
毛陈镇	187.00	93.00	42	73	49.0
新铺镇	137.96	94.40	30	71	51.0
肖港镇	213.89	108.04	40	60	31.0
陡岗镇	88.30	70.30	20	51	20.4
祝站镇	121.00	107.37	35	50	27.0
杨店镇	120.00	85.00	40	69	42.0
闵集乡	70.93	49.00	28	53	29.2
朋兴乡	104.18	66.07	22	27	33.4
卧龙乡	117.00	66.02	25	32	34.0
东山头乡	56.07	20.07	56	25	15.0
朱湖农场	58.14	42.00	31	52	26.0
南大市场	16.07	10.20	39	5	3.0

表31－11说明：①住宅建筑户均127平方米，人均31.73平方米；住宅中混合结构比重达65.53%。但是，普遍存在建筑质量不高、内部设施不全等问题。②平均每个村委会道路长度1.48公里、面积9279平方米；每个村民小组道路长度0.185公里、1159平方米，平均路宽6.26米。显然，基础设施仍很落后，供排水设施缺乏，大部分村庄以井水为主，污水自然排放。

三 迁村并点

为了加快村庄基础设施建设，改善农村居民生产、生活条件，市辖区

开展了迁村并点试点工作。据调查，3 个迁村并点试点村 2003 年与 1993 年的对比情况，见表 31 - 12。

表 31 - 12 3 个试点村 2003 年与 1993 年对比情况

年度	村名	户数（户）	人口（人）	生产总值（万元）				房屋面积（平方米）				自来水用户率（%）
				合计	第一产业	第二产业	第三产业	住宅合计	人均面积	公用建设	生产建筑	
1993	合计	1092	4166	1511	420	906	185	112800	27	10666	13550	23
	董永	578	1894	611	295	226	90	58800	31	1800	9800	40
	徐山	451	1894	789	109	680	—	48700	26	630	1250	—
	陈榨	63	378	111	16	—	95	5300	14	8236	2500	32
2003	合计	1166	4272	4262	1856	2083	323	137200	32	17066	65580	93
	董永	620	1894	2113	1650	283	180	71000	34	2000	21330	89
	徐山	451	1925	1982	182	1800	—	53900	28	1450	4250	98
	陈榨	95	453	167	24	—	143	12300	27	13616	40000	95

表 31 - 12 数据说明：①生产总值增长了 1.82 倍，特色农业和村级企业得到了较大发展。②住房条件有了很大改善。人均住宅面积由 27 平方米增至 32 平方米。此外，住宅质量明显提高，混合结构比重已由 30.8% 升至 86.2%。③生产建筑和公用建筑面积，分别增长近 4 倍和 60%。④基础设施初现雏形。自来水普及率已由 23% 升至 93%。此外，电力、电讯、广播电视等设施已进村入户；排水管道从无到有，3 个村分别达到 400 米、1000 米和 960 米。此外，耕地得到了有效保护。例如，徐山村原 6 个村民小组、5 个自然村共有宅基地 131.5 亩，并村后减至 83.5 亩，节约了 48 亩，即节约了 36.5%，保护耕地的效果非常显著。

第三十二章 环境污染及防治

第一节 概 述

1992年，孝感首次将环境保护工作（简称“环保工作”）纳入国民经济和社会发展计划。市环境保护局（简称“环保局”）先后编制了环保“九五”、“十五”计划及2010年长远规划。到1996年，完成治污项目25个，投入资金1937万元。同时，建设项目主体工程与环保设施同时设计、施工、运行（简称“三同时”）和对项目环境影响评价（简称“环评”）执行率，分别达92%和85.3%。

1996年，中共孝感市委、市政府召开第一次环保工作会议，提出了“三河一水一区”（府河、澴河、老澴河；大富水；孝感城区）的“碧水蓝天计划”和改善城区环境的“生态宁静工程”，并组织力量开展水环境调查，编制了水环境及污染防治规划。到1999年底，湖北省总量控制考核的13种主要污染物已基本达到要求；功能区环境质量明显改善，城区环境空气质量基本达到国家二级标准，除府河外地面水基本达到功能区划要求；参与考核的工业企业达标排放率为95%。

2000年后，政府先后投资完成了人民广场建设工程，青少年生态公园第一期工程，王家窑、后湖冲沟治理工程，槐荫广场和交通路绿化带改造工程，供水新网延伸、老网改造工程；新增绿地面积13万平方米；完成新垃圾处理场建设工程。此外，在不便集中治理污水的地方，推广地埋式无动力污水处理技术，建成有关装置150余座，日处理污水能力2万吨。

市辖区各乡镇都设有环保站，职责比较明确，环保工作正走向规范化。各乡镇绿地面积逐年增加，饮用水质达标率为100%，主要污染物排放量得到有效控制，城镇环境质量明显改善。

第二节 环境污染及防治

一 水体污染与防治

市区水系发达，分澴水、涢水两区，有澴河、府河、沦河、界河等4条干流和40多条小河。其中，府河、澴河是主干，汇集于孝感城区南部，经湛家矶注入长江。城区内有滚子河、老澴河。湖泊水库主要有野潴湖、王母湖、白水湖，分布在城区南部，属自然形成；八汊洼水库，位于城区以北。市区重点水域是“二河二湖一库”，即：府河、澴河、野潴湖、王母湖和八汊洼水库。

（一）府河的污染及防治

府河上游称为涢水，发源于随州市大洪山北麓，其孝感段全长164公里，流经安陆、应城、云梦、孝南4个县（市、区）17个乡（镇、场），饮水人口近30万人，灌溉农田162万亩。据孝感市环境监测站提供的数据，在丰水期和平水期府河水质基本达到功能区要求。

市区府河监测是卧龙潭、鲢鱼地泵站两断面，主超标项目是氨氮和BOD5、氟化物，均值超标项目还有COD、高锰酸盐指数。1991～2003年，鲢鱼地泵站断面氨氮的期均值100%超标，超标范围在0.68～28.32之间；BOD5的期均值丰水期100%、枯水期80%、平水期75%超标。卧龙潭断面氨氮的期均值丰水期80%、枯水期60%、平水期75%超标，超标范围在0.14～20.18之间；BOD5的期均值丰水期40%、枯水期33.3%、平水期50%超标。可见，鲢鱼地泵站断面超标情况重于卧龙潭断面，两个断面BOD5的超标期均值近一半只符合V类标准。

府河沿线有工业污染源58家，包括湖北双环化工集团、云梦盐硝厂、湖北蓝天盐化厂等10家大中型盐化工企业。长期以来，这些企业生产规模不断扩大，而治污措施跟不上，将富含大量氯化物的污水排放到府河、大富水，直接影响到下游地区的生态环境和人民生活。

（二）老澴河、滚子河的污染及防治

城区地表水体为老澴河、滚子河和后湖。后湖经截污治理现已基本不纳污，但老澴河和滚子河已成为城区纳污水体。从纳污量看，老澴河占90%，已成为名副其实的排污沟。

老澴河是澴河改道后的故河道，西起河口大桥，东至毛陈镇三军台，全长8.3公里，沿岸有耕地21900亩，人口43500人，现有8个纳污口，

年纳废水2520万吨，其中工业污水475万吨，占19%；生活污水2045万吨，占81%。由于无客水，水体自净能力极差，有的断面发黑发臭，呈严重富营养化。据市环境监测站监测，水质已超过地面水水质标准（3838～88）中Ⅴ类以上标准，完全丧失了使用功能，其特点是以生活污水为主的有机污染。

老澴河污染的主要原因：一是随着城区人口增加，第三产业迅猛发展，大量含磷生活废水的直接排放，这是水体富营养化的主要原因；二是金龙神水集团、麻糖米酒集团、孝棉集团、4404厂等工业企业，特别是7家卫生纸厂排放的废水，进一步加剧了水体污染。

为了治理老澴河水污染，政府实施了一系列措施：一是清淤护坡。疏通了长3.7公里、宽60米的河段，清除淤泥21.7万方，沿岸垃圾10.3万方，修筑叠堤护坡1000米。二是引水稀释。兴建环河自控翻板闸，引澴河水入老澴河，使“死水”变“活水”。三是多种方式治理污染源。如区卫生纸厂改革生产工艺，年废水排放量由原67.2万吨减至30万吨；关闭了5家小造纸厂；孝棉集团等企业对工业废水进行回收利用；市中心医院建立了医疗病原体处理装置；市化肥厂退二（产业）进三（产业）；市制革厂依法破产。通过治理重点污染源，城区工业废水排放量由600万吨减至475万吨。四是加强绿化。老澴河澴川风景区规划面积4.5平方公里，其中陆地3.6平方公里，绿地率50%。到2005年，已建成第一期青少年生态公园，绿地面积4万平方米。

孝感市环境监测站对孝感城区集中式饮用水源地水质每月进行监测。按《地表水环境质量标准》（GB3838－2002）Ⅲ类标准评价，监测水源地月水质达标率为86%～100%，全年水量加权达标率为93.3%。城区饮用水源地水质未影响饮用水安全。

（三）湖泊、水库的污染及防治

孝感市、孝南区环保部门规定王母湖、野猪湖、八汊洼水库（简称“两湖一库”）周围三公里内现有污染源必须严格控制总量和达标排放，并不得形成新污染源。据孝感市水环境功能区划及2003年监测情况，“两湖一库”水质已达到规划要求，具体情况见表32－1。

表32－1　湖泊、水库水环境功能达标排放控制水域

控制水域	水域功能	功能区划目标	已达目标
王母河	农业灌溉、养殖	Ⅲ	Ⅲ
野猪湖	农业灌溉、养殖	Ⅲ	Ⅲ
八汊洼水库	农业灌溉、养殖	Ⅰ	Ⅰ

（四）市区地表水环境质量

据孝感市环境监测站监测，2003 年市区地表水环境质量情况见表 32－2。

表 32－2　市区地表水环境质量现状

水体	所在地	水质规划	水体功能	监测断面名称	水质状况	目前水体功能	污染主要原因
沦河	孝感城区	Ⅲ	饮用水源	二水厂	全年 2／3 时段达到Ⅲ类水质标准	枯水期达不到饮用水标准	盐化工企业
澴河	孝感城区	Ⅲ	农灌、工业用水	河口大桥	平、丰水期部分时段可达Ⅲ类水质标准，枯水期超Ⅳ类水质标准	枯水期不能用于农灌	黄麦岭公司排污、城市生活污水
府河	孝南区	Ⅲ	工、农业用水	卧龙潭、鲢鱼地泵站	大部分时段超Ⅲ类水质标准，枯水期超Ⅳ类水质标准	枯水期不能用于农灌	盐化工企业排污、城市生活污水
滚子河	孝南区	Ⅳ	工、农业用水	王家湾桥、三军台桥	枯、平、丰三期水质均超Ⅴ类标准	丧失功能	城市生活污水、企业排污
老澴河	孝感城区	Ⅳ	工、农业用水	城西闸、三军台下	枯、平、丰三期水质均超Ⅴ类标准	丧失功能	城市生活污水、企业排污
野猪湖	孝南区	Ⅲ	农灌养殖	湖心	枯、平、二期水质为Ⅴ类水质、丰水期为Ⅳ类水质	平、丰水期可用于农灌养殖	养殖、农业面源污染
八汊洼水库	孝南区	Ⅱ	农灌养殖	湖心	全年均达到Ⅲ类水质标准	满足农灌养殖可作备用水源	注意养殖农业面源污染
观音湖水库	孝昌县	Ⅱ	备用水源农灌	湖心库上新亭	全年均达到Ⅱ类水质标准	满足功能要求	禁止人工养殖基本无污染
金盆水库	孝昌县	Ⅱ	饮用水源	湖心	全年均达到Ⅱ类水质标准	适宜饮用	禁止人工养殖基本无污染

（五）重点排污单位及其排污情况

市区有 25 家重点排污单位，排放的主要污染物有废水、化学需氧量（COD）、氨氮（NH3－N）等。据孝感市环境监测站监测，2000～2004 年，25 家重点单位排污情况见表 32－3。

表 32-3 重点排污单位污染物排放情况

单位：万吨/年，吨/年

污染源单位名称	废水排放量	化学需氧量排放量	氨氮排放量	污染源单位名称	废水排放量	化学需氧量排放量	氨氮排放量
合　计	689.25	1997.01	32.65	孝感市中心医院	50.00	100.00	7.50
红林机械厂	6.53	9.14	0.33	孝感宾馆	20.00	40.00	1.60
四四O四厂	70.00	98.00	5.60	乾坤大酒店	10.00	40.00	0.60
金龙泉神水公司	110.00	440.00	2.20	卓洲大酒店	5.00	20.00	0.30
孝棉实业公司	34.72	34.72	1.39	航天医院	5.00	10.00	0.25
麻糖米酒公司	24.00	96.00	0.48	二三八厂	10.00	10.00	0.30
钢赢家具公司	10.00	6.00	0.20	吉安铝业	10.00	80.00	0.20
孝感市第一医院	10.00	25.00	1.00	上海申欧公司	54.00	108.00	1.08
孝感市青龙纸厂	30.00	150.00	0.90	毛陈恒泰纸厂	17.00	34.00	0.34
生龙酒业公司	10.00	40.00	1.00	毛陈八一纸厂	27.00	108.00	0.54
维达纸业公司	34.00	136.00	0.68	天安卫生用品公司	56.00	112.00	1.08
龙子催化剂公司	24.00	26.40	0.48	维达纸业公司(新)	35.00	105.00	0.70
凯风生物工程	12.00	240.00	3.60	湖北端药药业公司	15.00	0.75	0.30

二　大气污染与防治

孝感市环境空气监测的项目有：二氧化硫（SO_2）、氮氧化物（NOx）和可吸入微粒（PM_{10}）。与往年相比，2003 年可吸入微粒日均值呈下降趋势。城区降尘量在 6.15～11.23 吨／月·平方公里之间，其超标率达到 50%。城区环境空气监测结果，见表 32-4。

表 32-4 城区环境空气监测结果表

单位：毫克/立方米

年　份	二氧化硫(SO_2)		氮氧化物(NOx)		可吸入微粒	
	日均值	年均值	日均值	年均值	日均值	年均值
1995	0.010～0.030	—	0.013～0.073	—	0.06～0.33	—
1996	0.014～0.044	—	0.006～0.148	—	0.20～0.660	—
1997	0.012～0.035	—	0.005～0.130	—	0.070～1.470	—
1998	0.010～0.038	—	0.013～0.120	—	0.081～0.560	—
1999	0.005～0.032	0.014	0.014～0.041	0.024	0.060～0.421	0.209
2000	0.003～0.018	0.010	0.004～0.015	0.010	0.087～0.296	0.296
2001	0.008～0.050	0.029	0.010～0.040	0.018	0.110～0.436	0.220
2002	0.009～0.031	0.017	0.017～0.029	0.023	0.151～0.328	0.235
2003	0.002～0.036	0.018	0.006～0.096	0.026	0.030～0.364	0.221

表 32－4 的数据说明，城区环境空气中二氧化硫和氮氧化物浓度基本符合国家《环境空气质量标准》中的二级标准，但可吸入微粒日平均值超过了国家二级标准中年平均值 0.20 毫克/立方米的标准。其主要原因：一是能源结构问题。目前孝感能源以燃煤为主，工业用煤量大，多无良好消烟除尘设施，致使城区空气中可吸入微粒浓度升高。二是城区建设问题。特别是房屋和基础设施建设规模扩大，地面扬尘增加。三是交通问题。特别是汽车增加快，影响大。

降水中主要监测 4 个项目：PH 值、电导率、氨氮、降水量。城区降水用加权法计算 PH 值，1991～1996 年年均值为 6.14，其中 1995 年 PH 值平均值为 7.09。1997 年，年均值为 4.94（PH 值低于 5.6 为酸雨）。1998～2003 年，PH 值为 5.8～6.95，其中 1998 年为 5.53～7.35。显然，PH 值呈下降趋势，1997、1998 年连续两个出现酸雨，其主要原因是煤烟和汽车尾气的增加。这说明，城区大气污染类型，已由单一煤烟型污染逐渐向煤烟型和汽车污染并重型方向发展。

工业废气中排放的污染物主要是二氧化硫（SO_2）、烟尘和工业粉尘 3 种。监测表明，1999～2003 年，城区二氧化硫、烟尘和工业粉尘排放情况见表 32－5。

表 32－5 城区二氧化硫、烟尘、工业粉尘排放情况

单位：吨，%

年 份	二氧化硫			烟 尘			工业粉尘		
	排放量	达标排放量	达标率	排放量	达标排放量	达标率	排放量	达标排放量	达标率
1999	4286.06	—	—	11442.4	338.09	—	1393.08	1239.62	89.0
2000	1076.16	721.63	67.1	3249.06	185.25	5.7	6250	—	—
2001	897.64	267.66	29.8	5049.02	3878.42	76.8	6862	5438	79.2
2002	960.64	626.77	65.2	5101.72	4298.52	84.3	4242	3918.65	92.4
2003	565.36	276.06	48.8	784.86	37.58	4.8	3722.88	3626.6	97.4

为了改善城区空气环境质量，市环保局把窑炉、锅炉和餐饮业油烟作为整治重点。一是对窑炉、锅炉每年进行一次普查，并不定期抽查。到 2004 年，城区已有 132 台窑炉、90% 的锅炉安装了或改建了除尘设施，达到了排放标准。二是严格管理餐饮业油烟污染。如文化路小学食堂、槐荫酒楼等油烟污染严重，群众反映大，环保执法人员多次上门指导，使污染得到了治理。此外，市政府耗巨资搬迁了火葬场，完成了 107、316 两条国道复线工程，关闭了烟尘污染严重的砂轮厂，国营 4404 厂采用了新技术、搬迁了窑炉等，都对改善城区空气环境质量起了很好的作用。

三　噪声与电磁波污染与防治

在环境噪声污染防治方面，交通噪声和社会生活噪声是防治重点。市环保局根据实际情况，将噪声功能区划分为 12 块。区划总面积 19.8 平方公里，人口 15.3 万人，其具体情况见表 32－6。

表 32－6　城区噪声功能区边界范围

功能区代码	边界				功能区内典型地名或单位
	东	南	西	北	
2 类	长征路北	黄陂路	机场路	车站街 1 号－油库	火车站、机床厂
1 类	长征路	理丝路	航空路 15－30 号	黄陂路	汉光新村、体育中心
2 类	长征路	文化路	航空路东	八里街	棉纺厂、孝感宾馆
0 类	环河东堤	槐荫大道	城站路东	师专路 4－80 号	孝感学院、市中心医院
2 类	环城东路	南门 2－48 号	环城路 97－130 号	槐荫大道	孝南大院、孝感商场
1 类	北京 1－50 号	槐荫大道	城站路 112－150 号	文化路	市委大院、董永公园
3 类	滚子河	老环河	长征路	黄陂路	066 基地、4404 厂

据监测结果，城区环境噪声昼间等效声级平均值为 60.5 分贝（A），高于《城市区域环境噪声标准》中的 2 类标准，夜间等效声级平均值为 46.3 分贝（A），高于 1 类标准控制值，相对而言，夜间噪声环境质量优于昼间。据 2003 年噪声监测结果，噪声污染源主要是：交通噪声、工业噪声、生活噪声及建筑施工噪声。昼夜影响范围广的是交通噪声和生活噪声，比率分别为 28.5% 和 28.2%，夜间影响范围广的是生活噪声和交通噪声，分别占 32.6% 和 20.5%。

工业噪声：城区工业噪声昼夜厂界声级超过 2 类标准的占 22.1%。夜间厂界噪声超过 2 类标准的占 34.4%。城区高于 85 分贝（A）工业噪声源占总数的 59.4%。

交通噪声：城区总长 14.4 公里的交通干线道路交通噪声平均等效声级为 72.3 分贝（A），高于国标 4 类区域标准。其中，低于 70 分贝（A）的路段只占 22.7%，这说明交通噪声污染较为突出。

生活噪声：随着第三产业迅猛发展，生活噪声呈递增趋势，其强度在 45～81 分贝（A）之间，声级虽不很高，但夜间污染较为普遍，因此也是重点防治对象。

为了控制噪声污染，市政府采取了许多措施：一是修改市政建设规划，按照种类噪声功能区的声学环境要求，布局城区各类建设项目。二是建设两条国道复线，把穿过城区槐荫大道的 316 国道和穿过城区北京路的

107国道，迁移到城区外围，使城区交通噪声下降了5dB（A）。三是加强监督管理，要求有关企业实施整改措施，严格控制机动车辆鸣放高音喇叭，对施工噪声实施限时控制，对商业性喇叭限制音量或取缔。四是强化噪声达标区建设，重点控制夜间生活噪声污染。

第三节 环境控制与管理

一 环保机构和人员

1993年撤地建市后，市环保局为市城乡建设委员会二级局。1996年机构改革，市环保局升格为市政府组成部门。2001年机构改革中，市环保局内设5个科室；下辖环境监察支队、环境监测站和环境保护科学研究所等3个事业单位；局机关行政编制16名，工勤编制2名。2003年底，市辖区环境保护机人员情况，见表32－7。

表32－7 2003年底市辖区环境保护机构人员情况

单位：个，人

指标名称	合计	孝感市					孝南区			
		小计	环保局	监理支队	监测站	科研所	小计	环保局	监理站	监测站
年末机构数	7	4	1	1	1	1	3	1	1	1
批准编制数	82	51	18	10	15	8	31	11	20	—
其中：行政编制	28	18	18	—	—	—	10	10	—	—
事业编制	53	33	—	—	—	—	20	—	20	—
其他编制	1	—	—	—	—	—	1	1	—	—
年末实有人数	150	64	20	20	22	2	86	16	30	40
按职称：高级职称	6	6	2	—	4	—	—	—	—	—
中级职称	27	16	8	4	4	—	11	1	—	10
初级职称	31	14	5	5	4	—	17	—	6	11
按学历：本科生	27	17	10	2	5	—	10	2	1	7
专科生	82	35	8	16	10	1	47	7	18	22
中专及以下	41	12	2	2	7	1	29	7	11	11

市环境监测站成立于1981年，是湖北省环境监测中心站派出机构，实行省环保局和市环保局双重管理，定编15人；主要承担地面水、大气、噪声环境和污染源监测任务。市环境保护科学研究所成立于1992年，定编8

人，与市环境监测站合署办公（两块牌子，一套班子）；主要承担环境科研、环境影响评价、环保科技成果推广等任务。环境监测站和环科所现有在岗人员24人，退休6人，其中高工4人，工程师4人。市环境监察支队成立于1994年，定编10人，现有20人，其中中级职称4人；主要承担征收排污费、查处环境违法行为、调处污染纠纷等现场管理任务。

二　设备、科研与投资

为了更新监测仪器和设备，1991～2003年全市监测站累计投入400多万元，其中市环境监测站投资100余万元，有效提高了环境监测、监督能力。例如，2000年争取到湖北省局购置费30万元，在城区安装了两台大气监测设备；2002年又配置了一台价值50多万元的全自动大气监测设备，对城区大气环境实行24小时不间断监测，使城区大气质量监测工作上了一个新台阶。

环境科研工作取得进展。市环保局组织力量先后完成了孝感市“十五”规划环境保护达标工作及2010年远景目标规划、府河污染治理规划，以及孝感市环境现状及发展趋势研究、孝感市生态环境现状调查、孝感市盐化工行业环境保护投资效益分析等3个研究课题，为2010年环保远景规划奠定了基础。另外，还完成了全市秸秆焚烧现状调查、秸秆禁烧和综合利用管理办法、全市水功能区划、大气环境功能区划，以及噪声达标区报批工作，为全市环保规范化提供了依据。

1991～1996年，治理工业污染的投资逐年增加，6年共投入2000余万元，绝大部分限期治理项目现已竣工。通过治理，已有10台（套）环保设施投入运行，使工业废水处理率由1991年的34.39%提高到1995年的43.3%，工业废气综合治理率达83%左右。

1996～2003年，投入治理污染资金1.82亿元，完成治理项目10个。如：投资1700万元，完成了人民广场建设工程；投资165万元，完成了西入口青少年生态公园第一期工程；投资1.34亿元，完成了王家窑、后湖冲沟治理工程；投资100多万元，完成了翟家湾槐荫广场和交通路绿化带改造工程；投资210万元，完成了城区供水新网延伸和老网改造工程；投资2600万元，完成了新垃圾处理场建设工程和推广地埋式无动力污水处理技术。2002年，市政府承诺办的10件实事中有4件是环境工程，即人民广场二期和后湖公园“还湖于民”工程，城站路改造和绿化、美化、亮化工程，环城森林生态工程，以及环河沙滩休闲地建设工程。

第四节 问题与建议

一 问题

（1）水环境。城区地表水污染仍呈发展势头，特别是水体富营养化已成为一个严重问题。根据2003年枯、平、丰3期水质监测结果，澴河水质未达到国家地表水Ⅲ类标准，枯、平两期氟化物超过国家地表水Ⅴ类标准；府澴河水质均未达到国家地表水Ⅲ类标准，其中氨氮和氟化物超标较为严重，枯、平两期氨氮均超过国家地表水Ⅴ类标准，枯水期氟化物在这2个断面超过国家地表水Ⅴ类标准；老澴河水质达到Ⅴ类标准，四眼桥至鲢鱼地水质超Ⅴ类标准。

（2）空气环境。2003年，1～6月城区空气中总悬浮颗粒物超二级质量标准的天数占24%；7～12月可吸入颗粒物超二级质量标准天数占20%。城区降尘量在6.10～11.30吨/月·平方公里之间，有6个监测值超过国家规定的8吨/月·平方公里标准，超标率达50%，比上年增加8个百分点。

（3）声环境。2003年，城区环境噪声平均等效声级在40.1～62.1分贝之间。道路交通噪声污染严重，干线噪声等效声级在48.7～67.8分贝之间。在各功能区中，居民文教区代表点市中心医院、人民广场、孝感电信白天、夜间超标；混合区火车站、宇济商贸城白天、夜间超标。

（4）固体废弃物。主要是工业固体废弃物和生活垃圾。2003年，全年工业固体废弃物产生量为7000吨，利用量6000吨，利用率为85%；全年生活垃圾产生量为84000吨，其处理方式均为低水平的填埋。垃圾中塑料包装物、一次性餐具、茶具逐年递增，“白色污染”显得尤为突出。

二 建议

（1）改革管理体制，提高环保工作地位。一是实行垂直管理体制，解决基层环保部门执法难的问题；二是制订和实施环保审计、问责、一票否决等制度，把环保工作纳入各级党政主要负责人政绩考核范围；三是制订和实施环保教育制度，省市委党校应该举办环保培训班，开设环保课程。四是环保部门要与公安、监察、法院等部门相配合，加大环保工作稽查督察力度，坚决防止和纠正各种地方保护主义的做法和行为。

（2）增加环保投入，保证环保工作正常进行。在很长一段时期，环保

经费主要靠收取排污费的上交返还。从2003年7月1日起，实行了收支两条线管理，排污费全额上交，环保工作经费却无保障，严重影响环保工作的正常开展。我们建议政府有关机构制定环保经费管理细则，明确规定纳入财政预算的环保机构和具体标准，保障人员、办公、宣传、执法等经费，增加仪器设备购置、基础设施建设等经费，以保证环保工作正常运转，并逐步解决基础设施简陋、设备陈旧等问题。

（3）必须量力而行，努力完成重点工作任务。环保工作点多面广，随着人民群众环境意识提高，基层环保部门现场监管、处理污染纠纷工作量大。但是，环保工作人员、经费、设备有限，特别是基层不可能承受更多任务，因此安排工作必须量力而行，突出重点，着重解决当前急需解决的一些迫切问题和基础性工作，如果基层疲于应付，就难免出现走过场、做表面文章的现象。

第三十三章 自然灾害及预防

第一节 气候特征

1992～2003年，市辖区气候的特征是：气温偏暖，光照偏少，降水正常略少，各年分布不均。在这12年中，大旱3年，大涝2年，暴雨51次，大风21次，寒潮16次，暴雪4次。

（1）气温。1992～2003年，年平均气温16.5℃，比历年平均高0.3℃，冬暖现象明显。

（2）地温。1992～2003年，地面0厘米平均温度18.5℃，比历年平均高0.1℃。地面5、10、15、20厘米平均温度分别为17.6℃、17.6℃、18.0℃、17.9℃，与历年平均温度相比，5厘米、10厘米温度低0.1℃，15厘米、20厘米温度相当。城区地面平均温度情况见表33－1。

表33－1 孝感城区地面平均温度

单位：℃

项目	1月	2月	3月	4月	5月	6月	7月	8月	9月	10月	11月	12月	合计	平均
0厘米	4.4	7.5	12.4	18.5	24.2	28.3	32.1	31.8	26.8	18.9	11.6	6.0	221.7	18.5
5厘米	4.6	7.1	10.9	17.3	22.8	26.9	30.2	29.9	25.5	18.5	11.7	6.3	211.5	17.6
10厘米	5.0	7.3	10.8	17.0	22.3	26.3	29.6	29.7	25.7	18.9	12.3	7.0	211.7	17.6
15厘米	5.5	7.7	11.1	17.1	22.3	26.3	29.5	29.8	25.9	19.5	13.0	7.6	215.4	18.0
20厘米	5.9	7.8	11.0	16.7	21.8	25.8	29.0	29.4	25.7	19.7	13.4	8.1	214.2	17.9

（3）降水。1992～2003年，年均降水1123.4毫米，比历年少2成，逐月降水量见表33－2。

表33－2 孝感城区逐月降水量

单位：毫米，%

项目	1月	2月	3月	4月	5月	6月	7月	8月	9月	10月	11月	12月	合计
降水量	41.9	47.2	88.1	140.4	145.6	197.6	154.3	102.0	63.5	66.8	46.8	29.4	1123.4
比重	3.7	4.2	7.8	12.5	13.0	17.6	13.7	9.1	5.7	5.9	4.2	2.6	—

（4）日照。1992～2003年，年平均日照1855.9小时，比历年平均日照少169.7小时。

（5）风向风速。1992～2003年，风向最多为北风，年平均风速2.2米/秒；冬季盛行偏北风，夏季盛行偏南风；瞬时极大风速为26米/秒（1994年7月29日），详见表表33－3。

表33－3　孝感城区风向风速

单位：米/秒，16个方位

年份	平均风速	风向		最大风速			极大风速		
		最多风向	风向频率	风速	风向	日期	风速	风向	日期
1992	2.1	C/N	17/15	12.0	NW	30/7	12.0	NW	30/7
1993	2.2	N	15	11.6	NW	30/4	18.5	NW	30/4
1995	2.1	C/N	15/12	13.2	NNE	22/4	21.5	N	22/4
1997	2.1	N	15	10.5	SSW	2/7	16.3	SSW	2/7
1999	2.3	N	14	11.3	NW	24/4	25.2	NNW	24/4
2001	2.4	N	17	12.5	N	10/4	19.8	NNE	10/4
2003	2.1	N	24	9.8	N	26/3	16.1	N	8/11

说明：E代表东；S代表南；W代表西；N代表北；C代表中。

（6）四季和无霜期。划分四季气温的标准是：平均气温低于10℃为冬季，高于22℃为夏季，10℃～22℃之间为春、秋两季。孝感城区一般11月底入冬；3月中、下旬入春；5月底入夏；9月底入秋。1992～2003年，城区平均无霜期264天（详见表33－4、表33－5）。

表33－4　孝感城区四季划分情况

年度	冬季（＜10℃）			春季（10～22℃）			夏季（＞22℃）			秋季（22～10℃）		
	平均温度	起止日期	天数	平均温度	起止日期	天数	平均温度	起止日期	天数	平均温度	起止日期	天数
1992	6.3	25/11～27/3	127	18.4	28/3～18/5	52	25.8	19/5～22/9	127	14.7	23/9～19/11	58
1993	6.1	20/11～21/3	122	17.3	22/3～29/5	69	25.5	30/5～23/9	117	16.0	24/9～16/11	54
1995	6.2	10/12～25/3	106	17.2	26/3～22/5	58	26.4	23/5～2/10	133	14.0	3/10～1/12	60
1997	6.6	26/11～20/3	114	17.5	21/3～13/5	54	26.5	14/5～12/9	122	16.0	13/9～25/11	74
1999	7.3	1/12～24/3	114	18.0	25/3～24/5	61	25.8	25/5～1/10	130	14.9	2/10～25/11	55
2001	5.5	26/11～17/3	112	17.6	18/3～30/5	78	27.2	31/5～30/9	123	14.7	1/10～30/11	61
2003	5.5	17/11～20/3	124	17.9	21/3～24/5	64	26.1	25/5～30/9	133	14.3	1/10～20/11	51
平均	6.0	11月底	115	18.1	3月中下旬	67	26.4	5月底	120	15.2	9月底	63

表 33－5 孝感城区无霜期

年 份	天 数	初 日	终 日	年 份	天 数	初 日	终 日
1992	235	19/3	8/11	1999	278	23/2	27/11
1993	262	5/3	21/11	2001	272	10/3	6/12
1995	247	6/3	7/11	2003	245	11/3	10/11
1997	270	20/2	16/11	平均	264		

第二节 灾害性天气

一 暴雨

暴雨是指短时间内出现大量降水现象，其具体标准是：日降水量≥50毫米为暴雨；100～199.9 毫米为大暴雨；≥200 毫米以上为特大暴雨。1992～2003 年，共下暴雨 51 次，年均 4.3 次。暴雨最早出现在 4 月份，最晚出现在 10 月份。从月份看，6、7 月最多，各 12 次，10 月最少，只 1 次（2003 年）；从年份看，2003 年最多，有 8 次，2001 年最少，无暴雨。

二 旱涝

旱涝级别按降水量划分为 3 级：RR0 + d/2 为多雨年；R0 − d −/2R < R0 + d +/2 为正常年；R < R0 −/2 为少雨年。[①] 据计算，R < 800 毫米为涝；R 在 625～800 毫米为偏涝；R 在 465～625 毫米为正常；R 在 300～465 毫米为偏旱；R 小于 300 毫米为旱。

1992～2003 年，旱 9 年（其中大旱 3 年，旱 6 年），占 75%；渍涝 3 年（其中涝 2 年，偏涝 1 年），占 25%。平均每 4 年 1 次大旱，2 年 1 次旱，6 年 1 次涝，12 年 1 次偏涝。从一年四季看，涝和偏涝出现在夏季，大旱出现在春或夏季，旱可一年四季出现；夏季旱涝最频繁，这 12 年中大旱 2 年，旱 3 年，涝 2 年，偏涝 1 年。1992 年夏季大旱，2000 年春季大旱，2001 年夏、秋季大旱；1996、1998 年均为大涝年。

三 暴雪

雪的量级根据一定时间内（一般以 24 小时为单位）降水量的多少

---

① 式中 R 为 6～9 月汛期总降水量，R0 为汛期平均降水量，d + 为正距平的平均值，d − 为负距平的平均值。

来确定。24 小时内降水量 0.1 ~2.4 毫米为小雪；2.5 ~4.9 毫米为中雪；5.0 ~9.9 毫米为大雪；大于 10 毫米为暴雪。1992 ~2003 年，出现暴雪 4 次，年均 0.3 次。暴雪都出现在隆冬季节，1、2 月各 2 次。其中，1993 年 2 月出现 2 次暴雪，1996 年 1 月和 1999 年 1 月各出现 1 次暴雪。

四　寒潮

寒潮，是指气温在 48 小时内降温 10℃以上，且最低气温在 5℃以下的强降温。1992 ~2003 年，出现寒潮 16 次，年均 1.3 次。从月份看，寒潮一般出现在 2、3、4 月和 11、12 月。其中，3 月最多，有 7 次；4 月、12 月最少，各有 1 次。从年份看，1998 年次数最多，有 5 次，1995、1997、2000、2001、2002 年无寒潮。

五　大风

风速大于或等于 17.1m/s（米/秒，下同），即人们常说的 8 级风，就叫大风。1992 ~2003 年，出现大风 21 次，年均 1.8 次。从月份看，大风一般出现在 2、3、4、7、8、9 月，其中 4 月最多；2、8 月最少。从年份看，1992 年最多，有 6 次，1996、1997、2003 年无大风。

表 33 -6　1992 ~2003 年孝感城区灾害天气统计表

单位：年，次

总年数	大旱年数			渍涝年数			暴雨		暴雪		寒潮		大风	
	大旱	旱	合计	涝	偏涝	合计	次数	年均次数	次数	年均次数	次数	年均次数	次数	年均次数
12	3	6	9	2	1	3	51	4.3	4	0.3	16	1.3	21	1.8

第三节　灾害天气预报及防治

孝感市气象部门在灾害性天气的预报及防治中发挥了重要作用。他们以及时、科学、准确的天气预报，为领导决策和社会服务。

一　1998 年大涝的预报及防治

1998 年入汛以后，境内普降暴雨，上游客水大量涌入，下游长江高水

位顶托，致使境内3条河流（汉江、汉北河、府澴河下游）出现了超历史特大洪水。

汛期市气象局每天3次向市委、市政府办公室和市防汛指挥部报告天气。同时，积极开展资料情报工作。例如，7月17日气象局根据情报预测，7月下旬将会有一次明显降雨过程，请有关部门高度重视。7月21~23日，果然出现了3天连续强降雨。7月21日强降雨开始时，市防汛指挥部及时发出了紧急传真。由于准备提前、行动迅速、措施得力，使灾害损失明显减少。又如，8月7日晚市防汛指挥部召开紧急会议，根据气象预报讨论是否分洪的问题。会上，气象部门肯定地预测汉北河流域近期基本无雨，上游不会有新的来水。据此，市防汛指挥部果断作出了严防死守、不实施分洪的重大决策。8月8日，汉北河出现了超历史最大洪水。沿河各单位组织8万防汛大军严防死守。8日16时，汉北河民乐站水位高达29.89米，超过历史最高水位0.63米，下游水位也全线超历史。但由于提前做好了充分准备，防守严密，排险及时，在没有分洪的情况下战胜了汉北河超历史特大洪水，减少损失亿元以上。

二 2001年大旱的预报及防治

2001年1月，市气象台发布了长期天气预报："预计2001年3~9月，我市总降水较正常年份略偏少，……有旱重于涝的趋势"。4月底，又发布5~9月汛期天气预报："预计我市今年汛期总降水量偏少"，建议"要注意蓄水保水"。6月底，再次发布7~8月天气预报："预计我市今年7~8月总降水量偏少，……大部分地区有干旱发生"，"建议各地及有关部门做好蓄水、保水、引水工作"；"要做好人工增雨各项准备工作，……适时开展人工增雨作业"。

根据这些预报，市防汛抗旱指挥部（以下简称指挥部）提前部署抗旱工作。例如，6月下旬干旱刚露头，指挥部就利用江河水位较高的时机，组织汉江、汉北河、府澴河沿线开启30多处涵闸，自然引水9700多万方。7月中旬以后，指挥部抓住汉江水位较高时机，又果断决策开启新沟闸引水3000多万立方米注入汉北河；同时引水灌湖，提高湖泊水位，使湖泊蓄水增加3000多万立方米。7月下旬，根据江河水位下降和旱情发展情况，指挥部在科学分析基础上，决定实施三河连江、南水北调的重大举措。7月23日，汉川二站4台机组满负荷运行，第一步抽汉江水注入刁汊湖，第二步经民乐闸抽刁汊湖水注入汉北河，第三步将汉北河的水向西经大富水直达应城城关；向东进入沦河——朱湖——府河，调水里程达210多公里，实现了汉北河、府澴河、沦河三河连江，将汉江水调入孝南、应城等严重缺水地区。这次南水北调，提汉江水2.2亿立方米，向汉北河调水8580万立方米，其中孝南2406万立方米，孝感、应城城区188万立方米；确保了80万亩农田抗旱用水，并保证了孝感和应城城区生活生产用水。

第四节　地下水问题

一　地下水概况

（1）含水层。按照含水层介质和空隙特性，市辖区内的地下水可分为3类，即松散岩类孔隙水、碎屑岩裂隙孔隙水和基岩裂隙水。①松散岩类孔隙水含水层。主要分布于河流堆积平原地带，含水层厚度一般为4.99～21.58m（米，下同），厚度由北向南增厚。砂、砂砾石层结构松散，孔隙发育，透水性较好，渗透系数K一般在10.08～23.71m/d（米/天，下同）。该含水层富水性在王母湖、野猪湖上游及沿河支流较差，单井涌水量多小于150m^3/d（立方米/天，下同），在肖港一带单井涌水量多小于200m^3/d，在孝感城区一带单井涌水量为200～500m^3/d。②碎屑岩裂隙孔隙含水层。主要分布于孝南区。含水层由上第三系掇刀石组半固结的碎屑岩组成。该含水层绝大部分埋于粘土、亚粘土之下，顶板埋深一般为8～26m，在河流堆积平原区，埋于松散岩类孔隙水含水层之下，埋深由北向南递增，最深可至58.68m；底板埋深在区内北部为48～64m，往南递增最深可到206m左右，底板岩性为厚层的下第三系云应群粘土岩、粉砂岩，形成相对的隔水层。③基岩裂隙含水层。分布于杨店、祝站、三汊、闵集一带，含水层介质为白垩～下第三系的碎屑岩，其风化裂隙、构造裂隙发育一般，地下水资源总的来说较贫乏

（2）非含水层。由第四系中更新统、下第三系云应群地层组成。中更新统为粘土、亚粘土，厚10～30m，其结构紧密，孔隙性差，透水性弱，起相对隔水、阻水作用。下第三系云应群为紫色粘土岩、泥岩、粉砂岩、砂质粘土岩等，结构致密，透水性极差，起隔水作用。

（3）地下水的补迳排。①地下水补给。地下水主要有降雨补给、农田灌溉水与水库塘堰水补给、河水补给、湖水补给，以及相邻含水层互补。②地下水径流。境内地势北高南低，地下水总的运移方向是由北向南，径

流缓慢。据同位素测定，天然状态下，第四系松散岩类孔隙水的渗透流速为0.3m/d，上第三系碎屑岩类裂隙孔隙水的渗透流速为0.12～0.3m/d。孝感城区，由于人工开采形成较大范围降落漏斗，因而局部地下水由四周向该漏斗中心方向渗流。③地下水排泄。境内地下水排泄方式主要有：蒸发排泄、枯水期向河流排泄、人工开采、向相邻含水层越流排泄、侧向迳流向邻区排泄。

二 地下水开采

（1）城区地下水开采。20世纪50年代，城区仅2口机井取水，井深30～40m。60年代成井13口，70年代增至73口。1987年，采水单位131家，正常使用井171口，日采水6.3万立方；1997年，正常使用井286口，日采水9.1万立方。此后，随管理加强和第二自来水厂建成，采水量下降。到2003年，有正常使用井300口，日采水约5.4万立方。

城区地下水开采井，主要分布在辖区中心33平方公里范围内，井深一般为80～120m，单井开采量300～1000m^3/d（立方米/天，下同）。城区范围内，开采强度小于1000m^3/d·km^2的有17km^2（平方公里，下同），1000～3000m^3/d·km^2的有9km^2，3000～5000m^3/d·km^2的有2km^2，5000～9000m^3/d·km^2的有3km^2，而市中心2 km^2范围内，开采强度甚至大于9000m^3/d·km^2。由于城区生产井分布密集、大强度集中开采，从而造成城区中心地下水位逐年下降。

（2）乡镇地下水开采。主要为各乡镇政府机关团体及居民供水。11个乡镇有开采井97口，日开采量合计2800m^3/d。井距一般100～800米，井深约20～100m，开采层位以第四系松散岩类孔隙含水层和上第三系碎屑裂隙孔隙含水层为主，未发现不良环境地质问题。

（3）村庄地下水开采。据调查，各自然村基本上是1户1井至3～5户1井。岗地区，井为大口径人工井，井径800～1000mm（毫米，下同），井深15～18m；人均日用水量约25kg（千克，下同），主要是饮用，洗衣等其他生活用水则用地表塘水。一级阶地区，井为人工开凿井，井径一般50mm，井深10～15m；人均日用水量47kg，井水全部用于生活用水。高漫滩区，井为人工凿井，井径一般50mm，井深10～20m；人均日用水量53kg，井水用作生活饮用。

通过对典型自然村地下水开采量调查，可类比推算出各乡镇、村庄的用水量（表33－7）。

表 33-7 各乡镇及其村庄地下水开采情况

乡镇名称	镇区水源地面积(km^2)	镇区井数	开采层位	镇区开采量(万立方/年)	镇属村庄开采量(万立方/年)
肖　港	3.75	14	第四系上更新统	23.69	190.25
陡　岗	2.50	9	上第三系掇刀石组	0.99	小
西　河	1.88	7	上第三系掇刀石组	1.51	25.74
新　铺	1.10	4	上第三系掇刀石组	7.09	小
三　汊	4.26	15	上第三系掇刀石组	12.74	62.48
祝　站	3.00	7	下第三系云应群	11.77	42.18
毛　陈	1.71	10	上第三系掇刀石组	11.32	89.70
闵　集	2.20	6	下第三系云应群	0.47	61.14
杨　店	无集中水源地		下第三系云应群	并入村庄中	21.83
卧　龙	无集中水源地		上第三系掇刀石组	并入村庄中	88.28
朋　兴	无集中水源地		上第三系掇刀石组	并入村庄中	150.03
东山头	3.75	12	上第三系掇刀石组	5.29	92.79
朱　湖	13.5	9	上第三系掇刀石组	26.10	

三　地下水环境地质问题

(1) 水资源枯竭。地下水开采井主要分布在城区 $33km^2$ 内，其中城区中心城站路与长征路之间的 $7km^2$，有开采井 136 口，开采强度为 3000～9000m^3/d·km，取水量近 4 万 m^3/d，因而造成生产井之间相互干扰，单井出水量减少，设备耗能高、效率低。同时，形成地下水位逐年下降，降落漏斗不断扩大，使上部含水层由承压转为无压状态，出现较大范围无压区。

据 1993 年、2003 年同期平均地下水水位动态观测资料，现对城区超采区松散岩类孔隙水（简称一含）和碎屑岩裂隙孔隙水（简称二含）水位及漏斗中心和边缘的水位变化描述如下：

一含地下水水位高程：据长观资料，1993 年漏斗中心水位埋深为 0.0m，2003 年漏斗中心水位埋深为 3.09m，10 年内水位下降近 3m。在 2002～2003 年间，漏斗外围水位高程在 14.00～22.00m 间，漏斗中心处一般在 -3.00～-4.00m 间，变幅在 0.38～2.37m 间。10 年间地下水水位高程的下降表现为一个缓慢过程。根据 2003 年的地下水水位高程，结合含水层顶板高程，圈画出无压区范围约 $21.65km^2$，在无压区范围中地下水水位高程接近或超过含水量水层的 1/2 处的面积约 $7km^2$。由于采水所形成的降落漏斗范围约 $46.60km^2$，其平面形态近圆形略呈椭圆形，长轴呈北东方

向，其形态特征主要受抽水及城区布局影响。

二含地下水水位特征：据长观资料，1993 年漏斗中心水位高程为 -1.0 米，2003 年漏斗中心水位高程为 -14.65 米，10 年内水位下降 13 米多。在 2002 ~ 2003 年间，地下水水位高程在漏斗中心区多为 -2.00 ~ -7.00m，漏斗中心至边缘为 8.00 ~ 12.00 米间，外围为 17.00 ~ 21.00m 间。2003 年水位监测统计表明，二含漏斗中心位于市政府大院至文化路一带，漏斗面积约 197.76km^2，漏斗平面形态为一椭圆形，长轴近东西向。

结合近 10 年平均开采量 73496.4m3/d 与近 10 年漏斗的变化情况，采用降落漏斗法对其允许开采量进行复核。

$$Q_{允许} = Q_{实开} - Q_{疏干} \quad ①$$

$$Q_{疏干} = F \times H \times \mu \quad ②$$

F——漏斗面积。$F_{Ⅰ含}$46.6km^2；$F_{Ⅱ含}$197.7km^2

H——平均水位降。$H_{Ⅰ含}$1.5m；$H_{Ⅱ含}$6.5m

μ——给水度。$\mu_{Ⅰ含}$0.2；$\mu_{Ⅱ含}$0.000442

则Ⅰ含 $Q_{允许}$ = 18227 - 3830 = 14397m^3/d

Ⅱ含 $Q_{允许}$ = 55269.4 - 155.6 = 55113.8m^3/d

Ⅰ含地下水的年均超采系数（实际开采量与允许开采量之比）为 K = 1.27。

Ⅱ含地下水的年均超采系数（实际开采量与允许开采量之比）为 K = 1.003。

通过上述②式不难发现：在 10 年间，城区范围内因大强度开采地下水，造成Ⅰ含地下水水资源枯竭了 1398 万立方米，Ⅱ含地下水水资源枯竭了 57 万方。

（2）水质恶化。城区水源地地下水水温受气温影响较小，一般在 15 ~ 20℃之间，地下水感观性能好，为无色、无味、清澈透明，特别是二含水水质局部已达到国家天然饮用矿泉水标准，属含锶偏硅酸型矿泉水，是人们生活饮用的理想水源。但是，目前水源地采水多为混合采水。由于第一含水层因水位大幅下降已出现无压区，导致地下水由原生的还原环境转变为氧化环境，从而使混合水质出现铁、锰离子超标。另外，由于“废水、废气、废物”随意排放，造成上层滞水和地表水污染，从而危及地下水水质。例如，有些从松散岩类孔隙水生产井开采出来的地下水，其毒理性指标一次性检出浓度最高达 0.003 ~ 0.013 毫克/升，为国家规定标准的 1.5 ~ 1.6 倍。1996 ~ 2003 年超采区主要水质恶化问题，见表 33 - 8。

表 33-8 超采区主要水质恶化问题

年度	地下水水质量问题及评价结论
1996	硫酸盐、硝酸盐、亚硝酸盐、砷较上年均有不同程度上升，铁、锰、亚硝酸盐、氨氮含量局部属Ⅳ类、Ⅴ类水，特别是亚硝酸盐含量均属Ⅲ、Ⅳ、Ⅴ类水
1997	在单项评价基础上进行综合评价：质量良好占45.68%，较好占23.7%，余为较差、极差
1998	综合评价地下水质量达到良好、较差的面积分别为 $27.25km^2$、$30.75km^2$
1999	地下水质量分良好、较差、极差3个级别，面积分布分别为 $0.25km^2$、$47.5km^2$、$0.25km^2$
2000	地下水质量分良好、较差、极差3个级别，面积分布分别为 $3.00km^2$、$50.93m^2$、$14.07km^2$
2001	铁锰超标分别为20%、46.67%，地下水质量达良好级占 $47.44km^2$，较差的占 $10.56km^2$
2002	地下水质量属较差的占 $54.94km^2$，占检测点总数的94.72%
2003	地下水质量良好级占检测点总数的61.11%，水质量较差的占检测点总数的38.89%

2003年铁含量在0.06～0.605毫克/升之间，超标的取水样点4个，分布在严家桥、原教师进修学院、卧龙乡政府等地；锰含量在0.001～0.443毫克/升之间，超标的取水样点5个，主要分布在市交通局、严家桥一线以南等地。

四 防治措施与建议

（1）成立水资源管理机构。机构内要有水文专业人员；要学习专业知识，提高管理水平；要结合本城市发展规划，合理利用和开采地下水。

（2）依法治水，严格管理。要依据各种水法、水规严格管水，老城区不宜再布新井，并逐步关闭一部分老井，加强深井管理，控制地下水开采量和开采强度，防止扩大水害。

（3）合理开发，科学布设。工业用水应尽量采用地表水。考虑到城市发展需要，应开辟城区南面及西南面的新水源地，新井的深度、密度应严格按照水文地质详查资料布设。

（4）控制“三废”，减少污染。要加强“三废”管理，治理老澴河，封填废弃老井（防止污水通过老井下渗至含水层），控制农药用量及浓度，减少地层工程，尽可能减少污染。

（5）保护监测点，做好监测工作。孝感有数十个国家布控的水位、水质监测点。要加强保护监测点的教育，工程建设时应避免损坏、埋压监测点。要努力做好水位、水质监测工作。

（6）宣传水法规，提倡节约用水。要大力宣传各种水法规，大力提倡节约用水，创造一个良好的水法制环境，形成一种节约用水的良好社会习惯。

第三部分　专题调查报告

专题1 朱湖农场调查

朱湖农场成立于1959年冬，是府河改道后主要靠移民组建的国营农场。它位于孝南区南端，北距孝感城区31公里，南距武汉市区54公里。2003年，全场辖4个分场、29个大队，面积43平方公里，人口2.3万，其中农业人口1.8万，耕地2.9万亩，鱼池1.2万亩。

一 主要成就

（1）综合实力不断增强，经济结构逐步优化。1990～2003年发展简况见专表1－1。

专表1－1 经济发展简况

年度	社会总产值(万元)				农民人均纯收入(元)	另:打工收入(万元)
	合计	农业	工业	服务业		
1990	1514	908	454	152	1360	—
1991	1637	982	491	164	1430	—
1992	1904	1123	571	210	1510	—
1993	2467	1480	740	247	1617	—
1994	2776	1704	888	184	1824	—
1995	3100	1953	930	217	1915	—
1996	3618	2243	941	434	1996	—
1997	3920	2352	1019	549	2046	—
1998	4114	2551	946	617	2096	—
1999	4959	2972	1389	598	2155	1458
2000	5763	3573	1441	749	2252	1620
2001	6884	3855	2065	964	2386	1800
2002	7962	4140	2627	1195	2539	2000
2003	9083	4996	2897	1190	2718	2200

说明：“打工收入”指农场外出务工经商人员的个人收入，未包括在“社会总产值”中。

（2）调整农业结构，发展特色农业。1993～2003年，特色农业种植情况见专表1－2。

专表 1-2 特色农业种植面积、产量或效益

年度	占总面积比重			水产		糯稻		花卉		瓜果		棉花	
	总面积（亩）	特色面积（亩）	比重（%）	面积（亩）	产量（吨）	面积（亩）	产量（吨）	面积（亩）	产值（万元）	面积（亩）	产量（吨）	面积（亩）	产量（吨）
1993	41000	14920	36.4	5200	156	3600	108	20	2	1100	200	5000	60
1994	41000	15630	38.1	5400	160	3800	114	30	3	1400	250	5000	60
1995	41000	15370	37.5	5400	165	4100	129	70	14	1200	200	4600	55
1996	41000	16225	39.6	5580	180	4100	130	145	22	2000	260	4400	53
1997	41000	17300	42.2	5500	190	4800	168	200	40	2500	300	4300	51
1998	41000	19000	46.3	5500	180	6000	225	300	60	3000	510	4200	50
1999	41000	22900	55.9	6500	230	8000	340	500	100	3600	660	4300	53
2000	41000	25900	63.2	7000	245	10000	400	600	120	4100	820	4200	63
2001	41000	32500	79.3	9000	315	13000	520	1100	220	4400	860	5000	88
2002	41000	38800	94.6	11000	429	16000	680	1600	320	4700	900	5500	110
2003	41000	43000	104.9	12000	540	18000	810	2000	600	5000	960	6000	240

说明：①总面积，包括耕地面积和鱼池面积；②特色农业种植面积，包括复种面积。

朱湖牌糯稻色泽晶莹，富含锌、铁、钙等微量元素，曾两度被遴选为国家绿色食品。朱湖的鳖、蟹、鳝、鱼等产品以无污染、无公害著称，常年销往沪、港等10多个省市，水产养殖还逐渐发展成为集养、钓、观、品鱼于一体的垂钓休闲娱乐旅游业。朱湖的优质棉、瓜果、花卉也远销全国各地。此外，农场畜禽公司养殖的三元杂交猪连续13年在香港市场挂牌销售，年出栏9600头；朱湖宏达奶牛养殖场拥有奶牛1100头，每年可提供商品鲜奶5000多吨。

（3）立足资源优势，广泛招商引资。2002～2003年，招商引资情况见专表1-3。

专表 1-3 招商引资情况

单位：万元

项目名称	投资者	到位资金	投资时间	从业人员	产值或营业额	利税
项目合计32个		5500		681	4852	317
一 农业项目		1030		35	342	79
1. 世外桃源休闲农庄	武汉客商宋振	100	2002.04	6	30	11
2. 新生活垂钓中心	回归业主高三海	100	2002.03	5	42	13
3. 渔业科技示范园	回归业主肖冬官	50	2002.10	2	15	5
4. 水产开发基地	回归业主肖国华	50	2002.10	2	15	5
5. 农家乐休闲农庄	回归业主谈贵阳	60	2002.12	3	30	10

续专表 1－3

项目名称	投资者	到位资金	投资时间	从业人员	产值或营业额	利税
6. 渔业科技示范园	回归业主万春等	50	2002.12	2	15	4
7. 水产开发（300 亩）	回归业主王爱华等	60	2003.01	2	18	7
8. 水产开发	回归业主张国艮	80	2003.04	3	25	6
9. 水产开发	回归业主肖一新	80	2003.04	3	26	6
10. 朱湖畜禽公司垂钓中心	肖爱东	50	2003.04	4	20	8
11. 农业开发	回归业主鲁享官等	250	2003.07	3	106	4
12. 农业开发	回归业主鲁享官等	100	2003.12	—	—	—
二　工业项目		2160		476	2710	149
1. 朱湖阳光电子厂	武汉客商曹运林、胡解放	300	2002.03	60	310	4
2. 棉花加工收购厂扩能	武汉客商王汉洪	150	2002.05	16	140	3
3. 孝感市米酒厂租赁	兄弟饮品公司吴冬清	150	2002.05	40	300	17
4. 福瑞昌调味品	回归业主代新强	50	2002.05	14	60	3
5. 朱湖砖瓦厂租赁	投资业主万格平	50	2002.05	70	200	11
6. 粮食加工项目	富饶农副产品加工公司	150	2003.02	17	300	19
7. 粮食加工项目	长寿米业公司袁长顺	150	2003.05	13	300	19
8. 宾湖卫生纸厂扩能	宾湖卫生纸厂	250	2003.05	30	300	14
9. 孝感市米酒厂租赁	孝感市天龙酒业公司	300	2003.04	50	450	23
10. 朱湖砖瓦厂租赁	李生炳	60	2003.05	60	210	17
11. 阳光电子元件厂扩能	深圳朝福电子加工厂	300	2003.06	30	80	11
12. 金银花露加工项目	安陆五佳园贸易公司	200	2003.08	30	20	2
13. 塑瓶制造厂	武汉客商翟富华	50	2003.12	36	40	6
三　其他项目		2310		170	1800	89
1. 朱湖宏达奶牛场	武汉客商程福雄等	1000	2002.06	42	600	8
2. 道路建设	市公路总段	100	2002.08	—	—	—
3. 四汊集镇开发	武汉建筑商郭元成	600	2002.08	66	600	40
4. 朱湖大市场建设	万格平	50	2002.10	24	—	—
5. 朱湖畜禽公司租赁	省粮油龙王畜牧公司	500	2003.08	33	500	32
6. "心连心"超市	回归业主魏云红	20	2003.12	2	40	4
7. 车站路生资商都	武汉客商陈德新	40	2003.12	3	60	5

说明："回归业主"指原为本场职工、外出务工经商后又回场投资兴业者；其他均为外来投资兴业者。

（4）深化企业改革，激活民营经济。1990 年，全场有场办企业 18 家，资产存量 1200 万元。经过股份制、租赁、拍卖、破产、兼并、重组等方式改革，2003 年简况见专表 1－4。

专表 1-4　场办企业和私营企业简情

单位：万元，人，元

序号	企业名称	企业性质	注册资金	从业人员	销售收入	利税	人均工资	备注
15 家企业总计			2250	641	4345	328	5726	
10 家场有企业合计			980	499	2765	254	5640	
1	朱湖砖瓦厂	场有	30	60	210	17	6000	私营业主租赁
2	孝感市米酒厂	场有	200	100	700	60	4800	
3	朱湖建筑公司	场有	100	70	500	20	6000	
4	朱湖生资公司	场有	30	8	38	4	4000	
5	朱湖粮油公司	场有	100	5	10	2	4000	
6	朱湖水电公司	场有	20	7	7	3	4800	
7	朱湖客运公司	场有	100	36	200	22	7000	
8	朱湖畜禽公司	场有	200	33	500	32	9600	京山客商租赁
9	朱湖养殖场	场有	50	150	300	80	5000	
10	滨湖卫生纸厂	场有	150	30	300	14	5000	广西客商租赁
5 家私营企业合计			1270	142	1580	74	6028	
11	阳光电子厂	私营	300	30	80	11	4000	
12	宏达奶牛场	私营	500	42	600	8	8000	
13	兄弟饮品公司	私营	150	40	300	17	4000	
14	长寿米业公司	私营	160	13	300	19	8000	
15	富饶贸易公司	私营	160	17	300	19	8000	

（5）完善基础设施，加快小城镇建设。1990～2003 年，在农业方面，投资 2056 万元，改造中低产田 1.2 万亩；新增和改善灌溉面积 1.2 万亩，新增和改善排涝面积 1 万亩，疏浚沟渠 70 公里，兴建泵站 10 座、350 千瓦；修建配套涵闸等水土建筑物 4 座；植树 60 万株；技术培训 1.3 万人次，推广新技术 32 个项目，提高了农业综合生产能力。

在小城镇建设方面，镇区建成区面积由 0.7 平方公里扩至 1.1 平方公里，镇区人口由 2100 人增至 3700 人；完成集镇街道、队级道路建设 70 公里，投资 1800 万元；修建教学、住宅楼 12 幢，适龄儿童入学率达 100%；有线电视用户 1200 余户，覆盖 7 个集镇和村庄；引进民资 770 多万元，兴建商住楼 1 万多平方米；朱湖市场 1 个，新增务工经商人员 500 多人。

（6）精简机构和人员，减轻农业负担。全场工作人员变化情况，见专表 1-5 和专表 1-6。

专表1-5　全场工作人员变化情况

单位：人

年度	人数	财政供养人员				合计	非财政供养大队行管人员	财政差额供养医务人员
		合计	机关行管人员	教师	农税人员			
1993	709	539	249	280	10	170	126	44
1995	714	544	253	282	9	170	129	41
1997	720	547	255	284	8	173	131	42
1999	734	559	260	290	9	175	131	44
2001	550	418	190	213	15	132	110	22
2003	553	434	197	218	19	119	96	23

专表1-6　2003年全场工作人员基本情况

单位：人，元

类别	人数	性别		年龄			文化程度				专业技术职称				平均工资
		男	女	30以下	31~52	53以上	本科	大专	高中中专	初中	高级	中级	助理	初级	
总计	553	377	176	135	267	151	68	123	348	14	7	129	209	55	6371
财供人员	434	299	135	97	186	151	64	112	253	5	7	120	195	55	7206
机关行管	197	177	20	29	62	106	—	32	165	—	—	33	86	40	6000
教师	218	106	112	65	108	45	64	73	76	5	7	87	109	15	8400
农税人员	19	16	3	3	16	—	—	7	12	—	—	—	—	—	6000
非全财人员	119	78	41	38	81	—	4	11	95	9	—	9	14	—	3328
大队行管	96	67	29	31	65	—	—	—	87	9	—	—	—	—	2400
医务人员	23	11	12	7	16	—	4	11	8	—	—	9	14	—	7200

为了降低行政成本，清退计划外用工223人，分流干部17人，场机关由31个科室站所精简为5个办事机构、8个事业单位。2003年，机关事业单位竞争上岗，有6人末位待岗；14名干部辞职算断、停薪留职、离岗退养；29个大队精简干部69人。为了减轻农业负担，农场亩均收取提留费，2000年169元，2001年130元，2002年120元，全场减负164.64万元。此外，农场还成立了水产协会、粮食加工运销协会、工商联（商会）朱湖分会等3个民间组织。

二　问题和对策

朱湖农场发展仍然存在着许多问题：一是农场办社会包袱过重，仅218名教师，每年承担工资等经费290余万元。二是债务包袱沉重，到2003年底全场欠债2038万元，其中场级负债887万元，队级负债1151万元。三是基础设施老化，农田水利、堤防、道路、农业机械等都需维修或更新。全场23条、30多公里主干支渠大都是20世纪五六十年代兴建的，现淤塞严重。四是体制改革有待深化，机构、人员有待进一步精简，行政成本有待进一步降低。

为了加快农场发展，必须在以下4个方面有所作为：

（1）进一步调整经济结构，加快发展特色农业。一是抓结构调整，重点抓好朱湖牌糯米、特色水产、苗木、蔬菜、瓜果等优势产品的生产。二是抓产业化经营，围绕糯稻、水产、花卉、蔬菜、瓜果等产品兴办产、加、销一条龙企业，形成产业化经营。三是抓品牌，争取再创造2个、3个国家绿色食品新品牌。四是狠抓绿色环保，按照无污染、无公害绿色食品要求抓基地、抓产品，精心培育3个、5个市场免检产品和超市专营产品。

（2）进一步招商引资，加快发展民营经济。一是结合经济结构调整招商，重点发展民营经济，加快四汉工业园区建设。二是利用优势资源招商，主要是沿路（汉宜路）、沿镇（四汊集镇）、沿水（水产基地）、沿边（驻军周边）、沿堤（府河、沦河）利用各自区位优势招商。三是出让闲置资产招商，通过转让、拍卖、租赁、开发等途径招商引资，盘活各种闲置存量资产。四是优化环境招商，对招商引资企业在办证、贷款、基建、子女就学等方面给予优惠。

（3）以四汊集为重点，加快小城镇建设。农场所在地四汊集镇，是全场政治、经济、文化中心。为了实施四汊集镇优先战略：一要集镇建设与产业园建设相结合，以园引资、园镇互进，重点是引资开发房地产小区、米酒饮品工业小区和农副产品加工小区。二要集镇建设与吸引农村人口进镇相结合。对进镇务工、经商、落户的农村人口，只要在集镇规划范围内，优先批地，优先办证，提供务工经商便利。同时，鼓励大队居民集体搬迁进镇。三是集镇建设与发展打工经济相结合。发挥集镇优势，发展打工经济。同时，吸引打工经济回归，反哺集镇建设。

（4）深化体制改革，进一步精简机构和人员。一是改革农场管理方式。在湖北省农垦局和孝南区委、区政府统一部署下，转变农场运行模式，实行政企分开，进一步减轻农场负担。二是精简机构，撤销4个分场及其机构，干部分流，大队并队减干。按每1000～1500人组成一个大队，每个大队配备3～4干部（其中1名主职为国家干部），最大限度地减人减事减支。三是剥离社会职能，把教育、医疗卫生、堤防等社会职能从农场剥离出去。四是健全社会保障，建立和完善覆盖全场的社保、低保、民政救济相结合的社会保障体系。

专题2　孝感麻糖米酒有限公司调查

孝感麻糖历史悠久，源于唐代，具有千年历史，到元代已成为皇室贡品。明太祖朱元璋品尝麻糖时赞不绝口，欣然提笔赋诗："形似玉梳白似璧，薄如蝉翼甜如蜜，难得世上一佳品，传与后世莫走移"。20世纪80年代以来，孝感麻糖、米酒曾获得全国、湖北省和孝感市许多奖项。然而，孝感麻糖米酒有限公司——孝感麻糖米酒生产、销售龙头企业的成长，却经过了一段曲折发展历程。

一　曲折历程

1954～2004年，孝感麻糖米酒龙头企业的发展历程，大体可分为4个时期：

（1）国营孝感麻糖厂（前身为孝感副食品加工厂）时期（1954～1994年）。国营孝感麻糖厂成立于1954年，当时手工作坊生产，完整继承了孝感麻糖"香、甜、薄、脆"传统风味，产品供不应求。1981年，开始机械化生产，资产总额由50万元增至227万元，工人由32人增至106人。孝感米酒有20多个品种，以"糊汤米酒"最具独特，1958年毛泽东视察孝感品尝米酒后赞道"味好酒美"。但当时孝感米酒只是特色小吃，现做现卖，未形成规模化生产。1981～1995年，孝感麻糖先后获1次国际食品博览会金奖、3次全国银奖，3次湖北省奖项，并多次被评为"名特优产品"、"一绝"产品和"著名商标"。孝感麻糖厂也先后获"中华老字号"企业、"重商标、讲信誉"企业、"消费者满意企业"等称号。

（2）孝感麻糖米酒集团有限责任公司时期（1995～1997年）。1995年，为了扩大生产和销售，孝感市委、市政府将国营孝感麻糖厂改制成为孝感麻糖米酒集团有限责任公司，下设5个子公司，雄心勃勃地制定了"巩固中原市场，壮大华东市场，培育三北（东北、华北、西北）市场，开发华南、西南市场，积极探索国际市场"的销售战略。公司投资420万元，建成了现代化米酒生产流水线，年产"神霖"牌米酒2000吨。同时，

自行研制机械化麻糖生产线，开发出焦盐麻糖、奶油麻糖、巧克力麻糖等10多个品种，麻糖年产量增至400多吨。1995年，公司被评为孝感市“消费者满意企业”；1996年，被评为湖北省、孝感市“重合同守信用”企业。

（3）湖北孝感麻糖米酒股份有限责任公司时期（1997～2001年）。为了发展地方经济、扩大市场占有率，孝感麻糖米酒集团有限责任公司、武汉市永生房地产综合开发有限责任公司、武汉永生棉纺厂、孝感市产权交易中心、湖北省汉川钢丝绳股份有限公司合股投资，于1997年将原孝感麻糖米酒集团有限责任公司改制为湖北孝感麻糖米酒股份有限责任公司，注册资本3500万元。到2000年底，公司占地52亩，厂房20000余平方米，仓库3000余平方米；职工增至531人，其中技术人员84人；拥有现代化生产线4条，价值1369万元，年生产能力麻糖3000吨，米酒20000吨。1997～2001年，孝感牌麻糖和神霖牌米酒先后荣获中国国际农业博览会名牌产品、中国绿色食品发展中心批准的“绿色食品”标志、“消费者满意商品”等称号。但是，根据孝感市委、市政府指令，公司组建不久先后兼并收购了濒临破产的孝感市沙发蓬垫厂和麻糖食品厂，背上了沉重债务，再加上市场无序竞争和经营决策失误，致使麻糖、米酒生产和销售大幅下降，公司一度陷于停产绝境。

（4）孝感麻糖米酒有限责任公司时期（2001年底～今）。2001年底，经孝感市国有企业改革领导小组批准，湖北孝感麻糖米酒股份有限责任公司改制为孝感麻糖米酒有限责任公司，从国有变为民营，并进行了一系列改革，使企业重获新生。2001年改制后，固定资产净值2300万元；职工减至216人（男121人，女95人，平均年龄32岁），其中技术人员36人。2001年获孝感市“重合同守信用”企业称号，2003年经湖北省质量技术监督局批准准予使用C标志（为计量保证能力认证标志），2004年通过ISO9001：2000质量管理体系认证；孝感牌麻糖和神霖牌米酒也多次获得奖励。

1997～2004年，孝感麻糖米酒龙头企业生产经营简况，见专表2－1。

专表2－1　孝感麻糖米酒龙头企业生产经营简况

单位：吨，万元

年　度	麻糖产量	米酒产量	产　值	税　金	利　润
1997	417.273	1608.00	2610.90	79.87	60.67
1998	206.872	3971.00	3717.24	125.00	－4.27
1999	216.812	5009.00	4704.02	159.96	107.38
2000	219.305	1030.80	1483.01	55.53	－1020.68
2001	122.036	368.28	693.27	9.44	－402.13
2002	208.698	338.37	778.00	24.00	－28.00
2003	169.123	312.27	889.00	35.00	－14.00
2004	164.022	413.42	1080.00	50.00	12.00

说明：表中税金不含欠缴部分。

二 惨痛教训

1995~2001年，是孝感麻糖米酒龙头企业曲折发展时期，其主要原因是：

（1）行政上的瞎指挥。1995年销售额仅800多万元，没有以充分调查、论证为基础，就盲目决定将原孝感麻糖厂改制为孝感麻糖米酒集团有限公司，下设5个子公司，致使管理成本大幅增加。1997年产值增至2611万元，又仓促组建湖北孝感麻糖米酒股份有限责任公司，并责令先后收购两家濒临破产企业：1997年收购孝感市沙发蓬垫厂，接收资产400万元，承担债务658万元；1998年收购孝感市麻糖食品厂，接收资产600万元，承担银行债务601.52万元，304名职工安置费304万元。到2001年5月，经孝感市精诚有限责任会计师事务所评估，公司总资产5195.09万元，总负债7652.57万元（其中银行贷款6055.89万元），资产负债率147.3%，扣除不良资产和非经营性资产1721.57万元，剥除商誉242.42万元，实际有效资产3231.07万元，有效资产负债率达236.84%。

（2）市场上的不正当竞争。由于生产麻糖米酒的技术、资金门槛低，20世纪90年代末孝感城区麻糖米酒企业增至100多家，规模化生产线近50条，年生产能力达10万吨，再加上市场管理不到位，企业之间相互杀价，以劣充优，搞不正当竞争，致使公司权益严重受损。例如，公司每年投入广告费近400万元，而各小厂却用仿冒产品损害公司权益；公司在合理利润下麻糖每箱卖52元，各小厂伪劣产品最低只卖38元。公司曾多次拿起法律武器维权，但各小厂或采取拖延战术，利用时间差获利；或采取各种手段，规避制裁，致使打假费用大幅增加，市场份额被非法侵夺。

（3）经营上的决策失误。行政瞎指挥和市场不正当竞争只是曲折发展的外部原因，关键在于企业经营决策的失误。例如，在销售战略上，脱离企业实际能力，企图占领全国市场并“积极探索国际市场”；在品牌上，轻率放弃老品牌“神霖”，推出新品牌“董世佳”，由于新品牌缺乏公信，致使市场萎缩，销售商纷纷退货；在营销上，推行“购一返一”政策，即销多少钱的货，送多少钱广告费，等于货白送人，还搭上管理费、促销费等；在销售网络上，由4个省盲目扩展到17个省，经销商见“购一返一”有空可钻，一时间订货者络绎不绝，销售额大幅上升，但却由此造成了严重亏损；在人事上，未经认真考察就高薪聘请一位销售副总，并任其违规借款、报销费用，1年后这位副总突然蒸发，造成直接损失近200万元。

由于这一系列失误，致使资金严重短缺，销售停顿，企业被迫停产。

此外，员工过多、素质不高也是一个重要原因。1999 年底，公司员工一度增至 560 人，其中大中专学历的 110 人，占 19.64%。这样的文化结构，严重制约着产品研发、质量保证和市场开拓。

三 改制重生

2001 年底，孝感市国有企业改革领导小组决定对湖北孝感麻糖米酒股份有限责任公司进行改革，改革的主要措施有以下方面。

（1）改革产权制度，民主选举总经理。为了防止行政瞎指挥，发挥市场机制作用，经国有资产管理部门批准，企业所有制从国有改为民营。经过清产核资，改制后的新公司以 3120 万元的资产承担 3736 万元债务。同时，经全体职工民主选举，39 岁的肖端武当选为公司总经理。肖端武在企业工作近 20 年，曾任主管会计、财务科长、副总，不仅对企业情况非常熟悉，而且人际关系好，善于精打细算，深受职工信赖。在肖端武领导下，很快组建了新企业领导班子。

（2）筹集启动资金，尽快恢复生产。企业改制后，第一要务是恢复生产。由于公司巨额亏损已不可能从银行获得贷款，于是新领导班子带头，全厂职工齐心协力，从 200 元到 20000 元，短短两天就筹集资金 78 万元，很快就恢复了生产，稳定了人心，公司气象为之一新。

（3）调整销售战略，改革营销政策。多年实践证明，在销售总额中孝感占 40%，武汉占 50%。据此，公司果断调整销售战略："立足孝感，主攻武汉，巩固鄂、豫、皖，开拓全国，创造条件打入国际市场"。据此，决定撤销 8 个外省办事处；跟进武汉大型超市，新增销售网点 30 多个；废除"购一返一"销售政策；按经销商销售情况，调整供货，减少库存和退货，降低公司损失。

（4）加强企业管理，降低营销成本。①制订发展规划，健全规章制度，形成一个以市场营销为主，生产、供应为辅的管理体系。②加强原辅材料管理，努力降低各种物耗。③加强财务管理，尽可能增收节支。④利用闲置资产创收，增加租金收入（2003 年 15 万元，2004 年 16 万元）。⑤强化安全管理，确保生产、经营顺利进行。由于加强管理，降低成本，尽管 2003 年芝麻收购价从每斤 2 元涨到 5.6 元，但公司销售麻糖却没有涨价，从而赢得市场良好反应。

（5）改进生产工艺、狠抓产品质量。添置必要设备，对 6 个关键控制

点（饴糖、二次浓缩、发酵、调配、封盖、杀菌）、20个关键工序进行科学量化管理，努力把传统工艺与现代设备结合起来。这样，既继承了中华老字号传统，又具有现代特色。同时，公司狠抓质量管理，从进货、到生产、到销售，从环境卫生、到个人卫生，都严格管理。改制以后，公司已成为孝感麻糖米酒行业中唯一的一次性通过ISO9001：2000质量管理体系认证的企业；唯一的准许在产品包装上使用计量C标志的企业；第一家使用绿色食品标志的企业；湖北省省级龙头企业。

（6）加大广告投入，扼制仿冒售假。公司不仅在孝感、武汉各种媒体大力宣传，而且在《中国食品质量报》、《中国消费者报》上刊登广告，还投资制作宣传片、广告牌和各种现场促销活动，从而提高了产品知名度和市场占有率。此外，公司花大力气与制假售假作斗争。一方面，依靠国家执法机关加大了打假力度，在武汉、孝感摧毁了两个制造假冒“孝感”牌麻糖窝点。另一方面，依靠防伪科技增加造假难度，增大造假者造假成本，也收到了较好效果。

（7）精简企业人员，提高员工素质。2001～2004年，公司在职职工从516人减至216人，减少了58%。同时，加强职工培训，提高员工素质。2004年，公司组织培训17次，培训760人次。培训考核不合格者待岗培训，再次不合格者淘汰。2003年淘汰9名，2004年又淘汰2名。

（8）坚持以人为本，维护职工利益。公司在异常困难情况下提出了“两保”原则：一保职工队伍稳定，二保职工工资，并每年分批支付买断工龄职工的补偿金和安置费。2004年1～8月，已支付买断工龄职工原集资股金16.1万元和补偿金、安置费23.8万元，为他们缴纳养老保险金37.2万元，办理7名职工退休手续，补缴失业保险2.66万元，发放内退职工工资25.3万元。凡与公司签订了聘用合同的员工，全部办理养老、医疗、失业、生育、伤残保险，从而解决了员工的后顾之忧。

上述改革措施，取得了良好效果。公司职工精神焕发，企业生产蒸蒸日上，产品优质率达98%以上，在湖北市场占有率达70%以上，“孝感牌”麻糖、“神霖牌”米酒在武汉300余家超市格外显眼。2004年，公司已实现扭亏为盈。尽管公司麻糖米酒多次荣获国际国内金奖，但还称不上真正意义上的全国名牌，该企业的梦想是：让孝感麻糖米酒成为中国名牌，让50年老厂成为中国名牌企业。

专题3　湖北孝棉实业集团公司调查

湖北孝棉实业集团公司的前身是孝感市棉纺总厂。该企业创建于1980年，由于种种原因长期处于亏损状态。到20世纪90年代末，亏损额达8000多万元，1997年已进入湖北省45家“特困企业”之列。

2000年5月，该企业由国有转制为民营。改制后，公司着重抓了3件事：

（1）加强技术改造，提升企业核心竞争力。一是改造落后技术，引进先进装备。改制后，淘汰了20世纪80年代装备的2/3，完成了3万锭环锭纺、2.5万锭精梳全流程改造，新增了3.5万锭精梳，使精梳纱和无结头纱比重分别达到42%和78%的先进水平。同时，引进了具有国际先进水平的清钢联、自动络筒机、精梳机、全自动气流纺纱机等装备，完成了被列为国家“双高一优”（即：高新技术改造传统产业、高新技术产业化、优化重点产品和技术结构）工程项目的“高支高密宽幅面料”项目。二是更新生产工艺，开发新型产品。采用新型纺织原料和差别化纺织工艺技术，研发绿色纺织品。已经研发成功、投入批量生产的有：无接头纱、精梳纱、竹节纱；正在研发的有：大豆蛋白纤维线、精梳棉与天丝、莫代尔交织府绸等新产品。三是提高质量，促进产品升级换代。公司产品质量达到乌斯特2001年公报25%以上先进水平，形成了精梳60^s、45^s、7240坯布、$38^s/2\times19^s$细帆布、OE30^s及童装、休闲装等拳头产品，实现了纱线产品中低支向高支、从纯棉普梳向精梳、从低档向高档、从低附加值向高附加值的提升，形成了纺纱——织布——服装产业链雏形，出口创汇能力大大增强，产品的市场核心竞争优势凸显。

（2）搞好科学管理，夯实企业发展基础。改制后，公司继承纺织工业优良传统，狠抓“三基”建设，即：基层班组、基础管理、基本功训练建设。每年公司将工作指标层层分解到班组和个人，量化考核、奖罚兑现；狠抓原料、空调、工艺、设备、操作、计量、标准化“七大基础”管理，以工艺为核心，以设备为基础，使设备完好率保持在98%以上；加强操作培训，经常练兵比武，做到月测单项、季测全项、操作一级率保持在75%

以上。同时，推进 ISO 9001 落实工作，使各项基础管理制度化、规范化、程序化，积极导入 ERP 管理系统，全面整合企业资源，提高企业效率。

（3）发展企业文化，提高企业凝聚力。坚持以人为本的发展理念，构建富有特色的孝棉企业文化。一是建立稳定的劳动关系，与职工签订劳动合同，为职工办理社会保险，不断改善职工的工作和生活环境。二是加强职工培训，特别注重对生产一线职工培训，激励他们小改小革和自学成才。三是加大硬件投入，营造优良生活、学习环境。为职工宿舍安装空调、电话、电视，新建集体宿舍均配置洗澡间、卫生间，对职工食堂实行福利性补贴，兴办电子阅览室、图书室、篮球场、卡拉 OK 活动室，经常组织文体活动，丰富职工文化生活。四是坚持不拘一格用人政策，用事业、待遇、情感留人，特别是注重从生产一线工人中选拔人才。由于公司抛弃了那种以牺牲环境和劳动者权益为代价的低成本竞争发展模式，不断改善职工工作、生活条件，调动了职工积极性，提高了企业凝聚力和劳动生产率，建立了新型劳资关系，因而实现了劳资双赢、企业和谐发展。

总之，由于改制后大胆改革，严格管理，广纳贤才，低成本扩张，高起点发展，围绕结构调整和升级换代进行高起点、深层次技术改造，以技术进步提升竞争力，以产品创新抢占市场，使公司很快发展成为具有一定规模的以纺织、服装、房地产为主的综合性企业集团。1993～2005 年，该公司及其职工队伍发展简况，见专表 3－1 和专表 3－2。

专表 3－1　公司发展简况

年　度	占地面积（亩）	建筑面积（平方米）	固定资产净值（万元）	职工人数（人）	专业技术人员（人）	总产值（万元）	销售收入（万元）	缴纳税费（万元）	利润（万元）
1993	182	65191	11133	3500	450	9566	8186	215	－152
1995	182	65191	10140	3180	520	11120	9505	246	－18
1997	182	65191	9022	2900	500	12450	10680	281	－51
1999	182	65191	7900	2200	440	19720	16864	320	－32
2001	182	72150	9486	1805	365	26410	22557	921	877
2003	565	151690	22732	3218	700	44483	38022	2195	3005
2005	960	206400	26646	5039	1008	107005	71457	3528	3787

经过 25 年发展，特别是改制后 5 年快速、稳步增长，该企业已由创建时仅 3 万纱锭的棉纺厂，发展成为拥有 26 万纱锭（居湖北省纺纱规模之首）、500 台织机、80 万件（套）服装生产规模的综合性企业集团，并兼营房地产、建筑安装、典当等行业。2003 年，通过了 ISO9001 质量认证体

系。2004 年、2005 年，被湖北省、孝感市工商行政管理部门授予“重合同、守信誉”先进企业。2005 年，该公司主要经济技术指标已跃居湖北省同行前列，并获“中国纺织 50 强企业”、“湖北市场著名企业”、“中国企业信誉等级 AAA 级单位”、孝感市纳税大户和“纳税先进企业”等荣誉称号；已成为中国棉纺织协会副会长单位；董事长孙应安被评为全国劳动模范。

表 3－2 职工队伍简况

单位：人，元

年度	职工人数		性别		文化程度			职称			年人均工资（元）
	合计	#专业人员	男	女	大专以上	中专高中	其他	高级	中级	初级	
1993	3500	450	1050	2450	210	1890	1400	4	63	90	2280
1995	3180	520	954	2226	190	1718	1272	3	82	102	3120
1997	2900	500	870	2030	174	1566	1160	5	105	115	3840
1999	2200	440	660	1540	132	1188	880	5	112	136	5400
2001	1805	365	542	1263	108	975	722	3	85	121	7404
2003	3218	700	966	2252	193	1737	1288	5	120	205	8184
2005	5039	1008	1512	3527	302	2721	2016	9	155	292	9780

公司超常发展也带来了一些不容忽视的问题：一是用工紧张，职工流动率居高不下；二是职工整体素质不高，操作水平整体下滑；三是管理难度加大，各类成本上涨，企业经济效益下滑；四是人才匮乏，特别是企业急需的工科类中专生、技校生紧缺。

造成这些问题的主要原因：一是纺织工业属劳动密集型行业，劳动环境差、劳动强度大，很少有人自愿从事这种行业。二是传统纺织工业是高投入高产出行业，市场激烈竞争，成本刚性上涨，利润空间狭小，工资增长缓慢，很难留住人。三是职业教育发展不够，企业所需的工科类中专生、技校生不能满足企业发展需要，且待遇不断上涨，工资成本大增。

为了把孝棉实业集团打造成为全国传统工业民营示范企业，该公司将采取如下对策：一是优化产业结构、技术结构和产品结构，推进增长方式的转变；二是以科学管理为依托，不断夯实企业发展基础，不断降低生产成本、提高经济效益。三是发展孝棉企业文化，坚持用事业、待遇、情感留人和吸引人。四是善待职工，调动职工积极性，建立起新型、和谐的劳资关系。

专题4　双峰山旅游度假区调查

一　基本情况

（一）区位条件

双峰山位于孝感市东北部，距京珠高速公路孝昌互通口9公里，孝感城区29公里，天河机场50公里，武汉中心区70公里，处于武汉都市旅游圈内。双峰山旅游度假区辖9个村、1个国有林场，总面积62.5平方公里，其户口、耕地、山地、森林等情况，见专表4-1。

专表4-1　辖区简况

年　度	户数(户)	人口(人)	耕地面积(亩)	山地面积(万亩)	森林面积(万亩)
1993	2720	12500	6823	5.60	5.25
1995	2631	12350	6640	5.50	5.22
1997	2601	12000	6310	5.32	5.23
1999	2540	11950	6256	5.60	5.23
2001	2533	11980	6320	5.76	5.25
2003	2547	12000	6322	5.90	5.25

（二）旅游资源

双峰山旅游度假区以山地为主，约占总面积的2/3，境内奇峰竞秀，怪石林立，林木葱郁，风景秀美，同时古代农耕文化底蕴深厚，自然环境与历史文化珠联璧合，储备了可深度开发的高品位旅游资源。双峰山地处亚热带季风气候区，雨量充沛，气候温和，年平均气温13℃，盛夏山上气温较山下低4~6℃，较武汉市区低5~8℃。复杂的复式倒背斜地质构造，加上亚热带季风气候，塑造出双峰托日、银练天来、玉竹涌翠等风格各异的自然景观。

此外，还有独特的人文旅游资源。早在新石器时代，就有人类在此繁衍生息。以董永、孟宗为代表的汉孝文化；以白云古兵寨为代表的古寨文

化；以山地农耕为代表的农耕文化；以古今名人为代表的名人文化，是4种具有比较优势的古文化资源。例如，唐代黄巢起义军曾在此屯兵聚粮；清初画家、工部侍郎程正揆曾在此讲学作画。这里，养育了4位共和国将军，出现了纺织业民族资本家石凤翔，保存了蒋纬国之妻石静宜女士故居。

双峰山是楚剧和清戏（湖北高腔）发源地。当地村民在茶余饭后、田间地头，还创作了种类繁多的山歌、田歌、灯歌、风俗歌、小调和号子等。雕花剪纸、木雕、手绣、石砌等民间工艺，玩龙灯、耍狮子、踩高跷等带有浓郁荆楚古韵的民间文化，也流传久远。

（三）机构设置

双峰山

双峰山旅游度假区的前身是双峰山风景区，成立于1993年。2001年4月，中共孝感市委、市政府为了加快旅游产业发展，决定撤销原双峰山风景区，设立双峰山旅游度假区（以下简称双峰山），其管委会下设1办3局（党政办公室、旅游发展局、国土资源与规划建设管理局、社会事务管理局）和5个事业单位性质的服务中心，另设公安分局、财政分局2个垂直管理机构。1993～2003年，机构、人员等方面的变化情况，见专表4－2。

专表4－2　机构和人员

年　度	机构(个)	机构级别	工作人员(人)	其中:大专以上
1993	3	正　科	8	1
1995	6	正　科	20	3
1997	9	正　科	30	4
1999	9	正　科	33	8
2001	1	县　级	38	15
2003	1	县　级	41	15

二 主要成就

1993年、特别是2001年以来，双峰山已成为武汉都市圈一日游精品线路，湖北省48家重点景区之一。1993～2003年，双峰山的主要成就有以下方面。

（一）旅游经济发展

1993～2003年，双峰山旅游经济发展的简要情况，见专表4－3。

专表4－3 经济发展简况

年 度	国内生产总值（万元）	农民年人均收入（元）	游客人数（万人）	旅游综合收入（万元）
1993	2900	800	2.0	300
1995	2940	1360	5.0	961
1997	3080	1500	7.0	1480
1999	3150	1616	8.0	1600
2001	3860	1766	10.0	1900
2003	4800	2100	11.5	2300

专表4－3的数据说明，1993～2003年，双峰山国内生产总值增长了65.5%，农民年人均收入增长了1.63倍，游客人数增长了4.75倍，旅游综合收入增长了6.67倍。

（二）基础设施建设

（1）道路：新建公路60公里，改造老公路20公里，新建停车场12个，1.5万平方米；新辟步行景道12公里。这样，从武汉、孝感到双峰山一般在40～90分钟之间。双峰山内部已实现村村通公路，而且全部硬化黑化，网状连接到各景区、景点，盘山公路直达主峰。

（2）供水：维护了原白云水库，新建了门槛石、洋泗沟、茅庵3座小型水库，增加蓄水80万立方米；建成了白云水厂，铺设供水管道15公里，4个村用上了自来水。

（3）供电：建35千伏变电站一座，架高压线路25公里、低压线路35公里；完成了农网改造，新建供电台区8个，森林广场实现了亮化，主景

区、景点供电有保证。

（4）通信：建成移动、联通基站5座，广播电视卫星和微波接收系统，无线信号覆盖全景区，固定电话用户1200门。主要景区装有磁卡电话，具备图文传真、计算机宽带传输能力，开通了双峰山旅游热线。此外，还在孝感新闻网上设置了双峰山新闻网页。

（5）旅游设施：建成户外拓展基地一处；开辟攀岩、爬索过涧、丛林穿越、登山探险线路4条；建有宾馆饭店11家，其中三星级2家，二星级2家，中高档标准床位760张，大型会议室3个，多功能会议厅1个，可供度假观光、休闲娱乐，举办商务会务活动。

（三）旅游景点开发

现已初步建成白云湖、回龙寺、茅庵3个度假休闲区；双乳峰、洋泗峡谷、白云寨、青龙洞、森林广场5个游览观光区。这8个景点的简要情况如下：

白云湖度假休闲区：水面约15万平方米、蓄水162.5万立方米，水质清澈透明，风光秀美。建有垂钓场、高尔夫训练场、4家宾馆（其中二星级、三星级各1家），床位328张。

回龙寺度假休闲区：海拔约580米，植被良好，是一山间盆地。建有4家宾馆（其中二星级1家），床位282张，大型会议室一个，舞厅一个，停车场4个。

茅庵度假休闲区：海拔约540米，植被良好。有三星级宾馆星桥山庄，床位150张，多功能会议室、歌舞厅各一个，有观音渡、瑶池、龟兔赛跑等自然景观。

双乳峰游览观光区（双峰托日）：双乳峰是两座对峙的山峰，海拔888米，周围有20多座500米以上山峰簇拥；双峰瀑布源于双峰山主峰300米处，似玉练挂峰涧，素有“双峰瀑布自天来”之说。双峰山风景数双乳峰为最，登巅远眺，江汉平原尽收眼底。

白云寨游览观光区（古寨烽烟）：白云寨始建于南北朝梁国武陵王时期，距今1400余年，占地2000余亩，残存兵营4000多间，可屯兵万余人，有“楚天第一寨”之称。

青龙洞游览观光区（达海洞天）：青龙洞位于滑石冲内，洞径曲折幽深，已探明道长2500米，有一条地下暗河，钟乳石奇诡百态。景区内，有蒋纬国夫人石静宜女士早年故居。

森林广场游览观光区：位于度假区入口处，是一山间盆地。现已建成

行政中心区和民俗文化展示区。

洋泗峡谷游览观光区（峡谷探幽）：已新辟步行景道3.5公里，开发出虎啸瀑布、黄巢古井等景点6处。

（四）旅游商品生产

1993～2003年，双峰山茶、果、绞股蓝种植面积发展情况，见专表4－4。

专表4－4　茶、果、绞股蓝种植面积

年　度	茶叶（亩）	柑橘（亩）	桃（亩）	梨（亩）	绞股蓝（亩）
1993	1500	200	50	50	0
1995	2580	200	78	50	0
1997	3000	200	80	100	30
1999	3524	311	95	120	45
2001	4800	400	320	500	160
2003	5000	500	320	500	180

2004年，在湖北省茶叶评比中，双峰山云雾茶以最高分获得金奖。为了推销这些商品，景区内已建8个商品经销部。此外，在接壤的集镇涂巷正建设旅游工艺品制作、销售一条街。

（五）旅游市场开拓

双峰山客源主要来自武汉、孝感及其周边县市。2000年以来，双峰山与武汉36家旅行社结成了营销联盟，在武昌首义园旅游超市设立了固定展位，多次参加武汉大型会展，每逢五一、十一黄金周前到武汉开展营销活动，使武汉游客在双峰山游客中占7成以上。

2001年以来，双峰山招商引进各类资金近7000万元，已建成旅游项目19个。武汉博大房地产公司开发的白云寨、洋泗峡谷项目正在建设之中。从2004年起，引进项目重点已由基础设施建设转向景区景点开发。2006年4月，孝感神舟广捷旅游发展有限公司投资2000多万元开发的孝文化主题公园暨游客中心已经开工，年内即可建成接待游客。

（六）社会事业发展

管委会设有文化广电服务中心和农业科技服务中心，负责双峰山的文化科技建设。文化广电服务中心已开始了对楚剧、高跷、莲船、舞狮等传

统民俗文化的发掘和整理；组织了多次诗词书画竞赛和文化采风活动；出版了诗词书画集《双峰毓秀》和民间故事集《双峰山传说》；拍摄了双峰山图片，制作了双峰山邮册和宣传册页；买断了《孝感晚报》旅游版和湖北电视台休闲频道部分时段进行宣传；通过美食竞赛，推出了双峰山土特色菜系列。农业科技中心已聘请多位专家教授做科技顾问，给农民授课，指导防治病虫害和果树田间管理。

1998 年，完成了普及九年义务教育验收，实现了中学迁址。1993 ~ 2003 年教育发展情况见专表 4 – 5。

专表 4 – 5　教育事业发展情况

年　度	学校(所)		教师(人)			学生(人)		教师中的代课老师
	小　学	中　学	合　计	小　学	初　中	小　学	初　中	
1993	7	1	75	60	15	1700	250	40
1995	7	1	75	60	15	1645	260	40
1997	7	1	73	58	15	1530	300	40
1999	7	1	82	54	28	1445	520	39
2001	7	1	120	90	30	1220	580	35
2003	7	1	80	50	30	1150	620	35

1993 ~ 2003 年，输送大学生约 150 名。2003 年，适龄儿童入学率为 100%，初中生辍学率保持在 10% 左右。此外，度假区设有计划生育服务中心和游客救助中心，实现了村村有卫生室，农户电视机拥有率超过 90%，有线电视 70%，固定电话 47%。农村五保户实现了按月足额发放优抚费，非农业户口中的低保对象做到了应保尽保，并实现了社会化发放。

三　规划、问题和对策

（一）发展规划

1996 年，孝感市政府编制了双峰山旅游总体规划。2000 年在湖北省、孝感市旅游局支持下，委托华中科技大学专家组修编了总体规划。根据上述规划，双峰山发展蓝图可概括为“一轴、两网、三中心、十二景区”：一轴，就是以迎宾路至双乳峰景观为主轴；两网，就是连接各景区的车行道路网，连接各景点的人行步游道路网；三中心，就是双乳峰观光游览中心、白云湖休闲度假中心、滑石水库游乐中心；十二景区，就是双峰托

日、书院听琴、峰回路转、回龙晨钟、林海听涛、古寨烽烟、白云晓月、凉亭看花、万兽朝圣、农家社火、达海洞天、沧海泛舟。最终目标是把双峰山建成为一个集旅游观光、休闲度假、娱乐运动为一体的服务一流、设施配套、生态优良、环境优美的城市后花园，建成国家4A级景区。

（二）主要问题

双峰山发展存在的主要问题是：由于行政区划和体制阻隔，未能完全融入武汉旅游圈；双峰山东、南与武汉的便捷通道尚未打通，尚无从武汉始发至双峰山的旅游专线车；双峰山正处于投入阶段，经济社会效益不明显，制约了投入增长，而投入不足又制约了双峰山发展；森林资源、水资源等环境保护的任务越来越重；文化是风景的灵魂，双峰山原有文化沉积不多，如何开发和丰富双峰山文化资源是一个尚未解决的难题。

（三）对策建议

目前，双峰山基础设施建设已大体完成，正步入景点开发和经济成长时期。这个时期的主要任务是：建立经营主体，完善经营机制；丰富旅游内涵，确立旅游品牌；提升硬件等级，提高软件质量；积淀旅游文化，展示文化特色；扩大市场份额，提高经济效益；完善基础设施，发展社会事业。这一时期，大约需要3 ~5年。为了促进经济成长期顺利发展，必须树立的指导思想是：立足于自身积累，立足于市场机制，立足于招商引资。工作重心必须实现的转变是：由基础设施建设为主转变为景区开发为主，由投入为主转变为投入与产出并重，由开发旅游资源为主转变为开发与保护相结合。在此基础上，建议采取如下对策：

（1）打通至武汉的便捷通道，争取完全融入武汉旅游大市场。

（2）培育市场经营主体，推进旅游经济产业化进程。经营好孝感市神舟广捷旅游发展有限公司，积极引进企业联合，逐步实现政企分离，真正做到行政管理景区，企业经营景区。

（3）加强环境保护。按照总体规划开发和建设，确保开发建设与生态环境协调发展；加快排污系统及环境卫生建设，确保不出现污染。

（4）以旅游文化建设为主题，做好6方面工作：①创建品牌文化，围绕吃、住、行、游、购、娱等6要素做文章。②挖掘历史文化，主要是突出“两园”，即森林广场孝文化主题公园和白云寨军事主题文化公园；“两线”，即升子顶——双乳峰孝文化旅游线和洋泗峡谷——白云寨生态观光探险旅游线。③培植现代休闲文化，搞好高尔夫球练习场、网毛球场、白云湖垂钓场经营，加快水上休闲项目引进力度。④保护自然生态文化，开展自然资源普查，重点保护与开发特色景观、奇石秀峰、名木花卉、珍禽异兽等自然生态文化资源。⑤搞好市场营销文化，加强与武汉市有关方面联系，做好武汉首义园旅游超市展示工作和文化名人工作，提升双峰山品牌影响力。⑥加强社会政治文化，加快涂巷集镇改造建设，带动周边地区发展，加强民主法治建设，做好社会治安工作，为发展旅游经济提供社会政治保障。

专题5 湖北乾坤房地产开发有限公司调查

1980年以来，经过四分之一世纪的磨炼和拼搏，熊国金从一个贫苦农村青年成长为一个成熟的民营企业家，他所创办的乾坤公司也成为湖北孝感著名的民营企业。熊国金和乾坤公司的成功经验是：勤奋求发展，诚信创品牌，创新增效益，回报献社会。

一 勤奋求发展

1959年，熊国金出生在原孝感县卧龙乡一个贫苦农民家庭，兄妹7人，饱尝艰辛，但勤奋爱学，立志干出一番事业来，改变贫困命运，回报桑梓和社会。

1977年进入建筑行业后，他白天与同伴们一样，挑灰、砌墙、搭脚手架，往往一人干两人活；晚上或歇工时，同伴们不是蒙头大睡，就是甩扑克、下象棋，他却躲在一旁练砌墙技术，砌了又拆，拆了又砌，硬是练出了砌两层楼高不吊线、墙体不差分毫的过硬本领。此外，他还自费参加孝感市、孝南区各类建筑技术培训班学习，很快掌握了能单独作战的各种建筑技术知识。由于技术过硬、知识丰富，他很快就成为建筑队技术骨干，并被卧龙建筑公司评选为优秀技术员，继而晋升为工程师。

由于卧龙建筑公司资质低、设备差、实力不强，只能承接一般中、小型工程，很难充分施展才能。于是，1980年艺高胆大、敢冒风险的熊国金就跳出公司，经批准承包了孝感市师范学校、孝感市老干部疗养院等基建工程。由于工程进度快、造价低、质量好，受到各方业主好评。首批工程尽管利润不大，但却积累了经验、增长了才干，提高了信心，激励了创业激情。1990年，熊国金申报成立了孝感市建筑总公司直属分公司，在总公司支持下很快进入武汉市和湖北省建筑市场，先后中标湖北省纺织学院综合楼，湖北省农委、水产研究所高层住宅楼，中共湖北省委党校函授楼等

乾坤房地产公司开发的住宅楼群

大、中型项目。为了学习外地经验，熊国金先后到海南、上海、北京等地考察，感受各种建筑风格和文化。到20世纪90年代末，他的公司已承建40多个工程，总建筑面积近80万平方米，其中80%被评为优良工程。通过这些工程，熊国金既提高了技术与管理水平，又积累了资金，为企业快速发展打下了坚实基础。

二　诚信创品牌

为了回报桑梓，经过一段市场调查和深思熟虑，2000年4月，熊国金决定在孝感城区申报成立“湖北乾坤房地产开发有限公司”（以下简称“乾坤公司”）。乾坤为《周易》中两个卦名，乾之象为天，坤之象为地。乾象曰：君行健，君子以自强不息；坤象曰：地势坤，君子以厚德载物。熊国金说：“讲诚信，创品牌，守法经营，是我的行动指南”。“一个人要讲诚信，才能堂堂正正，天长地久；一个企业要讲诚信，才能赢得市场，兴旺发达”。

1999年，熊国金在承建湖北省卫生厅培训大楼时，曾遇当地“砂石霸”骚扰。当地有关部门出面协调，约定该工程上缴税款25万元。第二天，熊国金便如数上缴了税款。次年，工程完工盘点财务时，熊国金发现按政策还应补税12.6万元。于是，他亲自到武汉市洪山区税务分局补交税

款。该局负责人不解地问："当时不是说好25万元包干吗?"熊国金拿出报表逐一作了解释。那位负责人感慨地说："我干了20年税务工作，还从来没见过像你这样守规矩的人"。熊国金常对身边人说："君子爱财，取之有道。只有守法经营，才能安稳睡觉"。在他看来，合法经营、依法纳税，是一个企业应尽的义务。他告诫员工，一定要按时申报，足额纳税，决不拖欠税款。在选择合作单位时，他把是否如期纳税作为一个重要标准。2001～204年，乾坤公司多次被评为湖北省税收诚信AAA级企业和"湖北省地税系统百家先进单位"。2005年3月，湖北省、孝感市税务稽查人员到该公司进行检查，并授予该公司湖北省"税收免检企业"光荣称号。孝感市地税局一位负责人说："我们非常敬重熊国金的人品。如果所有企业都像熊国金那样主动纳税，不漏交一分钱，那么税务稽查局就可以撤销了!"2005年，乾坤公司已被湖北省国家税务局、湖北省地方税务局授予"全省百佳纳税人"称号。

乾坤公司及其下属企业乾坤大酒店等，除按时、足额缴纳税款外，在银行信贷、产品质量、食品卫生、消防安全、服务品质等方面，都用事实和行动证明自己是一个讲求诚信的企业。乾坤公司在银行信贷方面，2002年度被中国农业银行湖北省分行授予AAA级信用等级，2005年被孝感市商业银行授予AAA级信用等级；在卫生管理方面，2002～2004年连续获

乾坤大酒店

得孝感市、湖北省卫生主管部门授予的“食品卫生管理先进单位”、“旅店业卫生先进单位”、“食品量化分级A级单位”等荣誉称号；在产品和服务质量方面，2001～2006年先后荣获湖北省消费者委员会颁发的“消费者满意单位”，湖北省旅游部门颁发的旅游涉外“三星级”饭店、“湖北省星级饭店规范达标质量振兴活动先进单位”，中国烹饪协会授予的“全国绿色餐饮企业”，第三届华中旅游博览会美食节团队风味餐金奖、商务套餐优秀奖和300元商务套餐最佳推广奖；在安全管理方面，2002～2005年获得孝感市有关主管部门授予的“消防工作先进单位”、“消防安全规范示点单位”、“国家安全防火建设先进单位”、抵制“三乱”重点保护民营企业等荣誉称号。2005年，乾坤公司已被孝感市工商局认定为“孝感市知名商标”。

三　创新增效益

脚踏实地、不断创新，是乾坤公司快速发展、连续增效的主要法宝。湖北乾坤房地产开发有限公司的主要业务是房地产开发。公司成立前，熊国金在建筑行业中的角色，一直是承包竞标的乙方；公司成立后，则逐渐转变成为发包工程的甲方。2001年，公司自购设备、自行设计、自己组织队伍施工兴建“乾坤大酒店”，投资4560万元，建筑面积17000平方米，当年施工当年建成投入使用，成为孝感城区一个标志性建筑。此后，公司就完全转变为甲方，只负责购买土地使用权和发包工程。为了积累经验和资金，熊国金采取从小到大、滚动发展的方式不断前进。2002、2003、2004年，通过激烈竞标先后取得了10亩、97.11亩和162亩土地使用权，并开始了规模越来越大的房地产开发，详见专表5－1。

专表5－1　房地产开发情况

项目名称	兴建年度	投资总额（万元）	建筑面积（平方米）	提供商品	销售总额（万元）	缴纳税金（万元）	交纳规费（万元）
合　计	—	59060	314000		49800	3058	2188
乾坤大酒店	2002	4560	17000	客房140间；酒店、餐饮	8000	720	421
乾坤广场	2003～2004	2500	22000	住宅100套和配套设施	2800	226	117
乾坤名城	2004～2005	12000	75000	住宅490套和配套设施	13000	1100	750
乾坤阳光	2005～2006	40000	200000	住宅1200套和配套设施	26000	1012	900

说明：乾坤阳光的投资总额、建筑面积是计划数；销售总额、缴纳税金、交纳规费是已实现数。

乾坤阳光2005年5月10日开工，第一期工程用130天建成400套住房，当年已全部售完。2006年，正在兴建第二、三期工程，除高层住宅楼外，还有老年活动中心、卫生所、银行、幼儿园、篮球场等一应俱全。它将成为城区规模最大、设施最完善的居民小区和建筑景点。

除在房地产业滚动发展外，熊国金还不断把投资目光转向新领域，力求在综合经营方面取得新突破。例如：2000年4月30日，以注册资金5000万元兴办了孝感市乾坤大酒店有限公司；2001年9月17日，以注册资金660万元成立了孝感市茂森林业开发有限公司；2003年12月12日，以注册资金200万元兴建了孝感市天地物业管理有限公司；2004年7月26日，以注册资金800万元筹建了湖北省乾坤购物有限公司。再加上以注册资金4000万元成立的湖北乾坤房地产开发有限公司，一个以“乾坤”命名的企业集团已初现雏形。

四　回报献社会

熊国金为人忠实、憨厚，对家乡一片深情。如何回报桑梓、造福社会？是熊国金成长为民营企业家后常记心头真诚意愿。他常说：“钱只是一个数字，只有为人民做有价值的事情才有意义”。他是这样说的，也是这样做的。例如，熊国金常年资助家乡的贫困生、困难户和孤寡老人，认为这是自己“应尽的社会责任”。2001年，他投资20万元，为家乡修桥、修路，而且不愿别人宣扬。“乾坤名城”竣工时，小区四周的道路、排水等设施尚无着落，按规定这些基础设施应由政府出资修建，但由于种种原因一直没有落实。考虑到居民生活需要，熊国金毅然决定投资100多万元兴建了这些配套设施。同样，“乾坤阳光”一期工程竣工时，熊国金又出资200多万元，解决了小区周围和熊咀村2000多村民的排水问题。2004年，孝感市有关部门提出60万元可买断东城区主干道冠名权，熊国金却出资130万元买断，将这条干道命名为“乾坤大道”。这样，既回报了社会，又提高了“乾坤”知名度。2004年，孝感市建设城市生态公园，熊国金捐资150万元栽种4万平方米的树木和草坪。

熊国金创建的、正在形成中的“乾坤集团”，对社会的贡献是多方面的。远的不说，仅2000～2005年期间，乾坤大酒店营业额达8000万元，纳税420万元，交规费200万元，安排就业300多人。4个建筑项目，投资近6亿元，纳税约3000万元，交规费约2000万元，常年就业1000人左右。另外，为社会公益事业和慈善事业捐资达640万元。

专题6　孝感市玉泉小学调查

玉泉小学创办于1997年秋，是孝感市政府投资兴建的一所示范性小学。经过7年多努力，玉泉小学已初具规模，先后荣获“中国少年儿童平安行动”组织奖、全国读书活动“金报奖”、教育部逸夫工程二等奖，省教育科研50强学校、孝感市示范学校等百余奖项。学校还先后被确定为中国少年儿童信息研究基地、北大附小远程教育网络示范学校，湖北省教育科研基地、省青年报小记者站。

一　发展简况

（一）办学条件

1997~2003年，学校先后建起了5栋连体教学楼以及办公楼、体育艺术楼、教学宿舍楼等建筑，完成了250米运动场、校园中心广场、篮球场、羽毛球场等及其配套设施，累计投资2143万元。同时，装备了图书室、语音室、微机室、实验室、音乐室、美术室、形体房、室内体育馆、学术报告厅、多功能教室等，并建立了校园宽带网、教育资源库，共投入300.4万元。具体情况见专表6-1。

专表6-1　办学条件

单位：平方米，册，万元，间

年　度	校园面积	建筑面积	绿化面积	图书藏量	电教设施	多功能教室
1997	29768	2917	60	—	5.1	—
1998	29768	2917	140	1500	13.4	—
1999	29768	12501	4300	3500	21.4	1
2000	29768	12501	4600	6000	42.4	3
2001	29768	15822	5700	7500	138.4	5
2002	29768	19822	6800	8700	200.4	10
2003	29768	19822	6800	11000	300.4	10

（二）教师队伍

建校以来，教师队伍逐步扩大，学校成立了教师学理论小组，提倡在教师中建立师徒关系，组织教师勤教廉教及送教下乡，在中青年教师中举办信息技术、英语、体育舞蹈等培训班，开展教育观念辩论赛、辅导员技能大赛、读书笔记展评，并成立了教工会合唱团、舞蹈队、篮球队等。通过这些活动，培养教师“今天玉泉以我为荣，明天我以玉泉为荣”的团队精神。教师队伍基本情况，见专表6－2。

专表6－2 教师基本情况

单位：人，项

年度	人数		性别		平均	学历		职称			教师获奖及成果		
	合计	在编	男	女	年龄	大专以上	中专	高级	中级	初级	国家级	省级	市级
1997	20	20	6	14	25	17	3	1	8	11	3	8	11
1998	30	30	8	22	24	21	9	1	10	19	5	15	32
1999	48	48	10	38	24	34	14	1	12	35	8	10	31
2000	58	58	12	46	25	46	12	1	18	39	4	24	36
2001	85	75	19	66	26	69	16	2	20	63	8	21	44
2002	118	75	40	78	26	108	10	3	26	89	19	34	36
2003	153	111	47	106	27	147	6	6	43	104	12	31	63

（三）学生情况

1997年在校学生174名，2003年发展到3331名。由于全面推进素质教育，努力“追求教育的个性，构建创造的乐园”，各类小人才脱颖而出，学校不仅获得全国书画组织奖、全国“华文杯”和省“楚天杯”组织奖、省市优秀节目奖等，还有20余名学生获国家、省、市表彰，1600余人在国家、省、市组织的各类竞赛中获奖，4人考取武汉外国语学校，5名学生考入省艺校，3人考入省体校（见专表6－3）。

专表6－3 学生基本情况

单位：人，项

年度	人数	性别		来源		家庭状况		学生获奖及成果		
		男	女	城镇	农村	单亲	特困	国家级	省级	市级
1997	174	105	69	173	1	4				
1998	495	267	228	490	5	12	1	21	24	18
1999	836	445	391	821	15	23	2	32	24	21
2000	1140	601	539	1114	26	37	3	65	43	40
2001	1992	1042	950	1952	40	54	5	123	115	110
2002	2809	1475	1334	2734	75	81	8	105	193	96
2003	3331	1773	1558	3219	112	106	10	150	225	112

二　学校管理与改革

（一）德育工作

为了加强德育工作领导，学校成立了以校长和分管副校长为核心，德育处为主管，大队部、学生会为纽带，年级组长、大中队辅导员、班主任、思品教师为主导，全体教师齐抓共管的德育工作网络。同时，强化班主任工作，建立了工作量化评比制度；构建了学校、家庭、社会教育网络。

在改革开放条件下，德育工作面临的主要困难是：学生生理超前性和心理滞后性的矛盾；学校教育规范性与现实社会复杂性的矛盾；成才教育单一性与学生个体多样性的矛盾；知识教育突出与法制教育薄弱的矛盾。通过实践，我们摸索了一些解决办法：一是转变教育观念，建立平等互动师生关系，调动学生主动性。二是重视品格教育，通过以德育德、以情养情、以性养性、以行导行的教育模式，促进学生自觉遵守道德规范。三是培养学生公民意识和社会责任感，使他们成为心智健全的合格小公民。四是注重德育的层次性、渗透性及学生自主性。德育方式要由浅到深、循序渐进。德育内容要渗透教学过程、学校管理各环节。德育以学生为主体，帮助学生自己思考，发挥学生主观能动性。

实践证明，搞好德育应该把握好 5 个环节：一是突出课堂教学主渠道，上好德育课，增强教学的针对性和趣味性。二是抓好课外活动，寓教于各个环节，弥补课堂教学之不足。三是突出德育评估机制，引导师生和家长树立正确教育观和质量观。四是营造良好育人环境，陶冶学生情操，净化学生心灵。五是加强队伍建设，沟通学校、家庭和社会，架构育人“立交桥”。

（二）教学、科研管理及成效

在教学、科研管理上，学校形成了以分管校长为领导、教务处为主管、教科室和教研组为基础的管理体制，着重抓了几方面工作：一是抓常规教学管理，认真执行部颁计划，落实“备、教、辅、改、测、评”等各环节，保证教学秩序良好。二是抓教研组建设，教研组长和教师共同参与、协调学校教学管理工作。三是抓特色教育，培养学生的兴趣爱好和个性特长。四是抓课题研究，“以创新为目标，以质量为中心，以课题为载体，以国家、省级课题为龙头”，提升教研水平。五是加大教改力度，尝试兴趣跑班制（学生选专业、选教师）、研究性学习（培养学生提出、研

究、解决问题的能力）、合作学习（促进学生互助互学、师生教学相长）等方法，探索教学新模式。六是抓竞赛评比，开展以优质课、优秀教案、优秀论文、优秀课件、优秀案例为内容的“五优”评比活动，促教学方法创新。

7年多来，学校先后承担了“语文发展与创新”等5个国家级课题，“小学英语启蒙”等7个省级课题，“思品道德能力培养”等8个市级课题，并获得多个奖项，如“全国小语发展与创新”实验获实验标兵学校奖，“口风琴进音乐课堂”实验获省市教科研奖等。由于学校围绕课堂教学探索各种教学新模式，因而在各级各类优质课竞赛中频频夺魁，其中获国家级优质课一等奖3节，省级优质课一等奖25节、二等奖3节，省级示范观摩课3节，市级优质课一等奖87节、二等奖3节。教师论文在国家、省级刊物发表56篇，获国家、省、市论文奖240篇，教师下水作文获国家级奖65篇，获国家、省、市辅导奖189人次，学生在各类竞赛中获国家、省、市级奖1501人次。

（三）课程改革与教学评价改革

（1）实验教材的选用和课程资源的开发。2004年，除一年级使用市教育局统一选定的新课标实验教材外，学校利用校内各展览室、宣传廊、宣传栏等设施，以及校外文化站、工厂、农村等社会和自然资源，积极进行课程开发，发挥各类教学设施和社会实践基地作用，开发信息化课程资源，构建网络条件下学生自主学习新模式，提高学生信息素养。

（2）深化教学改革，提高课程实施水平。改革的指导思想是：从注重知识传授转向注重学生全面发展，从以教师为中心转向以学生为中心，从注重教学结果转向注重教学过程，从统一教学模式转向个性化教学模式，从教师权威讲授转向师生平等互动，从单一评价模式转向多元评价模式。经过教学改革实践，已逐步形成“教师为主导，学生为主体，训练为主线”的课堂教学风格，“超前性、低负荷、高效率、大面积”已成为素质教育的基本特色。

（3）教学评价改革和“学生成长档案袋”。一是进行考试改革，明确考试目的不是选拔，不是给学生定性，而是为改善教学提供信息和依据，使学生更好地学习。为此：①改革考试内容，着重考查学生综合素质。既测试基础知识和基本技能，又测试学习态度、方法和能力；既考查口头、书面表达能力，又考查实际操作、解决问题能力；既有考查学生个体完成的试题，又有考查学生合作完成的试题。②改革考试方法，使考试成为学

习过程。学校往往采取多渠道、多角度方式考查，打破学生对考试的恐惧感；考试项目实行大范围、多选题形式，让学生根据自己情况自主选择；对开放性问题，只要学生答案言之有理、执之有故，就给予肯定。③改革考试评定，给予多次测评机会。考试结果不公布，不排名；设定等级时多用欣赏、激励性语言或标志；一次测评不理想，给予多次测评机会。二是采取多渠道、多角度评价方式。在评价学生时，不只看学业成绩，而是全方位、多角度评价学生的综合素质；不只进行终结性评价，而是将日常评价、阶段评价、考核评价有机结合起来；不只由老师评价，而是采取教师评价、同学评价、自我评价、家长评价相结合的方法，力求评价科学、公正，有助于学生健康成长。三是建立“学生成长档案袋”。它不仅让教师、父母及时了解学生成长轨迹，而且让学生自己获得进步喜悦，感受成长快乐，从而使学生既获得全面、公正评价，又逐步建立起自信。

（四）后勤管理

学校后勤管理的指导思想是：以服务教学为中心，以财务管理和安全管理为重点，以责任追究为举措，实行开源节流，增收节支，控制办学成本，提高办学效益。学校财务管理的模式是：“收支两条线”，“收入统筹，支出预算”；收入存财政专户，支出经财政会计核算中心。学校财务收支，由行政会议民主决策，由主管校领导“一支笔”把关，除接受“内审组”专门监督和校务公开民主监督外，还要接受孝感市审计局、物价局等职能部门的外部监督。1996 ~2003 年财务收支情况，见专表 6 –4。

专表 6 –4　财务收支情况

单位：万元

年度	人员经费			公用经费			专项支出							
							设备购置费			基本建设				
	实际支出	财政拨款	学校自筹	实际支出	财政拨款	学校自筹	合同价款	实际付款	学校自筹	决算造价	实际付款	财政拨款	学校自筹	借贷欠款
合计	578. 0	362	216. 1	342. 0	2. 7	339. 0	300. 4	300. 4	300. 4	2143. 0	1755. 0	904. 0	771. 0	548. 0
1996	0	0	—	0	0	—	0	0	0	0	133	135. 0	0	—
1997	4. 5	4. 5	0	3. 2	2. 7	0. 5	5. 1	5. 1	5. 1	260. 0	331. 0	330. 0	0	—
1998	26. 5	12. 9	13. 6	15. 8	0	15. 8	8. 3	8. 3	8. 3	270. 0	139. 0	153. 0	0	—
1999	43. 0	23. 0	20. 0	15. 0	0	15. 0	8. 0	8. 0	8. 0	620. 0	157. 0	86. 0	70. 0	—
2000	76. 0	31. 0	45. 0	21. 0	0	21. 0	21. 0	21. 0	21. 0	357. 0	100. 0	50. 0	53. 0	—
2001	105. 0	68. 5	36. 5	33. 0	0	33. 0	96. 0	96. 0	96. 0	636	312. 0	50. 0	260. 0	—
2002	152. 0	105	47. 0	118. 0	0	118. 0	62. 0	62. 0	62. 0	0	254. 0	50. 0	203. 0	—
2003	171. 0	117	54. 0	136. 0	0	136. 0	100. 0	100. 0	100. 0	0	329. 0	50. 0	185. 0	80. 0

安全管理是学校的重要工作。为了搞好安全管理，学校实行校长、副校长、责任处室、责任部位、责任人层层纵向到个人；从消防、保卫、食品卫生、师德、教学、学生、信息等横向到处室，构建了一套严密的管理体系，形成齐抓共管、人人有责的安全管理格局。

三 问题与对策

（一）突出问题

学校发展面临的主要问题是：①学校发展需求与政府投入不足的矛盾比较突出。学校借贷达548万元，偿债压力巨大。由于孝感城区正在向学校所在地的东部扩展，生源迅速增加，扩大学校规模要求日益迫切，政府不加大投入学校就难以顺利发展。②全面实施素质教育与片面追求升学率的矛盾相当尖锐。在市场经济和现行考试制度下，家长和社会往往片面追求升学率，学校为了生存、发展不得不向家长的价值取向倾斜，从而导致难以全面推行素质教育。③学校安全责任与家长安全要求的矛盾很难解决。家长认为孩子出了家门就进校门，学生安全责任应全部由学校承担，致使学校不堪重负。

（二）主要对策

建议采取如下对策：①增加政府投入、拓宽自筹渠道。首先，政府应科学核定各学区办学规模，确保教师编制和正常办学经费。其次，允许学校开办一些服务项目（如：允许示范学校利用品牌优势开办寄宿学校等），拓宽学校自筹经费渠道。②深化改革，加强沟通，达成共识。首先，深化教学改革和考试制度改革，建立一套科学素质教育体系和考核评价体系。其次，加强宣传和沟通，为学生全面成长创造良好社会舆论环境。③完善安全法规，科学界定安全责任。首先，要完善安全法规，明确界定学校的安全责任。其次，整治学校周边环境，加强学校与家长、社会联系，共同保障学生安全。

专题7　孝感高中调查

一　学校概况

湖北省孝感高中成立于1946年，原名“湖北省立孝感中学”，只有4个班，30多位教职工。1949~1966年，发展到18个班，成为湖北省18个重点中学之一。1966~1978年期间，孝感高中停办，教师遣散，图书仪器并入他校。1978年3月，重建孝感高中。1987年，学生恢复到18个班，校园面积50余亩。1987~1996年，学校进行多方面改革，并抓住湖北省第13届重点中学田径运动会和湖北省督导评估机遇，校园扩大到70多亩，教职工189人，教学班27个，学生1609人，被评为湖北省一级学校。1998年4月，湖北省教育厅督导室授予孝感高中“湖北省普通中学示范学校”称号。

为了学校可持续发展，在孝感市委、市政府和社会各界支持下，经过自己艰苦努力，2002年9月孝感高中实现了整体搬迁。新孝感高中占地254亩，建筑面积64392平方米，有3栋教学楼，4栋学生公寓，8栋教职工宿舍，1栋科技实验楼，还建有400米塑胶跑道的田径运动区和校园文化网络。2003年，教职工229人，教学班52个，学生3100余人。同时，创办了民办性质的“孝感市永新寄宿学校”，并与澳大利亚昆士兰州国际学院合作成立了“孝感高中中澳国际合作部”，从而形成了“一主（孝感高中）两翼（永新寄宿学校和中澳国际合作部）”发展格局，为学校可持续发展奠定了基础。

1993~2003年孝感高中发展简况，见专表7-1和专表7-2。

由于全面贯彻教育方针，德育为首、五育并举，秉承“兴学立德，培源则栋”和“有为有守，不忮不求”办学理念，教育教学工作成绩显著。1998年以来，学校先后被教育部、国家体育总局授予“推行国家体育锻炼标准实行办法先进单位”，被中国教育学会评为“校园环境文化艺术建设先进单位”；被湖北省人民政府授予“湖北省最佳文明单位”，两次被评为“湖北省示范学校”。还先后荣获“湖北省人民政府编钟奖”，“湖北省园林式学校”、“湖北省教育科研50强学校”、“湖北省学生军训先进单位”。

专表 7－1　1993～2003 年孝感高中发展简况

单位：人，元

年　度	教职工人数				毕业生人数	学校经费			
	合　计	其中:高级	中　级	其　他		合　计	工资福利	教育经费	学杂费
1993	139	32	54	53	372	618	406	132	80
1994	151	36	38	77	500	680	450	140	90
1995	164	40	56	68	505	731	466	165	100
1996	177	51	47	79	520	753	471	172	110
1997	190	48	56	86	540	823	522	181	120
1998	189	46	57	86	600	872	550	202	120
1999	190	56	54	80	636	959	589	220	150
2000	186	56	50	80	689	1070	650	260	160
2001	183	62	51	70	864	1112	668	286	158
2002	201	73	53	75	891	1136	688	328	120
2003	229	71	54	104	987	1128	705	303	120

专表 7－2　实验设备和多媒体设备

实验设备					多媒体设备				
时　间	名　称	套数	座位	利用率	时　间	名　称	套数	座位	利用率
1995～2002	物理实验室	3	56×3	45%	1995～2002	语言教室	1	56	30%
1995～2002	化学实验室	2	56×2	80%	1997～2002	演播厅	1	250	40%
1995～2002	生物实验室	1	56×1	45%	2002.9～	移动投影	1	—	25%
2002.9～	物理实验室	3	56×3	50%	2003.9～	演播厅	1	520	62%
2002.9～	化学实验室	3	56×3	75%	2003.9～	多媒体	7	60×7	70%
2002.9～	生物实验室	3	56×3	30%					

二　师资队伍

2003 年，孝感高中有教职工 229 人，其中享受国务院特殊津贴专家 1 人，特级教师 11 人，高级教师 71 人，中级教师 54 人；硕士学位 1 人，函授研究生 18 人；48 岁以下骨干教师 70 人；所有教师都取得教师任职资格，学科教师本科达标率 100%，专业对口率 100%，计算机初级考核合格率 90%。他们中，有全国模范教师、优秀班主任、德育先进工作者，省级劳动模范、优秀教师、骨干教师、学科带头人等先进人物 26 人。为了搞好教师队伍建设，学校着重抓了以下 3 方面的工作：

（1）提高班主任素质，把教书育人落到实处。一是采取“走出去、请

进来”方式，学习省内外学校班主任工作经验。二是利用暑期培训班主任，让优秀班主任走上讲台，介绍经验，提出困惑，开展讨论，探讨解决问题的办法。三是每月召开一次班主任例会，总结、布置工作。四是加强对班主任工作的考核，通过定性定量分析客观评价班主任工作。五是开展“老带新、新促老”帮教活动，促使新老班主任相互学习、相互促进。通过这些措施，大大提高了班主任的思想素质和业务水平。

（2）开展教育科研活动，推动名师建设工程。组织教师学习《新课程标准》、《基础教学课程改革知识丛书》，开展课题研究，把“科研兴校”落到实处。同时，承办上级教研机构组织的教研活动，承担国家和省级教改课题。到2003年底，学校承担的国家级课题有：《中学数学教育创新的途径与策略》、《中学语文作文三步教学法》、《素质教育观中的中学数学案例研究》；省级课题有：《高中女生数学思维特征及优化策略》等。1997～2003年，学校教师在省级以上刊物发表论文200多篇，出版专著15本。

（3）建立激励机制，培养青年教师。一方面，实施全员聘任制和岗位竞聘制，营造“能者上、庸者下”氛围；另一方面，建立激励机制，制定《孝感高中骨干教师评选方案》，鼓励教师教学创新。1996～2003年，学校先后选派8名青年教师参加全国和省级骨干教师培训，18名参加研究生课程研修班学习，参加学术研讨活动200多人次。同时，每年开展“十佳青年教师”竞赛活动，使青年教师得到锻炼和提高。对于新来的青年教师，推荐优秀骨干教师做指导，并通过压担子等方式让他们长才干、增见识。

由于上述措施，学校教育教学水平有了较大提高。1995年语文教师万东培获全国语文优质课比赛一等奖；1998年数学教师徐新斌、杨田获湖北省优质课竞赛一等奖，1999年彭家麒获一等奖，2001年张红兵获一等奖；1999年英语教师鲍燕获英语课大赛一等奖，2001年许晓玲获英语大赛一等奖；政治教师陶升华获湖北省一等奖、国家二等奖；历史教师李学国获湖北省一等奖、国家一等奖。此外，获得湖北省优质课一等奖的还有：物理教师陈建平、化学教师黄念元、历史教师肖攀东、语文教师涂青峰、地理教师祝玲英。由于青年教师频频获奖，学校先后被孝感市教育局、湖北省教育研究室授予“教育科研先进学校”和“全国教育科学‘十五’规划重点课题数学案例实验学校”等光荣称号。

三 德育教育

孝感高中以“文明、团结、严谨、勤奋”为校风，始终把德育作为培

养学生的首要任务。

（1）明确德育重点。根据学生心理特点和接受能力，学校制定了不同年级德育教育重点：一年级重点进行责任感和文明习惯养成教育；二年级重点进行民主、法制教育和实施挫折教育；三年级重点进行理想教育和自信心培养。各年级互相衔接，分层递进，把德育的阶段性与连续性有机结合起来。

（2）抓住一根主脉。以爱国主义作为德育主脉，采取多种形式进行教育。例如，开展国旗、国徽、国歌等知识竞赛，观看爱国影片，举办国情讲座，组织学生到北京观升旗、登长城、参观历史博物馆和军事博物馆、游园明圆等，教育学生“身在教室、胸怀祖国”，极大地激发了学生爱国主义热情。

（3）疏通两条路径。发展学生个性品格和社会品格，是德育的两条路径。自尊、自爱、勤奋、谦虚是保障个体发展的个性品格；合作与竞争、民主与法制、全球意识与民族自尊、创新意识与实践能力、知识经济与人文精神等是促进社会发展的社会品格。学校的德育教育，始终沿着这两条路径进行。

（4）解决三个“需求”。根据中学生兴趣爱好广泛、渴求了解新事物而又缺乏辨别力的特点，在德育过程中针对每个学生心理特征及个性差异，对他们的需求进行正确引导：既要满足学生的合理需求，又要正确引导学生的需求，发展高品位的学生需求，把德育的针对性与导向性有机结合起来。

（5）狠抓“四个育人”。明确学校教学人员、管理人员、服务人员等各类工作人员都有德育教育任务，把德育教育贯穿于学校工作的各个环节，努力做到教书育人、管理育人、服务育人、环境育人，每年召开“四个育人”经验交流会，树立德育工作的标兵和典范。

（6）加强“五个结合”。把学校教育、家庭教育、社会教育、环境教育、学生自我教育紧密结合起来，围绕学生这个主体，努力做到德育的时空相互衔接，德育的内容相互补充，德育的环境相互促进，形成学校、家庭、社会纵横交错的合力，不断提高德育教育的针对性和实效性。

（7）开展“六个活动”。学校大力开展班会活动、成人教育及宣誓活动、党组织活动、团组织活动、法制教育活动、社区服务活动，给学生提供多方面实践机会，让学生在参与活动过程中去观察、去感受、去锻炼，以培养学生的主人翁精神，提高学生的认识能力、工作能力和自我管理能力。

通过德育教育，学生思想道德素质有了明显提高。学校每年都有多名同学被湖北省、孝感市教育主管部门授予优秀学生、优秀学生干部等荣誉称号；每年都有10余名同学加入中国共产党；每年在全国学科竞赛中都有学生进入国家冬令营；每年都有数十人获全国奥林匹克湖北赛区一、二、三等奖；每年都有几十人通过高考被录入北大、清华、复旦、中科大等一流学府，数百人录入重点高等院校。据不完全统计，1992～2003年，学校为社会培养高素质毕业生7000余人，其中95%以上升入各级各类高等院校；毕业生跟踪调查良好率在98%以上，并涌现出了一大批科技界、教育界的知名专家。

四　硬、软件建设

2002年8月，孝感高中实现了整体搬迁，一座具有民族风格和现代气息的园林学校呈现在城区西部。新校园分为6个功能区，即校前区、教学区、学生生活区、运动区、集会广场区和教师生活区。学校教学楼、图书楼、实验楼、音、美、劳等教室，电教、电脑、语言室均单独设置，各类建筑质量均达到国家标准；网络中心、学生计算机网络教室、视听阅览室、软件制作室、多功能报告厅、语音教室配备齐全；校园网主干千兆到楼宇、百兆到桌面，已经建成并交付使用；各种基础装备及生活设施完备。此外，还建设了多处园林景点和大面积的绿化带美化带，使校园具有一种自然美。

学校在搞好硬件建设的同时，在软件建设方面也下了很大功夫。它主要体现在以下几个方面：

（1）不断更新办学理念。坚持以邓小平“三个面向”和江泽民“三个代表”重要思想为指针，认真落实《中国教育改革发展纲要》、《中共中央关于深化教育改革，全面推进素质教育的决定》的精神，牢固树立“学生终身发展，师生共同进步”和“文化立校，科研兴校”的办学理念。

（2）深入开展文明创建。以文明创建活动为契机，大力加强校园精神文明建设，先后开展了创建“示范学校”、“安全文明校园”、“文明单位”、“文明家庭”、“团结、廉洁、实干”领导班子等活动，从而促进了学校精神文明建设，提高了校园精神文化品位。

（3）强化民主科学管理。为了强化民主管理和科学管理，学校修订了各项管理制度，改革了人事制度，完善了竞聘上岗、选拔任用、激励监督机制，调整了内设机构，整合了处室职能，并定期召开教职工代表大会，

实行校务公开。同时，注重情感交流，通过各种形式帮助教职工解决实际困难。

（4）加强干部队伍建设。首先，搞好领导班子建设。学校现有5名领导成员，均为大学本科毕业，45岁左右；4人长期坚持教学，2人承担省级以上研究课题；湖北名师和特级教师各1人，全国模范教师1人，湖北省劳动模范2人。其次，抓好中层干部队伍建设。2000年对全部中层干部实行竞聘上岗。通过竞聘，涌现出一批德才兼备的中层干部，基本实现了中层干部年轻化和专业化。

五　经验、问题和对策

孝感高中的办学经验是：以人为本，注重文化建设，培植文化底蕴；严格选择教师，既重业务能力又重敬业精神；更新教育观念，实施素质教育，培养“有理想、有道德、有文化、有纪律”和“学会生存、学会求知、学会合作、学会创新”的学生；深化教育改革，加强教学管理，创新学校管理体制；以法治校与以德治校相结合，弹好“法”与“情”两根弦；实行民主、科学管理，加强领导班子、中层干部、班主任、教师、服务人员队伍建设；抢抓机遇，开拓创新，不断改善办学条件。

但是，孝感高中也面临着许多难题：一是办学经费紧缺，债务沉重。办学规模不断扩大，人均经费相当紧缺。特别是异地建校实行“三不”政策（即不增加财政负担、不集资、不摊派），资金全部自筹，现欠债4000万，严重限制学校发展。二是青年教师比重过高。他们的成长尚待时日，提高教育质量任务繁重，容易出现断层现象。三是生源质量有待进一步优化。异地建设后，学校为了缓解债务压力，回报社会厚爱，招收了一定比例的“三限生”（限分数、限钱数、限人数），致使生源质量有所下降。

撰稿人孝感高中的发展目标应该是：在遵守国家教育法律法规和方针政策的前提下，坚持以人为本，深化管理制度和教育模式改革，创建一流文化、实现一流管理、树立一流形象、建设一流队伍、培养一流人才、兴办一流学校，跻身于全国示范高中行列。为此，撰稿人建议如下：

（1）弘扬优良传统，创建校园文化。加强学校文化建设，用良好的文化氛围引导教职工在教育、教学、管理、学习、研究中不断进步，树立一流名校形象；用优秀的文化环境陶冶学生情操，纯洁学生心灵，增强学生人文素养，培养学生良好的思想品德、学习能力、生活习惯。

（2）坚持德育为首，注重教书育人。努力做到教书育人、管理育人、

服务育人、环境育人，搞好学校教育、家庭教育、社会教育、环境教育、学生自我教育的紧密结合，努力把学生培养成为“有理想、有道德、有文化、有纪律”和“学会生存、学会求知、学会合作、学会创新”的人才。

（3）突出教学中心，重视教育科研。教学是学校工作的中心，教研是教学工作的基础，教师是教学和研究的主力，学生是教学服务的主体。学校各项工作必须围绕学生、依靠教师、开展教育科研，突出教学中心，不断提高办学质量，争创一流名校的内涵。

（4）发挥品牌优势，做强“一主两翼”。依托异地建设的崭新校园，发挥孝感高中品牌优势，提高主体的教育教学质量。同时，遵循《中外合作办学法》和《民办教育法》规定，搞好中澳合作部、永新寄宿学校这“两翼”的各项工作，最大限度地争取社会效益和经济效益两丰收。

（5）完善激励机制，改进人事工作。推行全员竞聘制，激发教职员工的岗位责任意识和岗位建功立业意识。特别是要搞好教师队伍建设，以师德、师能为切入点，评选各级各类骨干教师，选拔重用青年教师，精心打造一支“博学、精干、敬业、求实、创新”的一流教师队伍。

（6）落实岗位职责，强化服务意识。以“一切为了学生成长，一切为了教师提高，一切为了学校发展”为指导思想，进一步深化改革，建立和完善各项管理运行机制，搞好民主管理和科学管理，落实岗位职责，强化服务意识，不断提高教育教学质量，为学生、家长、社会提供高质量的教育服务。

专题8 孝感工业学校调查

一 发展概况

（一）办学条件

孝感工业学校是一所中等职业技术学校，创建于1975年。从20世纪80年代至90年代初，学校曾被誉为孝感的“小华工”。1989年，校园面积46亩，建筑面积11800平方米，在校学生830人，教职员工154人，历年毕业生1370人。[①] 1993～2005年，学校经历了兴盛—衰退—回升—发展的曲折历程，学校办学条件变化情况，见专表8－1。

专表8－1 办学条件

年度	校园面积（亩）	建筑面积（平方米）	绿化面积（平方米）	图书室藏书（册）	电教设施（万元）	多功能教室（间）
1993	74.2	21411	7532	7500	45.32	—
1995	74.2	28122	8962	8000	62.56	—
1997	74.2	34697	9875	8500	98.63	—
1999	100.2	35253	9754	9200	110.82	2
2001	100.2	38215	9754	9800	509.20	6
2003	138.0	62268	12300	11300	1302.10	7
2005	158.0	72268	12535	12150	2791.20	7

（二）教师队伍

1993～2005年，学校教师队伍由95人增加至276人，他们的基本情况见专表8－2。

① 水延凯主编《中国国情丛书——百县市经济社会调查·孝感卷》，中国大百科全书出版社，1992，第443页。

专表 8－2　教师队伍基本情况

单位：人

年度	人数		性别		平均年龄	大专以上	职称			教师获奖情况		
	合计	在编	男	女			高级	中级	初级	国家级	省级	市级
1993	95	95	59	36	44	95	12	32	51	2	5	12
1995	101	101	61	40	40	101	18	41	42	7	14	9
1997	101	101	61	40	40	101	24	47	30	5	6	14
1999	93	93	56	37	38	93	29	43	21	2	8	16
2001	118	97	82	36	36	118	36	48	34	6	24	10
2003	182	109	123	59	36	182	42	89	51	7	11	22
2005	276	110	180	96	35	276	58	157	61	23	32	61

2005 年，在 276 名教师中，大学本科 261 人，研究生 3 人；“双师型”（既是高级讲师或讲师，又是工程师或技师）教师 35 人；湖北省级骨干教师 1 人，孝感市级优秀教师 7 人。

（三）学生情况

1993～1995 年，在校生一直停留在 2000 人左右。1996～2000 年，中职教育出现全国性生源萎缩现象，每年招生维持在 500 人上下。2000～2003 年，学校开展多形式、多层次办学，开办了华中科技大学孝感科技分院（网络教育）和黄陂路综合高中，在校生数增至 3000 余人。2003 年后，随着中职教育回暖和学校改革创新，招生人数和办学规模屡创新高。2004 年，招生 4300 多人、在校生达 7700 多人，成为湖北省在校生规模最大的中职学校；2005 年，招生 5300 多人、在校生达 10400 多人，成为湖北省首个万人中职学校。学生基本情况见专表 8－3。

专表 8－3　学生基本情况

单位：人

年度	人数	性别		来源		家庭状况		学生获奖情况		
		男	女	城镇	农村	单亲	特困	国家级	省级	市级
1993	1972	1325	647	449	1523	12	22	—	2	5
1995	2415	1521	894	721	1694	23	22	—	5	21
1997	3254	2150	1104	1102	2152	9	24	—	6	21
1999	2573	1726	847	827	1746	11	6	2	5	18
2001	3254	2302	952	1561	1693	11	20	—	4	25
2003	4652	3401	1251	1931	2721	12	22	4	11	19
2005	10400	7018	3382	3215	7185	34	46	26	33	77

（四）财务收支情况

1993～1995年，学校财务收支情况见专表8－4。

专表8－4 财务收支情况

单位：万元

年 度	人员经费			公用经费		专项支出					
						设备购置		基本建设			
	实际支出	财政拨款	学校自筹	实际支出	学校自筹	实际付款	学校自筹	决算造价	实际付款	学校自筹	借贷欠款
1993	68	27	41	71	71	6	6	6	6	6	—
1995	94	35	59	71	71	26	26	18	18	18	—
1997	142	36	106	116	116	51	51	365	365	365	100
1999	232	45	187	138	138	14	14	24	24	24	600
2001	264	59	205	237	237	5	5	67	67	67	300
2003	339	110	229	597	597	90	90	139	139	139	—
2005	810	135	675	846	846	280	280	530	300	300	230

二 教育、科研与管理

（一）德育工作

（1）构建德育工作网络。一是建立了党政一把手牵头、分管校长负责、其他领导配合的德育工作领导机制；二是形成了以学校综合治理委员会为龙头，教书育人组、管理育人组、服务育人组、环境育人组为常设机构，各职能部门共同参与的“四全”（全员、全方位、全过程、全天候）教育体系；三是构建了以“校党委—分管校长—党支部”、“学管部门—年级辅导员—班主任—班委会—学生”为主线，以“团委—团支部—团员”为支线的管理体系。

（2）搞好政治思想教育。一方面，加强政治课、德育课建设，使政治课、德育课成为进行思想道德教育的主渠道；另一方面，建立业余党校、业余团校、学生班会等机构，并把它们建设成为政治思想教育的主阵地。通过主渠道与主阵地的相互分工和密切配合，无论是政治理论教育，还是时事政治和党的路线、方针、政策学习，都能取得较好

效果。

（3）开展主题教育活动。在学生中广泛开展学习理论正思想、学习传统爱祖国、学习雷锋树新风、学习英雄讲奉献、学习党章求进步等主题教育活动，同时组织学生参加各种社会实践、读书演讲、知识竞赛、文体竞赛、科技服务、青年志愿者等活动。通过丰富多彩的主题教育活动，在潜移默化中往往能发挥主渠道、主阵地难以发挥的正面教育作用。

（二）教育教学

（1）强化教学管理，提高教学质量。通过“三结合”（日常教学督导，期初、期中、期末定期教学检查，不定期教学抽查）的教学检查制度和“四查”（查教案、查作业、查教学进度、查计划执行情况）、“两会”（学生座谈会、教师评议会）、“一课”（相互听课）、“一分析”（即分析试卷）、“两评”（学生评教、同行评教）的教学监控、检测体系，不断提高教学质量。

（2）搞好教育改革，打造特色品牌。一是在办学理念上，提出了“教师适应学校、学校适应学生、学生适应市场”，“职业教育就是就业教育”，“把企业作为学校最大的客户”等新理念。二是在就业导向上，提出了“面向科技含量较高的制造业，面向正在兴起的现代服务业，面向经济快速发展的新地区、新行业、新增长点，面向适合中职生施展身手的岗位群”，“用明天的技术培养今天的学生为未来服务”等新观念。三是在培养模式上，实行“订单培养”，“市场需要什么人才学校就培养什么人才”，把“专业理论够用、操作技能顶用的生产一线应用型人才”、“从事那些研究生、大学生不愿干，未受过专业技能训练的人又不会干的职业”作为培养目标。四是在专业设置上，形成了 MEO（制造业紧缺人才教育培训科）和 MSO（现代服务业紧缺人才教育培训科）两大专业体系。五是在教学课程上，优化了课程设置，开展校本教材研发，缩短学校课程与生产实践之间的距离，加大实践教学比重，增强学生操作技能。通过这些改革，提高了毕业生综合素质，受到用人单位好评。2000 年以来，毕业生一次就业率均在 96% 以上。

（3）推行毕业生召回制度，创新服务理念。企业是学校“最大的客户”，毕业生是学校的“产品”。为了搞好跟踪服务，学校从 2003 年起在全国率先推出了毕业生“召回”制度，即对那些需要重新就业、转岗就业的往届毕业生，免费进行知识更新和技能培训，直至他们重新就业为止。

这一创新的跟踪服务理念，在全国引起了强烈反响，受到学生、企业和社会各界的一致好评。

（三）教科研究

（1）建立组织机构。1993年，学校就建立了教育研究中心，其职能是：制定管理制度、远景规划和年度计划；收集、提供信息；指导、组织教科研、产教结合等工作；负责项目申报，成果鉴定、申报、奖励等工作。同时，还组成了一支相对稳定的教科研队伍。

（2）健全管理制度。学校先后制定、实施了《教职工教科研工作暂行规定》、《教科研成果奖励办法》等制度；在学校制定的《教学管理制度汇编》中，对教学研究活动的内容、组织、要求、奖惩等作了专门规定，并在学校教科研活动中贯彻实施。

（3）开辟交流园地。1999年，学校创办了教科研期刊——《教育简报》，给本校教职员工提供了一个交流教科研信息、活动、成果的园地。现在，《教育简报》已成为本校教职员工提供教科研信息服务的有效工具，同时也成为学校与外界学术交流的重要窗口。

1993~2003年，学校教科研成效显著：获湖北省政府科技进步一、二等奖各1项；出版专著9部；主编、参编各类教材、图书的教师有30多名；在报纸杂志、学术交流会上发表论文400多篇，其中国家级刊物100多篇。在上述成果中有3个方面比较突出：一是在学校管理方面，发表了一批质量较高的论文，如：《运用管理学基本原理和方法构建学生管理新机制》、《谈谈教师管理中的激励效应》等。二是在课程改革方面，通过机械类专业课程改革，推出了课程综合化改革研究系列成果，使学校成为湖北省首批试点学校。三是在幻方研究方面，以数学教师曹陵为核心的幻方课题组取得重大成果，出版了专著《幻方再论》，使学校成为湖北省幻方研究中心。

（四）内部管理

（1）健全各项管理制度。经过30年的发展，学校不断建立、健全各方面的管理制度，现已形成了一整套符合本校实际的、较为完善的内部管理制度。

（2）加强教师队伍建设。一是实行“任教资格评定制”。二是根据调整专业和提高教学质量的需要，引进一批专业人才。三是搞好教师培训，提高动手能力，努力建设“双师型”教师队伍。

（3）深化管理制度改革。通过深化人事、后勤、学生管理、招生、就业等方面管理制度的改革，使学校在管理制度改革方面已走在湖北省事业单位改革的前列。

由于学校工作成绩显著，2000～2005年，被确定为“国家级重点中专”；2002年，被评为“湖北省职教先进单位”；2004年，被教育部、信息产业部、劳动和社会保障部、团中央分别确定为“全国制造业和现代服务业技能型紧缺人才培训”项目学校、“高技能人才培训基地”、“全国青年创业培训基地”；2005年6月，学校应邀在全国公办中职学校改革与发展座谈会上介绍经验；2005年11月，在全国职业教育工作会议上被授予“全国职业教育先进单位”荣誉。学校的模具设计与制造、机电技术应用、计算机及应用等3个专业，被评为湖北省级重点专业。其中，计算机及应用专业还获得“2005年中央职业教育实训基地建设项目”专项资金320万元。

三　问题与建议

职业教育面临的问题：一是某些部门不重视职业教育，停留在“走一步看一步，车到山前再找路”状态；二是学校已取得法人资格，但尚未完全取得办学自主权。三是公平竞争机制尚未形成，与高教、义务教育相比较，职业教育在重视程度和资源配置上一直是薄弱环节。四是办学经费不足，无力更新教学、实验设施，很难稳定、提高师资队伍。五是职业资格证书制度和就业准入制度尚未贯彻落实。职业资格证书的认定还在有关部门之间扯皮，其覆盖面有限，许多新型职业尚无准入标准；初、高中学生预备劳动制度尚未建立；大量就业岗位没有进入劳动力市场，显性或隐性关系就业、人情就业仍很普遍等等。这些问题的存在，势必影响职业教育的发展。

孝感工业学校亟待解决的问题：一是办学经费严重不足，教职工近300人、在校生10000余人，地方财政每年拨款仅130万元，根本无法维持学校运转和发展需要。二是硬件设施滞后，办学条件欠账越积越多。三是教师待遇较低，教师队伍难稳定、难引进、难提高。

为了搞好职业教育，孝感工业学校建议：①要提高对职业教育的认识。要树立抓职业教育就是抓经济、抓就业、抓稳定、抓发展的思想，把职业教育列为各级政府目标责任制的重要内容。②要加强对职业教育的领导。认真落实《职业教育法》，在规划上把职业教育作为重要内容，

在政策上向职业教育倾斜。建议湖北省教育厅对全省示范性中职学校实行直管。③要加大对职业教育的投入。要确保职业教育和职业培训的财政经费逐年增长，其增幅不低于当年财政增长速度；每年要有一定数量职业教育专项资金投入。④要落实职业资格证书制度、劳动预备制度和就业准入制度。⑤要克服“热普高、冷职教”的偏见，提高社会和公众对职教的认识。⑥要转变政府职能，尊重职业技术学校法人地位和办学自主权。

专题9　湖北职业技术学院跨越式发展调查

湖北职业技术学院（简称湖北职院）的前身是孝感职业技术学院，它是1998年3月经教育部批准，由原孝感教育学院、孝感市财贸学校、孝感市卫生学校、孝感市机电工程学校合并组成的高职院校。2003年4月，经湖北省人民政府批准、教育部备案更改为现名。

1998年以来，湖北职院以创新办学观念为先导，从计划经济体制下等靠要思想泥沼中解放出来，从传统公办高校发展模式上摆脱出来，从本科压缩型、专科克隆型职教窠臼中解脱出来，以服务为宗旨，以就业为导向，面向市场和社会，遵循教育规律、依法自主办学，坚持教育创新、艰苦创业，探索出一套行之有效的办学新机制，推动学院快速健康发展。到2005年，校园面积达1011亩，建筑面积40万平方米，在校生1.2万人，校风建设、教学质量和综合实力跃上一个新台阶，学校通过了湖北省人才培养工作优秀水平评估，被中共湖北省委、湖北省人民政府授予最佳文明单位，成为高等职教领域里一艘新型“航空母舰”。

一　基本概况

（一）办学条件

2000～2005年，投资近2亿元改善办学条件，其变化情况见专表

建筑面积达1.3万平方米的实验实训大楼

9－1。

专表9－1数据说明：校园占地面积扩大了57.7%，建筑面积增加了118.6%，藏书增加了21.6%，固定资产增加了63.7%，教学、科研仪器设备增加了20.8%。由于办学条件的改善，特别是新建了北区特色实训中心和国家数控培训基地，湖北职院被教育部等7部委认定为“数控紧缺人才培养基地”和“高级护理紧缺人才培养基地”。

专表9－1　办学条件

年　度	占地面积（亩）	校舍建筑面积（平方米）	藏书（万册）	固定资产（万元）	教学、科研仪器设备（万元）
2000	641	183240	50.0	21473	6216
2001	667	203400	50.6	22450	6300
2002	681	314352	52.0	23250	6500
2003	1011	365470	52.8	31372	6620
2004	1011	388012	58.8	34304	7294
2005	1011	400462	60.8	35158	7508

（二）教职工队伍

为了搞好教职工队伍建设，湖北职院实施不求所有、但求所用的柔性战略，一是引进，面向国内外高等院校、大型企业引进人才199人，其中聘请40多位国内外知名专家为客座教授。二是聘请，长年聘请兼职教师210人，其中从大型企事业单位聘请高级技术人员120多名。三是培养提高，先后选送210多人在职、脱产攻读研究生。通过这些措施，提高了教职工队伍的教学水平、动手能力和创新能力，师资队伍职称结构明显改善。

2000～2005年教职工队伍发展情况见专表9－2。

专表9－2　教职工情况

单位：人

年　度	教职工人数	#专任教师人数	专任教师中：	
			高级职称人数	中级职称人数
2000	814	438	73	164
2001	811	443	78	163
2002	796	446	128	274
2003	984	612	254	346
2004	995	632	272	352
2005	991	636	275	359

专表 9－2 数据说明：教职工增加了 21.7%，其中专任教师增加了 45.2%。在专任教师中，高级职称增加了 276.7%，中级职称增加了 118.9%。教职工队伍结构发生了巨大变化。

（三）学生情况

湖北职院走协调办学之路，兼顾质量、规模和效益，学院规模稳步扩大，生源质量稳步提高，5 年来毕业生就业率稳定在 90% 以上。2000～2005 年学生情况见专表 9－3。

专表 9－3　学生情况

单位：人

年　度	招生数	毕业学生数	在校学生数	年　度	招生数	毕业学生数	在校学生数
2000	3120	292	4062	2003	4100	3110	11450
2001	3450	1080	6770	2004	4600	3441	12600
2002	3900	2690	9290	2005	5500	3850	14200

二　改革创新

（一）创新办学理念，形成高等职教系列办学思想

教育理念是个“总开关”，解放办学思想、更新办学观念是高职院校教育创新的前提。湖北职院每年都要结合实际，组织一至两次教育思想大讨论。通过讨论，顺利解决了 4 校合并、专业整合、教学改革、素质教育、强化管理等重大问题。

湖北职院采取走出去、请进来方式，开展了与国内外教育界的交流和合作。1999～2005 年，院领导 4 次带队到南方和北方考察、学习，并在学院主办或承办了全国高职高专文化素质教育研讨会、湖北省高教研讨会、湖北省医学职教研讨会、湖北省高职院校后勤社会化工作研讨会等会议。院领导和教师代表曾多次出国考察，并在学院接待了来自美、德、法、英、加拿大、澳大利亚、新加坡等国家的高校考察团，与这些高校进行了交流与合作。

通过办学实践的探索，湖北职院已初步形成了一套办学理念，即：“学校以人才培养和教学为中心、教学以能力培养为中心”的“中心观”；“特色职院、示范职院、本科职院”的发展战略；“艰苦创业、团结拼搏、

改革创新、争创一流”的校园精神；“靠质量立院、靠人才发展、靠管理增效益、靠专业显特色”的治校方针；“以德为魂、以能为本、以勤为径、以创为先”的育人方略；“高质、强能、实用”的人才培养目标；“学校——企业——社会”三位一体的人才培养模式；“出路在市场、生命在特色、活力在机制、建设在人才、发展在拼搏”的“五在”崛起之道；“双证（毕业证和职业技能鉴定证）、双师（讲师和工程师或医师）、双教（理论教学和实践教学）、双纲（理论教学大纲和实践教学大纲）、双材（理论教学教材和实践教学教材）、双基（理论基础知识和实践基础知识）”的“六双”教改目标；“技术教育与人文教育相结合、与国际职教接轨”的大职教思想；“按照‘混合经济模式’，构建三大支柱（招生、后勤服务和科技产业），推进二次创业（在一期工程完成、建校5周年后学院可持续发展战略）”的新构想。这些理念，是湖北职院办学的灵魂，引起了国内外教育界的关注和重视，2000年以来已有国内外百所高校到湖北职院考察和交流。

（二）面向市场，改善办学条件

湖北职院根据“把学校引向市场、让社会参与办学”思路，既盘活内部资源，又引进外部资金，共筹集2亿元，改善办学条件，使校园面积扩大到1011亩，校舍面积达40万平方米；更新实验实训设施，使实验实训室面积达4万平方米，教学仪器设备达7000多万元；改造了校园环境，把学院建成为人文校园、绿色校园、生态校园，学院综合实力上了一个新台阶。

学院还参与湖北省招商引资工作，并已初显成效。澳门曾国伟先生的澳林影像公司已决定投资3000万元与学院合办影像、艺术专业；湖北省科技厅命名的“高新技术企业”亚光医用电子技术公司也决定入股数百万元。此外，还引资1500多万元建设多功能体育训练中心、新图书馆、田径场、食堂、澡堂等设施，进一步改善办学硬件条件。

后勤社会化改革，已一次性剥离成功。后勤总公司将部分设施、项目以股份形式向社会、教职工出售，让他们独自经营和管理。通过股份制改造，既有利于盘活固定资产，改进学院后勤工作，又有利于把有限资金集中用在教学实训这个刀刃上。

学院实行竞争上岗制度，不设无事之岗，不用无用之人。2000～2005年，学院组织23批次竞争上岗活动，激发了教职工潜能，自觉充电、自费进修已蔚然成风，现已有100多人在各高等院校攻读研究生，专任教师每

年都到企事业单位实践两个月。

在工资制度方面，学院推行岗位系数工资制，即将每个职工档案工资按7∶3比例分成两个部分，其中70%为基本工资，30%为浮动岗位工资。岗位工资分行政和教学两大系列、数量和质量两大类别，分类考核核发，努力做到向教师、向骨干倾斜；多劳多得、适当拉开差距。学院对于每个岗位制定了岗位职责和考核标准，按1%比例实行末位待岗制。在事业聚人、感情系人、待遇留人氛围中，教职员工既有压力又有动力，人人谋创新，个个求超越。

（三）搞好产学研结合，办出高等职教特色和水平

按照“高质、强能、实用”培养目标，湖北职院每个专业都成立了专业管理委员会，大力推进产学研结合，在校企联合的“准环境”中培养人才，办出了高等职教的特色和水平。

学院的专业设置和整合，以市场调查为基础，以可行性论证为前提，不断改革教学内容、方法和手段。例如，财经系为了搞好专业和教学改革，先后到财政部、中国人民银行、信托总公司等单位了解最新动态，到国营、民营、外资企业进行调查，并据此确定专业和教学改革方向。学院按照职教要求，从企事业单位吸取鲜活内容，组织编写专用教材30多部。同时，改革教学方法，推行分层教学、案例教学、交替教学、现场教学等方法，使学生在教学时间内做到“应知”、“应会”。学院还建立了一套向重点专业、特色专业、精品专业倾斜的投入机制，形成了人人想重点、个个创特色氛围。现在，广告艺术设计已建成为国家级精品课程；高级护理、财务会计、网页设计、汽车检测与维修等已建成为湖北省级精品课程。

按照“围绕专业办产业，办好产业促专业”的思路，到2005年学院已引资2000多万元，在校内办起了鄂职四方模具厂、汽车检测与维修中心、宏源证券交易中心、富通广告传媒工程有限公司、附属医院、会计事务所、审计事务所、律师事务所、计算机中心、美容与健身中心等单位，既开展了社会服务，又为师生提供了实践舞台。此外，每个系都与一个县市建立合作关系，每个专业都与一两个企事业单位建立联系。学院除在校内建立起120个实验室外，还在湖北省内外建立了130多个实习实训基地。孝感是一个建筑之乡，常年有50多万建筑大军活跃在全国各地。人文艺术系、财经系有3个专业与建筑业相关，他们就把实习实训基地建在工地上，建筑队伍拉到哪里，课堂就延伸到哪里，毕业生就到哪里就业。在“学校——企业——社会”三位一体人才培养模式下，各系、部探索出的“宽

口径、活模块”、“做学教”、“专业知识+英语+计算机+专业技能”等教学模式，已显现出良好教学效果和育人特色。

湖北职院一方面聘请三江航天集团、福星科技、多佳股份、二三八厂、4404厂等50多位专家来校做兼职教授，另一方面利用自己的教育资源为这些企业培训员工，并与他们开展技术攻关和科研合作，这种产学研结合方式已结出了丰硕成果。例如，院属亚光医用电子技术有限责任公司采用这种方式研制的ZT－12型生物组织自动脱水机，就获得了国家科技进步三等奖，它的系列产品已批量生产，其产量已占全国同类产品的2/3，还远销东南亚和非洲等地区。院属计算机应用研究所与东北某军事单位合作研制的农场管理系统软件，已申报全军科技进步二等奖。现在，学院已形成技术攻关、技能比武、合作科研的良好氛围，学生在校期间开展科技攻关也渐成风气，大二学生冯华栋、李向科研制的隐形眼镜取戴器已获国家专利，大二学生李明伟在中文核心期刊已发表论文3篇。

（四）实行订单教育，建立“招生——培养——就业”机制

湖北职院是一所万人高校，2003年毕业生初次就业率88.33%，其中机电工程系毕业生就业率为100%，其秘密就在于“招生——培养——就业”一体化机制。

招生和就业是学校工作链条中先后有别的两个环节，湖北职院反其道而行之，将就业作为“招生——培养——就业”链条的起点，来推行订单教育。武汉香格里拉大酒店看好湖北职院毕业生的质量，学院就按该酒店订单，常年给他们输送高质量的毕业生。学院在深圳市建立了实习实训基地，每年按订单向该市社区医院输送200名医学、护理专业毕业生。

学院还定期到实习、用人单位和人才市场调查人才需求信息，对毕业生进行跟踪调查，对学生家长进行抽样调查，并将获取的信息作为改革教学和人才培养工作的依据。例如，财经系与湖北联谊公司联合开办市场营销专业，就与该公司共同制订教学计划、教学大纲，该公司老总和部门负责人还参与有关课程的改革，该专业的许多毕业生就到该公司工作。该公司对湖北职院市场营销专业毕业生的评价是，下得去、用得上、上手快、能力强。

湖北职院在各系都开设了创业教育课程，定期举办校友论坛，使“就业”二字在学生进校之初就深深地刻在脑海里。现在，学院在全国各地已建立30多个就业服务中心，常年开展毕业生推介和服务工作，开创了“月月有推介，周周有就业”的可喜局面。

（五）走内涵发展道路，争取党政领导重视和支持

学院坚持依法治校、以德治校，走内涵式发展道路，加强了干部队伍建设，健全了岗位责任、挂牌上岗和考核奖惩等制度；完善了党建工作和思想政治工作；加强了“三育人”（教书育人、管理育人、服务育人）工作，强化素质教育；强调一切为了学生，为了一切学生，在养成教育和人文关怀基础上，推行严教严管的学生管理制度；注重校园文化建设，形成了具有自己特色的精神文化、物质文化和制度文化，树立了良好的教风、学风和校风。现在，湖北职院已成为应用型、技术型人才摇篮，获得了较高知名度和信誉度。

湖北职院独具特色的办学之路，引起了湖北省、孝感市党政领导机关和主管部门的高度重视。中共湖北省委、省政府、省人大、省政协领导同志常到学院检查、指导工作；中共孝感市委、市政府把湖北职院定位为“区域经济发展战略的思想库、先进文化的辐射源、技术创新的推进器”，市委书记亲自驻校挂点，市长多次现场办公，对学院体制改革、教学改革、专业建设、产业开发、后勤社会化改革等工作，给予了舆论支持和政策倾斜，从而推动了学院的建设与发展。湖北省委、省政府先后授予湖北职院“省级文明单位”、“思想政治工作先进单位”、“全省职教先进单位”等荣誉称号；中共孝感市委、市政府也授予湖北职院“团结、廉洁、实干领导班子”、“最佳文明单位”等十多个荣誉称号。

湖北省首次高等职业教育会议在湖北职院召开

三 问题和对策

湖北职院的建设和发展也存在许多问题和不足：一是政府财政投入有限，主要靠收学费办学；二是社会资源运用不够，产学研结合尚无大的突破；三是师资队伍薄弱，缺乏双师型教师，已成为制约进一步发展的瓶颈；四是管理水平有待提高，管理的精细化、规范化、科学化任重道远；五是办学质量有待进一步提高，办学特色有待进一步彰显。

为了与时俱进，为实施科教兴国战略做出新的贡献，湖北职院的计划包括以下方面：

（1）加强思想政治工作，改进学院管理。要以人为本，加强和改进思想政治工作，培养教职工高尚人格，用教职工的人格力量去影响学生、培育学生。要改进学院的各项管理制度，不断完善岗位责任制、竞争上岗制、考核奖惩制、岗位系数工资制等制度。

（2）充分运用社会资源，推进产学研结合。按照“学校－企业－社会”三位一体人才培养模式，充分运用社会资源，建立健全与企业、行业的利益合作机制，启动科技园建设，形成“双向互动、多方共赢”的局面，在产学研合作的链条中培养技能型人才。

（3）加强教师队伍建设，培养“双师型”教师。要加强师德教育和专业培训，培养爱岗敬业、乐于奉献精神。要提高动手能力，培养“双师型”教师。要引进人才，多途径聘请兼职教师。要切实解决教师切身问题，调动教师的积极性、主动性和创造性。

（4）深化教育教学改革，提高教育教学质量。要搞好重点专业、精品课程建设，争取用5年时间建成50门院级精品课程、10门省级以上精品课程；打造护理、数控、模具、汽车、广告、印刷、皮肤、口腔、建筑、技能鉴定、文化、科技园等教育品牌。

（5）扩大订单教育范围，促进招生、就业工作。要通过订单教育，提高毕业生就业率；通过高就业率，提高招生的数量和质量。要建立就业信息的搜集、反馈和预测机制，加强创业教育，做好毕业生跟踪调查和服务，提高毕业生就业率和就业质量。

专题10　孝感市中心医院调查

一　医院简介

孝感市中心医院（简称中心医院）是孝感市规模最大的，集医疗、预防、科研、教学于一体的综合性医院，也是全市唯一的全国三级甲等医院。全院占地89亩，固定资产1.48亿元，拥有5900平方米的门诊大楼、9层15个病区的住院大楼和13层的医技综合楼，设有内、外、妇、儿、传染、耳鼻喉等22个临床科室，药剂、放射等14个医技科室，其中呼吸内科、耳鼻喉科、骨外、普外等为重点专科，开放病床630张，年门诊量30万人次，出院1.8万人次，担负全市500多万人口的医疗、保健、卫生服务任务。2003年，在职职工1000余人，其中卫生技术人员781人（含享受国务院、省、市政府津贴6人）。1993年以来，有43项科研成果通过鉴定，28项成果获省市科技进步奖，先后开展了结肠带胃、同种异体半关节置换、纤支镜临床及显微技术切除颅底肿瘤等119项新业务、新技术。

二　主要成就

1993～2003年，中心医院发展较快，取得的主要成就有以下方面。

（1）内设机构日益齐全，工作人员数量、素质明显提高。1993～2003年，中心医院内设机构和工作人员的变化见专表10－1。

专表10－1数据说明，工作人员增加34.5%，其中技术人员增加38.7%，其比重已升至77.6%。

此外，卫生技术人员的学历层次和职称等级也发生了很大变化，详见专表10－2。

（2）住院病人增多，疾病种类发生显著变化。1993年住院病人为15236人次，2003年增至17728人次，增长16.4%。同时，住院病人病种发生了明显变化，其具体情况见专表10－3和专表10－4。

专表 10－1　内设机构和工作人员变化情况

单位：个，人

年　份	内设机构	工作人员总数	其　中			
			卫生技术人员	行管人员	工　勤	其　他
1993	27	748	563	83	94	8
1995	46	833	631	41	79	82
1998	55	908	705	41	74	88
2001	53	986	783	38	76	89
2003	52	1006	781	133	67	25

资料来源：孝感市中心医院统计年报及档案资料，下同。

专表 10－2　卫生技术人员学历、职称变化情况

单位：人

年　份	卫生技术人员总数	学　历				职　称		
		硕　士	本　科	专　科	中　专	高　级	中　级	初　级
1993	563	0	91	89	321	35	164	346
1995	631	—	130	103	343	54	175	327
1998	705	1	144	129	378	75	235	359
2001	783	1	167	276	290	113	318	297
2003	781	3	230	299	210	129	304	311

专表 10－3　1993 年住院病人前 10 位疾病情况

单位：人次

项目	合计	呼吸系统	消化系统	妇科病	传染病	外伤	循环系统	泌尿系统	肿瘤	眼及附器	血液
例数	12699	2918	2178	2048	1586	1270	881	751	632	323	112
比重	100.00	22.98	17.15	16.13	12.49	10.00	6.94	5.91	4.98	2.54	0.88
排序	—	1	2	3	4	5	6	7	8	9	10

专表 10－4　2003 年住院病人前 10 位疾病情况

单位：人次

项目	合计	呼吸系统	消化系统	循环系统	妇科病	外伤	肿瘤	传染病	眼及附器	泌尿系统	血液
例数	13681	3434	2346	1847	1749	1174	1144	658	554	424	351
比重	100.00	25.10	17.15	13.50	12.78	8.58	8.36	4.81	4.05	3.10	2.57
排序	—	1	2	3	4	5	6	7	8	9	10

专表 10－3、专表 10－4 数据说明：①前 10 位疾病所占比重已从 83.35%降至 77.17%。②在前 10 位疾病中，呼吸系统、消化系统疾病均居第 1、第 2 位，合计占 40%以上。③循环系统疾病从第 6 位升至第 3 位、

肿瘤从第8位升至第6位、眼及附器从第9位升至第8位，其比重分别增长了94.5%、67.9%和59.4%。④妇科疾病从第3位降至第4位、传染病从第4位降至第7位、泌尿系统疾病从第7位降至第9位，其比重分别下降了20.8%、61.5%和47.5%。总之，非传染慢性病已逐渐成为住院病人的主体，特别是循环系统疾病和肿瘤住院人数10年间均增加1倍左右。

（3）门诊、住院病人增加，但人均工作量和治愈率有所下降。1993年、2003年，门诊、入院、出院人次和治愈率情况，见专表10－5。

专表10－5　门诊、入院、出院人次和治疗率情况

单位：人次，%

年份	门诊	住院病人		
		入院	出院	治愈率
1993	234713	13979	15236	69.0
2003	256075	18776	17728	49.8

专表10－5数据说明：①门诊、入院、出院人次均有所增加。②治愈率下降幅度较大，其主要原因是循环系统、肿瘤等危、急、重病病人大量增加，治愈率必然大幅下降。③卫生技术人员年人均门诊从417人次降至328人次，入院人数从25人次降至24人次，出院人数从27人次降至23人次，其原因有三：一是2003年中心医院是全市非典定点防治医院，连续6个月病床利用率不到60%，门诊一度门可罗雀；二是10年来市区内各类医院、个体诊所、社区服务站不断涌现，大量病源分流到其他医疗机构；三是中心医院卫生技术人员增长过快，人力资源利用不充分。

（4）医疗技术有所提高，治疗病种大幅增加。1993年，内科仅开设2个病区，35张床位，只能治疗常见内科疾病。2003年，增至4个病区，150张床位，心血管内科对难治性心功能不全、顽固性高血压、恶性心律失常等疑难病已形成较为系统的诊治流程，并在全市率先独自完成临时或永久起搏器植入术、冠脉造影术、外周动脉造影术、血液透析治疗、血液滤过治疗等治疗方法；血液神经内科已采用血浆置换术治疗免疫性疾病、血液平衡疗法治疗脑梗死、微创抽吸技术治疗脑出血、黄芪注射液治疗脑出血等高新技术；呼吸消化内科已开展呼吸机无创有创治疗各种原因引起的呼衰睡眠、呼吸暂停综合症和尿激酶，微波治疗包裹性胸腔积液，胃肠道息肉高频电切术，肝癌介入治疗，经纤支镜异物取出术等；内分泌内科可开展各种激素测定，对治疗各种内分泌疾病（如甲亢、内分泌突眼等）、代谢疾病（I型、II型糖尿病等），已积累了较为丰富的临床经验。

外科技术也有较大发展。1993 年，外科极少开展大型手术。2003 年，外科已有 5 个病区，手术门类比较齐全。其中，骨外科可开展双侧全髋置换术、股骨头坏死、死骨清除、肌骨辨填塞 + 血管植入术、断腿、断腕或断指再植入术等；普外科可开展胃癌根治术、食道癌根治术、腹腔镜胆囊切除术、腹腔镜下肝癌、肝血管瘤切除术等；脑外科可开展小脑肿瘤、颅底肿瘤、窦旁肿瘤显微切除术、微创手术行基底节高血压、脑出血血肿清除、全脑血管造影、介入检查治疗术等。

（5）医疗设备增加，配备水平居湖北省地市级医院前列。1993 年，20 万元以上的大型医疗设备，仅有 500MAX 光机一台，遥控电视透视 X 线机一台，XB－3 型 B 超一台，CT 机一台，总价值不过 350 万元。2003 年，已拥有核磁共振、1000MX 光机、C 臂、全身扫描、螺旋 CT 扫描、全套自动生化分析仪、彩色 B 超、化学发光仪、中心供氧、吸引系统、高压氧舱、伽玛照相机、腹腔镜、血透机等 20 万元以上大型医疗设备 52 台套，总价值 3200 余万元。目前，中心医院医疗设备配备水平，已居湖北省地市级医院前列。

（6）特色专科有所发展，医学科研成果丰硕。1993～2003 年，中心医院特色专科由 3 个发展到 6 个。呼吸内科是中心医院传统特色专科，拥有多名临床经验丰富、专业技术精湛的专家和人才梯队，有重症监护病房、支气管镜室、肺功能室、呼吸疾病及睡眠障碍治疗室，配有较齐全的诊疗设备，如德国呼吸机、美国纽邦呼吸机等。对重症肺炎、哮喘、肺栓塞、肺脓肿、肝性脑病、重症胰腺炎及各种中毒等病症，有良好抢救治疗能力。呼吸内科的特色治疗有：呼吸机无创有创治疗各种原因引起的呼衰睡眠、呼吸暂停综合症、尿激酶，微波治疗包裹性胸腔积液，经纤支镜异物取出术，纤支镜冲洗治疗肺脓肿、化脓性支气管胸膜炎，三腔二囊管压迫止血治疗，脱敏疗法治疗变态反应性疾病（如哮喘）等。

耳鼻喉科也是中心医院传统特色专科，拥有声阻抗仪、纯音测听仪、纤支喉镜、YAG 激光、EQJ－D 型小儿支气管镜等先进诊疗设备，开展了耳听力、前庭功能、喉功能、纤维喉镜检查、鼻功能、鼻内窥镜检查等业务。能完成经鼻内窥镜鼻窦镜鼻腔泪囊开放术、喉显微手术、喉全切及喉发音功能重建术，颈淋巴结清扫术、耳鼻微外科手术、鼻腔鼻窦肿瘤摘除术，还有激光、冷冻、微波等技术应用于临床。

中心医院坚持科教兴院战略，科研成果不断涌现。1993～2003 年，有 43 项科研成果经鉴定达到国内领先水平或先进水平，4 项成果获湖北省科技进步三等奖，24 项成果获孝感市科技进步奖。如耳鼻喉科就有“声带外

展术”、“应用气囊取食管异物”、“咽鼓管功能测量仪及其临床应用”、“护胸支撑喉镜架的研制及临床应用”，“喉癌术后发音功能重建术”5项科研成果获奖。

三 问题和对策

中心医院在发展过程中也存在着很多问题：一是专科建设不均衡，重点专科不突出，特别是心胸外科、中医等专科建设滞后，出现人才断档、逐步萎缩趋势。二是缺乏新的经济增长点，经济效益增长缓慢，在湖北省16家地市州三级医院中居第十三位。三是医疗纠纷时有发生，医院管理有待加强，医疗和护理质量有待提高。四是医护人员的敬业精神、服务态度有待进一步端正。五是职工福利有待提高，特别是中青年专业技术人员的住房（工作10年以上副高职医师住房面积仅60平方米）、学习、工作条件有待改善。六是人事、分配制度改革不够深入，收入档次没有拉开，职工积极性不高。七是医院用地仅89亩，发展空间有限，无法满足日益增长的需求。

为了解决这些问题，市中心医院将要采取以下对策和措施：

（1）加快人事、分配制度改革步伐，调动职工积极性，特别是着力培养医疗科技人才，奖励有突出贡献的专业技术人员，真正做到技术留人、感情留人、待遇留人。

（2）改善工作、学习环境，关心职工生活，提高生活质量，努力解决住房、子女升学、就业等实际问题，调动职工积极性。

（3）严格执行医疗、护理管理制度和医疗事故责任追究制度，加强职业道德建设，改善服务态度，确保医疗安全，真正做到以法治院，依法行医。

（4）坚持科教兴院方针，加大科教经费投入，狠抓重点专科建设，大力开展临床应用型科研，将投资重点转移到提高医疗技术、加强人才培养上来，逐步形成医疗技术群体优势。

（5）加大医疗设备投入，利用世界银行贷款购买大型医疗设备，并注重发挥医疗设备优势，为提高医院社会效益和经济效益服务。

（6）以有关法律、法规、政策为依据，遵循收支核算、费用分摊、财产折旧、结余分配、工资挂钩原则，全面实行科室成本核算管理。

（7）成立后勤服务集团公司，加速医院后勤服务社会化改革。

（8）新建手术大楼，改善医疗手术环境。

（9）启动职工宿舍迁居工程，建造较高规格的职工宿舍小区。

专题11 孝感市康复医院调查

孝感市康复医院（以下简称康复医院）创建于1970年，占地面积32亩，现有固定资产1000万元。康复医院是全市唯一一家以诊疗、预防精神和神经疾病为主的专科医院。1996年4月、2002年9月，经湖北省公安厅、卫生厅批准，康复医院先后设立了孝感市药物依赖治疗中心和孝感市精神卫生中心；2005年1月，经中国老龄事业发展基金会审核批准，被列为全国首批8家“爱心护理院”之一，也是湖北省内唯一一家“爱心护理院”，已于2005年5月26日正式挂牌。

一　成就与特色

1993年以来，康复医院坚持“专科立院、特色办院、科技兴院”和内引外联方针，不断拓展业务范围。1993年，设有精神科男病区、女病区、神经康复科、药物依赖治疗科等4个科室。2003年，已发展为精神卫生中心男病区、女病区、养治病区、神经科、精神司法鉴定科、心理咨询与治疗科、行为治疗科、药物依赖治疗中心（自愿戒毒与TC之家）、老年康复科、泌尿性疾病科、骨伤科、口腔科等12个临床科室；创建了药物依赖治疗中心、神经康复科2个重点专科；成立了精神卫生、药物滥用防治、临床心理咨询与治疗3个研究所。医院发展简况，见专表11－1和专表11－2。

专表11－1　科室、病床、职工、专业技术人员情况

单位：个，张，人

年度	临床科室	开放病床	职工人数	专业技术人员	专业技术人员文化程度					专业技术职称		
					研究生	本科	大专	中专	其他	高级	中级	初级
1993	4	200	192	132	0	10	20	94	8	3	43	86
1998	5	252	213	169	0	13	23	100	33	16	84	69
2003	12	300	278	195	2	26	86	68	13	31	108	56

表 11－2　门诊、住院、治愈率、好转率等情况

单位：人次，天，%

年　度	门　诊	住　院	平均住院天数	病床使用率	治愈率	好转率
1993	14817	1258	47.43	88.41	62.05	30.70
1998	15028	2586	28.15	62.34	72.95	22.19
2003	19103	3211	27.30	76.57	76.77	21.38

医疗设备、康复器械逐年增加，1993 年前投入 8.6 万元，仅有 X 光机、心电图、B 超、脑电图机等少量诊疗设备。1994～2003 年投入 101.1 万元，现配备有全身 CT、脑地形图、肌电图/脑干诱发电位检测仪、脑波治疗仪、远程心理 CT 测查系统及 200 毫安放射机、B 超、心电图、血液自动生化分析仪、尿液分析仪、毒物放免检测仪、艾滋病初筛检测等医技检查设备。还有用于病人后期康复的牵引床、超短波治疗仪、多功能运动器械、音乐治疗仪及各种小型理疗设备。

康复医院是湖北职业技术学院教学医院之一，比较重视科研工作，年均发表和交流论文近 60 篇，其中两项成果达国内领先水平和先进水平，1 项成果获孝感市科技进步二等奖；专科建设在孝感市处于先进地位，医院综合实力居湖北省同行业前 3 名。

康复医院的特色和优势主要表现在以下几个方面：

（1）精神疾病康复。对精神疾病患者从单纯药物治疗发展到药物、心理、物理、康复相结合的综合治疗；对心理障碍、心身疾病和康复期精神病人，开展音疗、体疗、脑波治疗、兴趣作业治疗和心理治疗；对孝感市所属县市、街道医院卫生技术人员进行培训和指导；在安陆市设立精神疾病专科门诊，在孝感城区广场街社区设点；对康复期精神病人进行家庭治疗和指导；对群众开展精神疾病防治、精神卫生知识宣传。此外，根据社会需求还设立了慢性精神疾病科，专门收治慢性精神病人和长期留院病人，1993 年分别为 56 人和 40 人，到 2003 年已增至 121 人和 81 人。

（2）精神司法鉴定。1993 年，经湖北省人民政府授权，省司法厅许可，设置了精神司法鉴定科，开展精神司法鉴定业务。10 年来，进行刑事责任能力鉴定、民事行为能力鉴定、精神状态鉴定、劳动能力鉴定、法律关系鉴定等 800 余件，鉴定质量得到全国同行赞许，鉴定结论采信率达 98%。

（3）戒毒康复。1993 年成立湖北省第一个药物依赖治疗科（即戒毒科）以来，不断加强戒毒研究，探索先进戒毒方法。2000 年 7 月，引进美

国"集体治疗康复模式"，在昆明之后成立了全国第二家"TC之家"（即英文 Therapeutic Community，意为"治疗社区"）。这种治疗模式认为，要成功戒毒必须完成"躯体脱毒"——"回归康复"——"重返社会"的全部过程，而传统戒毒方法仅停留在躯体脱毒阶段，因而复吸率高达95%。在引入先进戒毒方法基础上，还积极探索中西医结合脱毒方法，并注重脱毒后的心理治疗、行为矫正、能力培养和人格塑造，努力创造具有浓厚家庭氛围的环境，促使戒毒者"重新社会化"。实践证明，经过"TC之家"1~2年治疗和康复，戒毒者5年操守率高达85%。康复医院探索的这种中西医相结合的集医、护、管、教于一体的具有中国特色的治疗模式，被誉为戒毒的孝感模式，已编入《海洛因等阿片类物质依赖的临床与治疗》（山西科学技术出版社出版）一书，向全国推广。1993~2003年，康复医院接纳各省市戒毒患者情况，见专表11-3。

专表11-3　全国主要省市戒毒康复人员情况

单位：人

年　度	合　计	湖　北	河　南	湖　南	安　徽	江　苏	其　他
1993	1046	483	211	105	97	114	36
1998	1324	533	364	83	78	205	61
2003	1598	556	306	107	156	231	242

1999年以来，康复医院药物依赖治疗中心已连续6年荣获湖北省甲级戒毒所和戒毒工作先进单位，该中心的医护常规、管理制度、医疗书写格式已向全省推广。2001年6月，该院已成为孝感市禁毒教育基地，到2003年底已接待10000余人次。

（4）老年康复。1999年设立老年康复中心，现有4名医师、7名护理人员和2名康复理疗师；配有心电监护仪、呼吸机等急救设备，以及各类健身、康复器材和设施；常年入住老年性、慢性疾病患者近40人。老年康复中心本着"为政府解困、为社会分忧、替儿女尽孝"的宗旨，融老年养护、治疗、康复、健身、娱乐于一体，为每位老人建立健康档案，制定个性化康复方案，推行微笑服务，照顾老人起居饮食，组织老人开展文娱活动，深受老人、家属、领导和同行好评。医院先后被授予"孝感市敬老优待示范单位"、"孝感市文明示范窗口"、"湖北省敬老优待服务先进单位"等荣誉。

（5）神经康复。医院开展了脑血管病、中风偏瘫系统康复，通过神经肌肉再通术、神经肌肉再生术等手段医治病人。1993年以来，已收治中风偏瘫及神经损伤患者1022例，均收到较好疗效。

二　问题和原因

目前面临的主要问题：一是基础设施落后，病房是20世纪70、80年代的建筑，医疗、工作、生活等设施亟待更新换代。二是经费不足，往往收不抵支。三是负担过重，2003年各种名目的摊派、收费达23.5万元，比1993年增长近1倍。四是病人欠费剧增，1993～2003年欠费从10.3万元增至30.2万元，到2003年底累计欠费已超过100万元。五是工资待遇低，无法引进人才、留住人才。六是医疗风险大，精神病人属无行为能力者，自杀、自伤、伤人、外逃等情况时有发生；戒毒病人既体质虚弱、经不起折腾，又往往为获取毒品不顾一切铤而走险；老年患者体弱多病、机能减退，随时可能会突发各种疾病……所有这些都存在着极大的医疗隐患和风险。

造成上述问题的主要原因是：

（1）政府投入不足。康复医院1978年职工78人、几十张床位，财政拨款18.1万元；2003年增至278人、床位300张，财政拨款仍是18.1万元，在湖北省同类医院中拨款最少，详见专表11－4。

专表11－4　湖北省各地、市、州精神病专科医院基本情况

单位：万元

单位名称	主管单位	床位张数	职工人数	业务收入	上级拨款	拨款种类
武汉市精神病医院	卫生局	530	600	2000	370.0	定额、基建、设备
武汉市优抚医院	民政局	350	210	400	476.7	定额、工资、基建
武汉市武东医院	卫生局	290	272	960	180.0	定额、基建、设备
荆州市优抚医院	民政局	550	428	1100	210.0	工资、病种
宜昌市优抚医院	民政局	180	179	300	200.0	定额、基建、设备
恩施自治州优抚医院	民政局	200	106	270	90.0	定额
咸宁医学院附二院	教育局	120	128	320	90.0	定额、工资、设备
黄石市精神病医院	民政局	200	132	410	210.0	定额、工资
孝感市康复医院	卫生局	300	278	930	18.1	定额

说明：上表数据均由各医院填写调查表，经院长签名后反馈给康复医院，数据比较真实、可靠。

（2）优惠政策缺位。康复医院的服务对象主要是精神病患者、体弱多病的老者等社会弱势群体和药物依赖者，具有很强的社会公益性质，理应得到各种优惠政策照顾，然而许多行政部门往往把康复医院当作经营单位对待，各种摊派、收费层出不穷，致使医院穷于应付。

（3）社会保障不健全。许多患者小病拖成大病、大病拖成重病，到医院就诊也是急性期病情刚得到控制就要求出院，无法达到精神病患者基本疗程50～60天的要求（2003年平均住院天数仅27.3天），甚至欠费偷跑，根本谈不上后期康复治疗，致使医院治愈率下降，病人欠费剧增。

（4）部分群众有偏见。在部分精神疾病患者和家属中，对精神病专科医院存在偏见，或对诊疗范畴不了解，或对治疗的长期性、反复性、风险性缺乏认识，或讳疾忌医，或早期常辗转就诊于私人医院、江湖医生，致使许多精神疾病患者延误了最佳治疗时期，久治不愈，抱憾终生。

三　建议与对策

据国内外学者研究，随着经济快速发展和社会竞争加剧，精神性、药物依赖性疾病对人类健康危害将越来越大。随着人口老龄化发展，社会养老责任将越来越大。面对精神性、老年性、药物依赖性疾病大幅上升的前景，政府和社会必须未雨绸缪，做好必要准备。孝感市康复医院建议，对于以治疗精神性、老年性、药物依赖性疾病为主的专科医院，应该采取以下一些对策：

（1）科学规划，严格管理。根据各地经济、社会、交通运输等情况，科学规划精神性、老年性、药物依赖性疾病专科医院布局，总床位以控制在6～10张/10万人为宜，其中农村及偏远地区5～8张/10万人，城市地区8～12张/10万人。同时，应根据《医疗机构管理条例》进行严格管理和调控，对不合格的专科医疗机构一律关、停、并、转。

（2）加大政府投入，创造良好治疗环境。政府应该加大对以治疗精神性、老年性、药物依赖性疾病为主的专科医院的投入，包括基本建设投入、设备更新投入、人才培养投入和工作人员生活待遇投入，其投入水平应努力做到与同层次综合医院相衔接，以促进各类医院平衡发展。通过加大投入，为患者创造一个有利于药物治疗、心理治疗和体现人文关怀的良好环境。

（3）给予政策优惠，组织社会帮助。治疗精神性、老年性、药物依赖性疾病，是代儿女尽孝、替家庭分忧、帮社会解困、为政府尽责，具有显著社会公益性质。因此，政府应该在有关政策的各个方面给予优惠，社会应该在道德、舆论、义务活动等方面组织必要的帮助。

（4）优先建立有关社会保障制度。精神性、老年性、药物依赖性疾病具有慢性、突发性、反复性等特点，往往需长期住院、精心护理、反复治

疗，其治疗费用一般家庭难以支付、治疗单位也无法承担，因此建议优先建立有关这方面的社会保障制度，使患者不因经费无着而中断治疗。现在，我国许多地方已摸索出一些行之有效的方法，有的“分别负担”，由政府、卫生机构、患者各承担一部分费用；有的地方政府制定政策，保证贫困患者的服药、生活费用；有的建立社区康复站，免费为患者送医送药；有的建立贫困患者康复基金等等，这些做法都值得仿效和推广。

（5）加强群众教育，克服社会歧视。对精神性、老年性、药物依赖性疾病患者的社会歧视，既阻碍了有关卫生资源的有效利用，又延缓了对病人的有效治疗，损害了病人社会功能的恢复。因此，我们呼吁加强群众教育，摒弃世俗偏见，逐步形成全社会关心、爱护、帮助精神性、老年性、药物依赖性疾病患者的社会氛围，使这些患者得到及时、有效治疗和应有的人格尊严。

专题12 孝文化和董永公园调查

孝感是全国唯一一个以“孝”字命名的中等城市。孝感的孝文化源远流长，是中国孝文化发源地之一，也是孝感地区文化的一大特色；董永公园则是以孝文化为灵魂的公园。

一 孝 文 化

“孝”是一个会意字，金文孝字上部像戴发伛偻老人，是老之本字，下部为“子”，有搀扶之意。“孝”的观念，源于中国父系社会。“孝”字最早见于殷商甲骨文，距今已四千多年。“孝”，是指“善事父母”。孔子在《孝经》中说：“夫孝，德之本也，教之所由生也”。“夫孝，天之经也，地之义也，人之行也”。“教民亲爱，莫善于孝”。孝是儒家传统文化的基础和核心。“文化”，从广义说，是指人类社会实践所创造的物质文明和精神文明的总和。

孝感的孝文化资源，极其丰富。其中，主要有以下方面。

（一）孝名

现孝感市所在地区，历史上曾出现过许多孝子。公元454年，南朝宋世祖刘骏（454～464年在位）有感于这一带孝风昌行，孝子甚多，决定置一新县，取名“孝昌”。公元924年，五代后唐庄宗李存勗（923～926年在位）为避其祖父李国昌名讳，改“孝昌”为“孝感”，意指“孝”亲之情“感”天动地，从此孝感之名一直沿用至今。现在，孝感市内有“孝南”和“孝昌”两个以“孝”字命名的区、县；城区还有“槐荫大道”、“董永宾馆”、“槐荫酒楼”等与“孝”相联系的路名和企业名。

（二）孝子

在古代广为流传的《二十四孝》中，孝感市有“卖身葬父”的汉孝子董永，周边云梦县和孝昌县还有“扇枕温衾”的汉孝子黄香、“哭竹生笋”

的三国吴孝子孟宗。

董永，据《孝感县志》载："青州千乘人，今山东博兴县，早丧母。汉灵帝中平中，黄巾起，渤海骚动，永奉父来徒"，落户孝感。后才有《天仙配》中的卖身葬父、仙女下凡等传说。

黄香，东汉永平十一年（公元68年）出生在江夏安陆（今云梦县义堂镇黄冈村）一贫苦家庭。9岁时母病故，事父甚孝，夏扇枕、冬温衾，12岁举孝廉，官至尚书令。古《三字经》中，有"香九龄，能温席，孝于亲，所当执"句，享有"江夏黄童，举世无双"、"忠孝两全"等美誉。

孟宗，据《中国人名大辞典》记载："孟宗，三国吴江夏人，字恭武。现属孝昌县，乃青山口孟家栗林人。《楚国先贤传》中载：宗母嗜笋，冬节将至，时笋尚未生，宗入竹林哀叹，而笋为之出，得以供母，皆以为至孝之所致感"。孟宗官至司空，位列三公，仍以孝廉传世。

孝感历代孝风盛行，多出孝子。据明、清《孝感县志》记载，留名史册的孝子就多达493人。清顺治年间，孝感知县张擢士在新建《孝子祠》中写道："澴固孝子这渊薮也，而董永为之首邑"。至于民间无名无姓的孝子，更不可胜数。

1949年以后，特别是改革开放以来，中国共产党和政府非常重视继承和弘扬中华民族优秀传统文化。1996、2002年，孝感市委、市政府举行了两届"十大孝子"评选和颁奖活动。1996年评出的"十大孝子"是："家侍六老"的况孝蓉、"儿掏母便"的尹维华、"叩头求医"的董练武、"试针医母"的周玉兰、"孕媳背爹"的陈大梅、"绝食求母"的沈爱民、"万里寻医"的杨水清、"以老侍老"的吴厚礼、"知青聆训"的罗景芸、"巧慰岳母"的杨永贵。2002年评出的"十大孝子"是："弱妇子，意志坚，撑四家，养八老"的刘青林、"尽孝心，贯始终，公仆情，惠乡亲"的李望珍、"寻亲人，解母忧，争养娘，娘高寿"的石清香、"为养娘，弃出洋，背木椅，锯低床"的任景柏、"身背债，自租房，日六餐，喂瘫娘"的张国祥、"七中风，别女友，粪溅面，跪乳恩"的罗康宁、"侍岳母，四十年，百又三，仍康宁"的娄德安、"百岁母，瘫卅年，儿尽孝，享晚年"的郭善清、"孝祖母，跪喂药，待院名，如父母"的鞠爱彬、"爹偏瘫，婆哮喘，广寻医，疤痕鉴"的徐秀艳。

1998年，孝感董永村的好媳妇周玉兰，荣获全国敬老好儿女金榜奖；2003年，农民刘青林当选为湖北省首届"荆楚十大敬老好儿女"；2004年，企业家余汉江，不仅孝敬自己父母长辈，而且替天下儿女尽孝心，多年来为公益事业捐款500多万元，被评为"全国十大敬老楷模"之一。

（三）孝文化遗址

孝感是董永故里，孝文化遗址甚多。与董永和七仙女传说有关的遗址有董永祠、董永碑、董永墓、董父墓、董家湾、傅家冲、百步梯、鬼谷墩、飞梭石等30多处。特别是从孝感城区到双峰山旅游度假区，形成了一条约40公里长的董永传说遗迹带。有与董永起居劳作有关的裴家巷、董家湖；有与七仙女下凡织绢有关的仙女池、理丝桥；有与二人成婚离别有关的槐荫树、三岔路；有与历朝历代纪念有关的董永祠、董永碑等。高耸于孝感城北门外的董永碑，曾是孝感的标志性建筑，碑名“汉孝子董永故里”7个大字据说是清朝皇帝所赐，该碑1918年重建，20世纪60年代“文化大革命”中被毁。此外，周边县市的遗址有：汉孝子黄香故里云梦县义堂镇的黄岗村；三国孝子孟宗故里孝昌县青山口孟家栗林，以及哭竹港、孟宗泣笋和碑林等。

（四）孝文化习俗

孝感有敬老孝亲的淳厚民风，尤其对父母“百事孝为先”；民间有“上有天大，下有父尊”，“跑到南海拜佛，不如堂前孝母”之说。孝感的食俗、年俗、婚俗、丧俗、节俗等等，都体现了孝亲敬老习俗。吃饭时老人要坐上席，依尊长大小排位；老人未上桌未动筷，后人不能乱动；子女吃饭后不得喝酒，否则就是“饭上”（犯上）；过年要给老人拜年，长辈要给“压岁钱”；儿女婚事，过去必须由父母做主，现在也必须征得父母同意；举行婚礼时，首先要拜父母；父母去世，必须行葬礼，每年春节要祭祖，清明要扫墓；中秋节称团圆节，要看望、孝敬老人；九九重阳节是中国老人节，儿女们更需要献上一份“心之礼”。

（五）孝文化艺术

孝感是孝子之乡，也是楚剧之乡、剪纸之乡、大鼓之乡。周边县市还是皮影之乡、善书之乡、漫画之乡。孝感地域文化、民间艺术中具有丰富的孝文化内容。例如，孝感楚剧就有久演不衰的《槐荫记》、《百日缘》等剧目，还有反映董永之子董仲中状元前后传奇生涯的《白莲台》等。孝感剪纸《槐荫记》是“一剪神韵寄孝情”的艺术精品，由“路遇”、“成亲”、“织锦”、“分别”四幅作品组成，被选为巴西第五届里约热内卢影视节宣传插图，并荣获特别奖，后又多次出国展出。“云梦皮影画册”《汉孝子黄香》制作精美，堪称上品，亦作为珍贵礼品赠送外国嘉宾和海外侨胞。汉川善书有孝子故事系列，《天仙配》故事更是家喻户晓。此外，中国民间文艺出版社出版的《孝感民间歌谣集》（上、下册）、《孝感民间故事集》、《孝感民间谚语集》，天马图书有限公司出版的《古今诗人咏孝感》、《孝感词曲研究》等书籍中，都有大量反映孝文化内容的优秀作品。

（六）孝文化活动

改革开放以来，孝感的孝文化活动形式多样、成果显著。

（1）举办“十大孝子”评选活动：1996、2002 年已举办两届。

（2）召开首发式和颁奖大会：2002 年，全国《董永与七仙女》邮票首发式暨首届孝文化艺术节在孝感举行；2003 年，湖北省在孝感召开了首届“荆楚十大敬老好儿女”颁奖大会。

（3）开展“孝子故事”征文评奖活动：征文评奖活动的成果，在《孝感日报》、《孝感晚报》、《孝感通讯》、《发展研究》、《槐荫文学》等报刊上发表，并编辑成书，被誉为“新时代百孝图”。

（4）开辟“中华孝文化研究”专栏：《孝感学院学报》设有“中华孝文化研究”专栏，并以孝感市《中华孝文化研究》编委会名义，通过网站向全球华人发出了“中华孝文化研究征文评奖”启事。

（5）开展孝文化研究：由孝感市民间文艺家协会发起，与孝感学院、孝感市文体局、市文联、市科技局、孝感报社、孝感电视台、孝感供电公司、市国税局、市地税局、市教育局、湖北职业技术学院、孝感高中等 20 多个单位联合，开展了“孝文化研究”活动，其成果已编著、出版了《孝感文化研究》、《孝感孝文化》、《孝感孝子》和《古今诗人咏孝感》等著作。

（6）开展“孝文化与双峰山”、“孝文化与传统节日”征文活动：现已在《孝感日报》上刊登了有关征文启事，计划今后在双峰山召开研讨会，在国际母亲节、九九重阳节开展敬老活动。

此外，在日常生活中，特别是在各种群众吉庆活动中，都包含有许多孝子、孝心、孝行、孝文化内容。例如，孝感城区有董永公园，有孝子祠，有董永与七仙女塑像等；祝福前辈的“寿星图”、“仙桃”、“福寿喜”和“董永和七仙女”宣传画等，或挂于门楣、中堂，或置于鱼肉糕点之上，或用于产品包装，随处可见；还有许多用雕花、剪纸艺术制作成的祭奠品，以表达对老人、对祖先的缅怀悼念之情。在孝感人民生活中，孝文化可谓无处不有、无时不在！

（七）孝文化经济

进入 21 世纪以后，以孝文化为主要内容的经济活动日益活跃。例如，

孝感麻糖米酒有限责任公司以孝文化振兴企业，用“董永和七仙女”的广告画包装产品，获得“孝感文化甜又香”的美称；孝感民营企业竹缘食品有限责任公司，努力开发敬老系列食品，努力做到“营养、味美、健康、放心”，被湖北省卫生厅评为“全省食品卫生信誉度A级单位”；湖北省供电公司系统在孝感市召开现场会，推广国家一流企业、“全国精神文明单位”孝感供电公司的“孝文化电劳模企业精神”，受到充分肯定和高度赞扬。这说明，孝文化资源的经济开发已有了一个良好开端。

（八）孝文化招商

由于孝文化的广泛宣传，“以孝招商，以德引资”的强大感召力和吸引力，2004年澳大利亚点阵国际投资公司决定投资6000万元，在孝感新建富有“孝文化”内涵的“天仙城”，现已顺利动工。它标志着孝感实施“弘扬孝文化，推进现代化”的战略，已实现了历史性的突破。

孝文化是数千年封建社会的产物，它既凝聚了劳动人民孝亲敬老、尊老爱幼的高尚品德，又积淀了封建统治阶级“三从四德”、“三纲五常”的精神糟粕。我们应批判继承孝文化传统，去其糟粕，取其精华，与时俱进，体现新时代特色：既要孝敬父母，又要热爱人民，更应报效祖国，要像毛泽东、邓小平、焦裕禄、孔繁森那样，视人民为父母，把祖国当母亲，做到忠孝两全。

孝子祠

“老吾老以及人之老，幼吾幼以及人之幼”，“先天下之忧而忧，后天下之乐而乐”。“孝”是文化瑰宝，是人类需要，是时代呼唤，是道德基石。孝亲敬老，尊老爱幼，家庭必然和美，社会必然和谐。孝文化资源的深度开发，必将在创建社会主义和谐社会中发挥越来越巨大的作用。

二　董永公园

1984年兴建的董永公园，是一座以孝文化为主题的公园，地处孝感城区槐荫大道中段，占地75亩。经过20多年的建设和发展，已形成了“一山”（双峰瀑布）、“二岛”（槐荫岛、棕榈岛）、“三榭”（双峰瀑布水榭、仙女池、中央水榭）、“四亭”（烟雨亭、情风亭、涤丝亭、小憩亭）、“五路”（香樟路、槐荫路、玉兰路、翠柏路、松竹路）、“八园”（竹园、桂花园、紫薇园、绣球园、红叶李园、梅花园、石榴园、盆景园）、“九景”（孝子祠、董永馆、升天台、瑶池仙景、鸳鸯楼、董墓春云、饭山、理丝桥、槐荫树）的景色和格局，2001年被授予湖北省AA级风景区（点）。

董永公园的建成，不仅为居民休闲娱乐、学生接受孝文化熏陶、进行德育教育提供了活动场所，而且为弘扬孝文化、宣传孝感市发挥了重要作用。1984年以来，董永公园曾接待过白俄罗斯等外国专家，接待过全国政协、中央军委、中纪委、中组部、邮政部、建设部、西藏、湖北等省内外领导、代表团和旅客来园视察、观光旅游，年均接待15万人次左右。此外，还为孝感创建卫生城市、文明城市，举办孝文化节、《董永与七仙女》邮票首发式做出了贡献。

1993～2003年期间，若干年度收入、支出情况见专表12－1。

专表12－1　收入、支出情况

单位：万元

年度	收入合计	其中				支出合计	其中			
		门票	游艺	租赁	承包		税费	水电	维修	办公
1993	80.5	60.0	10.1	8.2	2.2	44.5	4.4	10.0	25.0	5.1
1996	82.0	61.5	9.8	8.5	2.2	44.3	4.2	9.5	25.0	5.6
1999	—	—	—	—	—	40.5	4.1	9.0	24.0	3.4
2000	64.9	49.0	8.9	6.2	0.8	26.9	3.5	6.0	13.4	4.0
2001	66.0	47.6	10.4	6.5	1.5	29.1	2.0	6.0	18.1	3.0
2002	63.8	50.8	4.7	6.5	1.8	22.3	2.3	7.0	10.0	3.0
2003	44.5	31.2	4.3	7.0	2.0	16.3	2.0	5.3	7.0	2.0

说明：①“支出”中没有包括工资；②2002年“支出”中，未包括改造时使用的维修费。

但是，1996年以后，董永公园面临着越来越多的困难：

（1）收入小、开支大。董永公园是公共福利事业单位，原来由主管部门给予一定补助，1993年撤地建市后被取消。2002年以前，公园年收入一

般在70万元左右，而仅工资一项支出就需79万元，加上税收和各种费用41万元，年资金缺口50万元。

（2）人员多、素质低。董永公园编制72人，现有83人（其中退休人员14人），其中女性61人，50岁以上58人，大专以上仅8人，工人55人，整体素质偏低。

（3）税收多、负担过重。每年都要上交国税和地税。其中，门票收入税率为3%，加上游艺税、附加税等，年交纳税收5~6万元。

（4）发展快、竞争强。由于城市迅速发展，单位环境改善，居民休闲娱乐日益多元化，再加上后湖游乐园2002年敞开大门免费游乐，致使来园人数减少60%，服务收入下降85%。

（5）维修多、费用高。公园13处古景建筑，每年刷一次油漆就需8万多元；每年用于绿化及环境卫生10多万元；再加上其他维修、保养费用，每年投入一般应为20多万元。

（6）政策不配套，补贴不到位。湖北省政府实施优待老龄人政策后，对公园相应补贴政策一直没有到位。例如，入园晨练原每人每年30~36元，现免费晨练，仅此一项每年少收2.5万元。

为了充分发挥董永公园休闲娱乐和弘扬孝文化功能，董永公园建议：一是加大招商引资力度，开办和新建一些文化娱乐和教育设施；二是举办各种文化娱乐活动，通过灯展、杂技、皮影等形式寓教于乐；三是加强管理，发动干部职工自己动手节省各种开支；四是强化服务，改善服务态度、提高服务质量。此外，建议政府给予必要的财政支持和政策倾斜。

专题13　孝感市老干部活动中心调查

一　基本情况

老干部活动中心成立于1992年，原名孝感地区老干部活动中心，1993年撤地建市后更名为孝感市老干部活动中心（以下简称活动中心），隶属于孝感市老干部局，为财政全额拨款事业单位。

活动中心占地面积8300多平方米，建筑面积4150平方米，总投资470万元，有教学活动楼、舞厅和会议楼、餐厅、招待所、两个门球场及其他配套设施，可同时接纳1000多人参加活动。1993～2003年，活动中心平均每年接待近10万人次。

二　主要活动

根据老干部特点和现实条件，活动中心组织、开展了以下一些活动：

（1）围绕党和政府中心工作，开展学习和宣传活动。主要是：建立阅览室，经常提供党和政府文件和20多种报纸杂志供老干部阅读；组织理论学习，提供党员过组织生活场所，促进老干部思想道德水平提高；围绕国家重大节日开展纪念或庆祝活动，发挥老干部作用。

（2）创办老年大学，为“老有所学”搭建平台。老年大学创办于1993年。11年来，坚持“与时俱进，增长知识，陶冶情操，促进健康，服务老干部，服务社会”的宗旨，努力做到“八有”，即有专门领导班子，有固定办学场所，有科学管理制度，有合理专业设置，有严谨教学计划，有先进教学设备，有较强师资力量，有良好学习环境。1993～2003年，老年大学发展简况见专表13－1。

（3）组织志趣协会，开展文体娱乐活动。活动中心先后组织老干部成立了门球、棋类、书画、诗词等志趣协会14个。这些协会，都是自愿参加，自我组织和管理，活动中心主要做好引导、服务工作。许多老同志

专表 13－1　老年大学发展简况

单位：人

年　度	合　计	保健班	京剧班	书法班	绘画班	音乐班	英语班
合　计	3141	170	290	664	600	1361	56
1993	270	90	—	60	—	120	—
1994	278	80	—	58	—	140	—
1995	262	—	—	66	70	126	—
1996	272	—	—	70	74	128	—
1997	236	—	—	58	60	118	—
1998	248	—	—	60	68	120	—
1999	291	—	58	61	62	110	—
2000	289	—	56	58	54	121	—
2001	303	—	60	54	65	124	—
2002	332	—	54	59	71	128	20
2003	360	—	62	60	76	126	36

说，通过协会活动身体好了，精神爽了，自己少受罪，儿女少受累，节约医药费，有益于社会。1993～2003 年，成立协会、开展演出和比赛活动情况，见专表 13－2 和专表 13－3。

专表 13－2　各协会人数

单位：人

年度	合计	门球	舞蹈	剑术	京剧	钓鱼	棋类	桥牌	台球	竞技麻将	集邮	书画	花卉	诗词	乒乓
1993	770	200	150	150	20	—	70	30	20	40	—	50	—	40	—
1994	970	230	165	160	22	80	75	30	20	48	—	60	40	40	—
1995	1056	272	180	180	29	80	80	30	20	50	—	60	35	40	—
1996	1178	315	200	199	30	80	80	35	30	50	—	70	35	44	10
1997	1269	315	245	220	34	80	90	36	30	60	—	75	30	44	10
1998	1363	335	270	255	35	85	90	36	30	60	—	75	30	47	15
1999	1505	370	300	300	35	85	102	40	30	60	—	90	30	48	15
2000	1582	380	350	320	35	70	102	45	30	60	—	90	30	50	20
2001	1724	410	395	360	35	73	110	45	35	65	—	90	30	56	20
2002	1770	430	400	360	35	75	110	50	35	65	—	90	40	60	20
2003	1945	450	450	400	40	70	120	50	35	70	30	100	50	60	20

专表 13－3　各协会开展演出、比赛活动情况

单位：次

年度	合计	门球	舞蹈	剑术	京剧	钓鱼	棋类	桥牌	台球	竞技麻将	集邮	书画	花卉	诗词	乒乓
合计	354	48	46	46	46	11	24	24	24	24	11	13	11	13	13
1993	23	3	2	2	2	1	2	2	2	2	1	1	1	1	1
1994	25	5	2	2	2	1	2	2	2	2	1	1	1	1	1
1995	29	4	4	4	4	1	2	2	2	2	1	1	1	1	1
1996	26	3	3	3	3	1	2	2	2	2	1	1	1	1	1
1997	45	6	6	6	6	1	3	3	3	3	1	2	1	2	2
1998	40	4	5	5	5	1	3	3	3	3	1	2	1	2	2
1999	31	5	4	4	4	1	2	2	2	2	1	1	1	1	1
2000	33	4	5	5	5	1	2	2	2	2	1	1	1	1	1
2001	33	4	5	5	5	1	2	2	2	2	1	1	1	1	1
2002	34	5	5	5	5	1	2	2	2	2	1	1	1	1	1
2003	34	5	5	5	5	1	2	2	2	2	1	1	1	1	1

专表 13－2、专表 13－3 数据说明，1993～2003 年：①志趣协会数量由 10 个增至 14 个，增长 40%；②参与活动人数从 770 人增至 1945 人，增长 152.6%；③演出、比赛活动场次虽有起伏，但仍从 23 场次增至 34 场次，增长 48%。2004 年，由于活动经费增加，基础设施维修和改善，各协会开展大型活动次数大幅增加，详见专表 13－4。

专表 13－4　各协会开展大型活动统计表

单位：场次

合计	门球	舞蹈	剑术	京剧	钓鱼	棋类	桥牌	台球	竞技麻将	集邮	书画	花卉	诗词	乒乓
68	12	8	5	5	1	3	2	4	2	3	6	1	12	4

（4）培训活动骨干，提高活动质量。协会活动开展起来后，如何提高活动质量已成为参与者和观众的共同要求。为了提高活动质量，同时解决活动中心由于协会增加、活动增多而产生的人手不足问题，从 2001 年起各协会都物色了一批骨干进行培训。实践证明，培训骨干既是提高活动质量的根本措施，又弥补工作人员不足的有效方法。2001～2003 年培训骨干情况，见表 13－5。

专表 13－5　各协会培养骨干情况

单位：人

年度	合计	门球	舞蹈	剑术	京剧	钓鱼	棋类	桥牌	台球	竞技麻将	集邮	书画	花卉	诗词	乒乓
2001	148	20	40	20	10	—	10	8	10	—	—	10	10	10	—
2002	178	20	40	30	10	10	20	8	10	—	—	10	10	10	—
2003	188	30	40	30	10	10	20	8	10	—	—	10	10	10	—

三　管理和创收

1993～2000年，活动中心职工从16人增至21人。2001～2003年，职工队伍情况见专表13－6。

专表13－6　职工基本情况一览表

单位：人，元

年　度	职工人数	性　别		年龄结构		学历结构				人均年收入
		男	女	30岁以下	31～50岁	高中以下	中专	大专	本科	
2001	21	11	10	8	13	14	1	3	3	9047
2002	21	11	10	8	13	14	1	3	3	10000
2003	21	11	10	8	13	14	1	3	3	10470

活动中心十分重视建章立制，强化管理，规范服务，并在做好服务工作的前提下积极创收。

（1）建立规章制度，规范服务工作。活动中心先后制定了《管理条例》、《服务管理规范指南》、《职工考勤制度》、《年度考核管理目标细则》等制度，从而使服务、管理工作有章可循。

（2）强化岗位职责，实行目标考核。每年初，活动中心与工作人员签订工作目标责任书，把各项任务切块包干，层层分解、落实到人，实行岗位负责制。每年终，对每个岗位的工作进行具体考核，考核结果直接与个人奖金、提拔任用、评先晋级挂钩。

（3）改善服务态度，拓宽服务领域。一是加强职工教育，改善服务态度，努力做到老干部满意。二是通过各种途径征求老干部意见，不断改进服务工作。三是科学安排活动计划，拓宽服务领域，提高各类活动设施利用率。四是坚持双月联席会议制度，总结布置工作，协调开展活动。

（4）加强职工教育，提高队伍素质。坚持对职工进行教育和培训，既强化工作人员服务意识，又提高他们组织活动的能力，只有提高了工作人员素质，才能不断改善服务和管理工作。

（5）积极开展创收，增强服务实力。为了弥补经费不足，活动中心利用自身条件从事招待所和餐馆、门面出租、舞厅承包等经营活动，1993～2003年创收172万元，大大增强了服务实力。

四　问题和对策

当前存在的问题是：活动中心太少，过于集中；财政拨款有限，活动经费不足；房屋年久失修，部分设备老化；“三高（年龄高、发病率高、要求服务质量高）”老干部增多，活动内容和形式难以适应；内部管理有待于进一步改善等。其中，最大困难是经费不足，财政拨款基本上只够发放工资，其他支出主要依靠创收。但是，活动中心是社会公益性事业，不应走市场经营之路。详见专表13－7。

专表13－7　活动中心收支情况

单位：万元

年度	收入				支出					结转余额
	合计	财政拨款	创收	其中:招待所收入	合计	职工工资	活动经费	基础建设及维修费	购买设备及其他	
合计	326.4	154.4	172	96	331.8	156	122	41	12.8	-5.4
1993	20.8	5.8	15	9	20.8	9	7	2	2.8	—
1994	21.8	5.8	16	10	21.8	9	8	2	2.8	—
1995	21.8	5.8	16	10	21.8	10	7	2	2.8	—
1996	21.8	5.8	16	10	21.8	10	7	2	2.8	—
1997	20.8	5.8	15	9	20.8	12	7	1	0.8	—
1998	20.8	5.8	15	9	20.8	12	7	1	0.8	—
1999	21.8	5.8	16	9	24.0	16	7	1	—	-2.2
2000	21.8	5.8	16	9	24.0	16	7	1	—	-4.4
2001	53.0	38.0	15	9	51.0	19	22	10	—	-2.4
2002	53.0	37.0	16	8	51.0	21	23	7	—	-0.4
2003	49.0	33.0	16	4	54.0	22	20	12	—	-5.4

为了解决上述种种问题，市老干部活动中心建议：

（1）提高思想认识，加强具体领导。要充分认识搞好活动中心的重要意义，深入调研，制订规划，把活动中心工作列入党政领导机关议事日程，及时解决面临的主要问题。

（2）增加财政拨款，解决经费困难。年久的房屋必须维修，老化的设

施应该更新，活动的经费应该保证，职工待遇应该提高。同时，活动中心自身应该努力增收节支。

（3）增设活动场所，服务进入社区。为了适应“三高”人员增多，方便老干部参与，应适当增设活动场所，部分活动和服务应该进入老干部比较集中的社区。

（4）提高职工素质，加强内部管理。要努力建设一支综合素质高、服务热情高、工作效率高的职工队伍。不断改革内部管理制度，提高服务水平，认真做好老干部的服务工作。

专题14　孝感市交通警察支队调查

一　巨大进步

1993 年孝感撤地设市后，原孝感地区公安处交警支队更名为孝感市公安局交警支队。1993～2004 年，交警支队工作取得了巨大进步。

（1）交警队伍逐步壮大。1993～2004 年，支队交警简况见专表 14－1。

专表 14－1　支队交警简况

单位：人

年度	人数	性别		年龄			文化程度			级别			含离退休人员
		男	女	<35	36～45	>45	高中以下	大专	本科以上	科员	科级	县级	
1993	170	152	18	75	57	38	144	25	1	148	19	3	2
1995	181	159	22	80	60	41	135	44	2	145	33	3	3
1997	192	167	25	80	68	44	120	66	6	155	33	4	6
1999	200	173	27	63	82	55	88	90	22	152	42	6	8
2001	209	180	29	63	88	58	62	116	31	158	45	6	10
2003	211	181	30	54	91	66	45	114	52	153	52	6	13
2004	215	184	31	51	95	69	44	90	81	154	55	6	15

专表 14－1 数据说明：1993～2004 年，支队交警中女性比重已由 10.6%升至 14.4%，35 岁以下人员已由 44.1%降至 23.7%，大专以上人员已由 15.3%升至 79.5%，科级以上人员已由 12.9%升至 28.4%，离退休人员已由 1.2%升至 7%。

（2）队伍建设明显加强。支队实行半军事化管理，加强队列、手势、擒敌拳等训练，曾荣获湖北省交警擒敌拳比武第一名。支队建立了各项规章制度，实施目标量化管理，设立了举报电话、投诉箱，聘请了义务监督员。通过这些举措，实现了连续 3 年"零发案"目标，执法水平大为提高，服务态度明显改变，群众满意率逐年上升。2001～2003 年连年被湖北省交

警总队评为政工先进单位；在1998年荣立集体二等功后，2003年又被中共孝感市委评为“先进基层党组织”，被中共湖北省委、湖北省政府评为“抗击非典先进单位”。

（3）车辆及驾驶员管理取得新成效。2005年，全市拥有机动车23万余台，驾驶员25.3万余人。其中，市辖区拥有机动车61650台，驾驶员83501人。

1993~2005年，市辖区机动车和驾驶员增长情况见专表14－2和专表14－3。

专表14－2　机动车增长情况

单位：台

年　度	大　货	小　货	大　客	小　客	轿　车	摩托－黄	摩托－蓝	合　计
1993	354	500	65	867	372	131	12	2301
1995	639	873	76	1547	743	758	74	4710
1997	974	1524	101	2551	1241	4972	602	11965
1999	1349	2160	121	3496	1861	11200	1242	21429
2001	1599	2772	171	4089	2227	20407	1710	32975
2003	1783	3163	265	5333	3187	28431	2079	44241
2005	1973	3662	327	6422	3821	42808	2637	61650

专表14－3　驾驶员增长情况

单位：人

年　度	A1	A2	B1	B2	C1	C3	C4	D	E	合　计
1993	1226	3004	53	2	6	153	194	3	57	4698
1995	1447	4495	73	2	7	197	405	6	101	6733
1997	1871	9332	352	4	11	262	1213	12	208	13265
1999	2106	13332	590	4	12	788	7554	78	530	24994
2001	2246	16969	804	4	12	1209	14027	84	2567	37922
2003	2258	23025	1153	9	13	1381	20200	105	2585	50729
2005	2258	45851	4105	522	376	1472	24945	1256	2716	83501

说明：驾驶员类别：A1是指大型客车驾驶员；A2是指牵引车驾驶员；B1是指中型客车驾驶员；B2是指大型货车驾驶员；C1是指小型汽车驾驶员；C2是指小型自动挡汽车驾驶员；C3是指低速载货汽车驾驶员；C4是指三轮汽车驾驶员；D是指普通三轮摩托车驾驶员；E是指普通二轮摩托车驾驶员。

支队车管所推行“微笑服务、预约服务、上门服务、延时服务”。2002年，湖北省交警总队在孝感召开机动车驾驶员帮教现场会；在全省车辆检测工作评比中被评为甲等。2003年，推出10项便民利民承诺，赢得群众好评。近10年来，年年被评为满意窗口。

（4）道路交通法规宣传取得新进展。结合创建平安大道、畅通工程，

唱响以“安全才能回家”为主题的交通安全宣传，投资上百万元，建立安全村（社区），联办交通音乐台，开展了交通安全宣传进农村、社区、企业、学校、家庭的“五进”活动，明显提高了交通法规知晓率。2002、2003 年，湖北省交警总队曾多次在孝感召开现场会，观摩、学习孝感交警经验。

交通安全宣传

（5）道路交通管理取得新突破。全市公路通车总里程 4391.43 公里，其中京珠高速公路 116.5 公里（湖北省公安厅交警总队直管），107、316 国道 143.93 公里，12 条省道 458.22 公里；107、316 国道纵贯全境，昼夜交通量分别为 8000 和 11000 余台次。由于全市交警加大路面巡逻控管力度，使交通安全形势逐年好转，已跻身于湖北省先进行列。

1993～2004 年，市辖区道路交通事故情况见专表 14－4。

专表 14－4　道路交通事故情况

单位：起，人，万元

年　度	事故起数	死亡人数	受伤人数	直接经济损失	年　度	事故起数	死亡人数	受伤人数	直接经济损失
1993	88	99	51	45.34	1999	80	77	43	57.31
1994	64	85	51	50.00	2000	622	106	599	227.55
1995	61	71	49	37.57	2001	465	53	428	133.34
1996	92	94	66	85.55	2002	276	35	262	64.24
1997	87	92	67	114.50	2003	198	39	249	71.86
1998	85	75	59	52.88	2004	202	35	250	59.44

专表14－2和专表14－4数据说明：1993～2004年，每千辆机动车事故已由38.24起降至3.28起，死亡人数已由43.02人降至0.57人，受伤人数已由22.16人降至4.05人，直接经济损失已由19.7万元降至0.96万元。

（6）科技兴警有了长足进步。1993年以来，支队投资近2000万元，新建了31个信号灯控制路口，施划了城区及主干线道路的全部标志线，建成了集电视监控、信息查询、通讯指挥三位一体的综合指挥室，开辟了“999”、“119”、“120”快速通道，加快了交通卡点建设，形成了全市道路交通管理立体监控网，辖区所有大队，50%以上的中队业务实现了计算机管理和网上传递公文，可随时上公安网浏览、查询资料。

（7）基层基础工作得到加强。基础不牢、地动山摇。支队警力向一线下沉，资金向一线倾斜。支队直属8个中队，近几年为4个中队新建、改建了办公楼，南大中队已征地15亩。按照规定标准，已经配齐了全部新建中队的装备。2002年底，全市已有26个中队被湖北省总队评为“一级达标中队”，占全市中队总数83.9%，已居于湖北全省的前列。

（8）党组织建设明显增强。1993年以来，支队党委抓党建、抓班子，从严治长，坚持民主集中制，定期召开生活会，提倡“容得下人，容得下话，容得下事，容得下不同意见”和“相互补位”的“四容一补”精神，讲大局、讲团结、讲协作，共事共心共出战斗力。同时，发挥党员先锋模范作用，圆满完成上级交给的各项任务，受到上级好评。支队共青团总支发挥突击和助手作用，2003年5月被共青团湖北省委评为“全省共青团红旗团支部”。

（9）后勤保障坚强有力。1993年以来，支队新征土地100多亩，新建办公楼5栋，近8000平方米；住宅楼6栋，20000平方米，户均居住面积120平方米。在解决一线民警交通工具后，2003年又进一步做到了人手一辆摩托车、一部手持台；新配公路巡逻专用车22台。支队、大队、中队都兴建改建了食堂，建成了警官俱乐部，安装了健身设备，建设了后勤养殖基地，较好解决了民警后顾之忧。1993～2004年，交警支队固定资产增长情况见专表14－5。

（10）工作成绩得到充分肯定。据不完全统计，1997年以来支队受奖人数达390人次，为支队人数的181.4%。支队长何健1990年被评为“全国优秀公安民警”；2000年被评为“孝感市劳动模范”；1999、2001、2002年3次荣立三等功；2002年被评为“湖北省劳动模范”，荣获“五一”劳动奖章；2003年被评为湖北省“安全生产先进个人”；2004年被评为全国

专表 14－5　交警支队固定资产增长情况

单位：万元

年　度	房屋及建筑物	通讯设备	交通工具	业务器材	武器警戒	其　他	固定资产净值
1993	367	30	126	83	—	—	607
1995	897	61	168	106	—	—	1232
1997	1235	87	248	165	—	—	1735
1999	1457	99	290	218	—	—	2135
2001	1954	145	285	327	0.2	—	2712
2003	3143	195	889	660	169	21	5077
2004	3278	214	947	732	249	27	5469

“跨区机收先进个人”；1988、1989、1991 年被中共孝感市机关工委评为优秀共产党员；2005 年两次受胡锦涛等党和国家领导人的亲切接见，被授予“全国先进工作者”称号。政委徐诗杰也曾荣立个人二等功。在支队领导班子共同锻造下，孝感交警工作赢得了孝感市委、市政府、湖北省公安厅交警总队和广大人民群众的充分肯定。

孝感市公安局长李巨松和孝感支队长何健处理交通事故

二　体会和问题

1993～2004 年，是支队工作发展最快的时期。他们的体会是：把团结放在首要位置，全力调动一班人工作积极性；把队伍建设作为第一要务，

全力提高民警政治业务素质；把道路交通管理作为中心，全力营造安全畅通的快车道；把与时俱进、开拓创新作为指导思想，全力开创交警工作新局面；把工作重心集中在抓本级带下级，全力打造孝感交警“龙头”建设；把科技兴警作为突破口，全力提高现代化交通管理水平；把基层建设作为重中之重，全力营造拴心留人好环境；把关心民警疾苦列入议事日程，全力增强民警凝聚力、向心力。

存在的问题主要表现在：①预防道路交通事故能力相对脆弱。目前，影响道路交通安全的“人、车、路、环境”等要素的现状与道路交通安全管理客观需要之间，还存在着很大差距，这是预防道路交通事故能力脆弱的根本原因。②预防道路交通事故工作机制尚不完善。少数地方道路交通安全领导小组及其办事机构没有很好履行职责，没有真正形成党委政府领导、各职能部门齐抓共管的综合治理格局。③少数单位管段责任制不落实。由于少数交警管段责任不落实，导致路面失控失管，部分路段的交通违章行为甚至到了泛滥的程度。④机动车和驾驶员教育管理有待加强。带“病”车、无牌无证车辆、异地入籍车辆大量存在，对驾驶员的考试、审验把关不严，安全教育不到位，致使机动车驾驶员安全意识和技术素质不适应交通安全的需要，成为造成交通事故的直接祸首。

三　下一步工作任务

公安交警部门的任务是：以实施畅通工程和创建平安大道活动为载体，以“交通安全大宣传、交通工程大建设、交通管理大执法”为主题，营造安全畅通交通环境。

（一）创新“四个机制”，提高队伍整体素质

（1）创新“龙头”示范机制。一是要抓好领导班子建设，提高领导艺术、决策水平和驾驭能力。二是要抓本级、带全面，发挥本级示范作用，用实际行动感染带动部属。三是要抓典型、促工作，要培养、树立典型，要形成人人争第一、个个争先进的浓厚氛围。

（2）创新教育培训机制。一是贯彻《交通民警岗位教育大纲》，以大队、中队为单位开展岗位练兵活动，提高民警反袭警、防伤害意识和处置突发事件能力。二是加强职业道德、人生理想、纪律作风教育，激发民警爱岗敬业、服务人民的无私奉献精神。

（3）创新考核激励机制。实行目标量化管理，层层分解，明确标准，

确定考核等级。在此基础上，分每月、半年、全年3个时段严格考核，兑现奖惩，强化“人人有事干，事事有人干”和“干多干少不一样，干好干坏不一样”的良好风气，提高民警的管事率。

(4) 创新执法监督机制。一是严整警容风纪，执勤姿态端庄，指挥手势规范，文明执勤，礼貌纠章。二是依法行政，规范执勤执法行为，做到严格执法、依法行政。三是加强党风廉政建设，落实公安部“五条禁令”，从源头上防治腐败，确保公安交警队伍的“零发案”。

(二) 突出“四大重点”，推进工作进档升级

(1) 实施城市畅通工程。一要制定交通规划和管理规划，并规范交通管理行为。二要引入市场机制，多渠道筹集资金，搞好交通标志、标线、信号等设施建设。三要把公共交通纳入规划，确保“公交优先”。四要交通安全宣传进农村、进社区、进企业、进学校、进家庭。

(2) 创建平安大道活动。一是拓展交警管段责任制，实行“管事率、遵章率、事故率、发案率、违纪率”考核制度。二是建立公路沿线村镇社会治安群防群治责任制，规范报警点和道路标志、标线。三是打击车匪路霸，组织便衣跟车，建立快速出警机制，确保道路安全。

(3) 交通事故防控工作。一是建立危险路段及事故多发点整改治理机制。二是强化乡镇道路和非列管道路管理，或设立中队，或委托乡镇、派出所管理。三是加强个体客运车辆管理与服务，预防交通事故的发生。四是实行责任追究制度，确保各项措施落实。

(4) 严重交通违法整治。一是重点整治车辆超速、疲劳驾驶、酒后驾驶等严重违法行为。同时清除马路市场、打场晒粮等现象。二是城市要着力解决行人、非机动车乱穿，三轮车非法营运，公交车、出租车乱停乱靠、争道抢行以及城郊结合部交通秩序混乱等突出问题。

(三) 深化“四项改革”，接轨国际通行规则

(1) 道路交通勤务制度改革。一是改革交警中队勤务模式，对同一主干线上的中队和执勤点实行全天候错时错位执勤，既保证有效控管，又节约警力。二是强化公平、公正、公开执法，对一般事故和轻微事故，按简易程序处理，可尝试轻微事故自行处理办法。

(2) 驾驶员分类管理制度改革。按照国际惯例，对驾驶员按车型、按职业、按驾龄、按表现实施分类管理。要做好驾驶员分类工作，充分发挥驾协作用，交警部门要做好管理教育工作，制定出更加人性化的管理教育

模式，真正实现在籍驾驶员的分类管理。

（3）机动车登记制度改革。要全面推行警务公开，简化办事程序，提高工作透明度，方便办事群众。对符合规定的，要在限期内办理完毕；要完善和修改办牌、办证程序，在有效约束情况下，简化繁琐程序，精简岗位和人员，优化办事机制。

（4）交通科技工程建设改革。一是加快信息系统建设，实现公安部交管局、总队、支队、大队、中队交管信息联网。二是强化网上作战能力，加强计算机培训，引进和培养科技人才。三是要加大科技投入，实现所有省际路口、重点市际路口和城区主要道路电子监控。成立交通指挥中心，发展流动电子警察，实行动静结合、以动为主的管理模式。

通过上述工作，努力实现“广大交通参与者文明交通意识明显增强，城乡交通秩序明显改观，重特大交通事故明显减少，交通科技和工程建设步伐明显加快，交警文明执法、公正执法的素质明显提高”这5大目标，全面服务小康社会。

专题15　孝感市行政服务中心调查

2001年10月18日，孝感市政府在全省率先建立行政服务中心（以下简称“中心”），对行政审批事项实行统一组织办理、统一管理监督和统一协调服务，其具体情况如下。

一　基本情况

“中心”以“方便纳税人、服务老百姓”为宗旨，本着“宁可自己麻烦百次，不让群众为难一次”的理念，通过边运行、边调整、边深化、边提高办法，不断创新工作机制，强化“政务超市”特色，提高了行政审批效率，加强了廉政建设，优化了经济发展软环境，受到各方面的肯定。到2004年底，“中心”共接待91.5万余人次，办理事项35万余件（详见专表15－1），按期办结率100%。中心每天发放20份调查问卷，按月统计的群众满意率都在98%以上。

专表15－1　办事情况统计表

年　度	职能部门（个）	办事窗口	工作人员（人）	办理事项（件）	接待群众（万人次）	群众投诉（人次）	收费（万元）
2001	32	48	120	26597	9.65	3	401.31
2002	32	48	110	102368	25.59	15	3629.79
2003	30	43	102	116853	29.21	17	4832.05
2004	29	59	99	108209	27.05	12	2802.23

“中心”的具体做法是：

（1）改革行政审批体制，实行“三个一”服务方式。市委、市政府针对原来行政审批项目繁多、部门林立、程序复杂、监督乏力等弊端，在大刀阔斧减少行政审批项目的同时，决定将保留项目纳入“中心”实行“三个一”的统一管理，即“一栋楼办公、一个口子收费、一站式服务”，从

而彻底改变了过去分散审批、多头收费、程序复杂的行政审批体制。

2001年10月，首批进驻“中心”的有孝感市和孝南区公安、工商、税务、卫生等职能部门32个，设置办事窗口48个。此后，“中心”根据国务院精简行政审批项目精神和实际运行情况，对进驻“中心”的审批项目进行了3次调整，其原则是：群众满意、进则有效和“四不变”（执法主体不变，法定办事程序不变，既定利益格局不变，窗口人员身份和隶属关系不变）原则。2004年底，进驻“中心”的市、区职能部门29个、办事窗口59个，审批项目371个，工作人员99人（其中管理人员11人，窗口工作人员88人），详见专表15－2、专表15－3、专表15－4。

专表15－2 审批项目调整情况

单位：个

年 份	调出项目	调进项目	取消项目	转移下放项目	降低收费项目	取消收费项目
2001	0	0	0	0	3	1
2002	26	10	28	14	0	0
2003	0	0	0	0	0	0
2004	2	3	11	1	16	3

专表15－3 管理工作人员统计表

单位：人

总人数	性 别		政治面貌		学 历			行政级别		
	男	女	党 员	非党员	专 科	本 科	研究生	科 员	科 级	县处级
11	10	1	11	0	2	8	1	1	8	2

说明：另有在编司机一名。

专表15－4 窗口工作人员统计表

单位：人

总人数	性 别		政治面貌		学 历			行政级别		
	男	女	党 员	非党员	专科以下	专 科	本 科	科 员	副科级	正科级
88	26	62	42	46	16	35	37	72	10	6

（2）完善“中心”运行模式，实施“三个五”操作规范。一是“五个公开”，即指服务内容公开，办事程序公开，申报资料公开，承诺时限公开，收费标准公开。这“五个公开”，通过“中心”印发的《服务指南》、《办事须知》，设置的触摸显示屏、语音查询电话，以及各种大众传媒向社会各界宣传。二是“五制办理”，即直接办理制，承诺办理制，联

合办理制，专责办理制，明确答复制。对程序简便、可当场当天办结的事项，都直接办理；对涉及1个以上主管部门、需审核或现场踏勘的事项，则承诺限期办理。三是“五好标准”，即门好进、人好找、脸好看、话好说、事好办。“三个五”运行模式，是“中心”的核心内容，突出了“中心”的职能和特点，它是转变政府职能，提高办事效率，治理腐败，依法行政的集中体现。

（3）健全监督机制，“三管”齐下制约权力。“中心”是行政审批集中的地方，也是行政权力集中的地方。为了防治行政权力不作为和乱作为，“中心”健全了监督机制：

①成立监督机构。“中心”设立督察处，负责对各窗口业务的监督和检查。市纪委、监察局和市委、市政府也在“中心”设立了投诉中心。

②健全规章制度。一是市委、市政府就“中心”的业务操作和管理印发了成套规范性文件；“中心”内部也制定了《行政执法责任制》、《行政执法过错责任追究制》等14项制度。二是健全收费结算制度，实行“收支两条线”管理，各单位在“中心”办理的事项，统一结算收费，统一票据管理，收入纳入各单位综合财政预算，支出按综合财政预算管理办法执行。

③建立监控网络。“中心”建立了内部局域网，实行微机化管理，各窗口办理业务的详细情况，在管理层和窗口办事层的微机上同时反映出来，如果过期没有办结，各联网微机都会立即显示“过期提示”，从而实现了管理层与窗口办事层，以及各窗口办事层之间的相互监督。

二 主要成效

（1）提高了办事效率。“中心”围绕提高效率做了许多探索，“五制办理”就是探索的成果，其中“联合办理制”具有重要作用。2001~2004年，“中心”召开联办会议120多次，联合办理事项230余件，平均节省时间70%以上。2004年3月，占地200多亩的“乾坤名城”房地产项目，由于启动联办机制，原需要28天的审批事项仅7天就办完，投资商对此十分满意。

为了提高办事效率，“中心”还抓了以下几方面工作：一是为解决资料传输“两头跑”问题，接入了“宽带网”，落实了“一站式”服务。二是要求各单位协调好内部机构运转程序，克服推诿拖拉现象。三是降低承诺时限，“中心”办事效率“三次提速”，有26个项目减少办事环节，154

孝感市行政服务中心

个项目压缩办事时间40%以上。如国税局税务登记，原承诺7天，现改为当场办结。

（2）改革了行政审批制度。“中心”筹建之初，市政府组织专班对全市1350个审批、收费项目进行审定，重新编印了《孝感市收费文本修订手册》。“中心”运行以后，又按《行政许可法》要求，清查进入中心的项目，先后调出调进项目41项，取消、转移项目54项，降低、取消收费标准23项，并做到令行禁止，杜绝了以往取消审批项目后继续“滑行”的收费现象。

对于保留审批项目，“中心”通过“三个五”运行模式，规范审批活动。对所有收费结算项目，实行“收支两条线”管理；对有收费幅度的项目，一律按规定下限收取。“中心”除利用监控网络，实行管理层与各窗口办事层之间相互监督外，还非常重视群众投诉监督。到2004年底，“中心”共受理群众投诉47件，经查证属实的有20多件，其中查处“双轨运行”（即已进入“中心”的项目在原单位仍继续受理）2件，违规收费8件，服务态度等问题10多件。

（3）优化了发展环境。为了优化发展环境，“中心”从各个方面突出“服务”特色。首先，培训窗口工作人员，学习办事制度，要求做到办事公开、透明、规范、高效。同时，学习文明行为规范，对群众要笑脸相迎，态度和蔼，服务周到，廉洁奉公，不吃请、不收礼、不少给也不多收。其次，加强工作人员管理，实行八小时坐班制，不准随意请假，不准缺岗串岗，杜绝人难找现象。再次，实施便民措施，如设立大厅导向图、公示栏、电脑触摸屏、咨询台，发放宣传资料，增设休息坐椅，配备饮水机和一次性纸杯等。此外，“中心”始终注意保持大楼内外干净整洁，配备15台大空调保证冬暖夏凉，给办事人一个好环境。

“中心”的工作重点，是为投资商服务，要求工作人员想投资商所想，急投资商所急；外商内商同等待遇，大事小事一律公开，办证办照简化程序、规范收费，并推行首问责任制和联办制提高工作效率。孝感三发钢木家具公司是首家台资企业，在感受“中心”公开、透明、便捷、高效服务后，追加投资5000多万。三年多来，享受“中心”服务的内外企业612家（包括世界五百强企业4家）。到2004年底，19家外资企业原投资1.84亿美元，后追加3674万美元。

（4）促进了廉政建设。“中心”运作规范，监督有力，办事公开透明，遏制了权力寻租和滥用现象，窗口工作人员的观念和作风大为改观。如房地产窗口，提出“四个一”工作方式（一个窗口、一个联络员、一部车子、一个调度长），把前后方紧紧联在一起，不让群众跑中间环节，群众反映现在人好找了，路少跑了，钱少花了，事好办了。三年多来，“中心”的公安、交通、工商、计生、国税等10多个窗口，先后收到群众赠送的锦旗120多面，表扬信几十封。

（5）提高了孝感的知名度。“中心”十分注重对外宣传工作。一是通过大众媒体宣传。三年多来，各级各类报刊、广播、电视已发表有关稿件110余篇。“中心”还制作了新闻纪录片《阳光行动·服务为本》，编辑出版了《锦旗背后的故事》一书，获得良好社会反响。二是通过简报、专栏等形式宣传。现已编印《中心简报》90多期，举办图片展览2次，发放《中心简介》、《服务指南》等宣传资料18000余份。三是通过各种会议进行宣传。2002～2004年，市政府连续3年在湖北省源头治腐工作经验交流会上就“中心”工作做典型发言，受到省领导的充分肯定。此外，三年多来“中心”还接待了来自省内外的参观团体110余批3000多人，全国政协副主席、国务院行政审批制度改革办公室领导也先后到“中心”搞调研、作指导。

三　存在问题

“中心”存在的主要问题：一是“中心”运行模式与传统审批方式的矛盾。“中心”运行模式要求单位授权窗口现场审签，但某些单位领导习

惯传统审批方式，很难放下审批权力，往往留下许多自由裁量的“自留地”，因而无法完全形成“单位围绕窗口转，窗口围绕群众转”的工作机制，无法真正做到“一条龙”、“一站式”服务，有时候“中心”协调结果还不如客户个别活动的结果。二是客户要求与法规条文的矛盾。客户要求快（办事快）、省（花费省）、优（服务优），但许多计划经济条件下形成的法规无法改变，致使客户很难满意。三是效率与成本的矛盾。“中心”提高了办事效率，改善了服务环境，减轻了企业和群众负担（初步估算约500万元），但是，财政每年需增支90多万元，各单位也要开支一些办公经费，怎样看待这个矛盾？四是管事与管人的矛盾。“中心”管理着大量行政审批事务，但29个办事部门、上百号人的人事、工资、奖金、补助都不归“中心”管，致使“中心”工作人员缺乏有效管理手段。此外，少数窗口单位或因审批量不大（如农口的几个部门），或因季节性很强（如会计办证和年检），或因“中心”没有部门网络专线、不易保密（如公安部门）等要求撤出，则属项目调整问题。

四 几点建议

为了促进“中心”这一新生事物的逐步完善和发展，我们提出如下建议：

（1）以实施《行政许可法》为契机，推动“中心”各项工作。要加强对“中心”的领导，党政一把手要过问“中心”工作，为“中心”发展创造良好的政策、体制和工作环境。

（2）加强窗口力量，或者是放权于窗口，或者是把负责审批的分管领导（如工商局注册分局局长）派驻中心从事审批工作，坚决杜绝“双轨运行”。

（3）科学设置项目，加快电子政务建设。行政审批项目该取消的取消，该下放的下放，该转移的转移，该进“中心”的必须进入，并配套运行。凡进入单位应与“中心”局域网连接（公安、交警可设专线），避免群众两头跑。要加快电子政务建设，以利进一步提高效率。

（4）建立和完善监督网络，进一步规范行政审批、行政事业性规费减免、窗口人员操作等行为，严禁违规收费和“吃、拿、卡、要”，促进源头治腐和党风廉政建设。

（5）建立省、市、县行政服务体系。目前“中心”主要依靠本级党委、政府推动，缺乏上下对口管理体制和工作机制。建议学习重庆、安徽

等省市做法，成立省级行政服务中心，有条件的还可向乡镇延伸，从而形成上下对口的管理体制，并加强业务指导，规范工作机制。

（6）统一“中心”行政级别和领导体制。地级“中心”应为正处级单位，设置工委会和管委会，作为本级党委工作机构和政府派出机构，同时设置纪工委作为纪委派出机构。“中心”人员编制，地市级 14～16 人，县市级 10～12 人，纳入公务员编制管理（工勤人员另定）。为了做到管事与管人相统一，应该把窗口工作人员的工资、奖金等划拨到“中心”发放。

第四部分 户情调查报告

781户问卷调查报告

内容提要 第一部分：说明调查工作情况，包括确定调查总体、分配样本数量、抽取调查样本、培训调查人员、开展入户调查、回答人简况、审核调查问卷和处理问卷数据等情况。

第二部分：家庭与人口，包括城区、镇区和乡村居民家庭规模、家庭类型、家庭代数和夫妻对数，人口的性别、年龄、文化程度、婚姻、在业人口和不在业人口等情况。

第三部分：从业人员职业状况，包括城区、镇区和乡村居民从业人员的工作地点、行业分布、所有制分布、职业分布和全年纯收入分组等情况。

第四部分：家庭收入和家庭财产，包括城区、镇区和乡村居民家庭承包经营情况、家庭收入及其结构、家庭财产及其结构等情况。

第五部分：住房和耐用消费品，包括城区、镇区和乡村居民住房情况和拥有耐用消费品情况。

第六部分：政治与社会活动，包括城区、镇区和乡村被调查者知道领导人姓名情况、参与选举等活动情况、人员交往情况和外出活动情况等。

第七部分：遇到问题和解决办法，包括城区、镇区和乡村被调查者最近两年遇到的主要问题、涉及的人员、采用的解决办法等情况。

第八部分：闲暇时间和活动，包括城区、镇区和乡村被调查者过去一年的闲暇时间和主要闲暇活动等情况。

第九部分：个人感受，包括城区、镇区和乡村被调查者对前后各5年的生活评价和估计、对工作生活条件的感受、对居住环境的感受等情况。

根据中国百县市调查丛书总编辑委员会的要求，我们在孝感市（市辖区）进行了781户问卷调查，现将调查情况报告如下。

第一部分　调查工作情况

781 户问卷调查，从 2004 年 6 月 2 日开始筹划，到 2006 年 2 月 7 日完成调查报告的撰写，前后历时 616 天。调查工作的大体情况如下。

一　确定调查总体

课题组确定以 2003 年孝感市（市辖区）总人口为调查总体，并按照人口的城、镇、乡分布来分配调查样本。为此，首先弄清了市辖区城、镇、乡人口的分布，详见户调表 1 – 1。

户调表 1 – 1　城乡人口分布

单位：人，%

项　目		总人口		乡村人口		城镇人口	
		人　数	比　例	人　数	比　例	人　数	比　例
总　计		905600	100.00	605663	100.00	299937	100.00
城区	合　　计	285864	31.57	44066	7.28	241798	80.62
	市直(含开发区)	76030	8.40	30200	4.99	45830	15.28
	4 个街道	209834	23.17	13866	2.29	195968	65.34
镇乡场	合　　计	619736	68.43	561597	92.72	58139	19.38
	8 个镇	462974	51.12	416425	68.76	46549	15.52
	3 个乡	124297	13.72	117524	19.40	6773	2.26
	2 个场	32465	3.59	27648	4.56	4817	1.60

资料来源：《孝感统计年鉴 2003》；《孝感市孝南区国民经济统计资料》。

二　分配样本数量

按照总编委会的要求，课题组决定调查 800 个样本户。根据户调表 1 – 1 城镇人口占 33.12%、乡村人口占 66.88% 的比例，城镇样本应为 265 户，乡村样本应为 535 户。由于城镇人口异质性强，样本数量少了难以覆盖各社会阶层，因而将城镇样本扩大 0.8 倍，增至 477 户；乡村样本则减至 323 户。这样，城镇样本的变换公式是：265 ＊ 1.8 ＝ 477；乡村样本的变换公式则是：535 ／ 323 ＝ 1.656。今后，只要反过来使用此公式就可求出市辖区的平均值。

按户调表 1 – 1 城镇和乡村人口比例计算，城镇样本和乡村样本的分布情况见户调表 1 – 2。

三　抽取调查样本

课题组根据市辖区具体情况，在城区采用 3 段随机抽样方法抽取样本。其中，5 种类型（特殊群体、企事业单位、集贸市场和商业街、居民小组

户调表 1－2　城乡样本分布

单位：户，%

项　目		城镇样本		乡村样本		样本合计	
		比　例	户　数	比　例	户　数	比　例	户　数
总　计		100.00	477	100.00	323	800	100.00
城区	合　　计	80.62	384	7.28	23	407	50.87
	市直(含开发区)	15.28	73	4.99	16	89	11.12
	4 个街道	65.34	311	2.29	7	318	39.75
镇乡场	合　　计	19.38	93	92.72	300	393	49.13
	8 个 镇	15.52	74	68.76	222	296	37.00
	3 个 乡	2.26	11	19.40	63	74	9.25
	2 个 场	1.60	8	4.56	15	23	2.88

说明：由于城乡样本数量已经过一定公式变换，因而城乡样本合计的比例已不同于城乡人口比例。

和村委会）城区居民的 17 个群体作为第一级抽样单位，居民户为第二级抽样单位，人为第三级抽样单位。在乡村，则采用 4 段随机抽样方法抽取样本。其中，镇、乡、场为第一级抽样单位，村委会、居委会为第二级抽样单位，户为第三级抽样单位，人为第四级抽样单位。抽样结果见户调表1－3。

户调表 1－3　抽 样 结 果

单位：户

项目	组别	样本类型	计划调查样本	备用调查样本	实际抽取样本
总计			800	200	1000
城区	合计		407	102	509
	1	特殊群体	24	6	30
	2		24	6	30
	3		24	6	30
	4	企业事业单位职工	24	6	30
	5		24	6	30
	6		24	6	30
	7		24	6	30
	8		24	6	30
	9		24	6	30
	10	个体工商业者	24	6	30
	11		24	6	30
	12		24	6	30
	13	村民	23	6	29
	14	居民	24	6	30
	15		24	6	30
	16		24	6	30
	17		24	6	30

项目	组别	样本类型	计划调查样本	备用调查样本	实际抽取样本
镇、乡、场合计			393	98	491
杨店镇	小计		145	30	175
	18	村民	31	7	38
	19		31	8	39
	20		31	7	38
	21	居民	26	4	30
	22		26	4	30
肖港镇	小计		151	39	190
	23	村民	33	7	40
	24		32	8	40
	25		32	8	40
	26		32	8	40
	27	居民	22	8	30
卧龙乡	小计		74	20	94
	28	村民	32	8	40
	29		31	9	40
	30	居民	11	3	14
东山场	小计		23	9	32
	31	村民	15	5	20
	32	居民	8	4	12

说明："特殊群名"是指领导干部、私营企业户和残疾人。

四　培训调查人员

为了搞好这次问卷调查，课题承担单位湖北职业技术学院共组织 290 名干部、教师和学生作为调查员参与调查。其中，干部、教师 47 人，学生 243 人。在干部、教师中，副主任、副书记、副部长以上领导干部 11 人；副高级职称 12 人。为了便于安排调查工作，根据调查样本的分布情况，290 名调查员共分为 9 个调查分队，32 个调查小组。

2004 年 12 月 11～12 日，培训调查员。培训的内容是：课题组设计的《调查问卷》和编印的《调查员手册》、《调查员安全知识摘要》。通过培训，使每个参与者知道如何当好调查员，入户后如何选取回答人，在什么情况下可以换人或换户，如何做好访问调查，如何填写调查问卷，如何审核问卷、做好补充调查和如何编码等。培训方法是：先动员，后自学，然后调查员之间互相做试验调查，课题负责人解答疑难问题，最后由学院党委书记做总结。

五　开展入户调查

2004 年 12 月 13～15 日，各调查分队、调查小组负责人到被调查单位落实入户调查前的各项准备工作，部分调查小组进行了试调查。12 月 17～18 日，290 名调查人员分成 9 个分队、32 个小组分赴城区各单位、各街道，以及杨店镇、肖港镇、卧龙乡、东山头农场的 32 个调查点进行入户调查，课题组负责人则亲赴第一线进行指导和检查。

据事后统计，实际调查 1025 户，人均每天调查 1.77 户。其中，完成调查 781 户，调查使用时间 40277 分钟，户均 51.57 分钟，其中最少 20 分钟，最多 155 分钟。调查结果完全可信 293 户，基本可信 488 户。按照城区（城镇居民）、镇区（镇、乡、场城镇居民）和乡村（包括城区和镇、乡、场的全部村民）分别统计，问卷调查完成情况见户调表 1－4。

户调表 1－4　调查完成情况

单位：户

项　目	计划调查样本户数	实际调查样本户数	完成调查样本户数			未完成调查样本户数及其原因				
			合 计	换 户	换 人	合 计	拒绝回答	搬迁转移外出	无合要求对象	调查质量低劣
合　计	800	1025	781	224	287	244	26	192	6	20
城　区	384	493	367	109	139	126	14	91	4	17
镇　区	93	116	92	22	42	24	1	21	0	2
乡　村	323	416	322	93	106	94	11	80	2	1

六 回答人简况

城区、镇区和乡村回答人简况见户调表1－5。

户调表1－5 回答人简况

单位：人，%

项目		总计	性别		年龄				文化程度			
			男	女	20岁以下	21～35岁	36～55岁	56岁以上	初中以下	高中中专	大专	本科以上
合计	人数	781	424	357	32	226	389	134	507	148	63	63
	比重	100.0	54.29	45.71	4.10	28.94	49.81	17.16	64.92	18.95	8.07	8.07
城区	人数	367	183	184	27	140	149	51	147	108	50	62
	比重	100.0	49.86	50.14	7.36	38.15	40.60	13.90	40.05	29.43	13.62	16.89
镇区	人数	92	60	32	1	22	47	22	65	15	11	1
	比重	100.0	65.22	34.78	1.09	23.91	51.09	23.91	70.65	16.30	11.96	1.09
乡村	人数	322	181	141	4	64	193	61	295	25	2	—
	比重	100.0	56.21	43.79	1.24	19.88	59.94	18.94	91.61	7.76	0.62	—

项目		社会阶层										
		党政干部	私企业主	专业人员	办事人员	商服人员	个体经济	工人	农民	军警	其他	无劳动力
合计	人数	41	9	106	32	70	92	142	275	1	6	7
	比重	5.26	1.15	13.57	4.10	8.97	11.78	18.18	35.21	0.13	0.77	0.90
城区	人数	39	9	86	22	60	49	88	1	1	5	7
	比重	10.62	2.45	23.43	5.99	16.35	13.35	23.98	0.27	0.27	1.36	1.91
镇区	人数	2	—	16	9	3	28	8	26	—	—	—
	比重	2.17	—	17.39	9.78	3.26	30.43	8.70	28.26	—	—	—
乡村	人数	—	—	4	1	7	15	46	248	—	1	—
	比重	—	—	1.24	0.31	2.17	4.66	14.29	77.02	—	0.31	—

说明："其他"指失业、待业和无正当职业者；"无劳动力"是离退休人员和丧失劳动能力者。

七 审核调查问卷

2004年12月20日，开始筹划问卷审核工作。课题组根据问卷调查情况，起草了《800户"调查问卷"审核要点》、《关于审核"调查问卷"中如何评估收入、财产的参考意见》，以及《800户家庭调查问卷摘录》和《800户调查社会分层类别和评分标准》等文件。

2005年1月17日至2月5日和2月25日至6月8日，课题组组织力量对问卷进行了审核。同时，为了便于与1992年的《804户户情调查》进行对比研究，还对781户调查问卷和1992年的804户调查问卷，做了摘录和评分工作。

八　处理问卷数据

首先，是录入问卷数据。据统计，781份问卷，每份问卷664个数据，合计518584个；1992年804分问卷摘录，每份摘录28个数据，合计22512个，总计数据541096个。2005年5月31日，开始用SPSS软件录入数据，但由于人员变动一度被迫停顿，直到10月16日完成。10月16日后，开始校对和补充录入数据工作，直到2006年1月4日全部完成。

其次，是统计分析。2006年1月4~5日，课题组起草了《统计分析要点》。1月9~13日，完成描述性统计，打印统计资料996张。深入的统计分析，还有待今后继续进行。

第二部分　家庭与人口

一　家庭情况

（一）家庭规模

据《中国国情丛书——百县市经济社会调查·孝感卷》“804户户情调查”（以下简称《804户调查》），1991年8月底，804户总人口3433人，户均4.27人。其中，城镇300户，1133人，户均3.78人；乡村504户，2300人，户均4.56人。[①] 据这次《781户问卷调查》（以下简称《781户调查》），2004年底781户总人口3187人，户均4.08人。其中，城镇459户，1701人，户均3.71人；乡村322户，1486人，户均4.61人。与《804户调查》相比较，户均人口减少0.19人。其中，城镇户均减少0.07人，乡村户均增加0.05人。这说明，1991~2004年，计划生育工作在城镇仍卓有成效，在乡村则有所放松。

2004年，城区、镇区、乡村的家庭规模见户调表2-1。

---

① 水延凯主编《中国国情丛书——百县市经济济调查·孝感卷》，中国大百科全书出版社，1992，第699页。

户调表 2－1　家庭规模

单位：户，%

项目		总计	不同人口规模家庭的户数											
			1人	2人	3人	4人	5人	6人	7人	8人	9人	10人	12人	13人
合计	户数	781	12	67	245	195	142	68	27	15	5	3	1	1
	比重	100.0	1.54	8.58	31.37	24.97	18.18	8.71	3.46	1.92	0.64	0.38	0.13	0.13
城区	户数	367	9	35	172	76	54	14	2	2	1	1	—	1
	比重	100.0	2.45	9.54	46.87	20.71	14.72	3.81	0.54	0.54	0.27	0.27	—	0.27
镇区	户数	92	—	8	27	24	17	9	2	4	1	—	—	—
	比重	100.0	—	8.70	29.35	26.09	18.48	9.78	2.17	4.35	1.09	—	—	—
乡村	户数	322	3	24	46	95	71	45	23	9	3	2	1	—
	比重	100.0	0.93	7.45	14.29	29.50	22.05	13.98	7.14	2.80	0.93	0.62	0.31	—

与《804户调查》相比较，不同人口规模家庭的比重，3人以下的户已由30.35%升至41.49%；4～5人的户已由52.24%降至43.15%；6～7人的户已由14.18%降至12.17%；8～9人的户已由2.74%降至2.56%；10人以上的户已由0.49%升至0.64%。[①] 总体情况是："两头升，中间降"；户均人口乡村（4.61人）大于镇区（4.21人），镇区大于城区（3.58人）。

（二）家庭类型

2004年底，城区、镇区、乡村的家庭类型见户调表2－2。

户调表 2－2　家庭类型

单位：户，%

项目		总计	不同家庭类型的户数								
			无子女家庭	空巢家庭	单亲家庭	核心家庭	隔代家庭	主干家庭	联合家庭	单身家庭	其他家庭
合计	户数	781	26	33	15	439	7	209	31	12	9
	比重	100.0	3.33	4.23	1.92	56.21	0.90	26.76	3.97	1.54	1.15
城区	户数	367	16	11	9	235	2	72	7	9	6
	比重	100.0	4.36	3.00	2.45	64.03	0.54	19.62	1.91	2.45	1.63
镇区	户数	92	4	4	1	56	1	17	8	—	1
	比重	100.0	4.35	4.35	1.09	60.87	1.09	18.48	8.69	—	1.09
乡村	户数	322	6	18	5	148	4	120	16	3	2
	比重	100.0	1.86	5.59	1.55	45.96	1.24	37.27	4.97	0.93	0.62

① 水延凯主编《中国国情丛书——百县市经济济调查·孝感卷》，中国大百科全书出版社，1992，第699页。

与《804户调查》相比较，最突出的是，主干家庭从19.40%升至26.76%（乡村更由20.24%升至37.27%）；联合家庭从1.24%升至3.97%（乡村更由0.59%升至4.97%）。此外，无子女家庭也从1.62%升至3.33%，其他家庭从0.37%升至1.15%，隔代家庭从0.25%升至0.9%。反之，核心家庭从68.04%降至56.21%（乡村更由70.83%降至45.96%）。同时，单身家庭也从2.61%降至1.54%，单亲家庭从2.24%降至1.92%。空巢家庭持平，均为4.23%。①

（三）家庭代数和夫妻对数

2004年底，城区、镇区、乡村家庭的代数和夫妻对数，见户调表2－3。

户调表2－3　家庭代数和夫妻对数

单位：户，%

项　目		总计	户均	不同代数家庭的户数				户均	不同夫妻对数家庭的户数				
				1代	2代	3代	4代		0对	1对	2对	3对	4对
合计	户数	781	2.20	85	462	224	10	1.19	34	587	139	19	2
	比重	100.0		10.88	59.15	28.68	1.28		4.35	75.16	17.80	2.43	0.26
城区	户数	367	2.10	42	250	73	2	1.10	21	298	41	6	1
	比重	100.0		11.44	68.12	19.90	0.54		5.72	81.20	11.17	1.63	0.27
镇区	户数	92	2.13	14	53	24	1	1.22	2	71	16	3	—
	比重	100.0		15.22	57.61	26.09	1.09		2.17	77.17	17.39	3.26	—
乡村	户数	322	2.35	29	159	127	7	1.29	11	218	82	10	1
	比重	100.0		9.01	49.38	39.44	2.17		3.42	67.70	25.47	3.11	0.31

与《804户调查》相比较，户均家庭代数从2.1代增至2.2代，夫妻对数从1.06对增至1.19对。其中，乡村家庭从户均2.05代增至2.35代；夫妻从户均1.06对增至1.29对。②

1991～2004年，主干家庭、联合家庭比重上升，家庭代数、夫妻对数增加，特别是乡村家庭增幅更高，其原因有二：一是家庭职能（特别是经营职能），在城乡都大大增强；二是家庭小型化的利益驱动（如多分承包地、自留地，多领票证等）已大大弱化或消失。单身家庭和单亲家庭比重下降，说明无婚姻家庭减少，它是生活幸福度提高的一种反映；无子女家庭（亦称“丁克家庭”）、其他家庭（如同居家庭、合伙家庭等）和隔代家

① 水延凯主编《中国国情丛书——百县市经济济调查·孝感卷》，中国大百科全书出版社，1992，第701页。

② 水延凯主编《中国国情丛书——百县市经济济调查·孝感卷》，中国大百科全书出版社，1992，第701页。

庭（多由父母离异、丧偶、再婚而形成）比重提高，则是人们婚姻观念和实践日益多样化的具体表现。

二 人口情况

（一）性别和年龄

2004 年底，城区、镇区、乡村人口的性别和年龄，见户调表 2－4。

户调表 2－4　人口的性别和年龄

单位：人，%

项目		总计	性别		不同年龄组人口的人数										
			男	女	0～5	6～12	13～18	19～24	25～34	35～50	51～60	61～65	66～74	>75
合计	人数	3187	1658	1529	110	271	382	331	524	864	371	128	124	82
	比重	100.0	52.02	47.98	3.45	8.50	11.99	10.39	16.44	27.11	11.64	4.02	3.89	2.57
城区	人数	1314	652	662	40	115	124	134	235	398	143	44	52	29
	比重	100.0	49.62	50.38	3.04	8.75	9.44	10.20	17.88	30.29	10.88	3.35	3.96	2.21
镇区	人数	387	216	171	14	30	51	40	62	108	36	20	17	9
	比重	100.0	55.81	44.19	3.62	7.75	13.18	10.34	16.02	27.91	9.30	5.17	4.39	2.32
镇区	人数	1486	790	696	56	126	207	157	227	358	192	64	55	44
	比重	100.0	53.16	46.84	3.77	8.48	13.93	10.57	15.28	24.09	12.92	4.30	3.70	2.96

与《804 户调查》相比较：①性比例已由 110.6 降至 108.4。但是，城、镇、乡性比例差别极大，其中城区 98.5，乡村 113.5，镇区 126.3。这说明，乡镇性比例过高仍是一个突出问题。②不同年龄组人口的比重，0～12 岁人口已由 25.25% 降至 11.95%；13～24 岁人口已由 24.85% 降至 22.38%；25～60 岁人口已由 44.33% 升至 55.19%；61 岁以上人口已由 5.56% 升至 10.48%。③少年儿童人口系数（即 0～14 岁人口占总人口比重）已由 28.78% 降至 15.97%；老年人口系数（即 60 岁以上人口占总人口比重）则由 5.85% 升至 10.48%。④人口平均年龄已由 27.43 岁增至 35.10 岁。这说明，市辖区已进入人口老龄化初期。①

（二）文化程度

2004 年底，城区、镇区、乡村 7 岁以上人口的文化程度，见户调表 2－5。

与《804 户调查》相比较，7 岁以上不同文化程度人口比重：文盲已由 15.85% 降至 9.02%；小学已由 34.39% 降至 31.18%；初中已由 31.19% 升至 32.65%；高中、中专和技校已由 15.85% 升至 15.96%；大专已由 2.2% 升至 5.79%；大学本科及其以上已由 0.52% 升至 5.4%。7 岁以

① 水延凯主编《中国国情丛书——百县市经济济调查·孝感卷》，中国大百科全书出版社，1992，第 704～706 页。

户调表 2－5　7 岁以上人口的文化程度

单位：人，%

项目		>7 岁人口	文盲	初小	高小	初中	高中中专技校	大专	大学本科	研究生
合计	人数	3038	274	763	184	992	485	176	151	13
	比重	100.0	9.02	25.12	6.06	32.65	15.96	5.79	4.97	0.43
城区	人数	1257	53	238	74	306	302	140	134	10
	比重	100.0	4.22	18.93	5.89	24.34	24.03	11.14	10.66	0.80
镇区	人数	369	23	78	24	143	66	28	7	
	比重	100.0	6.23	21.14	6.50	38.75	17.89	7.59	1.90	
乡村	人数	1412	198	447	86	543	117	8	10	3
	比重	100.0	14.02	31.66	6.09	38.46	8.29	0.57	0.71	0.21

上人口平均受教育年数，已由 6.77 年增至 7.91 年。[①] 但是，乡村文盲仍有 14.02%，小学仍占 37.75%，两者合计达 51.77%。这说明，加强乡村教育仍是一项紧迫任务。

（三）婚姻状况

2004 年底，城区、镇区、乡村 15 岁以上人口的婚姻状况，见户调表 2－6。

户调表 2－6　15 岁以上人口的婚姻状况

单位：人，%

项目		总计	从未结婚	已婚有配偶	离婚未再婚	离婚再婚	丧偶未再婚	丧偶再婚	同居	其他
合计	人数	3122	1082	1868	22	8	111	6	4	21
	比重	100.0	34.66	59.83	0.70	0.26	3.56	0.19	0.13	0.67
城区	人数	1293	417	818	9	5	35	4	4	1
	比重	100.0	32.25	63.26	0.70	0.39	2.71	0.31	0.31	0.08
镇区	人数	378	136	222	5	—	10	2	—	3
	比重	100.0	35.98	58.73	1.32	—	2.65	0.53	—	0.79
乡村	人数	1451	529	828	8	3	66	—	—	17
	比重	100.0	36.46	57.06	0.55	0.21	4.55	—	—	1.17

与《804 户调查》相比较，15 岁以上人口婚姻状况：从未结婚已由 29.68% 升至 34.66%；已婚有配偶已由 65.52% 降至 59.83%；离婚未再婚已由 0.23% 升至 0.7%；离婚再婚已由 0.19% 升至 0.26%；丧偶未再婚已由 3.99% 降至 3.56%；丧偶再婚已由 0.39% 降至 0.19%；同居、合伙等

① 水延凯主编《中国国情丛书——百县市经济济调查·孝感卷》，中国大百科全书出版社，1992，第 707～708 页。

其他婚姻则从0升至0.80%。①

三　在业人口和不在业人口

(一) 在业人口状况

2004年底，城区、镇区、乡村在业人口状况，见户调表2-7。

户调表2-7　在业人口状况

单位：人，%

项目		总计	正常工作	离退后再工作	未到年龄就业	病休和内退	停薪留职	下岗待业	其他
合计	人数	1956	1816	35	17	25	4	31	28
	比重	100.0	92.84	1.79	0.87	1.28	0.20	1.58	1.43
城区	人数	809	763	16	1	11	1	16	1
	比重	100.0	94.31	1.98	0.12	1.36	0.12	1.98	0.12
镇区	人数	206	178	9	2	3	1	6	7
	比重	100.0	86.41	4.37	0.97	1.46	0.49	2.91	3.39
乡村	人数	941	875	10	14	11	2	9	20
	比重	100.0	92.99	1.06	1.49	1.17	0.21	0.96	2.12

户调表2-7数据说明：从总体上看，“正常工作”占92.84%。但是，与城区和乡村比较，镇区“正常工作”比例最低，其他各项大多比例最高，这是一个值得关注的问题。

(二) 不在业人口状况

2004年底，城区、镇区、乡村不在业人口状况，见户调表2-8。

户调表2-8　不在业人口状况

单位：人，%

项目		总计	学龄前儿童	在校学生	待业	失业	家务	离退休人员	丧失劳动能力	其他
合计	人数	1231	147	623	41	35	163	111	100	11
	比重	100.0	11.94	50.61	3.33	2.84	13.24	9.02	8.12	0.89
城区	人数	505	53	242	16	32	60	71	30	1
	比重	100.0	10.50	47.92	3.17	6.34	11.88	14.06	5.94	0.19
镇区	人数	181	18	91	7	1	33	18	10	3
	比重	100.0	9.94	50.28	3.87	0.55	18.23	9.94	5.53	1.66
乡村	人数	545	76	290	18	2	70	22	60	7
	比重	100.0	13.94	53.21	3.30	0.37	12.84	4.04	11.01	1.28

① 水延凯主编《中国国情丛书——百县市经济济调查·孝感卷》，中国大百科全书出版社，1992，第714页。

在户调表2－8的数据中，“待业”和“失业”合计6.17%，是一个有待解决的难题。特别是镇区“待业”、“家务”和“其他”比重都高于城区和乡村，更值得高度重视。

第三部分　从业人员职业状况

由于“在业人口”中部分“离退后再工作”、“未到年龄就业”、“病休和内退”、“停薪留职”、“下岗待业”和“其他”人员没有回答职业状况；再加上部分外出人员职业状况不清楚，因而从业人员“职业状况”只有1862人，即比“在业人口”合计1956人少94人。

据《804户调查》，在业人口1921人，不在人口1512人，劳动力负担系数78.76。[1] 户调表2－7和户调表2－8在业人口1956人，不在业人口1231人，劳动力负担系数62.93，比1991年下降了15.83。如果按回答“职业状况”从业人员1862人计算，劳动力负担系数71.16，也比1991年下降了7.6。这说明，市辖区人口结构正处于“人口红利”的黄金时期。

一　从业人员工作地点

2004年，城区、镇区、乡村从业人员的工作地点，见户调表3－1。

户调表3－1　从业人员工作地点

单位：人，%

项目		总计	本村(居)委会	本乡镇街城镇	本乡镇街农村	本县市区城镇	本县市区农村	本省市区城镇	本省市区农村	外省市区城镇	外省市区农村	港澳台地区	国外
合计	人数	1862	837	167	17	542	21	71	12	143	51	—	1
	比重	100.0	44.95	8.97	0.91	29.11	1.13	3.81	0.64	7.68	2.74	—	0.05
城区	人数	724	140	40	4	462	8	29	2	24	14	—	1
	比重	100.0	19.34	5.52	0.55	63.81	1.10	4.01	0.28	3.31	1.93	—	0.14
镇区	人数	206	65	98	5	11	2	5	2	13	5	—	—
	比重	100.0	31.55	47.57	2.43	5.34	0.97	2.43	0.97	6.31	2.43	—	—
乡村	人数	932	632	29	8	69	11	37	8	106	32	—	—
	比重	100.0	67.81	3.11	0.86	7.40	1.18	3.97	0.86	11.37	3.43	—	—

户调表3－1数据说明：从总体看，在本县市以外工作的从业人员仅占14.92%。但是，在乡村却达19.63%，高于城区、镇区9.96个百分点和7.49百分点。

① 水延凯主编《中国国情丛书——百县市经济济调查·孝感卷》，中国大百科全书出版社，1992，第726页。

二 从业人员行业

2004年，城区、镇区、乡村从业人员的行业，见户调表3－2。

户调表3－2 从业人员行业

单位：人，%

项目		总计	农林牧渔	制造建筑	交通邮电	贸易餐饮	金融保险	房产服务	卫生体育	教育文化	科技服务	党政群团	其他
合计	人数	1862	717	314	46	227	44	156	59	116	13	94	76
	比重	100.0	38.51	16.86	2.47	12.19	2.36	8.38	3.17	6.23	0.70	5.05	4.08
城区	人数	724	44	137	20	171	42	88	51	89	6	64	12
	比重	100.0	6.08	18.92	2.76	23.62	5.80	12.15	7.04	12.29	0.83	8.84	1.66
镇区	人数	206	65	21	10	28	1	23	4	23	—	18	13
	比重	100.0	31.55	10.19	4.85	13.59	0.49	11.17	1.94	11.17	—	8.74	6.31
乡村	人数	932	608	156	16	28	1	45	4	4	7	12	51
	比重	100.0	65.24	16.74	1.72	3.00	0.11	4.83	0.43	0.43	0.75	1.29	5.47

与《804户调查》相比较，农林牧渔等第一产业已由61.18%降至38.51%；制造建筑等第二产业已由11.99%升至16.86%；第三产业则由25.63%升至40.55%。①

三 从业人员所有制

2004年，城区、镇区、乡村从业人员的所有制，见户调表3－3。

户调表3－3 从业人员所有制

单位：人，%

项目		总计	国有	城镇集体	农村集体	个体	私营	外资独资	中外合资	合作合伙	股份制	其他
合计	人数	1862	387	28	685	330	291	14	9	12	57	49
	比重	100.0	20.78	1.50	36.79	17.72	15.63	0.75	0.48	0.65	3.06	2.63
城区	人数	724	298	15	46	156	133	3	3	5	54	11
	比重	100.0	41.16	2.07	6.35	21.54	18.37	0.41	0.41	0.69	7.45	1.52
镇区	人数	206	47	6	73	44	26	—	—	3	—	7
	比重	100.0	22.82	2.91	35.44	21.36	12.62	—	—	1.46	—	3.40
乡村	人数	932	42	7	566	130	132	11	6	4	3	31
	比重	100.0	4.51	0.75	60.73	13.95	14.16	1.18	0.64	0.43	0.32	3.33

① 水延凯主编《中国国情丛书——百县市经济济调查·孝感卷》，中国大百科全书出版社，1992，第724页。

与《804户调查》相比较，国有从业人员已由27.38%降至20.78%；城镇集体从业人员已由6.2%降至1.5%；农村集体从业人员则由61.37%降至36.79%；个体从业人员已由4.22%升至17.72%；其他所有制从业人员已由0.83%升至23.2%。①

四　从业人员职业

2004年，城区、镇区、乡村从业人员的职业，见户调表3-4。

户调表3-4　从业人员职业

单位：人，%

项　目		总　计	高层管理	中层管理	专业技术	办事人员	熟练技工	体力劳动	其　他
合计	人数	1862	38	72	196	95	156	1251	54
	比重	100.0	2.04	3.87	10.53	5.10	8.38	67.19	2.90
城区	人数	724	32	63	149	71	91	297	21
	比重	100.0	4.42	8.70	20.58	9.81	12.57	41.02	2.90
镇区	人数	206	2	6	0	16	14	135	3
	比重	100.0	0.97	2.91	14.56	7.77	6.80	65.53	1.46
乡村	人数	932	4	3	17	8	51	819	30
	比重	100.0	0.43	0.32	1.82	0.86	5.47	87.88	3.22

与《804户调查》相比较，高、中层管理人员已由5.26%升至5.91%；专业技术人员已由9.43%升至10.53%；办事人员则由5.73%降至5.10%；工农体力劳动者已由78.75%降至75.57%；其他职业人员已由0.83%升至2.90%。② 总之，变化不大。

五　从业人员全年纯收入

2004年，城区、镇区、乡村从业人员个人全年纯收入分组情况，见户调表3-5。

为了推断市辖区从业人员全年纯收入平均值，必须从样本到总体进行换算。按照原设计抽样方案，城镇样本变换公式是：265 * 1.8 = 477；乡村样本变换公式是：535 / 323 = 1.656。由于实际完成调查的城镇样本是459户，乡村样本是322户，因而城镇样本变换公式应改为265 *1.732

① 水延凯主编《中国国情丛书—百县市经济济调查·孝感卷》，中国大百科全书出版社，1992，第726页。

② 水延凯主编《中国国情丛书—百县市经济济调查·孝感卷》，中国大百科全书出版社，1992，第725页。

户调表 3－5　从业人员个人全年纯收入分组情况

单位：人，%

项目		总计	<1000	1001～2000	2001～5000	5001～1万	1万～2万	2万～5万	5万～10万	>10万	人均（元）
合计	人数	1862	80	277	717	477	226	73	10	2	7521
	比重	100.0	4.30	14.88	38.51	25.62	12.14	3.92	0.54	0.11	
城区	人数	724	4	31	220	222	173	65	7	2	11677
	比重	100.0	0.55	4.28	30.39	30.66	23.90	8.98	0.97	0.28	
镇区	人数	206	12	35	75	58	19	4	3	—	6944
	比重	100.0	5.83	16.99	36.41	28.16	9.22	1.94	1.46	—	
乡村	人数	932	64	211	422	197	34	4	—	—	4421
	比重	100.0	6.87	22.64	45.28	21.14	3.65	0.43	—	—	

(459／265)＝459；乡村样本变换公式应改为：535／322＝1.661（以下简称“样本－总体变换公式”）。据《781户调查》，2004年城镇从业人员930人，全年纯收入9884200元／1.732＝5706813元；乡村从业人员932人，全年纯收入4120700元＊1.661＝6844483元，两者合计12551296元，按1862人计算，人均6741元。这就是说，2004年市辖区从业人员人均个人全年纯收入不是7521元，而是6741元，即下降了10.37%。

但是，据熟悉市辖区情况的人员估计，由于回答人在回答收入时往往有所保留，再加上没有回答兼业等收入，因而城、镇、乡从业人员的实际收入可能比上述数据高20%左右。

第四部分　家庭收入和家庭财产

一　家庭承包、经营情况

（一）家庭承包、经营农业生产资料情况

2004年，城区、镇区、乡村居民家庭经营农业生产资料情况见户调表4－1。

户调表4－1的数据说明：①从经营土地规模看，户均4.35亩，其中：小于2亩的占33.6%，2～9亩的占59.23%，10～19亩的占5.23%，大于20亩的仅占1.93%。②从农村机械和大牲畜看，户均农业机械仅0.28台，大牲畜仅1.07头。显然，仍停留在小农经济状态。

户调表 4-1　经营农业生产资料情况

项目	总计	经营土地的户数和面积(亩)			经营不同规模土地的户数(户)				拥有农机(台)	大牲畜(头)
		户数	面积	户均	<2 亩	2~9	10~19	>20 亩		
合计	781	363	1580.1	4.35	122	215	19	7	103	390
城区	367	38	208.2	5.48	16	13	7	2	40	47
镇区	92	35	148.0	4.23	12	21	—	2	12	54
乡村	322	290	1223.9	4.22	94	181	12	3	51	289

说明：城区和镇区回答人中，有一部分从农村进城务工经商人员，因而出现了 73 个经营土地的户数。

（二）家庭承包、经营非农业生产资料情况

2004 年，城区、镇区、乡村居民家庭经营非农业生产资料情况见户调表4-2。

户调表 4-2　经营非农业生产资料情况

项　目	总　计	企业户数和占地面积(亩)			企业户数和建筑面积(平方米)			设备或机动车(台、套、辆)		
		户　数	合　计	户　均	户　数	合　计	户　均	户　数	合　计	户　均
合　计	781	55	24.7	0.45	55	4079	74.16	59	184	3.12
城　区	367	41	14.2	0.35	41	3447	84.07	43	125	2.91
镇　区	92	8	7.6	0.95	8	410	51.25	9	29	3.22
乡　村	322	6	2.9	0.42	6	222	37.00	7	30	4.2*

项　目	总　计	流动资金(万元)			企业职工(人)			#雇请人员(人)		
		户　数	合　计	户　均	户　数	合　计	户　均	户　数	合　计	户　均
合　计	781	75	546.5	7.29	58	213	3.67	23	99	4.30
城　区	367	52	474.5	9.13	42	173	4.12	20	90	4.50
镇　区	92	10	27.0	2.70	8	14	1.75	2	2	1
乡　村	322	13	45.0	3.46	8	26	3.25	1	7	7

户调表 4-2 的数据说明：①经营非农业生产资料的有 75 户，占总户数 781 户的 9.60%。其中：有设备或机动车的 59 户，有企业场地和建筑的 55 户，雇请人员的 23 户。②从经营非农业生产资料规模看，均属于家庭作坊式的小企业或小小企业。

二　家庭收入及其结构

（一）家庭收入水平

2004 年，城区、镇区、乡村居民全家总收入分组情况见户调表 4-3。

户调表 4－3　全家总收入分组情况

单位：户，%

项　目		总计	<1000	1001～2000	2001～5000	5001～1万	1万～2万	2万～5万	5万～10万	>10万	户均（元）	拒绝回答
合计	户 数	781	3	8	71	233	251	191	19	2	17147	3
	比 重	100.0	0.38	1.02	9.09	29.83	32.14	24.46	2.43	0.26		0.38
城区	户 数	367	2	2	21	67	120	133	17	2	22217	3
	比 重	100.0	0.54	0.54	5.72	18.26	32.70	36.24	4.63	0.54		0.82
镇区	户 数	92	—	—	9	32	31	20	—	—	15362	—
	比 重	100.0	—	—	9.78	34.78	33.70	21.74	—	—		
乡村	户 数	322	1	6	41	134	100	38	2	—	11926	—
	比 重	100.0	0.31	1.86	12.73	41.61	31.06	11.80	0.62	—		

据《804 户调查》，农村居民户均收入 3465 元，城镇居民户均收入 5135 元。[1] 户调表 4－3 数据说明：①城镇乡居民家庭收入均有较大增长。1990～2004 年，农村居民家庭户均收入已从 3465 元增至 11926 元，增长 244.18%；镇区居民家庭户均收入已从 5135 元增至 15362 元，增长 199.16%；城区居民家庭户均收入已从 5135 元增至 22217 元，增长 332.66%。②贫困和低收入户仍占相当大比重。户均收入 2000～5000 元的贫困户占 10.49%（按其中间值 3500 元、户均 4.08 人计算，人均 858 元），5000～1 万元的低收入户占 29.83%（按其中间值 7500 元、户均 4.08 人计算，人均 1838 元），两者合计占 40.32%（乡村占 56.51%）。这说明，扶贫解困任务仍非常紧迫、繁重。③市辖区居民户均家庭总收入，按照“样本－总体变换公式”计算，不是 17147 元，而是 15369 元，即比户调表 4－3 合计户均收入少 10.37%。

此外，还必须考虑价格因素的影响。据《2005 中国统计年鉴》资料，1990～2004 年居民消费价格指数农村上涨了 103.27%，城市上涨了 123.06%（以下 1990～2004 年的价格，均按此比例计算，简称“价格因素”）。[2] 据此计算，上述 1990 年农村居民户均收入 3465 元、城镇居民户均收入 5135 元，分别相当于 2004 年的 7043 元 11454 元。这样，城镇乡居民收入虽仍有增长，但增幅都不很大，其中：乡村仅增加 4883 元，增长

---

① 水延凯主编《中国国情丛书——百县市经济济调查·孝感卷》，中国大百科全书出版社，1992，第 729、730 页。

② 国家统计局编《中国统计年鉴 2005》，中国统计出版社，2005，第 301 页。

69.33%；镇区仅增加3908元，增长34.12%；城区则增加10763元，增长93.97%。

（二）家庭收入结构

2004年，城区、镇区、乡村居民家庭收入结构，见户调表4-4。

户调表4-4 家庭收入结构

单位：元，%

项目		户均收入	农业收入			非农业收入				其他收入		
			小计	家庭经营	其他	小计	工资奖金	经营收入	其他	小计	离退休费	其他
合计	金额	17147	2910	2830	80	13296	10569	2477	250	941	798	143
	比重	100.0	16.97	—	—	77.54	—	—	—	5.49	—	—
城区	金额	22217	759	750	9	20073	16348	3479	246	1385	1201	184
	比重	100.0	3.42	—	—	90.35	—	—	—	6.23	—	—
镇区	金额	15362	2879	2700	179	10736	7071	3143	522	1747	1636	111
	比重	100.0	18.74	—	—	69.89	—	—	—	11.37	—	—
乡村	金额	11926	5351	5219	132	6365	5037	1153	175	210	102	108
	比重	100.0	44.87	—	—	53.37	—	—	—	1.76	—	—

据《804户调查》，农村居民家庭总收入中，家庭经营收入占84.02%，其中：农业收入占63.48%，非农业收入占20.54%。城镇居民家庭总收入中，工资奖金收入占85.33%，家庭经营收入占7.99%。[①] 户调表4-4数据说明，城镇乡居民收入结构都发生了很大变化。其中：农村居民收入基本上都是家庭经营收入，其中：农业收入比重已降至44.87%，非农业收入已升至53.37%；镇区居民工资奖金收入比重已降至46.03%，家庭经营收入已升至20.46%；城区居民工资奖金收入比重已降至73.58%，家庭经营收入已升至15.66%。

三 家庭财产及其结构

（一）家庭财产水平

2004年，城区、镇区、乡村居民家庭财产分组情况，见户调表4-5。

① 水延凯主编《中国国情丛书——百县市经济济调查·孝感卷》，中国大百科全书出版社，1992，第729、730页。

户调表4-5 家庭财产分组情况

单位：户，%

项目		总计	<5000	5001~1万	1万~2万	2万~5万	5万~10万	10万~20万	20万~50万	50万~100万	>100万	户均（元）
合计	户数	781	19	29	97	249	212	145	22	6	2	72825
	比重	100.0	2.43	3.71	12.42	31.88	27.14	18.57	2.82	0.77	0.26	
城区	户数	367	9	6	18	71	116	119	20	6	2	107697
	比重	100.0	2.45	1.63	4.90	19.35	31.61	32.43	5.45	1.63	0.54	
镇区	户数	92	6	3	13	42	23	5	—	—	—	41800
	比重	100.0	6.52	3.26	14.13	45.65	25.00	5.43	—	—	—	
乡村	户数	322	4	20	66	136	73	21	2	—	—	41945
	比重	100.0	1.24	6.21	20.50	42.24	22.67	6.52	0.62	—	—	

据《804户调查》，1990年农村居民家庭财产户均18356元（当年没有调查城镇居民家庭财产状况）。[①] 户调表4-5数据说明：①乡村居民家庭财产有了增长。1990~2004年，已从18356元增至41945元，增长128.51%。但是，如果考虑价格因素，1990年的18356元相当于2004年的37312元。这样，增长幅度就下降到12.42%。②贫富差距很大。户均财产2万元以下的户占27.95%，20万元以上的户占7.14%，差距在10倍以上。③市辖区居民户均家庭财产，按照"样本-总体变换公式"计算，不是72825元，而是65273元。

（二）家庭财产结构

2004年，城区、镇区、乡村居民家庭财产结构，见户调表4-6。

户调表4-6 家庭财产结构

单位：元，%

项目		户均财产	生产资料现值	股份、合作资产现值	房屋现值	耐用消费品现值	金融资产现值	其他财产现值
合计	金额	72825	7514	4417	48449	10007	2078	360
	比重	100.0	10.32	6.06	66.53	13.74	2.85	0.49
城区	金额	107697	12995	8302	67918	14464	3640	378
	比重	100.0	12.07	7.71	63.06	13.43	3.38	0.35
镇区	金额	41800	5551	1859	25647	7493	1033	217
	比重	100.0	13.28	4.45	61.35	17.93	2.47	0.52
乡村	金额	41945	1827	719	32774	5645	598	382
	比重	100.0	4.36	1.71	78.14	13.46	1.43	0.91

① 水延凯主编《中国国情丛书——百县市经济济调查·孝感卷》，中国大百科全书出版社，1992，第733页。

据《804 户调查》，1990 年农村居民家庭财产户均 18356 元，其中，生产资料占 4.12%，房屋占 59.79%，耐用消费品占 22.87%，其他财产占 13.22%。[①] 户调表 4－6 数据说明，乡村居民户均财产 41945 元，其中，生产资料占 4.36%，房屋占 78.14%，耐用消费品占 13.46%，其他财产占 3.04%。显然，房屋是农村居民家庭最重要的财产。至于耐用消费品所占比重下降，可能与估价因素有关，其具体情况可从后面耐用消费品对比中得到说明。

第五部分　住房和耐用消费品

一　住房情况

2004 年，城区、镇区、乡村居民住房情况，见户调表 5－1。

户调表 5－1　住房情况

单位：户，%

项目		总计	住房类型			其他	住房结构			其他	住房产权		其他
			单元公寓	普通平房	带院平房		砖混结构	砖木结构	框架结构		全部自有	部分自有	
合计	户数	781	259	255	126	141	453	178	107	43	627	72	82
	比重	100.0	33.16	32.65	16.13	18.05	58.00	22.79	13.70	5.51	80.28	9.22	10.50
城区	户数	367	209	76	33	49	244	39	78	6	280	42	45
	比重	100.0	56.95	20.71	8.99	13.35	66.49	10.63	21.25	1.63	76.30	11.44	12.26
镇区	户数	92	33	38	5	16	55	29	5	3	54	7	31
	比重	100.0	35.87	41.30	5.44	17.39	59.78	31.52	5.44	3.26	58.70	7.61	33.69
乡村	户数	322	17	141	88	76	154	110	24	34	293	23	6
	比重	100.0	5.28	43.79	27.33	23.60	47.83	34.16	7.45	10.56	91.00	7.14	1.86

项目		总计	有2套以上住房	住房面积(平方米)								户均	有独用厨房
				<20	21～50	51～80	81～120	121～150	151～200	201～300	>301		
合计	户数	781	61	17	71	190	264	90	107	28	14	113.3	697
	比重	100.0	7.81	2.18	9.09	24.33	33.80	11.52	13.70	3.59	1.79		89.24
城区	户数	367	19	8	36	101	121	42	49	6	4	105.4	333
	比重	100.0	5.18	2.18	9.81	27.52	32.97	11.44	13.35	1.63	1.09		90.73
镇区	户数	92	7	5	24	24	18	5	12	2	2	94.2	81
	比重	100.0	7.61	5.43	26.09	26.09	19.57	5.43	13.04	2.17	2.17		88.04
乡村	户数	322	35	4	11	65	125	43	46	20	8	127.8	283
	比重	100.0	10.87	1.24	3.42	20.19	38.82	13.35	14.29	6.21	2.48		87.89

① 水延凯主编《中国国情丛书——百县市经济济调查·孝感卷》，中国大百科全书出版社，1992，第 733 页。

续户调表 5－1

项目		总计	有独用厕所	有独用浴室	使用燃气	有冷暖设备	水源			电源		
							有自来水	使用井水	其他	经常供电	有电无保障	无电
合计	户数	781	628	364	528	290	393	364	24	605	167	9
	比重	100.0	80.41	46.61	67.61	37.13	50.32	46.61	3.07	77.47	21.38	1.15
城区	户数	367	312	228	316	192	308	54	5	342	22	3
	比重	100.0	85.01	62.13	86.10	52.32	83.92	14.72	1.36	93.18	5.99	0.82
镇区	户数	92	76	41	66	23	43	47	2	59	33	—
	比重	100.0	82.61	44.57	71.74	25.00	46.74	51.09	2.17	64.13	35.87	—
乡村	户数	322	240	95	146	74	42	263	17	204	112	6
	比重	100.0	74.53	29.50	45.34	22.98	13.04	81.68	5.28	63.35	34.78	1.86

与《804户调查》相比较：①在户均住房面积方面，已由86.63平方米增至113.3平方米。其中，农村已由100.1平方米增至127.8平方米，镇区已由63.7平方米增至94.2平方米，城区已由63.7平方米增至105.4平方米。②在住房类型方面，单元公寓已由17.65%增至33.16%，普通平房则由66.58%降到32.65%。③在住房结构方面，砖混结构已由38.17%增至58%，砖木结构已由37.80%降到22.79%，还有13.7%框架结构的住房。④在住房产权方面，全部个人所有的住房已由75.84%增至80.28%，还有9.22%的住房为部分自有。① 在住房质量和配套设施方面，也有很大进步。在居住的781套住房中，有独用厨房的占89.24%，有独用厕所的占80.41%，有独用浴室的占46.61%，有冷暖设备的占37.13%，有经常供电的占77.47%，有自来水的占50.32%，使用燃气的占67.61%。此外，61户有2套以上住房。

户调表5－1数据说明，仍有11.27%的住房在50平方之下，仍有47.68%的居民没有用上自来水，仍有22.53%的居民用电没有保障或无电可用。这说明，住房水平还有待进一步提高。

二　耐用消费品情况

2004年，城区、镇区、乡村居民拥有耐用消费品情况，见户调表5－2。

① 水延凯主编《中国国情丛书——百县市经济济调查·孝感卷》，中国大百科全书出版社，1992，第736页。

户调表 5－2　耐用消费品情况

项目		户数	总计（件）	手表	自行车	收音机	缝纫机	电扇	电冰箱	洗衣机	煤气灶	抽油烟机
合计	件数	781	7075	400	655	306	239	745	387	415	584	319
	件/每百户		906	51. 22	83. 87	39. 18	30. 60	95. 39	49. 55	53. 14	74. 78	40. 85
城区	件数	367	4030	194	314	143	104	345	280	277	324	245
	件/每百户		1098	52. 86	85. 56	38. 96	28. 34	94. 01	76. 29	75. 48	88. 28	66. 76
镇区	件数	92	870	51	70	44	36	88	43	56	76	41
	件/每百户		946	55. 43	76. 09	47. 83	39. 13	95. 65	46. 74	60. 87	82. 61	44. 57
乡村	件数	322	2175	155	271	119	99	312	64	82	184	33
	件/每百户		675	48. 14	84. 16	36. 96	30. 75.	96. 89	19. 88	25. 47	57. 14	10. 25

项目		空调机	电视	电话	移动电话	照相机	录像机	家用电脑	组合家具	摩托车	家用轿车	钢琴
合计	件数	262	761	455	471	175	80	126	480	197	7	11
	件/每百户	33. 55	97. 44	58. 26	60. 30	22. 41	10. 24	16. 13	61. 46	25. 22	0. 90	1. 41
城区	件数	216	356	279	276	134	51	117	249	112	6	8
	件/每百户	58. 86	97. 00	76. 02	75. 20	36. 51	13. 90	31. 88	67. 85	30. 52	1. 63	2. 18
镇区	件数	28	92	66	57	19	13	7	58	22	—	3
	件/每百户	19. 57	100. 0	71. 74	61. 96	20. 65	14. 13	7. 61	63. 04	23. 91	—	3. 26
乡村	件数	18	313	110	138	22	16	2	173	63	1	—
	件/每百户	5. 59	97. 20	34. 16	42. 88	6. 38	4. 97	0. 62	57. 73	19. 57	0. 31	—

据《804户调查》，1990年农村居民和城镇居民每百户拥有耐用消费品的情况是：手表122. 27和182. 33只，自行车138. 57和148. 67辆，收音机38. 79和43. 33部，缝纫机45. 13和55台，录音机25. 48和56. 33部，黑白电视50. 5和57台，彩色电视4. 37和43台，洗衣机11. 73和64. 33部，电冰箱1. 19和33. 67台，照相机0. 2和13部，音响0. 2和3. 33套，录像机0. 4和0. 33部，电子琴0和6. 33个，钢琴0和0. 33台，电话0和2. 67部，电扇76. 34和116. 7台，摩托车0. 2和1. 33部，组合家具19. 28和38套，热水器0和2. 67台，抽油烟机0和6台，空调0和0. 33台，微

波炉 0 和 0.67 台。①

与《804 户调查》相比较：①手表、自行车、收音机、缝纫机、电扇等老式耐用消费品均呈下降趋势。②照相机、抽油烟机、组合家具、电话、空调、摩托车等较新的耐用消费品则呈大幅增长趋势，特别是煤气灶、移动电话、家用电脑和轿车等新式耐用消费品则从无到有，迅速增长。③2004 年耐用消费品的价值大大高于 1990 年，但由于估价较低，才使得其在家庭财产中比重低于 1990 年（见户调表 4－6）。④城、镇、乡之间存在着较大差距，仅就数量而言，城区每百户拥有 1098 件，镇区 946 件，乡村仅 675 件。

第六部分　政治与社会活动

一　知道领导人姓名情况

城区、镇区、乡村回答人知道领导人姓名的情况，见户调表 6－1。

户调表 6－1　知道领导人姓名情况

单位：人，%

项目		总计	中共中央书记	国家主席	国务院总理	省市委书记	省长和市长	县市委书记	县长和市长	乡镇街书记	乡镇长街主任
合计	人数	781	636	639	554	338	255	289	288	284	341
	比重	100.0	81.43	81.82	70.93	43.28	32.65	37.00	36.88	36.36	43.66
城区	人数	367	323	322	301	206	151	162	168	76	92
	比重	100.0	88.01	87.74	82.02	56.13	41.14	44.14	45.78	20.71	25.07
镇区	人数	92	78	80	68	43	37	43	40	62	63
	比重	100.0	84.78	86.96	73.91	46.74	40.22	46.74	43.48	67.39	68.48
乡村	人数	322	235	237	185	89	67	84	80	146	186
	比重	100.0	72.98	73.60	57.45	27.64	20.81	26.09	24.84	45.34	57.76

户调表 6－1 数据说明：①从中央到省市的知晓率逐步下降，从省市到乡镇的知晓率又逐步回升。②从中央到县市对党委书记的知晓率高于行政首长，在乡镇则是对行政首长的知晓率高于党委书记。③城区对乡镇领导人的知晓率最低，乡镇则对省市领导人的知晓率最低。

① 水延凯主编《中国国情丛书—百县市经济济调查·孝感卷》，中国大百科全书出版社，1992，第 737 页。

二　参与选举等活动情况

城区、镇区、乡村回答人参与选举等活动的情况，见户调表6－2。

户调表6－2　参与选举等活动情况

项目		总计	人民代表选举				居委会、村委会选举				居民大会、村民大会			
			参加了	未参加			参加了	未参加			参加了	未参加		
				不知道	不感兴趣	其他		不知道	不感兴趣	其他		不知道	不感兴趣	其他
合计	人数	781	293	329	57	102	304	301	69	107	288	320	69	104
	比重	100.0	37.52	42.13	7.30	13.06	38.92	38.54	8.83	13.70	36.88	40.97	8.83	13.32
城区	人数	367	154	129	28	56	76	183	37	71	61	202	35	69
	比重	100.0	41.96	35.15	7.63	15.28	20.71	49.86	10.08	19.35	16.62	55.04	9.54	18.80
镇区	人数	92	36	35	10	11	41	28	12	11	33	34	10	15
	比重	100.0	39.13	38.04	10.87	11.96	44.57	30.43	13.04	11.96	35.86	36.96	10.87	16.30
乡村	人数	322	103	165	19	35	187	90	20	25	194	84	24	20
	比重	100.0	31.99	51.24	5.90	10.87	58.07	27.95	6.21	7.76	60.25	26.07	7.45	6.21

据《804户调查》，参加人民代表选举的占64.51%，其中城镇占76.0%，农村占57.65%。未参加的主要原因是外出，占未参加人数的50.18%。[①] 与《804户调查》相比较：①参与选举等活动均未超过40%，这说明参与热情已大大下降。②未参加的主要原因是“不知道”，均占40%左右，这说明有关活动的组织者工作没有到位。③城区是参与人民代表选举的比例最高，乡镇则是参与村委会、居委会活动的比例较高。

三　人员交往情况

城区、镇区、乡村回答人平时交往中接触最多的人员情况，见户调表6－3。

据《804户调查》，社会交往的对象中工农等劳动者最多，占87.68%；其次是专业技术人员，占4.77%；再次是党政干部，占2.52%。[②] 与《804户调查》相比较：接触最多的人员中，首先仍是工农劳动者，但比重已降到46.9%；其次是专业技术人员和党政干部，比重均升至9.7%；再次是服务人员和个体业者。显然，后者接触面更为广泛，百分比也更分散。

① 水延凯主编《中国国情丛书—百县市经济济调查·孝感卷》，中国大百科全书出版社，1992，第744页。

② 水延凯主编《中国国情丛书—百县市经济济调查·孝感卷》，中国大百科全书出版社，1992，第743页。

户调表 6-3　接触最多的人员情况

单位：人次，%

项　目		总 计	党政领导	一般干部	私企老板	国企厂长	学校领导	工人	农民	专技人员	服务人员	外商	个体业者	其他人员
合计	人次	1486	47	96	75	19	59	226	471	144	140	11	128	70
	比重	100.0	3.2	6.5	5.1	1.3	4.0	15.2	31.7	9.7	9.4	0.7	8.6	4.7
城区	人次	763	24	50	41	14	37	147	123	100	106	7	73	41
	比重	100.0	3.2	6.6	5.4	1.8	4.8	19.3	16.1	13.1	13.9	0.9	9.6	5.4
镇区	人次	191	7	12	17	4	11	19	50	24	14	2	19	12
	比重	100.0	3.7	6.3	8.9	2.1	5.8	9.9	26.2	12.6	7.3	1.1	9.9	6.3
乡村	人次	532	16	34	17	1	11	60	298	20	20	2	36	17
	比重	100.0	3.0	6.4	3.2	0.2	2.1	11.3	56.0	3.7	3.7	0.4	6.8	3.2

四　外出活动情况

2004 年，城区、镇区、乡村回答人近一年内外出活动情况，见户调表 6-4。

户调表 6-4　近一年内外出活动情况

单位：人，%

项　目		有效回答	外出次数				外出原因					其他
			1	2~3	4~5	>6	出差开会	学习	探亲访友	看病	旅游	
合计	人数	730	341	252	87	50	186	54	280	47	64	99
	比重	100.0	46.71	34.52	11.92	6.85	25.48	7.40	38.36	6.44	8.77	13.56
城区	人数	367	154	133	44	36	142	38	120	16	48	3
	比重	100.0	41.96	36.24	11.99	9.81	38.69	10.35	32.70	4.36	13.08	0.82
镇区	人数	87	42	35	5	5	17	7	29	4	9	21
	比重	100.0	48.28	40.23	5.75	5.75	19.54	8.05	33.33	4.60	10.34	24.14
乡村	人数	276	145	84	38	9	27	9	131	27	7	75
	比重	100.0	52.54	30.43	13.77	3.26	9.78	3.26	47.46	9.78	2.54	27.17

项　目		有效回答	出外地点				出外天数					
			本乡镇	本县市	本省市	外省市	1~3	4~10	11~30	31~90	91~180	>180
合计	人数	730	165	170	250	145	297	223	125	40	16	29
	比重	100.0	22.60	23.29	34.25	19.86	40.68	30.55	17.12	5.48	2.19	3.97
城区	人数	367	20	95	163	89	158	125	62	14	4	4
	比重	100.0	5.45	25.89	44.41	24.25	43.05	34.06	16.89	3.81	1.09	1.09
镇区	人数	87	33	18	29	7	27	31	25	3	1	—
	比重	100.0	37.93	20.69	33.33	8.05	31.04	35.63	28.74	3.45	1.15	—
乡村	人数	276	112	57	58	49	112	67	38	23	11	25
	比重	100.0	40.58	20.65	21.01	17.75	40.58	24.28	13.77	8.33	3.99	9.06

户调表 6－1 数据说明：①外出次数，3 次及其以下最多。②外出原因，探亲访友居第一位。③外出地点，本省市居多。④外出天数，1～3 天居第一位。⑤城镇乡之间存在显著差异。

第七部分　遇到问题和解决办法

一　遇到的主要问题

2003～2004 年，城区、镇区、乡村回答人最近两年遇到的主要问题，见户调表 7－1。

户调表 7－1　遇到的主要问题

单位：次，%

项目		有效回答	超时工作	工作条件恶劣	工资拖欠	税费负担过重	产权纠纷	拆迁补偿问题	执法不公	土地征用问题	债务纠纷	其他
合计	次数	695	157	97	99	138	18	20	48	45	33	40
	比重	100.0	22.59	13.96	14.24	19.86	2.59	2.88	6.91	6.47	4.75	5.76
城区	次数	257	94	34	28	37	4	6	15	3	12	24
	比重	100.0	36.58	13.23	10.89	14.40	1.56	2.33	5.84	1.17	4.67	9.34
镇区	次数	138	19	31	21	29	5	2	13	9	7	2
	比重	100.0	13.77	22.46	15.22	21.01	3.62	1.45	9.42	6.52	5.07	1.45
乡村	次数	300	44	32	50	72	9	12	20	33	14	14
	比重	100.0	14.67	10.67	16.67	24.00	3.00	4.00	6.67	11.00	4.66	4.66

二　跟哪些人有关

2003～2004 年，城区、镇区、乡村回答人所遇问题跟哪些人有关，见户调表 7－2。

户调表 7－2　跟哪些人有关

单位：次，%

项目		有效回答	党政干部	单位领导	工人	私营老板	农民	专业人员	外商	个体业者	其他
合计	次数	809	253	204	22	146	59	10	4	30	81
	比重	100.0	31.27	25.22	2.72	18.05	7.29	1.24	0.49	3.71	10.01
城区	次数	323	69	127	10	62	8	6	2	15	24
	比重	100.0	21.36	39.32	3.10	19.20	2.48	1.86	0.62	4.64	7.43
镇区	次数	149	59	39	9	10	6	2	1	7	16
	比重	100.0	39.60	26.17	6.04	6.71	4.03	1.34	0.67	4.70	10.74
乡村	次数	337	125	38	3	74	45	2	1	8	41
	比重	100.0	37.09	11.28	0.89	21.96	13.35	0.59	0.30	2.37	12.17

三 采用了哪些办法

2003~2004年，城区、镇区、乡村回答人对待所遇问题采用了哪些办法，见户调表7-3。

户调表7-3 采用了哪些办法

单位：次，%

项目		有效回答	打官司	请中间人调停	上访	找媒体曝光	动拳头	罢工示威静坐	找领导	找有权亲友	忍气吞声	其他
合计	次数	817	29	98	30	12	9	3	175	41	346	74
	比重	100.0	3.55	12.00	3.67	1.47	1.10	0.37	21.42	5.02	42.35	9.06
城区	次数	332	16	45	8	3	2	2	87	23	110	36
	比重	100.0	4.82	13.56	2.41	0.90	0.60	0.60	26.20	6.93	33.13	10.84
镇区	次数	150	4	19	7	3	1		20	9	73	14
	比重	100.0	2.67	12.67	4.67	2.00	0.67		13.33	6.00	48.67	9.33
乡村	次数	335	9	34	15	6	6	1	68	9	163	24
	比重	100.0	2.69	10.15	4.48	1.79	1.79	0.30	20.30	2.69	48.66	7.16

户调表7-1、户调表7-2和户调表7-3的数据说明：①遇到的主要问题，第一是超时工作，第二是税费负担过重，第三是工资拖欠。②所遇问题有关的人，首先是党政干部，其次是单位领导，再次是私营老板。③对待所遇问题采用的办法，最多的是忍气吞声，其次是找领导，打官司的仅占3.55%。显然，经济问题仍占绝大多数，领导干部和老板是矛盾主导方面，弱势群体主要用忍气吞声和哀求领导的办法来解决问题，真正诉诸法律的少之又少。

第八部分 闲暇时间和活动

一 闲暇时间

2004年，城区、镇区、乡村回答人过去一年的闲暇时间，见户调表8-1。

户调表8-1 过去一年的闲暇时间

单位：人，%

项目		总计	一年忙到头	10天左右	30天左右	60天左右	90天左右	120天左右	半年左右	基本无事可做
合计	人数	781	143	60	125	163	74	59	75	82
	比重	100.0	18.31	7.68	16.01	20.87	9.48	7.55	9.60	10.50
城区	人数	367	77	48	68	84	33	11	3	43
	比重	100.0	20.98	13.08	18.53	22.89	8.99	3.00	0.82	11.72
镇区	人数	92	18	4	12	15	6	13	12	12
	比重	100.0	19.57	4.35	13.04	16.30	6.52	14.13	13.04	13.04
乡村	人数	322	48	8	45	64	35	35	60	27
	比重	100.0	14.91	2.48	13.98	19.88	10.87	10.87	18.63	8.39

户调表 8 – 1 数据说明：闲暇时间 90 天左右及其以上的占 37.13%，在镇区、乡村更高达 46.73% 和 48.76。在 781 人中，10.5% 的人基本无事可做。这说明，人力资源浪费现象相当严重。

二　主要闲暇活动

2004 年，城区、镇区、乡村回答人从事最多的 3 项闲暇活动，见户调表 8 – 2。

户调表 8 – 2　主要闲暇活动

单位：项，%

项目		有效回答	看电视录像	看电影歌舞	体育活动	养花鸟鱼	打麻将扑克	听广播录音	旅游	读书看报	学文化技术
合计	项数	2216	616	18	60	23	210	77	9	218	39
	比重	100.0	27.80	0.81	2.71	1.04	9.48	3.47	0.41	9.84	1.76
城区	项数	1066	274	11	47	16	52	39	8	152	27
	比重	100.0	25.70	1.03	4.41	1.50	4.88	3.66	0.75	14.26	2.53
镇区	项数	253	77	2	9	1	28	9	1	29	5
	比重	100.0	30.43	0.79	3.56	0.39	11.07	3.56	0.40	11.46	1.98
乡村	项数	897	265	5	4	6	130	29	—	37	7
	比重	100.0	29.54	0.56	0.45	0.67	14.49	3.23	—	4.12	0.78

项目		抚养教育子女	逛商场	看戏听说书	串门聊天	下棋	钓鱼	照顾老人病人	上网	玩宠物	其他
合计	项数	267	80	8	276	44	41	101	68	6	55
	比重	12.05	3.61	0.36	12.45	1.99	1.85	4.56	3.07	0.27	2.48
城区	项数	137	62	2	63	19	17	48	65	4	23
	比重	12.85	5.82	0.19	5.91	1.78	1.59	4.50	6.10	0.38	2.16
镇区	项数	21	5	2	32	10	6	10	2	1	3
	比重	8.30	1.98	0.79	12.65	3.95	2.37	3.95	0.79	0.39	1.19
乡村	项数	109	13	4	181	15	18	43	1	1	29
	比重	12.15	1.45	0.45	20.18	1.67	2.01	4.79	0.11	0.11	3.23

据《804 户调查》，1990 年回答人闲暇时间的主要活动，第一项是看电视，占 59.11%；第二项是教育子女，占 7.25%；第 3 项是聊天，占 5.56%。① 与《804 户调查》相比较：2004 年回答人闲暇时间的主要活动，第一项仍然是看电视，但比重已降到 27.8%；第二项是串门聊天，其比重

① 水延凯主编《中国国情丛书—百县市经济济调查·孝感卷》，中国大百科全书出版社，1992，第 739 页。

已升至12.45%；第3项是教育子女，其比重也升至12.05%。总之，基本格局没有改变，但活动内容更为丰富，更为多样化。

第九部分 个人感受

一 对生活的评价和估计

2004年，城区、镇区、乡村回答人对生活的评价和估计，见户调表9-1。

户调表9-1 对生活的评价和估计

单位：人，%

项目		总计	与5年前相比较						对今后5年的估计					
			好许多	好一点	差不多	差一点	差许多	说不清	好许多	好一点	差不多	差一点	差许多	说不清
合计	人数	781	266	335	91	55	29	5	277	288	67	32	12	105
	比重	100.0	34.0	42.9	11.7	7.0	3.7	0.6	35.5	36.9	8.6	4.1	1.5	13.4
城区	人数	367	103	148	54	36	21	5	124	116	40	17	9	61
	比重	100.0	28.1	40.3	14.7	9.8	5.7	1.4	33.8	31.6	10.9	4.6	2.5	16.6
镇区	人数	92	30	40	12	7	3	—	31	35	5	7	2	12
	比重	100.0	32.6	43.5	13.0	7.6	3.3	—	33.7	38.0	5.4	7.6	2.2	13.0
乡村	人数	322	133	147	25	12	5	—	122	137	22	8	1	32
	比重	100.0	41.3	45.7	7.8	3.7	1.6	—	37.9	42.5	6.8	2.5	0.3	9.9

户调表9-1数据说明：①与5年前相比较，认为好许多的占34.0%，好一点的占42.9%，两者合计76.9%。其中，城区占68.4%，镇区占76.1%，乡村占87.0%。②对今后5年的估计，认为好许多的占35.5%，好一点的占36.9%，两者合计72.4%。其中，城区占65.4%，镇区占71.7%，乡村占80.4%。这个顺序，与前者一样，只是百分比稍低一点。这两个顺序都与家庭收入的高低、家庭财产的多寡正好相反（见户调表4-3和户调表4-5），为什么会出现这种情况，是值得深入研究的重要课题。

二 对工作生活条件的感受

2004年，城区、镇区、乡村回答人对个人工作和生活条件的感受，见户调表9-2。

户调表 9－2　对工作生活条件的感受

单位：人，%

项目		总计	与上级的关系		与同事的关系		工作、劳动条件		工作、劳动收入		住房条件	
			满意	不满意	满意	不满意	满意	不满意	满意	不满意	满意	不满意
合计	人数	781	185	196	449	36	265	150	197	265	320	199
	比重	100.0	23.7	25.1	57.5	4.6	34.0	19.2	25.3	33.9	41.0	25.5
城区	人数	367	89	89	235	10	128	53	66	124	147	91
	比重	100.0	24.3	24.3	64.0	2.7	34.9	14.4	18.0	33.8	40.1	24.8
镇区	人数	92	17	20	44	6	21	29	24	39	25	28
	比重	100.0	18.5	21.7	47.9	6.5	22.8	31.5	26.1	42.4	27.2	30.4
乡村	人数	322	79	87	170	20	116	68	107	102	148	80
	比重	100.0	24.5	27.0	52.8	6.2	36.1	21.1	33.2	31.7	46.0	24.9

项目		总计	孩子上学是否方便		邻里关系		家庭生活		自己健康状况		业余生活	
			满意	不满意	满意	不满意	满意	不满意	满意	不满意	满意	不满意
合计	人数	781	401	95	590	12	479	63	480	96	333	70
	比重	100.0	51.3	12.2	75.6	1.5	61.4	8.0	61.6	12.2	42.6	9.0
城区	人数	367	162	41	252	9	233	24	226	40	141	45
	比重	100.0	44.2	11.2	68.7	2.5	63.5	6.5	61.6	10.6	38.5	12.3
镇区	人数	92	53	10	75	1	57	8	58	8	42	11
	比重	100.0	57.6	10.9	81.5	1.1	61.9	8.7	63.1	8.7	45.7	11.9
乡村	人数	322	186	44	263	2	189	31	196	48	150	14
	比重	100.0	57.8	13.7	81.7	0.6	58.7	9.7	61.2	14.9	46.6	4.3

据《804户调查》，对工作满意占73.4%；对家庭生活满意占75.44%；对收入满意占45.64%。[①] 与《804户调查》相比较：对工作、劳动条件满意降到34.0%；对家庭生活满意降到61.4%；对工作、劳动收入满意降到25.3%。1990～2004年，人们的工作、劳动条件和收入有了提高，家庭生活条件有了改善，但人们的满意度却大幅下降，这不能不令人深思！

户调表9－2数据还说明：①在人际关系方面，对邻里关系的满意度高于同事关系，对同事关系的满意度高于上下级关系。②在工作与生活关系方面，对家庭、住房和业余生活的满意度高于工作、劳动条件。③在工作

① 水延凯主编《中国国情丛书——百县市经济济调查·孝感卷》，中国大百科全书出版社，1992，第746页。

条件与收入方面，对工作、劳动条件的满意度高于收入。此外，对自己健康状况、对孩子上学是否方便，满意度均超过了50%。

三　对居住环境的感受

2004年，城区、镇区、乡村回答人对居住环境的感受，见户调表9-3。

户调表9-3　对居住环境的感受

单位：人，%

项目		总计	水源水质和供应情况		电力供应及其质量		交通、通讯条件		环境卫生和绿化、美化		大气和噪声控制		社会治安状况	
			满意	不满意	满意	不满意	满意	不满意	满意	不满意	满意	不满意	满意	不满意
合计	人数	781	466	119	493	96	494	90	280	174	294	223	262	270
	比重	100.0	59.7	15.2	63.2	12.3	63.2	11.6	35.8	22.6	37.6	28.6	33.5	34.6
城区	人数	367	210	48	264	16	242	17	132	105	92	152	81	160
	比重	100.0	57.2	13.1	71.9	4.4	65.9	4.7	36.0	28.6	25.1	41.5	22.0	43.6
镇区	人数	92	44	23	38	20	63	8	31	23	23	35	33	34
	比重	100.0	47.8	25.0	41.3	21.7	68.5	8.6	33.7	25.0	25.0	38.1	35.9	37.0
乡村	人数	322	212	48	191	60	189	65	117	46	179	36	148	76
	比重	100.0	65.8	14.9	59.3	18.6	58.7	20.2	36.3	14.3	55.6	11.2	45.9	23.6

户调表9-3的数据说明：满意度最高的是交通、通讯条件和电力供应，其次是水源水质，再次是大气和噪声控制，第四是环境卫生，最低的是社会治安。

《孝感卷》课题组：组织领导，李友清、水延凯、田寿永、宁国安；问卷审核，水延凯、柳祥珍等；数据录入，王振江、覃木璘等；数据处理，罗教讲、杨莉、杨玉蓓、张辉；调查报告执笔人，水延凯。

后 记

《中国国情丛书——百县市经济社会追踪调查·孝感卷》［以下简称《孝感卷》］的调查、编撰工作，从2004年2月20日参加课题开题暨调查试点县市协调会议算起，到2006年6月1日定稿完成为止，前后历时2年零3个半月，即833天，它大体上可分为4个阶段：

第一，准备阶段（2004年2月20日至10月18日，计242天）。这个阶段，主要解决了几个问题：一是确定了以湖北职业技术学院为课题承担单位，李友清、水延凯为课题组负责人；二是为了搞好《孝感卷》的调查、编写工作，湖北职业技术学院专门成立了"湖北职院社会调查研究中心"；三是制定了以市辖区为调查对象的调查工作方案；四是设计了调查提纲、调查问卷和调查员手册；五是取得了原市委书记曹世佑（已调湖北省人大工作）、原市长岳勇（已调武汉市工作）、原市委副书记梁惠玲（现任市长）、常务副市长李广波（现任市委副书记）的领导和支持，9月13日中共孝感市委办公室、孝感市人民政府办公室联合下发了《关于做好中国百县市经济社会跟踪调查孝感分课题调研工作的通知》。

第二，以调查为主的阶段（2004年10月19日至12月19日，计62天）。这个阶段，主要做了几件工作：一是召开了市辖区55个单位负责人动员大会，市政府副秘书长万振涛代表常务副市长李广波作动员报告。二是召开了市辖区有关单位和湖北职院调查、编写人员会议，安排了调查、编写工作。三是各参与单位开展了广泛的调查研究工作。四是组织了800户问卷调查。按城、镇、乡人口比例分配和抽取了调查样本，组织和培训了290名调查员，12月13日至19日分赴9个街道、镇、乡、场的32个村委会、居委会或企事业单位开展入户调查，实际调查1025户，其中完成有效调查781户。

第三，以撰写初稿和审核问卷为主的阶段（2004年12月20日至2005年7月23日，即216天）。这个阶段的工作：一是撰写初稿，从2004年12月1日至2006年5月24日共收稿168篇，其中初稿66篇，第一次修改稿56篇，第二次修改稿35篇，第三次修改稿11篇。二是审核、摘录调查问卷781份。为了跟踪研究，还对1990年804份户情调查问卷进行了摘录。

三是录入问卷数据。据计算 781 份问卷和 804 份问卷摘录，共录入数据 541096 个。四是统计分析，2006 年 1 月 9～13 日，在武汉大学社会发展研究所所长罗教讲教授指导下，由武汉大学社会学系研究生杨莉、杨玉蓓、张辉完成了描述性统计工作。

第四，以改写书稿、撰写调查报告和研究报告、定稿为主的阶段（2005 年 7 月 24 日至 2006 年 6 月 1 日，即 313 天）。在这个阶段：一是改写初稿。据统计，按原计划撰写的 56 篇初稿，共有 118.14 万字，经改写后压缩为 62.2 万字，减少了 47.35%。二是通过初稿撰稿人请有关单位审核改写稿的主要内容、主要数据、撰稿人姓名和排列顺序；三是对问卷调查数据进行统计分析和对比研究，撰写 781 户问卷调查报告。四是在综合研究各篇章、各专题调研成果基础上，撰写研究报告。五是定稿，由原 56 篇调整为 50 篇（其中，删除 3 篇，增加 1 篇，调换 1 篇，合并 4 篇），总字数进一步压缩到 52 万字左右。

《孝感卷》是集体智慧的结晶。《孝感卷》初稿的撰稿人：研究报告，李友清、水延凯。第 1 章，万由祥、李旭东、许新华、李继才、张金田、胡永东；第 2 章，程林章、刘翠萍、杨炬、苗建军、陈涛；第 3 章，田寿永；第 4 章，张继华、丁大伦、钟敏、宁国安、杨琼丽；第 5 章，宋强、王世荣；第 6 章，李佳圣、乐华章；第 7 章，余建华、陈方平、赵辉、叶战清、邱鹏、沈建林、郭自灿；第 8 章，潘春丽、乐浩明、郭东伟、郑斌、占子华、谢良成、陈健；第 9 章，郭元发、张望成、李刚、余小蛟、肖伟、黄超学、叶智华、李晓华、陈进平、黄文军；第 10 章，李杏元、柳祥珍、王琼、程思、胡志峰、张惠蓉；第 11 章，李新国、魏智强、朱明喜、李智勇、任志强、高想清、周启宏；第 12 章，黄汉桥、肖扬、李弘华；第 13 章，张晓、毛晓祥、周宗登、易浩、雷展、沈铁军、郭振、张宏伟；第 14 章，何珍珠、朱虹、蔡忠海、陈卫红；第 15 章，汪望勋、肖继玲、鲁平方、丁浙英、喻靖文、李金刚；第 16 章，水延凯、许新华、胡宇彬；第 17 章，陈卫红、池运波、刘军；第 18 章，詹敏、徐树堂、周文钊、粟蕾、刘秀平；第 19 章，刘秀平、左良斌、何建华、吉六舟、粟蕾、曹春齐、詹敏、王世伟；第 20 章，张志强、刘爱国、胡学郡、刘守波、刘刚、张勇、范良松、宋飞、钟楚云、万鸿青、陈红元、李万斌 周本贵；第 21 章，宋振云、许新华；第 22 章，李先志、熊劲松、韩贵洲、谢伟望、周国红、吴新洲、胡宇彬；第 23 章，王兰、余红松、于波、靳胜利；第 24 章，林锦章、余志斌；第 25 章，廖伦忠、李新平、罗琼；第 26 章，胡济维、黄齐明、李汉文、陈爱国；第 27 章，黄享苟、陈鸿杰；第 28 章，张西林、史

江勇、彭爱平、李庆辉、柳晓斌、聂国钧、张晓云、张杨、黄文华、柯晓华、李亮、吴琼、黄艳萍、丁燕英、周远鑫、喻辉、王萍、左婧、罗家旺、张捷、刘碧峰、沈腊梅、杨九明、潘胜屏、段孝峰、徐颖；第29章，吴耀武、袁丽蓉；第30章，何玉初、罗志文、严国安、梅毓华、梅重、黄瑞武、杨银泉、王建军、陈洪波、彭传文、冯圣明、周国芳、吴界明、肖立慧；第31章，黄红英、黄瑞武、徐小进、高一丹；第32章，高斯学、丁永生、鄢启明、文仲环；第33章，谷潋、邓兴旺、程鹏、方祯、仰桂平、黄远华、刘云祥、黄守贵。专题1，邹忠武、万清平、涂银汉；专题2，肖端武、柳春祥、夏群、周志超；专题3，曹国良、何珍珠、刘爱华；专题4，鲁年辉、周毓麟、杨金华、胡宇彬；专题5，李杏元、熊雅燕、胡珊；专题6，王裕华、朱亚萍、常红生；专题7，胡香平、吴俊荣；专题8，杜元华、丁争柱、舒文舟；专题9，田寿永；专题10，方礼思、方敏、甄玲、熊蕊；专题11，汤光宗、张肆毛、姜丽芳、罗琼；专题12，李守义、施国民、梅重；专题13，张亚玲、方定平、田壮；专题14，何健、徐诗杰、左和平、李杏元；专题15，阎建华、梁军、万由祥。781户问卷调查报告执笔人，水延凯。内容提要和后记执笔人，水延凯。全书初稿由水延凯改写，各有关单位和李友清审定。最后，由水延凯定稿。

《孝感卷》在调查、编著、出版过程中，得到了中国社会科学院、社会科学文献出版社的支持和帮助，得到了中共孝感市委、市政府和孝南区委、区政府及有关部门的支持和帮助，得到了武汉大学社会发展研究所的支持和帮助，特在此一并表示诚挚谢意！

由于历史资料不够完整，统计指标经常变化，各部门、各单位对同一指标提供的数据往往很不一致，再加上市辖区原来不是一个法定统计口径，许多资料和数据必须重新整理和计算，因而《孝感卷》的数据难免有某些缺陷、难免出现某些错误和疏漏。由于调查、撰稿人员主客观条件各有差异，因而各章节、各专题书稿质量也不尽相同。对于中国行政区划体制改革和作为“小马”的地级市改革、发展问题的看法，更是我们的一孔之见、引玉之砖，很难完全符合各方面实际和照顾得很周全。我们之所以敢于直言，只是希望引起各有关方面的关注和讨论，希望得到广大读者和有关专家、学者坦率的指教和批评！

李友清、水延凯

2006年6月1日于孝感

图书在版编目（CIP）数据

“小马”改革之道（孝感卷）/李友清，水延凯主编. -北京：社会科学文献出版社，2006.10

（中国国情丛书——百县市经济社会追踪调查）

ISBN 7-80230-301-X

Ⅰ. 小... Ⅱ. ①李...②水... Ⅲ. 经济改革-孝感市 Ⅳ. F127.633

中国版本图书馆 CIP 数据核字（2006）第 110238 号

中国国情丛书——百县市经济社会追踪调查·**孝感卷**

“小马”改革之道

主　　编 / 李友清　水延凯

出 版 人 / 谢寿光
出 版 者 / 社会科学文献出版社
地　　址 / 北京市东城区先晓胡同 10 号
邮政编码 / 100005
网　　址 / http：//www.ssap.com.cn
网站支持 /（010）65269967
责任部门 / 皮书出版中心（010）85117872
电子信箱 / pishubu@ssap.cn
项目经理 / 范广伟
责任编辑 / 丁　凡
责任印制 / 盖永东

总 经 销 / 社会科学文献出版社发行部
（010）65139961　65139963
经　　销 / 各地书店
读者服务 / 市场部（010）65285539
法律顾问 / 北京建元律师事务所
排　　版 / 北京中文天地文化艺术有限公司
印　　刷 / 北京季蜂印刷有限公司

开　　本 / 787×1092 毫米　1/16 开
印　　张 / 33.5　字数 / 564 千字
版　　次 / 2006 年 10 月第 1 版
印　　次 / 2006 年 10 月第 1 次印刷

书　　号 / ISBN 7-80230-301-X/D·056
定　　价 / 65.00 元

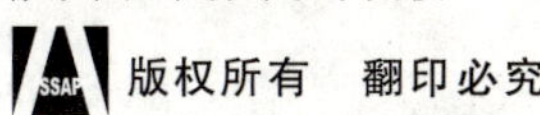